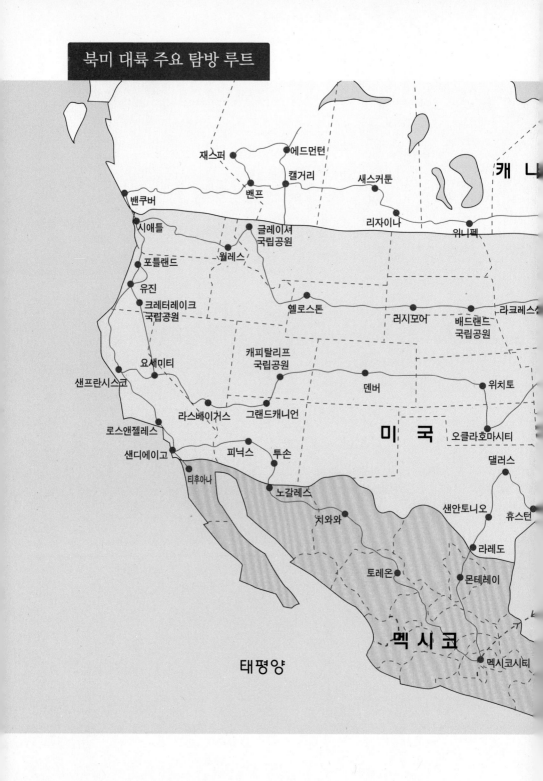

북미 대륙 주요 탐방 루트

캐 나

재스퍼　　　에드먼턴

캘거리　　　새스커툰

밴쿠버　　밴프

시애틀　　　리자이나　　　위니펙

글레이셔
국립공원

포틀랜드　　월레스

유진

크레터레이크　　　　옐로스톤　　　러시모어　　배드랜드　　라크레스
국립공원　　　　　　　　　　　　　　　　　　국립공원

캐피탈리프
국립공원

요세미티　　　　　　　　　　　　덴버　　　　위치토

샌프란시스코

라스베이거스　　그랜드캐니언　　　　　　　　　미　국

로스앤젤레스　　　　　　　　　　　　　　　오클라호마시티

샌디에이고　　피닉스　　투손　　　　　　　　　　　　댈러스

티후아나　　　노갈레스　　　　　　　　　샌안토니오　　휴스턴

치와와　　　　　　　　　　라레도

토레온　　　몬테레이

멕 시 코

태평양　　　　　　　　　　　　　　　　　멕시코시티

미국, 캐나다, 멕시코 82,000km를
자동차로 네 번 종횡단한
전운성 교수의
세계농업문명 기행답사 이야기

전운성 교수의 세계농업문명 기행답사 2

북미 대륙

퍼스트 네이션의 위대한 문명의 땅

이지출판

새로운 용기와 혜안을 보여 준
'북미 대륙 네 번의 종횡단 기록'

전 상 국 작가 · 김유정문학촌장 · 강원대 명예교수

이 책의 추천사를 써달라는 부탁을 받았다. 이어 손에 들어온 방대한 원고량에 놀랐고, 그 내용의 깊고 넓음에 다시 한 번 놀라지 않을 수 없었다. 일 년여 동안 가족과 함께 직접 자동차를 운전하여 북미 대륙인 미국과 캐나다 그리고 멕시코를 종횡단하는 놀라운 저력을 발휘하고 있었기 때문이다.

그리고 단순히 겉으로만 보이는 북미 대륙이 아닌 오랜 역사와 오늘날의 다양한 사회문제까지 다루고 있어 깊은 맛을 느낄 수 있었다. 그러면서 한국과 관련된 북미의 한인사회와 기념물 등을 놓치지 않고 방문하는 등 뿌리 깊은 한미 간은 물론 캐나다와 멕시코와의 오랜 역사적인 문제의식을 가지고 접근하고 있었다. 특히 전운성 교수의 특기인 농업 관련 이야기들은 매우 흥미롭고 신선했다.

여행은 간절히 꿈꾸던 다른 세계의 실현이다. 이제까지 바라보던 산과 강이 아니기 때문에 모든 것이 새롭고 신비하다. 그리하여 처음으로 보게 되는 풍경은 물론 그곳 사람들의 풍습과 문물에 거침없이 감동한다. 또한

어느 한 곳에 오래 멈춰 서서 그곳에 서려 있는 이야기에 깊이 빠져들기 시작하면서부터 여행의 즐거움이 배가 된다. 돌아보는 그곳의 역사와 그곳에 사는 사람들이 이뤄 낸 낯선 문화에 깊이 몰입하게 된다는 것은 곧 자신이 꿈꾸던 이상세계에서 지금까지 잊고 있던 자기를 찾았다는 뜻이기도 하다.

이렇게 자기를 찾아 다시 돌아온 지점에서 여행자는 거기서 무엇을 어떻게 보았는가 하는 나름의 자성적 기록을 남기고 싶어진다. 그러나 보고 느끼는 것은 쉽지만 그것을 정리하여 글로 남긴다는 것은 결코 쉽지 않은 일이다. 그러나 여행자가 다른 사람들이 보지 못한 것을 보는 남다른 안목과 철학으로 그곳을 둘러보았다면 그 여행의 즐거움을 글로 남기는 일 또한 즐겁지 않을 수 없다. 그리하여 여행을 할 때의 즐거움보다 더 큰 신명으로 쓴 여행 기록만이 읽는 이들을 즐겁게 할 것이다.

그동안 전운성 교수의 여행 기록을 읽는 일이 즐거웠다. 농업경제학자인 그는 80여 나라의 여러 농촌을 깊은 관심을 갖고 둘러본 이야기를 자주 풀어놓았다. 아프리카 내륙 깊숙이 자리잡은 나일강의 발원지와 유역을 찾아 헤매던 일, 히말라야 마나슬루 계곡의 산간 마을이나 남태평양 열대우림 속의 파푸아뉴기니와 솔로몬의 마을, 중앙아시아 초원국가들과 중국 내륙은 물론 동남아시아 여러 나라들, 그리고 남미 안데스 산맥과 아마존강 유역의 오지 마을들을 보고 돌아올 때마다 그는 이미 우리가 다 겪은 그들의 가난을 남다른 눈으로 바라보았다고 했다. 그리하여 그의 여행 기록의 전말은 원조를 받던 나라에서 이제 원조를 하는 나라로 변신한 우리의 개발 경험을 그 개발도상국들의 빈곤퇴치사업에 어떻게 쏟아부을 것인가로 채워져 있게 마련이었다.

우리는 전운성 교수의 『메콩강, 가난하나 위대한 땅』이란 여행기를 통해

추천의 글

메콩강 유역의 실상과 감춰진 신비의 세계를 넘나드는 즐거움에 깊이 빠진 바 있다. 라오스, 미얀마, 태국, 캄보디아, 베트남 등 강 유역 나라들의 낙후된 삶을 개선하기 위한 농업 관련 원조 프로그램의 주역이 되어 메콩강 유역을 수없이 뛰어다니던 그의 학자로서의 열정은 물론 여행 마니아의 신명이 우리를 사로잡았던 기억이 지금도 생생하다.

그래서 전운성 교수의 세계농업문명 기행답사 두 번째로 기록될 이 방대한 책에 대한 기대가 클 수밖에 없다. 그가 미국 예일대학 농민연구소 객원교수로 일 년간 체류하면서 가족과 함께 광활한 북미 대륙 82,000km, 그 먼 거리 넓은 지역을 자동차라는 좁은 공간의 차창을 통해 바라보면서 과거를 통해 미래를 예측하는 시도를 감행했다.

구석구석 둘러본 이 기록이야말로 한낱 여행기를 넘어 탐사 탐구 수준의 소중한 기록이며, 여러 분야의 필수 참고서가 될 수 있을 것으로 본다. 다시 말해 그의 책은 그가 다닌 길 위에 북미 대륙에 얽힌 역사, 문화예술, 정치, 사회, 교육, 산업 등의 이야기가 교향악단의 연주처럼 잘 조화되어 혼돈됨 없이 자연스러운 모습으로 책 곳곳에 녹아나 우리를 기다리고 있다.

아메리카 대륙에 콜럼버스가 첫발을 내딛은 것이 1492년이니, 어느덧 524년이나 되었다. 이 5세기 동안 남북미 대륙은 숨가쁜 역사를 보냈다. 유럽인들은 이 대륙에 도착하여 애초부터 살아왔던 대륙의 주인공인 인디언들의 손님이었다. 그러나 미국이 영토 확장에 나서면서 대륙의 주객은 바뀌기 시작했다. 미국을 최초로 횡단한 루이스와 클라크 이래 북미 대륙의 서부 개척이 본격화되었으며, 유럽인들은 대륙의 주인공으로 역사 전면에 등장하였다.

그리고 이제 북미 대륙은 우리 모두의 생활권이나 다름없을 정도로 낯설지 않은 땅이 되었다. 즉 북미 대륙은 가보지 않아도 잘 아는 듯한 익숙한 곳이라 어쩌면 북미 여행의 기록이 그렇고 그럴 것이란 고정관념을 가지고 있다. 그러나 이 책에서는 이러한 북미 대륙에 대한 기존관념을 깼다는 점에서 가치를 높이 평가받을 만하다.

이 책은 전운성 교수가 미국과 캐나다 그리고 멕시코 등을 지그재그식으로 누비며 찾아갈 곳에 대한 사전 탐구가 얼마나 치밀하고 정확했는가를 통해 읽은 이들의 신뢰를 확보하고 있음을 볼 수 있다. 또한 그가 다니면서 겪어야 했던 육체적 고통과 정신적 피로를 극복하는 과정은 가슴 뭉클하면서도 흥미진진하다.

여행 기록은 생생한 현장감이 생명이다. 우리는 그가 여행을 떠나기 앞서 탈 것을 매입하는 과정에서부터 생생한 현장감에 금세 매료될 것이다. 그리고 어느 현장에 가기 위해 어떤 길을 어떻게 찾아갔으며, 가족과 함께 머문 그 도시의 역사와 문화까지 독특한 안목으로 우리가 그냥 스쳐 지나간 것을 새롭게 조명하고 있기 때문에 하나하나 흥미로울 수밖에 없다. 특히 미지의 세계를 탐사하는 개척민 같은 자세에 탄복하지 않을 수 없다.

여행 기록의 가치는 여행자가 무엇을 어떻게 보았는가 하는 전문성에서 찾을 수 있다. 전운성 교수는 우선 미국 대학의 객원교수로 그곳 대학의 역사와 학풍 등을 통해 그 나라의 교육과 우리 교육의 다름은 물론 각각의 장단점을 명쾌하게 짚어 내어 교육자다운 면모를 보여 주었고, 북미 대륙 대평원에서 펼쳐지는 농업 관련 이야기나 사우스다코타 주 대평원을 지나면서 확인한 메뚜기 떼를 통해서는 농업경제학자로서의 생각을 실감나게 피력해 놓았다.

이 책 대부분은 미국과 캐나다 그리고 멕시코 등에 대해 제대로 알아보자는 여행 목적에 맞는 현장 탐사 탐구 보고서 형태라는 점에서 주목을 끈다. 특히 이는 단순 관광이 아닌, 어릴 때 미군이 주둔했던 춘천 캠프 페이지를 통해 알고 있던 미국에 대한 여러 생각들을 현지에서 직접 체험하며, 지금까지의 고정관념을 교정받기 위한 학자로서의 겸허한 자세에도 높은 점수를 줄 수 있다고 본다. 그런 면에서 이 책은 북미 대륙에 대한 새로운 역사 교육현장의 기록이라고 평가할 만하다.

북미 대륙은 자유와 민주를 근간으로 하는 강력한 자유민주국가로 성장하면서, 대륙의 새 주인으로 등극한 유럽의 백인들은 아메리칸 드림을 이루기 위해 찾아오는 다른 대륙의 손님을 맞고 있는 상황임을 알 수 있다. 이러한 역사의 순환 속에 장차 이 대륙이 어떻게 전개될 것인지 예측해 보는 즐거움도 있다. 이러한 즐거움은 이 시대에 사는 사람이 아니고는 느껴볼 수 없는 일이다.

끝으로 지식정보화시대를 맞은 지금, 뭔가를 제대로 예측하고 제대로 선택하기 위한 정말 깊이 있는 유익한 정보로서의 여행 기록인 '북미 대륙 퍼스트 네이션의 위대한 문명의 땅'을 읽는 재미에 푹 빠졌었다는 것을 책 발간 축하의 말로 삼는다.

2016년 3월

지리적 소통을 넘어
역사와의 소통을 위해

 북미 대륙인 미국과 캐나다 그리고 멕시코 등을 다녀온 지 시간이 좀 흐르긴 했지만 글을 남겨야 한다는 강한 책임감은 늘 갖고 있었다.

사실 이 책을 쓰게 된 직접적인 동기는 미국 동부의 유서 깊은 예일대학 농민연구소에서 객원교수를 하면서 보고 느낀 주변 이야기와 자동차로 북미 대륙을 종횡단하면서 겪은 체험과 생각을 나누어 보고 싶었기 때문이다. 동시에 우리에게 근대화 이후 큰 영향을 주고 있는 미국의 실체를 더듬으며 미국은 과연 우리에게 무엇인가를 곰곰이 생각해 보는 시간들이었기에, 모든 문제와 답은 현장에 있다는 현장중심적인 사고를 실천으로 옮겨 보고 싶었다.

따라서 가족과 함께 자동차로 북미 대륙의 동쪽 끝인 대서양에서 서쪽 끝인 태평양을 잇는 세 번의 횡단과 대서양과 태평양안의 남과 북을 잇는 릴레이식 종단, 그리고 버스와 기차를 번갈아 타며 캐나다를 횡단하는 등 모두 네 차례에 걸쳐 대륙을 횡단하면서 남긴 메모들을 공유하기 위함이었다.

또한 방문지에서 사거나 얻은 팸플릿, 그림엽서, 자료책자, 해당지역이나 방문기관 등을 상세히 기록한 사진첩, 설명서, 입장권 등 크고 작은 기념품 등 1천여 점의 자료와 미국에 관한 문학서적과 여행기, 특히 미 대륙 횡단기 등 눈에 띄는 대로 사 모은 책들, 많은 사람들이 여행하면서 겪은 경험이나 소회를 밝힌 사이버 공간상의 글들은 이 횡단 기록을 정리하는 데 더없이 유용했다.

나중에 생각해 보니 미국과 멕시코의 국경을 넘어 내륙 깊숙이 고원에 위치한 멕시코시티까지의 자동차 왕복 여행은 위험천만한 일이기도 했다. 그 외에 동부지방의 여러 곳을 탐방하고, 대서양 해안을 따라 미국의 제일 북쪽인 메인 주를 넘어 캐나다의 노바스코샤와 뉴브런즈윅 그리고 프린스에드워드아일랜드에서 미국 남쪽 끝인 플로리다 키웨스트까지의 여행과 태평양안의 남단 샌디에이고에서 캐나다 국경과 접한 시애틀까지 릴레이 종단을 시도했다. 이처럼 당시 나는 시공간상의 모든 물체를 남김없이 빨아들이는 블랙홀처럼 북미 전 지역을 훑어 보려는 강한 열망을 갖고 있었다.

이 책은 직접 자동차를 운전하면서 다닌 거리와 일부 기차나 버스 등을 이용한 것을 합하면 대략 51,250마일, 82,000km로 우리 릿수里數로 환산하면 205,000리나 되는 이야기 보따리를 풀어놓은 것이다. 사실 미국인들조차도 일생에 한 번 할까 말까 할 정도로 대륙을 육로로 횡단하는 것은 만만치 않은 일임을 알았다.

처음에는 이렇게 다닌 대륙 횡단 경험을 이야기하는 단순한 여행기를 생각했는데, 북미 여행기를 남긴 사람들의 책을 읽으면서 개인적 경험만을 담은 여행기로는 만족할 만한 내용을 담기에 턱없이 부족하다는 것을 깨달았다. 왜냐하면 최초로 북미 대륙 횡단 기록을 남긴 루이스와 클라크 Lewis and Clark 외에 수많은 개척자들의 용기 있는 탐험과 우리나라 한말

개화기에 미 대륙을 횡단한 유길준에 이어 빼앗긴 나라를 되찾으려는 독립 애국지사들의 북미 대륙에서의 발자취는 그야말로 가슴 뭉클한 일이었다. 이 외에도 많은 사람들이 다양한 목적으로 대륙을 건너고 대초원을 개발한 개척의 역사를 담고 싶었다. 이는 다시 말해 북미 대륙 횡종단은 단순히 지리적인 소통을 넘어 그 속에 담긴 인간사의 시공간을 초월한 역사와의 소통이기도 했다.

그래서인지 탐방 도중에 만난 옛 선인들의 체취를 느끼고 잠시나마 그들과 함께하는 마음속의 동행은 피곤을 잊게 해 주었다. 비록 자동차로 횡단하는 길이 초기의 대륙 횡단 여행과 같은 생명을 담보로 하는 도전의 길은 아니었지만, 과거 북미 대륙을 횡단한 옛 선인들의 수많은 흔적을 따라가는 묘미는 가슴 뛰는 일이었다. 이렇듯 이 책은 북미 대륙을 가로질렀던 옛 선인들과 동행하면서 미래를 여는 여정이다.

대학에서의 전공 대상이 주로 농업과 농촌 그리고 농업인이기에 이들을 바라보는 눈길은 도시를 지날 때보다 더욱 커질 수밖에 없었다. 또 북미 대륙 중앙대평원의 깊숙한 곳으로 들어갈수록 심장 박동 소리는 빨라져 갔다. 특히 미국과 캐나다의 농업은 세계의 커다란 빵바구니 역할을 하고 있기에, 농업은 단순한 자연과학이 아닌 정치·경제 영역에까지 이르고 있음을 새삼 확인했다.

그래서인지 여행 중에 자연과 깊은 고리를 맺고 있는 농업의 중요성에 대한 믿음은 더욱 커졌다. 어딜 가든지 그날의 시작은 무얼 먹을까부터 시작되었기 때문이다. 따라서 이 책에서 직접적인 먹을거리 이야기를 하지 않은 것은 단지 생략되어 있을 뿐이다. 이렇게 생각하니 굳이 농업 농촌 이야기를 하지 않더라도 농업경제학도로서 어딜 가든지 편안한 마음을 가질 수 있어 좋았다.

사실 북미 대륙의 미국과 캐나다는 현대문명의 총아로서 여전히 아메리 칸 드림을 가질 만한 가치 있는 지역임을 느꼈다. 그 뒤를 따르는 멕시코 의 잠재력도 결코 작지 않았다. 따라서 이 책은 나중에 쓰려는 남미 여행 기의 앞선 이야기로서, 동시에 미국 횡단을 통해 본 대륙 횡단사로서의 가 치를 부여하는 여행 기록으로 자리매김 되길 기대하는 마음이다.

세계지도를 펴놓고 보면 가운데가 가늘게 이어져 하나의 대륙처럼 보이 는 남북아메리카 대륙에는 카리브 해 국가를 포함하여 모두 35개 국가가 자리잡고 있다. 그 가운데 북아메리카는 중앙아메리카를 포함하여 무려 23개국이나 된다. 여기서 다소 애매하다고 생각되는 것은 북미 하면 영어 를 모국어로 하는 소위 잉글리시아메리카로만 생각했는데, 서부의 앨버타 대학으로 영어를 배우러 퀘벡 주에서 온 유학생을 만나고 나서 캐나다를 조금 더 이해할 수 있게 되었다.

한편, 멕시코 이남의 나라 중 포르투갈어를 사용하는 브라질과 영어를 사용하는 자메이카와 수리남 그리고 불어권인 아이티 등 몇 나라를 빼고 는 모두 스페인어를 사용하여 라틴아메리카라고도 불린다. 여기서 라틴이 라는 말은 스페인어, 포르투갈어, 프랑스어, 이탈리아어 등을 포괄적으로 지칭하는 용어로 한마디로 정의하기란 쉽지 않다.

그러나 미국과 캐나다는 스페인과 포르투갈에 의해 먼저 개척되어 지배 세력이 형성된 남아메리카와는 역사와 종교 그리고 문화적 배경이 다르 다. 거기에 최근의 북미자유무역협정NAFTA에서 멕시코가 북미클럽에 가 입하면서 언어상으로만 지역을 나누는 것도 어색해 보인다. 그러한 점에 서 지역적인 구분을 명확히 하는 것에 대한 복잡함이 있었다.

아무튼 지도상의 가느다란 허리에 해당하는 중앙아메리카를 제외하면 북 미 대륙은 너무나 간단하다. 면적은 북미의 반 정도에 지나지 않는 유럽에는 EU회원국 28개국과 회원후보국 5개국 및 비회원국가 20여 국가를 합한 50여 개국이 옹기종기 모여 있다. 이에 비해 북미 대륙은 미국과 캐나다 그리고 멕시코 등 세 나라가 그 큰 대륙을 나누어 갖고 있다. 그러나 이 남북아메리카 지역을 답사해 보니 이 지역의 광활함에 비해 역사는 간결한데도 이곳을 이해하는 일이 만만치 않음을 느꼈다.

이 책의 제목을 두고 끝까지 고민하다가 위대한 문명의 땅 북미 대륙의 첫 주인이라는 뜻인 퍼스트 네이션First Nations이라는 단어를 꼭 쓰고 싶었다. 우리가 부르는 아메리카 인디언 또는 원주민이란 말은 백인의 입장에서 호칭하는 뜻이다. 그러나 북미 캐나다 원주민들은 스스로를 북미 대륙의 첫 주인이라는 자부심을 가지고 퍼스트 네이션이라고 부르고 있다. 이는 그들이 비록 나중에 온 유럽인들에게 밀리긴 했으나 그들 고유의 정체성을 비추고 있다는 점은 우리에게 시사하는 바가 크다고 생각하기 때문이다.

아무튼 이 책에서 잘못된 정보와 부분적인 경험 그리고 생각을 기술하는 과정에서 지나친 비약과 판단이 있을 수 있음을 인정한다. 이는 전적으로 나의 지식과 지혜가 모자란 탓이다. 이에 대한 독자 여러분의 깊은 이해를 구한다.

끝으로 늘 아껴주고 또 추천의 글을 써주신 강원대 명예교수이자 작가이신 전상국 김유정문학촌장님께 감사의 말씀을 드린다. 그리고 긴 자동차 여행을 함께한 우리 가족에게도 고마운 마음을 전하고 싶다.

특히 어려운 출판환경에도 불구하고 쾌히 출판을 결정해 주고 원고를 직접 정독해 가며 문장과 내용을 다듬어 주신 이지출판사 서용순 대표에게 감사드린다. 그리고 틈틈이 나의 글을 읽고 조언을 아끼지 않으신 여러 선생님께도 마음으로부터의 고마운 인사를 드린다.

2016년 3월

전 운 성

제1부
북미 대륙을 향하여

제2부
미 대륙 동부의 역사 속으로

뉴헤이번 이야기

제3부
거대한 북미 대륙을 일주하다

태평양 캘리포니아의 다양성을 즐기며

서부의 신비한 대자연 속으로

제4부
대양과 대양 사이의 광활한 캐나다

퀘벡 세인트로렌스에서 오대호까지

제5부
미 북부 대평원과 로키를 넘어

미 대평원의 새로운 역사를 쓴 사람들

미 대서부 길목을 지나 태평양으로

제1부

북미 대륙을
향하여

나의 북미 대륙과의 인연

지금까지 80여 개국이 넘는 세계의 수많은 농촌지역을 다녔다. 특히 개발도상국의 농촌빈곤퇴치사업을 위해 5~6일간이나 걸어가야 닿을 수 있는 히말라야 마나슬루 계곡의 산간마을과 남태평양 열대우림 속의 파푸아뉴기니와 솔로몬의 해안마을, 중국 내륙인 티베트와 신장자치구 등의 오지마을, 나일강 유역의 아프리카 국가들과 중남미 안데스 산맥과 아마존 강 유역의 농촌마을, 그리고 동남아시아의 캄보디아와 라오스 등 여러 나라의 평야지대와 산촌 등을 찾아다녔다.

이렇게 다니면서 만난 사람 가운데, 특히 뭔가 호소하는 듯한 청소년들의 얼굴을 마주보며 나의 그 시절을 회상하곤 했다. 우리나라 1960년대는 그야말로 가난과 배고픔을 겪어야 했던 어려운 시기로 하루하루를 버티는 것이 삶의 전부였다. 학교는 빈약한 재정으로 흙바닥 교실이었고, 낡고 깨진 책상과 걸상조차 부족했으며, 개인 학용품은 고사하고 손에 잘 쥐어지지도 않는 몽당연필마저 아쉬운 시절이었다.

그래서 학교가 끝나면 그날 배운 내용을 복습하느라 막대기를 들고 운동장에 뭔가를 쓰던 기억이 난다. 하지만 이렇게 열악한 환경 속에서도 열심히 하다 보면 좋은 일이 생길 거라는 생각에 적극적이고 긍정적인 자세를 가졌던 것이 지금 생각해도 신통하기만 하다.

당시 춘천에는 한국전쟁 이후 계속 주둔해 있던 미군들과 그의 가족들이 살고 있었다. 그들이 시장 구경을 하는 모습을 시장 한모퉁이에 서서 눈여겨보던 나는 그들은 미국의 어디에서 어떤 일을 하다 왔을까 궁금해하곤 했다.

고교시절에는 1961년 미국 케네디 대통령이 부르짖은 뉴프론티어 정책에 의해 창설된 평화봉사단원으로 우리 학교에 와서 영어를 가르치던 짐

커튼이라는 선생님이 계셨다. 그는 우리 실정을 안타깝게 생각했는지 영어뿐만 아니라 우리에게 미래를 위한 큰 꿈을 심어 주기 위해 애쓰던 기억이 난다. 그리고 내가 대학에 입학하자마자 강원도와 캐나다 앨버타 주정부가 지방자치단체 차원에서 축산 시범사업 협력관계를 맺고 1974년 자매결연을 맺었다는 뉴스는 우리에게 새로운 희망으로 다가왔다. 이는 단순한 두 지방정부 간의 교류를 넘어 지방대 학생들에게 시야를 밖으로 돌리게 해 준 참신한 보도였다.

이후 두 지역은 지금까지 40년 넘게 돈독한 신뢰를 쌓아온 친구로서, 앨버타는 우리가 어렵던 시절 후원자이자 동시에 미래의 거울이었다. 특히 농대생들에게 국제화 마인드를 심어 주어 많은 후배들이 앨버타대학 등에서 청운의 꿈을 이루었고, 국내외의 큰 일꾼이 되게 해 준 계기가 되었다.

그 후 나는 학생을 지도하는 교수가 되어 미국과 캐나다를 비롯한 많은 선진국과 개도국을 방문할 기회가 있었다. 특히 청소년 시절 한국에서 보았던 미국과 캐나다 사람들이 살고 있는 곳에 가보았다. 그때서야 그들이 어디서 왔으며 어떻게 살고 있었는지, 그리고 어떤 일을 하다가 왜 왔었는지 이해할 수 있었다.

이런 생각을 하면서 아프리카와 중남미, 태평양의 섬나라 그리고 동남아시아 등 여러 개발도상국을 다니면서 만난 그곳의 많은 청소년들 역시 '내가 도대체 어디서 무슨 일을 하고, 무엇을 먹고, 어떤 환경에서 살다가 왔을까' 하고 궁금해한다는 것을 느꼈다. 그래서 가능하면 그들에게 나는 누구이며, 왜 이곳에 왔는지에 대해 설명하려고 했다. 그리고 19세기 후반 일본 홋카이도대학에 초빙교수로 왔던 매사추세츠주립대학의 클라크 박사가 젊은이들에게 외쳤던 "젊은이여, 큰 야망을 가져라"는 말을 전하곤 했다.

그때마다 내 뜻을 충분히 알았다는 표정을 짓는 그들에게서 밝은 미래를 발견하곤 했다. 마치 이 한마디가 당시의 빈곤한 일본 청년들의 마음을 감화시켜 근대화를 이루고자 하는 각오를 다지게 한 것처럼 개도국 청소년들의 모습도 다르지 않음을 알았다. 이 말은 오늘날 가난을 벗어나려고 노력하고 있는 많은 개발도상국 청소년들에게도 힘과 용기를 주는 메시지임이 틀림없다. 나 역시 청소년 시절 이 말을 힘의 원천으로 삼았었다.

이제 우리는 빈곤에서 탈출하여 원조수원국에서 원조공여국으로 바뀌었다. 이렇게 바뀐 상황에서 이들의 빈곤 탈출을 돕는 일에 직접 참여해왔다는 것은 나의 긍지이며 동시에 감사한 일이다.

춘천 도심 속의 아메리카, 캠프 페이지

2013년 6월 8일 주말이었다. 대학원에 다니는 둘째딸과 함께 62년 만에 미군으로부터 춘천시민의 품으로 돌아온 캠프 페이지 개방식에 참석했다. 이미 2005년 3월에 전국 80개 미군기지 가운데 가장 먼저 공식적인 기지 폐쇄식을 거친 후, 기지 내의 환경조사와 토지 정화작업을 마치고 완전히 시민에게 돌아오는 공식행사였다.

한국전쟁 당시 국군이 최초로 승전고를 울린 춘천지구 전투 전승기념 행사와 함께 흥겨운 농악대의 공연과 타악대의 힘찬 울림으로 시작된 이 행사의 하이라이트는 그동안 상징적으로 남겨 놓았던 30여 미터의 미군기지 콘크리트 담벽을 줄로 잡아당겨 허무는 퍼포먼스였다. 미리 인터넷으로 신청한 많은 시민들이 담벽과 연결해 놓은 흰 밧줄 앞에 서서 호각소리를 기다리고 있었다. 이윽고 호각과 폭음소리가 동시에 울리자 우리는 일제히 밧줄을 힘껏 잡아당겼다. 담벽이 한꺼번에 우리 앞으로 쓰러지며 잿빛 먼지가 일었다. 잠시 후 먼지가 가라앉자 주변에 모여 섰던 사람들은 박수로 환호하였다. 이 먼지의 사라짐은 과거의 시대는 가고 새로운 시대를 여는 신호탄이었다.

이 미군기지는 한국전쟁 당시 한반도의 허리인 춘천 인근에서 전투가 교착상태에 빠지자, 1951년 미군이 소양강변에 군수품을 내릴 수 있는 비행장 활주로를 건설하면서 생겨났다. 그리고 내가 초등학교에 입학하던 1958년부터 '캠프 페이지'라는 이름으로 운영되기 시작했으니, 내 인생과 함께해 온 결코 짧지 않은 긴 세월이었다.

1953년 정전협정으로 포성은 멈췄지만, 미군은 1958년부터 한미상호방위조약에 따라 북한의 재침을 막기 위해 대공 미사일과 공격용 헬기 중심의 캠프 페이지를 운영하기 시작했다. 이 기지 이름은 1950년 함경도 장진호 전투에 참여하여 흥남철수까지 이어지는 과정에서 혁혁한 공로로 명예훈장을 받은 미 육군 중령 존 U. D. 페이지를 기리기 위해 붙인 것이었다.

의암호반을 배경으로 만들어진 캠프 페이지는 미소 양대 주축으로 전개되었던 냉전시대 가운데에서 중동부전선의 보루로서 한반도 안보를 담당했다. 또한 1983년 5월 5일 오후 어린이날에는 대만으로 가려는 무장 납치범에 의해 중국 랴오닝성 선양을 떠나 상하이 국제공항으로 가던 중공 민항기가 캠프 페이지 활주로에 불시착했다. 이를 돌려보내기 위한 국가간의 공식교섭이 이루어지면서 한중 수교를 맺는 직접적인 계기가 되기도 했다. 한편, 별다른 경제기반이 없었던 춘천에서 군수용품을 취급하는 상가가 형성되는 등 지역 기지경제로서의 역할도 한몫했다.

이러한 긍정적 평가와는 달리 1990년대부터 한미행정협정의 불평등으로 시민들이 미군 범죄에 노출되는 피해가 잇따르자, 캠프 페이지를 이전하자는 시민사회단체들의 목소리가 높아지기 시작했다. 특히 기지가 도심 가운데 자리잡으면서 발전의 걸림돌로 작용하고 헬기 이착륙으로 인한 소음공해와 기지 주변의 고도제한, 농작물의 피해 그리고 토지수용에 따른 재산권 사용 제한으로 인한 문제가 지적되어 왔었다.

그리하여 2005년 3월 29일 오후 캠프 페이지는 지난 반세기 동안 춘천 하늘에 펄럭이던 성조기를 내리는 조촐한 폐쇄식을 함으로써 20세기 냉전의 산물로 역사 속에 남게 되었다. 이처럼 캠프 페이지는 오랜 시간 춘천 도심 속의 아메리카였다. 기지 마지막 지휘관이었던 챈들러 C. 쉐럴 중령은, "우리가 떠나도 춘천을 향한 우정은 변하지 않을 것이다. 이번 기지 폐쇄는 한미동맹의 또 다른 시작이라고 생각한다"고 했다. 그 후 춘천의 미군은 떠났고, 그 자리에는 새로운 역사가 만들어지고 있다.

아메리칸 드림

요즘 코리안 드림을 이루기 위해 온 개도국의 근로자와 유학생들을 많이 만날 수 있다. 이는 우리나라가 성공적인 경제 개발로 인해 경제규모가 커졌기 때문이다. 그러나 세계 각국을 다니다보면 아직도 많은 사람들이 미국행을 꿈꾸고 있다. 이 '아메리칸 드림'이라는 말은 의미가 광범위하고 추상적이어서 한마디로 정의하기가 쉽지 않지만, 작가들은 새로운 인생을 의미하는 성공의 신화로 종종 사용해 왔다.

많은 사람들이 정치적·사회경제적 어려움을 극복하기 위해 새로운 기회를 이용하여 미래의 희망을 갖고자 미국으로 이주해 왔다. 즉 어떤 목적과 기대감을 가지고 새로운 인생을 위하여 미국으로 떠났는데, 이것을 '아메리칸 드림'이라고 해야 할 것이다. 그러나 불행하게도 많은 사람들은 물질적인 풍요와 안락함을 얻는 대신 절망과 좌절을 맛보기도 했다. 이는 코리안 드림을 가지고 우리나라에 온 사람들도 예외는 아니다.

얼마 전『우리의 아이들—위기의 아메리칸 드림』이란 책을 펴낸 하버드대학 로버트 퍼트넘 교수는 미국에서 제대로 배우지 못한 부모를 둔 자녀들은 갈수록 기회의 사다리로부터 멀어져, 드디어는 경제적 하층민으로 전락해 가는 모습이 일반화되고 있음을 경고했다. 이는 가난의 대물림으로 아메리칸 드림이 깨져 가고 있음을 고발하고 있는 것이다.

하지만 나 역시 미국과 캐나다는 어린 시절부터 가보고 싶은 동경의 세계였다. 책을 보거나 서부 영화 등을 통해 영향을 많이 받은 탓도 있을 것이다. 아직 대륙의 어느 대초원에서는 인디언들이 들소를 사냥하기 위해 말을 타고 질주하고 있지 않을까, 콜럼버스가 아직 살아서 북미 대륙과 유럽을 오가며 대서양의 어딘가를 항해하고 있지 않을까, 영국의 청교도들이 고국을 떠나 도착한 대륙의 동북부 어디에서 인디언들의 도움을 받으며 농사를 짓거나 해안가에서 고기잡이를 하고 있지 않을까 하는 엉뚱한 생각을 하곤 했다. 그리고 뉴욕의 거대한 빌딩 숲은 어떤 모습일까… 상상이 끊이질 않았었다.

다시 말해 북미 대륙은 아직도 알려지지 않은 뭔가를 지닌 미지의 세계가 아닌가 하는 착각마저 일으키고 있었다. 그래서 그런지 처음 북미 대륙을 향해 떠날 때 미지의 땅을 개척하러 가는 탐험가와 같은 환상에 빠졌었다.

자라면서 호기심을 느끼지 않은 나라는 없었지만, 특히 최선진국인 북미 대륙의 미국과 캐나다 그리고 멕시코는 왠지 많이 알고 있어야 할 것 같았다. 어쩌면 가난했기에 더욱 아메리칸 드림을 꾸고 있었는지 모른다. 그 무렵, 삼촌이 가난을 벗어나고자 학업을 포기하고 멕시코 만의 카리브 해를 도는 미국 관광크루즈 배에서 일을 하고 있었다. 어쩌다 잠시 귀국하여 그들의 풍요롭고 여유있는 생활상을 들려주는 삼촌의 말에 귀가 솔깃했었다. 거기에다 57년간 춘천에 머문 미군의 영향도 적지 않았다. 그들을 매일 보면서 학창시절 친구들은 미국을 넘어 보다 넓은 세계를 만나는 접점으로 삼아 안목을 키우는 계기가 되기도 했다.

그리고 내가 다니던 초등학교 뒷동산 너머에 한국전쟁으로 부모를 잃은 아이들을 돌봐주는 고아원이 있었다. 우리 반에도 그곳에서 사는 친구들이 제법 있었다. 그들은 미군이 나누어 준 두터운 옷을 입고 다녔다. 비록 헐벗었지만 부모가 계신다는 의미를 모르는 우리는 따뜻한 옷을 입은 그 친구들을 마냥 부러워했었다.

그런 가운데 점점 성장하여 대학에서 일을 시작하면서 학문적인 사고의 균형을 갖기 위해서는 일본 유학만으로는 너무 부족함을 느끼고 보다 큰 틀에서 객관적인 세계관을 가지려고 노력했다. 물론 책을 통하거나 논문을 읽거나 언론보도 등으로 세상의 흐름을 파악할 수는 있다. 그러나 농촌, 농업, 농민을 대상으로 현장감을 체득하는 일을 중요하게 여기고 있었기에 다른 지역의 땅을 밟아 볼 기회를 찾고 있었다.

이러한 노력을 하던 중 세계 최초의 산업국가였던 영국의 케임브리지대학 토지경제학과에서 농업 관련 분야를 일 년간 접할 수 있는 기회를 얻었다. 이때 유럽 대륙의 농업문명을 답사하면서도 현대문명의 총아인 북미 대륙를 답사해 보고 싶은 욕망은 더욱 커져 갔다. 그런 와중에 미국 동남부의 농촌지역을 잠깐 들여다볼 수 있는 기회가 있었지만, 본격적인 대륙 답사는 뒤로 미루어야 했다.

영국에서 귀국하여 동남아 등 여러 나라의 토지제도와 식량문제를 다루다가 드디어 북미 대륙에 발을 들여놓게 되었다. 주한 캐나다 대사관에서 선발하는 캐나다 방문 프로그램에 선발되었던 것이다. 캐나다 농지제도를 연구하기 위해 처음 북미 대륙에 발을 내디뎠을 때의 느낌은 정말 새로웠다. 캐나다는 우리나라 근대화의 태동기에 많은 도움을 준 나라였다. 특히 캐나다는 선진국 가운데 유일하게 식민지를 갖지 않았던 나라여서 많은 개도국 사람들에게 좋은 이미지를 주고 있는 듯했다.

그 후 몇 차례 더 캐나다를 방문하고 미국에서 일 년간 연구생활을 하면서 보다 넓게 북미 대륙의 현대 농업문명을 접할 수 있었다. 동시에 주마

간산격이지만 두 번의 멕시코 여행도 인류문명사 속의 농업을 이해하는 데 큰 도움이 되었다.

비록 미국을 다녀온 지 많은 시간이 흘렀지만, 당시 여행 기록을 통하여 오늘을 짚어보고 미래를 내다보고자 하는 것은 농업경제사를 공부하는 사람으로서 굳이 시공간의 구애를 받을 필요성을 느끼지 못하기 때문이다. 마르코폴로도 고향을 떠난 지 42년 만에 돌아와 동서양의 교류 확대에 큰 영향을 준 여행기를 남겼고, 『종의 기원』을 쓴 다윈 등 많은 사람들도 여행을 다녀온 수년 뒤에 책을 내어 우리 인류문명사에 큰 족적을 남겼다.

얼마 전 일본의 이시카와石川가 스물한 살에 미 대륙 5,000km를 5개월에 걸쳐 도보로 횡단한 내용을 담은 『자기발견의 여행, 아메리카 횡단』이라는 책을 읽었다. 그는 30년도 지난 53세에 혼자 가슴속에 품었던 당시의 여행담을 세상 모두와 공유하고 싶다며 책을 펴냈던 것이다. 하기는 그렇게 높지도 않은 산에 오르면서도 자신이 왔다가 간 흔적을 남기려고 바위에 이름을 새기는 것이 인간의 속성이 아니던가.

이 외에도 수많은 탐험가들은 경험을 통해서 얻은 지식과 어려움을 극복하는 과정을 세상에 알리면서 크게는 인류문명 발전에, 작게는 우리가 품은 꿈을 이루게 해 주려는 자극제로서의 역할을 하고자 하는 마음을 읽을 수 있었다.

이런 많은 여행가들의 탐험과 여행을 살펴보면 등산과 같은 고저 개념의 수직이동보다는 폭넓게 확산시키려는 거리 개념의 수평이동이 더 크다는 것을 알 수 있다. 이 책에서도 수평이동의 개념을 가지고 깊고 높은 전문성이 아닌 일반적 보편성을 지닌 넓은 대륙에서의 경험과 생각을 나눠 보려고 한다. 그래서 나의 대륙 횡단이 단순한 지리적 공간의 소통이 아닌 역사와 문명의 소통이었음을 보여 주고 싶다.

1 춘천대첩을 기리는 기갑부대의 춘천 시가지 행진
2 57년간 춘천 캠프 페이지에 주둔했던 미군기지 폐쇄식
3 마지막으로 헐린 미군기지 담벽 앞에서   4 의암호수로 둘러싸인 아름다운 춘천시 전경

제2부

미 대륙
동부의
역사 속으로

뉴헤이번 이야기

비지팅 스칼라로 가다

영국 케임브리지대학에 이어 두 번째 해외 연구교수로 선발되어, 미국 동부 코네티컷 주 뉴헤이번에 있는 유서 깊은 예일대학 농민연구소Program in Agrarian Studies에서 일 년을 보냈다. 이곳으로 오기 전, 어느 나라 어느 대학에 가야 전공분야에 대한 학문적 성과를 높일 수 있을까 고민하다가 우선 현대문명의 총아인 미국으로 가기로 하고 여러 대학에 초청장을 의뢰하는 편지를 보냈다.

어느 대학은 연구 공간이 부족하다거나 귀하가 연구하고자 하는 분야의 사람이 없다는 등의 이유로 점잖게 거절하는 답신을 보내왔다. 또 어느 대학은 대학의 시설 이용료인 벤치 피bench fee로 수천 달러를 요구하기도 했다. 그런데 강원대에서는 내 항공료와 약간의 생활보조비를 받는 정도여서 돈을 내고 갈 형편은 아니었다.

그러던 찰나 예일대학 농민연구소에서 일 년간 일체의 비용 부담 없이 연구실은 물론 여러 시설을 무료로 이용해도 좋다는 초청장을 보내왔다.

농대가 주력인 주립대학과는 달리 농대가 없는 예일대학에 농민연구소가 있다는 것 자체가 흥미로웠다. 이 연구소는 포드재단의 지원으로 농업과 밀접한 관련이 있는 농촌경제, 인류학, 농업사 등의 일반역사, 민속학, 지리학, 사회학, 국제지역학 등 학제 간 연구 교류를 하는 포스닥post-doc 중심의 인문사회과학 연구소로, 소장은 예일대학 최고의 영예스런 스털링교수Sterling Professor인 제임스 스콧 박사로 팔순이 다 된 지금도 재직하고 있다.

이 연구소에는 세계 6대륙에서 온 학자와 각 분야가 고루 섞여 있다. 나를 초청해 준 것도 동아시아 지역의 농촌사회를 염두에 둔 것이었다. 매주 열리는 세미나 주제로 세계 농촌사회의 변화를 둘러싼 다양한 내용은 가만히 앉아서 세계의 움직임을 파악할 수 있는 기회여서 갈수록 흥미로울 수밖에 없었다.

UC 버클리에서 온 여성 인류학자와 함께 쓰도록 배정받은 방은 중앙도서관과 로스쿨 근처에 있는 농민연구소 3층 건물 창가여서 분위기가 쾌적하고 뭔가 연구를 하고 싶은 동기부여가 되었다. 더욱 좋았던 것은 도서관은 물론 연구소의 시설을 자유롭게 이용할 수 있는 것이었다. 다만, 룸메이트의 애인이 가끔 드나들긴 했지만 모든 것이 만족스러웠다.

이 연구소의 비지팅 스칼라는 프랑스, 아프리카 짐바브웨와 모잠비크, 미국 일리노이와 캘리포니아 버클리, 인도, 런던 등에서 온 교수와 연구자들로 대개 일 년쯤 머물 예정이었다. 이들은 연구소 전임이나 겸임교수들의 전공분야인 인류학, 역사학, 국제지역학 그리고 일부 농경제를 연구하는 교수들과 연구 분위기를 맞춰 가고 있었다. 여기에 부산외대 미얀마학과 박장식 교수가 미리 와 있어 심적으로 많은 도움이 되었다. 매일 아침 일찍 연구실에 나가 나름대로 바쁜 나날을 보내기 시작했다.

오렌지 타운에 둥지를 틀다

2001년 7월 31일 인천공항을 출발하여 17시간의 비행 끝에 뉴욕 케네디 국제공항에 내리니, 날짜 변경선을 넘어선 까닭에 여전히 7월 31일이었다. 같은 날을 이틀이나 산 셈이다. 미리 연락받은 집주인과 필라델피아에 사는 사촌 여동생이 마중을 나와 주어 무척 고마웠다.

대개 일 년을 보내게 되는 비지팅 스칼라들에게 중요한 것은 좋은 집과 차를 만나는 일이었다. 우리는 이곳에 도착하기 전 미리 뉴헤이번 한인교회를 통해 이스턴켄터키대학으로 떠나는 배은환 교수의 집을 빌리기로 했다. 그는 줄리어드 음악원에서 학부 및 석박사 과정을 마친 중견 바이올리니스트였다.

좋은 집이란, 우선 아이들을 위해 어느 학군에 속해 있는가였다. 다행히 배 교수의 집은 뉴헤이번에서도 좋은 학군에 속한 오렌지 타운으로 근처에 초·중·고등학교가 있어, 아이 셋이 각각 이곳의 학교에 다닐 수 있게 되었다.

우리는 대학에서 차로 20분 정도 떨어진 숲속 마을 2층 단독주택에 둥지를 틀었다. 이 지역은 200~300평 내외의 대지 위에 대개 2층 구조로 된 단독주택들이 대서양 연안을 따라 북쪽으로는 보스턴을 지나 캐나다까지, 남쪽은 뉴욕을 거쳐 워싱턴 방향으로 이어져 있었다.

문제는 만만치 않은 월세였다. 일 년이니까망정이지 장기적으로 살아야 한다면 아파트 같은 작은 집으로 옮겨야 정상이었다. 개인적인 전원생활이 보장되면서도 이웃 간의 정겨운 생활은 새로운 묘미였다. 우리가 살던 집은 L자로 휘어진 길을 중심으로 20여 호가 작은 촌락을 이루고 있는 한가운데에 있었다. 이렇게 자리잡은 우리는 이웃들의 관심의 대상이 되었다.

오렌지 타운은 나지막한 언덕 위에 1만3천여 명이 사는 동네로 뉴헤이번 시 서쪽에 위치해 있다. 1639년 이 지역에 거주하고 있던 인디언 포구셋Paugusset족으로부터 피터 목사가 외투 여섯 벌, 담요 10장, 주전자 하나, 손도끼 12개, 괭이 12개, 칼 24개, 작은 거울 12개를 주고 사들였다는 이솝의 우화 같은 이야기가 전해 오는 곳이다.

이후 1940년대 중반까지는 전형적인 농촌지역이었으나, 전후 개발이 시작되면서 전국에서도 평균 이상의 좋은 학교 시스템을 갖고 있으며, 뉴욕 중심가에서 자동차로 한 시간 거리에 있어 여러 모로 편리한 지역이다.

두 번째로 중요한 것이 자동차였다. 학교나 마켓에 가거나 누굴 만나러 갈 때 자동차는 없어서는 안 될 귀한 존재였다. 그리고 우리 다섯 식구가 타고 다닐 크기는 되어야 했다. 뉴헤이번에 도착하자마자 중고차 가게에 들러 흥정을 거듭한 끝에 기아자동차의 카니발과 유사한 포드자동차의 9인승 윈드스타Windstar를 6천 달러에 구입했다. 이는 당시 환율로 750만 원쯤으로 값에 비하면 더할 나위 없이 안성맞춤이었다.

여하간 이 차로 일 년 사이에 대륙을 세 번 횡단하고 태평양과 대서양안을 각각 종단하는 등 북미 대륙 총 여행거리 82,000km 중 캐나다 토론토에서 태평양에 이르는 4,538km를 제외한 거리로 북미 총 여행거리의 94.5%에 이르는 193,655리를 달렸다. 이웃사람들이 혀를 내두를 만도 했다. 이곳에서는 대륙을 횡단한 유일한 사람으로 그들의 꿈이기도 했기 때문이다.

차를 구입하고 자동차보험에 가입하기 위해 보험회사를 찾아가 직원과 상담을 했다. 그런데 옆에서 듣고 있던 그의 상사가 대뜸 자신은 미 해병대 대위로 서울에서 근무했다며 나에게 군대생활을 했느냐고 물었다. 내가 반가워하며 해병대 중위로 제대했다고 하니, 그는 직원이 말한 보험료보다 훨씬 싸게 계약을 처리해 주었다. 뜻하지 않게 수백 달러를 절약하는

행운을 얻었다. 이렇게 하여 생활의 기본이 되는 집과 차를 해결하고 나니
아이들의 학교 문제가 기다리고 있었다.

미국에서 학교 보내기

미국에 온 이유 중에는 물론 연구가 가장 중요한 일이지만,
함께 온 세 아이의 교육문제 역시 중요한 몫을 차지했다. 그
래서 큰딸 근정이와 둘째딸 유정이는 이 타운에서 좋다고 평판이 난 애미
티중고등학교에, 아들 상범이는 집에서 가까운 초등학교에 각각 편입학시
켰다. 비지팅 스칼라 신분이었기에 공립학교는 무료로 공부할 수 있는 이
점이 있었다.

자유분방할 거라는 애초의 생각과는 달리 애미티중고등학교의 모토는
스파르탄 정신이었다. 고대 스파르타의 강인함을 바탕으로 희생과 엄격한
질서와 정신을 요구하고 있었다. 실제로 학교생활이 엄격하여 처음 얼마
동안은 아이들이 적응하느라 코피를 흘리기도 했다. 그러나 점차 새로운
생활에 익숙해지면서 즐거운 학교생활을 이어갔다.

특히 애미티고등학교는 인근의 3개 타운에 사는 아이들이 다니는 곳으
로 최근 뉴스위크가 발표한 미국의 500대 고등학교 중 122위를 차지한 학
교였다. 학생들의 구성은 백인 87%, 아시안계 8%, 히스패닉 3%, 아프리칸
아메리칸 2% 그리고 약간의 아메리칸 인디언 출신이었다. 그리고 1,600여
명의 학생에 교사가 120여 명이나 되어 교사 1인당 14명의 학생이 공부를
하고 있는 좋은 교육환경이었다.

애미티중학교에 다니는 둘째딸과 레이스브룩초등학교에 입학한 아들은
사실 방과 후와 방학 중의 학습이 더 큰 걱정이었다. 뉴욕 부근 한인 밀집

지역의 학원까지 보내기는 무리여서 방과 후 프로그램인 예체능이나 독서 동아리 활동, 그리고 방학 중에는 3주간 실시하는 YMCA 자연탐방 프로그램 등에 참여시켜 인성과 인내심을 기르는 쪽으로 택했다. 무엇을 하든 공부라고 생각하고 매사 최선을 다하도록 가닥을 잡아 나갔다.

초 · 중 · 고등학교를 다니는 아이들 덕분에 미국의 교육을 학부모 입장에서 들여다볼 수 있는 좋은 기회였다. 특히 학교에서 주관하는 사친회 PTA는 저녁 이후 시간에 열어 대부분 참석했다. 먼저 담임과 학부모 개인 면담을 통해 아이들의 학교생활을 알 수 있었다. 이것이 끝나면 바로 전체 회의를 하거나 학생들의 예체능 공연을 관람했다.

이와 같이 학교와 부모 그리고 학생이 함께하는 운영시스템은 학생들의 성적을 향상시키는 요소로 작용했고, 엄격한 질서와 학생들의 자율적인 동기유발은 학습 분위기를 고조시키는 시너지 효과를 내고 있었다. 미국의 청소년 교육이 자유와 평등을 강조한 나머지 자유분방함으로 이어져 탈선이 넘치는 줄로 알고 있던 우리 생각이 지나친 편견임을 알았다.

스쿨버스 승차원칙을 보아도 알 수 있다. 버스가 움직일 때에는 절대로 자리에 앉아 있을 것, 소리를 지르거나 싸우거나 거친 장난을 하지 말 것, 위험한 일이나 예의에 어긋나는 행동을 하지 말 것, 애완용 동물이나 음식물이나 깨지기 쉬운 물건을 가지고 승차하지 말 것, 어떤 음식물이나 껌 등을 먹거나 지니지 말 것, 출입구나 중간 복도는 늘 비워 둘 것, 그리고 운전기사는 어린이를 존중하고 늘 협력적인 자세를 가질 것, 어떠한 사소한 위험에 빠지지 않게 하며, 어린이의 안전을 최우선으로 할 것 등을 반드시 지켜야 한다.

개교 300주년을 맞은 예일대학

이곳에 온 지 며칠 지난 8월 어느 날, 예일대학 개교 300주년을 축하하는 행사가 열렸다. 전현직 대통령을 포함한 수많은 사람들이 함께하는 모습은 서부 대자연의 장대함에 버금갈 만큼 막강했다. 캠퍼스 잔디 위에 마련된 임시 단상에는 부시 대통령 부부, 클린턴 부부, 스필버그 영화감독 등 하객들로 넘쳐났다.

예일대학은 동부 8개 아이비리그 중 1636년에 개교한 하버드대학에 이어 두 번째로 1701년에 문을 열었다. 이후 다섯 명의 대통령을 배출했으며, 잘나가는 CEO와 노벨상을 비롯한 퓰리처상과 그래미상 수상자 등 수많은 저명인사들을 배출했다. 이 대학이 내세우는 최고의 분야인 법학, 의학, 신학, 경제학, 드라마, 음악 외에 산림환경 분야에서도 두각을 나타내고 있다.

영국 케임브리지대학 토지경제학과에 있으면서 다윈칼리지에 적을 두고 일 년간 객원교수로 있을 때의 일이다. 일본 유학 시절 지도교수였던 우에노上野重義 교수가 자료 수집 차 잠깐 그곳을 방문하고 싶으니 허락을 얻어 달라고 했다. 학과장에게 부탁했더니 초청장을 써주어 나와 함께 같은 연구실에서 한 달간 지내게 된 우에노 교수는 며칠 되지 않아, "이들이 이런 분위기에서 공부했기에 영국과 세계를 이끌어 갔구나" 하며 다시 기회를 만들어 일 년 더 살고 싶다고 했다.

나 역시 예일대학에 이런 전통과 학풍이 있었기에 각 분야에서 세계적인 선도자를 배출해 내고 있구나 하고 느꼈다. 그리고 "다른 지역과 언어로부터 생각과 상상을 얻고 다른 논리에서 논쟁을 구한다Thinking from another place, imagining an another language, arguing from another logic"는 학문적 접근방식과 자신의 영달만을 위해서가 아닌 리더로서의 품성인

책임과 자기희생을 바탕으로 하는 자세가 이 대학을 영원하게 만드는 것이라고 생각했다.

이는 대학 본관 기둥에 새겨진 1, 2차 세계대전과 여러 전쟁에 참전하여 전사한 이 대학 출신들의 이름이 이를 말해 주고 있다. 다시 말해 '노블레스 오블리주'의 실천으로 사회지도층에게 사회에 대한 책임과 국민의 의무를 다하여 높은 도덕성을 말없이 보여 주고 있음을 보았다. 이러한 희생은 이 대학뿐만 아니라 그동안 방문했던 수많은 대학들이 자랑스런 전통으로 삼고 있음을 확인했다.

예일대학은 학부생보다 대학원생이 더 많다. 교육보다는 연구에 더 비중을 두고 있다는 것이다. 4천여 명이 넘는 전임교수와 2,300여 명의 외국인 학자들 그리고 1천 명 가까운 포스닥들이 캠퍼스를 중심으로 시내 곳곳에 있는 440개 건물에서 연구에 몰두하고 있으니, 연구에 얼마나 투자를 하고 있는지 가늠할 수 있다.

이는 하버드, MIT, 프린스턴 등 유명 대학일수록 지향하는 철학이 크게 다르지 않음을 알았다. 우리나라는 대학원의 비중을 높이려는 대학은 있어도 포스닥을 중심으로 하는 대학은 크게 눈에 띄지 않아 우리 대학들이 아직 갈 길이 멀다는 것을 보여 주고 있다.

또한 이 대학 캠퍼스는 아름답기로 미국 제일이다. 석축으로 지은 건물들 사이를 걷고 있으면 마치 유럽 중세도시에 와 있는 듯한 착각이 들 정도다. 대서양변에 위치한 이 대학은 영국 옥스브리지Oxbridge 등과 같이 역사가 깊은 대학 건물 양식 등 분위기를 잘 살리고 있다. 누군가 이 대학 캠퍼스 잔디 위에 잠시만 누워 있어도 뭔가 영감을 얻을 뿐만 아니라 진리를 깨달을 것만 같다는 말이 그냥 하는 말이 아님을 알 수 있다.

그런데 이런 명문 대학들이 미래의 지도자를 양성한다는 기치를 내세우고 있지만 과연 객관적으로 공정한 경쟁을 통해 이루어지고 있는지에 대한 의구심은 든다. 우선 "미국의 명문 대학은 부자들에게는 쇼핑몰이자, 가난한 사람들에게는 가난에서 벗어나게 하는 구명보트"라는 말이 예사롭게 들리지 않는다. 그리고 이러한 명성에 걸맞지 않게 학생들의 부정행위에 대한 우려의 목소리가 심심찮게 들려온다. 말하자면 명문 대학의 빛과 어둠이라 할 수 있다. 부정행위는 컨닝, 대리출석, 리포트 베끼기, 인용표시 안하기 등이다. 특히 하버드나 예일 등의 강의실 책상이나 벽에 낙서되어 있는 상당부분은 컨닝을 위한 것이라고 한다. 몸만 명문대 학생일 뿐 양심은 그렇지 않은 이들에게 정직이 최상의 정책임을 더 환기시켜 주고 싶다.

미국 어느 대학에 쓰여 있다는 "학과목에 낙제한 훌륭한 사람은 있지만, 정직이라는 과목에 실패한 훌륭한 사람은 없다"는 말에 고개를 끄떡이지 않을 수 없다.

잊지 못할 뮤필드 드라이브

뮤필드 드라이브Muirfield Drive는 우리 가족이 살던 동네 이름이다. 차 두 대가 엇갈릴 정도의 도로를 따라 양쪽으로 20여 호가 늘어서 있고 도로와 이어진 잔디밭 끝에 세워 놓은 편지함에 집 번호가 쓰여 있다.

두어 달 살다 보니 마을의 사정을 알게 되었다. 마을 입구에 사는 회계사인 흑인 남편과 백인 부인과 우리를 빼고는 모두 백인들이어서 우리는 늘 관심의 대상이었다.

우리와 울타리도 없다시피 지내는 옆집은 아일랜드계인 목수 남편과 중학교 교사인 부인이 엘리자베스라는 어린 딸과 살고 있었다. 엘리자베스는 우리 막내와 같은 학교 동급생으로 서로 잘 지내다가도 투닥거리곤 했다.

토요일이면 길 한쪽 끝 모퉁이에 사는 유대인 가족들이 검은색 옷과 모자를 쓰고 교회에 가는 모습이 눈에 띄었다. 유대인이 많은 오렌지 타운의 학교는 그들이 지키는 휴일을 아예 학교 휴일로 정해야 할 정도다. 한국인이 선호하는 학군을 찾다 보니 유대인이 많이 사는 지역이라는 것을 알게 되었다. 그들은 대개 뉴욕에서 사업을 하고 있었다.

　어느 날 초청장이 문 앞에 꽂혀 있었다. 동네 파티block party를 열고자 하니 와 달라는 내용이었다. 우리로 말하면 반상회격인데, 친목 도모를 위해 돌아가면서 이웃을 초청하는 거였다. 그리고 어른 1인당 3달러를 기부해 달라는 것과 각 가정에서 음식 한 가지 이상과 술을 준비해 오라는 부탁도 곁들여 있었으며 바비큐 고기는 모두 주인이 제공한다고 했다.

　우리는 정해진 날을 기다렸다가 김밥과 잡채, 빈대떡과 몇 가지 전, 김치 등을 준비하여 초청한 집으로 갔다. 주인은 마당에 풍선을 여기저기 띄워 놓고 고기를 구우며 기다리고 있었다. 각자 준비해 온 음식을 테이블 위에 올려놓으니 서울의 일류호텔 뷔페 이상의 훌륭한 식탁이 차려졌다.

　초청자가 모두 준비해야 하는 우리와는 달리 부담도 덜고 다양한 음식을 먹으며 서로 정담을 나누는 이들의 합리적인 방식이 마음에 들었다. 음식을 나누기는커녕 대부분 아파트에 거주하며 층간 소음으로 싸움이 일어나거나 엘리베이터에서 만나도 서로 인사도 없이 어색하게 지내는 우리와는 달라도 너무 달랐다.

　그리고 이 마을에서 제일 무서운 사람은 노인이라는 것을 알았다. 몸이 불편한 노인들은 창가에 앉아 있다가 동네를 서성이는 사람이 보이면 바로 경찰에 신고하기 때문이다. 그러면 대개 5분 이내에 경찰이 출동한다. 그뿐만 아니라 노인들은 동네에서 일어나는 일들을 모두 알고 있는 듯했다.

　이들 덕분에 우리는 마을에서 가장 부지런한 사람으로 소개되었다. 아침 저녁으로 일찍 출퇴근하는 것은 물론, 큰 나무가 있는 정원에 봄여름에는

제2부 미 대륙 동부의 역사 속으로

2~3주마다 잔디깎기, 가을엔 엄청나게 쌓이는 낙엽 치우기, 그리고 겨울에 자주 내리는 눈 치우기는 큰일 중의 하나였다. 그러나 우리는 언제 이 것들이 쌓이고 내렸는지 모를 정도로 늘 말끔하게 치우곤 했다. 그러면서 마을 안길 청소하기, 이웃 어른께 인사 잘하기, 그리고 저녁마다 시내에 있는 커뮤니티 칼리지로 영어나 문화예술 등을 배우러 가는 모습이 이들에게 좋게 보였던 것이다.

또한, 핼러윈데이 때 한복에다 우리 전통 탈을 쓴 세 아이들이 가가호호 방문하면서 이웃사람들의 호감을 사 많은 사탕과 과자를 받아온 이후 우리를 대하는 그들의 마음이 남다르다는 것을 느끼곤 했다.

감동적인 사랑 이야기

가족애나 부부애, 조국애, 연인 간의 사랑을 다룬 미국 영화를 많이 보면서도 그들의 사랑 이야기를 좀처럼 실감하지 못하고 있었다. 그런데 이곳에 와서 몇 가지 실제 경험을 통해 인간애는 어느 곳 어느 사람을 막론하고 더하고 덜함이 없음을 알았다.

우리 앞집 할머니의 이야기다. 결혼한 아들 삼형제와 떨어져 할머니 혼자 살고 있는데 주말이면 어김없이 아들들 내외가 와서 어머니와 말동무를 해 주고, 청소도 하고 빨래도 하는 등 어머니를 극진히 모시는 모습에 마음이 찡할 정도였다.

그런데 할머니가 자랑하는 것 중 하나는 남편이 입던 속옷을 입고서 우리에게 보여 주며 생전의 남편 자랑을 하는 것이었다. 그럴 때마다 남편을 그리워하는 모습을 감추지 않았다. 그리고 같이 쓰던 침실까지 보여 주고 남편의 사진과 시계, 운동기구 등을 그대로 보관하면서 생전과 다름없는 사랑하는 마음을 온전히 간직하고 있었다.

또 농민연구소장인 스콧 교수 이야기다. 그는 상대방의 입장에서 남을 배려해 주는 것이 몸에 밴 자상하고 넉넉한 분이다. 어느 날 연구소의 모든 사람들을 집으로 초대하였다. 카드에 일일이 초청 내용을 적어 각자의 우편함에 넣어 놓았던 것이다. 시간에 맞춰 자동차로 한 시간 정도 떨어진 그의 농장으로 갔다.

그런데 손님맞이 준비를 혼자 하고 연구소 비서들이 돕고 있었다. 부인은 오래전에 타계하고 혼자 계셨던 것이다. 그분도 세상을 떠난 부인을 생각하며 그녀가 쓰던 주방기구들은 물론 생전 그대로 바꾸지 않고 그대로 사용하고 있다고 했다. 주위에서 재혼을 권유했지만 부인 생각에 그럴 수가 없다는 것이다. 새삼 숙연한 생각이 들었다. 조금 불편해도 끝까지 사랑의 약속을 지키려는 그의 모습은 한 마리가 죽으면 혼자 살면서 끝까지 절개를 지킨다는 두루미와 다름없었다.

또 한 장의 사진이 심금을 울렸다. 콜로라도 덴버에서 발행되는 '로키마운틴 뉴스'에 실린 글과 사진이 2006년도 퓰리처상을 받은 것이다. 퓰리처상은 1917년에 창설된 미국에서 가장 권위 있는 상 가운데 하나다.

이 사진은 이라크전에 참전했다가 전사한 미 해병대 제임스 소위의 시신 앞에서 부인 캐서린이 생전에 함께 좋아하던 음악을 노트북을 통해 들으며 마지막 밤을 보내고 있는 모습이었다. 그녀 뒤에는 밤새 부동자세로 서서 그녀를 지켜주는 해병의 모습이 담겨 있었다. 이들 부부에 대한 진정한 군인의 예를 다하고 있음을 보여 주고 있었다. 그녀는 임신 중이었고 남편과 함께 마지막 밤을 보낼 수 있게 해 달라는 부인의 요청으로 이루어진 일이었다. 나도 해병대 장교 출신이라 더 애잔한 마음이 쉽게 잦아들지 않았다. 그가 전장으로 떠나면서 아내에게 보낸 편지 한 구절도 소개되었다.

There are no words to describe how much I love you,

and will miss you.

I will also promise you one thing :

I will be home.

I have a wife and a new baby to take care of,

and you guys are my world.

내가 당신을 얼마나 사랑하는지 뭐라 표현할 말이 없네

당신이 무척 그리울 거야.

이것 하나만은 약속할게,

집에 꼭 살아 돌아올 거라고.

내가 지켜줘야 할 당신과 태어날 우리 아기가 있으니까.

그리고 당신은 내 삶의 전부인 거 알지.

이처럼 진한 사랑을 보면서, 역시 미국의 힘은 기본적인 가족애와 뜨거운 부부애 그리고 연인 간의 사랑이 사회를 지키는 굳건한 반석이 되고 있음을 알았다.

여기에 또 하나 위대한 가족 사랑 이야기가 있다. 예일대를 말하면서 빼놓을 수 없는 인물인 동암문화연구소East Rock Institute 전혜성 이사장의 이야기다. 그분의 자서전인 『엘리트보다는 사람이 되어라』를 읽으면서 가족 사랑의 힘을 새삼 느꼈다. 전 이사장은 1988년 미국 교육부에 의해 '동양계 미국인 가정교육 연구대상' 으로 선정되었고, 우리 국립중앙도서관이 우리나라 이민사에서 대표적인 성공 이민가족사 사례연구를 위한 협약을 체결할 정도로 족적을 남긴 분이다.

이런 분이 옆에 살고 있다는 것은 행복한 일이었다. 어느 가을날 오후, 전이사장이 계신 동암문화연구소를 노크했다. 초대 주미특명전권공사를 역임한 남편 고광림 박사님은 타계하신 터라 전 이사장과 연구원들이 연구소를 지키고 있었다.

그녀는 19세 때 정기여객기나 배편도 없던 시절인 1948년 군정을 마치고 철수하는 미군 수송선 편에 미국으로 돌아가는 애국지사 서재필 박사 등과 함께 몸을 실었다. 그리고 유학 도중에 만난 남편과 함께 같은 예일대 교수로서 전공영역을 넓히며, 6명의 자녀를 모두 하버드와 예일대를 졸업시켜 정상급 엘리트로 키운 전설적인 이야기를 만들어 낸 분답게 분명한 소신을 지니고 계셨다. 특히 3남인 고홍주 박사는 예일대 법대학장으로서 미국 오마바 행정부의 보건부 차관보 및 차관보급 국무부 법률고문에 임명되었다.

그렇게 되기까지 평소에 '아이들은 자랑스러운 울타리', '아이들은 내 생애의 큰 기둥이었다', '아이는 어른의 어버이다', '재주가 덕을 앞지르면 안 된다' 등의 경험을 바탕으로 한 철학을 가족애로 옮겼기에 그 어려운 과정을 슬기롭게 이겨낼 수 있었다고 생각한다. 뉴헤이번의 명소인 동암East Rock 정상의 바위를 바라보면서 남편과 함께 세운 동암문화연구소에서 남편에 대한 사랑을 다시 확인하며 일생동안 함께 꿈꾸었던 이상과 사랑 노래를 부르고 있다는 그녀의 애절한 마음을 읽을 수 있었다.

한번은 전 이사장의 건강을 위해 연구소에 수맥검사를 해 주겠다고 제안했더니, 다른 사람이 하면 안 믿어도 전 교수가 하면 믿겠다고 해 수맥탐사봉과 추를 이용하여 연구소와 침실까지 구석구석 살펴보았다. 전문가는 아니어도 그간의 경험으로 수맥파에서 오는 질병 등의 예방적인 조치는 가능하다고 믿고 있다. 탐사 결과 주로 많이 생활하는 침실이나 연구실에서는 탐사봉과 추가 전혀 움직이지 않았다. 수맥으로 인한 건강상의 문제는 생기지 않을 것 같아 마음이 놓였다.

마음을 풍요롭게 해 주는 역사문화탐방

대자연의 보고인 서부와는 달리 뉴욕을 중심으로 한 동부지역은 미국 역사의 산실이다. 미국인의 자연과 역사 보존에 대한 의식은 역사가 짧기 때문에 이를 더욱 애지중지하는지 모르겠다. 오랫동안 아이가 없던 부모가 늦둥이를 보면서 아이에 대한 사랑이 더 커지듯 역사의 부피를 키워 나가는 것이 아닌가 하는 생각이 들 정도다.

미국 역사의 모태인 유럽은 미국의 짧은 역사에 빗대어 미국인의 행동이 천박하다며 자신들의 오랜 역사를 내세워 자긍심을 고취시키려고 애쓰고 있다. 이러한 이야기를 듣고 실제로 미국은 물론 세계 각국을 탐방하면서 나름대로 생각해 낸 것이 뜬금없는 부피역사론Theory of cubic history이다. 그렇다고 이론이나 실증분석을 내놓을 자신은 아직 없다.

아무튼 이는 그 나라의 건국 이래의 역사의 길이를 세로로 표시하고, 가로는 그들이 지배했던 면적과 인구를 말하고, 높이는 세계에 미친 문화적·경제적 지수를 나타낸다. 그리고 이 셋을 곱한 것이 그 나라가 지닌 역사의 부피 크기를 나타낸다는 순진한 발상이다. 이는 나라별로 또는 지역별로 나타낼 수 있다고도 생각했다.

그렇다면 미국의 건국 이래의 역사는 일천하지만 부피 역사로 본 미국사는 인류 문명을 탄생시키고 발전시킨 중국, 인도, 이집트, 메소포타미아, 그리스, 로마, 중세 문명을 일으킨 유럽 그리고 중남미의 여러 문명 등에 비해 결코 작지 않아 보인다. 그렇다면 우리나라의 부피 역사는 얼마나 될까. 면적을 최근의 사이버 공간까지 계산에 넣으면 어떨까 하고 부피 키우기 궁리를 해 본다. 이는 역사적인 자존심을 불러일으키기 위한 말장난일지도 모른다고 생각하면서….

그동안 미 대륙을 종횡단하면서 얻은 결론은 현대 미국 문명을 거대한 오대호의 이름 그대로 '오대호 문명Great lakes civilization'이라 부르고 싶다는 것이다. 오늘날의 미국 문명을 현대문명이라고는 하나, 오대호 문명이라고는 말하지 않는다. 즉 이는 거대한 오대호를 둘러싸고 뉴욕, 펜실베이니아, 오하이오, 미시간, 인디애나, 일리노이, 위스콘신, 미네소타 주와 캐나다의 온타리오, 퀘벡 그리고 대서양주 안에는 미국과 캐나다의 대도시가 위치해 있으며, 여기에 살고 있는 사람들이 세계를 리드해 가고 있기 때문이다. 거기에다 오대호에서 발원하여 흐르고 있는 미시시피 강과 세인트로렌스 강 등의 유역에 건설된 도시를 포함하면 명실공히 오대호는 거대한 북미 현대문명의 모태이자 핏줄이라고 생각하기 때문이다.

뉴욕, 시카고, 토론토, 워싱턴, 몬트리올 등의 대도시는 북미 대륙의 동부지역을 포괄하는 것을 의미한다. 인구로 보나 현대 산업시설인 피츠버그 등의 대규모 제철소와 디트로이트 지역을 중심으로 한 자동차 공장 등 수많은 산업시설, 그리고 수백 개의 지역도시는 현대문명의 총아로서 세계를 리드하고 있는 위치를 볼 때 붙여도 될 문명 이름이라고 생각한다. 동시에 이들을 부양하는 곡물과 어업의 발달은 이들을 지탱하고도 남는다. 이러한 물질적인 문명 위에 꽃핀 다양한 예술문화와 레저 스포츠 등을 직간접으로 체험하는 일은 두고두고 마음의 양식과 샘이 되고도 남기 때문이다.

어느 날 뉴헤이번에서 열리는 연중 예체능 공연계획이 빼곡히 담긴 프로그램이 집으로 배달되었다. 거기에는 거의 매일 공연이 열릴 정도로 230여 회의 크고 작은 공연이 소개되어 있었다. 교향악단, 오페라, 뮤지컬, 연극, 미술전시회, 해외초청 서커스, 타운축제, 마이너리그이긴 해도 야구경기 등 참으로 무얼 보고 들어야 할지 놀랄 정도였다.

그중 대부분은 시민을 위한 무료공연이었다. 예일대에는 음대와 드라마스쿨, 그리고 많은 예술품과 유물을 소장하고 있는 박물관과 미술관 등이 어우러져 활발한 공연과 전시회가 늘 열린다. 특히 예일대 음대 교향악단의 수석연주자인 바이올리니스트가 한국인이어서 더욱 자부심을 가지고 공연장을 찾기도 했다. 이러한 예술활동은 뉴욕의 브로드웨이나 카네기홀 등에 작품을 올리기 전 이곳에서 성공 여부를 가늠해 본다고 한다. 이곳에서의 호평은 뉴욕에서의 성공적인 공연으로 이어진다는 뜻이다.

동시에 오렌지 타운의 축제나 여러 운동경기 등을 포함하면 정서적으로 풍요로울 수밖에 없다. 타운 내 수영장에서의 파티는 동네 아이들의 잔치였다. 그리고 타운 도서관에서 비디오나 책을 빌려볼 수 있고, 도서관 입구에 네이처, 셀, 사이언스 등 유명 과학저널지를 누구나 볼 수 있게 준비해 놓은 것 등은 주민들의 지식 수준을 말해 주는 것이기도 했다.

이렇듯 큰 도시건 작은 도시건 그 지역에 사는 사람들의 애착심과 자부심은 대단했다. 뉴헤이번은 인구 13만 명의 소도시지만 여러 면에서 자긍심이 대단했다. 우선 최고의 지성을 키우는 예일대학이 있고, 작은 항구도시로서 일찍이 더 자유롭고 민주주의적인 코네티컷 주에 속하여 영국과의 독립전쟁 때 중심지로 활동했으며, 미국 남북전쟁 기간 동안에는 노예제도 폐지에 앞장섰다는 점은 이 도시에 사는 이들의 프라이드였다.

가족과 함께 뉴헤이번 항구에 정박해 있는 아미스타드호를 보러 갔다. 대서양을 바라보며 부두에 정박해 있는 이 배는 37m 길이의 스페인 범선으로 1839년 쿠바 아바나에서 배에 탄 52명의 어른과 4명의 어린 아프리카 노예들이 선상반란을 일으켜 아프리카로 돌아가는 데 필요한 뱃길과 항해술을 아는 두 명만 남기고 나머지 백인들을 처형하였다. 그러나 두 명의 선원은 낮에는 동쪽으로 밤에는 서쪽으로 가는 등 이들을 속이다가 미군함인 워싱턴호에 나포되었다. 칼로 무장한 이들은 아프리카의 집으로 보내 줄 것을 요구했다.

이후 뉴헤이번에서 이 배와 아프리카인들의 법적 지위에 대한 유명한 재판이 진행되면서, 아미스타드호는 노예제 폐지운동의 상징이 되었다. 사건 당시 아프리카에서 미국으로 노예를 수송하는 것은 불법이었다. 뉴헤이번 지방법원에서는 '흑인들은 불법 납치된 자유인으로 백인에 대한 저항과 살인은 정당방위' 라는 판결을 내렸다. 그러자 선주들이 이 아프리카인들은 쿠바에서 태어났다고 거짓말을 하고, 스페인은 화물인 노예를 되돌려 달라고 요구했으며, 남부 농장주들은 백인을 죽인 흑인들을 엄격히 다스려야 한다고 주장했다.

결국 아미스타드호 사건은 미 연방대법원 최종심에서 흑인들의 변호를 맡은 제6대 대통령이었던 애덤스의 "이 아프리카인들은 불법적으로 이동되고 있었으며, 따라서 자유의 몸이 되어야 한다"는 주장이 받아들여져 생존자들은 1842년에 아프리카로 돌아갔다.

꽤 오래전에 스필버그 감독이 만든 영화 '아미스타드' 에서 선상에서의 굶주림과 질병, 그리고 흑인들을 위하여 고군분투하는 주인공의 모습에서 노예제도의 악랄함과 그래도 남아 있는 미국의 양식과 양심을 동시에 본 기억이 떠올랐다. 나는 이러한 역사적인 재판을 상기하면서 아미스타드호 갑판에 올라 당시 승선했던 노예들의 체취를 더듬으며 그들이 돌아간 대서양 건너의 아프리카를 바라보았다.

어쨌든 이 사건은 결국 남북전쟁으로 이어지면서 코네티컷 주는 북군에 가담하여 5만 명 이상이 참전하였다. 동시에 코네티컷 주의 산업은 무기 등 군수품들을 생산하여 북군을 승리로 이끌어 자유를 품안에 안는 저력을 보여 주었다.

이처럼 뉴헤이번은 남북전쟁기부터 흑인운동, 인권운동이 활발했던 도시다. '새로운 피난처' 라는 뜻의 뉴헤이번의 이름에 걸맞게 압박받던 흑인들에게는 안식처로 여겨져 왔다. 그런 까닭인지는 몰라도 지금도 흑인과 동성연애자들이 많이 살고 있다.

이외에 뉴헤이번 주변에는 삶의 질을 높여 주는 볼거리가 넘쳤다. 서부를 주름잡던 윈체스터 연발권총 등을 보여 주는 박물관, 1954년 최초의 원자력 잠수함인 노틸러스호가 진수되어 퇴역한 뒤 가까운 뉴런던 해군박물관에 전시되는 등 다양한 볼거리에 시간가는 줄 모를 정도다.

무엇보다도 우리 모두에게 용기와 여유 있는 유머로 마음의 고향으로 만들어 준 하트퍼드에 있는 『허클베리 핀의 모험』을 쓴 마크 트웨인 기념관은 커다란 자랑이다. 이처럼 예술, 지성, 문학, 역사 그리고 현대과학이 함께 조화를 이룬 모습은 한 장의 여유로운 그림이라고 하지 않을 수 없다.

1 예일대학 컴퍼스

2 매일 집 앞에 정차하던 스쿨버스

3 예일대 출신의 1차 세계대전 전사자 기념비

4 하트퍼드의 마크 트웨인 기념관

5 높이 83m의 고딕 양식으로 1921년에 지어진 예일대 헤크니스 타워

1, 2 동네 블록파티(반상회) 초청장과 파티에 온 이웃들
3 뉴헤이번 항구의 아미스타드호
4 미국에서 타고 다니던 차
5 우리 가족이 살던 뉴헤이번의 집

자유와 기회의 꿈을 지닌 뉴욕

자유와 기회의 꿈을 찾아온 조선인들

이 여행기를 쓰기 위해 과거 미국을 횡단한 사람들의 여정을 추적하면서 놀란 것은, 일제강점기에 적지 않은 우리나라 사람들이 유학, 예술공연이나 전시, 사업, 친지방문, 단순관광 등 다양한 목적으로 미국이나 유럽 등을 여행하고 있었다는 사실이다. 또한 이 시기는 국내외에서 독립운동이 점차 가열되어 가고 있었고 김유정, 윤동주, 이효석, 이상 등 문인들의 활동도 고조되어 가고 있었다.

당시를 배경으로 한 두 권의 여행기를 소개하는 기사에 눈길이 머물렀다. 다름 아닌 『경성 에리프의 만국 유람기』와 『미주의 인상』이다. 두 권 모두 일제강점기에 우리 선조들이 해외로 떠난 이야기 책이었다. 『미주의 인상』을 먼저 펴들었다. 이 책 속의 주인공이 처음 간 곳이 바로 미국 뉴욕이었기 때문이다.

1906년 중국 유학을 끝낸 16세 약관의 김동성이 일본을 거치지 않고 중국과 유럽을 경유하여 영국에서 출항한 필라델피아호를 타고 미국 동부의 뉴욕 항에 도착했다. 그리고 10년 뒤인 1916년까지 유학생활의 소회를 밝힌 『동양인의 미국 인상기Oriental Impressions in America』를 펴냈다. 이는 우리나라 사람이 쓴 최초의 영문판으로 당시 많은 미국인들의 관심을 끌었다. 이 책이 우리말 『미주의 인상』으로 번역되었다는 소식은 반가운 일이었다. 이 무렵 조선인 유학생으로는 뉴욕 컬럼비아대학의 조병욱 박사, 뉴저지 프린스턴대학의 이승만 박사 등 많은 젊은이들이 뒤를 이어 해방 후 지도자로서의 안목을 넓히고 있었다.

김동성의 책은 다양한 에피소드를 기록한 흥미로움 그 이상이었다. 당시 한국인의 미국관과 서양관을 들여다볼 수 있는 귀한 자료이며, 나라를 빼앗긴 가난한 나라의 청년이 100년 전에 최고로 현대문명이 발달한 뉴욕을 거닐면서 조국의 암울한 과거와 현재를 둘러보며 새로운 미래를 그리는 모습을 떠올리게 했다.

1906년은 일제 강압에 의한 을사늑약으로 외교권을 박탈당한 지 일 년이 된 해였다. 그는 나중에 유학생활을 정리하고 서울로 돌아와 동아일보와 조선일보 기자로 활동하였고, 해방 후에는 초대 공보처장과 국회부의장을 지내는 등 정치인으로 만화가와 저술가로 활동한 그야말로 우리 현대사의 한복판에 서 있었던 인물이다.

그는 배가 서서히 뉴욕 항에 다가가자, 1886년 미국 독립 100주년을 기념하여 프랑스에서 기증한 '자유의 여신상'을 향해 모자를 벗어 주인에게 인사하는 예의를 표한다. 그리고 뉴욕의 고층건물을 마치 고산준령과 같은 건물 산맥이 하늘 높이 닿은 마천루의 강철 빌딩과 석조건물이라고 적고 있다. 또한 당시의 뉴욕은 오늘날과 다름없는 공중, 지상, 지하 세 종류의 기차 외에 자동차, 자전거, 마차 등이 소란스럽게 질주하여 500만 내지 600만의 인구가 어려움 없이 다니고 있다며 경탄을 금치 못했다. 그리고 차이나타운은 중국 항저우의 옛 시가지를 본뜬 듯 비루하고 좁은 듯하여 같은 동양인으로서 동정을 이기지 못하고 하루속히 발전하길 기원하고 있다.

그런데 그가 유학 중이던 1910년 8월 18일자 뉴욕타임스에 공식으로 강제 합병된 8월 29일보다 앞서 일제의 한국병합 사실이 실렸다. 즉 이 신문은 '일본이 한국을 병합한다 Japan is about to annex Korea'라는 제목의 도쿄발 기사에서 "오래전부터 예견되던 일본의 한국병합이 곧 실현될 것으로 보인다"며 "한국의 독립은 이미 1905년 11월 17일 일본과 맺은 조약 을사늑약 때 실질적으로 종식됐다"고 보도했다.

그리고 1910년 8월 22일자 뉴욕타임스에는 '나라로서의 한국은 이번 주 사라진다 Korea as a nation to end this week'는 큰 제목과 '어떤 소요도 보이지 않는다', '철저한 경찰통제로 한국인들은 현재 무슨 일이 일어나고 있는 지 전혀 모른다'는 소제목이 붙어 있었다. 여기에 일주일 이내에 은둔의 왕국 대한제국은 역사적 유물이 되며 1,200만 인구는 일본에 합해져 영국 만한 크기의 영토는 일본제국의 한 부분이 될 것이라는 기사가 실렸던 것이다.

이와 같이 비통한 사실을 접한 재외동포들은 굴욕적인 마음을 어떻게 달래었을까? 이러한 수치스러운 역사를 곱씹어야 했던 젊은 김동성이 뉴욕을 거닐던 20세기 전후를 포함하여 뉴욕 시에서는 2012년 4월 뉴욕 시 기록보관소 New York City Municipal Archives에 보관되어 있는 오래된 기록사진 220만 장 가운데 87만 장을 온라인으로 누구든지 볼 수 있게 공개했다. 공개된 사진들은 일상생활, 건축, 범죄, 도시경영, 항공사진 등이 망라되어 있다. 이는 과거에는 제한적으로 볼 수밖에 없었던 것을 해제한 것으로 많은 이들의 관심을 불러일으켰다.

이 무렵 우리나라는 일제강점기 속에서 가난에 허덕이는 빈곤의 나라로 미국과는 도저히 비교를 할 수 없는 한마디로 천양지차였다. 만일 내가 20세기 초에 뉴욕을 방문했더라면 어떤 표정을 지었을까 생각해 보았다. 아마도 상상 밖의 광경에 처음에는 경탄과 한탄의 소리가 동시에 나왔을 것이다. 경탄의 소리는 발달된 현대문명에 대하여, 한탄은 당시 세계 속의 우리 처지에 대한 소리였을 것이다. 그러면서도 우리와는 너무도 큰 이 차이를 어떻게 하면 줄여 문명대국으로 만들 수 있을까 하는 궁리도 했을 것이다.

그리고 한일합병 이후 1942년 프랭클린 루즈벨트 대통령의 거론으로 1944년 11월 미국 우정국은 독일, 이탈리아, 일본에 침략당한 13개국의 저항활동을 기리고 독립운동을 돕기 위해 우표를 제작했다. 우리나라를 제외하고는 모두 유럽의 국가였다. 그중에서 한국을 위한 우표는 중심에 태극기와 왼쪽에는 불사조를, 오른쪽에는 자유를 갈망하는 여인상을 그려 넣었다. 당시 처음으로 자연의 2색으로 찍었다는 것이 특징이기도 하지만, 우리의 저항이 미국의 여론을 움직이면서 국제적으로 인정받고 있었던 것을 의미하는 것이다.

일제시대 우리나라 여성의 미국 횡단과 뉴욕

뉴욕은 예나 지금이나 횡단여행의 시작점이자 종점이다. 유럽과 대서양을 거쳐 오는 사람은 횡단여행을 시작하는 곳이요, 태평양과 대륙을 건너오는 사람들은 종착점이 되는 곳이기 때문이다. 특히 비행기 여행을 할 수 없었던 일제시대는 그렇게 할 수밖에 없었다. 일제강점기에는 그야말로 극히 제한된 사람만이 할 수 있었던 해외여행이었다.

그런데 당시 미 대륙을 횡단한 우리나라 여성이 여럿 있었다. 가부장적인 가족제도 하에서 조선시대 중류 이하의 여성은 거의 문맹 상태였는데, 1876년의 개항으로 새로운 외국 문물을 받아들이면서 여성 교육의 필요성을 인식하기 시작했다. 특히 독립신문은 여성 교육의 중요성을 강조하며 당국에 학교 설립을 촉구했다.

1890년 서재필은 국가흥망이 여성 교육에 달렸다며 남녀 교육의 기회 균등을 주장했다. 1차 세계대전과 러시아 혁명 전후의 여성해방론을 받아들이는 과정에서 소위 신여성이 주도하는 자유연애와 결혼은 물론 평등한 부부관계의 요구 등이 이어졌다. 이는 그간 속박되었던 여성해방의 신호탄이었다.

이러한 시대적 상황에서 일본에서 공부한 여성들은 여기에 만족하지 못하고 유럽이나 미국 등으로 공부하러 갔지만, 단순히 여행을 즐기는 사람도 나타났다. 여기에는 최초의 서양화가 정월 나혜석이 있었다. 그녀에게는 최초의 미술전공 여성 유학생, 여성 최초 소설가, 여성 최초 세계일주 등 '최초'라는 수식어가 따라붙었다.

사실 나는 그녀에 대해서 잘 모르고 있었는데, 그녀가 2000년 2월 문화의 인물로 선정된 것을 기념하여 만든 『나혜석평전』과 『나혜석전집』을 정월나혜석기념사업회 유동준 회장으로부터 받아보고 나서야 그녀의 여행 행적을 알게 되었다. 그녀는 공식적인 여행이 아닌 사적인 여행을 다녀와 『구미유기 歐米遊記』라는 여행기를 남겼다.

그녀는 스케줄에 얽매이지 않는 자유여행을 했다. 1927년 6월 남편과 함께 부산진역을 출발하여 중국 하얼빈을 거쳐 시베리아 횡단 열차를 타고 모스크바와 폴란드 그리고 프랑스 파리에 내렸다. 다시 독일과 이탈리아, 로마 등을 구경하는 등 15개월을 유럽에서 보낸 뒤 배를 타고 대서양을 건너 1928년 9월 뉴욕 항에 도착했다.

나혜석은 뉴욕에서 다양한 곳을 방문하였다. 컬럼비아대학에는 조선인 유학생이 많았으며, 대학시설이 상당한 규모라고 기록했다. 그리고 뉴욕 맨해튼 남단에 위치한 1913년에 준공된 57층의 울워스 빌딩 전망대까지 엘리베이터를 타고 올라가보니 아래 건물들은 성냥갑을 올려 놓은 듯하다고 했다. 메트로폴리탄박물관에 들러 미켈란젤로 조각상을 보고 파라마운트 영화관에서 영화를 감상하고 자유의 여신상도 보았다. 또한 워싱턴을 가기 위해 기차를 타고 가면서 미국의 농촌은 유럽에 비하면 적막하다고도 기록하고 있다. 워싱턴에서는 구한국 한국공사관을 방문하여 양옥집 정문에 태극 표시가 희미하게 남아 있는 것을 보고 반갑기도 하고 슬프기도 했다고 한다. 그 외에 링컨기념관, 워싱턴기념비, 백악관, 국회의사당, 중앙도서관, 미술관 등 워싱턴을 대표하는 것은 거의 살펴보았다.

이어 나이아가라 폭포 앞에서 경탄의 글을 남긴 뒤 6일간 미시간 호변의 시카고를 여행하고 교통과 상공업의 발전상에 놀라워했다. 그리고 2일간 그랜드캐니언에 머물렀다. 여기서 다시 열차로 로스앤젤레스에 도착하여 할리우드와 요세미티 여행을 통해 대삼림과 바위의 우아함에 감탄을 금치 못했다. 6일간의 샌프란시스코 여행을 통하여 금문공원에 있는 미술관과 온실, 동물원의 해표를 구경했다고 적었다.

1929년 2월 2만2천 톤의 태양환太陽丸을 타고 귀가 도중에 하와이 호놀룰루에서 며칠 보내다가 도쿄를 거쳐 부산에 20개월 만에 돌아왔다. 비록 자신의 여행 행적을 간단히 적은 것이지만 당시 여성으로서는 대단한 여행 기록이었다.

그리고 많은 신여성들이 신학문을 배우고자 미국에 가서 공부하면서 대륙을 횡단한 사례는 많지만, 그들의 여행 기록은 거의 없다. 그러나 문화 예술 활동을 위해 온 미술가나 무용가 또는 체육인들은 여러 매스미디어에 소개된 일이 종종 있었다. 그중에서 한국 근대무용의 선구자였던 배구자는 한국을 비롯하여 뉴욕, 하와이, 만주 등을 순회공연한 것으로 알려져 있다. 또한 일제강점기에 태어나 대부분 일본의 식민지 속에서 보내고 남편 안막安漠을 따라 월북하여 딸 안성희로부터 공개비판을 받은 최승희가 있다. 그녀의 예술적 성과 등에 관한 얘기는 생략하고, 그녀가 미 대륙을 횡단하며 펼친 활동을 보면, 우선 세계가 그녀의 무대였음을 알 수 있다. 그녀 역시 시대적 흐름인 여성주의, 여성중심주의, 여성해방주의 등으로 불리는 페미니즘을 무용을 통해 선구자적인 모습을 보여 주었다.

이 외에도 많은 여성들이 신학문에 목말라하며 일본이나 유럽 그리고 미국으로 유학을 떠났었다. 대개는 해방 후 정부에 들어와 일을 하거나 대학 등에서 가르치는 일을 했다. 그러나 일제 말기에 조선총독부의 회유와 강압으로 강연, 방송 등을 통해 일제의 침략정책을 미화하고 징병·징용·학병 동원을 촉구하는 등의 친일행각으로 해방 후 친일인사로 지목되어 많은 사람들의 배척을 받은 여성들도 적지 않았음은 안타까운 일이 아닐 수 없다.

뉴욕 9·11테러를 보다

우리가 살던 뉴헤이번은 미 동부의 핵심도시인 뉴욕과 보스턴 사이에 있어 양쪽 어딜 가든지 적당한 거리였다. 특히 뉴욕의 중심지 맨해튼은 자동차로 한 시간 조금 더 걸리는 이웃이었다. 미국 생활이 자리를 잡아가면서 맨해튼을 구경하기 위하여 짬만 나면 그곳으로 차를 몰았다. 주말이면 센트럴 파크 주변은 종일 무료여서 부지런하면 비싼 주차료 걱정은 하지 않아도 되었다.

보면 볼수록 매력이 느껴지는 곳이 뉴욕이 아닌가 싶다. 일 년에 200여 개국의 국가원수급이 찾아올 정도로 다종다색의 세계적인 수도다. 자본주의와 현대 도시를 대표하는 뉴욕은 정치, 경제, 문화, 예술, 역사 등 어느 분야든지 이곳에서 인정받으면 그것으로 끝이 아닌가 싶다. 예일대학이 있는 뉴헤이번에서 공연하거나 시연되어 긍정적인 평가를 받으면 뉴욕에서 성공한다는 이야기가 있을 정도로 예술적 완성도가 높은 공연이 이루어진다.

도시란 인간이 창조한 인공물 중에서 가장 거대한 것이다. 도시를 이해한다는 것은 인류가 남긴 위대한 문화를 감상할 수 있는 안목이 있다는 것을 의미한다. 아무튼 뉴욕은 맨해튼과 주변 도시를 잇는 고속도로와 함께 발전한 도시, 19세기 중반 이후 대규모 이민이 이루어진 이민자들의 도시, 고밀도의 공동주거 형태가 발달한 아파트 도시, 수변지역의 40%가 공원용지로 지정된 수변도시, 월가를 중심으로 하는 돈의 강력한 이미지를 가진 금융의 중심지이자 문화예술의 도시다.

하지만 영화 '대부'에서 보는 것처럼 각종 범죄의 온상이기도 하다. 이처럼 모든 불가사의와 혼란과 복잡함이 뭉친 곳이어서 그 다양하고 깊은 내막을 알고 이해하기란 평생 노력해도 힘들 거라고 생각하면서도, 가능한 한 많이 보자는 욕심으로 차근차근 맨해튼과 그 주변 지역을 둘러보는 계획을 세워 보기로 했다.

원래 뉴욕을 제대로 느끼려면 배를 타고 대서양을 건너오면서 서서히 눈에 들어오는 '자유의 여신상'을 시작으로 즐비한 고층건물 등을 음미하며 입국하는 것으로 생각했었다. 그러나 비행기로 왔으니 그런 낭만적인 기회는 없었다. 그래도 늦었지만 뉴욕의 수호신인 여신상을 향하여 우리가 미국에 왔음을 알리고 싶은 마음이 생겼다.

우리 가족은 2001년 9월 10일 자유의 여신상이 있는 리버티 섬과 엘리스 섬 그리고 로어맨해튼 지역을 둘러보기 위해 아침 일찍 집을 나섰다. 배를 타고 섬에 들어가 18세기 중반 이후 대거 몰려들기 시작한 이민자들의 모습이 담긴 생생한 사진과 문서자료들을 보며, 사진 속의 이들이야말로 제2의 미 대륙 발견자임을 알았다. 특히 자유의 여신상 내부의 왕관까지 올라가 밖을 내다보니, 셀 수 없이 다양한 배들이 꼬리를 물고 여러 부두에 접안 준비를 하고 있었다. 9·11테러 이후 여신상의 왕관까지 오르는 것이 제한되어 있다고 하니 아쉬워하는 이가 얼마나 많을까 싶다.

우리는 섬을 뒤로하고 세계무역센터WTC 쌍둥이 빌딩 앞을 지나면서 다음 휴일에 내부 구경을 하기로 했다. 그리고 하나라도 더 볼 욕심으로 태평양전쟁에 참전했다가 1981년에 퇴역하여 맨해튼 86번 부두에 정박되어 있는 인트레피드 항공모함USS Intrepid를 앞을 지났다. 너무 늦어 내부를 볼 수는 없었지만 외관만 봐도 왠지 본전을 뽑았다는 생각이 들었다. 거대한 항공모함 갑판 위에 빼곡하게 올려놓은 항공기의 위용보다도 2차 세계대전을 비롯한 여러 전투에 참가하면서 쌓은 노련한 자태에 마음이 갔다.

이렇게 구경을 마치고 이튿날 점심을 먹으러 대학 구내식당에 갔다가 텔레비전을 보니, 바로 어제 바로 앞을 지났던 세계무역센터 쌍둥이 빌딩이 불과 연기를 내뿜으며 무너져내려 아비규환의 현장으로 바뀌어 있었다. 처음에는 연출된 것인가 싶었는데 주위 사람들을 보니 하얗게 질린 채 "오 마이 갓!"을 외치고 있었다.

점심도 마다하고 급히 집으로 달려갔다. 학교에서 돌아온 아이들도 텔레비전을 보며 어쩔 줄을 몰라 했다. 여기저기 지인들에게 전화를 돌려댔다. 심지어 한국까지 전화를 했더니 모두 이 사실을 알고 있었다. 이렇게 단숨에 무너지리라고는 상상하지 못한 일이었다. 그런데 그게 일어났다. 만일 어제 우리가 그 앞을 지날 때 무너졌다면…. 가슴을 쓸어내렸다. 역사적인 사건은 순간의 결정적인 시간차로 일어난다는 것을 새삼 깨달았다.

이날 이슬람 무장테러단체 알 카에다의 테러리스트들이 납치한 민항기 4대 중 2대가 110층의 세계무역센터 건물 93~99층과 77~85층에 각각 시속 790km로 충돌하고, 1대는 워싱턴 미 국방부 청사인 펜타곤에 자살 충돌했으며, 나머지 1대는 미국 동부 펜실베이니아에 추락했다. 문제는 사람이 밀집되어 있던 세계무역센터였다.

이와 같은 동시다발적인 테러는 '21세기가 시작되었다'라고 말할 정도로 세계 정세를 바꾸어 놓았다. 또 누군가는 미국의 현대사는 2001년 9월 11일 이전과 이후로 나눌 수 있다고까지 했다. 이 사건이 얼마나 충격적이었는지는, 이 사건이 일어났을 당시 많은 사람들은 그때 자신이 어디서 무슨 일을 하고 있었는지 생생하게 기억하고 있다는 것을 보아도 알 수 있다.

이 사건의 피해자는 세계무역센터에서만 실종자 4,972명, 사망 152명으로 모두 5,124명이며, 4대의 탑승자 265명, 국방부 청사 내에서 125명이 실종 또는 사망하여 모두 5,514명이 희생되었다. 이는 2차 세계대전 당시 진주만에서 일본군의 기습에 의해 파괴된 많은 전함과 전투기 외에 사망자 2,403명과 부상자 1,178명보다 훨씬 많은 인명 피해였다. 이후 부시 대통령은 테러리스트들과의 전쟁을 공식적으로 선포하여 세계 정세는 숨가쁘게 돌아가기 시작했다.

사건 후 세계무역센터에의 접근이 금지되었다. 그래도 우리 가족은 그곳에서 멀지 않은 곳에 실종자들을 찾기 위해 마련된 통곡의 벽보 거리를 찾았다. 벽보에는 '당신이 보고 싶다', '살아서 돌아오라' 등 가족과 친지 등을 찾는 애절한 사연이 담긴 사진과 글이 길게 붙어 있었다. KBS에서 한국전쟁 등으로 생이별한 가족을 찾는 프로그램 '누가 이 사람을 아시나요'가 자꾸 생각나 발걸음이 더 무거웠다.

이 사건이 난 뒤 얼마 후 맨해튼에서 그리 멀지 않은 프린스턴대학에 객원교수로 와 있는 대학 동료인 정외과 박사명 교수를 찾았다. 대학 캠퍼스와 대학촌을 둘러보면서 이 대학에서 공부했던 당시 이승만 대통령의 박사학위를 둘러싼 일화와 9 · 11테러에 희생당한 이들에 대한 이야기를 나눴다. 박 교수가 머물던 동네에서만 세계무역센터에 근무하던 많은 인재들이 그날 한꺼번에 희생되어 동네 전체가 슬픔에 잠겼다고 한다. 유족들의 슬픔을 헤아리고 희생된 이들의 명복을 빌어야만 하는 안타까운 마음을 삭이지 못한 채 프린스턴의 저녁노을을 뒤로하고 집으로 돌아왔다.

미국인의 애국심을 보다

이 사건 이후 미국과 미국인이 어떤 나라이며 어떤 사람인지 감을 잡을 수 있었다. 우선 철저한 보복이었다. 부시 행정부는 즉시 군대를 보내 알 카에다의 본거지인 아프카니스탄의 탈레반 정부를 붕괴시키고 친서방 정권을 세웠다. 동시에 9·11테러를 주도한 알 카에다의 지도자 오사마 빈 라덴을 10년간 끈질기게 추적하여 2011년에 사살함으로써 그 책임을 물었다. 이렇게 할 수 있었던 것은 미국인의 애국심이 뒷받침되었기 때문이다. '신이여, 미국에 축복을…' '우리는 일어난다' 등 슬로건을 내세우며 21세기 첫 전쟁에 돌입할 수 있었기 때문이다.

둘째, '우리는 일어난다'의 의미는 어려움을 극복하고 새로움을 추가하는 강한 의지의 표시였다. 세계무역센터가 있던 그 자리를 핵무기가 폭발한 지점이나 피폭 중심지를 뜻하는 '그라운드 제로'라고 부르며, 뉴욕의 새로운 랜드마크이자 미국 경제를 상징하는 대표적인 건물로 재건축을 시작했다. 그리고 9·11기념공원과 세계무역센터 6개 동이 순차적으로 착공해 2014년 11월 원월드트레이드센터 One World Trade Center라는 주건물이 들어섰다. 지상 94층, 지하 5층 규모로 총 높이는 미국이 독립선언을 한 1776년을 기억하자는 의미로 1,776피트, 541m로 미국에서 가장 높은 건물로 새로 태어났다.

셋째, 9·11를 잊지 말자는 사회적 캠페인이다. 이는 60년 전인 1941년 12월 7일 일본군에 의한 진주만 기습 이후의 국민을 단합시킨 일이었다.

자동차마다 성조기를 몇 개씩 달고 달리는 등 미국의 모든 도로는 온통 미국 국기로 뒤덮였다. 가가호호 성조기를 내건 것은 물론이고 마당 가득 수십 개의 국기로 장식한 집이 많았다. 우리 동네 어느 집은 아예 대형 성조기로 지붕을 감싸고, 성조기를 몸에 두르고 거리를 행진하는 사람도 종종 눈에 띄었다.

이렇게 많은 국기를 충당하기 위해 한국과 중국에서 긴급 수입해 왔다고 꼬집는 기사까지 날 정도였다. 이런 따끔한 여론으로 미국 내로 국기 생산을 돌렸다는 이야기도 들렸다. 그리고 예일대 기숙사 창밖에 내건 성조기 가운데 태극기도 눈에 띄었는데, 이를 내건 한국 학생의 마음은 어떤지 궁금했다. 아무튼 이러한 애국심을 배경으로 한 미국은 21세기의 전쟁에서 승리하고 있는 것처럼 보였다.

또한 슈퍼마켓이나 대형 할인매장 앞에는 새로운 전쟁을 위한 모금함이 있었다. 각 기업체 광고도 미국을 상징하는 자유의 여신상이나 링컨 그리고 조지 워싱턴 대통령의 얼굴을 내세우며 간접적으로 애국심을 강조했다. 이뿐만 아니라 아이들 학교에서는 아침마다 미국 국가를 불렀다. 미국 국가를 모르는 우리 아이들은 끙끙거리며 공부삼아 익히려고 하는 듯하더니 끝까지 해내지 못한 것 같다.

우리나라에서도 과거를 되풀이하지 말자는 뜻으로 '상기하자 6 · 25, 잊지 말자 8 · 29 경술국치, 잊지 말자 연평도나 천안함' 등의 구호를 외치며 느슨해져 가는 사회분위기를 고취시키고는 있지만, 미국의 광풍과 같은 자발적인 열기와 비교되었다.

그리고 빠질 수 없는 이야기는 꼭 60년 전에 일어난 일본군에 의한 진주만 기습을 담은 '진주만'이라는 영화다. 이 영화가 지닌 의미를 십분 이용하려는 듯 9 · 11테러 직후부터 진주만 기습이 있었던 12월 7일을 향해 대대적인 영화 광고가 이어졌다. 9 · 11을 12 · 7로 승화시키려는 영화사의 고도의 심리전처럼 보였다. 많은 사람들이 이런 광고를 보고 영화가 개봉되는 12월 7일까지 손꼽아 기다리게 하는 심리전법이었다.

12월 7일이 되자 기다렸다는 듯이 많은 사람들은 극장을 찾았다. 본래 영화를 좋아하는 나도 개봉하자마자 극장으로 달라졌다. 이 영화는 그야말로 미국인의 가슴에 잠재되어 있던 애국심을 한번 더 일깨웠다.

이어 9·11테러사건이 터진 얼마 후 여기에 대응하는 미국의 정치 중심지 워싱턴을 방문한 첫인상은 콜로세움만 있다면 바로 그 옛날의 로마 모습과 비슷하다는 생각을 했다. 시가지 건물 모습도 왠지 닮았다는 생각을 했지만, 민주주의를 지향하는 미국 대통령의 힘이 과거 지중해를 호령하던 로마황제처럼 비춰지고 있는 듯했다. 나중에 뉴욕타임스가 미국 대통령을 제왕적 대통령이라고 지적한 것을 보면서, 어쩌면 나와 같은 생각일까 하는 마음에 쓴웃음을 날렸다.

뉴욕에서 유엔의 날에 만난 사람들

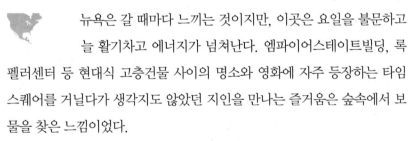

뉴욕은 갈 때마다 느끼는 것이지만, 이곳은 요일을 불문하고 늘 활기차고 에너지가 넘쳐난다. 엠파이어스테이트빌딩, 록펠러센터 등 현대식 고층건물 사이의 명소와 영화에 자주 등장하는 타임스퀘어를 거닐다가 생각지도 않았던 지인을 만나는 즐거움은 숲속에서 보물을 찾은 느낌이었다.

캘리포니아 데이비스에서 교환교수로 있으면서 방학을 맞아 가족과 함께 뉴욕에 온 김상헌 교수를 자유의 여신상 앞에서 우연히 만났다. 김 교수 가족은 춘천의 같은 아파트 같은 통로에서 자주 만나던 사이였다. 그날 우리 집에서 하룻밤 묵어 가기로 한 김 교수와 함께 그동안 한국에서 나누지 못했던 이야기 보따리를 밤새 풀어놓았다. 수많은 사람 가운데 우연히 아는 사람을 만난다는 것은 두 배의 즐거움이었다.

10월 24일은 유엔의 날로 유난히 기억에 남는다. 2001년 이날, 1945년 10월 24일 유엔이 창설된 것을 기념하여 열리는 예술공연에 한국 대표(?)로 초청을 받았다. 그 해는 춘천 출신 한승수 외교통상부장관이 유엔 의장으로 취임한 해이기도 하다. 보스턴대학 객원교수로 와 있던 강원대 가정교육과 이경희 교수와 친분이 있는 한승수 의장 사모님의 추천으로 이 교수와 함께 유엔본부 총회장에 참석하여 마임을 관람하게 된 것이다.

마임과 악단의 연주를 관람하기에 앞서서 유엔본부 의장실을 찾아 한승수 의장을 만났다. 한 의장은 여기가 바로 유엔을 대표하는 의장실이라면서 창밖으로 보이는 이스트 리버를 가리키며 감회어린 표정을 지었다. 그리고 비서를 불러 유엔의 여러 기구들의 방을 잘 안내해 주라는 부탁도 잊지 않았다.

의장실 옆방은 지금 유엔사무총장인 당시 반기문 비서실장 집무실이었다. 마침 부재중이라 만나지는 못했지만 집무실은 들여다볼 수 있었다. 이어서 세계의 중요 의사를 결정하는 안전보장이사회, 경제사회이사회, 신탁통치이사회 등의 회의실을 둘러보았다. 의장의 부탁인지라 보안요원들이 아주 친절하게 안내해 주었다.

이어 공연시간이 되어 총회장에 입장했다. 의장석 뒤로 평화를 상징하는 유엔기가 눈에 들어왔다. 우리 국회 본회장과 같은 구조이긴 해도 국제회의를 위한 동시통역자들 방인 듯한 유리창으로 막은 격실이 좌우 벽에 높이 달려 있었다. 각국에서 온 사람들 사이에 한국인은 우리뿐으로 마치 한국 대표가 된 기분이었다. 웅장한 서곡을 시작으로 마임 공연이 성황리에 끝난 늦은 밤 휘황찬란한 불빛이 뉴욕의 밤거리를 비춰 주고 있었다.

연말 뉴욕은 더욱 분주했다. 11월 중순경 초청장 하나가 날라왔다. 이는 한승수 유엔 의장 취임을 축하하는 자리로 한 의장과 인연이 있는 춘천중고등학교, 연세대, 강원도민회 공동으로 주최하는 행사였다. 도민회장은 개회사에 앞서 또 하나 축하할 일이 있다면서 흥분된 목소리로 마이크를 잡았다. 유엔 의장인 한승수 외교통상부장관이 12월 10일 유엔 대표 자격으로 노벨평화상을 수상한다는 발표에 우레와 같은 박수가 터져나왔다. 노벨위원회에서 유엔을 평화상 수상자로 지명하면서, 유엔본부는 코피 아난 사무총장과 함께 노벨평화상을 공동 수상할 유엔 대표를 한승수 의장으로 결정했다고 한다. 2000년 김대중 대통령에 이어 한국인이 2년 연속 노벨평화상 시상식 무대에 서게 된 것이다.

한 장관은 코피 아난 총장과 함께 30여 명의 유엔 대표단을 이끌고 시상식에 참석했다. 2001년은 노벨상 제정 100주년이 되는 해였다. 이와 같은 겹경사로 분위기는 고조되었다. 특히 춘천고 동기생인 주유엔 한국대표부에 근무하는 김성원 국회입법관과 이곳에서 사업을 하는 친구 그리고 북한 경수로 사업 추진을 지원하기 위해 구성된 국제컨소시엄인 한반도에너지개발기구KEDO 사무처장으로 근무하는 조규형 고교 일 년 선배와의 만남은 더욱 뜻깊었다.

답사에 나선 한승주 의장은 유엔 의장이 된 기쁨을 모든 국민에게 돌리며 재미있는 에피소드를 전해 주었다. 매년 유엔총회가 열리는 가을부터 세계 각국의 지도자들이 연설을 하기 위해 총회장의 연설대에 올라오는데 누구나 연설대 뒤쪽 위에 앉아 있는 의장을 향하여 공손히 절을 한다는 것이다. 중국이나 일본 등 어떤 나라도 예외가 없다는 것이다. 특히 중국 국가주석이 자신에게 공손히 절을 할 때 감회가 깊었다고 한다. 5천 년 우리 역사에서 중국 대표로부터 공손히 공식적인 절을 받은 최초의 한국인이라는 감회를 밝히기도 했다. 아무튼 노벨평화상을 받은 한승주 의장에게 축하와 감사 그리고 재미동포를 위한 박수가 이어졌다.

이렇게 다녀온 유엔을 아이들에게도 보여 주고 싶어 다시 갔다. 그런데 유엔본부 주변 도로를 모두 대형 경찰버스로 막아 놓아 자동차로는 아예 접근할 수가 없었다. 평소에도 그렇지만 9·11테러로 보안조치가 더 강화되었다고 한다. 할 수 없이 센트럴 파크 도로변에 차를 세워 두고 걸어서 갔다. 유엔본부에 입장하면서도 철저한 검문검색을 받았다. 나는 건물 안으로 들어가자마자 일전의 경험을 살려 한승수 의장의 고향 후배라고 밝혔다. 보안요원은 반색을 하며 일반인들이 접근할 수 없는 내부 깊숙한 곳까지 볼 수 있도록 도와주었다. 그래서 주요 회의실을 둘러보며 유엔의 의미를 되새겨 보았다.

그러고 나서 유엔 대표부에서 일하는 동기생의 안내로 코리아타운의 한식 전문점에서 오랜만에 고향 이야기를 나누느라 음식 맛도 잊고 있었다. 외교관 신분증을 제시하면 음식값에 붙는 적지 않은 세금이 면제되어 얻어먹었다는 심적 부담을 조금은 덜했다.

뉴욕에 생기를 불어넣는 문화예술

사람의 오감을 자극하는 뉴욕 맨해튼은 지구에서 가장 살기 좋고 가장 여행하고 싶은 역동적인 도시가 아닐까. 현기증이 날 정도로 곧게 솟은 고층 빌딩군, 거대한 광고판과 노란 택시 그리고 수많은 사람들이 강물 흐르는 듯이 오가는 거리에 서면, 이곳이 바로 뉴욕이구나 하는 느낌이 밀려온다. 그리고 여행자들은 너무 많은 볼거리를 어디서부터 구경해야 할지 망설여지게 된다.

1930년에 완공된 엠파이어스테이트빌딩 전망대에 올랐다. 뉴욕 전체와 하늘로 치솟은 빌딩 숲을 막힘없이 한눈에 조망할 수 있었다. 초등학교 때부터 미국 하면 자유의 여신상과 이 빌딩이었기에 뉴욕이 잘 보이는 전망대에 오른 것은 마치 미국을 정복했다는 야릇한 생각마저 들 정도였다.

이러한 빌딩들의 위용은 하드웨어적 성격이 강한 것으로 시간이 흐름에 따라 서서히 소프트웨어라고 할 문화예술에 관심이 갔다. 꺼져가는 애달픈 삶과 젊은 연인들의 사랑을 그린 영화 '러브 스토리'를 떠올리며 록펠러센터 광장을 찾았을 때 더욱 간절해짐을 느꼈다.

역시 뉴욕의 매력은 도시 외관과 더불어 국제정치와 금융경제의 본거지를 더욱 화려하게 꽃피우는 예술문화에 있다. 뉴욕에는 세계 최고 수준의 줄리아드 음대와 맨해튼 음대가 있다. 그리고 대영박물관과 루브르박물관과 함께 세계 3대 박물관이라고 일컫는 메트로폴리탄박물관과 구겐하임 미술관 외에 수많은 테마 박물관이 세계 사람들을 불러모으고 있다. 이러한 인파 속에 우리 가족도 가끔 섞여 있었다.

음악과 뮤지컬 등이 늘 공연되는 카네기홀이나 브로드웨이극장 등은 한번 찾은 사람들을 다시 오게 하는 마력을 지니고 있다. 이들은 어떻게 보면 문화예술을 부동산 거래하듯 사고파는 비즈니스처럼 움직인다. 이는 천박하게 보이기도 하지만, 유럽의 옛 문화를 보존하면서도 기상천외한 새 문화를 만드는 메카니즘으로 작용하고 있는 듯했다.

1905년 뉴욕의 목화상이었던 줄리아드의 유산으로 설립된 줄리아드 음대는 우리가 빌려 살던 집주인의 모교였기에 저절로 관심이 갔다. 그리고 같은 예일대 객원교수로 와 있던 대학 동료인 우종촌, 차홍준 교수와 함께 맨해튼 음대에 가서 놀란 일은 개인지도를 받고 있는 학생들을 기다리며 떠드는 상당수의 여인들이 우리말을 쓰는 엄마들이었다. 이들은 자식들이 카네기홀에서 연주회를 갖거나 줄리아드 대학원 등에 진학하는 꿈을 가지고 있다는 것도 알았다.

어느 날 하버드대 의대 객원교수로 온 한헌 교수 가족이 뉴욕의 뮤지컬을 보고 가는 길에 우리 집을 노크하였다. 그가 '레미제라블'의 영문 노래 가사와 대사를 미리 공부한 뒤 뮤지컬을 볼 정도의 열성팬인 줄은 몰랐다. 그리고 매주 수요일 저녁 공연은 인터넷으로 가족 동반 예약을 하면 아주 싼 가격으로 감상할 수 있다고 귀띔해 주었다.

우리는 한 교수가 남겨놓은 영어 대사본을 보는 둥 마는 둥 서둘러 뉴욕 브로드웨이 42번가 뮤지컬 극장을 찾았다. 3층 말석이긴 해도 무대 전체를 잘 내려다볼 수 있어서 오히려 특석보다 낫다는 생각이 들었다. 교회의 은촛대를 훔친 장발장이 시장이 되어 활약하는 단순한 이야기가 아닌, 위대한 프랑스 대혁명이라는 시대적 무대 속에 피어난 인류애와 인간 본성이 그대로 전달되어 당시 사회상을 통해 보여 주고자 하는 메시지는 분명했다. 이 작품은 여러 나라에서 공연되더니, 최근 브로드웨이에서 재공연되면서 여전히 많은 이들의 발길이 이어지고 있는 이유를 알 것 같았다.

사실 뮤지컬 관람은 처음이었다. 중학교 때 오페라 '아이다'를 영화를 통해 보면서 지루해하던 기억이 전부였다. 배우들의 뛰어난 연기와 노래, 그리고 이야기에 따라 장면이 바뀌었다. 한정된 작은 무대 위에서 펼쳐진 웅장한 스토리는 마치 변화하는 역사의 현장에 있었던 것처럼 만드는 것이 뮤지컬의 묘미였다. 배우들의 노래 대사는 잘 알아듣지 못했지만, 그들의 섬세한 동작과 내용에 따라 변하는 무대를 보며 충분히 이해할 수 있었다. 그리고 최근 영화로 소개된 '레미제라블'을 다시 보면서, 그때 미처 느끼지 못했던 또 다른 의미를 깨달았다.

뉴욕을 방문하는 우리나라 사람들이 가장 부러워하는 곳은 바로 맨해튼 가운데에 자리잡은 센트럴 파크다. 1857년 동서 약 800m, 남북 약 4km에 이르는 100만 평이 넘는 세계 최대의 도시공원으로 만들었다고 하니, 그들의 선견지명이 놀랍고 부러울 따름이다.

맨해튼에 갈 때마다 주차료는 큰 부담이었다. 종일 주차한다면 우리 가족이 맛있는 식사 한 끼를 먹고도 남을 정도였다. 다행히 주말에는 센트럴파크 경계를 따라 종일 무료로 주차할 수 있는 구간이 있어 아침 일찍 가거나, 빈 공간이 없을 때는 빙빙 몇 바퀴 돌면 자리가 나곤 했다.

해마다 3천여만 명의 관광객이 찾는다는 이 공원에는 인공호수, 아이스링크, 동물원, 극장, 테니스장, 새들도 쉬어가는 자연림이 있어 조류학자들도 이곳을 찾는다. 야외극장에서는 여름마다 셰익스피어 축제가 열린다. 19세기 후반부터 100여 년 동안은 화려하게 차려입은 상류층 여성들이 마차를 타고 왔으며, 대공황 때는 실업자를 수용하는 텐트가 늘어서는 등 그야말로 도시 속의 오아시스다.

특히 공원과 붙어 있는 메트로폴리탄박물관은 한 번의 관람으로는 끝낼 수 있는 곳이 아니다. 유럽의 박물관은 대개 고대 이집트, 그리스, 인도, 중국 등과 중근동 지역의 유물이나 미술품 등을 전시하고 있는데, 이곳은 다른 대형 박물관에서 쉽게 볼 수 없는 중남미의 마야나 잉카 문명의 유물과 태평양에 있는 여러 섬들의 유물을 만날 수 있다.

뉴욕의 코리아타운과 차이나타운 그리고 유대인

세계 어딜 가나 자주 만나는 아시안들이 있다. 그 하나는 일본인이요, 또 다른 하나는 중국인이다. 그런데 일본인은 단신 여행자가 많고, 중국인은 대부분 현지 거주자라는 것이 다르다. 말하자면 중국인은 정착인으로서 차이나타운을 중심으로 수적인 우세를 보이며 그 지역에 크고 작은 영향을 주고 있다. 맨해튼의 차이나타운도 그중 하나다.

또한 뉴욕의 유대인을 의식하지 않을 수 없다. 이스라엘 다음으로 유대인이 많이 살고 있으며 미국을 통해 전 세계의 정치와 경제에 큰 영향을 미치고 있기 때문이다. 이 외에 이탈리아, 아일랜드, 러시아 등 유럽의 여러 종족과 인도 등의 아시아계, 흑인, 히스패닉 등 민족 집단 거주지가 있다. 즉 뉴욕 전체 거주자의 3분의 1이 외국인으로 그야말로 종족의 다양성과 인종차별주의 그리고 다문화주의가 얽혀 있다. 그럼에도 많은 사람들은 정치적·경제적·사회적·문화적 유대관계를 지속하며 조화로운 모습을 보이고 있다.

그래서 그런지 거리를 걸으면서 어디서 왔는지를 묻고 답한다는 것은 우스운 일이다. 뉴요커들은 서로 섞여 또 다른 새로움을 추구하고 있다. 내가 한국인이라 그런지 한국인과 중국인 그리고 유대인이 유독 눈에 많이 띄었다. 아마도 뭔가 공통점이 있고 각각의 독특한 상술을 갖고 있기 때문일 것이다.

차이나타운은 세계 어디를 가든 이제부터 차이나타운이라는 것을 알리는 중국 문을 세워 자신들의 정체성을 확실히 나타내고 있다. 마치 치외법권이 인정되는 조계租界의 성문이라도 되는 것처럼 말이다.

중국인들은 예나 지금이나 세계 전역으로 뻗어나가고 있다. 이들은 유럽 열강이 했던 것처럼 자신의 식민지를 세우기 위한 것이 아니라, 보다 나은 생활터전과 자유를 찾아 나선다. 매년 중국인이 가장 선호하는 미국을 향해 3만여 명이 떠나고 있다. 미국 외에 다른 나라로 가는 숫자도 비슷하다고 한다. 그런데 이들은 애국심이 강하고 여전히 중국을 자신의 조국이라고 여기고 있다.

버틸 린트너Bertil Lintner가 쓴 『차이나 브라더스China Brothers』를 보면 중국인의 대규모 해외이동이 몇 번 있었다. 첫 번째는 대륙에서 왕조가 망할 때마다 조금씩 인접국가로 피신하던 것이 17세기 명나라가 청나라에 망하자 남부에 거주하던 명의 유신들이 베트남 메콩 델타 지역을 중심으로 살게 되었다. 이후 남중국해의 무역을 장악하는 등 19세기 후반부터 20세기 초반에 걸쳐 상인으로서의 명성을 떨친다. 드디어는 싱가포르가 1965년 말레이시아로부터 독립하는 등 절정에 달하였다.

두 번째는 19세기 중반 이후 청나라가 태평천국의 난 등으로 몰락하고 중국 전역이 무법천지가 되면서 남부 출신들이 동남아시아의 기존 화교사회로 몰려들었다. 특히 이 시기에 새로 발명된 증기선을 타고 북미나 호주 등 태평양 연안국가로 향하는 이들도 상당하였다. 과거와는 달리 남부지방뿐만 아니라 중국 내륙의 주민들도 태국, 버마, 라오스, 캄보디아, 러시아 극동지역으로 끊임없이 몰려갔다. 심지어는 남아공의 다이아몬드 광산 노동자로 갔던 2, 3세들이 현재 그 지역에서 큰 영향력을 행사하기에 이르렀다.

세 번째로는 중국의 개혁개방정책 이래 대륙을 떠나는 신이민자들이 급증하고 있다. 미국 등으로 나가는 중국인들은 가난하거나 정치적 박해를 피해 가는 것이 아니라, 부유한 지방 출신들이 더 나은 삶을 위하여 이민 행렬에 끼게 되었다는 것이다. 이들이 화교사회에 큰 영향을 주고 있는 것으로 나타나 있다.

여기에는 몇 가지 이유가 작동하고 있다. 첫째가 중국 내 인구 압력을 줄이고 실업률을 낮추기 위한 것이다. 둘째는 이민자들의 해외로부터의 송금이 중국 경제의 중요한 수입원이기 때문이다. 셋째는 세계 각처에 자리 잡은 화교사회가 그들이 거주하는 나라에서 중국 정부를 돕는 지원군 역할을 할 수 있기 때문이다. 하지만 상대국과 마찰을 일으킬 수 있는 중요한 이유가 되기도 한다.

이는 과거 유럽인들이 다른 세상을 찾아 떠났듯이 지금은 중국인들이 똑같이 떠나고 있을 뿐이라고 주장하고 있다. 몇 세기가 지나면 지구상의 판도는 분명히 바뀔 것으로 예측하고 있다. 때로는 은밀하게, 또 직접적으로 파고드는 중국 이민자들을 미국을 비롯한 세계 여러 나라들은 힘겨워할 것으로 보인다.

이러한 중국인의 집단 상가에 비해 일본인은 소규모 상가나 점조직 형태의 가게 운영을 하고 있다. 이는 아마도 수적으로도 적고 중국이나 한국의 역사에서 볼 수 있는 중앙집권적 정치형태와는 달리 영주제의 발달로 지방분권적인 정치형태에서 나온 결과가 아닐까 조심스럽게 생각해 보았다. 그렇다고 브라질 상파울루처럼 규모가 큰 재패니스타운이 없는 것은 아니다.

스티븐 카슬Stephen Castles과 마크 J. 밀러Mark J. Miller가 함께 쓴 『이주의 시대The Age of Migration』를 보면, 전 세계의 주요 사건들은 점점 국제 이주와 관련이 깊다. 물론 이주는 새로운 현상은 아니고 인간은 언제나 새로운 기회를 찾기 위해서나 빈곤과 갈등 그리고 자연재해로부터 벗어나기 위해 이동해 왔다. 특히 16세기 이후 유럽이 확장되면서 대규모 이주가 시작되었다. 즉 유럽에서 북미로 대규모 이주가 이루어진 19세기 중반부터 1차 세계대전 사이다. 일부 학자들은 이를 '대량 이주의 시기Age of mass migration라 부른다. 이 시기는 주로 대서양 횡단 이주였으며, 규모는 오늘날보다 훨씬 컸다고 한다. 1945년에 시작되어 1980년대 이후 지금까지 급격히 확대된 이주현상은 거의 전 세계 모든 지역을 포함하고 있다. 이는 새로운 교통수단과 통신기술의 발달 그리고 최근의 정치적 · 문화적 변화로 국가간 이동이 예전보다 훨씬 쉬워졌기 때문이다. 이 결과 국제이주는 글러벌화의 엔진이 되었다.

미국은 1820년에서 1987년까지 약 5,400만 명의 이민을 받았다. 이민 절정기였던 1861년에서 1920년까지는 무려 3천만 명의 이민자가 들어왔다. 이민 절차도 초기에는 허술해서 1880년대까지는 대서양을 건널 돈만 있으면 누구라도 미국에 와서 새로운 삶을 살 수 있었다. 그러나 19세기 중반 미국 서부의 사회분위기는 점점 험악해졌다. 특히 골드러시와 대규모 철도 건설로 사람들이 서부에 몰리기 시작하면서 철도 건설 등의 노동자로 중국인 노동자가 급증했다.

이렇듯 이주의 역사를 더듬어 보면서, 전 세계에 퍼져 사는 우리 동포 약 710만 명 가운데 210만 명이 미국에 살고 있음을 알았다. 이는 아시안 중에서는 중국, 필리핀, 인도 다음이니 정치가들이 신경을 쓸 만한 규모임에 틀림없다. 그중에 뉴욕 맨해튼을 중심으로 약 40만 명이라는 거대한 공동체가 있다는 것을 생각하면 경탄스러운 일이 아닐 수 없다. 이주 이유는 중국인과 대동소이하다.

아무튼 어딜 가든지 우리 동포를 만날 수 있다는 건 힘 그 자체다. 특히 세계의 수도인 뉴욕에서 동포의 힘이 발휘된다는 점은 가슴을 뛰게 하는 즐거운 일이다. 이미 유엔을 대표하는 유엔 의장과 사무총장을 배출한 나라가 아닌가.

김원용의 『재미한인 50년사』를 보면, 1883년 5월 한미조약이 비준되어 최초의 주미대사 민영익에 이은 박정양 공사 부임 이래 갑신정변에 실패하여 망명한 서광범, 박영효, 서재필 등과 유학생 유길준, 윤치호, 김규식 등이 미주에 거류하기 시작하였다. 1899년 인삼 장수로 미주에 들어온 일이 있으나, 1903년 미국 태평양 횡단 기선인 겔릭호를 시작으로 총 65척의 배편에 실려 7,226명이 하와이로 이민 온 1905년까지를 우리 미주 이민사의 원년으로 삼고 있다. 그리고 1905년 인천을 떠난 802명의 남자와 부녀자와 아이 231명 등 총 1,033명이 멕시코의 농장노동자로 떠났다.

나는 당시의 보다 생생한 화면과 자료를 얻기 위해 인천 월미도에 있는 한국이민사박물관을 찾았다. 기대했던 대로 당시 우리나라를 둘러싼 국제적 상황, 이민 배경과 과정 등을 담은 사진자료 등이 잘 전시되어 있었다.

그때 이미 하와이에는 1876년부터 들어온 중국인 노동자 5천여 명에 위협을 느낀 당국이 1882년에 중국인 배척법Chinese Exclusion Act을 제정하여 이민을 금지하자, 이에 대신하여 1885년부터 일본인 농장노동자 6만 명이 들어와 하와이 노동자의 70%를 차지하고 있었다. 이렇듯 1850년대와 1880년대부터 중국과 일본인들이 이민사회를 조직하면서 농장주에게 요구조건을 내걸기 시작했다.

특히 일본인들이 노동조건을 걸고 파업을 일으키는 등 세력화하자 농장주들이 일본인을 견제하면서 임금을 낮추기 위한 대안으로 한국 이민 노동자를 구하려 했다. 하와이 사탕수수와 파인애플 농장주들은 한인 노동자들이 국제적 경험이 없어 싼 임금을 감내할 사람들이라고 생각했다. 나라 잃은 우리 백성들은 소나 말과 같은 참을 수 없는 대우를 받으면서도 이를 이겨내며 새로운 터에 뿌리를 내려갔다.

그리고 미국에 온 이민 홀아비들을 위하여 당시 중국, 일본, 한국 등 동양인이 주로 행하던 사진 결혼으로 1910년부터 1942년까지 하와이에 온 여자 951명과 미 본토로 간 115명, 망명 출국한 유학생들이 재미 한인사회의 개척자들이었던 것이다. 이들은 주로 험한 사탕수수밭 노동자로 일하면서도 강한 민족의식을 지닌 독립운동의 절대적인 후원자가 되었던 것이다. 아마도 이들이 없었다면 이승만 초대 대통령도 없었을 것이라는 생각을 했다.

그런데 사진 결혼을 위해 하와이에 도착한 25세 전후의 사진 신부Picture Bride들은 남편들이 모두 50세 전후의 홀아비임을 알고 깜짝 놀랐다. 한 여인은 53세 된 남편을 보고 놀란 나머지 3년간이나 실어증에 걸렸었는데, 갑자기 팔을 다쳐 통증을 참지 못하고 '억' 소리를 낸 것이 그만 실어증을 낫게 하여 잘 지내게 되었다는 글을 읽으며 저절로 웃음이 나왔다.

왜 그녀들은 사진 신부가 되길 망설이지 않고 고국을 떠났을까? 일본

압제 하에 희망 없는 미래보다는 외국에 나가 공부도 하고, 빼앗긴 나라를 위해 일도 할 수 있으며, 필경에는 오랫동안 외국생활을 한 총각들과 백년해로하자는 욕심이 있었을 것이다. 그러나 그녀들 앞에 놓인 현실은 낙원이 아니라 곧 지옥이었다. 오늘날 농어촌의 노총각들에게 시집 온 개도국 젊은 신부들의 사연은 100여 년 전의 하와이를 떠올리게 한다.

그리고 미주 유학생들 이야기도 귀담아 들을 만하다. 1902년까지 유학을 목적으로 유길준, 서광범, 박영효, 서재필, 김규식, 윤치호, 안창호 등 40여 명이 왔고, 1910년 한일합병 이후부터 1918년까지는 여행권 없이 541명이 망명 출국하였다. 1921년부터 1940년까지 일본 총독부 여행권을 가지고 온 유학생은 289명인데 예수교회의 후원을 받는 사람들이었다.

이들은 대개 반일사상이 강렬하였으며, 재미 한인의 애국적 활동에 참여하였다. 특히 태평양전쟁 당시에는 통역과 번역으로 미군 요직에 복무하거나 종군하였다. 1958년 자료를 보면, 정부 수립 이후 3,800명이 도미 유학을 하였다. 이들은 고학생으로 생활비와 학비를 벌어야 하는 등 어려운 생활을 감내해야 했다.

이런 가운데 1921년 뉴욕 맨해튼의 컬럼비아대학에 유학중이던 조병옥이 뉴욕 일원의 거류민과 한인 학생들을 중심으로 한인회를 조직하여 1924년 '뉴욕한인교민단'이 이를 이어갔다. 하지만 이제 우리나라는 이민을 보내는 나라에서 받는 나라로 입장이 바뀌었다.

한편, 1954년 한국전쟁이 끝나고 한미 간 현안문제를 협의하기 위해 미국을 방문한 이승만 대통령은 8월 2일 한인 최초로 뉴욕의 왈도프 아스토리아호텔에서 브로드웨이를 거쳐 뉴욕시청에 이르는 '영웅 행진'이란 퍼레이드를 통해 수많은 시민의 환영을 받았다. 이 대통령이 모자를 벗고 손을 흔들어 답례했다는 얘기를 듣고 그가 행진했던 카퍼레이드 길을 따라 걸으며, 아마도 그는 일제강점기에 프린스턴대학을 다니면서 얻은 교훈과

해방 후 한국전쟁으로 폐허가 된 새나라 건설을 다짐했을 것이라고 짐작해 보았다.

이러한 퍼레이드는 인류를 위해 큰 공헌을 세운 인물에게 베풀어지는 영광의 카퍼레이드였다. 아이젠하워 대통령, 맥아더 원수, 프랑스 드골 대통령 등과 달착륙 우주인들이 이 퍼레이드의 주인공이었다. 한국인으로서 두 번째 영웅 행진에 올랐던 인물은 1965년 5월 박정희 대통령이다. 이들을 위해 고층빌딩에서는 색종이가 뿌려지고, 선두에는 3군 군악대가 앞장서서 나아가며 행진곡을 연주했다. 이러한 일련의 일들은 한민족에게 힘이 되어 새로운 다짐을 하는 계기가 되었을 것이다.

또 유대인은 어떤가. 사실 우리가 살던 오렌지 타운의 유대인들이 매주 토요일 전통 의상을 입고 가족이 함께 교회에 가는 모습을 보면서 그들의 실상에 대해 궁금했다. 3년간 한국경제신문 뉴욕특파원을 지낸 고향 후배 육동인 기자가 쓴 『0.25의 힘』라는 책을 보면 유대인의 저력을 금방 알 수 있다. 지구상의 유대인은 약 1,500만 명으로 절반 정도인 700만여 명이 미국에 살고 있다. 또 그 가운데 250만 명이 메트로 뉴욕이라고 불리는 뉴욕, 뉴저지, 코네티컷 3개 주에 살고 있다.

육 기자가 관심을 가진 것은 전 지구인의 0.25%임데도 다양한 분야에서 노벨상 수상자의 25~30%를 차지하고 있다는 것에 주목하고 있다. 즉 소수의 0.25% 천재들이 25% 이상의 절대적인 영향력을 행사하고 있다는 것이다. 예를 들면 경제학 창시자인 애덤 스미스를 비롯한 데이비드 리카도, 마르크스, 폴 사무엘슨과 밀턴 프리드먼, 그린스펀과 같은 경제학자와 아인슈타인, 키신저, 석유왕 록펠러, 인천상륙작전의 더글러스 맥아더 장군도 유대계 출신으로 알려져 있다. 그리고 영화감독 스티븐 스필버그, 커피 스타벅스 창업자 하워드 슐츠, 구글 창업자 세르게이 브린과 래리 페이지, 페이스북 창업자 마크 저크버그, 미국 3대 지상파인 폭스뉴스와 CNN 등

4대 언론기관 경영자 등 일일이 나열하기 어려울 정도의 거물들이 포진해 있다. 한편, 이승만 대통령의 영부인 프란체스카 여사도 오스트리아 태생 유대인으로 알려졌다.

특히 세계 식량을 주무르는 미국의 카길Cargill, 콘티넨털Continnental, 프랑스의 루이스 드레프스Louis Dreyfus, 아르헨티나의 분게와 본Bunge &Bom, 스위스의 앙드레Andre 등 거대 곡물 메이저들의 실질적인 지배자는 모두 유대인이다. 이처럼 메이저급의 석유업계, 금융계, 언론계 등이 유대인 자본으로 움직이고 있으며, 인류의 먹거리조차 유대인의 손안에서 좌우된다는 의미는 미국을 통해 세계 정치 · 경제에 엄청난 영향력을 행사할 수 있다는 것으로, 진정 그들의 저력에 놀라움을 금할 수 없다.

그리고 실제로 유대인의 활약상을 보려면 맨해튼 미드타운 47번가의 5애버뉴와 6애버뉴 사이 약 300m 거리는 무려 2,600여 개의 다이아몬드 간판을 내건 점포들이 들어서 있다. 여기서 다이아몬드가 북미 전 지역으로 팔려나가는 등 전 세계 다이아몬드 거래량의 절반 정도가 이루어지고 있다고 한다. 이곳 외에 다이아몬드 거래로 잘 알려진 벨기에와 이스라엘에서조차 유대인이 장악하고 있음은 물론이다.

유대인들은 수천 년 동안의 정처없는 유랑생활을 통해 어디서든 사용할 수 있는 작지만 귀한 보석의 중요성을 알았기에 지금의 거대한 다이아몬드 시장을 좌우하게 되었을 것이라는 이야기다. 16세기에 단단한 다이아몬드 연마법을 유대인이 발견한 것도 한몫했을 것이다. 그리고 유대인을 영어로 Jew라고 하는데, 이는 보석을 말하는 Jewelry의 어원이라는 것도 결코 우연한 일이 아니다.

그렇다면 이들은 지금까지 어떻게 이러한 일들을 해낼 수 있었을까 하는 의문이 든다. 이는 간단히 말하면 부와 명예의 세습을 위하여 독특한 종교적 가치를 가진 교육방식을 택했다고 볼 수 있다. 즉 수천 년 동안

고난의 역사를 극복해 온 것이 몸에 밴 것이리라. 동양의 유대인이라고 불리는 우리와는 너무 다른 독특한 사고와 교육방식이 전해지고 있다. 예를 들어 우리는 학교에 가는 아이에게 "선생님 말씀 잘 듣고 열심히 하고 오라"고 하는데, 유대인 엄마들은 "학교에서 모르는 것이 있으면 꼭 질문하라"고 한다는 것이다. 탈무드의 '혼자 공부하면 바보가 된다'는 말에 따라 서로 질문과 토론을 통해 배워 간다는 것이다. 이러한 교육방식은 바로 창의성으로 이어진다.

우리나라 대학 강의실 분위기는 늘 침묵의 강의실이다. 아무리 질문이 오가는 소란스러운 강의실을 유도해도 침묵으로 끝나는 경우가 대부분이다. 우리나라에서 베스트셀러가 된 마이클 샌델 교수의『정의란 무엇인가』에서처럼 질문으로 시작해서 질문으로 끝나는 미국 대학의 강의실 분위기와는 전혀 다른 모습에 독창적인 창의성을 기대하기가 쉽지 않음에 걱정이 많은 것이 사실이다.

이들 민족 외에도 1980년대 이후 미국에 대거 몰려와 서서히 이민사회를 꾸려가고 있는 베트남, 라오스, 캄보디아 이민자들이 모국의 경제발전에 크게 기여하고 있는 사례는 얼마든지 볼 수 있다. 이는 어느 민족이든지 수구초심으로 조국과 끈끈한 맥을 잇고 있기 때문이다.

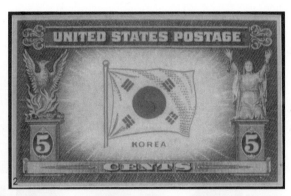

KOREA AS A NATION TO END THIS WEEK

Its Emperor Agrees to a Convention Giving Absolute Control to Japan.

NO DISTURBANCE EXPECTED

Country Thoroughly Policed—Koreans at Present Know Nothing of What Is About to Happen. 1

1 한일합병 사실을 전하고 있는 뉴욕타임스 2 1944년 미 우정국에서 발행한 태극기 우표 3 항공기 테러에 의해 붕괴 직전의 세계무역센터 4 세계무역센터 붕괴 직후 사람을 찾는 벽보 5 붕괴된 건물을 대신해 빛을 쏟아올린 모습을 담은 그림엽서

1 록펠러센터에서 본 센트럴 파크 2 뉴욕 차이나타운

3 세계무역센터 자리에 새로 건설된 원월드트레이드센터 4 인천 차이나타운

5 UN총회장 6 월가 안내판 7 인천 월미도의 한국이민사박물관 전경

8 사진 결혼 초기 자신의 남편을 만나 흩어지기 직전에 찍은 여인들

9 1924년 마지막 사진 결혼으로 온 여인들

10 엠파이어스테이트 빌딩 안내서

11 1954년 8월 2일 뉴욕 영웅행진 카퍼레이드에서 군중들에 답례하는 이승만 대통령

미국을 세운 개척민을 찾아

미국 탄생의 산실 필라델피아

인천을 떠나 뉴욕 케네디 국제공항에 도착했을 때 필라델피아에 사는 사촌 여동생 부부가 마중을 나와 주었다. 그때 외국에 사는 혈육으로는 한 살 아래인 이 사촌 여동생과 뉴욕 퀸즈 플러싱에서 식당업을 하는 사촌 남동생이 고모님을 모시고 살고 있었다. 사실 그동안 외국에 친척들이 살고 있는 것이 부러웠다. 외국에 나갈 수 있는 쉬운 발판이라고 생각했기 때문이다.

어느 민족을 막론하고 누군가 외국에 나가 살면 하나 둘씩 따라 나가는 경우가 많았다. 특히 1970년대 후반 베트남과 라오스가 공산화되면서 많은 사람들이 미국이나 호주 등 선진국으로 탈출하여 밑바닥 일을 하면서도 터를 잡아 친척과 친지를 끌어들이거나, 고국에 남은 친척들에게 돈을 보내 가정을 일으키고 조국 경제발전에 도움을 주고 있는 현장을 직접 목격하기도 했다.

라오스와 캄보디아 정부의 농촌개발전문가로 일하고 있을 때, 그곳 마을을 방문하여 집을 새로 지었거나 좀 크다 싶으면 가까운 친척이 미국 등 선진국에 살고 있는 경우가 많았다. 자수성가한 외국의 친척들이 고향의 친척을 끌어들이는 이유는 아마도 믿을 수 있는 혈육이라고 생각하기 때문이 아닐까. 이렇게 가족으로부터 시작된 이민이 점차 민족단위의 공동체로 세력을 키워 나가는 과정도 눈여겨볼 만한 일이다.

이역만리에 아는 사람만 있어도 심적으로 위안이 되는 마당에 혈육이 있다는 건 외로움을 덜어주고도 남았다. 그간 자주 만나지는 못했어도 전화로 안부를 나누던 차에 주말을 이용하여 필라델피아로 향했다. 가는 길에 그곳에서 150km 정도 떨어져 있는 그 유명한 게티스버그의 전장을 보고 오기로 했다.

필라델피아에 도착하니 저녁 무렵이었다. 반갑게 맞아준 동생 부부와 그동안 쌓인 얘기를 나누기엔 밤이 짧았다. 어린 시절 얘기부터 지금에 이르기까지 서로 인생 역정을 늘어놓느라 입에 침이 마를 지경이었다.

이튿날 동생 부부와 함께 인디펜던스 국립역사공원의 독립기념관을 찾았다. 이곳은 1775년에는 미국 독립전쟁의 의지를 굳힌 제2차 대륙회의 집회장이자, 1776년 7월 4일 토머스 제퍼슨 등 미국 건국의 아버지들Founding Fathers이 서명한 독립선언서를 발표한 장소였다. 말하자면 170년 동안이나 영국의 식민지였던 13개 주 대표들이 자유와 자치권을 얻기 위해 독립을 선언하여 미국을 탄생시킨 산실이었다. 그리고 1787년 9월 17일 역시 필라델피아에서 미국 헌법이 공포되었으며, 워싱턴 D.C.가 건설되는 동안 1787년부터 1800년까지는 임시수도 역할도 수행했었다.

그러나 독립선언이 있은 후부터 독립을 저지하려는 영국군과 약 8년간 피비린내 나는 전쟁을 했다. 이처럼 오랜 전쟁 끝에 1783년 9월 3일 비로소 미국은 영국과 프랑스로부터 이른바 파리조약을 거쳐 완전한 독립을 인정받게 된다. 영국이 미국의 독립을 인정한 이 조약으로 미국 국경은 북으로는 오대호와 세인트로렌스 강, 남쪽은 조지아의 남쪽 경계 및 북위 31도, 서쪽은 미시시피 강으로 정해졌다. 거기에 미국은 뉴펀들랜드 섬의 어업권과 미시시피 강의 항해권을 인정받았다.

이 조약의 서명자는 미국 건국의 아버지라고 불리는 사람 중 존 애덤스, 벤자민 프랭클린, 존 제이가 미국측 대표자로, 대영제국에서는 조지 3세를 대리하여 영국 의회의 데이비드 하틀리였다. 이렇게 완전한 독립을 쟁취하기까지의 힘든 여정을 다룬 자료와 영화를 보면서, 우리나라를 포함하여 식민지배를 받던 나라들의 독립을 위한 험난한 여정을 돌아보았다. 이러한 과정에서 미국인들도 독립전쟁을 소재로 한 영화를 좋아한다는 것을 알았다. 어쩌면 독립 그 자체보다도 어려움을 극복하고 새로운 뭔가를 만들어 나가는 과정을 즐기는 듯했다. 독립군 사령관으로서 추위와 굶주림에 지친 병사들과 함께 여러 악조건을 이겨내고 독립을 쟁취해 자긍심을 세워 준 조지 워싱턴을 초대 대통령으로 선택한 것은 너무나 자연스러운 일이었다.

당시 이러한 복합적인 악조건의 상징인 필라델피아에서 북서쪽으로 35km 떨어진 밸리 포지Valley Forge에서의 승리는 독립전쟁의 전환점이었다. 이는 마치 중국공산당이 국민당군에 쫓기던 대장정 당시 마지막 본거지인 연안의 토굴에서 기회를 노리며 힘을 축적해 가는 마오쩌둥의 모습과 닮았다고 하면 지나친 비약일까?

영화광인 나는 멜 깁슨이 주연한 미국 독립전쟁 영화 '패트리어트The Patriot'를 영어 공부 삼아 밤새 몇 번이나 돌려본 적이 있다. 1776년 미국 사우스캐롤라이나 등에서 '늪 속의 여우'라고 불리던 전설적인 전쟁 영웅 벤자민 마틴은 7명의 아이를 가진 가장으로서 가족의 평화만을 위해 살기로 다짐했었다. 그러나 악명 높은 윌리엄 태빙턴 영국군 대령이 부하들과 함께 집을 습격하여 아들들을 죽이고 납치하자, 자신의 가족과 미국의 독립과 자유를 위해서는 싸우는 길밖에 없음을 알고 민병대의 이름으로 독립군에 가담하여 큰 공을 세워 나가는 참으로 긴 여운이 남는 감동적인 영화였다. 물론 이 영화는 애국자의 반대편 입장이었던 영국인들의 반발이 있었음을 기억하고 있다.

이러한 역사를 안고 있는 필라델피아 독립기념관은 유네스코 세계문화유산으로 지정되었으며, 독립선언일을 기념하여 매년 이곳에서 행사를 열어 독립의 의미를 되새기고 있다.

이 독립선언서의 골자는 불법으로 주둔한 영국 군대가 동의 없이 세금을 징수했다는 등의 구체적 사실을 열거하면서, 이러한 압제에서 벗어나기 위해 독립을 선언한다는 내용이다. 그리고 자연법과 인간의 인권은 창조주로부터 부여받은 권리임을 강조하고 있다. 그런데 이러한 자연법 사상과는 달리 노예무역과 노예제도 폐지에 관한 내용이 삭제됨으로써 자연법적인 사상과는 모순되는 등 선언서의 한계를 보이고 있었다. 설사 독립선언서에 서명했던 사람들 대부분이 노예를 거느린 버지니아의 농장주였다고 하더라도 말이다. 이 노예제도를 폐지하는 데 독립선언 이후 무려 100년 가까운 세월을 기다려야 했던 것은 분명 지나친 일로 여겨졌다.

기념관 안에 진열된 그때 사용했던 책상과 의자, 펜, 촛대, 책과 노트, 집기 그리고 대표들이 회의하는 모습을 그린 그림에서 당시 독립의 절박함과 결의에 찬 분위기를 읽을 수 있었다. 그리고 사진 등을 통해 너무 익숙한 자유의 종Liberty Bell과의 만남은 잊고 지내던 오랜 친구를 만난 듯 반가웠다.

그런데 종이 길게 갈라진 모습을 보는 순간 마음이 찡했다. 우리 아이들도 자유의 종에 금이 간 것을 궁금해했다. 그래서 주조과정에 열처리를 잘못했거나, 합금과정에서 불순물이 들어갔거나, 오랜 세월 종을 치다 보면 갈라질 수도 있다고 설명했더니, 우리나라 종은 몇백 년이 지나도 끄떡없지 않느냐고 반문했다. 궁여지책으로 자유를 얻고 지키는 일에 너무나 많은 피를 흘려 종이 가슴아파하며 흘린 눈물이 마르면서 금이 간 것 같다고 했더니 말문이 막힌다는 표정들이었다.

하지만 종 머리부분에 쓰인 성경 레위기 25장 10절에 나오는 "이 땅 방방곡곡에 사는 모든 사람들에게 자유를 선언하노라Proclaim liberty through out all the land unto alll the inhabitants thereof"는 글귀는 아직도 속박에서 벗어나지 못한 사람들의 자유를 위해 할 일이 많음을 알려주고 있었다. 이 말은 희년이 되는 50년째를 맞아 속박 가운데 있던 모든 개인이 자유롭게 되었고, 모든 사람이 그들의 땅으로 돌아갔으며, 모든 토지가 원래의 주인에게로 회복되었다는 성경 구절에서 인용한 것이다. 처음에는 자유의 종이 지닌 의미는 단순히 영국으로부터의 자유를 얻기 위한 것이었지만, 점차 흑인 노예의 자유, 여성의 자유 그리고 세계 각국의 자유민주주의를 의미하는 뜻으로 확산되어 갔다.

우리는 당시 독립을 위하여 사용된 것들과 독립기념관 주변에 흩어져 있는 미국 최초의 은행, 육해군 박물관, 선술집, 벤자민 프랭클린의 집 등 19세기를 전후한 미국 건국 초기의 모습을 볼 수 있도록 유적지를 잘 보존하여 후세에 독립정신을 이어주려는 노력에 감명받았다. 비록 일찍이 고대 인류문명을 낳은 이집트나 인도, 중국과 유럽의 문화유산에 비하면 역사도 짧고 규모도 작지만, 자유와 정의를 상징하는 이곳이 지닌 의미는 긴 미래를 위한 여명으로서의 가치를 충분히 보여 주고 있었다.

역사공원을 천천히 둘러보고 델라웨어 강변과 부두가 잘 보이는 데크의 간이음식점에서 햄버거로 점심을 먹고 나서 필라델피아의 또 하나의 아이콘인 필라델피아미술관을 찾았다. 동생은 미술관에 대한 소개보다 영화 '록키Rocky' 얘기부터 꺼냈다. 나도 영화 속 주인공인 록키가 매일 뛰어오르내리던 미술관 돌계단을 아이들과 함께 오르내리는 시합을 하며 한바탕 웃었다.

록키 덕분에 미술관보다 미술관 계단이 더 유명해져 결국에는 '록키 계단'이라는 애칭까지 생겼다고 한다. 그리고 록키 동상까지 만들어 관광자원화한다니 감탄스러운 일이다. 재미있는 것은, 지금도 미국인 중에는 록키 계단은 알아도 그리스 파르테논 신전을 본떠 만든 아름다운 미술관을 모르는 이가 많다고 하니, 영화 한 편이 주는 위력은 원자폭탄처럼 엄청난 폭발력을 지니고 있음을 알았다.

아닌 게 아니라 돌계단 맨 위에 서니 아름다운 필라델피아 시내가 한눈에 내려다보였다. 영화 주인공 록키가 양팔을 힘차게 치켜든 박력 있는 동상을 따라 두 손을 높이 들고 소리쳐 보고 싶은 마음은 비단 나뿐만이 아닐 것이라는 강한 메시지를 받았다.

하루 동안의 짧은 시간에 이곳의 역사를 이해한다는 것이 쉽지 않은 일이긴 하나, 그래도 미국 건국의 현장을 보며 당시 이곳을 거쳐 간 인물들의 고뇌와 용기 그리고 인내와 희생을 엿볼 수 있었다. 그래서 이곳을 힘든 산고 끝에 미국을 낳은 산실이라고 부르는 데 모자람이 없다는 생각을 했다. 우리가 예수나 부처 그리고 마호메트 등 성인이 태어난 성지를 순례하듯 이곳을 미국의 독립 성지라고 부르며 문화 자존심의 중심지라는 자부심을 갖는 이유를 충분히 이해할 수 있었다.

게티스버그의 무덤언덕

미술관을 나와 이곳에서 봉제공장을 경영하고 있는 고등학교 때 친구 김대봉에게 안부전화를 했더니 하룻밤 자고 가라고 신신당부를 했다. 동생네와 헤어져 친구의 집에 가보니 언제 준비해 놓았는지 고국 냄새가 나는 한식으로 식탁을 차려 놓았다.

친구는 고등학교를 졸업하고 바로 강원도 교육청에서 공무원 생활을 하다가 친척의 권유로 미국에 와서 봉제사업을 하고 있었다. 주로 미국 시장을 겨냥한 중저가 제품이지만 Made in USA라는 글자가 선명하게 새겨지는 만큼 품질과 디자인 관리를 엄격히 하지 않으면 언제 망할지 모르는 일이라 신경을 많이 쓰고 있다고 한다. 그러면서 우리 가족에게 자기 회사에서 만든 티셔츠를 선물로 주었다. 우리는 고향 소식과 친구들 이야기 그리고 미국에서의 삶과 앞으로의 계획 등을 얘기하며 밤을 지새웠다.

다음 날 친구와 아쉬운 작별을 하고 아침 일찍 필라델피아에서 서쪽으로 100km 정도 떨어진 게티스버그로 향했다. 이른 아침 가을 공기는 간밤의 피로를 없애 주고 머리를 맑게 해 주었다.

넓은 들판과 낮은 구릉이 이어지는 도로 양쪽에는 옥수수와 밀 수확을 끝낸 밭이 이어져 있었다. 도로표지판을 따라 남북전쟁의 최대 격전지로 꼽히는 게티스버그 국립군사공원에 도착하니 온화한 모습의 링컨 동상이 환영을 해 주는 듯했다.

안내소에서 받은 지도와 안내서를 펴보는 순간 내 자신이 지휘관이 되어 전쟁터로 들어선 느낌이었다. 거기에는 당시의 작전지도와 날짜별 전투상황, 사진 그리고 그림 등이 상세히 나와 있어 마치 종합상황실 지휘관이 된 것 같은 착각이 들 정도였다. 안내자가 필요 없을 정도로 안내판에 표시된 방향으로 따라가면 전투 날짜 순서대로 당시 현장을 탐방할 수 있게 해 놓았다. 탐방객들이 우왕좌왕하지 않도록 세심한 배려에 고마움을 느꼈다. 그래서 서두르지 않고 지도와 안내서 내용을 확인해 가며 도로를 따라 현장을 여유 있게 음미할 수 있었다.

당시 노예제도를 반대하던 링컨이 대통령으로 선출되자, 이에 반대하던 사우스캐롤라이나, 미시시피, 플로리다, 앨라배마, 조지아, 루이지애나, 텍사스 등 7개 주가 미연방을 탈퇴했다. 이어서 그들은 남부연합 대통령으로 제퍼슨 데이비스를, 부통령으로 알렉산더 스티븐슨을 선출함으로써 미국은 사실상 남북으로 양단되었다. 이에 북부에서는 이들을 반역자로 간주하였다.

이어 1861년 4월, 남부동맹군이 사우스캐롤라이나 주 찰스턴 항에 있는 북부에 충성하는 섬터 요새를 포격함으로써 남북전쟁이 시작되자 버지니아, 아칸소, 노스캐롤라이나, 테네시 주도 잇달아 연방을 탈퇴하여 남부에 가세해 남부연합은 모두 11개 주가 되었다. 이후 남북전쟁이 가열되어 1865년까지 4년 동안 전투가 벌어졌으며, 1865년 5월 10일 저녁 데이비스 남부연합 대통령이 조지아 주 어윈빌 근교에서 생포됨으로써 남북전쟁은 종지부를 찍었다.

이렇듯 4년여에 걸친 남북전쟁의 분수령이 된 게티스버그 전투는 1863년 7월 1일부터 3일까지 북군 사령관인 조지 고든 미드 장군과 남군 사령관인 로버트 에드워드 리 장군이 지휘하는 양군 사이에 벌어진 싸움이다. 전투는 워싱턴에서 북쪽으로 100km 남짓 떨어진 펜실베이니아와 메릴랜드 접경인 펜실베이니아 주 애덤스 카운티의 작은 마을인 게티스버그 인근에서 벌어졌다.

안내서 내용을 보면, 초기에 우세를 보이던 남군은 1862년 겨울을 지나면서 수세에 몰리기 시작했다. 대체로 전선은 남부 수도 리치먼드와 연방 수도 워싱턴을 잇는 동부전선과 미시시피 강의 제해권 장악을 둘러싼 서부전선으로 나뉘어 대치하고 있었다. 그런데 서부전선의 남군은 사력을 다해 지키려 했던 전략 요충지 빅스버그가 6주간의 치열한 공방 끝에 북군에 함락되는 등 참패를 당하면서 승기는 급격히 북부로 기울어졌다.

그러나 명장 리가 이끄는 남군은 동부전선에서 부대를 잘 유지하고 있었다. 그러면서 일거에 전세를 만회하기 위하여 리 장군은 적극적인 공세를 펴 워싱턴을 포위하려는 전략계획을 세웠다. 이는 워싱턴을 직접 공격하지 않고 압박함으로써 북부의 강화조약을 유도하기 위해서였다. 이 계획이 성공하면 북부는 남부에 강화조약을 요구해 오리라는 기대를 걸고 있었다. 이때 강화조약 조건으로 남부의 독립을 관철시켜 전쟁 목적을 달성하면 된다는 것이었다.

이런 생각을 가지고 리 장군은 1863년 봄 7만5,100명의 남군Confederate Army을 이끌고 북진했다. 4월 27일 챈슬러빌 전투에서 남군은 북군 최정예로 알려진 포토맥 군단을 대파하는 등 초전에는 승리하였다. 이 전투에서 남군의 가장 유능한 야전사령관이자 리 장군의 오른팔 격인 스톤월 잭슨 장군이 아군의 오발로 전사하였다. 그러나 계속 북진하는 남군을 저지하기 위한 8만3,300명의 북군Union Army과 7월 2일 게티스버그에서 조우하였다.

일전일퇴의 공방전이 이어지는 가운데 승리의 여신은 북군 편이었다. 7월 4일 묘지 능선까지 일부 남군이 진출하였지만 강력한 지원을 받은 북군에게 밀리기 시작하면서 결정적으로 패배하여 포토맥 강을 건너 버지니아로 후퇴했다. 이때 퇴각하면서도 리 장군은 북군 포로들을 모두 석방했다 하니 그의 높은 인품을 그대로 보여 주는 대목이다.

사흘간의 치열한 전쟁이 끝났을 때 평온하던 게티스버그 평원은 5만 명이 넘는 전사자와 실종자 및 부상자를 낸 참혹한 현장으로 바뀌어 있었다. 뿐만 아니라 5천 마리가 넘는 말의 시체가 뒹굴어 냄새가 코를 찌를 정도였다고 한다.

북군은 전투에서 승리했지만 엄청난 희생을 치렀다. 참혹한 전쟁 현장은 남북 미국인들에게 커다란 정신적 충격을 남겼다. 이에 게티스버그 전투가 끝난 4개월 뒤인 1863년 11월 19일, 당시 전투로 숨진 병사를 위한 국립묘지 봉헌식에서 미국 역사상 가장 위대한 연설로 꼽히는 링컨의 게티스버그 연설Gettysburg Address이 행해졌다.

세계는 여기에 쓰러진 용사들이 이곳에서 한 일을 결코 잊지 않을 것입니다. 그러나 여기서 싸운 사람들이 훌륭하게 추진해 온 미완성의 사업에 몸을 바쳐야 할 사람들은 오히려 살아 있는 우리입니다. 그 대사업이란 이들 명예로운 전사자들이 최후까지 온 힘을 다해 싸운 큰 뜻을 위해 우리가 더욱 헌신해야 한다는 것, 이들 전사자의 죽음을 헛되지 않게 하는 굳은 맹세를 하는 것, 이 나라를 하느님의 뜻으로 새로운 자유의 나라로 탄생시키는 것, 그리고 국민의, 국민에 의한, 국민을 위한 정부가 지상에서 사라지지 않도록 하는 것입니다.

불과 272개 단어로 된 2~3분짜리 연설이었지만, 미합중국 독립선언서에서 표명한 인간평등의 원칙과 남북전쟁이 단순한 결합을 넘는 자유, 평등, 민주주의의 재탄생을 위한 투쟁임을 밝히고 있다. 이 명연설은 많은 정치가들이 살아 있는 금언으로 인용하고 있음은 물론 미래를 준비하는 청년들에게 자아 정체성을 갖게 해 주고 있다. 그러나 링컨은 미국 역사상 처음으로 대통령 임기 중에 암살당한, 독립 당시 13개 주 밖에서 태어난 대통령이자 남북전쟁의 마지막 전사자로 불리고 있다.

게티스버그 전투로 사실상 남북전쟁의 승패는 판가름났다. 이후 전쟁은 2년을 더 끌었지만, 이는 순전히 최후까지 명예를 지키려는 남부인들의 자존심과 용기일 뿐이었다. 그리하여 1865년 4월 9일 남부 수도인 리치먼드가 북군에 함락되면서 4년여에 걸친 전쟁은 사실상 북부의 승리로 막을 내렸다.

이 도시가 함락되는 모습은 1936년 마거릿 미첼이 쓴 소설을 영화화한 '바람과 함께 사라지다'에서 감동적인 장면으로 재현되었다. 동시에 게르만 용병대장인 오도아케르에게 로마가 함락되어 멸망할 때나 월남의 사이공 정부가 북베트남에 함락되어 통일되던 순간의 급박한 사정과 함락 후의 아비규환과 처절함 그리고 점령군에 의해 새롭게 진행되던 여러 가지 정책들이 머리를 스쳐 지나갔다.

이어 1865년 5월 10일 제퍼슨 데이비스 남부 대통령이 조지아 주 어윈빌에서 체포되었으며, 이로부터 4년 뒤인 1869년 아메리카합중국 대법원은 텍사스 대 화이트Texas V. White 판결에서 연방 탈퇴는 불법이었으며 남부 맹방은 합법적으로 존재한 적이 없었다고 판시함으로써 완전한 하나의 미국으로 재탄생하였다. 즉 미국은 '해체될 수 없는 연합체'이기 때문에 어떤 주도 여기서 탈퇴할 수 없다고 판시한 연방대법원의 판결이었다.

이렇게 4년 동안이나 이어진 처절한 내전은 2천여 차례의 전투를 통해 모두 61만 명의 전사자 및 실종자와 부상자를 낸 미국 역사상 최대의 참혹한 전쟁이었다. 그러나 민간인들의 피해는 상대적으로 매우 낮았다고 한다. 특히 게티스버그 전투기간 중에 숨진 민간인은 당시 20세였던 제니 웨이드라는 여성이 집안에 숨어 있다가 남군의 총에 맞아 죽었을 뿐이라고 한다. 그때 사망한 그녀의 이름을 기리는 작은 박물관을 찾는 발길도 끊이지 않았다.

이처럼 민간인 피해가 적었던 이유는 당시 2,400명이 사는 게티스버그 외곽에서 전투가 벌어지기도 했지만, 양군의 지휘관 모두 미 육군사관학교인 웨스트포인트 출신이었다는 것도 한몫하고 있다. 남군의 리 장군은 북군의 미드 장군보다 6년 선배로 두 사람은 1847년 멕시코 전쟁 때 함께 전장을 누빈 전우였다. 그리고 그들 휘하의 장군들도 대부분 웨스트포인트 출신이었다.

사실 1860년 남부 11개 주가 연방을 탈퇴하자 링컨 대통령은 멕시코 전쟁의 영웅인 리 장군에게 북군을 맡아 달라는 요청을 했으나, 그는 자신의 고향인 남부 버지니아를 택하여 반란군의 총사령관이 되었던 것이다.

이러한 전투과정을 살펴보면서, 성경 속의 어린 다윗이 거대한 골리앗을 물리치는 기적과 같은 일이 일어나지 않는 한, 애초 이기지 못할 전쟁을 남부가 시작했다는 생각이 들었다. 우선 당시 북군에 속했던 18개 주의 인구는 2,200만 명으로 남부 11개 주는 흑인 노예 360만 명을 포함하여 910만 명에 지나지 않았다. 이러한 인구 격차로 남북전쟁이 끝날 무렵인 1865년 북군은 100만 명에 이르렀고, 남군은 20만 명으로 전쟁이 끝나기 두 달 전에 흑인 노예를 병사로 동원하기도 했지만 패전을 막을 길이 없었다.

여기에 더 심한 격차는 경제력이었다. 북부에는 공장 10만 개, 노동자 110만 명, 철도는 미국 전체의 70%에 해당하는 2만 마일, 은행 예금액은 미국 전체 예금의 81%인 1억8,900만 달러, 순금 5,600만 달러어치를 보관하고 있었다. 또한 북부지역의 산업생산은 미국의 86%나 차지하는 등 시간이 흐를수록 후방에서의 인적·물적 보급 능력은 남부를 압도했다. 양적으로 남부연합이 연방을 압도하는 것은 노예노동으로 재배되는 목화뿐이었다.

여기서 지적하고 싶은 것은 공업력 차이에 의한 주요 무기인 대포의 위력 차이였다. 북군은 1860년대 이후 제작된 신형무기인 텅스텐을 가미한 철로 만든 길쭉한 모양의 신식 포탄을 사용하여 살상 반경이 넓고 사거리도 구식보다 3분의 1이나 더 멀리 날려 보낼 수 있는 대포를 사용하였다. 그러나 남군은 청동으로 주조된 나폴레옹 포가 중심이었다. 또한 여러 면에서 성능이 떨어지는 둥근 포탄을 사용함으로써 작전을 효율적으로 운영할 수 없는 결점을 지니고 있었다. 이렇듯 우열이 확연히 드러난 상태에서 누가 승리할 것인지 이미 정해진 것이나 다름없었다. 왜냐하면 전사자의 반 이상은 상대방의 진지에 도달하기 전에 대포에서 쏜 포탄에 맞아 쓰러졌기 때문이다.

군생활을 하는 동안 나는 155미리 견인곡사포 6문을 지휘하는 전포대장으로 실제로 많은 포사격 훈련을 한 경험이 있었기에, 당시 전장에서의 포의 운영을 둘러싸고 시시각각 긴박하게 변화하는 데 따른 대응 모습을 쉽게 포착할 수 있었다.

그리고 남군은 북군에 비해 실제로 주 싸움터가 된 펜실베이니아와 버지니아 주는 인적·물적 보급을 해 주는 병참선이 길어지는 종심이 깊어짐에 따라 전쟁을 효율적으로 수행하기 어려운 결점을 안고 있었다. 실제로 북부전선에 주력을 배치하여 남부의 방비가 허술한 점을 이용해 북군은 남부의 모든 항구를 봉쇄하여 경제를 파탄으로 몰고 갔다. 1961년에는 텍사스를 점령하여 북부연맹에 편입시켜 남군을 서쪽으로부터도 압박하고 있었다. 중일전쟁 당시 일본군이 내륙 깊숙이 작전상 후퇴하는 중국군을 따라가 공격할 수 없었던 것이나, 나폴레옹이나 히틀러가 모스크바까지 길어진 병참선의 단점을 극복하지 못한 이유와 마찬가지일 것이다.

군대에서 실전과 같은 겨울 훈련을 할 때의 일이다. 우리 포병중대는 상부로부터 긴급히 가상 적의 목표를 파괴하라는 명령을 받았다. 이에 마이너스급 포병중대를 편성하여 적의 깊숙한 곳에 위치한 가상목표를 공격하기 위해 은밀히 포를 끌고 침입하여 목표물을 포사격으로 파괴하고 재빨리 빠져나와야 했다.

우리는 명령을 받자마자 바로 숲에 가려진 논에 포를 긴급 방열을 함과 동시에 포사격을 마치고 나오려는 순간 비가 내리기 시작했다. 그러자 논 바닥이 진흙밭이 되어 포와 차량이 논을 빠져나올 수 없게 되었다. 포를 매단 포차가 움직이면 움직일수록 점점 빠져들어 갔기 때문이다. 종심이랄 것도 없었지만 최전선부대가 후방보급 지원부대와 멀어지면 멀어질수록 전투력이 감소된다는 사실을 실감한 훈련이었다. 마침 멀지 않은 곳에 불도저가 있었기에망정이지 전시라면 나폴레옹이나 히틀러처럼 적진의 깊은 진흙 속에서 당할 수밖에 없는 귀중한 경험을 했다.

앞서 말한 북군의 승전 요인 외에 또 다른 큰 요인을 지적하자면, 노예제도 폐지를 통한 노예해방이라는 대의명분을 내세운 북군이 남부를 누르고 있었다는 점이다. 물론 남군도 1807년 의회에서 법으로 제정된 노예무역 금지는 계승하되 이미 온 노예들에 대한 해방은 반대하는 입장을 내세우고 있었다. 이것은 공급이 줄어든 노예 가격의 상승을 노린 남부의 일부 대농장주들의 욕심 때문이었다. 여러 보고서를 보면, 남부 백인 중에서 노예 소유자는 10%도 안 되었으며, 1%의 백인이 90% 이상의 노예를 소유하고 있었다.

링컨이 무력으로 남부를 패배시키지 않았다면, 통일된 하나의 국가가 아니라 분단된 국가로서 남쪽은 농업 중심으로, 북쪽은 공업 중심의 사회로 해방 직후 남농북공南農北工의 남북한처럼 대립과 갈등을 겪고 있을지도 모른다. 그래서 당시 링컨의 주된 관심사는 노예제도 폐지라기보다는 노예제도 존폐 문제로 서로 대립하던 남부와 북부의 분리를 막는 것이 우선이었다는 점을 강조하는 견해도 있다.

왜냐하면 링컨이 대통령이 된 후에도 정부는 노예 출신 흑인들에게 자유만 주었을 뿐 생계문제는 해결해 주지 않았기 때문이다. 그 결과 해방된 상당수 노예들이 다시 옛 상전 밑에서 일을 했으며 흑인에 대한 차별은 여전히 이어졌다. 동시에 백인우월주의를 표방하는 KKK와 같은 비밀결사 단체의 출현으로 흑인들은 새로운 위험에 직면하였다.

링컨의 게티스버그 연설 150년을 맞은 2013년, 미국에서는 새로운 링컨 바람이 불고 있다는 워싱턴포스트의 기사를 인용한 서울신문2013년 11월 20일자은 하버드대학 최초의 여성 총장인 드루 길핀 파우스트가 말한 내용을 재인용해 자유와 평등, 민주주의로 대표되는 링컨의 유산이 약화되고 있는 미국 사회를 비판했다고 전했다. 만일 링컨이 제시한 당시의 대의명분이 없었다면 그 많은 북군을 모을 수 없었을 거라는 것이다.

남북전쟁이 일어나기 전인 1860년 북부 주들의 인구는 2,200만 명이었는데 이 중 무려 10%에 달하는 220만 명이 전쟁에 참여하고 36만 명 이상이 스스로 자원하여 목숨을 잃었다는 것이다. 파우스트 총장은 "만약 링컨이

제2부 미 대륙 동부의 역사 속으로

아니었고 전임자인 제임스 뷰캐넌이 계속 대통령으로 있었다면 220만 명을 동원할 수 있었겠느냐"면서 링컨이 제시한 대의명분의 위대함과 리더십을 호평했다는 보도는 공감하지 않을 수 없는 대의명분을 가지고 있었다.

이러한 북군의 승리 요인은 밖으로 나타난 것이며, 전쟁에 참전한 군인들에게 실제로 힘이 되었던 것은 참전에 대한 토지보상이나 수당 등에 의한 전후의 물질적인 보상을 기대한 것도 무시할 수 없다. 그러나 보상이 제대로 이루어지지 않아 종전 후 사회문제로 떠오르기도 했다. 중세 십자군 원정 때나 스페인이 중남미 정복지로 향하는 군인을 모을 때, 본래의 출정명분과 더불어 '그곳에 가면 금은재화와 미인들이 있다'고 덧붙임으로써 남심을 자극했다고도 볼 수 있기 때문이다.

이렇게 피를 흘려 얻은 노예제도 폐지는 2009년 아프리카 출신 버락 오바마가 제44대 대통령으로 취임함으로써 미국이 추구해 온 세계의 인권, 평등, 자유의 가치를 더욱 높여 주는 데 도움을 주고 있음은 분명하다. 이는 1776년 건국 이후 미국 사회의 거대한 차별의 벽을 무너뜨린 일이었다. 그러나 아직도 인종차별이라고 여기는 흑인들의 폭동은 계속 일어나고 있다.

1619년 아프리카 흑인 노예 20명이 네덜란드 상인에 의해 강제로 버지니아에 끌려왔을 때부터 흑인은 미국 사회의 어두운 그림자였다. 즉 1865년 남북전쟁의 결과로 노예제도는 폐지되었지만 흑인에 대한 차별행위는 여전했기 때문이다. 불과 얼마 전인 1956년 연방대법원 판결이 있고 나서야 비로소 흑인들은 백인들과 한 버스에 나란히 탈 수 있었다. 2000년대 들어서조차도 흑인 출마자들은 백인 유권자에게 악수를 청해도 거부당하거나 선거전단에서 사진을 빼고 이름만 적는 후보들이 있을 정도였다.

흑인은 미국 전체인구의 13%에 지나지 않는 소수다. 이렇듯 흑인을 둘러싼 혹독한 환경에서 절반이 넘는 백인들의 지지가 없었다면 흑인 대통령은 탄생할 수 없었다. 그런데 백인들이 오바마라는 인물을 앞세워 선거

혁명을 일궈 낸 것은 과거와는 다른 21세기의 새로운 개념을 보여 준 것이다. 이러한 사실은 지구촌의 새로운 역사를 만들어가고 있음을 의미한다.

작은 농촌마을인 게티스버그에서 일어난 역사적 사실을 듣고 보고 느끼며 우리 가족은 남군의 조지 에드워드 피켓 장군이 마지막으로 대공세를 벌인 묘지 능선 위에 서서 싸움터를 내려다보며 여러 상념에 젖어들었다. 조선조 말인 1894년 사회가 극도로 혼란해진 가운데 일어난 동학농민군 2천여 명이 관군 2,200여 명에게 승리를 거둔 황토현벌과, 1815년 6월 영국, 네덜란드 및 프로이센 연합군의 지휘관인 웰링턴 장군이 프랑스의 나폴레옹을 격파하여 세인트헬레나로 유배시킨 벨기에 남동부 워털루 언덕에서 느낀 싸움터의 지형이 흡사함을 느꼈다. 다소 높은 고지를 두고 싸움을 벌인 곳이 뭔가 공통점이 있는 듯했다.

남북전쟁에 참전한 주들의 기념비와 공을 세운 남북군의 장군 동상, 그리고 각 군단 예하의 사단과 여단, 심지어는 대대급 단위까지 수많은 참전 기념비들이 도열해 있는 그 가운데를 차를 몰고 가는 느낌은 마치 남북군의 모든 부대들로부터 사열을 받는 듯한 묘한 기분이 들었다.

이렇듯 남북이 하나가 된 데에는 승리한 북부의 오만함과 패배한 남부의 좌절감을 최소화하기 위한 지도자들의 미래를 내다보는 현명한 리더십이 있었다. 북부 지도자들은 패배한 남부인들에 대한 죄과를 묻지 않았다. 말하자면 전범이 없는 대규모 전쟁이었던 것이다. 남부군 총사령관이었던 로버트 에드워드 리 장군은 전후에 석방되어 1865년 10월 버지니아 주에 있는 현 워싱턴 앤 리 대학교 학장에 취임하였다. 그는 전쟁으로 황폐화된 남부의 복구에 노력하면서 인재육성에 전력을 다하는 모습을 보여 주었다. 또한 그가 세상을 떠난 후 1975년 포드 대통령의 동의에 의해 의회는 그의 미국시민권을 회복해 주었다.

또 남부 대통령을 지낸 제퍼슨 데이비스는 전쟁이 끝난 후 1865년 5월

포로로 잡혀 수감되었다가 1868년 12월에 석방되었다. 그 후 20년 이상 테네시 주 멤피스에서 보험회사 사장이 되어 남부의 부흥에 힘을 쏟았다. 그러던 중 1889년 12월 뉴올리언스에서 기관지 확장증으로 사망했다.

이 두 남부 지도자와 남북전쟁 중에 전사한 남군의 스톤월 잭슨 장군의 모습이 조지아 주 애틀랜타 근교 스톤마운틴 파크의 거대한 돌에 부조되어 있었다. 이러한 엄청난 적대적인 관계를 용서와 화해의 장으로 바꾼 사례는 역사상 흔치 않은 일이다. 이는 우리가 남북통일이 되었을 때 어떻게 해야 할지를 보여 준 좋은 귀감이라는 생각이 들었다.

군사공원을 나와 마을로 갔더니 당시 남군과 북군의 군복을 입고 있는 기념품 판매원들의 진지한 모습에 다시 한 번 그때 당시로 되돌아간 듯한 느낌을 받았다. 이곳에서 우리는 게티스버그 가이드북과 게티스버그의 상징이 그려진 마그넷을 기념으로 샀다. 그리고 서둘러 300km가 넘는 귀갓길에 올랐다.

보스턴 그리고 플리머스의 필그림 파더들

가을 단풍이 물들기 시작한 9월 마지막 토요일, 미국 동북부의 중심도시인 보스턴과 이웃한 플리머스를 향해 이른 새벽에 집을 나섰다. 보스턴과 플리머스 하면 바로 연상되는 것은 1897년 첫 대회를 시작한 보스턴마라톤대회와 필그림 파더스Pilgrim Fathers라 불리는 청교도 그리고 대학도시라는 이미지였다.

우리가 일본으로부터 해방된 후 미군정 하인 1947년 태극기를 단 서윤복 선수가 보스턴마라톤대회에서 당시 세계신기록인 2시간 25분 39초로 금메달을 목에 걸었다. 그리고 한국전쟁 발발 전인 1950년 4월 19일 함기용, 송길윤, 최윤칠 선수가 출전하여 함 선수가 2시간 32분 39초로 1위를 한 데 이어 차례로 2, 3위를 차지하여 금·은·동메달을 휩쓸었다. 건국 전후의 혼란스러운 분위기에 국민적 단합과 사기가 절실히 필요한 시기였는데, 일제강점기 때 손기정 선수의 베를린에서의 감격 못지않게 보스턴에서의 우승에 감격한 김구 선생은 서윤복 선수에게 발로 세계를 제패했다는 뜻의 '족패천하足覇天下'라는 휘호를 직접 써주었는가 하면, 이승만 대통령도 대한민국 건국 후 국제대회에서 첫 금·은·동메달을 목에 걸고 귀국하는 세 선수를 보며 감격의 눈물을 흘렸다는 이야기는 충분히 공감이 가고도 남는다.

그리고 2001년 4월 이봉주 선수가 51년 만에 이 대회에 출전하여 2시간 9분 43초로 케냐의 대회 연속 11번째 우승을 저지하고 1위를 했다. 김대중 대통령은 이봉주 선수를 초청하여 오찬을 나누며 격려와 축하를 했다. 1994년에 참가한 황영조 선수는 비록 4위에 머물렀지만, 이 대회에서 한국신기록을 세우는 쾌거를 이루었다. 춘천 출신인 함기용 선수의 보스턴 마라톤대회 우승을 기리는 동상이 춘천 종합스포츠타운에 건립되어 후배들에게 도전정신을 갖게 한 것도 매우 의미 있는 일이다.

필그림 파더스는 1620년 미국으로 건너가 플리머스 식민지에 초기에 정착한 영국의 청교도들이다. 이들이 보스턴 인근에 도착하여 오늘날 미국의 기본정신을 심었다는 도시가 바로 플리머스다. 그러나 이렇게 뇌리에 박힌 이 도시들이 어디에 있는지, 어떻게 생겼는지, 이곳에 와 보기 전까지는 그림이 그려지지 않았다.

마침 보스턴에는 강원대 가정교육과 이경희 교수가 보스턴칼리지에 객원교수로 와 있었기에 미리 연락을 해 두었다. 뉴헤이번에서 자동차로 두 시간 반이면 충분히 갈 수 있는 거리였다. 보스턴에 도착한 우리는 이 교수와 함께 필그림 파더들을 만나러 이곳에서 남쪽으로 40km 떨어진 플리머스로 향했다.

먼저 미국에서 운영되고 있는 가장 오래된 공립박물관으로 1824년에 문을 연 필그림홀박물관과 항구에 정박해 있는 메이플라워호를 찾았다. 크 지는 않았지만 오래된 박물관답게 높은 돌기둥 안에 있는 다양한 전시물을 보면서 청교도들의 출항에서부터 도착한 이후의 삶을 짐작해 보았다.

프랑스와 노르웨이, 독일, 스페인과 영국 등 여러 나라에 주로 포도주를 운반하던 약 180톤급 화물선 메이플라워호는 1620년 9월 16일 임신 중인 세 명의 부인을 포함해 102명의 청교도들을 태우고 종교의 자유를 찾아 신 대륙으로 떠나기 위해 영국 플리머스 항을 떠났다. 항해 책임자이자 플리머 스 식민지 지도자였던 윌리엄 브래드포드가 남겨놓은 1620~1645년의 '플 리머스 마을에 관하여Of Plymouth Plantation' 라는 기록에는 청교도 외에 선 원 28명과 두 마리의 개가 타고 있었다고 적혀 있다.

이들이 탄 메이플라워호는 66일간 약 4,400km의 항해 끝에 1620년 11월 21일 코드 곶을 거쳐 자신들이 출발한 영국의 항구 이름을 딴 지금의 플리 머스 항에 닻을 내렸다. 이러한 긴 항해 도중 임신한 세 부인 중 엘리자베 스 홉킨스 부인은 선상에서 그리스 신화에 나오는 대양의 신 오케아노스의 이름을 딴 딸을 낳았다. 그리고 수잔나 화이트 부인은 코드 곶에 도착해 '여행방랑자' 라는 뜻을 가진 페러그린이라는 아들을 낳았다. 한편 마리아 부인은 선상에서 사산아를 출산하였으나, 나중에 8명의 아이를 낳아 길렀 다. 그리고 의사 견습 하인이었던 윌리엄 버튼은 도착 3일 전에 사망하였 고, 이름이 알려지지 않은 선원 한 명이 바다에서 죽었다고 기록되어 있다.

이처럼 어렵고 힘든 여정을 이겨냈지만 그해 겨울은 메이플라워호 안에 서 지내야 했다. 춥고 좁은 공간에서 겨울을 보내고 봄이 왔을 때는 선원 을 포함하여 53명만 살아남았다. 추위와 기아, 괴혈병과 폐렴, 결핵으로 많은 사람이 죽어나갔던 것이다. 메이플라워호는 봄이 되자 4월에 영국으로 되돌아갔다.

목조로 복원된 메이플라워호는 돛과 닻이 모두 내려져 있었지만, 이 배가 돛을 높이 올리고 대서양을 항해하는 모습을 그려보았다. 이 작은 배에 목숨을 걸고 그 큰 대양을 건넜으니, 그들이 추구하고자 했던 일이 얼마나 절박하고 간절했는지 짐작이 갔다. 이 배를 보는 순간 나도 미지의 새로운 진리를 찾아 항해하고 싶다는 욕구가 솟구쳐 올랐다.

우리 눈앞에 정박해 있는 이 배를 복원할 때, 17세기 당시의 설계방식과 건조방법과 재료와 도구 등 모두 그대로 사용했다고 들었지만, 새롭게 복원해 놓은 배라고는 느껴지지 않을 정도로 완벽했다. 영국에 머무르고 있을 때 우리 가족은 메이플라워호가 출발한 플리머스 항을 찾았었다. 그때 청교도들이 타고 떠났던 이 메이플라워호를 보고 싶었다.

필그림 파더들이 남긴 발자취를 하나하나 기억하고 기념하고 있는 여러 박물관과 동상들이 후손들이 찾아와 주길 기다리고 있었다. 선조의 기념비Monument to the Forefathers, 플리머스 록Plymouth Rock, 첫 정착지인 베리얼 힐Burial Hill, 필그림교회The Church of the Pilgrimage와 제일교회First Parish Church, 그리고 1749년에 세운 카운티 재판소 법정과 필그림들의 지도자였던 윌리엄 브래드포드 동상, 플리머스에서 필그림을 처음 만난 인디언 섬모셋을 통하여 청교도들과 인디언 간에 상호권리를 지키자는 평화협정을 맺은 인디언 왐파노아그Wampanoag족의 마사소이트 추장 동상, 메이플라워의 여성의 헌신적인 노력과 희생을 위한 필그림 어머니상과 필그림 처녀상, 여기저기 남아 있는 역사적인 주택 등 당시 필그림과 관련된 것들도 우리에게 머물다 가라고 손짓을 하고 있었으나, 게가 옆눈으로 흘려보듯 잠깐 멈춰서서 사진만 남겼다.

그래도 꼭 봐야겠다고 생각한 것은 박물관과 플리머스 록, 메이플라워호 그리고 민속촌이라 불리는 플리머스 플랜테이션이었다.

플리머스 록은 청교도들이 미국에 들어온 지 100년이 지난 후 조상들이 이곳에 상륙할 때 처음 발을 내딛던 바위 위에 이곳에 도착한 해인 '1620'이란 숫자를 새겨 놓은 것이다. 이후 필그림들이 처음 도착했던 바로 그 자리에 그리스식의 16개 원형 돌기둥을 세우고 그 안에 이 바위를 보존하고 있다. 바닷가 수많은 바위 중에서 처음 발을 내딛던 바위가 사실 어느 것인지 분명치는 않겠으나, 이것이 지닌 상징적 의미는 생각보다 크다는 것을 느꼈다. 말하자면 역사의 시작임과 동시에 발원지를 나타내는 신호탄임을 보여 주고 있었기 때문이다.

미지의 신대륙에 상륙한 청교도들은 첫 봄에 인디언들로부터 옥수수 재배기술 등을 배워 혹독한 겨울을 이겨낼 수 있었다. 그들은 정착 첫해에 곡식을 수확한 기쁨을 나누고 감사하는 추수감사제를 이웃 인디언을 초청하여 지낸 것이 오늘날 11월에 열리는 추수감사절의 유래가 되었다.

우리는 마지막 코스로 필그림들의 첫 정착지인 플리머스 플랜테이션을 노크했다. 이 민속촌은 청교도들이 국왕의 박해를 피해 신세계로 와서 가장 먼저 정착한 것을 기념하여 세운 것으로, 1627년 당시 그 지역에 살고 있던 원주민인 인디언 마을과 청교도의 정착촌을 복원해 놓은 곳이다.

마을에 닿자마자 안내소부터 사람들의 복장이 마치 타임머신을 타고 400년 전으로 돌아간 듯했다. 실제처럼 원주민의 후예와 정착촌 주민 역할을 연기하는 사람들로 생동감이 넘치는 민속촌이었다. 더욱 놀란 것은 그들의 리얼한 연기였다.

우리가 아무리 말을 걸어도 그들은 이 최초의 정착지는 워싱턴도 뉴욕도 보스턴도 플리머스도 아닌 자연 그대로이며 자신들 외에는 아무도 없다는 듯 연기를 완벽하게 해냈다. 그리고 이곳에서 일을 마치면 보스턴으로 퇴근하느냐는 질문에 어깨를 으쓱하며 무슨 소리냐는 듯한 표정을 지었다. 자신들은 영국에서 온 사람들로 여기서 살고 있으며, 죽을 때까지 이곳에 머물며 자식을 낳고 키울 것이라는 메시지를 말이 아닌 표정으로 전해 주고 있었다.

플리머스는 미국의 역사, 전통문화 그리고 '미국의 고향'으로 불릴 만했다. 그런데 재미있는 것은 필그림들은 당시 첫 번째가 아닌 두 번째로 온 큰 이민단이었다는 것이다. 원래 필그림들의 목적지는 허드슨 강 하구의 현재 뉴욕시 인근인 당시 영국의 버지니아 정착민의 북쪽 끝 땅이었다. 버지니아 정착민은 미국에 최초로 온 영국 이주민으로 필그림 파더들보다 13년 앞선 1607년에 도착하여 제임스 타운을 건설했다.

문제는 플리머스에 도착한 102명의 청교도를 미국 역사에서 필그림 파더스로 부르고 있다는 점이다. 그리고 많은 사람들이 필그림 파더스를 미국의 건국 시조로 간주하고 있다는 것에 대한 반론이었다. 왜냐하면 필그림 파더스보다 앞서서 제임스 강의 섬에 104명의 영국인이 상륙하여 신대륙 최초의 유럽인 정착지를 건설했기 때문이라는 것이다.

이러한 역사적 사실이 있음에도 필그림 파더스가 미국 건국의 시조로 인식되어 있는 이유는 남북전쟁에서 남군의 패배와 관련이 있다고 보는 시각이다. 전쟁에 승리한 북군이 남군의 본거지였던 버지니아를 미국 역사의 출발점으로 인정하기 싫었다는 이야기다. 거기에 제임스 타운으로 이주한 사람들은 애초에 경제적 이유로 신대륙을 찾은 데 반해 필그림 파더스는 신앙의 자유를 따라 대서양을 건넜다는 그럴듯한 명분을 내세웠기 때문이다. 아무튼 미국 역사의 사실상 시발점인 제임스 타운 정착지 건설 400주년을 맞은 2007년, 버지니아 주의회는 제임스 타운에서 딕 체니 부통령이 참석한 400주년 기념행사를 성대하게 치렀다.

우리가 필그림 파더스를 미국의 시조라고 부르는 또 다른 이유는 플리머스에 도착하기 전 선상에서 소위 메이플라워 서약을 했다는 점이다. 그 내용은 영국 왕에 충성을 다하고 아메리카 대륙에 식민지를 건설할 것을 기약하고, 자치사회를 형성하여 질서와 안전을 도모하며, 평등한 법률을 만들어 관제를 정한 다음 여기에 종속할 것을 맹세한다는 것으로 되어 있었다. 상륙 직전에 배 안에서 맺은 '메이플라워 서약'은 다수의 자유의지에 의한 정부의 설립을 결정한 것으로서, 민주주의 정치의 기초가 되었다고 평가하고 있다.

이러한 청교도 정신은 오랫동안 미국인들의 가슴속에 자리잡고 있었으며, 미국을 세계에서 가장 강한 나라로 만드는 초석이 되었다. 하지만 이제 그 검약과 신앙생활을 바탕으로 하는 청교도 정신은 엷어지고 미국은 도덕적·신앙적으로 약해져 가고 있음을 많은 식자들은 우려하고 있다. 그래서 새로 출발하는 대통령들은 이의 회복을 위한 노력을 아끼지 않고 있다.

플리머스에 관한 또 다른 재미있는 사실은 처음 이곳에 온 청교도가 102명이라는 것과, 우리나라 사람들이 최초로 하와이에 이민을 가기 위해 인천 제물포에서 121명이 출발했지만 일본 나가사키에서 신체검사를 받으면서 19명이 탈락해 102명만이 하와이 호놀룰루에 도착한 사실은 우연이 아니라며 종교적 의미를 부여하는 신앙인도 있다. 그런데 메이플라워호에는 102명의 청교도 외에 임신한 세 부인 뱃속에 새 생명이 자라고 있었다.

플리머스를 보고 떠나면서 이곳은 그야말로 완벽한 필그림들의 초기 역사가 담긴 도시로 미국 정신의 발원지이자 미국 시조의 도시라는 인식을 갖게 되었다. 보스턴으로 향하는 길 위에 노을에 물든 가로수 그림자들이 길게 누워 밤을 기다리고 있었다.

보스턴의 비밀무기

 플리머스에서 돌아온 우리는 이경희 교수 댁으로 갔다. 도착하자마자 이 교수와 아내가 맛있는 저녁을 금방 만들어 냈다. 이 교수는 고향 선배이자 아내의 춘천여고 선배이기도 했다.

저녁을 먹으며 오늘 있었던 일들과 내일 일정에 대해 이야기하고 있는데 이 교수 큰따님이 학교에서 돌아왔다. 곧 있을 변호사 시험 준비로 매일 밤을 새우고 있다면서 저녁만 먹고 다시 학교로 갔다. 밤잠을 설쳐가며 열심히 공부하는 모습에 감탄했다.

보스턴에는 보스턴칼리지 외에도 세계의 인재들이 모인 하버드와 MIT 등이 마주 보며 자웅을 겨루고 있다. 오래전에 강원대의 미래발전 방향에 관한 보고서를 쓰기 위해 세계의 유수 대학을 조사한 일이 있다. 주요 내용은 대학의 발전 방향을 교육 중심으로 갈 것이냐, 연구 중심으로 갈 것이냐 하는 거였다. 당시 이 문제는 우리 대학뿐만 아니라 우리나라 모든 대학이 내외 사정을 감안하여 방향을 잡아야 할 때였다. 그때 조사 사례 대학으로 우리 대학을 포함하여 서울대, 고려대와 미국의 하버드, 예일대와 일부 큰 주립대학, 그리고 영국 케임브리지대학, 일본 도쿄대학과 규슈대학 등이 들어 있었다.

우선 재정상태를 살피고 이에 따른 학부생 수와 대학원생 수 그리고 박사후 과정을 밟고 있는 포스닥 수를 알아내어 그 특징을 찾아 대학의 방향을 짚어 보는 것이었다. 결론적으로 말해 대학 재정에 따라 대학 랭킹 순위가 비례하고 있었다. 하버드대는 사립이라는 특성 때문에 등록금은 배 이상 비쌌지만, 동문이나 저명한 억만장자들 뿐만 아니라 무명 인사들의 기부금이 대학 운영에 크게 기여하고 있었다.

이러한 기금은 대학의 기본임무인 교육, 연구, 봉사에 과감히 투자할 수 있고 특히 돈이 많이 드는 연구개발부문에서 얻은 연구성과가 실용화로 이어지면서 엄청난 부를 창출하여 더 많은 연구자들을 부르는 호순환이 끊이지 않았다. 이는 절대적인 연구자 숫자만 보아도 알 수 있다. 하버드의 경우 학부생보다 대학원생 숫자가 두 배 이상 많으며, 교수를 제외한 박사후 과정을 밟는 포스닥 숫자 역시 대학원생 수와 맞먹을 정도다. 이러한 우수인력을 유지하기 위한 연구개발 R&D 예산의 안정적 확보는 좋은 연구성과를 만드는 에너지가 되고 있다.

이것을 근거로 각 대학의 학부생과 대학원생 숫자만으로 그림을 그려보면 하버드나 예일, 케임브리지 대학은 완전한 역마름모꼴 모양으로 포스닥이 연구의 중심 인력으로 포진해 있다. 말하자면 종합적인 연구 대학인 셈이다. 이에 비해 서울대는 학부생이 밑을 든든하게 받쳐주는 정상적인 모양의 마름모꼴이었다. 그러나 지방 국립대학의 하나인 강원대는 학부생 중심으로 소수의 대학원생이 있는 뾰족한 삼각형 모양의 교육 중심 대학이다. 이는 거의 모든 지방 국립대학의 수준이며, 일부 서울 소재 사립대학의 경우는 이보다 조금 나은 정도였다.

이 모습을 비교하면서 중단기로는 학부와 대학원의 병진적 발전을 추구하면서 장기적으로 대학의 무게를 대학원 중심으로 옮겨 최종적으로는 구미의 유수 대학과 같은 포스닥이 연구인력의 중심이 되는 백년 계획을 제시했다. 문제는 대학 재정의 확보였다. 다행히도 경제파이가 커진 최근 대학 재정이 조사 당시보다 월등히 좋아져 한 단계씩 올랐다고는 하나, 아직 대학원 중심의 연구보다는 학부 편중의 교육이 진행되고 있어 앞길이 만만치 않다.

그런데 최근 대학등록금 반값운동이나 기성회비 등의 폐지는 대학 재정을 더욱 압박하여 다소 호전되던 연구 분위기에 찬물을 끼얹는 듯해 안타깝다. 경제사정이 나빠진 미국 주립대학이 대학 재정을 줄이는 과정에서 연구 인력을 축소하고 학생들의 장학 지원을 줄이고 있는 것과 같은 상황이 될까 두려운 마음이다.

　이튿날 대학 캠퍼스 나들이에 나섰다. 우선 하버드대학을 찾았다. 캠퍼스 투어는 하버드대학 건립자인 존 하버드 좌상을 보는 것으로 시작된다. 이미 많은 사람들이 그의 발등을 만지며 인증샷을 찍기에 여념이 없었다. 우리도 그들이 자리를 비워 줄 때까지 기다렸다가 한 사람씩 카메라 셔터를 눌렀다. 사진을 찍으면서 아이들이 이 대학에 와서 공부하는 모습을 보고 싶은 마음이 없지 않았지만, 그보다도 앞으로 살아가는 데 필요한 지혜와 용기가 깃든 이곳의 기운을 많이 받아 자신들의 꿈을 이루어 나가길 빌었다.

　일요일이라 대학생들의 모습은 뜸했지만, 한 코너 돌 때마다 나타나는 붉은색 벽돌 건물들이 낯설지 않고 따뜻하게 느껴졌다. 로스쿨과 도서관을 돌아보고 잘 다듬어 놓은 잔디밭에 앉아 잠깐 사색에 잠기기도 하면서 한가한 시간을 보냈다. 대개 어린아이들과 함께 캠퍼스 투어에 나선 이들은 아이들에게 꿈을 심어 주고 나아가 큰 인물이 되어 주길 바라는 마음이었을 것이다.

　하버드대학이 세계적인 학문의 메카로서 학생들에게 면학을 장려하는 30훈訓이 도서관 벽에 걸려 있다는 얘기는 들었는데, 도서관에 들러 아무리 찾아보아도 눈에 띄지 않았고, 물어보아도 모르겠다고 했다. 이는 아마도 학생들이 자신을 채찍질하기 위해서나, 아니면 교수들이 학생들의 면학 분위기를 독려하기 위한 격려의 말이 사이버 공간을 떠돌고 있는 것으로 생각되었다. 그러나 이 30훈은 학생들뿐만 아니라 오늘을 사는 모든 이에게 자신의 미래를 풀어 주는 열쇠로 생각하고 마음속에 간직할 만한 내용이다. 항간에 떠도는 30훈 중에서 세 구절만 적어 본다.

Sleep now, you will be dreaming.

Study now, you will be achieving your dream.

Impossibility is the excuse made by the untried.

One more hour of study, you will have a better spouse.

지금 잠을 자면 꿈을 꾸지만,

지금 공부하면 꿈을 이룬다.

불가능이란 노력하지 않는 자의 변명이다.

한 시간 더 공부하면 더 좋은 배우자를 얻게 될 것이다.

여기서 끝 구절은 가끔 암송하는 중국 송나라 진종眞宗황제가 학문을 장려하기 위해 지은 권학문勸學文에 "아내를 구하는데 좋은 매파가 없음을 탄식하지 말라, 책 속에 얼굴이 옥같이 예쁜 여인이 있다聚妻莫恨無良媒 書中有女顏如玉"는 말과 같은 의미다. 이처럼 진리는 동서고금을 통해 서로 통하고 있었다.

이어서 하버드에서 두세 정류장 떨어진 찰스 강변의 MITMassachusetts Institute of Technology를 찾았다. 강 안쪽에 있는 하버드보다는 대학 위치를 강변에 참 잘 잡았다는 생각이 들었다. 하버드와는 지리적으로 붙어 있으면서 선의의 경쟁을 통해 세계 최고의 대학으로 이름을 날리고 있는 이 대학 역시 하루 아침에 최고의 명성을 얻은 것은 아니었다. 1861년에 설립되어 1865년에 세계 최초의 공과대학으로 개교한 이래 150년의 역사를 지니고 있다. 대학도 역사의 길이만큼 그 역할을 다하고 있는 것이다.

MIT는 처음에는 공학, 이학 등의 유능한 과학자를 배출하였으나, 현재는 인문, 사회과학계에서도 두각을 나타내고 있다. 학부 졸업생 70% 이상이 대학원에 진학한다니 학문적 열정을 알만했다. 한번은 예일대 농민연구소 게시판에 MIT에서 동유럽의 농촌조경사農村造景史에 관한 세미나가 열린다는 공고가 붙었다. 나는 의외라고 생각하면서도 이 세미나에 참석했었다. 농업의 농農자도 모를 것 같은 생각이 들었으나, 농업생산과 농촌조경과의 역사적 변천에 관한 발표는 무척 신선했다. 대개 농업생산의 효율성에 초점을 맞춰 온 그간의 우리 농업을 뒤돌아보게 한 내용이었다. 물론 발표자는 이 대학의 연구자는 아니었지만 우리 분야에 관심이 있다는 것에 호감이 갔다. 그리고 자신의 분야를 위해서 타 분야의 흐름을 이해하는 것이 매우 중요하다는 것을 깨달았다.

하버드는 붉은벽돌 건물이 많은 데 비해 MIT는 현대식 건물과 고딕식 유럽 건축 양식을 가미한 건물들로 중후한 분위기를 자아냈다. 아들 상범이가 공학에 관심이 많은 것 같아 한번 도전해 보라고 권유했다. 녀석도 이곳에서 공부해 보고 싶다며 의욕을 보이면서도 잘 해낼 수 있을지 스스로를 점검해 보는 듯했다.

이 두 대학 외에도 보스턴에만 대학이 60여 개가 넘는다니, 미 포춘지 FORTUNE는 이곳에서 공부하는 학생들을 '보스턴 시의 비밀무기'라고 불렀다. 이는 그들이 졸업 후에도 상당수가 보스턴에 남아 고급인력으로 활동하고 있기 때문이라는 것이다. 이들은 경제발전의 촉매 역할을 하며 지적자본을 창출하고 있다. 특히 세계 각국에서 온 유학생들로 사회문화적 다양성과 역동성을 느낄 수 있는 곳이다. 이와 같이 보스턴이 세계 지적 교육의 중심이 된 것은 이곳에 정착한 청교도들이 후세에 대한 교육의 중요성을 일찍이 인식하고 있었기 때문이다.

케네디 대통령 생가에서

이렇게 도시가 교육과 역사문화예술 도시로 발전하는 데는 이 지역의 역사와 깊은 연관을 맺고 있다. 플리머스에 필그림들이 정착하고 나서 1630년에 도착한 청교도 식민지 개척자들이 쇼멋 반도를 세운 이후 18세기 후반의 보스턴은 보스턴 학살, 보스턴 차사건, 초기의 독립전쟁 전투였던 벙커 힐 전투와 렉싱턴 콩코드 전투 등 미국 독립혁명의 중요한 사건의 무대였다. 이렇듯 보스턴 시는 미국 독립전쟁의 발상지라는 이유 하나만으로 매년 수백만 명의 관광객이 찾아오고 있다.

이러한 역사적 배경을 가진 보스턴은 미국에서 제일 오래된 도시 중 하나로 '뉴잉글랜드의 수도' 또는 '미국의 아테네'라는 별명도 있다. 미국 독립 이후에 이곳은 주요한 항구 역할과 제조업의 중심지가 되었으며, 미국에서 가장 오래된 관현악단 중의 하나인 보스턴 심포니와 최고 수준을 자랑하는 다양한 박물관, 1897년 미국 최초의 지하철 등을 가진 매력적인 도시다.

현재 보스턴 인구는 약 65만 명 정도로 크지 않으나 주변의 대도시권을 넣으면 450만 명으로 늘어나며, 통근 지역까지 합한다면 750만 명으로 미국에서 5위의 광역도시 기능을 하고 있다. 이렇듯 청교도 정착지와 독립유적지 및 대학 그리고 자연문화를 탐방하기 위해 매년 2천만 명 이상의 방문객이 끊이지 않고 있다.

보스턴의 쌍벽인 두 대학을 보고 나서 찰스 강이 잘 보이는 잔디밭 벤치에 앉아 김밥과 따뜻한 차를 마시면서, 언제 또 이런 곳에서 김밥을 먹어보겠느냐며 우리는 대학을 돌아본 이야기를 나누었다.

그러고 나서 보스턴이 낳은 위대한 인물 케네디 대통령 생가로 향했다.

케네디 대통령은 내가 초등학교 때인 1960년대 초 미국 제35대 대통령의 임기를 다 채우지 못하고 텍사스 댈러스에서 암살되었다는 뉴스를 들은 기억이 난다. 그리고 중학교 때 케네디 대통령이 하버드를 졸업하고 미 해군 중위로 남태평양 솔로몬 군도에서 PT 109 정장艇長으로 활약하던 중 일본 구축함에 들이받친 뒤 구조된 실화를 바탕으로 만든 'PT 109'라는 영화를 보러 갔었다. 빈자리가 없을 정도로 꽉 들어찬 관객 속에서 감동을 받았던 것과 드넓은 태평양을 동경했던 기억은 50년이 지난 지금도 너무나 생생하다.

이런 선입견을 가진 대통령이어서 생가를 찾아가는 마음은 마치 오랜만에 친근한 아저씨를 만나러 가는 기분이었다. 현관 앞에 대통령의 생가라는 표시가 없었으면 평범한 단독주택 한가운데 자리잡고 있어 그냥 지나칠 정도의 소박한 집이었다.

2달러씩 입장료를 내고 생가에 들어가니 훤칠하게 잘생긴 얼굴에 염소 수염을 기른 관리인이 방 구석구석을 안내해 주었다. 이곳은 현재 존 F. 케네디 국립역사유적지로 지정되어 국립공원관리국이 운영하고 있다. 그의 부친 조셉 P. 케네디는 신혼여행에서 돌아온 1914년에 이 집을 사들여 1921년까지 살면서 4남5녀 중 넷을 이곳에서 낳았다. 케네디 대통령은 1917년에 태어나 윗동네로 이사할 때까지 유아시절을 이곳에서 보냈다고 한다. 형제들과 나란히 찍은 사진 속의 천진난만한 모습은 다른 아이들과 다름없었다.

1963년 11월 22일 대통령이 저격당하자 이 집은 바로 케네디의 상징이 되었다. 그의 어머니 로즈 여사는 대통령이 태어난 이 집을 다시 사서 옛 모습 그대로 재현하여 국가에 헌납했다. 집안 분위기는 1910년대 식탁과 커튼 등의 소품들로 고풍스럽고 차분했다.

어머니 로즈 여사도 무려 9남매를 키워 낸 사랑과 강인함을 갖춘 여성임을 금방 느낄 수 있었다. 그녀가 자세히 기록해 놓은 육아일기에 대통령은 어린 시절 홍역, 성홍열, 수두, 백일해 등을 앓는 등 죽음 일보 직전까지 갔었다고 한다.

케네디 대통령이 세상을 떠나고 사람들의 관심은 그의 부인 재키 여사와 자녀는 물론 형제들의 일거일동에 쏠렸다. 특히 재키의 움직임은 세계인이 다 알고 있을 정도였다. 케네디 대통령이 댈러스에서 암살당한 후 병원에서 사망하자 재키는 끼고 있던 반지를 남편의 손가락에 끼워 주고 남편의 발에 마지막 키스를 했다는 일화가 있다.

케네디는 1961년 1월 20일부터 1963년 11월 22일까지 짧은 재임기간 동안 많은 일들을 처리했다. 쿠바의 피그스 만 침공 실패로 인한 쿠바 미사일 위기를 해상봉쇄를 통해 해결하고, 베를린 장벽의 현장인 서베를린을 방문하여 공산주의 정책을 비판하는 연설을 했으며, 소련에 압도된 우주개발 경쟁에 적극 나섰다. 그리고 1963년 제임스 메러디스라는 흑인 학생을 미시시피대학에 처음으로 등록하게 하여, 점차 인종과 상관없이 모든 공공장소를 이용하게 하는 등 어려운 일들을 과감하게 해결하였다.

이에 많은 역사가들은 케네디를 링컨, 루즈벨트, 워싱턴 등과 함께 미국 역사상 가장 위대한 대통령 중 하나로 평가하고 있다. 그리고 케네디는 미국 대통령 중에서 유일한 아일랜드계 가톨릭 신자라는 점에서 신교 세력으로부터의 반발도 가라앉히는 등 수완을 발휘하였다.

그런데 특히 나에게 와 닿았던 것은 대통령의 신개척자 정신을 표방한 뉴 프론티어 정책이었다. 즉 "인생의 2년을 개도국에서 봉사하여 세계 평화에 기여하자"는 캠페인을 전개하여 개발도상국들의 자구 노력을 돕기 위한 평화봉사단Peace Corps을 창설한 것이다. 이 정책으로 1961년부터 2007년까지 140여 개국에 18만 7,000명의 봉사단원을 파견했다. 이때 내가 다니던 춘천고에 영어교사가 파견되어 원어민 수업을 들으며 꿈을 키웠다. 이것은 훗날 우리 국제협력단KOICA이 개발도상국에 파견하는 해외청년협력단의 모델이 되었다.

이렇게 생가를 통해 케네디 대통령의 업적을 둘러보면서, 그가 취임연설에서 외친 "여러분의 나라가 여러분을 위해서 무엇을 할 수 있는지 묻지 말고, 여러분이 여러분의 나라를 위해서 무엇을 할 수 있는지 물어 달라"는 말이 다시금 국가와 국민의 할 일이 무엇인지 일깨워 주고 있음을 느꼈다.

생가를 나오면서 그동안 각 나라가 배출한 걸출한 위인들의 생가를 방문했던 기억이 되살아났다. 정치가, 문인, 과학자, 사상가, 예술인, 군인, 운동선수 등의 생가를 방문할 때마다 그들의 인생에서 얻을 수 있는 메시지가 무엇인지 알아내려고 했던 생각도 났다.

그런데 종교의 발상지나 종교적 유적이 남아 있는 곳은 성지라고 부르는데, 위대한 사람이 태어난 곳을 단지 생가라고 부르는 이유는 위대한 인물을 더 낮추어 겸손하게 하려는 의도인지는 모르겠다.

보스턴을 떠나기 앞서 우리는 찰스 강변의 벤치에 앉아 저물어가는 저녁놀과 강변을 달리는 시민과 매사추세츠 만 부두에 정박해 있는 요트를 바라보았다. 강물에 비친 보스턴의 높고 낮은 건물들이 물결을 따라 흔들리고 있었다.

플리머스에서 안내책자를 받아들고 꼭 보러 오겠다고 벼르던 보스턴에서 북쪽으로 한 시간도 채 안 걸리는 세일럼을 끝내 방문하지 못한 아쉬움을 뒤로하고 핸들을 남쪽의 뉴헤이번으로 돌렸다.

세일럼에는 마녀사냥이라는 아픈 역사를 알려주는 마녀박물관이 있다. 세일럼이 낳은 대문호 나다니엘 호손Nathaniel Hawthorne이 『주홍글씨』 등의 작품을 쏟아낸 곳이기도 하다. 또한 우리나라 최초의 미국 유학생인 구당 유길준과도 인연이 있는 곳이다. 1883년 민영익을 단장으로 한 친선사절단의 한 사람으로 미국을 방문한 유길준은 혼자 남아 세일럼 인근에 있는 바이필드의 덤머 아카데미에서 신학문을 익혔다.

이런 연유로 그가 남긴 편지를 비롯한 유품들이 세일럼의 피바디 엑세스 박물관에 보관되어 있다. 그런데 근대화된 서구를 온몸으로 체험한 유길준 선생은 보스턴이 미국 정신문화의 중심지라는 것과, 이곳 출신 아이들이 언행이 분명하고 학식이 많아서 어디에 내놓아도 그 출신을 알아볼 수 있다고 했다.

18세기 말까지만 하더라도 세일럼은 뉴잉글랜드의 제일가는 무역항이었다. 일찍부터 바다로 눈을 돌린 이곳 상인들은 멀리 아시아와 인도까지 배를 보내 무역활동을 펼쳤다. 해외무역으로 막대한 돈을 번 무역상들은 세일럼에 대저택을 짓는 건축 붐을 일으키면서 체스넛 거리는 한때 미국에서 가장 아름다운 주택가로 이름이 높았다. 특히 이곳 거리와 부두에 자신의 이름을 남긴 엘리아스 더비는 미국 최초의 백만장자 소리를 들을 만큼 막대한 부를 거머쥐었다.

그러나 1812년 영국과의 전쟁을 계기로 상권을 인근 보스턴과 뉴욕에 넘겨주면서 세일럼은 사람들로부터 멀어져 갔다. 이에 1938년 한때 뉴잉글랜드의 해운과 무역의 중심지였던 세일럼의 역사적 가치를 인정하여 세관 건물을 중심으로 세일럼 항구 일대를 사적지로 지정함으로써, 오늘날 당시의 영화와 번영을 되새겨주고 있다.

1, 2 필라델피아 독립기념관과 자유의 종   3 록키 동상 그림엽서   4 필라델피아의 독립역사공원
5 남군의 리 장군과 북군의 미드 장군의 초상화와 전투장면이 그려진 우편엽서

1 남북전쟁 당시 북부와 남부 영역 지도(파란색은 북부, 붉은색은 남부, 연보라색은 북부에 잔류한 노예제 허용 주인데 이를 경계 주라 부름) 2 1861년 펜실베이니아 필라델피아의 미술학원에서 북군 깃발을 만드는 아가씨들 3 링컨이 1863년 11월 19일 펜실베이니아 주 게티스버그 국립묘지 봉헌식에서 연설하는 모습 4 게티스버그 마을의 북군 복장을 한 판매원들 5 1947년 보스톤마라톤대회 우승자 서윤복 선수 6 춘천 종합레포츠타운에 있는 1950년 보스톤마라톤대회 우승자 함기용 선수 동상
7 2001년 보스톤마라톤대회 우승자 이봉주 선수

8 필그림 파더들을 소개하는 여러 박물관의 안내서
9, 10 필그림홀박물관과 책자   11, 12 플리머스
록 외부와 내부에 '1620'이라 쓰여진 바위를 들여
다보는 관광객   13 플리머스 록

1 하버드대학 전경 2 하버드대학 도서관 3 하버드대학 건립자인 존 하버드 동상
4 MIT 메인 캠퍼스 전경

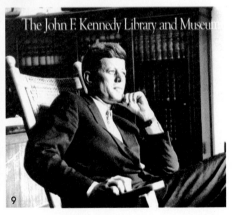

5 케네디 대통령 생가와 주변거리 6 망중한을 즐기는 케네디 대통령 가족 7 어린 케네디 대통령
8, 9 재키 여사와 케네디 대통령

미국 오대호 문명 속으로

한인공동체의 구심점 한인교회

미국에 도착하기 전에 집을 쉽게 구할 수 있었던 것은 한인 교회에 미리 부탁해 둔 덕분이었다. 1960년대 초 끼니를 걱정해야 했던 초등학생 시절, 성탄절에 교회에 가면 떡을 얻어먹을 수 있다는 말에 동생들과 함께 교회에 나가기 시작했다. 그 후 지금까지 열성적이지는 않지만 주일만은 지키려고 애쓰는 만큼 자연스럽게 교회에 부탁을 했던 것이다. 아마 그때 목사님의 도움이 없었다면 집과 차를 마련하기 어려웠을 것이다.

뉴헤이번 한인교회는 200여 명의 신도들이 가족처럼 지내고 있었다. 영국이나 동남아 등에서 다니던 교회들은 남의 교회를 오후에만 잠시 빌려 쓰고 있었는데, 여기서는 크지는 않지만 한인교회 건물이 있어서 좋았다.

그리고 놀란 것은 성가대의 수준이었다. 예일대 음대생 등 실력 있는 성악가들로 구성되어 있어 매주 카네기홀에 앉아 음악을 감상하는 것 같았다. 마침 학기가 시작될 때 온 인하대 의대 산부인과 임문환 교수와 청주

대 태양광에너지공학과 김광호 부부 교수도 함께 등록하여 예배를 마치고 같이 점심을 먹는 등 즐거운 시간을 보내곤 했다.

뉴헤이번에도 역시 교파별로 한인교회가 나누어져 있다. 사실 한국에도 8만여 개 교회에 14만 명에 이르는 목회자가 활동하고 있는 것을 생각하면 놀랄 일은 아니다. 이러한 한국 내의 교회 수는 우리나라 슈퍼마켓 총수의 9배이며, 중국식당 숫자의 2.5배나 된다고 한다. 해외선교사도 미국 다음으로 많은 2만5천여 명이 각국에 파견되어 선교활동을 하고 있다. 인구 대비 세계 1위의 선교사 파견국이라니 놀랍기만 하다. 최근 신학자들은 교인은 줄어드는데 목회자는 오히려 증가하고 있는 원인으로 신학대학이 배출하는 목회자의 양적인 증가를 꼽고 있으며 동시에 질적 저하를 우려하고 있을 정도다.

아무튼 한국이 선교 왕국이 된 것은 그간 높은 경제성장으로 남을 도울 수 있는 능력을 갖게 되었기에 가능한 일이었다. 1997년 12월 IMF사태 때의 일이다. 당시 국가적인 어려움에도 용기를 내어 학술조사차 탄자니아를 방문했다. 그때 우리 정부는 해외에 나가 있는 선교사들에 대한 활동비 송금을 자제해 달라는 요청을 선교본부에 전했다. 그래서 활동비를 받지 못한 현지 선교사들은 선교활동은 고사하고 생활비마저 모자라 철수하는 것을 보았다. 이처럼 국가경제 성장과 침체는 국내에서의 후원금 감소로 이어져 현지에서의 선교활동에 영향을 미친다.

그럼에도 여러 나라를 다니면서 세계 곳곳에서 활동하는 여러 선교사들로부터 많은 도움을 받았다. 그들은 한 지역에 오래 체류하면서 해당국의 언어와 지역주민들의 습관 등에 익숙하여 쉽게 원주민들에게 접근할 수 있는 이점이 있다. 우리나라가 근대화되는 과정에서 서양 선교사들의 역할이 컸듯이 우리 선교사들도 개도국의 발전에 크고 작은 기여를 하고 있다.

이런저런 일로 바쁘게 보내다가 주일날 교회에 나가 한 주일을 돌아보고 삶의 위로나 양식이 되는 좋은 말씀을 듣는 것은 감사한 일이었다. 그리고 더 좋았던 것은 교인들을 통해 이민자들의 실생활을 들여다볼 수 있었던 일이다. 다양한 분야에서 열심히 살아가는 이들의 모습에서 느끼고 배우는 것이 많았다.

이들이 이민 초기에 고생한 이야기는 밤새 들어도 싫지 않을 정도로 하나같이 감동적인 드라마다. 이러한 고생 끝에 2세들이 미국 주류 사회에 합류하는 등 우리 동포의 실질적인 힘을 키우고 있는 사례를 많이 보았다. 이 덕분에 교인들이 경영하거나 일하는 업소나 병원 그리고 관공서에서 특별할인을 해 주거나 도움을 받을 때는 보너스를 얻는 기분이었다. 이러한 분들과 잠시 다녀가는 우리 객원교수들도 하나의 구성원이 되어 함께 어울리는 그야말로 하나 된 한인공동체였다.

이러한 공동체의 친목을 다지기 위해 종종 열리는 야유회가 기다려지기도 했다. 특히 뉴잉글랜드 북부 버몬트 주의 호수 별장을 빌려 가을 단풍 구경을 갔던 일과 대서양을 바라보는 한적한 바닷가에서 낚시를 하던 기억이 생생하다. 그때 낚시바늘에 꿰어 올라오는 물고기들을 생각하면 지금도 짜릿한 전율이 느껴진다.

그런데 대서양의 고기를 낚는 순간 엉뚱하게도 1930년대 초 세계경제공황과 동시에 발생한 농업대공황 때의 일이 떠올랐다. 본디 경제공황이란 구매력 부족으로 왕성한 공급량을 미처 소비하지 못하여 생긴 과잉생산물은 가격폭락과 공장폐쇄를 가져오고 이는 다시 금융기관의 파산으로 이어지는 악순환으로 결국 국가경제 위기로 나타나는 것이다. 농업공황도 소득감소로 식량소비가 공급량을 따르지 못해 남아도는 농산물을 처분하지 못하여 농장이 파산하는 등의 악순환으로 농업은 물론 국가경제에 위기를 불러오기는 마찬가지다.

이에 대한 방안으로 소비자들의 주머니를 채워 주어 구매력을 키우는 정책이나, 공급량을 줄이는 정책을 택해야 한다는 것은 다 아는 일이다. 당시에는 과잉농산물을 줄이기 위해 배에 곡물을 가득 싣고 나가 대서양 한가운데에 쏟아버렸다는 것이다. 이때 대서양의 물고기들이 엄청난 양의 곡물을 먹고 배가 터져 죽었다는 우스갯말이 떠올랐다. 그래서 내가 잡은 물고기들이 이들의 후예는 아닐까 하는 농담에 모두 이솝의 이야깃감이라며 박장대소하던 일이 지금도 추억거리로 남아 있다.

그런데 어느 날 담임목사님이 안정된 자리를 박차고 한국에서 입양한 어린 지체장애자와 두 딸을 데리고 세계 최빈국의 하나인 중미 니카라과러 선교활동을 떠났다. 그곳에서 사회주의 독재정권 하의 가난한 사람들을 위해 학교와 병원을 세워 꺼져가는 영혼들을 바로잡아 주는 일을 하고 있다는 소식을 전해 듣고도 이렇다 할 도움을 주지 못해 죄송한 마음을 갖고 있었다.

그러던 중 목사님이 니카라과 정부로부터 모함을 당해 감금된 채 재판을 받고 있다는 소식을 듣고, 전 미국 교회에서 벌인 구명운동에 기꺼이 동참하였다. 평소 그의 헌신적인 인품을 잘 알기에 종교적 박해를 받고 있음이 분명했다. 다행히 무죄판결을 받고 석방되어 활동을 재개했다는 소식에 박수를 보냈다.

친구 찾아 7천 리

미국에 오면서 이곳에 있는 친지와 친구들의 연락처를 챙겨왔다. 혹시 만날 수 있지 않을까 하는 기대감 때문이었다. 그런데 어떻게 알았는지 해군사관학교 사관후보생대OCS 해병대 동기인 최규학 사장으로부터 먼저 전화가 왔다. 추수감사절 휴일 때 디트로이트에 오라고 몇 번이고 성화였다. 가는 김에 시카고에 사는 고등학교 때 친구 김광준에게도 연락을 해 두었다. 지도를 보니 만만치 않았다. 그러나 왕복 대륙 횡단을 계획하고 있던 나는 준비운동 삼아 미리 다녀오기로 했다.

디트로이트까지 약 1,000km, 거기서 다시 시카고까지는 줄잡아 400km였다. 쉬지 않고 시속 100km로 달려도 10시간 내지 15시간은 족히 걸리는 거리였다. 앞서 들렀던 오하이오 주 애크론대학에 연구차 온 동료 강형석 교수 댁에서도 훨씬 더 서쪽으로 가야 했다. 그래도 좋았다. 그가 오라는 추수감사절 휴일을 이용하여 드디어 11월 23일 금요일 오후 디트로이트로 향했다.

쉼없이 달려 토요일 새벽녘이 되어서야 겨우 디트로이트 가까운 곳에 도착했다. 휴게소에서 잠시 눈을 붙이고 있는 사이 친구가 마중을 나왔다. 미국에 온 지 10년이 넘은 그는 제법 크게 자리를 잡고 있었다. 그의 집에 도착하여 숨을 돌릴 겨를도 없이 앤 아버의 미시간주립대학을 둘러보았다. 오래된 명문대답게 고풍스런 분위기가 역사와 전통을 말해 주고 있었다. 대학 주변의 대학촌도 잘 가꾸어져 있었으나 추수감사절 시즌이라 캠퍼스와 시내 중심지는 정적이 감돌았다.

우리는 군대에서 겪었던 일과 동기생들의 이야기로 시간 가는 줄 몰랐다. 그리고 군사훈련 성적이 중간 그룹이었던 나에 비해 그는 무장 구보왕으로 늘 앞장서서 달렸던 기억을 상기시켜 주었다. 친구는 한양공대를 나와 해병대 공병장교로 제대하여 중동의 토목현장에서 수년간 쌓은 노하우를 가지고 미국에서 건축자재업을 하고 있었다. 그런데 한국에 돌아와서 얼마 안 되어, 그가 암으로 세상을 떠났다는 안타까운 소식을 들었다.

그와 재회를 약속하고 시카고로 가면서 디트로이트 중심지를 돌아보았다. 미국 자동차의 빅3인 포드, GM, 크라이슬러 자동차 공장 본사가 있는 디트로이트는 모터시티 혹은 모터타운으로 불리며 1907년 미국 최초의 도로포장과 1920년 미국 최초로 교통신호기를 설치하는 등 자동차산업 도시로서의 명성과 영화는 간데없고 쇠퇴와 고난의 시기를 맞고 있었다.

역동적인 분위기는 사라지고 서부 총잡이들이 대결을 벌인 뒤의 광경처럼 공허하고 황량한 거리에 쓰레기만 바람에 흩날리고 있었다. 1970년대 이후 일본과 유럽의 값싼 자동차가 들어오면서 생기를 잃어 갔던 것이다. 이처럼 성장과 번영을 구가하던 대도시가 산업의 성쇠에 따라 좌우되는 현장을 목격했다. 그러나 최근 자동차업계의 부활로 생기를 되찾았다는 소식이 들려오고 있다.

이어서 서쪽 방향의 인디애나 주를 지나 일리노이 주 시카고로 가면서 여유로운 농촌 풍경이 펼쳐지자 디트로이트의 스산한 분위기를 잊고 있었다. 달리고 달려 도착한 친구가 사는 동네는 11월 하순인데도 벌써 연말 분위기를 내는 크리스마스트리가 거리를 밝히고 있다. 우리가 늦었는데도 저녁을 먹지 않고 기다리고 있던 친구 가족과 함께 미시간 호가 잘 보이는 식당에서 식사를 했다. 미시간 호를 끼고 있는 시카고는 중서부의 대도시답게 건물 스카이라인이 대호수와 어우러져 예술 그 자체였다.

건축학을 공부하는 사람이 이곳에 오지 않으면 건축학도로서의 영감을 얻을 수 없다고 한다. 시카고는 똑같은 높이와 형태의 건물을 지을 수 없어, 다양한 건물들이 빚어내는 건축미학을 감상할 수 있다는 점에서 건축학도들에게는 아주 매력적인 도시다. 뿐만 아니라 시카고는 농업경제학도에게도 의미있는 도시다. 국제곡물시장에 큰 영향을 주고 있는 시카고곡물거래소Chicago Board Of Trade를 중심으로 중서부에 걸쳐 형성된 세계 제1의 옥수수 재배지역인 콘벨트를 모른다면 세계 농업을 안다고 할 수 없을 정도의 위치를 차지하고 있기 때문이다.

우리는 이곳에서의 이민 정착 과정과 아이들 교육 이야기를 나누며 회포를 풀었다. 그는 ROTC 출신으로 잘나가던 체육교사를 그만두고 이곳에 와서 처음에는 작은 세탁소로 시작했으나, 점차 세탁사업을 키워 대형 세탁소 3개를 운영하는 사업가로 성장하면서 경제적 안정을 찾았다고 한다. 그의 아내는 미 우정국United States Postal Service 공무원으로 퇴직 후에도 정부연금을 받게 되어 노후도 걱정없단다. 더욱이 자식들도 미국 주류사회의 일원으로 인정되는 고등학교 교사와 사업 등을 하면서 러시아 등에 선교활동과 후원사업을 하고 있으니 이민을 후회하지 않는다고 했다.

이튿날 아침 '한 여인, 여러 얼굴One woman, Many faces'이라는 이집트의 여왕 클레오파트라 특별전을 보기 위해 시카고박물관을 찾았다. 클레오파트라를 둘러싸고 벌어진 시저와 안토니우스, 옥타비아누스의 전투와 당시 지중해와 관련된 귀한 자료와 유물들이 전시되어 있었다. 그리고 할리우드의 최고 미인인 거물급 여배우들이 출연한 세 편의 '클레오파트라' 영화도 상영되고 있었다. 이미 한국에서 본 엘리자베스 테일러가 주연한 '클레오파트라'의 포스터를 만져보며, 그녀의 코가 한치만 낮았어도 역사가 바뀌었을 것이라는 파스칼의 말을 음미해 보았다.

이어서 지상 108층에 높이 442m로 1973년부터 1998년까지 25년간 세계에서 가장 높은 건물로 명성을 얻었던, 지금 이름인 윌리스 타워로 바뀌기 전의 시어즈 타워 스카이라운지에서 내려다본 시카고의 고층건물과 거대한 뜻을 품고 있는 듯한 광활한 미시간 호에 떠 있는 수많은 요트는 풍요와 여유의 상징이었다.

이렇게 시간을 보낸 우리는 시카고를 떠나 다시 서북쪽으로 230km 떨어진 위스콘신 주 메디슨으로 향했다. 사실 당시 메디슨 위스콘신대학 토지소유연구소에서 했던 중남미의 토지제도와 미국의 농지보전 문제를 연구해 보고 싶은 마음이 있었다. 그런데 연구소 측이 적지 않은 체재 비용을 요구하는 바람에 포기했었다. 하지만 잠시나마 건물 외관에서 풍기는 분위기만이라도 느껴보고 싶었다. 연휴를 맞은 조용한 연구소 안에는 중남미 개발도상국의 토지문제에 관한 세미나 안내와 아프리카 개도국의 농촌개발에 관한 사진 등이 걸려 있었다. 이것을 보면서 이 대학에서 유학생활을 하고 있는 지인에게 연락을 해 볼까 하다가 다음 기회로 미루었다.

우리는 푸르른 미시간 호가 바라보이는 캠퍼스 호변 벤치에 앉아 준비해 간 간식을 먹으며 오붓한 시간을 가졌다. 이렇게 망중한을 즐기다가 정작 귀갓길에 오른 것은 오후 5시였다.

다음 날 월요일에는 아이들이 학교에 가야 하므로 또 밤새 차를 몰았다. 저녁은 고속도로변 휴게소에 마련된 간이식탁에서 라면을 끓여 먹었다. 차창 밖은 11월 하순의 늦은 삭풍으로 점차 서늘해지고 있었다.

일리노이, 인디애나, 오하이오, 펜실베이니아, 뉴저지 주를 지나 맨해튼으로 들어가는 조지워싱턴 브리지를 건너 집에 오니 월요일 아침 8시였다. 무려 20시간을 달려온 것이다. 이미 스쿨버스는 왔다 갔고, 아이들의 가방을 챙겨 늦지 않게 차례로 태워다 주었다. 아내와 나는 아이들이 학교에서 돌아온 줄도 모르고 잠에 취해 있었다.

어두운 새벽의 워싱턴

뉴헤이번에서의 생활이 익숙해져 갈 무렵인 9월 하순, 주변은 만가지 색으로 화려하게 물들어 가고 있었다. 주말이 되자 이번에는 남쪽으로 400km 정도 떨어진 미국의 수도 워싱턴을 보고 싶어 무박 3일 여행길에 나섰다. 사실 좋은 호텔에서 자고 맛있는 음식을 먹어가며 편안한 여행을 했더라면 가장으로서 체면을 세울 수 있었을 테지만, 앞으로 기다리고 있는 많은 여행을 생각하며 절약을 하지 않으면 안 되었기에 나온 고육지책이었다.

제2부 미 대륙 동부의 역사 속으로

아내는 여행을 떠나기 전에 근처의 창고형 할인매장에서 먹을 것을 준비하고 따로 우리 입에 맞는 밑반찬 등을 싸들고 나섰다. 아이들 학교가 끝난 금요일 오후 저녁을 먹고 어두워질 무렵 출발하여 이튿날 하루 종일 구경하다가 밤늦게 다시 그곳을 출발하여 일요일 아침에 돌아오는 무박 3일 일정으로 호텔 숙박은 아예 예정에 없었다.

밤길을 나서 I-95번 고속도로를 따라 맨해튼과 뉴저지 주를 지나 델라웨어 강을 건너 펜실베이니아의 필라델피아를 바라보며 남진하였다. 옆 차선을 달리는 트럭들은 주로 장거리를 운행하는 대형차량들로 가능한 많은 짐을 싣기 위해 보조칸을 더 붙여 질주하고 있었다. 이 트럭들을 추월하려고 섣불리 차선을 바꾼다는 것은 위험천만한 일이었다. 야간 운행 트럭들의 길이는 보조칸을 합하여 15m 이상은 될 성싶었다. "그 차 되게 기네" 하며 추월 차선으로 들어서려고 트럭이 다 지나갔나 싶어 옆을 본 순간 아직도 차량 뒷부분이 그대로 달리고 있어 사고로 이어질 뻔한 일이 한두 번이 아니었다.

델라웨어와 메릴랜드 주를 통과하여 워싱턴 D.C.의 국회의사당이 희미하게 보이는 도로 한가운데서 머뭇거리고 있었다. 이때 입술에 루즈를 잔뜩 칠한 흑인 여성들이 차 문을 두드리며 호객행위를 서슴지 않았다. 뿐만 아니라 흑인 남성들도 구걸행위를 하는 등 거의 무질서에 가까운 살벌한 분위기는 뒷머리가 쭈뼛 설 정도로 위기감이 느껴졌다.

이런 우리 모습을 지켜보았는지 백인 경찰이 오더니 신분증을 요구하며 어디서 왜 왔는지 물었다. 사실대로 이야기했더니 이곳은 위험하니 백악관 주변의 주차장을 이용하는 것이 좋겠다고 알려 주었다. 그곳 주차장 역시 아직 어둠이 가시지 않아 거의 비어 있었다. 주변을 왕래하는 사람들 대부분은 흑인이었지만, 경찰관들이 있어 다소 마음이 놓였다.

여기에 차를 주차해 놓고 백악관 북쪽으로 걸어갔다. 서서히 어둠이 가시자 백악관 주변에서 노숙하던 흑인들이 주섬주섬 기지개를 켜는 것과 동시에 살벌한 분위기도 사라지는 듯했다. 이처럼 밤에 흑인이 많이 눈에 띈 것은 미국에서 흑인이 가장 많은 지역이기 때문이다. 도시인구 중 약 60%가 흑인이며 백인은 30%, 히스패닉 8%, 아시아계는 3% 정도라고 한다. 특히 도시 교외에 거주하면서 이곳 중심가로 출퇴근하는 백인이 많아 밤에는 거의 흑인만 보였던 것이다. 그래서 워싱턴 D.C.에는 밤에 백인이 딱 두 사람 있다고 한다. 그들은 다름 아닌 부시 대통령 부부인데, 뭔가 가시가 박힌 예사롭지 않은 농담으로 들렸다.

다른 지역에 비해 흑인이 많은 이유는 독립전쟁 시 영국군을 격파한 뒤 미국 의회는 뉴욕, 필리델피아, 프린스턴, 아나폴리스 등을 전전하며 영원한 정착지를 찾고 있었던 것과도 관련이 없지 않다. 당시 남부 주에서는 상대적으로 부유한 북부 주가 정치를 장악하는 것을 원치 않았기에 미국의 수도를 북부에 두는 것을 반대했다. 북부 주 사람들 역시 남부 주에 수도가 건설되기를 바라지 않았다.

이처럼 남북전쟁으로 이어진 대립은 수도를 어디에 두어야 할지 열띤 논쟁을 벌였다. 수도를 유치하기 위한 경쟁도 만만치 않았다. 이러한 열띤 논쟁 속에 조지 워싱턴 대통령은 1790년 의회로부터 10평방마일 범위 내에 수도 위치를 결정하는 권한을 위임받았다. 워싱턴은 자신의 땅이 많은 지금의 워싱턴 D.C. 지역을 마음에 두었다. 더구나 이 지역은 북부와 남부 중간에 위치하여 남북간의 지리적인 균형을 유지하는 것은 물론 상업지로서도 적합하였다.

이후 남북전쟁 등의 수많은 전쟁으로 전시체제 유지를 위한 새로운 일꾼들이 몰려들었다. 더욱이 남북전쟁이 끝나자 자유를 얻은 남부의 수많은 흑인들이 몰려들면서 흑인 인구가 크게 증가했던 것이다. 이러한 역사적 사실은 캐나다의 수도를 영국계와 프랑스계가 다수 거주하는 온타리오 주와 퀘벡 주의 경계인 오타와로 정할 때와 같은 논리였다. 최근 우리나라에서도 도청 유치를 위한 지역 갈등과 이를 해소하는 방법도 이와 크게 다르지 않다.

이러한 역사적 사실을 음미하며 미국 정치를 상징하는 백악관과 국회의사당을 찾았다. 그런데 백악관 견학은 9·11사태로 금지되어 쇠파이프로 가로막힌 담 밖에서 건물을 볼 수 있는 정도였다. 날이 밝아오자 준비해 간 음식으로 아침을 때우고 백악관 남쪽 현관이 잘 보이는 곳으로 갔다. 행여 대통령이 손을 흔들어 주지 않을까 하는 꿈같은 기대도 해 보았다. 그러나 많은 관광객들이 사진을 촬영하며 즐거워하는 모습으로 이를 대신하였다.

백악관은 1790년 의회가 워싱턴 D.C.를 미국의 영구적인 수도로 지정한 이후 짓기 시작하여 초대 부통령이자 제2대 대통령인 존 애덤스가 처음 입주했다. 그 후 화재 등으로 여러 차례 증개축을 하면서 지금에 이르렀다. 그러나 나는 백악관의 역사보다는 1882년 조미수호통상조약이 체결된 뒤 미국 공사 푸트Foot. L. H의 내한 답례로 1883년 9월 민영익을 전권대신으로 하는 11명의 우리나라 최초 사절단인 보빙사 일행의 백악관 방문 이야기에 더욱 흥미를 느꼈다.

그때 제21대 대통령인 체스터 엘렌 아서를 방문한 자리에서 보빙사 일행 중 홍영식, 민영익, 서광범으로 추정되는 사절들이 대통령에게 큰절을 하는 모습에 미국인들이 충격을 받았다는 이야기가 내 가슴속에 파도가 되어 몰려왔다. 자유와 평등을 근간으로 하는 미국 사회와 봉건적인 요소로 둘러싸인 당시 우리 사회를 동시에 볼 수 있는 장면으로 양국의 의식 차이에서 오는 번민이 느껴졌다.

이렇게 미국에 파견된 최초의 사절단은 아서 대통령을 방문하고 40여 일간 미국의 공공기관, 박람회, 공업제조회사, 병원, 신문사, 육군사관학교 등을 둘러보았다. 그리고 귀국길에 유럽에도 들러 서구의 신문물을 시찰했다. 이때 전권대신인 민영익의 배려로 유길준이 미국 보스턴에 계속 남아 덤머 아카데미Dummer Academy에서 공부하는 한국 최초의 미국 유학생이 되었던 것이다.

한편 그는 26세 되던 1881년 신사유람단으로 일본에 갔다가 남아 유학 생활을 함으로써 한국 최초의 일본 유학생이 되기도 했다. 이러저런 우여곡절을 겪으면서 유길준은 미국에서 얻은 견문과 지식, 그리고 귀국길에 유럽을 경유하면서 겪은 경험과 지식을 바탕으로 책을 내게 되었는데, 이것이 바로 한국 최초의 국한문 혼용체로 된 『서유견문西遊見聞』이다.

이 책은 미국을 비롯한 서구 신문물과 각 분야에서의 제도와 정책을 자신의 견해와 함께 번역 소개하는 쪽에 비중을 더 두어, 생생한 경험에서 우러나오는 인간적인 소회를 밝히는 여행담이 적어 아쉬웠다. 그럼에도 이 책이 지닌 의미는 결코 작지 않다.

이 유길준 선생을 만난 것은 서울대 국제대학원 최고경영자과정을 다니면서 원우들과 함께 경기도 하남에 있는 검단산을 오를 때였다. 정상을 향해 오르는데 잊고 있었던 유길준 선생의 묘를 발견하였다. 참으로 반갑고도 애석한 마음이 동시에 들었다.

한말 기울어져 가는 나라를 보면서 어떻게든 나라를 굳게 세워 보려고 애쓴 선생의 비석을 보니 애달프기가 그지없었다. "선생이여, 원로에 고생 많으셨습니다. 이제 편히 쉬시면서 우리를 지켜봐 주소서"라는 말밖에 나오지 않았다. 한강과 팔당댐이 내려다보이는 검단산 정상에 올라 선생이 보았던 북미 하늘을 한참 쳐다보았다.

워싱턴에서의 짧고도 긴 하루

뉴욕에 센트럴 파크가 있다면 워싱턴에는 내셔널 몰National Mall이 있다. 포토맥 강변의 링컨기념관과 국회의사당을 일직선으로 잇는 중심 좌우에 배치되어 있는 건물과 기념관 그리고 공원 곳곳에 세워진 여러 기념비와 동상 등은 바로 미국의 과거와 현재와 미래의 모습을 집약적으로 보여 주고 있었다.

국회의사당은 9·11테러로 보안경비가 강화되어 최소한의 공간만 볼 수 있었지만 멋진 건물과 의회가 지금까지 결정하고 행한 권위적인 정책들을 떠올리니 바로 미국의 건국이념과 철학의 산물이라는 생각이 들었다.

이곳은 세계 각국의 정치지도자들은 물론 노벨평화상을 받은 테레사 수녀 등이 연설을 통해 역사를 바꾼 곳이며, 역사를 바꾼 인물들의 공로를 기리는 곳이라 생각하니 숙연한 마음이 들었다. 역대 대통령의 취임연설은 물론이며 국가적 위기에 처했을 때 지도자가 이곳에서 한 명연설은 국민의 마음을 움직이고도 남았다.

프랭클린 루즈벨트 대통령은 일본의 진주만 기습공격에 "1941년 12월 7일은 치욕의 날이었다"라며 대일 선전포고를 하고 국민을 단합시켰다. 그리고 맥아더 장군이 그가 즐겨 부르던 군가의 마지막 후렴인 '노병은 죽지 않고 다만 사라질 뿐'이라며 52년간의 군생활을 마치는 고별연설로 국가에 대한 명예와 책임을 다하는 모습을 보인 곳이기도 하다.

한편, 우리나라 이승만 대통령은 1954년 7월 미국 도착 성명에서, 이길 수 있는 6·25전쟁을 '워싱턴의 겁쟁이'들이 휴전을 서둘러 한국의 통일을 막고 공산세력의 위세만 높여 주었다고 비판했다. 그리고 상하 양원의 합동연설에서도 "자유세계는 공산세계를 타도하려는 용기를 가져야 한다.

그 자유의 싸움에서 한국이 선봉을 맡겠다"는 등의 강한 발언을 쏟아냈다. 공산국가인 중국이 언젠가는 자유세계를 크게 위협하게 될 것이므로 무력으로 타도해야 한다고도 했다. 이처럼 약소국의 대통령이 강한 소신에 찬 연설을 통해 세계에 우리의 의지를 알리며 미국의 강한 대공정책을 요구했던 곳이기도 하다.

아마도 이 대통령의 연설은 청년시절의 미국 유학 경험과 일제강점기와 독립운동 그리고 한국전쟁을 겪으면서 얻은 국가경영철학의 표출이었을 것이다. 이후 35년이 지난 뒤, 민주적으로 정권이양을 받은 노태우 대통령의 의회연설을 시작으로 김영삼, 김대중, 이명박, 박근혜 대통령이 차례로 이곳에서 연설하면서 우리 입장을 국내외에 밝혀 공감을 얻어내려 했다. 동시에 화합과 비폭력, 인권옹호에 헌신적으로 기여한 사람에게 주는 미국 민간 최고의 영예인 황금메달을 수여하는 곳도 이곳이다. 티베트의 정신적 지도자 달라이 라마, 제264대 교황 요한 바오로 2세, 테레사 수녀, 넬슨 만델라 전 남아프리카공화국 대통령 등 숭고한 도덕적 용기를 발휘한 이들이 황금메달을 받았다.

그리고 링컨 대통령이 노예해방을 선언한 지 100주년 되던 1963년 8월 28일, 링컨기념관 앞 계단에서 마틴 루터 킹 목사가 수십만 명의 군중을 상대로 "오늘 나에게는 꿈이 있습니다. 나의 네 자녀들이 피부색이 아니라 인격에 따라 평가받는 그런 나라에 살게 되는 날이 오리라는 꿈입니다"라는 명연설을 한 뒤 암살되자 그의 탄생일에 즈음하여 매년 1월 셋째 주 월요일을 국경일로 지정한 곳도 이곳 의회였다.

이처럼 인류의 보편적 가치 실현을 위하여 헌신한 사람들의 노력을 인정하며 뭇사람들의 삶의 가치와 방향을 제시해 준 곳이었다. 많은 위인들이 남기고 간 체취를 한꺼번에 받아들이기에는 내 마음속 그릇이 너무 작았다. 다만 이들의 행적과 뜻을 이해하고 후세에게 그 의미를 전해야겠다는 생각이 들 뿐이었다.

또한 링컨기념관과 국회의사당 사이 거대한 직사각형 잔디밭인 내셔널 몰 주변에는 백악관, 워싱턴기념탑, 제퍼슨기념관, 방대한 스미스소니언박물관, 한국전 참전용사 추모공원이 있고 강 건너 국립묘지와 정부기관들이 즐비한데, 이곳의 의미는 단순하지가 않다. 이 모든 시설과 거기에서 행해진 많은 일들을 통해 국가가 해야 할 일과 국민이 해야 할 일이 무엇인지를 잘 보여 주고 있다. 우리는 좀 더 가까이 가서 보고 싶어 아침 일찍 둘러본 백악관과 국회의사당 외에 링컨기념관, 한국전 참전용사 추모공원, 자연사박물관 등을 보기 위해 발걸음을 재촉했다.

토머스 제퍼슨 대통령 기념관의 동상을 보면서 그의 여러 행적 가운데 가장 뚜렷한 건국의 아버지 중의 한 사람으로 독립선언서를 기초하여 건국이념을 확실히 세웠던 일과 대통령 재임기간 중 프랑스 나폴레옹으로부터 사들인 광활한 루이지애나를 루이스와 클라크에게 명하여 서부의 지형과 기후, 동식물의 분포와 생태, 그곳의 인디언 사회를 탐사케 한 일들을 생각하니, 그는 분명한 미국의 영웅이었다.

그러나 이러한 업적보다도 그가 "건전한 가족농의 육성은 건전한 사회의 근간이 된다"는 중농주의자로서 한 말을 늘 마음에 두고 있다. 왜냐하면 이는 우리 식대로 표현하면 바로 '농자천하지대본', 즉 농업의 중요성을 강조하는 미국식 표현으로 생각했기 때문이다. 그의 이 말을 가끔 주례사로 변용하여 사용하기도 했다. 하나하나의 건전한 가정은 우리 사회 전체의 튼튼한 뿌리가 되는 만큼 사랑이 넘치는 가정을 이루는 일은 바로 우리 사회에 기여하는 일임을 강조했던 것이다.

그리고 어린 시절에 읽은 링컨 위인전을 떠올리며 링컨 좌상 앞에 섰다. 링컨은 수염을 기르기 전 뉴욕 주에 사는 그레이스 베델이라는 시골 소녀가 편지로 뺨이 너무 야위어서 보기 싫으니 수염을 기르면 여자들이 좋아

할 거라고 해 수염을 기르게 되었다고 한다.

위엄과 엄숙함이 느껴지는 좌상을 보며 아마도 독립선언서에서 밝힌 대로 모든 사람은 평등하게 태어났고, 창조주는 생명과 자유와 행복을 추구할 권리가 있다는 것을 행동으로 보여 주기 위해서는 권위 있는 엄숙함을 보일 필요가 있었겠다는 생각이 들었다.

링컨은 남북전쟁 중이던 1863년 정월 초하룻날 노예해방을 공표했다. 미국 정부의 공식적인 노예제도 폐지를 선언하는 순간이었다. 이처럼 당연한 인간의 권리를 보장해 주는 노예제도 폐지가 피를 흘리지 않으면 안 될 정도로 그렇게 힘든 일이었을까?

이런저런 생각을 하면서도 내셔널 몰에서 제일 가보고 싶은 곳은 사실 한국전쟁 참전용사 기념공원이었다. 표지판을 비롯해 선명하게 새겨진 글자와 숫자들이 저절로 옷깃을 여미게 했다. 1995년 김영삼 대통령과 클린턴 대통령이 이 공원 준공식에 함께 참석했다는 사실도 상징적인 의미가 있다.

전사자 미군 54,246 UN 628,833, 실종자 미군 8,177 UN 470,267, 포로 미군 7,140 UN 470,267, 부상자 미군 103,284 UN 1,064,453 등이 돌 위에 새겨진 숫자다. 이어 '알지도 못하는 나라, 만난 적도 없는 국민들을 지키기 위하여 나라의 부름에 응한 우리의 아들과 딸들에게 존경을 보낸다 Our nation honors her sons and daughters who answered the call to defend a country they never knew and a people they never met' 라는 표석과 '자유는 거저 얻어지는 것이 아니다 Freedom is not free' 라고 선명히 새겨진 글자들이 지하에서 울려 나오는 절규처럼 들렸다.

나는 미군 병사 19명이 실제로 행군하는 것처럼 우의를 입고 승리를 나타내는 V자로 늘어선 조각상을 한 명 한 명 자세히 살펴보았다. 그리고 아이들에게 그들의 모습과 M1 소총의 성능과 통신장비 등 각 군의 상징과 계급에 대해 설명해 주었다.

그리고 내가 고등학교 2학년 때인 1968년 5월 춘천 시내 학생들이 춘천 고등학교 운동장에 모여 머나먼 아프리카에서 오는 누군가를 기다리고 있었던 이야기를 들려주었다. 그때 운동장 한가운데에 내린 사람은 아프리카 에티오피아에서 온 하일레 셀라시에 황제였다. 학생들은 태극기와 에티오피아 국기 그리고 황제의 초상화가 그려진 피켓을 흔들며 환영하는 소리를 힘차게 외쳐댔었다.

황제는 손을 흔들며 바로 공지천에 마련된 에티오피아 한국전 참전기념탑 준공식장으로 갔다. 그때 황제가 탑을 제막하고 기념식수를 하면서 흐르는 눈물을 감추지 않았다는 얘기가 전해졌다. 당시 황제의 눈물 이야기는 머나먼 이곳의 한국전 참전공원에 선 나에게 다시 들려왔다.

공원을 벗어나려 할 때 맨 앞에 선 병사 앞에 놓인 꽃다발 아래 '우리는 당신들을 영원히 기억합니다 We remember you forever' 라고 쓰인 글귀 앞에 다시 한 번 걸음을 멈추었다. 우리 공원 옆에 있는 베트남 참전용사를 기리는 동상을 보면서 월남전에 참전한 우리 선배들의 얼을 기리는 이와 유사한 곳을 보고 싶은 마음이 일었다.

이어 워싱턴 D.C.에서 스미스소니언재단의 여러 박물관과 미술관을 찾았다. 이곳의 큰 매력은 뉴욕의 박물관과 달리 입장료가 무료라는 것이다. 입장하는 순간 사람들 표정을 보니 모두 입가에 살짝 미소를 머금고 있었다. 우리뿐만 아니라 여행객 모두 무료를 즐기고 있는 듯했다.

공짜는 없다. 사랑을 유지하는 일도, 성적과 업적을 높이는 일도 그리고 높은 산 정상에 오르는 것도 공짜로 얻어지는 것은 없다. 자유와 평화도 거저 얻어지지 않는다. 그런데 영국 대영박물관도 역시 무료다. 그래서는 아니겠지만, 런던을 방문하는 외국인은 이미 오래전에 천만 명을 넘었다고 한다. 바로 이런 이유로 공짜 입장 제도를 만들지 않았을까. 결국은 거저가 아니라는 것을 느꼈다. 아무튼 박물관 등의 다양한 전시품과 숫자에 놀라지 않을 수 없었다. 아마도 수십 년을 이곳에 살면서 둘러봐도 끝이 없을 것 같다.

자연사박물관을 들어서자 바로 나타난 코끼리 박제와 현 싯가로 2,700억 원이나 한다는 블루호프 다이아몬드를 보려고 유리관을 둘러싸고 있던 사람들이 유독 기억에 남는 이유를 모르겠다. 다이아몬드를 지녔던 사람들은 한결같이 비극적 운명을 맞이했다 하여 '비운과 저주의 다이아몬드'라 불린다는 말은 지나친 물욕에 대한 경고일 뿐이라는 생각이 들었다. 다이아몬드 근처에도 못 가본 나로서는 '저주와 비운'이라는 말도 사치라고 여겨졌다.

다소곳한 한국전시관을 지나 1903년에 최초로 제작된 라이트 형제의 비행기와 1969년에 발사된 세계 최초의 달착륙 유인 우주선 아폴로 11호 일부와 천장에 매달린 역사적인 비행기들, 실제 크기만한 로켓 등 우주항공 자료 등을 다 보려고 하니 목이 아플 지경이었다. 그 외에도 13세기부터 19세기까지의 수많은 미술작품 등이 있었다.

이렇게 방대한 소장품을 우리가 볼 수 있는 것은 1846년에 자신의 전 재산을 기부한 영국의 과학자 제임스 스미스손의 기부 덕분이다. 그가 기부한 액수는 당시 미국 국부의 66분의 1이었다고 하니, 노벨상을 제정한 노벨보다 못할 것이 없는 인물임에 틀림없다. 지금 그의 뜻대로 이곳을 찾는 수많은 사람들에게 지식과 예술을 통한 인류의 소통 확산에 기여하고 있으니 말이다.

새벽부터 다리가 아플 정도로 움직였지만, 보았으면 얼마나 보았을까 하는 자조적인 의문이 들었다. 막상 워싱턴을 떠나려고 하니 곁에서만이라도 더 보고 싶은 곳이 몇 군데 있었다. 그것은 미국, 아니 세계 농업정책에 큰 영향을 주고 있는 미 농무부 건물이었다. 건물의 웅장한 기둥은 바로 미국 농업의 기둥인 듯 보였다. 그리고 차를 돌려 포토맥 강을 건너

9·11테러 당시 공격을 받은 미 국방부 펜타곤 앞을 지나 알링턴국립묘지에 잠든 수많은 영령들을 보았고, 2차 세계대전 중 치열했던 태평양의 이오지마 섬 정상에 국기를 게양하는 6명의 미 해병대원을 새긴 청동상도 보았다. 이집트 오벨리스크처럼 우뚝 솟아 있는 워싱턴기념비가 어둠 속에 묻히기 시작할 때 우리는 북쪽의 뉴헤이번으로 차를 몰았다.

여행과 패스트푸드

주말이나 공휴일을 맞아 하루 또는 이틀 단거리 여행을 다녀오는 것도 미국을 이해하는 데 매우 유익한 시간이었다. 더구나 현대문명의 발상지라고 할 수 있는 미 동부 한가운데인 뉴헤이번에 살고 있었으니, 주위의 역사적인 명소 등을 방문하는 데는 최적이었다. 뉴욕과 보스턴, 필라델피아와 워싱턴 D.C. 등이 그리 멀지 않기 때문이다.

그래서 찾아볼 곳을 지도에 빼곡히 표시해 두었다가 한 곳씩 방문하는 식이었다. 이렇다 보니 주말과 휴일에는 집에 있기가 아까웠다. 그럴 때마다 먹을 것은 준비해 갔지만 미국을 상징하는 패스트푸드를 외면할 수는 없었다. 도처에서 쉽게 만날 수 있는 맥도날드나 버거킹 등은 마음만 먹으면 어디에 있든지 10분 안에 닿을 수 있다.

예일대학 농민연구소에서는 매주 금요일 '농민의 문화, 힘, 역사, 발전'이라는 대주제로 인류학, 역사학, 농업경제학, 사회학 등 농업에 관련된 문제의식을 가지고 다양한 발표를 진행했다. 이 세미나는 전공을 넘어 주위의 많은 사람들이 관심을 가지고 있었으며, 나도 날이 갈수록 흥미를 느끼던 인기 프로그램이었다. 그러던 중 2002년 봄학기 5월 17~19일 3일간 '닭 : 신석기시대의 조개무덤에서 오늘날의 맥너겟Chicken McNuggets에 이르는 생물학적 · 사회적 · 문화적 그리고 경제사'라는 특별세미나가 열렸다. 이때 전 미국에서 온 농민, 학자, 사업가, 공무원, 대학원생 등으로 대성황을 이루었다. 농대가 없는 예일대학에서 이와 같은 주제에 대해 열띤 관심을 보인 건 예상 밖이었다. 그런데 여기에 참석한 농민들은 이 주제와는 다소 멀다고 느껴지는, 미국과 캐나다 그리고 멕시코 간의 북미자유무역협약으로 미국 농민이 입을 피해에 대한 대책을 요구하기 위해 참석한 분위기였다.

여하튼 이때의 주된 논점은 7천여 년 전 인도네시아에서 가축화되기 시작한 닭이 오늘날 미국을 상징하는 대표적인 패스트푸드가 되기까지의 역사적 · 사회적 배경과 이것이 농업과 농촌은 물론 일반사회에 미치는 영향에 대한 토론이었다. 토론은 대략적으로 산업적 측면에서 보는 긍정적인 주장과 정서적 · 문화적 측면에서의 비판적인 안목이 대립되는 양상이었다. 즉 패스트푸드를 긍정적으로 보는 쪽의 이야기는 미국을 오늘날 세계 제일의 농업국으로 만든 것 중의 하나가 햄버거, 치킨 등의 패스트푸드와 즉석식품의 영향의 컸다는 것이었다. 이러한 공이 있음에도 패스트푸드가 비만의 원인을 제공한다는 등 사회적 비판을 받아야만 하느냐는 것이었다. 특히 바쁜 도시민들에게 짧은 시간에 식사를 하게 하는 등 엄청난 시간상의 이익 등을 주었을 뿐만 아니라 농산업 발전에도 크게 기여했다는 것이다.

그런데 이를 비판하는 입장은 패스트푸드는 우선 대규모화를 통해서만 가능하기 때문에 여러 문제를 야기했다는 것이었다. 첫째, 최근 전 세계적 식품체계가 소수의 다국적 곡물기업에 의해 독점되고 있다는 점, 둘째, 식량이 풍부한 선진국에 초점을 맞춘 결과 효율성에 중점을 두어 맛을 통한 인간성의 회복이 미약하다는 것, 즉 먹을거리의 획일화와 단순화를 가져와 식품이 지닌 고유한 맛의 상실은 바로 인간성의 상실로 이어진다는 것이었다. 예전에는 각 가정, 지방별로 고유하고 독특한 맛이 있었으나,

최근에는 대량생산으로 맛의 상실은 물론 전통문화마저 잃어버렸다는 점을 강조했다.

미국에 온 지 며칠 지나 대학서점에 들렀다. 그런데 한쪽에 산같이 쌓여 있는 책을 보았다. 그 책은 저널리스트인 에릭 슐로가 쓴 『패스트푸드 제국』이었다. 이미 책이 나온 지 일 년 가까이 되었지만 여전히 인기 있는 베스트셀러였다. 농업 관련 책이어서 나도 얼른 사가지고 와서 읽기 시작했다. 읽으면 읽을수록 손에서 내려놓을 수 없을 정도로 흥미로웠다.

이 책을 읽고 나서 번역을 해야겠다고 생각하고 귀국할 무렵 어느 정도 진행하고 있었다. 그런데 도중에 출판 여부를 알아보았더니 이미 한국에 번역되어 나와 있었다. 역시 좋은 책은 시간을 기다려 주지 않음을 알았다. 그래도 좋은 공부를 충실하게 했다는 점에서 나쁜 일은 아니었다.

아무튼 에릭 슐로는 앞에서 지적한 문제들을 아주 심도있게 밑바닥부터 파헤쳐 사람들의 심금을 울렸다. 물론 패스트푸드가 바쁜 현대인들에게 많은 시간을 절약해 주었을 뿐만 아니라 농산업을 발전시켜 농업 발전에 기여한 공로를 어느 정도 인정하고는 있었다. 그러나 특히 대량생산과 대량유통 내지는 소비과정에서 이 분야 종사자들의 비인간적인 대우와 가축에 대한 몰인정을 부각시켜 놓았다.

귀국하여 한때 농촌사회학 과목의 필독서로 읽혔더니, 학생들의 반응도 패스트푸드 이면에 이러한 일이 있다는 것에 놀라워하며 가능하면 패스트푸드를 멀리하겠다는 반응이 절대적으로 많았다.

그렇기는 해도 자동차를 직접 운전하며 미 대륙을 횡단하는 과정에서 패스트푸드의 편리성 때문에 이 음식을 자주 찾았다. 그런데 얼마 안 가서 시간이 좀 걸리더라도 천천히 먹는 먹거리를 찾게 되었다. 끊임없이 전개되는 대평원을 지나면서 그 지방의 농특산물이 무엇인지 알아보고 어쩌다 그 지역의 먹거리를 만났을 때의 행복감이나 만족감은 실로 큰 것이었다.

우리나라도 산업화와 가족 구성의 변화로 음식문화가 많이 바뀌었다. 예전에는 각 가정 또는 지방별로 고유한 맛이 있었으나, 최근에는 김치나 전통 장류마저도 식품공장에서 대량으로 생산되어 맛이 단순화 내지는 획일화되었다. 이로써 전통적인 문화는 물론 인간성마저 말라가는 것 같아 마음이 씁쓸해진다. 이래서 작은 것이 아름답다는 말이 우리 관심을 더욱 끌고 있는지 모른다.

사실 세계 각국에서 패스트푸드를 중심으로 하는 미국의 식품표준화와 획일화의 확산에 대한 반대로 슬로푸드 운동이 유럽에서 시작되어 지금은 지구적 차원에서 보편화되었다고 할 수 있다. 이 운동은 식품 생산자와 소비자가 직접 만나는 간격이 벌어지고 거대자본이 개입하는 추세에 대항하여 느린 음식, 즉 자본의 손이 덜 탄 깨끗하고 영양가가 높으며 지역의 문화를 간직하고 있는 음식을 먹자는 것이다. 이 운동이 먹거리의 민주화 · 생태화 · 지역화를 추구하고 있음은 다 아는 사실이다.

이러한 운동은 미국산 소고기 수입자유화로 한때 문제가 되었던 광우병과 같은 가축 질병에서 오는 심적 부담을 덜어주는 데도 도움을 주고 있다. 그야말로 농촌의 기능 중의 하나인 도시민의 정서적 안정과 휴식을 위한 매개체로서 느린 음식 운동이 지니고 있는 가치는 실로 크다. 즉 신선하고 안심할 수 있는 음식을 무기로 그린 투어리즘과 접목하였을 때 농촌의 활력은 배로 넘쳐날 것으로 기대하고 있다. 이 운동의 구체적인 수단으로 가능한 한 저농약농법, 유기농법, 자연 그대로의 농림수산물 등이 활용되고 있다. 이는 인간성 찾기와 지역 고유의 맛을 되살려 자연과의 조화로운 삶을 지향하는 지역 농업운동임을 새삼 일깨워 주고 있다.

그리하여 전 세계 118개국에서 하루 6,900만 명이 즐겨 찾는 햄버거 체인점 맥도날드가 최근 창업 60주년을 맞아 미국과 일본에서 위기를 맞고 있다는 보도가 있었다. 이는 맥도날드가 뚱보가 된다는 공포심을 주기 때문이라고 한다. 그 외에 미국 소비자들은 맥도날드가 저임금 노동자를 착취한다는 이유로, 일본 소비자들은 믿을 수 없는 식자재를 쓰는 회사라는 이유로 맥도날드를 비판하고 있다고 하다.

미국 200여 개 도시에서 15달러를 위한 투쟁 시위가 열렸다. 이는 맥도날드 직영점 종업원이 시간당 9.9달러를 받고 주당 30시간씩 죽어라 일해도 1년에 11,000달러 내외를 버는 데 불과하다는 주장이다. 한편 일본의 맥도날드는 유통기간이 지난 중국산 닭고기를 수입해 사용했다는 사실이 들통나 고객수가 급격하게 줄어 상당수의 점포가 폐쇄되고, 직원의 조기 퇴직을 권유하는 등 사정이 악화되고 있다. 이는 단순히 두 나라에서만 일어나는 문제가 아니라 점차 세계적으로 확산되어 가고 있는 실정이다.

미 육군사관학교와 일본의 항복문서 그리고 우리나라

미국에 온 지 9개월이 되어 가는 4월 6일 토요일 이른 아침, 우리 가족은 간단히 먹을 것을 챙겨들고 집을 나섰다. 그간 미 동부의 여러 곳과 대륙을 왕복 횡단하면서 많은 곳을 다녔지만, 아직도 여행 욕심은 끝이 없었다. 아직 플로리다 키웨스트까지의 왕복과 캐나다 동부 대서양주를 다녀오는 일이 남았다. 그리고 귀국하면서 미국의 북부 루트를 따라 태평양안의 시애틀을 거쳐 샌프란시스코까지 대륙 횡단을 해야 하는 등 장거리 여행이 기다리고 있었기에 마음을 놓을 수 없었다. 이렇게 크게 가야 할 곳을 미리 정해 놓고 그 사이사이에 주말을 이용한 하루 여행을 하기로 했다.

그래서 오늘 가고자 한 곳은 뉴욕 주 오렌지 카운티 언덕 위에 넓게 자리잡고 있는 미 육군사관학교의 별칭인 웨스트포인트United States Military Academy at West Point, USMA였다. 우리는 뉴욕 시에서 허드슨 강을 따라 북쪽으로 80km 떨어진 웨스트포인트까지 올라갔다. 학교 정문에서 입장권을 산 다음 다른 관광객들과 함께 셔틀버스를 타고 캠퍼스 안으로 들어갔다. 건물들은 회색 화강암으로 지은 신고딕 건축양식으로 중후한 분위기가 느껴졌다. 미국 시민들은 나라를 지키는 군 간부를 양성하는 이곳을 둘러보며 미국에 대한 긍지를 느끼고 있음을 알 수 있었다.

허드슨 강이 잘 내려다보이는 이곳은 학교 설립 이전인 1775~1783년에 미국이 영국과 독립전쟁을 하던 가장 중요한 전략적 군사요충지이자 미 독립의 상징이라고 한다. 즉 당시 군 최고지휘관이었던 조지 워싱턴 초대 대통령은 1778년 허드슨 강에서 급격하게 S자로 휘어지는 서쪽 지점에 요새를 쌓았다. 이는 영국 함대를 제압하기 위해 강의 길목을 장악하려는 것이었다. 이후 토머스 제퍼슨 대통령은 미 독립의 상징인 이곳에 육사를 만들었다.

프랑스 사관학교를 모델로 만든 웨스트포인트는 1802년 7월 4일 5명의 교관과 10명의 생도로 창립된 이래, 현재 17~22세의 독신 미국 시민 중에서 선발된 4,300여 명의 사관생도가 4년간 교육을 마친 후 졸업과 동시에 육군소위로 임관되며 이학사 학위를 받는다.

그간 다녀보았던 일반 대학의 슬로건이나 이념은 진리와 자유, 평등, 정의 등 자기계발이나 인류의 보편적 가치를 추구하고 있는 데 비해 웨스트포인트의 모토는 의무, 명예 그리고 조국으로, 나라를 지키기 위하여 군 간부가 갖추어야 할 덕목을 내세우고 있는 것부터 달랐다.

동시에 생도들은 리더십 배양을 위한 학문과 신체단련 그리고 군사학을 배우며, 또한 거짓을 말하지 않으며, 속이지 않으며, 인내를 도덕률로 삼고 있다. 학비는 무료이며 소정의 용돈을 지급받는 대신 졸업 후 5년간 의무적으로 복무해야 한다. 이러한 혜택 때문만은 아니겠지만, 수많은 젊은이들이 가고 싶은 유력한 대학으로 아이비리그 대학 수준을 넘고 있다.

이렇게 배출된 수많은 졸업생들이 국내외의 전쟁에 참전했으며, 남북전쟁 당시에는 남과 북으로 나뉘어서 서로 총부리를 겨누는 가슴 아픈 역사도 가지고 있다. 그리고 2차 세계대전 때는 500여 명의 졸업생이 전사했으며, 한국전쟁에서도 이곳 출신 장교들이 많이 전사했다. 1975년에 첫 여생도가 입학하기 시작하여 지금은 약 15%를 차지하고 있다고 한다.

우리는 생도교회당, 박물관, 육사묘지 등과 허드슨 강이 휘어진 포인트 등을 천천히 둘러보았다. 이 중에서도 박물관에 머문 시간이 제일 길었다. 육사 창립 이래의 복장과 무기, 여러 전쟁에 참전한 당시 모습이 담긴 실물이나 사진 등이 생생하게 재현되어 있었다. 가장 눈에 띄는 것은 일본이 태평양전쟁에서 패전한 뒤인 1945년 9월 2일 동경만에 정박한 미주리함에서 서명한 항복문서Instrument of Surrender였다.

유리함 속에 보관되어 있는 항복문서는 중요한 의미로 다가왔다. 항복문서에 서명한 사람은 연합군 총사령관 맥아더 장군과 일본을 대표하여 시게미쓰 마모루重光葵 외무장관이었다. 시게미쓰 마모루는 윤봉길 의사가 중국 상하이 홍커우공원虹口公園, 현재 루쉰공원에서 도시락 폭탄을 투척했을 때 오른쪽 다리에 부상을 입어 다리를 절면서 나타나 일본군을 대표한 우메즈 요시지로梅津美治와 함께 항문문서에 서명했다. 그리고 연합국인 미국, 중국, 영국, 소련, 호주, 캐나다, 프랑스, 뉴질랜드, 네덜란드 등 9개국 대표들도 차례로 서명했다.

이때 미주리함 상공에는 400여 대의 B-29 폭격기와 아래로 전투기 1,500대가 편대를 이루어 승리의 축하비행을 했다. 일본은 미국에 의해 개국한 1854년 이래 91년 만의 조건 없는 완전한 항복이었다. 이때 만일 우리도 승전국의 일원으로 서명하는 위치에만 있었더라면 오늘의 남북분단은 없었을 것이라는 아쉬움이 너무 큰 역사적 현장이었다.

그런데 항복문서에 서명한 시게미쓰와 우메즈는 극동국제군사재판 IMTFE에서 각각 7년형과 종신형을 언도받았다. 이후 시게미쓰는 가석방 되어 나중에 다시 외무장관을 지냈으나, 우메즈는 감옥에서 사망한 후 야 스쿠니 신사에 합사되었다. 비록 작은 후일담이긴 하지만, 항복문서에 서 명을 마친 시게미쓰는 서명에 사용한 만년필을 서명대 위에 올려놓지 않고 그냥 윗주머니에 꽂고 퇴장했다는 이야기는 왠지 개운치 않게 들렸다.

항복조인식에 앞서 미국은 1945년 8월 6일 히로시마와 8월 9일 나가사 키에 각각 원폭을 투하했으며, 소련군은 8월 9일 일본에 선전포고를 함과 동시에 만주를 점령하고, 바로 한반도의 북한지역으로 밀고 내려왔다. 이 러한 전세를 만회하는 것이 불가능하다는 것을 깨닫고 일본은 8월 14일 연합군측에 항복의사를 표시했으며, 8월 15일 정오를 기하여 천황은 무조 건 항복을 선언했다.

항복문서에는 영문으로 일본군의 연합국에 대한 무조건 항복을 포고한 다, 일왕 및 일본 정부의 국가통치 권한은 연합국 최고사령관 밑에 둔다는 등의 내용이 적혀 있었다. 이 문서의 조인으로 일본은 무조건 항복을 조건 으로 하는 포츠담선언을 받아들여 연합국의 일본 점령이 본격적으로 실행 되었다. 그런데 이때 명시한 포츠담선언과 카이로선언은 우리나라 독립문 제를 논하고 있어, 우리 최근세사를 논하면서 중요한 사항이라 하지 않을 수 없다. 즉 포츠담선언은 1945년 7월 26일 미국 대통령 트루먼, 영국 수상 처칠, 중화민국 총통 장제스가 서명했으며, 나중에 대일 선전포고를 한 뒤 소련의 스탈린도 서명하였다.

선언의 요지는 일본이 항복하지 않는다면 즉각적이고 완전한 파멸에 직 면하게 될 것을 경고한 것으로 내용은 모두 13개 항목으로 되어 있다. 즉 카이로선언의 모든 조항은 이행되어야 하며, 일본의 주권은 혼슈本州,

홋카이도北海道, 규슈九州, 시코쿠四國와 연합국이 결정하는 작은 섬들에 국한될 것이라는 것이었다. 이는 우리나라를 포함한 일본에 의한 모든 점령지의 해방을 의미했다. 그리고 군국주의 배제, 일본 영토의 보장 점령, 카이로선언의 실행과 일본 영토의 한정, 일본군의 무장해제, 전쟁범죄자의 처벌, 민주주의의 부활 강화, 언론, 종교, 사상의 자유 및 기본적 인권 존중의 확립, 군수산업의 금지와 평화산업 유지의 허가, 민주주의 정부 수립과 동시에 점령군의 철수, 일본군의 무조건 항복 등이었다. 그러나 일본이 이 선언을 묵살하자 미국은 일본에 원자폭탄을 투하하였으며, 소련도 일본군에 대한 공격을 개시했던 것이다. 이에 일본군부는 항복을 할지 말지 번복하다가 결국 항복하고 말았다.

포츠담선언에서 강조한 카이로선언은 1943년 11월 27일, 카이로에 모인 중화민국 총통 장제스, 미국 대통령 프랭클린 루즈벨트, 영국 총리 처칠 등 3개국이 발표한 공동선언이다. 이는 2차 세계대전 발발 이후 최초로 일본에 대한 전략을 토의했던 정상회의였으며, 전후 국제질서를 구상한 공동발표문이기도 하다. 여기서 연합국은 승전하더라도 자국의 영토 확장을 꾀하지 않을 것이며, 일본이 1차 세계대전 후 타국으로부터 약탈한 영토를 반환할 것을 명시했다.

그런데 이 카이로선언에 누구도 예상하지 못한 문구인 '한국민이 노예상태에 놓여 있음을 유의하여 앞으로 적절한 과정을 통해 한국을 자유독립국가로 할 것을 결의한다'고 명시하여 한국의 독립이 국제적으로 보장을 받았다는 것에 주목할 필요가 있다. 이러한 카이로선언은 포츠담선언에서 재확인되었다.

최근 카이로선언 70주년을 맞이하여 중앙일보2013년 5월 13일자가 보도한 내용이 흥미롭다. 즉 유영익 한동대 석좌교수는 2차 세계대전 당시 그 많은 약소식민지 가운데 왜 유독 한국만을 지목하여 독립을 보장했을까 하는 의문을 제기하고 있다. 그것도 가장 높은 단계의 국제협약으로 꼽히는 공동선언에 한국이 언급된 이유에 대한 명확한 설명이 없었다는 점을 지적했다. 여기에서 유 교수는 이승만의 역할을 지목하고 있다. 즉 유 교수는 카이로선언 탄생의 가장 큰 한국인 공로자는 이승만이라는 얘기다. 이승만은 상하이 임시정부와 하와이 교민사회를 원만히 이끌지는 못했지만, 미 행정부를 향한 전방위적인 외교 노력으로 카이로선언을 이끌어 내는 숨은 공을 거둔 것으로 한국 독립운동사에서 가장 실속 있는 성과를 거둔 것으로 다시 평가받아야 한다는 것이다.

특히 유 교수는 카이로선언이 없었다면 한국 독립은 아마도 요원했을 것이라 했다. 일본은 무조건 항복을 결정할 때까지 한국을 자신들의 영토로 남겨두려 했기 때문이라 했다. 전후 한국의 독립 보장 문구는 장제스 총통이 넣은 것으로 알려졌지만, 사실은 장제스에게 한국 독립 문제를 먼저 제기한 사람은 루즈벨트 대통령이고, 카이로선언 초안 작성자도 루즈벨트의 특별보좌관 해리 홉킨스였다는 것이다.

왜냐하면 장제스는 1943년 11월 22일부터 26일까지 5일간 카이로에서 열린 회담 도중 한국 문제를 공식 거론한 일이 없었다. 그뿐만 아니라 11월 23일 루즈벨트가 장제스에게 한국 독립 문제를 먼저 거론하자 장제스는 소극적으로 찬성을 표시했다는 것이다. 당시 국제정세를 볼 때, 루즈벨트 대통령이나 홉킨스에게 영어로 한국인의 독립의지를 전할 사람은 이승만밖에 없었다. 카이로선언 이전에 이승만은 적어도 세 차례 루즈벨트 대통령에게 편지를 보냈다. 특히 1941년 8월 펴낸 영문 저서 『일본내막기Japan Inside Out』를 루즈벨트 대통령과 그의 부인 엘리너 여사에게 보낸 사실도 기억해야 한다고 했다.

그리고 유 교수는 이승만이 행한 편지외교 속에 1941년 5월 26일 루즈벨트 대통령 비서실장으로부터 '세밀한 주의를 받았다'는 회답이 온 것으로 볼 때 루즈벨트 대통령이 봤거나 아니면 적어도 홉킨스가 검토했을 가능성이 높다고 설명했다.

이렇게 잘 몰랐던 역사적 사실에 더하여 우리는 웨스트포인트에서의 또 하나의 재미있는 일화를 들었다. 즉 미국 존슨 대통령의 초청을 받은 박정희 대통령은 1965년 5월 16일부터 27일까지 미국을 국빈 방문했다. 이는 1954년 7월 이승만 대통령의 방미에 이은 두 번째 국빈 방문이었다. 당시 월남파병 문제와 맞물려 1948년 대한민국 수립 이후 가장 극진하고 열광적인 환대를 받았다. 미 대통령은 대통령 특별전용기까지 보낼 정도였다.

박 대통령 일행은 워싱턴, 특히 뉴욕에서는 카퍼레이드를 벌여 수십만의 인파가 거리에 나와 양국 국기를 흔들고, 고층건물에서는 오색종이가 뿌려졌다. 이런 우호적인 분위기 속에서 박 대통령은 두 차례의 정상회담과 미국기자협회에서의 연설, 국빈만찬, 의회연설, 알링턴국립묘지 참배 등 공식적인 행사를 통해 양국의 우정과 신의를 과시했다. 그리고 뉴욕 세계박람회, 피츠버그 철강공업단지, 케네디우주센터, 리버사이드 감귤시험장 등을 방문하여 미국의 공업, 우주산업, 농업발전의 실상을 직접 체험하는 등 다른 국가지도자들과는 다른 일정을 가졌다. 그리고 1964년 서독 국빈 방문 때 간호사들과 광산 근로자들과 감동적인 만남을 가졌던 것처럼 워싱턴과 로스앤젤레스에서도 재미동포와 유학생들을 만났다.

이때 박 대통령은 "아시아 한구석에 땅은 좁으나 사랑스러운 우리의 조국이 있습니다. 가지고 있는 것은 적으나 우리는 함께 노력하여 우리 운명을 개선할 수 있습니다. 여러분은 누구의 도움도 없이 스스로의 노력으로 공부했습니다. 이제 조국의 운명을 개선하기 위해서 일해야 할 때입니다. 미국은 분명히 살기 좋은 곳이지만, 오늘의 안락한 생활에 만족하거나 화려만을 꿈꾸지 마십시오. 동포들이 발버둥치며 일하는 고국으로 돌아오기 바랍니다"라고 조국의 경제발전을 위한 간곡한 호소도 잊지 않았다.

그런데 방문기간 중에 박 대통령은 다음 날 뉴욕에서 자동차로 두 시간 거리에 있는 웨스트포인트를 미 공군 특별기를 타고 찾았다. 우선 박 대통령은 생도들 앞에서 짤막하게 연설을 했다. 그리고 식사가 끝나갈 무렵 육사 교장은 이곳을 방문하는 국가원수에게만 주는 특권 하나를 박 대통령에게 드리겠다고 했다. 즉 미 육사는 외국원수가 방문하면 특권 하나를 주는 전통이 있었다. 주로 즉석에서 생도들의 퍼레이드를 요청하거나, 기념품 등을 받아가거나, 생도들을 상대로 연설을 했던 많은 사람들과는 달리 박 대통령은 지금 교정에서 학칙 위반으로 벌을 받고 있는 생도들의 사면을 요청했다. 앞서 운동장을 시찰하다가 벌로 특별훈련을 받고 있던 생도들을 기억하고 있었던 것이다.

이에 교장은 즉시 벌을 받고 있는 20명에게 특사령을 발표했다. 생도들은 기립박수를 치며 함성을 질렀다. 그리고 박 대통령이 웨스트포인트를 떠날 때는 일제히 모자를 벗어 하늘 높이 던져 환송했다는 가슴 뭉클한 얘기는 지금도 전해 내려오고 있다. 그런데 당시 생도들이 임관 후 1970~1980년대에 모두가 기피하던 한국 근무를 자원했다고 한다. 참으로 뭔가 멋을 아는 대통령과 이를 받아들인 멋진 장교들의 훈훈한 이야기가 아닐 수 없다.

이러한 사실을 알게 된 우리는 지금까지 혁혁한 전공을 세운 많은 장군들의 기념비와 묘지가 있는 야외 전승박물관을 지나 허드슨 강변의 웨스트포인트 정문을 나섰다. 사실 나도 정규 생도는 아니었지만 해군사관학교 사관후보생으로 교육을 받고 해병대 소위로 임관한 경험이 있어, 명예가 무엇인지, 어떻게 책무를 다하는 것인지, 조국을 위해 무엇을 해야 하는지에 대해 늘 고민해 왔다.

이렇게 육사를 방문하고 난 뒤 우연히 거리를 지나는 길에 육·해·공·해병대 등 군인 모병 사무실이 일렬로 나란히 붙어 있는 것을 보았다. 호기심이 당겨 안으로 들어가 여러 자료를 얻었다. ROTC 후보생 모집도 포함되어 있었지만, 일반병사를 모병하는 일이 우선인 듯했다. 징병이 아닌 모병제를 채택하고 있는 미국은 군제대 후 대학 장학금을 주는 등 각종 인센티브를 제공하여 좋은 인력을 채용하려는 경쟁이 만만치 않음을 알았다. 이렇게 모병한 병사들을 지휘해야 하는 각 군의 사관학교 생도들이 해야 할 일이 무엇인지 알 수 있을 것 같았다.

작은 군도의 향연

미국은 거대한 대륙이다 보니 경이롭고 신비하고 장엄하고 웅장한 놀랄 만한 자연 풍광을 갖고 있는 것은 늘 부러움의 대상이었다. 그중에서도 아직까지 가보지 못한 새로운 아름다움을 찾아 나서기로 했다. 그것은 수없이 많은 섬들이 모여 있는 내륙의 군도群島였다.

미국은 거대한 해양국가로 태평양에 무수히 많은 섬을 가지고 있지만, 우선 내륙에서의 유명한 군도로는 세인트로렌스 강 위의 천섬Thousand Island과 코네티컷 주 뉴헤이번 인근 앞바다에 흩어져 있는 심블아일랜드다. 말하자면 우리나라 한려수도의 다도해에 해당된다.

이제 미국에서의 생활이 한 달도 채 남지 않은 7월 13일 토요일이었다. 주중에는 그간 수집한 자료들을 정리하느라 언제 주말이 왔는지 모를 정도였다. 아무리 바빠도 일을 잠시 내려놓고 마지막이 될지도 모를 주말 무박2일 여행에 나섰다. 뉴욕을 비롯한 동부 지역을 탐방하기 위해 몇몇 대학 동료들과 친지들이 방학을 이용하여 우리 집에 오겠다는 연락을 받아놓고는 있었다.

우리는 일전에 갔었던 뉴욕 주도州都가 있는 올버니를 거쳐 오대호의 하나인 온타리오 호에서 세인트로렌스 강으로 들어가는 입구에서 시작하는 천섬을 향해 새벽길을 나섰다. 대략 편도 400km가 넘는 거리로 하루거리로는 쉽지 않았지만 무박2일로 돌아올 생각이었다.

한여름인 7월은 30도를 훨씬 넘어 세인트로렌스 강에서 수영을 즐길 생각도 했다. 우선 코네티컷 주도인 하트퍼드를 지나 북상하다가 매사추세츠 주 보스턴에서 시작하는 I-90 고속도로를 만나 서쪽의 올버니로 가는 도로를 탔다. 이 지역은 애팔래치아 산맥에 속하는 곳으로 숲이 우거지고 산세도 만만치 않았다. 그러나 이런 경치일수록 드라이브 코스로는 만점이었다.

이미 두어 번 뉴욕주립대학의 올버니 캠퍼스SUNY at Albany에 가본 적이 있어 올버니 주청 건물 앞에 바로 도착했다. 지난번에 왔을 때는 이곳에서 세계 유명 자동차 모터쇼가 열려 각국의 유명 브랜드 차들과 우리나라에서 출품한 자동차도 구경했었다. 그런데 아침 일찍이어서 그런지 가끔 애완견을 데리고 산책하는 이들만 보일 뿐 조용하기만 했다.

우리는 다시 이곳에서 멀지 않은 뉴욕주립대학 올버니 캠퍼스를 한 바퀴 돌았다. 이 대학에서 공부했거나 객원교수로 다녀와서 들려주던 여러 교수의 얼굴이 떠올랐다. 우리가 미국을 떠난 몇 년 뒤에 둘째딸 유정이가 이 대학에 교환학생으로 왔다가 아예 올버니 캠퍼스에서 졸업을 했다. 그래서 그런지 이곳은 정감이 가는 도시 중 하나가 되었다.

잠시 쉰 다음 북쪽 허드슨 강의 가장 큰 지류이자 과거 서부 개척자들이 통로로 이용했던 모호크 강을 따라 가다가 유티카 타운에서 12번 국도를 타고 북진하기 시작했다. 주변에는 뜨거운 태양 아래 스프링클러의 도움을 받아 옥수수들이 여무는 소리가 들리는 듯했다. 드디어 점심때가 지나 말로만 듣던 천섬 입구의 다리에 도착했다.

천섬은 미국과 캐나다 사이의 세인트로렌스 강에 떠 있는 1,864개의 섬으로 이루어진 군도다. 세인트로렌스 강으로 흘러들기 시작하는 온타리오 호수 출구인 킹스턴에서 시작하여 하류로 80km 사이에 섬들이 줄지어선 곳이다. 어느 섬이 어느 나라에 속하는지는 알 수 없지만, 성조기가 보이면 미국 섬, 단풍잎 기가 보이면 캐나다 섬이었다.

한 가족이 거주할 수 있는 작은 집 한 채만 겨우 서 있거나, 철새 고니들이 오가며 쉬는 무인 바위섬 같은 작은 섬들이 많았다. 이렇게 천섬에 포함되기 위해서는 적어도 연중 강 수위보다 높은 면적이 사방 30cm 이상이거나, 작은 관목 두 그루 이상이 있을 정도는 되어야 한다.

이 아름다운 섬들을 볼 수 있는 크루즈나 기구, 비행기 등을 이용하는 관광상품이 있었다. 우리는 뉴욕 주 본토에서 웰즐리 섬을 연결하는 천섬 다리를 건너면서 섬 자체의 아름다움도 아름다움이지만 각양각색의 별장과 성채 모양의 건축물들로 이루어진 환상적인 풍경을 바라보았다. 아기자기한 오막집에서부터 꿈속에서나 볼 수 있는 멋진 건물들이 나란히 있는 세인트로렌스 강변의 주인공이 되어 보고 싶은 생각이 절로 드는 순간이었다.

천섬에서 가장 아름답다는 하트 섬에 있는 볼트 성에 갔다. 마치 신기한 마법에 걸린 것처럼 요술섬에 들어선 것 같은 묘한 기분이 들었다. 그런데 이 성에 얽힌 애틋한 사랑 이야기를 들으니 주위의 모든 것이 더 아름답게 보였다. 월도프 아스토리아 호텔 초대 총지배인이었던 독일 출신 조지 C. 볼트에 관한 이야기는 호텔 역사에 남을 만한 신화였다.

어느 날 새벽 1시경 미국 필라델피아의 작은 호텔에 노부부가 찾아왔다. 프런트 담당 직원은 지금 세 건의 컨벤션이 열려 호텔마다 초만원이어서 방이 없지만 밖에 비가 내리니 자신의 방에서 쉬라며 선뜻 내주었다.

다음 날 아침 노부부는 그 직원을 찾아가 당신 같은 젊은이는 미국에서 제일가는 호텔 매니저가 될 사람이라고 격려해 주었다. 그리고 언젠가 당신을 위해 그런 호텔을 하나 지어 주겠다고 약속했다. 그렇게 2년의 세월이 흐른 어느 날, 그는 2년 전의 그 노부부로부터 초청장과 함께 뉴욕 왕복 표가 들어 있는 편지 한 통을 받았다.

뉴욕에 도착한 그에게 노인은 새로 지은 고층건물을 가리키며, 이 건물이 바로 내가 2년 전에 당신에게 약속했던 호텔이라며, 오늘부터 이 호텔을 맡아 달라고 했다. 이런 인연으로 볼트라는 젊은이는 월도프 아스토리아 호텔의 초대 총지배인이 되었다는 것이다.

그런데 억대 재산가가 된 볼트는 불행하게도 아내 루이스가 난치병을 앓게 되자 천섬 가운데 가장 아름다운 하트 섬을 사서 유럽 중세식의 성을 쌓기 시작했다. 이렇게 아름다운 곳에서 맑은 공기를 쐬면 아내의 병이 나을 것이라 생각하고 그녀의 생일에 맞춰 마무리하려고 부지런히 공사를 진행하였다. 하지만 안타깝게도 성이 완공되기 전에 아내가 세상을 떠나고 말았다. 낙심한 그는 공사를 중단하고 이 섬에 다시 나타나지 않았으며, 그 후 건축물은 73년 동안 방치되었다.

볼트도 1918년 세상을 떠나 아내 곁으로 갔다. 그 후 1977년 천섬관리국 Thousand Islands Bridge Authority, TIBA이 단돈 1달러에 인수하여 일반인에게 공개하고 있다. 이 볼트 성은 1900년부터 짓기 시작하여 6층 건물에 120개의 방이 있는 천섬에서 가장 아름다운 성으로, 그만큼 아내에 대한 애틋한 사랑이 담긴 이야기가 성보다도 더 아름답게 전해지고 있었다.

이런 사랑 이야기를 들으며 섬에서 나와 세인트로렌스 강변도로를 따라 하류로 내려가면서 섬과 강변의 경치를 보니 새로운 기분이 들었다. 마침 관광객들이 강변에 길게 늘어선 바위 위에 옷을 벗어놓고 수영을 즐기는 것을 보고 아들과 함께 맑고 시원한 물에 몸을 담그고 텀벙대며 즐거운 시간을 보냈다.

그리고 미국에서 돌아와 캄보디아와 가까운 라오스 남부에 사천섬이라는 의미의 시판돈Si Phan Don이라는 군도의 한 섬에 간 적이 있다. 티베트

고원에서 발원한 메콩강이 한 줄기로 내려오다가 라오스 남부에서 강줄기가 수없이 갈라지면서 대략 길이 60km에 폭 14km 사이에 약 4천 개의 섬을 만들어 놓았다. 그런 다음 다시 한 줄기의 강이 되어 캄보디아로 흘러들어가고 있었다. 이 강변에 사는 사람들이 모두 가난하여 섬 전체에 어두운 그림자가 드리워져 있어 안타까웠는데, 이곳 천섬에는 여유가 넘쳤다.

저녁이 가까워지면서 언제 다시 볼지 모를 세인트로렌스 강과 천섬을 돌아보며 손을 흔들었다. 우리는 어두워져 희미하게 보이는 시라큐스대학을 바라보며 바로 뉴헤이번을 향해 달렸다.

이렇게 천섬을 다녀온 지 두 주일이 지난 주말, 자동차로 30분만 가면 만날 수 있는 심블아일랜드에 가보기로 했다. 이번에는 예일대학에 연구차 온 사람들과 함께였다. 대부분 화강암으로 이루어진 크고 작은 섬이 100개에서 365개에 이르렀다. 배를 타고 섬들 사이를 항해해도 아름답지만, 상공에서 찍은 그림엽서를 보면 참으로 아름다운 다도해임을 알 수 있다.

이곳은 예전에 인디언들이 아름다운 바다바위라고 부를 정도로 칭송을 받아왔다. 이동하는 물범의 휴식처가 되는 등 회유하는 바다동물에게도 귀중한 중간 보금자리였다. 1614년 유럽인인 애드리언 브록이 처음 이곳을 발견한 이후, 키드 선장이 이곳에 보물을 감추어 두었다는 전설이 있다. 지금은 이 섬들에 346개의 건물과 1720~1830년 사이에 건축된 조지 왕조 건축양식 건축물 등이 있다.

배에 오른 우리 팀은 모두 갑판에 올라가 스쳐지나가는 작은 섬 위의 집들을 사진에 담느라 여념이 없었다. 조금 크다 싶으면 집이 몇 채 지어져 있고, 저런 바위 위에 어떻게 집을 지었을까 싶은 손바닥만한 바위섬도 많았다. 천섬보다는 적었지만 수평선이 보이는 바다바위에 집을 지었다는 것이 퍽 이채로웠다.

우리나라도 한때는 섬을 사려는 사람들이 제법 있었다는 이야기를 들은 적이 있다. 몇 년 전인가 일본 남쪽 먼바다에 화산으로 분출된 바위가 바다 위로 떠올라, 일본 정부가 이를 섬으로 만들어 보려고 노력했지만, 다시 수면 아래로 가라앉아 단순한 암초가 되는 바람에 그들이 노렸던 200해리 경제수역이 물거품이 되고 말았다는 뉴스를 본 적이 있다. 이렇듯 오늘날의 섬은 예전과 달리 훌륭한 관광자원이자 경제자원이다.

그런데 만일 우리나라에서도 천섬이나 심블아일랜드처럼 집을 지을 수 있을까 하는 것이다. 왜냐하면 쉽게 건축허가가 날 것 같지 않아서다. 이는 새로운 국토 이용에 관한 개념일지도 모른다.

1 뉴헤이번 한인교회 2 미시건대학 캠퍼스 전경 3 세계에서 두 번째로 큰 미시건 미식축구경기장 4 시카고 시어즈 타워 5 시어즈 타워에서 내려다본 시카고 중심가와 미시간 호

6 미 국회의사당 **7** 조지 워싱턴 대통령 동상 **8** 1883년 11명으로 구성된 미국 사절단 보빙사 일행(전권대신 민영익, 부대신 홍영식, 종사관 서광범, 수행원 유길준, 무관 현흥택, 최경석, 통역관인 변수와 외국인 등) **9** 당시 체스터 엘렌 아서 미 대통령에게 한국식 전통예법으로 큰절을 하는 보빙사 일행 **10** 토머스 제퍼슨 대통령 동상 **11** 2015년 1월 21일 킹 목사의 날을 맞아 공휴일을 알리는 캘리포니아의 San joaquin Delta College 홈페이지

1 1954년 미 상하 양원에서 연설하는 이승만 대통령 2 1989년 미 상하 양원에서 연설하는 노태우 대통령 3 1995년 미 상하 양원에서 연설하는 김영삼 대통령 4 1998년 미 상하 양원에서 연설하는 김대중 대통령 5 2011년 미 상하 양원에서 연설하는 이명박 대통령 6 2013년 미 상하 양원에서 연설하는 박근혜 대통령 7, 8 링컨기념관과 그의 좌상

OUR NATION HO[NORS]
HER SONS AND [DAUGH]TERS
WHO ANSWERED [THE] CALL
TO DEFEND A COUNTRY
THEY NEVER KNEW
AND A PEOPLE
THEY NEVER MET

1950 · KOREA · 1953

FREEDOM IS NOT FREE

9 한국전 참전용사 기념공원에 미국 병사 19명이 V자로 늘어서 있는 조각상
10 베트남 참전용사상 11 우리나라 임진각의 미국 참전기념공원 12 참전용사상 앞의 석판
13 '자유는 공짜가 아니다'라고 새겨진 벽 14 춘천 에티오피아군 한국참전기념관

1 미국 웨스트포인트 교정을 행진하는 육사 생도들　2 항복문서에 서명하기 위해 미주리 전함에 승선한 일본 대표들　3 일본의 2차 세계대전 항복문서
4 천섬의 한 요트선착장　5 웰즐리 섬으로 건너가는 천섬다리
6 하트 섬 전경　7 볼트 성 입구에서 받은 안내서

제3부

거대한
북미
대륙을
일주하다

뉴헤이번에서 멕시코 만의 낭만을 찾아

횡단을 준비하면서, 미국의 도로

예일대학으로부터 정식 초청장을 받는 순간 이미 북미 대륙
을 횡단하는 것은 물론이고, 중미를 거쳐 남미 칠레 남단까지
자동차 여행을 하면서 그 지역을 직접 부딪쳐 보고 싶었다. 특히 자연의 영
향을 많이 받는 농업을 제대로 이해하기 위해서는 그 지역의 특성인 지형
과 기후를 안다는 것은 매우 중요한 일이라 생각하고 있었기 때문이다.

이유야 어떻든 막상 이곳에 와 보니, 연구소의 일정과 아이들 학교 문제
로 시간을 내기가 쉽지 않았다. 그리고 온 가족이 그 먼곳까지 갔다 오는
데 드는 비용과 건강도 고려해야 했다. 이러한 사정으로 남미 남단까지의
여행은 현실적으로 힘든 일임을 알았다.

그래서 생각을 달리하여 뉴헤이번에서 멕시코의 멕시코시티까지 남하
했다가 북상하여 태평양안의 여러 도시를 거쳐, 미 대륙 중부를 통과하여
돌아오는 코스를 잡고 하나하나 준비를 했다. 그런데 사실 준비라고 해 봐
야 별 것도 없었다. 제일 중요한 것은 마음의 준비였다.

우리 마을 뮤필드 드라이브 파티 때 이런 구상을 이야기했더니 모두 환상적인 일이라며 놀라워하면서도 무척 걱정을 하는 눈치였다. 아는 사람도 없이 무작정 길을 나섰다가 어떤 봉변을 당할지, 도중에 차가 고장나지 않을지, 아이들의 건강은 괜찮을지 등등에 관한 우려였다. 그래서 떠나기 직전 혹시 모를 사고를 대비해 트리플에이AAA 차량보험을 별도로 가입하면서 받은 미국, 캐나다, 멕시코 등 북미 3개국의 도로 정보가 담긴 지도책이 무척 도움이 되었다. 3개국의 주별 지도와 웬만한 도시를 상세히 볼 수 있도록 만든 지도책이었다. 말하자면 우리 여행의 안내자이자 나침반이었다.

우리 동네에는 자동차로 대륙을 횡단해 본 사람은 없다고 했다. 그들은 왕복은 그만두고 편도라도 좋으니 육로로 한 번쯤 대륙 횡단을 해 보고 싶다면서 성공적인 여행을 기원해 주었다. 이런 말들이 우리에게는 격려이자 힘이었다. 이처럼 많은 미국인들도 횡단을 꿈꿀 정도로 광대한 대륙의 변화무쌍함을 직접 경험하고 싶었던 것이다. 하지만 시간을 못 내거나 건강상의 이유 등으로 실행에 옮기는 사람은 극소수에 지나지 않았다.

문제는 언제 떠날지를 정해야 했다. 적어도 3주 이상의 여행기간이 필요했다. 더운 남쪽으로 가기 때문에 추위는 걱정하지 않아도 되었다. 결국 연말연시를 이용하는 것이 연구소와 아이들에게 최소한의 학교 결석을 줄이는 일이라 생각하고 출발 날짜를 12월 중순으로 잡았다. 그리고 학교에는 가족여행을 떠난다는 결석 사유서를 미리 제출했다. 선생님들도 모두 놀라워하며 격려를 아끼지 않았다고 한다.

서부 개척시대에는 길이 없어 대륙을 횡단하는 여행은 생명을 거는 모험 중의 모험이었을 것이다. 그런데 요즘은 고속도로와 국도, 지방도로가 잘 되어 있어 모험보다는 편리하고 다양한 정보를 얻을 수 있고 안전하게 경험을 쌓을 수 있다. 설사 그렇다고 해도 많은 사람들이 쉽게 떠나지 못하는 것을 보면 여태까지 미 대륙을 네 번이나 건넜다는 것은 자부할 만한 일이라 생각한다.

떠나기 전에 지도를 살펴보면서 어느 길을 따라 갈까 여러 번 검토했다. 우리는 코네티컷 주 뉴헤이번에서 남쪽으로 I-95번 고속도로를 타고 가다가 멕시코 만을 만나 서쪽으로 방향을 바꾸어, 텍사스에서 앵글로아메리카와 라틴아메리카를 구분하는 미·멕 국경인 리오그란데 강을 넘어 멕시코시티까지 남하하기로 했다. 그리고 다시 북상하여 애리조나 주를 거쳐 태평양안의 여러 도시를 보고 다시 대륙 가운데 중앙 루트를 따라 대서양안에 있는 집으로 돌아오는 길을 택하기로 했다.

우리가 잘 아는 이야기지만 미국은 총면적이 약 982만km²로 한반도의 45배, 남한 면적의 98배나 되는 큰 나라로, 러시아와 캐나다에 이어 세계에서 세 번째로 넓은 면적을 차지하고 있다. 이러한 광대한 면적을 가진 미국이라 횡단거리도 만만치 않다. 거리를 보면 북쪽 코스인 뉴욕에서 시애틀까지는 약 4,500km, 중간 코스인 뉴욕에서 샌프란시스코까지는 4,600km, 수도 워싱턴에서 로스앤젤레스까지는 4,500km, 남쪽 코스인 뉴욕에서 로스앤젤레스까지는 4,400km로 어느 쪽에서 시작해도 서울-부산 간의 10배가 넘는다. 한편 동북단의 미국 메인 주와 맞닿은 캐나다 국경에서 플로리다 남단의 키웨스트까지 이르는 대서양안의 종단길이는 3,370km이며, 태평양 쪽의 시애틀에서 멕시코 국경까지는 약 2,000km다.

이렇게 먼 거리를 여행하는 데 우선 필요한 정보는 도로 사정이었다. 그동안 이미 실감한 일이지만, 미국을 여행하면서 가장 놀라운 것은 거대한 도로망이다. 그중에서도 정식 명칭이 드와이트 D. 아이젠하워 전미 주간방위고속도로시스템Dwight D. Eisenhower National System of Interstate and Defense Highways인 주간고속도로Interstate highway망이다. 이 도로는 대륙 전체를 바둑판같이 격자 모양으로 엮어 놓은 세계에서도 가장 규모가 큰 도로시스템으로 여행을 하는 데 더할 수 없이 편리하고 안전했다. 이 도로가 건설됨으로써 도심과 교외를 쉽게 이어주고 원거리 도시까지 인적·물적 유통이 원활하게 이루어져 미 대륙 전체가 균형 있게 발전할 수 있게 되었다. 특히 중부지방의 농산물을 운송하는 데 크게 기여하여 거대한 식량벨트를 만들었다.

원래 이 도로는 미 육군이 방어작전을 수행하기 위해 대륙 횡단을 시도했을 때 수송차량이 진창길과 모래밭에 빠지고 빙판길 한가운데서 사고가 나는 등 오도가도 못하고 곤욕을 치르던 곳이다. 이 상태로는 도저히 병력과 물자 이동을 제대로 할 수 없다는 것을 알고 대서양안이든 태평양안이든 외부 침입이 있을 때 효과적으로 병력을 집중시킬 수 있는 것을 최우선 목표로 건설 계획을 세웠다.

이 계획은 2차 세계대전으로 미루어졌으나, 종전 후 정부는 최우선 정책으로 주간고속도로 건설을 적극 추진하였다. 그러나 1950년대 중반까지만 해도 이 사업은 별다른 진전이 없다가 1956년 아이젠하워 대통령이 연방지원고속도로법Federal-Aid Highway Act을 제정하여 미국 역사상 최대의 공공사업으로 탄력을 받게 되었다.

2차 세계대전 때 유럽 전선의 총사령관이었던 아이젠하워 대통령은 전쟁 당시 독일 고속도로인 아우토반의 위력을 경험했던 터였다. 따라서 이 도로 건설이야말로 군사적 목적은 물론 시간과 돈을 절약하는 모든 산업의 원동력임을 확신하고 있었다. 현재 미국의 고속도로는 약 10만km로 모든 대도시들이 연결되어 있다.

이 주간고속도로는 안전성과 효율성에 역점을 두고 설계하였다. 즉 인터체인지 경사로를 통한 진입로의 완벽한 통제와 각 교차구간의 등급화가 되어 있다. 공사는 5만 개가 넘는 독립구간과 교량공사로 이루어졌으며, 도로의 회전반경은 속도에 따른 안전을 충분히 고려하여 설계되었다. 모든 고속도로는 최소 4차선이며, 장거리 여행을 위한 적정구간마다 휴게시설을 만들어 놓았다. 연방정부가 도로건설 비용의 90%를 충당하고, 도로가 통과하는 주는 나머지 10%의 예산을 추가하여 주간고속도로를 유지 관리하고 있다. 이러한 고속도로는 투자대비 600배 이상의 생산효과를 가져왔다고 한다.

도로의 짝수 번호는 동서를 연결하는 도로이고, 홀수 번호는 남북을 연결하는 번호다. 세 자릿수는 환상노선을 의미하며, '5'번과 '0'번으로 끝나는 번호는 대륙을 종단하거나 횡단하는 도로다. 또한 고속도로 노선의 매 5마일마다 1마일은 직선구간으로 건설하여 전쟁이 발발하거나 대형사고 등 비상시에 항공기의 이착륙이 가능하도록 설계했다. 이러한 원칙은 우리도 따르고 있다.

이 고속도로 건설은 미국 역사상 가장 큰 공공사업이었으며, 경제발전에도 가장 크게 기여한 것으로 평가받고 있다. 또한 이 도로를 적극 추진했던 아이젠하워 대통령은 2차 세계대전의 명장으로서 뿐만 아니라 국가경제의 대동맥을 연결한 건설 영웅으로 세계 역사에 길이 남아 있다.

그리고 고속도로 외에 국도가 있다. 서부 개척 초기에는 해안과 항행할수 있는 강을 이용하는 수운은 북미 동부의 정착자들에게 매우 중요한 수단이었다. 물론 당시에도 도로가 있었지만, 주로 농산물을 농장에서 시장으로 운반하기 위한 것이었다. 그런데 이 도로들은 관리가 엉망이어서 비가 올 때나 겨울에는 다닐 수가 없었다.

따라서 물자수송은 화물열차나 북미의 원시적인 길을 이용할 수밖에 없었다. 첫 번째 국도는 1811년에 시작하여 1818년까지 공사가 진행된 메릴랜드 컴벌랜드의 포토맥 강에서 웨스트버지니아 휠링까지의 도로였다. 이도로는 국도, 컴벌랜드 도로 또는 국립 유료도로 등으로 불리는 첫 번째 연방도로였다.

그리고 이 국도는 1938년 오하이오 주 스프링필드까지, 그리고 1941년에는 일리노이 주 반달리아까지 확장되었다. 본래 볼티모어에서 세인트루이스까지 연장할 계획이었으나, 철도의 급속한 성장으로 이 계획은 중단되었다. 그러나 그간 약 800마일의 도로가 완성되었으며, 오늘날 40번 국도의 효시가 되었다.

영국으로부터의 독립은 국토 확장을 위한 서진을 의미하였다. 서쪽으로의 개척은 용기와 도전이 필요했다. 조지 워싱턴, 토머스 제퍼슨 대통령은 애팔래치아 산맥을 넘어 서진하는 일은 바로 미국을 확장시키는 것으로 믿고 있었다. 이에 연방의회는 1806년 첫 번째 연방이 지원하는 도로인 메릴랜드 컴벌랜드에서 오하이오 강까지 연결하는 도로공사를 승인하였다. 아무튼 19세기 이전은 물론 1800년대 후반에서 1950년대까지 국도를 이용하는 여행은 모험의 길이었다.

국도는 사람, 우편, 물품수송, 통신발전에 크게 기여하였다. 나아가 관습, 언어, 행동의 혼합을 가져왔다. 1850년대에는 철도가 국도를 대신하는 수송수단이었으나, 자동차의 발명으로 1920년대에는 국도를 재탄생시키는 계기가 되었다. 국도는 국가의 동서동맥의 역할을 했으며, 1960년대 메릴랜드 주 볼티모어에서 시작하여 워싱턴 D.C.를 거쳐 유타 주 포트 곳을 연결하는 3,462km의 주간고속도로 70번 도로가 등장할 때까지 몇십 년간 국도는 미국에서 서쪽으로 가는 가장 붐비는 동맥으로 미국 심장부를 여는 주요 도로였다. 이 길을 따라 수천만 마리의 가축들이 이동하기도 했다.

그리고 또 하나의 개념인 보호구역을 위해 설계된 공원도로인 파크웨이가 있다. 이 도로 개발은 지방의 군과 시에서 시작되었으며, 1920년대 뉴욕에서 건설된 브롱크스리버 파크웨이가 제1호다. 뛰어난 경치나 역사적인 농촌 경관을 보호하기 위하여 1938년 1월 파크웨이의 정의가 내려졌다. 이는 일반 고속도로나 하이웨이와의 차이가 무엇인지를 말해 주고 있다.

첫째, 비상업적이며 오락적으로 사용될 것, 둘째, 볼품없는 건물은 피하고 보통 고속도로의 결점을 피할 것, 셋째, 도로와 개인 재산 간의 공원지역을 배제하고 보다 많은 통행권을 제공할 것, 넷째, 경계와 접근권을 없애고 자연경관의 가치를 보전할 것, 다섯째, 공동체와 혼합을 피할 것, 여섯째, 가장 경치가 좋은 곳으로 접근시킬 것, 일곱째, 가급적 교차를 줄일 것, 마지막으로 출입구로 인한 주요 교통 흐름에 방해가 되지 않도록 충분한 간격을 둘 것 등이었다.

지금까지 발전해 온 도로 외에도 철도는 1862년 태평양철도법이 제정되어 대륙 횡단 철도 건설을 본격적으로 시작하여 1869년에 대륙 횡단 철도가 개통되었다. 이어 수에즈 운하도 완성되자 『해저 2만리』와 『80일간의 세계일주』를 쓴 프랑스 작가 베른은 '세계일주는 80일에'라는 말로 지구의 교통망이 완성되었음을 표현하였다.

드디어 대륙 왕복 횡단을 위하여 출발

미국에서 5개월을 보내는 동안 주위의 여러 곳을 찾아다니며 식견을 넓히고 있었다. 그러나 이에 만족하지 않고 벼르고 벼르던 대륙 횡단의 날을 기다리다가 연말이 가까워지자 실행에 옮기기로 했다. 떠나기 전에 우리가 가야 할 길을 어림잡아 보니 2만km는 족히 되었다. 저절로 긴장되는 순간이 다가옴을 느꼈다. 자동차와 아이들의 컨디션 등 수많은 생각이 교차했다.

더욱이 치안이 좋지 않다는 텍사스 라레도 미·멕 국경에서 약 1,200km 남쪽에 있는 멕시코시티까지 갔다가, 그곳에서 다시 2,300km를 북상하여 애리조나 주 노갈레스를 통해 미국으로 재입국할 계획이었기 때문이다.

준비물로 4주간 먹을 쌀과 밑반찬, 옷, 침낭, 약품, 취사도구 등을 챙겼다. 그리고 도중에 들를 도시에 살고 있는 지인들에게 연락을 해 두었다. 특히 기록을 남기는 데 중요한 카메라도 슬라이드용과 스냅용 두 대를 준비했으나, 지금 생각하면 디지털 카메라가 있었으면 하는 아쉬움이 제일 크다.

당시 미국은 필름 카메라가 우세하여 디지털 카메라는 비싸기도 했지만 구하기도 어려웠다. 대형마트에 가도 필름이 산더미처럼 쌓여 있고, 인화된 사진을 앨범에 보관하는 것이 보통이었다. 나도 이번 여행을 위하여 필름을 한 자루 가득 가지고 갔었다.

세계 최초로 디지털 카메라를 발명한 코닥이 상용화를 주저하는 사이에 일본의 소니와 후지 등에 밀리면서 결국 파산보호신청을 함으로써 131년간의 카메라 왕국은 막을 내리게 되었다. 개발된 기술을 잘 활용하여 시대 변화를 주도하는 공세적인 마인드를 갖는다는 것이 얼마나 중요한 일인지, 많은 이들에게 산교육이자 좋은 교훈이 되었다.

우리는 며칠 동안 각자 준비물을 점검하고 또 점검했다. 여행기간 중 반 정도는 경비와 시간을 절약하기 위해 차에서 눈을 붙이거나 캠핑을 할 생각이었다. 말하자면 고생을 일부러 사서 하는 셈이었다. 드디어 12월 14일 금요일 오후 4시, 학교에서 돌아온 아이들을 재촉하여 정각에 출발했다.

겨울철이 본격적으로 시작되는 때여서 점점 추워지고 있었다. 우리가 집을 비운 사이 혹시 동파를 대비해 다시 한 번 더 점검해 두었다. 운전은 주로 내가 하고 아내는 조수석에, 두 딸은 두 번째 줄에, 막내아들은 자청하여 세 번째 줄에 자리잡았다. 막내가 앉은 뒷줄 좌석은 돌아가며 쉴 수 있도록 비워 두려 했지만, 먹을 것과 입을 것 그리고 캠핑 물품으로 다리를 뻗고 잘 공간이 없었다. 모두들 불편함을 참아야 한다는 것을 알고 있었다. 출발하기 전, 아내는 아무 탈 없이 건강하게 돌아오게 해 달라고 간절히 기도했다. '아멘' 소리와 함께 시동을 걸었다.

장기간 여행을 하다 보면 외롭고 힘들 때도 있고, 짜증날 때도 있고, 위험에 빠질 수도 있고, 좋은 일을 만나 즐거울 때도 있다. 특히 가족만의 장거리 자동차 여행이어서 집에서 나누지 못했던 아이들 주변에서 일어나는 시시콜콜한 얘기부터 아이들의 미래에 대한 꿈을 듣고 어떻게 하면 좋을까 하는 얘기를 공유한다는 점에서 생각지 않았던 수확을 얻은 것 같다.

그러나 당장 대륙 왕복 횡단을 하면서 육체적으로 힘들고 정신적으로 지루할 때, 서로 힘과 용기와 즐거움을 얻을 수 있는 건 노래가 최고라고 생각한다. 그래서 우리는 해바라기가 부른 '사랑으로'를 대륙 횡단가로 삼았다. 밤이나 낮이나 차가 움직이는 동안 가족 합창소리가 차 안에 울려 퍼지곤 했다. 이렇게 노래를 부르는 사이에 우리는 힘든지도 모르게 목적지에 닿곤 했다. 즉 노래는 힘을 부르는 마법을 갖고 있었다.

스모키마운틴 체로키 인디언 부족의 '눈물의 길'

12월 오후의 태양은 이미 서쪽으로 많이 기울어져 있었다. 출퇴근 길의 번잡함을 피해 뉴욕 시를 우회하기로 하고 평소 자주 다니던 I-95번 고속도로와 아름다운 파크웨이 대신 I-84번과 I-81번 고속도로를 번갈아 갈아타며 일단 조지아 주 애틀랜타를 목표로 삼았다. 그런데 생각과는 달리 이 도로 역시 자동차들로 무척 붐볐다.

밤새 달릴 생각으로 첫날 밤은 차 안에서 눈을 붙이기로 했다. 한밤중의 운전은 광활한 대양을 정처없이 노저어 가는 뱃사공 같은 심정이었다. 뉴욕 주를 지나 펜실베이니아 주로 들어서니 그야말로 적막하기 그지없었다. 애팔래치아 산맥 줄기를 지나는 고속도로에는 승용차의 왕래는 거의 없고 대형 트럭들만 드문드문 굉음을 내며 달리고 있었다.

기름을 넣기 위해 주유소를 찾았다. 환하게 켜놓은 주유소 불빛은 캄캄한 밤을 밝히는 사막의 오아시스이자 대지 위의 등대였다. 쉴 수도 있고 물품을 공급받을 수 있는 곳이기 때문이다. 기름을 가득 넣고 불편한 채로 운전석에서 잠시 눈을 붙였다. 주유소에는 장거리를 오가는 대형 트럭 운전수들을 위한 동전 샤워시설이 있었다. 내가 샤워를 해야겠다고 했더니 모두들 기겁을 했다. 거칠게 보이는 트럭 운전수들과 같이 샤워하다가 무슨 봉변을 당하려고 그러느냐는 거였다. 두 딸과 아들이 적극적으로 말렸다. 그래서 이 정도의 시설을 이용하는 데 자신이 없으면 앞으로 어떻게 긴 여행을 할 수 있겠느냐는 나의 주장에 오늘은 말고 다음에 하자는 절충안을 따르기로 했다.

우리 차는 포드자동차의 윈드스타 미니밴으로 휘발유 차였다. 기름값은 3.8리터인 1개론 값이 우리나라의 1리터와 비슷한 수준이었다. 말하자면 이곳의 기름값은 우리나라 기름값의 약 38% 정도 낮은 가격이다. 지역에 따라 차이가 있지만 산유주産油州인 텍사스가 가까워지는 남쪽으로 갈수록 값은 점점 낮았다. 그래서 긴 자동차 여행이 가능했는지도 모르겠으나, 일 년간 다닌 거리를 계산해 보니 1천만 원 정도 들었다. 아마 지금 다시 이런 여행을 한다면 유가 상승으로 세 배는 더 지불해야 할 것이다.

우리는 계속 남쪽으로 차를 몰았다. 메릴랜드와 웨스트버지니아 주를 지나니 서서히 어둠이 가시기 시작했다. 버지니아 주를 지날 때쯤 주변의 사물이 또렷이 보였다. 구릉진 언덕 위에 수많은 소떼들이 한가롭게 햇볕을 즐기는 모습은 평화로움 그 자체였다. 그러는 사이 도로안내판은 테네시 주에 들어섰음을 알려 주었다.

조금 더 달리니 미국 동남부 최고의 명산이라고 일컫는 그레이트스모키마운틴스 국립공원 안내판이 나왔다. 본래 등산을 좋아하는지라 이미 핸들은 그곳을 향해 있었고, 멀리서 보이는 스모키마운틴에 마음이 가 있었다. 사계절 내내 안개 낀 날이 많아 '스모키'라 했다는데 그날은 날씨가 청명했다. 사탕단풍나무, 분홍색 떡갈나무, 호두나무과에 속하는 히커리 등 백여 종 이상의 수목들이 빚어내는 단풍의 절정은 지났지만, 초겨울 풍경 또한 형용할 수 없이 아름다웠다.

우리는 게트린버그를 지나 스모키마운틴 중앙을 관통하는 뉴파운드 갭 로드로 접어들었다. 200만ha, 즉 60억 평이 넘는 광대한 그레이트스모키마운틴스 국립공원을 한나절 동안 본다는 것은 당치도 않은 일이었지만, 공원 정중앙을 관통하는 길을 가다 보면 뭔가 볼 수 있을 것 같은 생각이 들었다.

언젠가 설악산 가운데를 관통하는 한계령 고갯길을 천천히 오르내리며 양쪽에 펼쳐진 산세의 아름다움을 만끽했던 기억이 떠올랐다. 그런데 나중에 설악산 대청봉을 오르며 본 설악산의 진면목은 확실히 차원이 달랐던 것도 생각났다. 에베레스트 정상은 못 갔다 하더라도 정상을 본 사람과 안 본 사람의 차이는 하늘과 땅 차이라는 말이 이해되었다. 왜냐하면 현장을 못 본 사람의 상상력은 제로에서 시작하는 것이고, 그렇지 않은 사람은 현실을 바탕으로 구체적인 그림을 그릴 수 있기 때문이다. 그래서 영화를 좋아하는 이유 중의 하나로 영화는 상상력을 펼치는 데 큰 도움을 준다고 믿기 때문이다.

울창한 나무숲 사이를 빠져 정상으로 향했다. 단풍철이 지났는데도 주말이라 그런지 차량들이 꼬리에 꼬리를 물고 천천히 올라가고 있었다. 테네시 주와 노스캐롤라이나 주 경계인 해발 약 1,550m의 도로 정상까지 올라갔다. 산 정상 전망대까지 올라가지 않아도 파노라마처럼 펼쳐져 있는 광경은 실로 마음이 뭉클해질 정도로 장대하였다.

그러나 2,000m가 넘는 산 정상을 향해 올라가는 등산객들을 부러운 눈으로 쳐다봐야만 했다. 여행을 늦추더라도 그 대열에 끼고 싶은 마음은 굴뚝같았지만, 맑게 갠 날씨에 멀리까지 볼 수 있는 것으로 만족했다.

그런데 매년 12월 1일에서 이듬해 4월 1일까지 정상 전망대는 폐쇄된다고 하니 왠지 아쉬움이 줄어드는 듯했다.

하산하면서 노스캐롤라이나 주 인디언 마을 체로키로 향하는 골짜기를 따라 이어진 구불구불한 산악도로는 짜릿했다. 계곡 사이를 헤엄치듯 움직이는 운무와 산의 조화로운 어울림은 그야말로 한폭의 동양화였다.

스모키마운틴을 관통하는 도로를 따라 내려오니 '눈물의 길'이라는 슬픈 역사를 지닌 체로키 인디언 마을이 나타났다. 이 슬픈 역사의 주인공 살리의 이름을 붙인 '살리 길'에 들어서니 인디언 마을의 기념품 가게들이 늘어서 있었다. 예전에도 그랬지만 지금도 여전히 어려운 삶을 이어가고 있음을 알았다.

눈물의 길은 1838년 체로키족 인디언을 오클라호마의 인디언 거류지로 강제 이동시킨 정책과 그 과정을 말한다. 즉 동부의 인디언 토지와 미시시피 강 서쪽의 토지를 교환하는 1830년의 인디언 이주법에 따른 뉴에코타 협약Treaty of New Echota으로 이루어진 것이다. 그런데 인디언 대다수가 이 법안을 찬성하지 않았음에도 앤드루 잭슨 대통령에 의해 강제로 집행되었다.

명령을 받은 윈필드 스콧 장군은 7천여 명의 병사를 이끌고 두 배가 넘는 체로키 인디언들을 총으로 위협해 짐도 챙기지 못한 그들을 3주간에 걸쳐 이동할 숙영지에 집결시켰다. 그때 수많은 인디언이 이 숙영지에서 질병으로 죽어갔다. 이어서 출발지점으로 지정된 테네시 강을 따라 목적지인 사우스캐롤라이나 주의 찰스턴으로 이동하였다.

이들은 대부분 걷거나 때로는 말과 마차 또는 배를 갈아타는 등 약 5천리에 해당하는 1,900km가 넘는 거리를 세 갈래 길로 나누어 이동했다. 강제이주 전 과정을 통해 4천여 명이 죽음을 맞이했다고 한다. 이러한 강제이주 모습은 주로 인디언을 대상으로 그림을 그린 로버트 린트노가 '눈물의 길'이라는 제목으로 생생하게 그려내어 많은 사람들의 감흥을 불러일으켰다.

체로키족을 포함하여 1600년대부터 유럽 이민자들과 접촉하며 백인들의 문화를 받아들여 학교와 도로, 교회를 건설하는 등 매우 '문명화된 다섯 부족Five Civilized Tribes'이라 불리는 다른 네 부족도 강제이주의 대상이되어 이주 과정에서 '눈물의 길'이란 말이 생겨났다. 강제이주를 당하면서도 그들은 '나 같은 비천한 사람을 구원하셨다니 얼마나 감미로운 소리인가'로 시작되는 하느님의 자비와 은총을 비는 '어메이징 그레이스'를 노래했다고 한다. 이 전통적인 기독교 찬송가는 선교사에 의해 체로키족이 애송하는 노래가 되었으며, 후에 일어난 남북전쟁 때 남북 양군이 동시에 부르던 노래이기도 하다.

2015년 6월 17일, 사우스캐롤라이나 주 찰스턴에 있는 미국 남부에서 가장 오래된 흑인 교회 이매뉴얼 아프리칸 감리교회에서 총격사건이 발생했다. 성경공부를 하고 있는 교회에 백인우월주의자인 스물한 살의 딜런 루프가 총격을 가해 주 상원의원이자 담임목사인 클레만타 C. 핀크니 등 9명이 사망했다.

열흘 후에 열린 추도식에서 오바마 대통령은 40분간 추도사를 했다. 그는 이번 사건으로 인종차별의 상징으로 부각된 남부연합기를 퇴출할 것과 총기규제를 강화할 것을 주장하여 여러 차례 기립박수를 받았다. 그리고 추도연설이 끝나갈 무렵 잠시 머뭇거리더니 찬송가 '어메이징 그레이스'를 부르기 시작했다. 누구도 예상하지 못한 일이었다. 이 노래는 영국 성공회의 존 뉴턴 신부가 흑인 노예 무역에 관여했던 자신의 과거를 후회하고 이런 죄를 사해 주신 신의 은총에 감사하는 내용이다.

노래를 시작하자 참석한 목사들과 신자들 모두 일어나 함께 불렀다. 흑인 대통령의 진심어린 연설과 찬송가로 추도식장은 순식간에 커다란 감동의 무대로 변했다. 눈물을 닦으며 노래하는 신자들을 텔레비전을 통해 본 미국인들의 마음에도 잔잔한 감동의 물결이 일었다. 인디언들이 강제이송을 당하면서 부른 이 노래는 어려움을 극복하기 위한 노래로 다시 한 번 부각되었다.

이러한 인디언의 강제이주는 1829년 조지아 주 다로네 근처에서 금광이 발견되자 금 채굴 전문가들이 체로키족의 땅을 통과하면서 시작되었다. 이후 미국 역사상 처음으로 골드러시가 이어졌고 강제이주가 본격적으로 시작됐던 것이다. 그런데 강제이주 명령이 떨어진 후에 1천여 명의 인디언들이 강제이주를 거부했으며, 그들의 삶의 터전인 스모키마운틴으로 숨어 버렸다. 살리는 그중 한 사람이었는데, 어느 날 술에 취한 미 병사에 의해 아내가 살해되었다. 이에 격분한 살리는 병사를 죽인 후 깊은 산속으로 숨어 버렸다. 그러자 군 당국은 병사를 죽인 살리 등이 투항하면 산속에 숨은 나머지 1천여 명의 체로키 인디언들을 고향 땅에서 합법적으로 살도록 허용하겠다고 제안했다. 이에 살리 등은 자수하여 총살형을 당한다. 그의 희생 덕분에 나머지 체로키 인디언들은 스모키마운틴 산맥에서 합법적으로 살게 되었다는 실제 이야기를 소재로 만든 연극이 매년 6월 초부터 8월 중순까지 공연된다는 것을 알고 아쉬움이 컸다.

스모키마운틴의 이면에 숨어 있는 이 슬픈 이야기는 비단 체로키 인디언뿐만이 아니며 약소민족이기 때문에 강제이주를 당했던 우리 민족의 비애도 있다. 고려인이라 불리는 우리 동포 약 18만 명이 1937년 10월부터 시베리아의 혹독한 추위 속에 중앙아시아의 척박한 지역으로 강제이주 되는 과정에서 2만 명 이상이 숨졌다고 한다. 이들은 체로키 인디언 이상의 악조건을 안고 러시아 연해주에서 강제로 이주당했던 것이다.

이 외에도 흑인 노예의 대륙 간 강제이주는 말할 것도 없으려니와, 같은 나라 안에서도 사회경제적 신분이 낮거나 신체가 부자유하다는 이유로 특정지역으로 강제이주를 당하는 사례가 우리가 사는 북쪽에서 진행되고 있다니 안타까움을 금할 수 없다.

애틀랜타의 피자가게 사장 친구

스모키마운틴의 웅장하고 아름다운 대자연의 이면에 숨겨진 슬픔을 되새기며, 다시 한 번 우리 가족 대륙 횡단가를 부르면서 조지아 주 애틀랜타로 향했다. 거기에는 피자가게를 운영하는 중고등학교 친구인 박효규가 있었다. 그가 경희대 음대를 졸업하고 고교 음악교사를 하는 동안 가끔 만나곤 했는데, 어느 날 애틀랜타에서 피자가게를 열었다는 소식이 왔다.

친구의 피자가게는 유명한 조지아공대 정문 바로 앞에 있었다. 이미 날이 저물긴 했지만 쉽게 가게를 찾았다. 오랜만에 보는 얼굴이라 반갑기 그지없었다. 가게는 크지 않았지만 쉴 새 없이 피자를 구워 내고 있는 그의 얼굴은 벌겋게 달아올라 있었다.

주요 고객은 이 지역에 사는 흑인들이고 인근 호텔에 묵고 있는 고객의 전화주문도 많다고 한다. 체인점이 아니어서 피자와 닭다리구이는 직접 개발했는데, 계속 주문이 온다고 해서 먹어 보니 고춧가루에 뭘 넣었는지 매콤하면서도 입맛이 당겼다.

그는 평소 같으면 매일 밤늦도록 일만 하는데 친구 덕분에 모처럼 쉬게 되었다면서 다른 날보다 일찍 문을 닫았다. 그를 따라 교외에 있는 그의 집으로 갔다. 정원 뒤에 10m 이상 자란 나무들이 있어 분위기가 아늑했다. 조지아공대는 음악 관련 전공이 없는 줄 알았는데, 큰딸은 음악을 전공하고 중등학교 음악교사가 되고 싶다고 하더니 나중에 바라던 대로 되었다.

그리고 아들은 대학에 다니면서도 사업에 관심이 많아 앞으로 사업을 할 것이라 했다.

이렇듯 바쁘게 지내는 친구의 모습에서 악착같은 이민생활과 희망을 동시에 볼 수 있었다. 특히 그의 열정적인 영업활동에 감탄했다. 본인이 직접 배달도 하고 호텔 투숙객들이 밤에 먹을 것을 찾는다는 것을 알고 호텔 매니저를 만나 광고지를 직접 전달하여 고객을 많이 확보했다는 것이다. 그리고 주로 흑인이 사는 지역인 만큼 이들에게 이익을 돌려주는 방법을 생각하고 있다고 했다. 이렇듯 공격적인 고객 확보로 짧은 시간에 큰 집도 마련하는 등 안정적인 경제 기반을 닦을 수 있었다고 한다.

이 친구는 우연히 이곳에 관광하러 왔다가 갑자기 머리에 꽂히는 게 있어 그만 주저앉았다니 신기하기만 했다. 사실 나도 여행을 하다 보면 아예 살고 싶은 곳이 있기는 했지만 막상 실행에 옮기지는 못했던 것이다.

이튿날 아침, 애틀랜타에 온 지 수년이 지났지만 제대로 이 지역 구경을 못했다는 친구와 함께 본격적인 구경에 나섰다.

애틀랜타는 불후의 명작인 『바람과 함께 사라지다』의 배경이자 인권운동가 루터 킹 목사의 고향으로 꼭 한번 와서 그들의 체취를 느껴보고 싶은 곳이었다. 그리고 미국 남동부의 경제·문화·산업·교통의 핵심도시로서 포춘지가 선정한 500대 기업 중 코카콜라, AT&T모빌리티, CNN, 홈디포, UPS, 델타항공 등의 본사가 있는 등 뉴욕과 휴스턴에 이어 미국 내 세 번째로 많은 경제 중심지다.

이와 같이 역동적인 이곳은 다시 말해 아메리칸 드림을 이룰 수 있는 일할 기회가 그만큼 많다는 의미다. 그래서인지 최근 교포들의 수가 점차 늘어 좋은 점도 있지만, 한인사회에 문제도 많아 걱정이라는 말도 들렸다.

우리가 먼저 찾은 곳은 미국의 4대 텔레비전 방송국인 CNN 본사였다. 전 세계 뉴스를 생방송으로 내보내는 제작 현장을 본다는 것은 흥미 그 이상이었다. 그런데 시청자인 일반인에게 관람료를 받고 뉴스 스튜디오를 보여 준다는 발상이 우리나라에서도 과연 통할까 하는 의문이 들었다.

어른 1인당 8달러, 아이들은 각각 5달러씩 45분간 견학을 위해 스튜디오 투어 입장권을 샀다. 그리고 CNN 네트워크 작동과 기술적인 면에 대한 설명을 듣고 헤드라인 뉴스, 국제방송, 날씨방송 등을 견학했으나, 방음장치가 된 스튜디오 안을 들여다보는 것이어서 마치 마임을 보는 듯하여 생각보다 현장감을 크게 느끼지 못한 점은 아쉬웠다.

다만 뉴욕의 3대 방송사인 NBC, ABC, CBS가 정해 놓은 시간에만 뉴스를 내보내는 데 비해 1980년 CNN이 설립되면서 24시간 언제나 뉴스를 볼 수 있게 된 것은 강력한 기존 방송 3사를 누르기 위해 국내외 현장에서 생방송으로 진행되는 뉴스는 대단한 도전이 아닐 수 없다. 이러한 노력 끝에 1억 명이 시청을 할 정도로 성공했다는 것은 높이 평가할 만한 일이다. 이는 어쩌면 20세기 마지막으로 도전에 성공한 사례가 아닐까 하는 생각이 들었다.

그런데 우리 대한민국이 CNN에 가장 많이 나온다고 한다. 그만큼 우리나라가 CNN에 할 일을 만들어 주는 거 아니냐고 익살을 부렸다. 하긴 우리나라에서 연일 사건이 터지고 있고, 북한 관련 뉴스가 하루도 거르지 않으니 한반도가 단골 뉴스원이라는 말이 틀린 얘기는 아닌 듯하다.

CNN을 견학하고 이번에는 오늘날 미국 문화의 상징이자 탄산음료의 대명사인 코카콜라 본사 박물관을 방문했다. 코카콜라의 다양한 병, 광고, 로고 등 코카콜라에 대한 모든 것을 볼 수 있는 곳이었다. 기업 홍보 차원에서 공짜로 보여 줄 만도 한데 어른 6달러, 어린이 3달러의 입장료를 내야 했다. 코카콜라 음료수로 돈 벌고, 전시장을 만들어 놓고 수익을 올리는 모습에 조금 야속하다는 생각이 들었다. 돈을 받지 않고 서비스한다면 기업 이미지가 입장료 수입보다 더 좋을 텐데 하는 아쉬움이 앞섰다.

그렇다 해도 박물관은 한 번쯤 들러볼 만했다. 병 모양은 물론 로고 등의 변화는 시대의 발전단계와 궤를 같이 하고 있음을 보면서, 마치 사회변화가 코카콜라를 변화시킨 것이 아니라 코카콜라 디자인이나 로고의 변화가 시대의 변화를 리드한 듯한 인상을 받았다. 자신들이 늘 사회 변화의 선도적 입장이라는 것을 은근히 보여 주고 있는 듯한 흔적이 역력했다.

1886년 약제사 존 펨버턴 박사가 코카라는 나뭇잎과 콜라라는 열매를 추출하여 두뇌강장제로 개발한 것이 코카콜라의 시작이었다. 우연찮은 실험 결과가 세계인의 비만증의 원인으로 지목될 정도로 즐겨 마시는 음료가 될 줄은 짐작하지 못했을 것이다. 이렇듯 우연한 만남이 부의 창출로 이어졌듯이, 만사 가볍게 볼 일은 하나도 없음을 재인식했다는 것만으로 박물관 방문의 의미는 있었다.

이어서 애틀랜타에서 동쪽으로 약 35km 떨어진 스톤마운틴 파크의 거대한 바위산에서 남북전쟁 당시의 남군 영웅들을 다시 만났다. 대평원에 솟은 세계 최대의 화강암 바위 위에 조각된 남군 지도자 제퍼슨 데이비스 남부연방 대통령, 로버트 리 총사령관, 스톤월 잭슨 장군의 기마상은 패장의 모습이 아닌 늠름한 승마 자세였다. 이 기마상을 보면서 용맹한 군인 모습을 보인 장군과 비록 패전으로 후일을 도모하며 도망 중에 포로로 잡힌 대통령일지라도 남부를 위한 헌신적인 노력 등은 남부인의 자존심을 지켜준 이들에 대한 경의의 표시임을 느꼈다.

이 바위 위의 기마상은 서북부 사우스다코타 주의 큰바위얼굴에 버금가는 남부의 또 다른 자부심을 갖게 하는 상징이었다. 숱한 세월 이 조각을 완성하기 위해 집념을 불태운 조각가들의 끈질긴 노력에 감동하지 않을 수 없었다. 47년에 걸쳐 세 조각가의 손을 거쳐 완성되었다는 그들의 당당한 모습은 비록 전쟁에서는 패했지만 그 기개는 상대방을 압도하기에 충분했다.

시간이 너무 늦어서 바위 정상에는 오르지 못했지만 그들의 숨결을 느끼는 데는 모자람이 없었다. 또한 나중에 들으니, 1939년에 제작된 영화 '바람과 함께 사라지다'의 여주인공 스칼렛 오하라로 출연했던 비비안 리의 의상들이 경매에서 한화 약 15억 원, 13만7천 달러에 팔렸다고 하여 아직 남북전쟁의 이야기는 끝나지 않았음을 느꼈다.

이렇게 알찬 하루를 보내고 친구 집에서 남부의 하버드이자 뉴아이비의 하나로 불리는 에모리대학에 객원교수로 와 있는 강원대 사회학과 전태국 교수에게 전화를 했다. 그러자 전 교수는 잠시 후에 부인과 함께 포도주를 들고 나타났다. 평소 대학에서도 가끔 만나 얘기를 나누는 사이였지만, 독일 프랑크푸르트대학에서의 오랜 연구 경험과 비교해 가며 털어놓는 그의 미국 이야기는 사회를 예리하게 분석한 즉석 세미나였다. 우리 친구도 자신의 여행담을 늘어놓는 등 자정이 넘도록 대화가 이어졌다.

친구의 집에서 단단히 신세를 지고 아침 일찍 에모리대학으로 향했다. 내비게이션도 없이 지도만 보고도 잘 찾아다녔다. 그만큼 정밀한 지도와 잘 장비된 도로안내판 덕분임은 말할 것도 없다. 남부의 명문답게 캠퍼스는 예일대학처럼 고딕식 석조건물은 눈에 띄지 않았으나 붉은색 지붕 건물들이 숲속에 자리잡고 있었다.

역시 대학은 '역사가 말해 준다'는 말을 상기시켜 주었다. 1836년에 설립되어 오랜 세월 축적된 연륜이 헛된 숫자가 아님을 보여 주고 있었다. 한 해 한 해 쌓인 학문적 업적과 매년 거쳐간 사람들의 발자취가 진하게 녹아 있음을 느꼈다. 대학 정문에서 전 교수 부인과 이곳에서 어학연수 중인 딸이 우리를 맞아 주었다. 이어 대학에 관한 이야기를 들으며 캠퍼스 투어에 나섰다.

에모리대학은 코카콜라의 거액 기부로 새로운 건물이 지어지는 등 다양한 연구 지원이 이루어질 정도로 미국에서도 손꼽을 정도의 탄탄한 재정을 갖추고 있다. 보통 미국 명문 사립대학들이 공통적으로 신학에서 시작하여 점차 의학, 법학, 경영학으로 확산되어 가는 것처럼 이 대학도 마찬가지였다. 이는 자연과 농촌을 배경으로 안정적인 농촌생활을 위한 농학을 비롯한 실용적인 분야부터 시작한 주립대학과는 확실히 다른 발전모형이었다.

전 교수 가족과 함께 대학 교수식당에서 점심을 잘 먹었다. 아직 못 나눈 얘기가 많았지만 우리는 곧 애틀랜타를 떠나야 했다. 우리가 사는 북부는 한겨울로 눈이 쌓여 가고 있었지만, 이곳은 부슬부슬 비가 내리더니 갑자기 굵은 빗줄기로 변하여 바가지로 퍼붓듯이 쏟아졌다. 한여름의 스콜보다는 약했지만 강한 바람까지 불어 차량들이 엉금엉금 기어가고 있었다.

펜서콜라 멕시코 만의 회고

조지아 주를 벗어나 앨라배마와 미시시피 주를 지나 배턴루지의 루이지애나주립대학에서 포스닥 중인 제자를 만나기 위해 달렸다. 새벽 2시경 펜서콜라 모래해안에 도착해서 눈을 붙이려고 주위를 살폈더니 해안도로변에 레스트 에어리어라는 안내판이 보였다. 이곳은 안전한 지역이니 마음놓고 차 안에서 자도 좋다고 쓰여 있었다.

정말인가 싶어 주위를 둘러보았더니 경찰차가 번쩍이고 있고 무장한 경찰이 휴게지역 안을 돌고 있었다. 그래서 그런지 주차된 차 안에서 잠을 청하는 여행자들이 제법 많았다. 그래도 미심쩍어 경찰관에게 가서 정말 마음놓고 자도 되느냐고 묻자 고개를 끄덕이며 편히 쉬라는 손짓을 해 보였다. 이곳에서 잠을 청하기로 하고 뒤를 돌아보니 아이들은 이미 깊은 잠에 빠져 있었다.

간밤에 도착했을 때는 어딘지 분간이 되지 않았으나, 아침에 보니 멕시코 만을 항해하는 큰 배들이 정박해 있는 로맨틱한 해안도로 공원이었다. 간밤에 안전을 지켜주던 경찰차는 보이지 않고, 차 안에서 밤을 보낸 사람들이 나무로 만들어 놓은 식탁에서 아침을 먹느라 분주한 모습이었다. 서로 아침인사를 나누는 과정에 버지니아에서 왔다는 사람이 우리 차 번호판을 보더니 코네티컷에서 왔느냐며 깜짝 놀란 표정을 지었다. 그러다가 멕시코시티를 경유해서 태평양 연안도시들을 둘러보고 돌아갈 계획이라 했더니 모두들 '오, 마이 갓'을 외치며 좋은 여행이 되길 바란다는 덕담을 해 주었다.

우리도 간밤에 친구 집에서 지어 온 밥을 전기밥솥째 식탁에 올려놓고 먹었다. 그리고 세면장에서 세수와 양치질을 하고 나니 여유가 생겼다. 모처럼 아이들과 깨끗한 모래사장을 걸으며 망중한을 즐겼다. 문득 모래를 만지작거리며 얼마나 희고 고왔으면 2차 세계대전 당시 설탕 무역업자가 이 지역의 모래를 포대에 넣어 속임수를 썼을까, 양심 없는 장사꾼이 여기에도 있었구나 싶어 허탈한 웃음이 절로 나왔다.

출렁이는 멕시코 만의 파도소리에 오래전에 이곳에 혼자 들렀던 기억이 되살아났다. 영국 케임브리지대학에서 일 년간 객원교수를 마치고 귀국할 무렵인 1994년 7월, 시내 헌책방에 갔다 오던 중 여행사 앞을 지나게 되었다. 이미 영국의 명소들과 바다 건너의 유럽 대륙은 여러 번 탐방했기에 미련없이 귀국 준비에 마음이 바빴다. 그러면서도 대서양을 건너 미국에 가보고 싶은 마음이 남아 있어 케임브리지 시내 여행사 앞을 오가며 적당한 여행상품을 눈여겨보았다. 그런데 모두 만만치 않은 여행비용에 엄두를 못 내고 훗날로 미루고 있었다.

그러던 어느 날 여행사 유리창에 붙은 미국 왕복 여행비에 눈이 번쩍

뜨였다. 케임브리지에서 미국 플로리다 주 올랜도 왕복 항공비에 8일간 자동차 렌트비를 포함하여 우리 돈으로 20만 원도 안 되는 가격으로 선착순 판매를 한다는 것이었다. 가족과 상의할 여유도 없이 덜컥 예약을 해 버렸다. 물론 정해진 시간의 비행기를 이용해야 한다는 조건이 붙긴 했지만, 거저나 다름없는 가격이었다. 여행사 앞을 지나던 몇몇 사람도 광고를 보자마자 앞서거니 뒤서거니 예약을 하며 서로 야릇한 미소를 나누었다.

이렇게 하여 첫 미국행 비행기에 올랐다. 겨울이라면 따뜻한 플로리다가 인기가 있었겠지만, 이 더운 여름에 무더운 플로리다에 가는 사람이 적어 저가항공사에서 그룹 이름을 빌려 특가로 내놓은 자유여행 상품이려니 생각했다. 당시 국내에서는 미국 비자를 받기가 매우 까다로워, 영국에서 미국 입국비자를 미리 얻어 놓은 것이 큰 도움이 되었다. 미국의 정치·경제 중심지인 뉴욕을 비롯한 동부지방부터 가보고 싶었지만, 우선 동남부만이라도 갈 수 있었으니 감지덕지했다. 특히 미국 동남부지역은 동부의 대도시 지역과 달리 농촌 지역이 많아 오히려 잘됐다 싶었다.

대서양을 건너기 위해 설레는 마음으로 케임브리지에서 새벽 5시에 출발하여 히스로 국제공항에서 버진어틀랜틱항공사 비행기로 갈아탔다. 반 이상이 비어 있어 비수기 여행객을 확보하려는 고육지책이었음을 느낄 수 있었다.

비행기는 대서양을 가로질러 뉴욕 근처까지 갔다가 기수를 직각으로 돌려 남쪽으로 날았다. 미 대륙과 유럽 대륙 사이의 대서양은 양 대륙을 잇는 건너기 힘든 대양이 아니라 쉽게 오갈 수 있는 내해로서 자리를 굳힌 듯했다.

올랜도 국제공항에 내리니 갑자기 확 달려드는 듯한 더위에 몸이 뒤로 움찔 물러났다. 땀이 등골을 타고 내렸다. 영국 케임브리지의 여름은 이곳에 비하면 더위도 아니었다. 공항 지하로 내려가니 이미 여행사에서 예약해 놓은 도요타 승용차가 기다리고 있었다. 잠시 운전 조작을 하면서 계기판을 보니 주행거리 2,000km가 조금 넘는 새 차였다. 거기에다 무제한 마일리지여서 장거리 여행하기에는 너무 좋았다.

공항을 벗어나 처음으로 미국 땅을 밟은 느낌은 신천지를 찾아 나선 개척자와 같은 진지함 그 자체였다. 작열하는 태양 아래 5분 이상 걷기 힘든 아열대 특유의 무더위는 갑자기 퍼붓는 듯한 스콜로 변하기 일쑤였다. 길어야 5분 정도, 비가 내리는 동안에는 아무리 윈도 브러시를 빠르게 작동시켜도 앞이 보이지 않았다. 이러한 폭우는 처음 당해 보는 것이어서 순간 무척 긴장되었다. 마음을 가라앉히기 위해 잠시 차를 도로변에 세우고 비가 멈추길 기다렸다.

올랜도의 그 유명한 디즈니월드로 가는 안내판이 여기저기 세워져 있었다. 하지만 미련없이 게인즈빌 방향인 북쪽으로 차를 몰았다. 지금은 같은 대학 동료가 된 플로리다주립대학 경제학과에서 박사과정을 마쳐가던 이종민 교수와 교환교수로 와 있던 최황규 교수 그리고 영문학과 교수이자 동료인 백낙승 교수 부인이 아들과 함께 교환교수로 이곳에 와 있었다. 이들과 반가운 만남의 시간을 가졌다.

그들은 만나자마자 미국에서 가장 오래된 도시로 통하는 스페인풍의 성어그스틴 시의 바닷가에 자리잡은 산마르코 요새로 안내해 주었다. 이 요새 망루에 올라 300여 년 전 고향을 떠나 대포를 만지작거리며 바다를 감시하던 스페인 병사의 마음은 어떠했을까 헤아려 보았다.

요새 구경을 마치고 다시 게인즈빌로 돌아온 우리는 저녁에 다시 모여 재미있는 덕담을 나누느라 더위도 잊고 있었다. 이튿날 본래 계획했던 대로 단신으로 앨라배마, 미시시피, 루이지애나, 아칸소를 지나 테네시 주 스모키마운틴을 넘어 노스캐롤라이나와 조지아를 거쳐 올랜도 국제공항으로 돌아와 차를 반납하고, 정해진 항공편을 이용하여 영국의 집으로 귀가

할 계획을 가지고 게인즈빌을 떠났다.

그래서 도중에 들렀던 이곳이 바로 우리 가족이 같은 바닷가를 거닐던 플로리다와 앨라배마 주 경계의 펜서콜라 해안의 모래사장이었다. 그때도 희고 고운 모래를 만지작거리고 있었다. 그 후 앨라배마와 미시시피 주의 거대한 면화밭 사이에 대농장주들이 살던 저택을 방문하면서 그들의 위세가 얼마나 당당했는지 짐작할 수 있었다.

이어 미시시피 강을 건너 대지주 밑에서 신음하던 노예들의 생활상을 보여 주는 루이지애나주립대학의 농촌생활박물관을 찾았다. 노예들이 살던 집, 감옥, 교회와 그들이 사용하던 농기구, 종, 식기 등은 그대로 남아 있었지만, 노예들은 간 곳이 없었다. 대신 그들의 삶을 그려 놓은 그림들이 당시 흑인 노예들의 비참한 상황을 생생하게 보여 주었다.

아칸소 델타의 애증

다시 미시시피 강 유역을 거슬러 올라가며 끝도 없이 펼쳐진 논을 보면서 우리 농촌을 생각했다. 아칸소 주 경계와 그렇게 멀지 않은 도로변에 노란색 소형 비행기가 줄지어 있었다. 잠시 뒤에 알았지만, 두 대가 한 조가 되어 초저공으로 날며 농약을 뿌렸다. 더 놀란 것은 논둑에 서 있으면 비행기와 부딪칠 정도로 낮게 비행하는 것이었다. 이는 농약 살포 효과를 높이기 위함이었다.

우리도 넓은 평야지대에서 항공 농약 살포를 하지만, 이렇게 낮게 날지는 못한다. 왜냐하면 미국의 취락 형태는 구획화된 농토에 드문드문 흩어져 있는 단일농장으로 되어 있다. 그러나 우리는 경지와 가까운 곳에 집단으로 마을을 형성하고 있는 동시에 농지의 구획면적이 작다. 특히 전봇대가 벌판을 가로질러 공중 농약 살포에 장애요소가 되고 있기 때문이다.

이렇게 항공방제를 하는 모습을 보며 평야 한가운데를 달리다가 도로변에 있는 농촌지도소 간판을 따라 들어갔다. 사전 예약도 없이 만난 농촌지도소 소장은 무슨 일로 왔느냐고 물었다. 나는 한국의 농대교수로서 이 지역의 논농사에 관심이 많아 들렀다고 했다. 그는 잠시 머뭇거리더니 어딘가로 두어 번 전화를 걸고는 직접 농가와 논들을 안내해 주었다. 나중에 알고 보니, 그는 농민들과의 약속을 나 때문에 미루었던 것이다.

그는 농로 폭이 넓기는 해도 비가 내리는 여름철에는 강력한 사륜구동차가 아니면 갈 수 없다면서 차체가 높은 자기 차를 가리켰다. 내 차는 그 자리에 세워 놓고 직원이 운전하는 차에 같이 올랐다. 구획이 잘 정리된 논들은 조금 전에 본 항공방제 효과가 크는 것을 한눈에 알 수 있었다. 벼들이 아주 튼튼하게 자라고 있었다.

열대 몬순지역에 해당하는 이 지역은 오랜 세월 퇴적된 비옥한 토양의 영향으로 루이지애나는 물론 미시시피, 아칸소, 텍사스, 미주리, 캘리포니아와 더불어 미국에서 몇 안 되는 쌀 생산 주다. 캘리포니아 관개농업지대인 새크라멘토 지역은 우리나라 사람들이 주로 먹는 둥근 모양의 단립종short grain인 칼로스Calrose를 생산하여 우리의 관심이 크다. 그는 루이지애나도 한국이 쌀 수입을 허용해 준다면 한국인이 원하는 타입의 쌀을 생산하여 수출할 수 있다는 말을 여러 번 강조했다.

미국의 총 쌀 재배면적은 우리나라보다 많은 120만ha에 1호당 평균 논 재배면적은 185ha로 우리의 약 130배가 넘는다. 생산량도 우리보다 많은 약 600만 톤을 오르내리고 있다. 그런데 미국의 쌀 재배농가는 불과 8천 호 정도라고 하니, 전체 농가 약 120만 호의 65%에 해당하는 78만여 호가 쌀을 재배하고 있는 우리나라 현실을 생각하면 얼마나 차이가 큰지 알 수 있다.

특히 미국에서 가장 재배면적이 큰 한 농민단체의 경우 41만ha로 그 규모에 입이 벌어질 정도다. 여기서 내가 관심을 가졌던 것은 이들이 생산한 쌀이 과연 어디로 갈 것인가 하는 문제였다.

그의 차는 질펀한 농로를 미끌어지면서도 거침없이 달렸다. 그의 배려로 미시시피 강 유역의 답작재배 지역을 생생하게 볼 수 있었던 건 행운이었다. 헤어지면서 고마워하는 나에게 그는 한국인에게 루이지애나 쌀을 잘 알려 달라는 투철한 직업정신을 보여 주었다.

그와 헤어져 저녁놀을 바라보며 한적한 미시시피 강 유역의 평야지대를 달리고 있었다. 그때 어디서 나타났는지 경광등을 번쩍이며 정차신호를 보내는 경찰차가 따라오고 있었다. 나는 논 옆에 차를 세우고 조용히 경찰이 다가오기를 기다렸다. 그는 허리에 권총을 차고 손에 소총을 쥔 채 신분증을 요구했다. 국제운전면허증과 여권을 보여 주었더니 과속이라면서 200달러 벌금을 물어야 한다고 했다. 현금이 없다며 버텼더니 자동차는 그 자리에 놔두고 경찰서로 연행했다. 마침 책임자로 보이는 뚱뚱한 흑인 여자 경찰이 나와 내 이야기를 듣더니, 앞으로 과속하지 말라는 몸짓을 해 보이며 퇴근했다. 나를 연행해 온 경찰은 내 차가 있는 곳까지 다시 태워다 주면서 절대로 과속하지 말라고 여러 번 당부했다. 그러고는 어둠 속으로 사라졌다.

루이지애나 주 북쪽 도로변에 있는 모텔에 들었다. 자동차 여행객을 위한 시설로 화려하지는 않았지만 하룻밤 지내는 데는 값도 그렇고 좋았다. 이튿날 다시 짐을 챙겨 루이지애나를 지나 아칸소 주 경계에 오니, '환영, 대통령의 고향 아칸소 주'라고 쓴 큰 간판이 눈에 들어왔다. 당시 대통령은 아칸소 주 출신인 빌 클린턴이기도 했지만, 아칸소의 주도인 리틀록은 맥아더 장군이 태어난 곳이라는 것도 알았다. 리틀록은 20만 명 정도의 인구 규모로 떠들썩하지 않은 전원도시 같은 느낌이 들었다.

이렇게 아늑한 리틀록이 최근까지도 흑인을 폭력으로 무차별 억압하려는 백인 비밀단체 큐클럭스클렌Ku Klux Klan으로 불리는 KKK단의 본거지가 있는 곳이라니 믿어지지 않았다. 그들의 인종차별은 백인이 아닌 모든 유색인종이 포함된다는 생각에 울컥 감정이 앞섰다. 그래서 그런지 백인 학생들이 다니는 공립학교에 입학허가를 받은 9명의 학생을 흑인이라며 주방위군이 가로막은 사건이 1957년에 일어났다. 그러자 아이젠하워 대통령은 리틀록 시장의 요청으로 육군 정예부대인 공수사단 1천여 명을 투입하여 이들의 등교를 도우려는 과정에서 주방위군과 연방정부군의 싸움이 일어날 뻔했다. 대통령은 주지사의 군사력을 빼앗아 주방위군을 연방군에 편입시키고, 1만여 명의 연방군과 주방위군으로 하여금 인종차별주의자들을 무력으로 진압시켰다.

이러한 이야기를 들으면서 나라가 독립된 지가 언제고 링컨 대통령이 노예해방을 선언한 지 150년이 지났는데도 아직 이러한 인종문제가 꼬리를 물고 일어난다는 것이 안타까웠다. 이 문제는 단순히 미국만의 고민을 넘어 인류가 풀어야 할 숙제임을 확인한 셈이었다.

UN헌장에서 밝히고 있는 기본적인 인권에 대한 믿음과 인간의 가치와 존엄 그리고 종교와 언어, 성별과 인종에 차별받지 않는 세상은 과연 언제일까 하는 회의마저 일었다. 그래도 다행인 것은 입학한 학생들은 각종 멸시와 정신적 학대를 극복하고 상급학교에 진학하는 등 사회의 일꾼으로 일하고 있다는 이야기는 많은 흑인들은 물론 국민에게 감동을 주기도 했다.

이러한 사건을 교훈으로 삼기 위해 아칸소 출신인 클린턴 대통령은 이 학교를 국립 사적지로 지정했고, 오바마 대통령은 취임식에 이들 9명을 초청했다는 후일담은 인종문제 해결을 위한 희망의 신호들인 것이다. 그런데 조금 다른 이야기이긴 해도 리틀록에 사는 한인 중에는 미군과 결혼하여 사는 여인들이 다른 지역에 비해 적지 않다고 한다. 즉 1950~1989년에 10만 명에 가까운 미군 아내들이 미국으로 이민왔다. 그녀들은 미국인들이 아시아인들에게 느끼고 있던 인종차별주의와 상투적 이미지, 특정한 의구심으로 인해 더 문제가 복잡했다. 여기에서 이들의 이야기를 파헤친 예지연이 쓴 『기지촌의 그늘을 넘어』를 보면서, 이들이 이러한 분위기를 극복하려고 애쓰는 모습이 갑자기 그려지는 이유는 무엇일까 자문해 보았다.

이렇듯 다양한 문제를 안고 있는 리틀록 시가지는 복잡하지 않은 지방의 중소도시인 춘천과 닮았다는 생각이 들었다. 시가지를 벗어나 I-40번 고속도로에 올라서서 멤피스가 있는 동쪽으로 방향을 잡았다. 도로 좌우는 전형적인 농촌지역으로 벼, 면화, 콩 등이 가득한 들판이 넓게 펼쳐져 있었다.

사실 이 지역은 미시시피가 낳은 최대의 충적 토양지대로 아칸소 삼각주라 불리며 미 중서부의 대평원과 함께 미국의 대곡창지대다. 델타 지역은 아칸소, 루이지애나, 미시시피, 미주리 주 등 미시시피 강 하류에 이르기까지의 범람지대를 대농업지대로 만들었음을 알 수 있다. 특히 미시시피 강 서쪽의 아칸소 삼각주는 미시시피 강 지류인 세인트프랜시스 강, 화이트 강, 아칸소 강 등과 합류되는 곳으로 우리나라 논 총면적의 약 70%에 해당하는 논만 69만ha에 이르는 비옥한 평지를 가지고 있다.

그러니 여기에서 생산되는 쌀은 미국 쌀 생산의 50%를 차지할 정도로 쌀 주산지가 되었다. 그리하여 아칸소는 캘리포니아의 관개농업지대인 새크라멘토와 더불어 미국 벼농사의 상징적인 곳이 되었다. 그럼에도 이곳에서 행해진 노예제도, 소작농업, 기업농업 등으로 변화되는 과정에서 소수 지주들을 살찌웠을 뿐 노예들과 소작인들은 대부분 가난을 벗어날 수 없었던 사회적 모순점을 안고 있었다.

아칸소 델타 지역은 쌀 외에도 본래 전형적인 플랜테이션 작물을 재배하던 곳이기도 하다. 이는 아열대작물인 면화나 천연고무, 카카오, 차,

커피, 사탕수수 등과 같이 선진국의 자본과 기술에 원주민이나 노예들의 노동력을 착취하여 단일 재배방식으로 생산되는 환금작물을 말해 왔다. 이러한 집약적인 노동력이 필요한 플랜테이션 작물을 재배하기 위한 흑인 노예들이 필요했던 것이다. 그런데 이와 같은 노동력은 아칸소 델타에서 와 같이 식민지 하의 우리나라에서도 고율의 소작료로 거두어들인 쌀을 상품화했다는 차원에서 쌀도 역시 플랜테이션화된 작물임을 알았다.

뉴딜정책의 현장, 테네시 계곡에 서서

이윽고 앞에 유유히 흐르는 미시시피 강 건너쪽은 오하이오 강과 미시시피 강이 만나는 지점의 하류에 위치한 테네시 주 멤피스다. 아칸소 주 웨스트 멤피스와 테네시 주 멤피스를 연결하는 1949년 에 건립된 멤피스아칸소 브리지를 이용하여 미시시피 강을 건넜다.

이렇게 큰 강을 끼고 있는 멤피스는 홍수로 가끔 범람하곤 했다. 1937년 대홍수 때는 남한 면적의 80%에 해당하는 미시시피 강 유역의 도시와 농토 가 물에 잠기고, 수천 명의 이재민이 발생했으며 500여 명이 사망했다. 이 러한 범람은 멤피스뿐만 아니라 강 하류 지역인 아칸소, 테네시, 루이지애 나, 미시시피 주 등에 큰 피해를 안겨줄 수밖에 없는 지리지형적 구조였다.

이렇듯 몇십 년에 한 번씩 오는 큰 홍수 피해를 모르는 듯 미시시피 강을 오가는 유람선을 보며 남의 일처럼 느껴지지 않았다. 어린 시절 여름방학 을 마치고 학교에 가면 홍수로 소양강이나 북한강이 넘쳐 친구와 선생님 들이 학교로 돌아오지 못하는 것을 매년 보아 왔기 때문이다. 더구나 미국 은 나라가 큰 만큼 잊을 만하면 찾아오는 대홍수와 허리케인, 토네이도 등 으로 엄청난 자연재해가 발생한다

한편, 멤피스는 엘비스 프레슬리의 활동무대로 블루스와 로큰롤의 고향이라 불린다. 그리고 미시시피 강 지류를 배경으로 한 마크 트웨인의 『톰 소여의 모험』의 배경이 된 것은 자연재해와 과거의 슬픈 역사를 달래는 일이 아니었나 하는 생각도 들었다. 특히 블루스와 로큰롤은 미국 남부지방의 노예농업을 배경으로 생겨난 것들이라는 얘기는 애환을 가득 담은 듯한 우리 아리랑과 맥이 통하지 않나 하는 생각마저 들었다.

미시시피 강을 건너 아칸소를 벗어나 테네시 주로 넘어오면서 아칸소에서 미시시피 강의 가장 아래쪽 하류에 위치한 뉴올리언스에 이르는 아칸소 삼각주는 미국 남부의 정신을 담고 있는 곳이다. 왜냐하면 남북전쟁 이후 늘 새로운 모습으로 변모해 가는 뉴사우스 지역이면서도 슬픈 역사를 승화시켜 나가야 할 찰나에 있었기 때문이다. 즉 이곳은 블루스 음악이 탄생한 곳이자 백인우월주의를 내세우는 KKK의 본거지로서, 1960년대 흑인 청년들로부터 시작된 흑인인권운동이 미국 전역의 백인 청년들에게까지 퍼져나간 사회운동의 근원지다. 이제 아칸소 델타의 밭을 갈아엎어 새로운 수확을 기대하고 있듯이, 새로운 시대를 위한 새 마음으로 시작되길 빌었다.

사실 테네시 주에서 꼭 가보고 싶은 곳은 루즈벨트 대통령이 뉴딜정책의 하나로 실시한 테네시 계곡 개발현장이었다. TVA 계획은 1929년에 시작된 경제공황으로 엄청난 국가적 위기를 맞아 이를 타개하려는 핵심사업의 하나로 농업이 그 중심에 서 있었다. 그래서 TVA 계획으로 건설된 댐을 한 곳이라도 보고 싶은 마음에 도로에서 가까운 멜턴힐 댐을 찾아가면서 당시 상황을 머릿속에 그려보았다. 이 댐은 경제공황 당시에 계획되었으나 준공은 1960년 초에 했기 때문에 1930년대에 세운 댐은 보지 못했다. 그러나 TVA에서 관리하고 있는 댐이다.

1933년 5월 18일 루즈벨트 대통령은 테네시개발공사법안Tennessee Valley

Authority Act에 서명하면서 역사적인 TVA를 연방정부의 공식 프로젝트로 삼았다. TVA는 앨라배마, 조지아, 켄터키, 미시시피, 노스캐롤라이나, 테네시, 버지니아 등 7개 주에 걸친 약 10만4,000km² 지역에 29개 대형 댐을 건설하여 홍수방지, 농사법 개선, 토양·광물자원 보호관리, 삼림녹화, 전력자원 개발과 지역 주민의 복지 향상 등 국가의 목적을 달성하기 위한 다목적사업이었다.

TVA의 목표는 한마디로 말해 테네시 계곡에 자리잡은 농촌지역의 현대화 사업이었다. 즉 전기보급을 위한 댐 건설, 농업기술의 개선과 보급, 대공황으로 생긴 많은 실업자를 구제할 방법이 절실했던 것이다.

그러나 이러한 좋은 목표를 가진 사업임에도 댐 공사가 주사업이어서 많은 농민들이 집을 떠나 지정된 장소로 이주해야 했기에 적극적으로 나서지 않았다. 더구나 대대로 내려오는 농법을 무시하고 갑자기 새로운 농업기술을 전파하려는 것에 대해서도 경계를 했다. TVA는 농민들의 신뢰를 쌓기 위해 적극적으로 소통을 시도하고 개발사업에 부정적인 시각을 가진 보수주의자들이나 이와 관련된 이익단체들을 설득해야 했다.

농민들을 설득하기 위해 당시에는 획기적인 발명품이었던 슬라이드를 통해 왜 농업기술의 현대화가 중요한지에 대한 토론을 유도했다. 이러한 노력에도 농민들의 마음은 움직이지 않았다. 그리하여 현대적인 농업기술을 적용한 시범농장을 만들어 생산성을 높이자 정부 정책에 호응하기 시작했다. 또한 이렇게 농민들의 의식이 바뀌어 가고 있을 즈음 TVA 댐 건설에 수많은 실업자들이 일할 기회를 얻게 되었다.

이윽고 1936년에 첫 번째 노리스 댐이 완공된 후 2012년까지 수력발전소 29개, 석탄화력발전소 11개, 원자력발전소 3개, 그리고 9개의 천연가스, 5개의 순환가스 발전소를 계속 건설하였다. 이에 TVA는 미국 최대의 전기 생산자로서의 위치를 굳혔다.

그리하여 값싼 가격으로 전기공급이 시작되었다. 특히 TVA는 이윤 창출이 우선이 아니었기에 농민들은 현대적인 농업 인프라를 쉽게 갖추는 데크게 도움을 주었다. 나아가 이 농촌지역에 공장까지 끌어들여 지역 경쟁력을 높이는 등 파급효과는 기대 이상이었다. 다시 말해 엎친 데 덮친 격으로 경제공황과 동시에 발생한 농업공황으로 황폐화된 농촌을 건져올린 성공적인 사업으로 과시할 만했다. 이후 TVA는 미 연방정부 소유의 독립법인으로 영리추구를 목적으로 하는 사기업과는 다른 전력회사로 남아 있다.

이렇게 시작된 테네시 강 유역 종합개발사업 현장을 주마간산격으로나마 직접 볼 수 있었다는 것에 일단 만족하였다. 멜턴힐 댐의 잔잔한 호수에 낚싯대를 드리우고 있는 사람들을 보며, 춘천 인근 북한강 유역의 금강산댐을 제외한 팔당댐, 청평댐, 청평양수댐, 의암댐, 춘천댐, 화천댐, 평화의댐, 소양강댐 등 8개 댐은 한국판 TVA였다는 생각이 들었다. 한국 경제 발전 초기단계에서 전력 공급원으로서의 역할을 톡톡히 해냈기 때문이다.

테네시 주를 가로질러 스모키마운틴 속으로 들어갔다. 한여름이라 우거질 대로 우거진 숲속에서 많은 사람들이 휴식을 즐기고 있었다. 스모키마운틴 가운데를 관통하는 뉴파운드 갭 로드는 이미 주차장이 되어 버렸으나 서행하면서 주위를 천천히 관망할 수 있어 좋았다. 도로 정상인 뉴파운드 갭은 테네시 주와 노스캐롤라이나 주의 경계선이었다. 이곳에 오른 느낌은 지리산 정상인 천왕봉에 오르지 못하고 자동차가 갈 수 있는 성삼재까지만 오른 것 같은 아쉬움이 컸다.

그러나 하산하는 코스는 마음에 들었다. 내려다보는 재미도 있거니와 체로키 인디언을 만날 수 있다는 기대감이 컸기 때문이다. 그들의 생활을 엿볼 수 있었던 것은 즐거운 추억으로 남아 있다. 다만 이곳의 인디언들은 사냥감을 찾아 이동하는 북부 인디언과는 달리 집을 짓고 사는 정착형 인디언이었다.

이제 영국으로 돌아갈 시간이 가까워오고 있었다. 정해진 시간이 임박해 오면서 올랜드 국제공항으로 가는 일이 급해졌다. 더이상 좌우를 둘러볼 여유가 없었다. 차는 노스캐롤라이나를 지나 조지아 주를 종단하여 플로리다에 들어왔다. 여기서도 한참을 달려야 올랜드 국제공항에 갈 수 있기에 속도를 냈다.

공항에 도착했을 때는 이미 런던행 버진 항공기 수속이 진행되고 있었다. 차를 돌려주려고 마일리지 계기판을 보니 약 5,000km를 넘었다. 아슬아슬하게 탄 비행기는 대서양을 횡단하고 있었다. 짧은 일주일 간의 미국 남동부 여행을 회상하니, 배우기도 많이 배웠지만 정말 꿈속에서 빠져나온 느낌이었다.

제자를 만나 뉴올리언스의 재즈를 듣다

멕시코 만 국립해상공원 바닷가에서 피로를 말끔히 털어냈다. 이곳은 루이지애나 주 경계에서 가까운 미시시피 주의 고양이 섬과 앨라배마 주를 지나 플로리다의 산타로사 섬을 잇는 약 250km의 해안과 섬을 잇는 천혜의 해상공원이다.

멕시코 만의 난류로 인해 이 지역은 매우 특이한 모습을 하고 있다. 특히 19세기 초중반에 세워진 요새들과 아름다운 자연은 그야말로 우리나라 남해의 국립해상공원과 비슷했다. 뿐만 아니라 텍사스 주 갤버스턴을 넘어 중남미를 잇는 수천 킬로미터 해안선의 멋진 풍경을 생각하니 가슴이 절로 벅차올랐다.

우리는 다시 I-10번 고속도로를 따라 가다가 미시시피 주에서 벗어나 90번 국도로 갈아탔다. 그런데 도중에 몇 번인가 넋을 잃고 차를 세워야 했다. 이 90번 국도야말로 멕시코 만의 진수를 보여 주는 환상의 도로였다. 백옥같이 흰 모래사장에 그냥 파묻히고 싶었다. 특히 걸프포트로 이어지는 백사장은 잊을 수 없는 깊은 인상을 주었다. 그곳 분위기에 맞게 들어선 카지노 건물과 바다를 항해하는 배의 모습은 가히 일품이었다. 이런 아름다운 바닷가를 그냥 지나치는 것이 아까워서 하얀 모래밭에 있는 벤치에 앉았다. 그리고 멕시코 만의 겨울을 만끽했다. 이렇게 춥지 않은 따뜻한 겨울을 즐기기는 처음 있는 일이었다.

이곳에서 지금은 한국농촌경제연구원에서 한국 최고의 쌀전문가로 활약하고 있는 당시 루이지애나주립대학에서 포스닥을 하고 있던 제자 이대섭 박사와 연락하여 수년 전에 가본 농촌생활박물관 입구에서 만나기로 했다. 서둘러 미시시피와 루이지애나 주 경계인 펄 강을 건너 루이지애나쪽 주 경계 휴게소에 들렀다. 펄 강을 건너면서 바로 피부에 와 닿는 아열대의 열기와 습기는 이전과는 확연히 다른 분위기였다. 강가에 깊이 뿌리를 내리고 있는 활엽수와 침엽수 등은 늘 보던 나무들과 달라 참으로 신기했다. 그리고 그 숲이 악어와 철갑상어, 흑곰 등 야생동물의 서식처라고 하니 자연의 신비로움은 끝이 없어 보였다.

미국은 주 경계를 넘어서면 관광안내소를 겸한 휴게소가 있다. 그곳에서 숙소나 각종 시설 등의 할인쿠폰책을 얻어 요긴하게 사용하곤 했다. 이곳 안내소 직원도 루이지애나에 오래 머물다 가라며 할인쿠폰책을 안겨 주었다.

주 경계 안내소를 떠나 I-12번 고속도로를 타고 루이지애나 주도인 배턴루지로 향했다. 미국 지명을 보면 인디언과 관련된 이름이 많은데, 배턴루지도 이곳 인디언들이 늪지에서 잘 자라는 사이프러스 나무작대기에 피를 묻혀 이곳에 박고 사냥터의 경계로 삼은 것을 프랑스 탐험가들이 '붉은 작대기'라는 뜻의 배턴루지라 명명하였다 하니, 그 지역의 성격을 알려면 먼저 지명의 유래를 파악해 둘 필요가 있다.

가는 도중에 습한 늪지에서 나오는 듯한 끈적한 느낌이 들어 "아, 이곳이 바로 거대한 미시시피 강 하류구나" 하는 소리가 저절로 나왔다. 이윽고 흑인 노예들의 생활을 전시해 놓아 노예박물관이라 불러야 할 농촌생활박물관에 도착했다. 박물관 앞에 이대섭 박사가 기다리고 있었다.

이 박물관은 영국 대영박물관이 세계 10대 야외박물관으로 선정할 정도로 가치 있는 역사적 자료들로 알차게 꾸며져 있다. 1800년대 루이지애나의 농촌생활상을 잘 보여 주는 배턴루지에서 빼놓을 수 없는 미국 남부의 역사적 컬렉션을 만날 수 있기 때문이다. 물론 당시 농촌생활상이란 흑인 노예를 중심으로 하는 플랜테이션 농업 이야기다.

전에 한번 보았지만 다시 음미하면서 천천히 둘러보니 전에 몰랐던 사물들이 하나둘 보이기 시작했다. 그중에서 19세기 마차와 철제 관棺 그리고 흑인 노예들이 강제 노역하는 모습을 그린 그림이 새롭게 보였다. 이 외에도 19세기 남북전쟁으로 강제 노역을 당한 흑인 노예들의 숙소, 화장실, 감옥, 교회, 채찍, 각종 농기구, 식기류, 의류 등 다양한 물건들을 보여주었다. 이것을 본 아이들은 우리나라 독립운동가들이 감금되었던 감옥과 고문도구 등과 같다며 당시 노예들이 끔찍한 생활을 토로했다.

이어 박물관 야외에 있는 모자를 벗어든 동상 앞에 모였다. 이 동상은 엉클 잭Uncle Jack 또는 좋은 흑인Good Darky으로 불리는 흑인 노인 동상으로 19세기에 루이지애나에서 아프리카 흑인이 이룬 성과와 공헌을 알리기 위해 세운 것이었다. 이 동상의 실제인물은 1868년에 태어나 루이지애나 내 커터시에서 면화경작자와 은행가로 성공한 잭슨 브라이언이라는 사람이다. 루이지애나 주를 빛낸 그를 기리기 위해 1927년 '1901 파리살롱'에서 미국 최초로 금메달을 수상한 조각가 한스 슐러가 허리가 꾸부정한 마음씨 좋은 노인 엉클 잭 동상을 제작했다.

박물관 견학을 마친 우리는 이 박사의 안내로 배턴루지에서 남동쪽으로 두 시간 정도 걸리는 뉴올리언스로 향했다. 미시시피와 루이지애나 주 경계인 펄 강을 건널 때부터 느낀 거였지만, 뉴올리언스로 가는 미시시피 하구의 거대한 늪지대를 가로지르는 다리를 지날 때는 늪 속으로 빠져들어 가는 듯한 착각이 들었다. 또한 차창 밖으로 쌀, 목화, 사탕수수 등을 경작하는 대농장과 회색과 녹색이 어우러진 늪지의 독특한 풍경은 경이로움 그 자체였다.

문득 이런 지역에서 살아가는 사람들의 모습이 궁금했다. 아마도 변화 무쌍한 자연과 어울리기도 하며 때로는 늪지대에 서식하고 있는 악어 등과 같은 야생동물을 사냥하며 살아가는 거칠고 억척스럽지 않을까 짐작해 보았다. 이처럼 루이지애나의 미시시피 하구는 미국 어디에서도 볼 수 없는 독특한 지역이었다. 사실 광대하고도 깊은 늪을 처음 보았을 때는 두려움을 느낄 정도로 섬뜩해서 잠시 멈칫했었다.

뉴올리언스는 서서히 어두워지고 있었다. 우선 허기를 채우기 위해 미시시피 강변에 위치한 프렌치 쿼터의 식당에 앉았다. 모처럼 물고기 수프가 나오는 생선요리를 주문했다. 시장이 반찬이라더니 모든 음식이 입맛에 맞았다. 미시시피 강을 바로 앞에 두고 음식을 먹으니 왠지 묘한 기분이 들었다. 말로만 듣던 미시시피 강물이 앞에서 출렁이고 있었기 때문이다.

잠시 뒤 중심가의 환락가로 옮겼다. 관광객을 위한 뉴올리언스의 전통 가장행렬이 거리를 메우고 있었다. 3m 정도로 다리를 키운 키다리가 맨 앞에서 트럼펫을 불고 그 뒤를 형형색색의 복장으로 변장한 긴 행렬이 따르고 있었다. 연말이 다가오는 들뜬 분위기를 타고 구경꾼들이 점점 더 모여들었다. 이렇게 재미있는 광경 사진을 한 장도 건지지 못한 건 아쉬운 일이었다.

뉴올리언스의 상징인 재즈는 18세기 이곳에 정착한 흑인 노예들을 배경으로 1900년대 초반의 흑인 음악가들에 의해 이 도시의 중심지가 되었다. 그중 한 사람이 트럼펫의 황제 루이 암스트롱이다. 그의 명성은 사후 기념 우표가 발행되고, 이 도시의 관문인 국제공항 이름을 루이암스트롱 국제공항으로 명명한 것만 보아도 알 수 있다. 그는 1963년 4월 우리나라도 방문하여 많은 팬들에게 재즈음악을 선사했으며 열광적인 호응을 받기도 했다.

동시에 이 도시에 살고 있는 많은 사람들은 프랑스, 아일랜드, 스페인 등의 유럽계와 인디언 계통의 현지인과 혼혈인 크리올Creole로 알려졌다. 말하자면 뉴올리언스는 크리올 문화의 중심지다. 4개 문화가 녹아 있는 크리올 요리와 재즈와의 만남은 이 도시를 더욱 풍요로운 분위기로 만들었을 것이다. 나중에 귀국하여 재즈음악을 즐기기 위해 강원대 동문 앞 애막골이란 작은 대학촌에 있는 '시카고' 맥주집을 가끔 찾곤 했었다.

그날 밤은 이 박사의 집에서 밤새 이야기를 나누고, 이튿날 아침 맛있는 김치찌개를 먹고 남부 최대의 대학인 루이지애나주립대학을 찾았다. 농과대학으로 시작된 다른 주립대학과는 달리 군사학원으로 문을 열어 그간 유수한 장군과 장교들을 길러 양차 대전은 물론 수많은 전투에 참전한 줄은 몰랐다. 그 후 종합대학으로 성장하면서도 해양수산학이나 수로 관련 분야 등에서 두각을 나타내고 있다. 캠퍼스는 남부 특유의 이국적인 풍경에 서구식 붉은 지붕을 한 건물들이 마음을 차분하게 해 주었다.

멕시코 만의 풍요와 엄청난 자연재해

루이지애나주립대학 캠퍼스를 둘러보고 다시 여정길에 올랐다. 우리는 뉴올리언스를 한 번 더 보고 싶어 핸들을 그곳으로 돌렸다. 길 양쪽에 있는 늪에 엄청난 생명체들이 살아 꿈틀대고 있다고 생각하니 한발 한발 조심스러웠다. 시내가 가까워지자 거대한 폰차트레인 호수 위에 떠 있는 38.5km의 쌍둥이 폰차트레인 코즈웨이 대교 끝이 호수 속에 빨려들어간 듯 아물거렸다. 얼마 전까지만 해도 세계 최장이었던 이 대교가 21.4km인 인천대교에 비해 얼마나 긴 다리인 줄 짐작이 갈 것이다. 그것도 인천대교보다 50년 빠른 1959년에 개통되었다고 한다.

이렇게 거대한 호수를 가로지르는 다리를 만들어내는 현대 토목기술에 감탄하지 않을 수 없었다. 여기저기서 대형 토목건조물을 볼 때마다 단순히 편리함만을 추구하는 것이 아닌 자연환경과 인간관계를 두루 살피고 거기에 예술적 미를 더한 구조물에 찬사를 보냈었다. 이런 얘기를 자주 들은 아들녀석이 나중에 토목공학을 공부하게 된 것은 이에 영향을 받지 않았나 싶다.

낮에 본 뉴올리언스는 간밤의 황홀한 분위기와는 달리 차분했다. 남쪽의 미시시피 강과 북쪽의 폰차트레인 호수 사이에 끼어 있는 이곳 사람들은 아열대의 무더운 날씨 때문인지 느긋한 편이었다. 이렇게 멕시코 만과 미시시피 강을 끼고 있는 항구 도시로 무역의 중심지이자 남부 최대의 상공업 및 금융 중심도시다운 위용도 갖추고 있었다. 동시에 최근 멕시코 만의 석유산업은 이 도시의 주요 산업 중의 하나였다.

1947년 이후 자유항이 된 항구는 무역량이 미국에서 2위를 차지하고 있으며 면화, 곡물, 담배 등의 농산물과 석유 등을 수출하고 설탕, 커피, 바나나, 보크사이트 등을 수입하고 있다. 공업도 이러한 수출입 농산물을 가공하는 세계 제1의 제면업과 설탕 가공정제업 외에 기계제조, 석유산업이 발달해 있다.

시가지는 배수를 위한 운하와 강과 호수를 잇는 운하 등이 운치를 더해 주었다. 그리고 1800년대 중반, 한때 독일과 아일랜드에서 온 이민자들을 중심으로 전문적 오페라와 극장들이 문을 열면서 얻은 '아메리카의 파리'

라는 이름의 여운이 남아 있음을 느낄 수 있었다. 동시에 도시 건설 초기에 프랑스들인이 세운 구시가의 프랑스식 건물 양식은 들뜬 마음을 차분하게 가라앉히는 효과도 있었다.

한편, 뉴올리언스 인구의 3분의 2 이상을 차지하는 흑인들의 생활 수준은 그리 높지 않은 듯했다. 방향을 잘못 잡아 페인트가 벗겨진 낡은 집들이 늘어선 허름한 슬럼가로 들어섰다. 이때 뉴헤이번을 떠나기 전에 뉴올리언스는 범죄율이 높은 곳이니 사람들이 많이 다니는 길로 다니라던 주변의 말이 떠올랐다. 일전에 겪었던 디트로이트의 분위기보다도 좋지 않았다.

바쁠수록 돌아가라는 말을 잊은 채 모르는 길을 서두르면 서두를수록 뱅뱅 돌 뿐이었다. 가만히 생각을 가다듬어 슬럼가에서 벗어났다. 문득 일본 유학 시절에 겪었던 일이 생각났다. 규슈대학이 있는 후쿠오카 시내에서 자전거를 타고 집으로 돌아오면서 무심코 한글로 쓴 현수막을 따라 골목길로 들어갔다. 그런데 우리가 사는 거류민단 마을에 붙어 있는 현수막이나 벽보와 달리 붉은 글씨로 김일성을 찬양하거나 숭배하는 현수막과 벽보가 수없이 붙어 있었다. 즉 북한을 지지하는 조총련 마을 한가운데로 들어간 것이었다. 놀란 나머지 마을 출구를 찾으려고 골목길을 헤매다가 겨우 큰길로 나온 기억이 떠올랐다.

이런 생각을 하면서 우리는 주로 차내 관광을 했다. 미국에서 여섯 번째로 크다는 공원 주변의 스타디움과 역사미술박물관, 식물원, 골프장, 기념관 등과 주변의 야생생물 서식지, 농민시장 등을 겉모습만 둘러보았다.

사실 이곳에 와서 보고 싶은 곳은 뉴올리언스 항이었다. 미시시피 강의 아칸소 델타와 중서부 대평원의 콘벨트에서 생산되는 곡물의 마지막 집산지로서뿐만 아니라 최대 곡물 수출 항구를 보며 뭔가 영감을 얻고 싶었다. 고등학교 시절에 미국의 두 곡창지대에서 생산된 곡물이 미시시피 강을 비롯한 여러 내륙 수로와 바닷길을 잇는 세계 4위의 규모를 자랑하는 이 항구에서 파나마   운하를 거쳐 우리나라로 들어왔다는 말이 아직 머릿속에 남아 있었기 때문만은 아니다.

그리고 얼마 전 미국에서 온 곡물을 하역하고 저장하는 작업과정을 보러 인천세관을 견학한 일도 있었다. 그러니 미국 곡물의 마지막 집결지이자 이 곡물이 해외로 출발하는 현장을 보고 싶은 마음이 왜 없었겠는가. 멀지 않은 바로 미시시피 강변에 자리잡고 있는 항구는 트럭, 철도, 바지선 등에 실려오고 배에 올리고 내리는 등 역동적일 수밖에 없었다. 화물선, 크루즈 여객선, 냉동선, 벌크선 등은 다음 행선지로 출항하기 위해 부지런히 움직이고 있었다. 그중에서도 얼른 눈에 띄는 것은 거대한 원형통의 곡물저장고였다. 이는 이곳에서 보낸 곡물을 받아 두는 인천항의 거대한 곡물저장고와 연계하여 생각하면 의미를 부여할 만한 시설이다.

한편 눈을 옆으로 돌려보니 호화 크루즈 여객선이 출항을 기다리고 있었다. 이를 보는 순간 자동차 여행을 미루고 배를 타고 며칠간 멕시코 만의 여러 명소를 둘러보고 싶은 마음이 일었다. 문득 이제 그만 뉴올리언스를 떠날 때가 됐구나 하는 생각이 들었다.

뉴올리언스를 자동차로 한 바퀴 돌아본 느낌은 해수면과 거의 같거나 낮은 시가지 형성으로 라인 강 하류에 자리잡은 유럽의 네덜란드와 마찬가지로 물에 취약할 수밖에 없다는 생각을 했다. 그래서 시내 곳곳에 배수용 운하를 건설하여 홍수나 해일의 피해를 막기 위한 노력은 필수적임을 알 수 있었다. 사실 이는 세계 대부분의 해안도시들이 고민하고 있는 일이긴 하다. 그래도 시내 깊숙이 들어와 있는 운하가 비록 홍수 조절 목적이라 해도 색다른 운치로 도시의 매력을 한층 돋보이게 했다.

아쉬운 대로 뉴올리언스를 뒤로하며 한 번 더 미시시피의 거대한 델타 지역을 둘러보기 위해 고속도로가 아닌 90번 국도로 들어섰다. 주로 늪과 호수로 이루어진 델타 지역 중앙을 길게 가로지른 뒤에 다시 I-10 고속도로를 만나 루이지애나의 경계인 사빈 강을 넘어 텍사스로 들어가기로 했다.

미시시피 하구 델타 지역을 관통하는 약 300km의 도로를 따라갔다. 기다란 강이란 인디언 이름인 애캐펠래야 강이 식스마일 호수로 들어오면서 델타가 더욱 왕성해진 것을 보았다. 이러한 호수와 늪 그리고 갈대 등으로 이어지는 장대한 경관을 표현하기에는 능력의 한계를 넘어섰다. 아마도 동식물학, 해양수산학, 역사와 사회학 등의 전문가들과 함께 왔다면 엄청난 지식을 얻었을 것이다.

미시시피 강은 미국에서 두 번째 긴 강으로 미네소타 주 북부에 있는 작은 빙하호인 이타스카 호에서 발원하여 멕시코 만으로 흘러든다. 도중에 몇 개의 지류와 합하여 하류부에서는 저습지를 사행하면서 뉴올리언스에 거대한 삼각주를 만들어 놓았다. 계절에 따라 수량이 크게 달라지며 자주 범람하여 밀, 콩, 쌀, 면화, 옥수수 경작지의 침수는 물론 가옥과 건물이 물에 잠겨 이재민과 엄청난 재산 피해가 발생하고 있다. 그리하여 거의 매년 미시시피 강 유역을 연방 재해구역으로 선포하고 연방정부 자금과 장비를 지원하고 있다.

그럼에도 미시시피 강 범람으로 인한 경제적 손실은 매년 증가하고 있다. 이와 같은 대규모 경작지 침수는 미국만의 일이 아닌, 세계적으로 큰 영향을 주고 있다. 즉 이로 인한 곡물 생산 감소는 국제 곡물가격 상승으로 이어져 곡물을 수입하는 우리나라는 물론 많은 개발도상국에 커다란 부담이 되고 있다. 이는 곡물뿐만 아니라 미시시피 강 하류에 있는 메기 등 담수어 양식업체들도 큰 피해를 입고 있다.

또한 멕시코 만 해안가의 아름다움과 미시시피 강의 풍요로움을 시기하는 듯한 카트리나와 같은 거대한 허리케인이 불청객으로 찾아오는 지역이기도 하다. 허리케인은 대서양에서 발생하여 북상하며 카리브해의 자메이카, 쿠바, 바하마를 거쳐 플로리다 동쪽 해안과 조지아, 사우스캐롤라이나에 상륙하여 북상하다가 소멸하는 것이 보통이다. 그러나 2005년에 엄청난 피해를 안겨 준 카트리나는 플로리다 키웨스트로부터 앨라배마, 미시시피, 루이지애나 그리고 텍사스 주 끝이며 멕시코와 국경지역인 브라운즈빌까지 3,000km를 넘어 멕시코 유카탄 반도의 칸쿤까지 약 6,400km의 해안선 걸프 만으로 올라와 미국의 아름다운 해상공원의 여러 곳을 덮쳤다. 그리고 카트리나 내습으로 폰차트레인 호 수위가 올라가면서 10번 고속도로가 파괴되었으며 폰차트레인 호를 남북으로 가로지르는 코즈웨이 대교도 상당 부분 유실되었다.

이 지역에 살고 있는 주민 2만 명 이상이 실종되었으며, 구조된 사람은 전기가 끊기고 물 공급마저 이루어지지 않은 인근 슈퍼돔 등에 8만 명 이상 수용되었다. 폐허가 된 시가지에서는 약탈, 총격전, 방화, 강간 등 각종 범죄가 일어나고, 이재민의 대부분을 차지하는 흑인들의 인종 갈등 조짐까지 보여 주정부 및 연방정부는 군 병력을 투입해야 했다. 특히 가난한 흑인들이 대피 경고를 듣고도 갈 곳이 마땅치 않아 그냥 집에 머물러 있다가 큰 피해를 입었다.

더구나 주변 지역의 원유 생산시설이 멈추면서 유가 급등에 대한 우려도 커졌다. 뉴올리언스와 주변 위성 도시들까지 합한 메트로 뉴올리언스의 인구는 약 150만 명에 달한다. 그런데 뉴올리언스는 미시시피 강과 북쪽의 폰차트레인 호수, 주변 습지 등으로 다리를 건너지 않고서는 육상으로 갈 수 없는 사실상의 섬이다. 따라서 대형 허리케인으로 인한 뉴올리언스의 침수 피해는 카트리나가 처음이 아니다.

그럼에도 뉴올리언스가 대도시로 성장하게 된 중요한 이유는 바로 하천과 해상 선박교통의 적합지라는 점에 있다. 대서양을 건너 유럽으로부터 건너온 화물과 승객들을 운송하려면 강을 거슬러 올라갈 수 있는 증기선으로 갈아타야 한다. 이는 미국 초기 이민 역사에 있어서 뉴올리언스는 항상

인구와 물자가 붐비는 부유한 도시였다.

미시시피 강 하구 지역은 대부분 습지들로 도시 개발에 부적합했지만, 미시시피 강으로의 화물운송을 위해서는 꼭 필요한 곳이었다. 마른 땅을 밟으려면 차로 두 시간 거리인 배턴루지까지 거슬러 와야만 했다. 그 찰나에 뉴올리언스 시청 공무원이었던 앨버트 볼드윈 우드가 1913년에 세계 최초로 원심펌프를 발명해 습지 간척이 본격화되었다.

간척 이후 시민들의 재산과 안전을 보호해 주리라 믿었던 제방들은 홍수로 밀려 내려온 토사를 막았고, 도시화로 포장되기 시작하자 빗물의 자연스러운 침투를 막아 지하수가 낮아지면서 도시는 해수면보다 최대 3~4m 정도 낮아지게 되었다. 게다가 1900년대 초반 이후 미 해군과 선박 운송업자, 수산업 및 정유업자, 건설업자들의 이익이 합치되면서 운하를 건설하기 시작했다. 즉 카트리나 피해와 직접 관련 있었던 뉴올리언스의 운하는 1923년의 산업운하, 1949년의 멕시코 만 연안수로, 그리고 1964년 바다로 빠지는 미시시피 강 출구 운하 등이다.

많은 연구자들은 운하와 제방 등으로 인해 습지식물의 서식지가 감소되어 폭풍을 동반한 해일 피해가 더욱 컸다고 주장하고 있다. 나무들이 빽빽하게 밀집되어 있으면 떠다니는 토사입자를 고정하는 데 효과적이어서 해일 완충 효과가 뛰어나기 때문이라는 것이다. 그러나 습지를 관통하는 뱃길은 자연 습지의 해일 완충 효과를 완전히 파괴하였고, 오히려 저항이 약한 수로를 따라 더욱 많은 바닷물이 몰려드는 이른바 '폭풍해일의 고속도로'로 전락하고 말았다고 한다.

카트리나의 피해는 앨라배마, 플로리다, 조지아, 켄터키, 루이지애나 등 광범위한 지역에서 나타났다. 그런데 뉴올리언스 인근 미시시피 강 유역에는 미국 전체 휘발유 생산의 13%를 차지하는 11개의 정유시설이 자리잡고 있다. 그리고 이곳에 원유와 천연가스를 공급해 주는 루이지애나 유정도

산재해 있다. 만일 이러한 시설이 하리케인의 피해를 입는다면 국제유가에도 상당한 영향을 미치는 것은 당연한 일이다.

이러한 자연재해에 이어 인재의 위험도 뒤따르고 있다. 뉴올리언스의 앞바다에서 2010년 4월 20일 반잠수식 시추선 호라이즌호가 폭발하면서 침몰하는 사고가 발생하였다. 이로 인해 약 77.8만 톤에 해당하는 490만 배럴의 원유가 멕시코 만에 유출되었다. 이 사고는 석유산업 역사상 가장 큰 사고로 미국 해안경비대와 주정부 및 사고책임자인 영국 석유회사인 BP가 적극적으로 대응하였다.

멕시코 만은 미국과 멕시코, 쿠바의 동쪽 국경에 둘러싸인 대서양의 한 부분으로 동서 1,600km, 남북 1,300km에 수역면적은 한반도의 약 8배가 넘는 160만km²에 달하며, 평균 수심은 1,530m에 이르고 있다. 그리고 미시시피 강 하구를 중심으로 하는 미국의 남쪽과 유카탄 반도의 북서쪽에는 상당히 넓은 대륙붕이 있으며, 멕시코 동부 연안 일대에는 대규모 유전지대가 있어 이곳의 해저유전의 시추선 폭발사고로 엄청난 원유가 바다로 흘러나오는 사상 최악의 기름 유출사고가 발생했던 것이다.

문제는 미국 멕시코 만 원유 유출 피해가 빠르게 확산되고 있다는 점이다. 유출된 기름은 루이지애나와 플로리다, 앨라배마, 미시시피 주 해안에 영향을 줌으로써 4개 주에 비상사태가 선포된 가운데 유출된 기름이 멕시코 만 조류를 타고 플로리다 주 남단을 거쳐 대서양으로 이동할 가능성이 있다. 이는 사상 최악의 환경 대재앙을 의미하는 것으로, 미 정부가 당분간 원유 시추를 금지한다고 밝히면서 국제유가도 덩달아 올랐다.

이러한 석유 유출의 궁극적인 해결책은 감압유정을 파서 원유 유출 자체를 차단하는 것인데, 그게 쉬운 일이 아니다. 결국 원유가 유출되는 유정을 막음으로써 더 이상의 유출은 막았지만, 그 영향은 막대하였다. 과학자들은 이 사고로 멕시코 만이 사해가 될 가능성은 적지만 생태 위기가 조만간 끝나지 않을 것이라고 내다봤다.

본래 이 지역은 원시적 자연형태가 그대로 보존되어 있어 넓은 습지대를 구경하기 위해 오는 관광객들과, 그 습지대와 강 그리고 인근 멕시코만의 풍부한 어족자원으로 주말 낚시꾼들을 끌어들이는 곳으로 유명했는데, 이들이 줄어듦에 따라 지역경제가 침체될 것은 불을 보듯 뻔하다. 이러한 가운데 악어 개체수를 조절하기 위해 매년 8월에 열흘 동안 악어 사냥을 실시하는데, 길이 4.1m, 무게 330kg의 괴물 악어를 포획했다는 보도를 보고 당시 미시시피 강 하류를 지나던 때가 그리워지기도 했다.

이러한 자연재해와 인재로 인해 뉴올리언스의 많은 사업체들이 문을 닫고 말았으나, 2007년부터는 경제가 회복되기 시작했다니 인간의 위대한 재생의지를 다시 한 번 확인하는 계기가 되었다.

론스타가 빛나는 텍사스

집을 떠난 지 엿새째, 루이지애나와 텍사스 주의 경계인 사빈 강의 야생동물 지역을 건너 텍사스에 들어오니 오후 5시가 넘었다. 루이지애나와는 달리 텍사스의 첫인상은 찬란한 태양 아래 여유가 넘치는 듯했다.

얼른 눈에 띄는 텍사스 깃발은 텍사스의 땅 모양에 흰색과 붉은색 그리고 청색 위에 그려진 별 하나가 단조롭게 보이긴 해도 통이 크고 강한 의지가 엿보였다. 별 하나가 그려진 주 기는 외로운 별이라는 뜻의 'Lone Star State'라는 별명이 붙어 있다. 그러나 그 별이 주는 느낌은 외로운 것이 아니라, 어두운 밤에 나그네가 길을 잃지 않고 나아갈 방향을 잡아 주는 북극성처럼 보였다.

이곳은 특이하게도 늪 한가운데 있는 건물에 관광안내소가 있었다. 거기에 늪을 가로지르는 다리가 놓여 있고, 늪에 서 있는 나무들이 신비로움을 더해 주었다.

여기서도 여행안내서와 할인쿠폰을 챙겨 숙소 등을 자세히 살펴보았다. 텍사스 주는 하와이와 알래스카를 제외한 미 본토에서는 가장 넓은 약 69만km²로 한반도의 약 3배가 넘고, 인구는 캘리포니아 주 다음으로 많은 2,500여만 명이다. 그리고 낮고 비옥한 연안평야가 3분의 1을 차지하며 해안을 중심으로 발달되어 있다.

유럽인들이 처음 이곳에 도착했을 때 3만여 명의 아메리카 인디언들이 살고 있었는데, 이들은 이동식 집이 아닌 정착형 집에서 살고 있는 인디언 농부였다. 특히 호전적인 아파치족은 서부 에드워즈 고원에 살고 있었다. 이럴 즈음인 1860년대 중반에서 1880년대까지 텍사스 카우보이들은 산길을 따라 캔자스와 미주리 철도역까지 소를 몰고 가야 했다.

철도는 1880년대에 텍사스 주까지 이어지면서, 개척자들은 철로를 따라 농사를 짓기 시작했다. 특히 1830년대 정착민들이 인디언들의 공격에 대비해 고용한 텍사스 레인저스라 불리는 텍사스 순찰대는 서부 개척자들을 보호하는 데 크게 기여하였다. 이것이 인연이 되어 텍사스 야구팀의 별명이 텍사스 레인저스 구단이 된 것이다.

텍사스 거주 인종 중 32%가 히스패닉이며 그 다음으로 독일, 아일랜드, 영국계 주민들이 차지하고 있다. 특이한 것은 12%가 아프리카계 미국인인데, 최근 북부에 사는 흑인 은퇴자, 전문직 종사자들이 조상의 땅으로 매년 6만 명 이상 귀향하고 있다는 것이다. 이는 100년 전에 600만 명의 흑인이 고향을 떠난 것과 비교되는 역류 현상이다.

과거에는 남부 조지아, 미시시피, 앨라배마 주에 흑인이 많았는데, 1970년 무렵에는 뉴욕, 일리노이, 캘리포니아 주에 더 많이 살게 되었다. 그랬던 것이 100년 만에 다시 흐름이 바뀌었다. 미시간, 일리노이, 뉴욕, 캘리포니아 주 흑인들이 남부 텍사스, 조지아, 노스캐롤라이나, 버지니아 주 등으로 대거 이동했다는 이야기다. 과거 조상의 땅이라는 전통과의 유대감 같은 심리적 요인이 한몫했다. 거기에다 북부에서 백인 경찰이 흑인을 살해하는 등 경제적 불평등과 인종 갈등이 그들을 다시 남부로 몰고 있다.

1960년대 텍사스 주는 미국 우주개발에서 선도적 역할을 하였다. 1962년 미국 항공우주국이 휴스턴 근처에 우주센터를 건설하기 시작하여, 우주비행사들이 달에 처음 착륙한 아폴로 11호를 지휘하였다. 이는 텍사스 사람들의 진보성과 진취성을 보여 주는 좋은 사례다.

역사적으로 텍사스는 주인이 여덟 번 바뀌면서 현재에 이르고 있다. 즉 스페인1519~1685에서 프랑스1685~1690로, 다시 스페인1690~1821으로 바뀌었다. 이어 스페인으로부터 독립한 멕시코1821~1836 정부에 넘어갔다가, 1836년 멕시코로부터 독립하여 텍사스공화국1836~1845으로 독립하였다. 다음으로 28번째 주로 미합중국1845~1861에 가입했다가 남북전쟁으로 남부1861~1865에 가담하여 북군과 전쟁을 벌였다. 그러나 종전 후 다시 미합중국1865~present에 재가입하는 정치적 우여곡절을 겪었다. 이러한 역사를 바탕으로 독립해야 한다고 주장하는 사람들이 있다. 어쨌든 정치적으로도 제34대 아이젠하워 대통령, 제36대 존슨 대통령, 제41대와 43대를 역임한 부시 대통령 부자 등이 이곳 출신인 걸 보면 텍사스의 정치적 역량을 알 수 있다.

그래서 그런지 관광안내서에는 텍사스를 무엇이든지 다 크다는 의미로 'Big Everything, Big Cities, Big Parks, Big Stakes' 등으로 소개했다. 그만큼 텍사스인들의 통큰 자부심을 보여 준 것이리라. 넓고 평평한 대지를 달리는 수많은 대형 트럭이 이를 말해 주고 있다.

우리는 관광안내소를 지나 서쪽의 휴스턴으로 향했다. 남쪽으로는 리오 그란데 강을 따라 무려 1,300km나 멕시코와 국경을 이루고 있어, 두 지역은 정치와 경제 그리고 문화적으로 접촉을 많이 하고 있다. 특히 텍사스와 멕시코를 결합한 말인 텍스–멕스Tex-Mex라는 남부지방에서 유행하는 요리는 처음에 멕시코 이민자들에 의해 유행하다가 점차 미국 전역으로 퍼질 정도였다.

특히 부러운 것은 1901년 석유가 발견된 이래 전국 석유 매장량의 4분의 1을 보유하고 있으며, 석유와 천연가스 생산, 정유 용량에서 선두를 지키고 있다는 것이다. 이어 농축산의 경우 주의 4분의 3이 대목장과 농장이다. 이들은 삼면이 다른 주에 둘러싸여 좁고 긴 돌출부는 프라이팬의 손잡이 모양을 하고 있어 팬핸들 평원이라고 불리는 텍사스 서북쪽과 멕시코만 연안과 리오그란데 강 유역의 하류 등에 자리잡고 있다. 그런데 미국지도를 들여다보면서 네브래스카, 오클라호마, 아이다호, 플로리다, 코네티컷, 알래스카, 메릴랜드 주와 웨스트버지니아 주 등이 텍사스와 더불어 팬핸들 주로 불린다는 것을 알았다.

텍사스 대목장과 쌀

이곳에 있는 미국 최대 목장인 킹목장King Ranch은 1825년에 세운 것으로 약 34만ha, 무려 10억 평이 넘어 미국에서 제일 작은 로드아일랜드 주보다도 크다니 상상이 되지 않는다. 이곳에서는 주로 소, 양, 말 등을 방목하며 이들의 사료인 옥수수 등이 대량 재배되고 있다.

그런데 이 킹목장보다도 우리에게 잘 알려진 것은 조지 W. 부시 대통령의 크로포드 목장이다. 이곳도 1,500에이커, 우리 평수로 183만 평이 넘는 큰 목장이다. 세계 각국의 정상들이 미국을 방문해 대부분 워싱턴에서 대통령을 만나지만, 정치적인 주요 사항에 따라 1942년 프랭클린 루즈벨트 대통령은 메릴랜드 주 캐톡틴 산에 있는 대통령 전용 별장인 캠프 데이비드에서 우의를 돈독히 하곤 했다.

그러나 부시 대통령은 이보다 더 친근한 표시로 텍사스 크로포드 목장으로 초대하여 목장 정상외교를 통해 현안문제를 풀어 나가려 했다. 다시 말해 부시 대통령의 크로포드 목장으로 초대되어야 진짜 미국의 우방으로 대내외에 과시할 수 있었던 것이다. 이곳을 방문했던 영국 수상, 폴란드 대통령, 고이즈미 준이치로 일본 총리, 존 하워드 호주 총리, 글로리아 아로요 필리핀 대통령, 사우디아라비아의 압둘라 왕세자, 미르켈 독일 수상 등이 극진한 환대를 받았다. 우리나라 이명박 대통령이 캠프 데이비드에 초청된 적은 있어도 크로포드 목장에 초대받았다는 이야기는 듣지 못했다. 자신의 목장을 이용하여 정상외교를 한다는 발상이 우선 파격적이다. 말하자면 가족으로 생각한다는 깊은 우정의 표시로 그야말로 자연을 끌어들인 감성외교의 표본이라 할 수 있다.

이 대목장들에서는 롱혼longhorn이라는 뿔이 긴 소가 가장 큰 소득원이 되고 있다. 이 소들은 텍사스의 온화한 기후로 일년 내내 방목할 수 있어 사육하는 데 비용을 절감할 수 있다. 뿐만 아니라 닭과 돼지농장 그리고 양 사육에서도 선도적인 순위를 유지하고 있다. 이러한 대목장들을 가진 텍사스는 카우보이와 로데오 문화를 가지고 있다. 카우보이는 미국 서부 개척 시대의 대표적인 직업으로 용기, 희생, 자립, 정의, 충성의 대명사였다. 그리고 로데오는 송아지에 올가미를 던져 묶기와 황소타기로 카우보이들의 기개와 담력을 시험하는 텍사스 전통문화다. 이러한 목축업 외에도 미 남부 전역에서 재배되는 면화도 이곳 해안평야나 리오그란데 강 유역의 특산품이기도 하다.

그런데 전국 석유 생산량의 반이 넘는 산유주임에도 조지아 주보다 훨씬 비싼 편이어서 조금 실망스러웠다. 주유를 하면서 우연히 엉클 벤스 Uncle Ben' s라는 쌀 광고를 보았다. 이 상표는 텍사스의 휴스턴 지역에서 생산되는 쌀로 품질이 좋기로 유명하다. 이 쌀은 미 육군에만 공급하다가 1946년에 가서야 판매하기 시작했다. 이후 도정하지 않은 쌀을 미리 물과 온도 그리고 압력을 가해 껍질에 들어 있는 미네랄과 비타민을 알갱이 안쪽으로 압착시켜 쌀을 다시 데워도 낱알은 그대로 있고 달라붙지 않는 영국에서 개발된 반조리 처리법에 따라 판매하고 있다.

이처럼 대량 사육되거나 재배되는 소나 쌀은 미국과 한국의 혼과 정서를 나타내는 것으로 깊은 관심과 애정을 보이지 않을 수 없었다. 우리는 계속 휴스턴 방향으로 진행하고 있었다. 길 양쪽으로 석유를 채취하는 수많은 펌프들이 상하왕복 운동을 반복하며 기름을 퍼올리는 광경을 한참이나 바라보았다.

거대한 산림지대와 평원 그리고 사막과 해안지대가 조화롭게 공존해 있는 텍사스를 지나 점점 휴스턴이 가까워지자 날도 저물어 갔다. 우리는 모처럼 베스트 인Best Inn이라는 호텔에 들었다. 주 경계 안내소에서 받아온 할인권을 사용하여 세금 포함 50달러를 주고 하룻밤 편히 쉬었다.

휴스턴과 비운의 알라모 요새

아침 일찍부터 출발 준비로 부산하였다. 가지고 다니는 전기 밥솥에는 이동하면서 먹을 밥이 되어 있었다. 호텔에서 제공하는 콘플레이크와 계란 프라이 그리고 빵으로 아침을 먹고 곧바로 휴스턴우주센터로 향했다.

우리는 그 넓은 우주공간을 돌기 시작했다. 아이들은 우주선을 하나라도 더 타거나 보려고 구석구석 누비고 다녔다. 어른인 나도 사진으로만 보던 우주선을 타고 지구 밖으로 나가보고 싶은 욕망이 저절로 생겼다. 나중에 본 플로리다의 우주선 발사기지와 큰 차이는 없는 듯했지만, 미국의 첨단 우주사업에 존경과 부러움을 감출 수가 없었다.

특히 미항공우주본부NASA에서 운영하는 우주탐험을 간접 경험할 수 있도록 해 놓은 우주선들을 실제로 타보는 것은 흥미 이상이었다. 실물 우주선인 머큐리Mercury, 제미니Gemini, 아폴로 캡슐Apollo capsules, 우주헬멧space helmets, 월석 만지기touch a moon rock, 우주공간 걷기space walk 등은 상상을 현실로 이어주고 있었다. 그리고 야외에 전시해 놓은 거대한 발사체와 우주선을 보는 사람들의 마음은 벌써 우주공간을 향해 날고 있었다.

이 글을 쓰면서 영화 '그래비티', '인터스텔라', '마션'을 보았는데, 휴스턴과 플로리다의 케이프 케네디 우주발사장에서 본 것들이 영화를 이해하는 데 도움을 주었다. 이 영화들은 인류가 쌓아 온 우주지식을 바탕으로 새로운 우주원리를 더한 것으로 이미 그 시대가 가까이 와 있지 않을까 하는 생각이 들었다.

'인터스텔라'는 기후변화로 인한 해충이 미국 곡창지대를 휩쓸면서 곡물생산성이 급격히 떨어져, 이를 만회하기 위한 방법으로 지구를 떠나 다른 행성을 찾아 나선다는 현실 문제를 바탕으로 지금까지와는 완전히 다른 해결방안을 제시함과 동시에 오늘날 인류가 처한 위기의식을 불러일으키기 위한 것이다. 그래도 이 영화 대사 중에 "우린 답을 찾을 거야, 늘 그랬듯이"라는 말이 희망의 소리로 들렸다.

하루 종일 보아도 다 못 본 이곳을 서서히 떠나야 했다. 사막 한가운데 세워진 텍사스 남부의 최대 도시인 휴스턴과 더불어 댈러스와 오스틴 정도는 들러보았으면 하는 아쉬움이 있었지만, 멕시코를 향해 출발하기로 했다. 그리고 그동안 우리를 위해 혹사당하다시피 한 자동차 점검을 샌안토니오에 가서 하기로 했다. 멕시코로 넘어가서 자동차에 문제가 생긴다면 어려운 점이 하나둘이 아닐 것이기 때문이다. 휴스턴에서 샌안토니오까지도 300km, 길 양쪽으로 산 하나 보이지 않는 넓은 평원에 목장과 농장이 끝없이 이어져 있었다.

샌안토니오가 가까워지면서 스페인풍의 냄새와 국경지역 특유의 긴장감이 함께 느껴졌다. 급한 마음에 제일 먼저 눈에 띄는 자동차 정비소부터 찾았다. 엔진오일만 교환하면 안심해도 좋다는 정비사의 말에 마음이 놓였다. 그는 멕시코시티까지 가려면 먼 길이니 조심하라는 말과 함께 보충용 엔진오일 세 통까지 20달러만 달라고 했다. 그에게 알라모 요새가 어디 있느냐고 물었더니, 시내 한복판에 있다며 꼭 가보라고 손을 흔들어 보였다.

많은 사람의 관심과 심금을 울렸던 요새치고는 크지 않았다. 그러나 이 요새가 지닌 의미는 크기와는 비교할 수 없다. 당대 명배우 존 웨인이 출연했던 영화 '알라모'에서 보듯, 이 전투는 1836년 텍사스 주민 186명이 요새 알라모에서 멕시코 정부군 1천여 명과 맞서 싸운 전투다.

텍사스 혁명이라 불리는 이 전투는 멕시코 중앙정부에 반기를 든 멕시코의 다른 주 정부들처럼, 텍사스에서도 1835년 말에 반란을 일으키면서 1836년에는 텍사스공화국으로 독립선언을 했다. 이에 멕시코 정부는 반란을 일으킨 코아우일라이테하스 주 중 지금의 텍사스인 테하스의 멕시코로부터 분리독립을 진압하기 위해 멕시코가 군대를 파견하면서 이를 지키려는 시민군과 1835년 10월 2일부터 1836년 4월 21일까지 벌인 전투다.

즉 1836년 당시 멕시코의 영토였던 텍사스가 샘 휴스턴 장군의 지휘 아래 독립선언을 하자, 멕시코의 독재자 산타 안나 장군은 직접 군대를 지휘하여 이곳으로 진출했다. 그러나 초기의 샘 휴스턴 등 몇몇 텍사스 지도자들은 소수 병력으로 그것도 초보적인 군사훈련도 안 된 병사로 샌안토니오를 방어할 수 없다고 판단하고 작전상 후퇴했다. 그러나 이러한 결정에 알라모의 시민군들은 물러나길 거부했다.

그러자 1836년 2월 23일 산타 안나 장군이 이끄는 멕시코군은 리오그란데 강을 넘어 알라모에 대한 포위공격을 시작했다. 나중에 약간의 증원군 지원으로 보강된 시민군을 지휘한 사람은 제임스 보이 대령과 윌리엄 B. 트래비스 대령이었다. 이윽고 13일 동안 알라모의 시민군은 멕시코군에 저항했으나 탄약이 떨어져 마침내 3월 6일 아침 멕시코군에 의해 점령되었고, 시민군 183명은 모두 사살되었다. 이 전투는 미국의 영웅 신화로 승화되어 여러 편의 영화와 책으로 만들어졌다. 이러한 희생은 이스라엘이 로마군에 저항하다가 전부 순절한 마사다의 비극과 다름 없었다. 이러한 애절한 희생은 우군에게 시간을 벌어주는 등 헛된 죽음이 아니었다.

전쟁은 현재 휴스턴에서 동쪽으로 약 32km 떨어진 샌재신토 전투에서 끝났다. 이 전투는 18분간의 짧은 전투였지만 휴스턴 장군은 사병 복장을 하고 늪에 숨어 있던 산타 안나 장군을 포로로 잡았다. 이 전쟁 결과 이 지역은 텍사스공화국으로 독립하였고, 휴스턴 장군은 초대 대통령으로 취임하였다. 이러한 알라모에서의 숭고한 희생은 텍사스인들에게 영웅적 저항의 상징이자 전설로 남아 있다.

사실 그때 궁지에 몰린 시민군이 미국에 지원을 요청했으나 당시 동부지역에서 영국과의 대립으로 이곳을 도울 형편은 아니었다. 그래서 알라모 요새는 외롭게 홀로 싸우다 전멸할 운명이었는데, 이것이 텍사스의 별칭인 '외로운 별인 론스타'의 유래다. 이러한 역사적인 싸움터인 알라모는 미군의 숙영지 및 병참기지로 사용되다가, 1883년 텍사스 주가 알라모와 그 부근의 건물을 매입 복원하여 오늘날의 역사 유적지로 보전되고 있다.

이 전투는 머지않은 1846년 5월 13일 미국의 선전포고로 시작된 멕시코-미국 전쟁의 불씨가 되었다. 즉 1836년 텍사스 혁명으로 텍사스공화국이 성립되었지만 멕시코는 이 땅을 자국의 영토로 여겨, 1845년 텍사스공화국이 미국의 28번째 주가 되자 독립국으로서의 지위를 인정하지 않고 있었다. 이에 결국 이듬해인 1846년 멕시코–미국 전쟁이 발발하였다. 그 원인은 미국의 서진 확장정책과 스페인과의 전쟁을 통해 독립한 멕시코 내의 정치적 불안정이었다. 이러한 사정은 양국 간의 협상을 어렵게 하였으며, 특히 멕시코는 스페인으로부터 독립을 얻기 위한 전쟁으로 재정능력을 상실한 나머지 수도에서 수천 킬로미터 떨어진 북방지역을 관리하기에는 역부족이었다. 더욱이 미국의 한 주가 된 텍사스는 전쟁을 강력하게 지지하고 있었다.

이 전쟁의 직접적인 계기는 1846년 리오그란데에서 미군의 도발로 충돌이 일어나 미군 16명이 멕시코군에게 살해당하자, 1846년 5월 미국은 멕시코에 선전포고를 하였다. 미군은 멕시코군을 격파하면서 남하하였고, 1847년 3월 역사상 최초의 수륙양용 군사작전을 수행해 멕시코시티의 동쪽 멕시코 만의 베라크루스에 상륙했다. 이렇듯 양쪽에서 협공을 받은 멕시코 사령관은 항복하고 1847년 9월 14일 윈필드 스콧 장군이 지휘하는 미 육군이 멕시코시티를 점령하였다. 이는 미 건국 이후 최초로 타국의 수도를 점령한 기록이 되었다. 이듬해 1월 멕시코는 미국에 평화협정을 요청해 1848년 2월 2일 멕시코 과달루페 이달고에서 과달루페–이달고 조약 Treaty of Guadalupe Hidalgo을 맺음으로써 전쟁은 종결되었다.

이 조약으로 미국은 멕시코 땅 3분의 1을 차지하는 대신 1,825만 달러를 지불했다. 결과적으로 멕시코 땅은 원래보다 3분의 1이나 줄어들었다. 텍사스와 캘리포니아, 네바다, 유타, 애리조나, 뉴멕시코, 와이오밍, 콜로라도 주의 전부 또는 대부분이 원래 멕시코 땅이었다. 이는 멕시코가 독립을 선언한 1810년 9월 16일 당시 멕시코의 영토는 현재의 멕시코를 포함하여 미국의 캘리포니아, 애리조나, 뉴멕시코, 유타, 네바다, 텍사스, 콜로라도,

캔자스, 오클라호마, 와이오밍 주 일부와 과테말라, 벨리즈, 엘살바도르, 온두라스, 니카라과, 코스타리카까지였다.

만일 지금까지 이 광대한 땅이 멕시코의 소유라면 세계 판세는 어떻게 되었을까? 역사는 무심히 흐르기만 하는 것이 아니라 역사를 이끌어가는 사람들을 유심히 지켜보고 있음을 느꼈다.

미국 내에서는 이러한 폭력적인 전쟁을 반대하는 이들도 나타났다. 한편 미군이 멕시코시티의 관문인 차풀테펙 요새 전투에 참가한 10대 생도들 중 6명이 퇴각명령을 거부하고 미군과 싸우다가 전사하는 등, 군기를 적에게 빼앗겨 치욕을 당하느니 차라리 군기를 몸에 두르고 성벽 밖으로 투신하는 등 마지막 애국적인 행동을 보였다. 이렇듯 패전으로 자존심과 수치심을 안은 적지 않은 사람들이 자결의 길을 택했다는 안타까운 이야기를 듣는 순간, 우리가 한일합병 전 을사늑약을 맺었을 때 도저히 참을 수 없는 분함에 자결을 선택한 민영환 선생이 떠올랐다. 그 어린 사관생도의 숭고한 정신을 추모하는 기념비를 세워 넋을 기리고 있음은 당연했다.

이러한 일은 내가 살고 있는 춘천에서도 있었다. 고려 고종 18년1231년부터 시작하여 일곱 차례에 걸쳐 몽골군의 침입이 계속되었다. 춘천에서의 싸움은 제4차인 야굴군也窟軍의 침입 때였다. 몽골원수 야굴은 "내가 태양이 뜨는 곳에서 태양이 지는 곳에 이르기까지 모든 인민들을 다 편안하게 하려 하는데, 너희들이 나의 명령을 거역하기 때문에 황숙 야굴에게 명하여 군대를 거느리고 가서 정벌하게 했다. 너희들이 만일 나의 명령을 받아들이고 귀순해 오면 군대를 파할 것이나, 만일 명령을 거역하는 날에는 반드시 용서하지 않을 것이다"라는 원 황제의 조서를 고려에 전했던 것이다.

이러한 제의를 거부당한 야굴은 무차별 학살과 수많은 포로를 사로잡아 갔다. 고종 40년1253년 몽고군 침입 당시 춘천인들은 봉의산성에 들어가 대치하며 항전했으나 군세가 적에 미치지 못했다. 그리고 식수마저 끊겨

소와 말의 피로 목을 축이며 항거했으나 함락당해 주민 대다수가 순절하는 애절하고 가슴 아픈 역사를 간직하고 있다. 이에 춘천시민은 봉의산 순의비를 세워 당시 싸우다 죽은 넋들을 위로하고 다시금 이러한 비참한 역사가 반복되지 않길 바라는 각오를 다지고 있음과 다를 것이 없다.

다시 말해 미국인들이 즐겨 말하는 "알라모를 기억하라Remember the Alamo"는 말이 과거 텍사스 혁명군의 표어를 넘어 오늘날 피압박 민족이나 피압박 지역에 적용되는 말일 것이다.

우리는 알라모 요새 주변에서 그림엽서 몇 장을 샀다. 그중에서 귀와 뒷다리를 유난히 크게 그린 잭래빗Jack rabbit이라는 멧토끼를 타고 있는 카우보이 그림엽서가 궁금했다. 잭래빗은 북미 대형 토끼로 최대 달리는 속도가 시속 72km로 말보다 빠르다는 것이다. 일년 내내 사냥이 허용되어 있지만, 살살 접근해도 큰 귀로 다가오는 것을 얼른 알아채고 재빨리 도망가 버린다고 한다. 특히 직선으로 뛰어가지 않고 지그재그로 방향을 급선회하여 코요테나 여우들의 공격을 따돌릴 수 있고, 포수들로부터도 사냥하기 쉽지 않은 야생동물이다. 아무튼 이 지역 주민들과 상생의 관계를 맺고 있음이 분명했다.

우리는 샌안토니오에서 남서쪽으로 200km 이상 떨어진 리오그란데 강변에 위치한 국경도시 라레도로 가고 있었다. 차창 밖은 점점 어두어지기 시작하더니, 망망한 대지 위에 간간이 지나는 헤드라이트 불빛만이 어둠을 비추고 있었다. 200년 이상 폭력의 장이었으며, 인디언과의 전쟁, 국경을 넘나드는 도적행위, 캘리포니아 금광으로 가는 모험가들의 난폭한 행동 등이 그치지 않았고 한때는 사람이 살지 않는 황폐한 무인지대였다는 선입감 때문인지 흙벽돌집인 아도비Adobe 벽돌집, 교회건물 등이 예사롭지 않다는 생각이 들었다.

밤늦게 라레도에 도착하여 숙소를 찾으려고 관광안내소에 들렀더니 이미

문이 굳게 잠겨 있었다. 주차장 안내소에 있는 경찰차에 가서 멕시코로 가려고 하는데 어디서 밤을 지내는 것이 좋겠냐고 물었더니, 자기네 차 옆에 있다가 날이 새면 시내로 들어가 수속을 밟으라고 했다. 우리는 경찰차에서 10m 떨어진 곳에 차를 세우고 밤을 지내기로 했다. 몇 대의 경찰차가 밤새 교대로 순찰을 돌고 있었다. 멕시코를 통해 들어오는 중남미의 불법 밀입국자와 마약거래 등을 막기 위한 것임을 알았다. 조금 있으니 멕시코로 넘어가려는 차량들이 하나둘 모여들더니 금세 수십 대가 나란히 줄지어 섰다.

드디어 우리는 라레도 시내로 들어갔다. 우선 교통시스템이 다른 도시와는 달리 일자형이었다. 간선도로가 도심지 한가운데 직선으로 뻗어 있고, 유턴하려는 차량은 간선도로 옆의 보조도로로 내려가 터널을 빠져 역방향으로 가는 시스템이었다.

멕시코에서는 미국에서 가입한 보험을 적용받을 수 없기 때문에 자동차 보험을 들으러 갔더니 수천 달러를 요구했다. 하기는 다섯 식구에 차까지 그럴만도 하겠지만, 주머니 사정을 생각해 방어 운전을 하기로 하고 은행에서 300달러를 멕시코의 페소로 교환하는 것으로 입국 준비를 마쳤다.

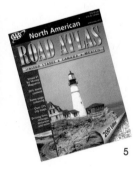

1 체로키 인디언 마을을 알리는 간판 2 체로키족 마을 인디언과 함께 3 화가 로버트 린드노가 그린 '눈물의 길' 4 그레이트스모키마운틴스 입구에서 5 북미 여행 중 나침반이 되어 준 도로지도책

1 코카콜라 전시장 2, 3 코카콜라 및 CNN방송사 입장권 4 스톤마운틴스에 새겨진 남부 지도자
3인 승마 부조상 5 에모리대학 본부 6 펜서콜라 해안 우편엽서

7 리틀록의 공립학교에 세워진 9인상 8 인종차별주의자들을 강제로 돌려보내는 101공수사단 장병들
9 아칸소 델타의 면화밭 10 캘리포니아 새크라멘토 북쪽 답작지대 11 대홍수로 물에 잠긴 멤피스 시
12 1933년 TVA 법안에 서명하는 루즈벨트 대통령

1 TVA에 의한 발전소 위치. 짙은 녹색은 TVA에 의한 테네시 계곡 개발지역 범위, 붉은색은 댐, 보라색은 핵발전소, 황색은 화석연료 발전소 2 TVA가 1936년에 최초로 완성한 노리스 댐 3 펄 강의 늪지에서 자라는 사이프러스 나무들 4 여행자를 위한 오하이오와 미시간 주 할인쿠폰책 5 미시시피 강의 멤피스아칸소 브리지

6 농촌박물관 내 노예숙소 7 19세기 농장주
가 타고 다니던 마차 8 농촌박물관 전시장
9 루이 암스트롱 추모 기념우표
10 폰차드레인 코즈웨이 대교
11 비행기에서 찍은 인천대교

1 뉴올리언스 항구의 수출 곡물저장소 2 1900년대 초기의 뉴올리언스 곡물 수출 광경 3 뉴올리언스 항으로 향하는 미시시피 강의 바지선 4 미시시피 강의 발원지인 미네소타 주 아타스카 호 5 미시시피 강변의 뉴올리언스 시 6 텍사스 환영 간판 7 멕시코 만 해저유전 폭발현장 8 미시시피 강에서 잡힌 거대 악어 9 카타리나로 침수된 뉴올리언스 10 휴스턴우주센터 11 석양빛 아래의 텍사스 유전 12 텍사스 주정부 건물

1 도로 양쪽에 늘어선 목장 2 송아지 올가미 씌우기
3 서부 평원의 전형적인 물펌프 바람개비 4, 5, 6 텍사스
출신의 대통령들 아이젠하워, 존슨, 부시 부자 7 샌안토
니오 시 전경 8 스페인의 수도원이었던 알라모 요새

멕시코에서의 만리 주유

미국·멕시코 국경 리오그란데 강을 건너

우리는 곧장 국경검문소로 향했다. I–35번 고속도로의 종점이자 미국 관광의 끝Tour the edge이라는 슬로건을 내세운 라레도의 관광을 뒤로하고 이미 마음은 멕시코로 넘어가 있었다. 국경검문소에는 수속을 밟으려는 사람들로 장사진을 이루고 있었다. 특히 12월 20일 크리스마스를 얼마 남겨 놓지 않아 연말을 고향에서 보내려는 멕시코계 미국인들로 무척 붐볐다.

그도 그럴 것이 미국 내 히스패닉은 3,500만여 명으로 전체 인구의 10%를 넘어 라틴계는 이미 흑인을 제치고 최대 소수인종이다. 이 히스패닉 중 58%가 멕시코계이며, 미·멕 국경을 따라 2,400만여 명이라는 거대한 라틴계 인구가 살고 있다. 이들은 이곳을 다시 멕시코 영토로 하자는 트로이의 목마가 될지도 모른다고 조심스럽게 말하는 이조차 있다.

1차 세계대전 당시 영국 정보부가 입수한 독일 외무장관 짐머만이 비밀리에 멕시코에 보낸 '짐머만 각서'를 보면, "만일 독일이 미국과 전쟁을 하게 될 경우 멕시코가 독일을 지원해 주다면, 1848년 미국에 빼앗겼던 영토를 되찾을 수 있을 것이다"라고 멕시코를 자극했다. 그러나 이 각서가 폭로되면서 전쟁에서 중립을 지키던 미국의 선박이 독일 잠수함에 격침당하자 윌슨 대통령은 독일에 선전포고를 하고 세계대전에 본격적으로 참전했다.

어쨌거나 매일 100만여 명이 미·멕 국경을 넘나들고 있으며, 수만 명의 멕시코 학생이 미국에서 공부하며 꿈을 키우고 있다. 거기에 멕시코 인구 1억1천만 명 중 3분 2가 미국에 친척을 두고 있다니, 명절에 붐비는 것은 당연한 일이다. 하긴 예일대학에서 세미나 때나 강의시간에 멕시코 학생들을 자주 만났다. 그리고 1994년부터 6년간 멕시코 대통령을 지낸 에르네스토 세디요는 예일대 출신으로 이들의 자랑이었다.

자동차 번호판을 보면 어디서 왔는지 알 수 있는데, 주로 텍사스를 중심으로 남부 지방의 차가 대부분이다. 간혹 우리처럼 동북부에서 온 차량을 보면 반가웠지만 이야기는 나누지 못했다. 대형 트럭들은 무척 까다로운 검문검색을 받느라 시간이 많이 걸렸다. 운전사들은 차에서 내려 한없이 차례를 기다리고 있었다. 텍사스의 라레도와 멕시코의 누에보라레도 통과지점은 미·멕 국경선 중에서 물류 이동량이 가장 많은 곳으로 트럭의 도시라고 불릴 정도다.

멕시코와 우리나라는 비자 면제 협정이 맺어져 있어 국경을 넘는 데는 문제가 없었으나, 혹시 미국에 재입국할 때 문제가 있지 않을까 하여 출발하기 전에 대학에 들러 재입국 서류를 준비해 두었었다. 그래도 미국 측 출입국사무소에 들러 재입국할 수 있다는 확인을 받은 뒤 수속을 밟기 시작했다. 일단 나가는 자동차는 수출품으로 보기 때문에 다시 이 차를 타고 돌아온다는 절차가 필요했다. 수속 밟는 시간을 이용하여 국경선인 리오그란데 강변을 걸으며 월경越境의 의미를 새겨보았다. 그리 넓지 않은 강미국 쪽은 불법 밀입국을 막기 위한 철조망이 길게 이어져 있었다.

1인당 21달러씩 멕시코 입국 수수료와 자동차 통과료 22달러를 내고 수속을 끝내니 오후 3시가 되었다. 드디어 멕시코 땅을 밟는다는 생각에 가벼운 흥분마저 일었다. 국경을 넘어 멕시코 누에보라레도에 들어섰다. 갑자기 모든 것이 바뀐 듯 생소하기만 하였다. 우선 도로표시도 마일이 아닌 킬로미터로 바뀌었고, 도로포장과 간판 그리고 사람 모습, 돈도 달러에서 페소로 바뀌었다.

양국이 접하고 있는 약 3,000km의 국경선은 단지 미 · 멕만이 아니라 앵글로아메리카와 라틴아메리카의 경계이기도 했다. 멕시코로 들어서자마자 바로 엄청난 경제적인 격차 때문에 아메리칸 드림을 찾아 떠나려는 행렬이 멈추지 않음을 알 수 있었다. 아무리 물리적인 장벽을 치고 삼엄한 순찰을 해도 불법 밀입국자를 막기가 쉽지 않은 것은 생계유지를 위한 절박한 모험이기 때문이다.

북한이 탈북자를 사형시키거나 강제수용소에 감금하는 등 엄중한 단속을 해도 이를 막지 못하는 것만 보아도, 인간다운 삶을 지향하는 욕구를 막는 데는 분명히 한계가 있을 수밖에 없다. 철조망은 인적 왕래를 순간적으로 줄일 수는 있어도 영구히 멈추게 할 수는 없다.

우리는 누에보라레도를 지나 1,200km 남쪽에 있는 멕시코시티를 향해 달렸다. 미국보다 갑자기 좁아진 2차선 도로는 그런대로 포장이 되어 있었으나, 도로 양쪽에 끝이 안 보일 정도로 사람들이 길게 늘어서서 자기에게 오라는 듯 열심히 손짓을 하고 있어 긴장을 멈출 수가 없었다.

처음에는 우리를 반겨주는 줄 알았는데 이들은 자동차 여행객들에게 구걸하는 사람들이었다. 도로 양쪽에 초막 같은 것을 지어 놓고 지나가는 자동차에 손짓을 하며 뭔가 얻어내려는 사람이 그렇게 많은 것에 깜짝 놀랐다.

앞서가던 한 미국인이 길가에 차를 세우는 순간 갑자기 수십 명이 차를 에워싸고 꼼짝 못하게 만들어 버렸다. 적선을 하려다 봉변을 당하기 직전인 듯했다. 잠시 차를 멈추려다 말고 클랙슨을 길게 눌렀더니, 몰려 있던 사람들이 흩어져 다시 지나가는 차들을 향해 손짓을 하기 시작했다.

더 이상 머뭇거릴 이유가 없어 한동안 달리기만 했다. 그런데 주유소 간격이 너무 떨어져 있어 기름을 넣으려는 차들이 길게 늘어서 있었다. 주유소 화장실도 사람들로 넘쳐났다. 우리는 떠날 때 만일을 대비해 빨간색 휘발유통 두 개에 기름을 가득 채워 두어 300km 이상 달리는 데는 문제가 없었다.

국경에서 230km 떨어진 멕시코 동북부의 중심지 몬테레이를 중간 목표로 삼았다. 이 도시는 해발 540m에 위치하여 여름에는 덥지만 겨울에는 기후가 온화하여 미국 관광객이 많이 찾고 있다. 그러나 건조하고 척박한 토양은 어른 키보다도 훨씬 큰 선인장의 서식지가 되어 버렸다. 이렇게 거대한 야생 선인장은 처음 보는 것이어서 몇 번이나 차를 세워 놓고 가까이 다가가서 보았다.

멕시코의 중앙고원을 세로질러 남으로

밤늦게 몬테레이에 도착했다. 멀리 도시 불빛이 보이기도 전에 매연 냄새가 나는 듯하더니 도시에 다가가자 역겨운 냄새가 진동했다. 쉴 만한 호텔을 찾아 여기저기 헤매다가 멕시코 전통양식을 갖춘 호텔을 발견했다. 이 호텔은 우리가 멕시코에 머무는 동안 호텔을 선택하는 데 기준이 되었다. 입구는 엉성했지만 사각형 건물 안에 들어가면 말끔한 정원과 안전한 주차장이 있었다. 마치 안전한 요새 안에 들어온 느낌이었다. 거기에다 아침까지 제공해 주어 만족스러웠다. 우리는 이곳에서도 여행 도중에 먹을 밥을 지어 차에 실었다.

나중에 객원교수 생활을 마치고 귀국한 지 얼마 안 되어 이 몬테레이에 우리나라 무역관과 기아자동차 멕시코 공장이 들어섰다는 소식을 듣고는 당연하다고 생각했다. 왜냐하면 북미와 중남미, 유럽 등 거대 자동차 시장과 지리적으로 인접한 데다 상대적으로 저렴한 생산비용은 물론 멕시코가 이미 체결한 44개국과의 자유무역협정FTA 등은 국제 무역환경에 유리하게 작용하게 될 것이기 때문이다.

아침 일찍 먼지와 소음으로 가득한 이 도시를 빠져나오니 공해는 어디론가 사라지고 때묻지 않은 멕시코 중앙고원이 시작되었다. 남쪽으로 950km 떨어진 해발 2,300m의 멕시코시티를 향해 서서히 고도를 높여 갔다. 수도를 향해 가는 고원 길은 초록빛은 보이지 않고 황량함과 곡식을 수확한 뒤의 쓸쓸함만 다가왔다. 그러나 점점 내륙 깊숙이 들어서면서 멕시코의 참맛을 볼 수 있다는 기대에 기분이 좋아졌다.

그래서인지 달리다 말고 고원의 흙을 만져보고 싶은 충동을 느꼈다. 차를 세워 놓고 수확한 뒤에 겉으로 드러난 토양 색깔이나 토양 입자를 살펴보니, 그렇게 비옥해 보이지는 않았지만 퇴비 등 유기질 비료를 조금만 투입하면 얼마든지 생산성을 높일 수 있겠다는 생각이 들었다. 곡식을 수확한 뒤 양떼를 방목하는 모습은 주위의 황량함을 덜어주고 마음을 한가롭게 해 주는 느긋함이 있었다. 더욱이 이곳에서 만난 농부들의 모습은 우리나라 농부를 만난 듯 따뜻한 인정이 느껴졌다.

멕시코 지도를 살펴보면, 태평양 쪽으로 해발고도 평균 2,000m의 시에라마드레 옥시덴탈 산맥과 멕시코 만 쪽으로 평균고도 1,500m의 시에라마드레 오리엔탈 산맥 그리고 멕시코시티를 중심으로 북위 19°를 따라 해발 5,000m 내외의 화산들에 둘러싸인 역삼각형 모양의 멕시코 중앙고원은 평균고도가 1,700m로 국토의 3분의 1을 차지하고 있는 광대한 지역이다. 이곳은 멕시코의 심장부로 각종 생산물과 인구의 반 이상이 여기에 집중되어 있다. 동시에 국토 대부분이 고원성 기후를 나타내나 지역적인 기후 차이는 크다. 즉 사막지역인 북부는 고온건조하고, 중앙고원지대는 온난하여 살기에 적당하며, 유카탄 반도를 비롯한 남동부 저지대와 해안지역은 고온다습한 기후를 보이고 있다. 따라서 멕시코 동남부의 1,000m 이하 저지대와 해안지대는 열대성 우림지대로 코코야자, 바나나, 카카오 등 열대작물이, 1,500m 내외는 참외, 귤, 망고 등 열대성 과일과 커피, 사탕수수 등이 재배되고 있다. 그리고 고원지대를 포함하는 2,000m 내외 지역에서는 멕시코인의 주식인 옥수수, 콩, 호박 등을 재배하고 있다.

우리는 주요 간선도로를 따라 남하했다. 미국에서처럼 도로 중간중간에 휴게시설이 없어 아쉬웠지만 고원이 내려다보이는 언덕 위에서 준비해 온 밥과 밑반찬을 꺼내 놓고 소풍 나온 기분으로 식사를 했다. 그러면서 고원의 장엄함과 평온함 속에 방목되는 소떼를 보며 정신적 여유를 즐기기도 했다.

드디어 멕시코시티가 잘 보이는 언덕에 닿았다. 언덕까지 늘어선 집들에서 새어나온 불빛으로 거대한 불빛 산을 이루었다. 그러나 고원에서의 맑은 공기는 갑자기 도시의 심한 냄새와 소음으로 변했다. 이는 산으로 둘러싸인 고원도시여서 낡은 차들이 내뿜는 가스와 경적소리가 밖으로 빠져나가지 못하고 바닥으로 낮게 깔리기 때문이 아닌가 싶다.

시내 가까운 곳에 있는 베스트 웨스턴 인에 여장을 풀었다. 이곳도 안으로 들어가면 잘 가꾸어 놓은 정원이 있어 안전하다는 느낌을 주었다. 또한 750페소 정도의 요금에 비해 시설도 고급스럽고 만족스러웠다. 게다가 호텔 식당에서 맛본 옥수수가루로 만든 토르티야에다 닭고기와 소고기를 싸서 먹는 파히타Fajita는 멕시코에 왔다는 것을 실감나게 해 주었다.

해발 2,300m의 멕시코 문명

 아침에 본 멕시코시티는 전형적인 스페인풍으로 마드리드 한복판에 서 있는 듯한 착각이 들 정도였다. 7년 전에 유럽 가족 배낭여행을 하면서 스페인에 갔던 기억이 되살아났다.

바르셀로나를 거쳐 마드리드와 그 인근에서 본 스페인과 그곳 사람들에서 풍기는 멋과 맛을 회상하면서, 사람들은 어딜 가든지 자기의 정신적·물질적인 문명의 모체를 갖고 다니며 정착한 곳에 뿌리를 내리려는 속성이 있음을 실감했다. 마치 식물들이 종자를 멀리 날려 새로운 정착지에 뿌리를 내리려는 것처럼….

사실 멀리 멕시코시티까지 온 이유는 스페인풍의 문화를 만나러 왔다기보다는 찬란했던 마야 문명을 비롯한 여러 멕시코 문명을 접해 보고 싶었기 때문이다. 제대를 하고 대학원 석사과정에 복학했을 때인 1979년 전남 광주박물관에서 열린 '멕시코문명전'을 보러 일부러 갔었다. 그곳에서 산책자를 지금도 가끔 들여다볼 정도로 관심을 가지고 있었다. 아마 그때부터 마야나 잉카 문명의 현장을 가보고 싶어 했는지 모른다.

호텔에서 나와 멕시코 역사의 흐름을 알아보기 위해 고고학박물관 National Museum of Anthropology을 찾았다. 말로만 듣던 중미의 고고역사 현장을 접한다는 사실에 다소 흥분마저 일었다. 박물관 입구에 다다르니 전통의상을 입은 원주민들의 민속무용이 한창이었다. 이들의 전통의상은 모자의 깃털을 세우는 양식부터 북미 인디언과는 확실히 다른 모습이었다.

박물관 입구부터 전시되어 있는 토기나 조각 등은 미처 상상하지 못한 모양이어서 신기함을 넘어 외경스럽기까지 했다. 무심코 넘어갈 수 없을 정도로 많은 유물들이 우리에게 자신의 세계를 설명해 주려는 것 같았다.

당시 고대인들은 자연숭배적인 여러 신들을 받들며 특이한 문명을 꽃피우고 있었음을 각인시켜 주었다.

수많은 유물 중에서 특히 몇 개에 관심이 갔다. 지금부터 4~5천 년 전 고대인들이 옥수수를 재배하고 있는 그림이었다. 이 그림 속의 옥수수야말로 이 지역의 문명을 뒷받침해 준 곡물이었다. 오늘날 우리 인류의 주식량인 옥수수의 원산지로 인정받고 있음을 은근히 내비추고 있었다.

1966년에 설립된 멕시코 국제옥수수밀연구소International Maize and Wheat Improvement Center에는 40여 개국으로부터 온 100명 이상의 농학자와 1천여 명의 보조연구원이 옥수수와 밀의 품종개량과 생산증가를 위한 연구를 활발히 전개하고 있다. 동시에 15개국에 17개 사무소를 운영하면서 향후 인구증가에 따른 식량부족을 대비해 연구하고 있는 국제적인 연구기관이다. 몇 년 전 감자 원산지인 남미 페루의 국제감자연구소를 방문하여 연구자들과 많은 이야기를 나눈 기억이 났다. 모름지기 농업 연구는 대상 작물이 다를 뿐 연구방법의 차이는 크지 않음을 알 수 있었다.

옥수수를 수확하는 그림을 지나 바닥에 머리를 대고 몸을 뒤로 돌려 다리를 다시 머리 위에 얹는 요가를 하는 듯한 주술사의 모습에 눈길이 머물렀다. 이런 모습은 중국이나 몽골 또는 동남아에서 여러 번 보았는데, 3천 년 전부터 이러한 자세를 취한 주술사가 이곳에도 있었다니 놀라웠다.

귀금속으로 정교하게 묘사되어 있는 다양한 자연의 신들도 그리스나 로마 신화에 나오는 바다의 신, 폭풍의 신, 사랑의 신, 태양과 달의 신 등과 크게 다르지 않았다. 말하자면 자연의 경외로운 현상을 신으로 섬겼던 것이다. 모르긴 몰라도 사람의 사고는 표현이 다소 다를 뿐 동서양이 크게 다르지 않았다.

멕시코시티의 다양한 구걸방법과 심한 빈부격차

박물관 구경을 마치고 밖으로 나오니 우리 포장마차와 비슷한 간이 이동식당이 눈에 띄었다. 여기서 소시지 등 여러 꼬치구이로 점심을 대신하고 박물관 야외 벤치에 앉아 잠시 휴식을 취한 뒤 시내관광을 하기 위해 다시 차에 올랐다.

멕시코시티의 첫인상은 경제적으로 어렵다는 것을 확실히 느낄 수 있었다. 도시의 인프라와 도로에 나와 있는 걸인들과 시장에서 물건을 파는 사람들의 궁색한 모습에서도 나타났다. 그렇다고 강도 같은 모습은 볼 수 없었지만, 돈을 구걸하는 방법이 특이했다. 수도 중심지인 소칼로 광장으로 가는 길목에서 벌어진 일인데, 적선 아닌 구경 값을 내지 않고는 그냥 지나치기 어려웠다. 몇몇 엄마와 함께 나온 어린아이들이 교차로에서 신호를 기다리는 차들 앞에서 갑자기 보자기를 길바닥에 펴보였다. 보자기 위에는 보기만 해도 위험하게 느껴지는 크고 작은 유리조각이 가득했다. 그런데 어린아이들이 그 날카로운 유리조각 위에서 이리저리 뒹굴고 있었다. 그러는 사이 엄마들은 정차해 있는 차 문을 두드리며 돈을 요구했다.

그 다음 신호 대기 때는 건장하게 생긴 젊은이가 횃불을 입 속에 넣어 다시 확 내뿜는 연기를 하는 사이에 역시 돈을 수금하는 친구들이 서 있는 차들에게 손을 내밀었다. 그때마다 사람들은 차 문을 살짝 내려 돈을 주었다. 그 다음 네거리에서도 몇몇 젊은이가 나타나 축구공 묘기를 부리는 동안 어린아이가 모자를 벗어들고 자동차를 향해 굽신대고 있었다.

다음번 네거리에서도 대여섯 명의 청장년들이 신호등이 빨간불로 바뀌는 순간 느닷없이 3층 인간 탑을 쌓는 서커스 묘기를 보이고 몇 사람은 돌아다니면서 돈을 챙기는 것이었다. 이들의 모습은 뉴욕의 자유의 여신상으로 가기 위해 배를 기다릴 때 묘기를 보이는 사람들과 같았다. 생각해 보니 그들도 역시 히스패닉계들이었다.

그리고 신호등마다 자동차 유리를 닦아 주는 사람도 있었다. 이들은 물통에 비눗물을 담아놓고 기다리고 있다가 신호에 걸린 차 앞유리를 무조건 닦아 주고 손을 내밀었다. 처음에는 느닷없는 친절에 놀랐지만, 유리를 닦자마자 손을 내밀어 움찔하지 않을 수 없었다. 이러한 자동차 유리닦기는 멕시코는 물론 미국의 큰 도시에서도 흔히 볼 수 있는 방식이다.

이들을 보면서 우리 1960년대의 자화상을 보는 듯하여 동정심이 발동하곤 했다. 아니 어쩌면 봉변을 당할까 두려워 미리 소액을 준비해 두곤 했었다.

이처럼 가난한 사람들은 거리로 나와 안간힘을 쓰고 있는데 부자들의 모습은 거리에서 볼 수 없었다. 그들은 높은 성벽을 쌓고 사는 중세시대의 귀족과 같을 수도 있다. 멕시코의 빈부차이는 세계에서도 가장 심한 것으로 나타나 있다. 미국 중앙정보부가 발표한 "World Factbook 2002" 따르면 멕시코 극빈층의 인구는 총인구의 40%에 달해 알제리, 도미니카, 브라질, 폴란드, 인도와 칠레보다 많으며 아일랜드보다 4배, 한국보다 10배나 높다고 한다. 그 원인 중의 하나는 1994년 북미자유무역협정NAFTA 발효 이후 극소수만이 경제적 이익을 얻은 결과로, 빈곤율과 빈부차를 줄이기 위해서는 북부지방과 남부지방의 개발수준 차이를 좁혀가고 저소득층에 대한 인적개발에 과감한 지원이 필요하다.

2000년 7월 야당 후보로 당선된 멕시코 폭스 대통령은 "헌법을 공포한 지 한 세기가 가까워오는 데도 오늘날 헌법이 추구하는 사회정의라는 우리의 이상은 수백만 농민들에게는 적용되지 않고 있다. 경제발전을 이루었지만 많은 농가와 인디오 가정은 여전히 빈곤하다. 즉 농촌가구의 30% 이상이 빈곤한계선 이하이며, 이는 우리 모두의 공동책임이다. 농촌의 낙후는 구조적인 특징을 가지고 있으며, 한때의 문제점이 해결된다고 어려움이 극복될 수 없는 세습되어 온 낙후된 구조이다"라고 분명히 인식하고 있다. 특히 그는 생산자들에게 경쟁력을 갖추지 못한 상태에서 무역자유화가 진행된 점을 비판하고, 자유무역협정으로 피해를 입는 분야에 대한 재정지원을 언급하기도 했다. 그러면서 농촌에 빈곤문제 등이 있음을 부인하지 않을 것이며, 책임을 회피하지도 않을 것이라고 의지를 밝히기도 했다.

그러면서 농민들의 교육, 건강, 의약품, 전력, 영농계획, 식수, 도로, 관개시설을 어떻게 하는 것이 바람직한지 종합적이고 광범위한 국민적 토의를 제안하는 등 농업문제를 푸는 데 적극성을 보여 주었다. 동시에 이러한 농촌 빈곤 문제뿐만 아니라, 도시 가난 문제와 특히 지체부자유자가 처한 심각성도 경고하면서 아동매춘, 무기 밀거래, 납치, 자동차 절도범죄 퇴치를 위해 국가경찰력을 동원하여 대대적인 단속에 나섰다.

멕시코시티에 입성하면서 생각난 것은 1983년 해발 2,000m가 넘는 이곳 아즈텍 경기장에서 열린 FIFA 세계 청소년축구선수권대회에서 우리나라의 어린 영웅들이 국제대회 참가 사상 처음으로 이룩한 4강 신화였다. 이 경기장은 1968년 올림픽대회가 개최된 곳이자 1970년과 1986년 연이어 두 번의 월드컵 본선 경기가 열린 곳이다. 당시 붉은색 유니폼을 입은 우리 선수들이 벌집떼 공격으로 이룩했다 하여 '붉은 악마'라는 이름이 붙여졌다.

여기서 단순히 축구 결과를 말하는 것이 아니라 국민들에게 하면 된다는 자신감을 불어넣어 주었고, 국제적으로 우리나라의 인지도를 높여 주어 경제발전에 크게 도움을 주었다는 점이다. 당시 우리는 오일쇼크 여파와 정치적으로도 불안정한 상황이었다. 특히 시장개방이라는 국제무역의 자유화 압력도 서서히 강해지고 있었다. 이런 어려운 상황에서 자신감을 심어 준 쾌거였다. 이어 1986년 아시안게임과 1988년 서울올림픽에서의 성과, 그리고 2002년 월드컵 4강 진출 등은 국민적 사기를 높여 주어 국내외의 경제문제를 풀어나가는 보약이자 폭약이 되었다. 특히 1905년 멕시코로 이민 온 한인 자손들에게 준 희망은 값으로 표현할 수 없는 귀한 선물이었다.

그런데 멕시코는 우리보다 20년이나 앞서 올림픽을 개최했고 32년 앞서 월드컵을 주최했지만, 스포츠를 통해 얻은 경제발전을 분배정책으로 연계시키는 데 미흡하여 빈부격차를 더욱 확대시켰다.

언젠가 춘천의 한 막국수식당에서 당시 청소년축구팀을 맡았던 박종환 감독을 우연히 만난 적이 있다. 그는 나의 고교선배이기도 하지만, 평소에 지독한 연습이 좋은 결과를 보여 주었을 뿐이라는 짤막한 말 속에서 그의 강인한 정신을 읽을 수 있었다.

아즈텍 제국의 붕괴와 정복자 코르테스

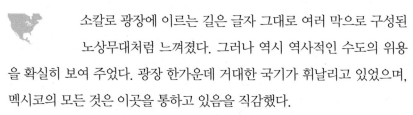 소칼로 광장에 이르는 길은 글자 그대로 여러 막으로 구성된 노상무대처럼 느껴졌다. 그러나 역시 역사적인 수도의 위용을 확실히 보여 주었다. 광장 한가운데 거대한 국기가 휘날리고 있었으며, 멕시코의 모든 것은 이곳을 통하고 있음을 직감했다.

멕시코의 모든 교회를 총괄하는 메트로폴리탄 대성당과 대통령 집무실과 일부 관청으로 쓰이는 국립궁전인 대통령궁 등이 포진해 있고, 레스토랑과 상점가, 호텔 등이 모여 번화가를 형성하고 있었다. 특히 소칼로 광장은 국가적인 대사가 있을 때마다 국민들이 모여 의사를 표시하는 곳이기에 더욱 그런 의미를 지니고 있었다.

차를 안전한 유료 주차장에 세워 놓고 소칼로 주변을 활보했다. 대성당

안의 화려함에 압도되기도 했지만, 안전한 여행을 위해 촛불기도를 드리고 대통령궁으로 옮겼다. 이곳은 아즈텍 제국의 왕 몬테수마 또는 몬테수마 2세의 궁전이었던 것을 정복자 코르테스가 헐고 새 궁전을 세운 뒤에 개축하여 지금까지 이어져 오고 있다. 거기에는 멕시코의 노동자와 농민 그리고 멕시코의 전통을 주로 그린 디에고 리베라의 '멕시코의 역사'라는 거대한 벽화가 2층으로 올라가는 회랑을 따라 그려져 있었다. 한 폭의 그림 속에 멕시코의 역사를 담아 낸 위대한 걸작은 모든 이의 걸음을 멈추게 하는 힘이 있었다. 문득 멕시코의 전설적인 여류 화가인 디에고의 부인이자 혁명동지였던 프리다 칼로가 생각났다.

이 그림 속에서 멕시코 지역의 아즈텍 문명을 정복한 스페인의 정복자 코르테스를 찾아보려 애를 썼다. 그는 16세기 초 아메리카 탐험가들 가운데 남미의 잉카 제국을 멸망시킨 프란시스코 피사로 곤살레스와 더불어 가장 유명한 사람이었다. 하급귀족 출신인 그는 19세에 대서양을 건너 쿠바에서 탐험가로서의 생애를 시작했다. 그런데 우연인지는 몰라도 둘 사이는 7촌 친척 간이라니, 피는 속일 수 없었나 보다.

이후 중앙아메리카 탐험대장이 되어 스페인군을 이끌고 유카탄 반도에 상륙한 코르테스는 멕시코 내륙으로 쳐들어가 아즈텍 제국의 황제 몬테수마 2세를 포로로 잡고 그 지역의 실질적 지배자가 되었다. 이후 300년간 스페인의 식민지 시대가 계속되는 동안 스페인어와 가톨릭교가 보급되었고, 인디오와 스페인인 사이에 혼혈이 진행되었다. 그리고 라틴아메리카의 발전의 저해 원인의 하나로 지목되어 온 스페인발 봉건적 대토지소유 제도를 이식시켰다.

아즈텍 문명을 파괴한 코르테스는 피사로 못지않게 잔인하고 탐욕스러운 정복자였지만, 스페인 왕실과 줄곧 좋은 관계를 유지했던 피사로와 달리 신대륙에서의 잦은 월권행위로 스페인 왕실과 마찰을 빚었다. 그러나 선택의 여지가 없는 상황에서 본국 정부로부터 총독으로 임명되었지만, 1540년 스페인으로 귀국한 뒤 왕의 냉대 속에 쓸쓸히 죽음을 맞이했다.

당시 정복자를 의미하는 콘키스타도르Conquistador라는 말이 있었다. 즉 15~17세기, 이른바 대항해시대에 아메리카 대륙을 침략한 스페인인들을 부르는 말이다. 이 말의 의미는 '모든 것은 이긴 자의 것이다'였다. 이렇게 이르기까지 로마제국 멸망 후에 가톨릭 왕국들은 팽창하는 이슬람 세력의 지배를 받았다. 이러한 이슬람 세력을 이베리아 반도에서 몰아내려는 소위 레콩키스타Reconquista라는 국토회복운동은 서기 711년에 시작하여 1492년 그라나다왕국이 함락되어 이슬람 세력이 축출될 때까지 계속되었다. 재정복을 의미하는 국토회복운동을 전개하기 위해 스페인은 막대한 수의 용병을 유지해야 했으며, 동시에 이슬람 세력과의 지속적인 전쟁은 스페인 병사들의 전투기량을 높여 주었다. 그런데 이슬람이 물러가자 용병들의 일자리가 사라졌다.

이런 와중에 콜럼버스가 신대륙을 발견함으로써 용병들은 과감하게 배를 타고 콜럼버스에 이어 대서양을 건너 금을 찾아 떠났다. 그 결과 단 수백 명의 스페인 용병들이 찬란한 문명을 자랑하던 아즈텍과 잉카 제국을 정복하고, 그 외 여러 원주민들을 천연두로 괴멸시키고 남아메리카 전역에 스페인 식민제국을 건설하게 되는 이해하기 힘든 역사가 숨어 있다.

우리는 이러한 그림 속의 역사를 음미하며 궁전 내부를 유심히 둘러본 다음 스페인의 귀족이나 부자들이 화려한 마차를 타고 다녔다는 마데로 거리의 식민지시대 건물을 보러 갔다. 많은 사람들 틈에 끼어 눈앞에 보이는 교회며 국립예술궁전 등을 감상하는 것에 이제 익숙해진 듯했다. 말하자면 문화를 보는 안목이 나름대로 조금씩 생긴 것 같았다.

본래 호수였던 자리를 메워 세운 멕시코시티는 지반 침하가 문제로 대두되었다. 구체적 증거로 내세운 건물이 바로 국립예술궁전이다. 전체가 대리석으로 지어진 애초 7단의 정면 현관 계단은 세월이 갈수록 침하가 이루어져 지금은 지상에 2단밖에 남아 있지 않다.

이어 중남미에서 제일 큰 초대형 캠퍼스를 가진 멕시코국립자치대학으로 차를 몰았다. 다행히 아직 어둠이 내리기 직전이라 캠퍼스를 둘러볼 수 있었다. 이 대학 캠퍼스는 라틴아메리카 최대의 대학으로 2007년 유네스코 세계문화유산으로 지정되었다.

우리는 중앙도서관 건물 12층 전체 외벽에 그려 놓은 거대한 모자이크 벽화를 보러 갔다. 이 벽화는 멕시코 근대회화의 4대 거장인 호세 클레멘테 오로스코의 작품으로 세계에서 제일 큰 벽화로 기네스북에도 올라 있다. 이 벽화 내용은 아즈텍 문명에서 식민지시대, 혁명시대를 거친 멕시코의 토착문화를 압축시켜 놓은 것이다. 이외 멕시코의 거장들이 그린 사무국과 종합경기장 벽화 등은 어둠이 짙게 깔려 포기해야 했다.

날이 저물자 또 숙소를 정하는 것이 고민이었다. 이번에는 어디든 묵어도 괜찮을 거라는 생각이 들 정도로 익숙해진 듯하여 서민들이 묵는 호텔 간판이 눈에 띄자 아무 의심 없이 들어갔다. 내부시설이나 청결상태도 좋은데 값은 불과 250페소였다.

그런데 문득 멕시코시티의 랜드마크인 45층 높이, 183m인 라틴아메리카 타워 전망대에 올라가 야경을 보고 싶은 생각이 들었다. 하지만 큰딸 근정이만 가겠다고 해 둘이서 택시를 타고 갔다. 대지진으로 몇 번 피해를 본 탓인지 멕시코시티는 건물 높이를 제한하고 있는 듯했다. 2천만여 명이나 되는 대도시치고 높은 건물이 잘 보이지 않은 이유를 알았다. 입장권을 사가지고 털털대며 흔들리는 승강기를 타고 올라가니, 지금까지 보아온 어떤 전망대보다 시설이 열악하여 실망했다. 허술한 매점과 엉성한 안전망 너머로 보이는 시내 불빛은 간신히 어둠을 밝히고 있었다. 아마 낮에 올라왔으면 좋았을 거라는 생각이 들었다.

고대 테오티와칸 피라미드

새해가 코앞인 크리스마스 이브 아침이 되었다. 호텔 종업원의 "메리 크리스마스"라는 인사말에 묘한 감정이 북받쳤다. 여기에서 부모님이 계시는 고국의 집은 지구 반대쪽 방향으로 60만 리나 떨어져 있고, 우리가 사는 미국 뉴헤이번까지는 대략 5,000km나 떨어진 곳에 우리 식구만 낯선 이곳에 와 있었기 때문이다.

아침 일찍 호텔에서 식사를 하고 멕시코시티를 벗어나기 시작했다. 북쪽으로 약 50km 떨어져 있는 기원전 2세기경에 건축된 라틴아메리카 최대인 테오티와칸Teotihuacan 피라미드군을 답사하기 위해서였다. 시내를 빠져나와 교외로 들어서자 전형적인 농촌 모습이 다시 나타났다. 갑자기 공기가 바뀐 듯 상쾌하여 모두 가슴을 펴고 심호흡을 했다.

멀리 피라미드들이 산과 같이 거대해 보였다. 빨리 가서 피리미드 정상에 오르고 싶은 마음이 앞섰다. 입구에는 기념품 상점들이 늘어서 있고, 출토된 토기 복제품을 팔고 사는 사람들로 붐볐다.

남녀 20여 명으로 구성된 한국인 관광객을 만났다. 우리가 같은 동포인 줄 알고 어디서 왔느냐, 어떻게 왔느냐며 말을 걸어왔다. 뉴욕에서 여기까지 직접 차를 몰고 왔다고 하자 놀라더니, 다시 미국의 태평양으로 북상했다가 대륙을 횡단할 계획이라 했더니 그게 가능하냐며 다시 한 번 더 놀라는 표정을 지었다.

이집트 카이로 인근 기자에 있는 쿠프 왕의 피라미드에 이어 세계에서 세 번째로 높다는 이곳의 피라미드도 거대하기는 마찬가지였다. 쿠프 왕의 피라미드는 무덤으로 정상에 오를 수 없는 대신 무덤 안에 들어가 관람할 수 있지만, 반대로 이곳은 피라미드 정상까지 오를 수 있는 대신 피라미드 속으로 들어갈 수 없는 신전이었다.

거대한 태양의 피라미드 계단을 오르기 시작했다. 정상은 본래 신전이 자리잡고 있었을 텐데 지금은 많은 사람들이 올라가 주위에 있는 신전과 넓은 평야를 내려다보고 있었다. 앞에는 달의 피라미드가 테오티오칸 전체를 제압하듯 당당히 서 있었다. 태양의 피라미드보다는 높지 않았으나 경사진 다소 높은 곳에 세워져 있는지 태양의 피라미드 높이와 비슷했다. 정상에서 보니 주위는 온통 평평한 평야지대로 비옥한 토지 한가운데 세워져 있었다. 아마도 식량보급을 감안하여 이곳에 이러한 거대한 피리미드를 세웠을 것으로 생각되었다.

콜럼버스가 미 대륙을 발견하기 이전의 최대 도시였던 테오티오칸에 그들이 믿는 신을 위해 예술적 신화를 창조했던 것이다. 남북의 해와 달의 피라미드를 잇는 사자死者의 길이라는 도로를 중심으로 양쪽에 있는 서로 다른 신전과 궁전 사이를 걷고 있으니 마치 무량한 우주공간을 거닐고 있는 것 같았다.

멕시코는 면적만 해도 192만km², 한반도의 9배에 달하는 거대한 나라로 각 지역마다 다양한 문명을 꽃피우며 흥망성쇠를 이루어 왔다. 남북 길이는 3,000km, 동서 폭은 넓은 북쪽이 2,000km가 넘으며, 남쪽의 좁은 곳은 220km로 중앙고원, 해안지대, 산간지대 등은 건조지대와 반건조지대에 속하여 서로 다른 자연환경만큼 문명 또한 무척 다양하다. 스페인 식민지 시대와 1821년 9월 독립된 멕시코 시대에 이르는 멕시코 문명의 다양성과 복잡성은 우리의 상상력을 자극하고도 남았다. 특히 그간에 얽히고 설킨 비극적인 성쇠과정이 우리 관심을 끌고도 남았다.

문득 프랑스의 레비 스트로스Claude Levi-Strauss 교수가 쓴『슬픈 열대』라는 책이 생각났다. 그는 책을 집필하기 15년 전인 1937년부터 2년 정도 머물렀던 브라질 내륙지방의 네 부족에 관한 이야기를 썼다. 그곳 원주민들은 생존의 한계에서 삶을 영위하고 있으며, 어떤 부족은 아직까지도 도기 제조나 직조기술을 습득하지 못하고 있었다. 더욱이 이들 원주민 사회에 선교사, 대농장 지주, 식민주의자, 정부 직원 등이 현대문명을 침투시켜 원주민 사회를 존속시켜 온 미묘한 균형을 깨뜨리는 슬픈 일을 지적했다.

그러나 내가 본 더 슬픈 일은 이러한 부족 내의 힘있는 족장이나 추장들이 어린 여성을 독차지하고 있다는 사실이다. 이는 결국 젊은 남성들로 하여금 그들끼리 짝을 이루어 숲속으로 들어가는 장면은 가슴을 아프게 했다. 이는 멕시코처럼 정복자인 이민족에 의해 여성을 빼앗기는 것이 아니라, 동족의 권력자들이 권력을 이용하여 여성을 독점하는 것은 스스로의 인구 성장이나 부족 발전을 막는 안타까운 일임을 말하고 싶은 것이었다.

오늘날 백인 남성과 인디오 여성 사이의 혼혈인 메스티소Mestizo 인구가 대다수인 나라들은 파라과이 95%, 엘살바도르 90%, 온두라스 90~60%, 멕시코 70~55%, 파나마 70%, 니카라과 69%, 베네수엘라 69%, 콜롬비아 49~68%, 파나마 65%, 에콰도르 60~45%, 과테말라 55%, 벨리즈 49%가 차지하고 있다. 볼리비아와 페루는 35% 내외로 낮은 편이다. 미국의 자치주인 푸에르토리코 역시 메스티소가 대다수를 차지하고 있다. 최근에는 아시아인, 유대인, 중동 출신 등이 가세하여 수백 년 뒤의 인종 구성에 어떤 영향을 줄지 궁금하다.

이러한 혼혈들에게 미인이 많다고 하더니, 강원도 화천에서 열린 2014년 월드미스유니버시티에서 멕시코의 카리나 양이 왕관을 썼다. 이 외에 남미의 여인들이 매년 각종 세계미인대회에서 상위에 입상하는 것을 보면, 역시 뛰어난 미인이 많음을 알 수 있다.

현재 중남미의 주요 세 인종으로 메스티소 외에 백인과 흑인 사이의 혼혈인 물라토Mulatto와 흑인과 인디오 사이의 잠보Zambo가 있다. 일반적으로 멕시코 메스티소 중 아메리카 토착 혈통의 정도는 남쪽으로 갈수록 증가하며, 반대로 북쪽으로 갈수록 줄어든다고 한다.

　남미의 백인국가인 아르헨티나와 우루과이의 경우, 공식적인 메스티소 인구는 3%에서 8% 사이로 매우 적다. 그러나 자메이카와 도미니카공화국의 경우 흑인 또는 물라토 인구가 압도적으로 많다. 쿠바는 백인이 65%이며, 흑인과 물라토를 합쳐도 20% 내외의 비율을 보이고 있을 정도다.

　한편 남미의 흑인은 초기 식민지시대에 대농장의 노예노동력으로 잡혀온 사람들의 후손들로 소수그룹에 속하며, 대체로 메스티소의 증가와 인디오의 감소 경향을 보이고 있다. 현재 멕시코에서 인종차별은 보이지 않으나, 동남부의 농산촌을 중심으로 자급자족 생활을 영위하는 인디오와 도시를 중심으로 생활하는 메스티소와 백인 사이에는 분명히 빈부격차가 큼을 알 수 있다.

유카탄 반도의 마야 문명

　모처럼 여유있게 피리미드군을 둘러본 우리는 출구 쪽 토산품을 파는 가게로 나왔다. 여전히 사람들로 붐비는 가운데 노상에서 물건을 파는 장사꾼들이 끈덕지게 달라붙었다. 안그래도 기념품을 몇 개 살 생각이었는데, 많이 깎았다 싶어 다른 사람에게 물어봤더니 결국 바가지를 썼다. 우리는 다시 미·멕 국경을 넘어 미국의 태평양안을 목표로 시동을 걸었다.

　그 뒤 2007년 2월 나는 이곳을 다시 찾았었다. 남미 배낭여행을 마치고 쿠바로부터 멕시코 유카탄 반도의 칸쿤에서 이틀간 머물다가 멕시코시티 공항에서 환승하기 위해 멕시코시티에서 한나절 머무는 동안 테오티와칸의 피라미드를 보기 위해 짬을 냈던 것이다.

이에 앞서 유카탄 반도에서 짧은 시간이었지만 유구한 역사를 지닌 마야 문명을 조금이라도 접해 보았고, 칸쿤에서 열린 제5차 각료회의에서 농산물 무역 확대를 저지하기 위한 당시 우리의 숨결을 느껴보고 싶었다. 그리고 한말에 이 지역으로 이민왔던 우리 선조들의 행적을 통해 그들이 겪었던 역사적 의미를 찾아보고자 하는 뜻도 있었다.

사실 멕시코 문명을 알려면 멕시코 중앙고원의 아즈텍 문명을 아는 것도 중요하지만, 유카탄 반도의 마야 문명을 아는 것도 필요하다. 쿠바에 머무는 동안은 주로 유기농업을 둘러싼 농촌지역의 답사가 주목적이었다.

칸쿤 공항 분위기는 쿠바에서와는 달리 밝고 자유로웠다. 택시기사들의 권유를 마다하고 공항버스를 타고 칸쿤 시내로 들어가 센트로 터미널 바로 앞 호텔에 이틀간 예약을 했다. 중미 최고의 관광지답게 많은 외국인들이 오가고 있었다. 여장을 풀기도 전에 시간이 아까워 바로 비치와 호텔지구를 보러 호텔 앞에서 출발하는 버스에 올랐다.

비치와 호텔지구는 ㄱ자 모양으로 20km나 길게 이어져 있었다. 바깥쪽은 카리브 해에 둘러싸여 있고, 안으로는 사주砂洲로 바다와 격리된 호소湖沼인 니춥테Nichupte 석호潟湖에 막혀 좌우가 물로 둘러싸인 천혜의 리조트였다. 마야어로 '뱀'이라는 뜻의 칸쿤에 맞게 가늘고 긴 해안가를 따라 길게 늘어선 수많은 호텔들은 아름다움을 넘어 참으로 경탄할 만한 구경거리였다.

호텔이 늘어선 20km 지점까지 '미친 버스'라고 불리는 버스를 타고 갔다가 다시 반대로 오면서 중간에 북적대는 길가에 내렸다. 정말 버스들은 미친 듯이 달려 조금만 정신을 놓아도 순간적으로 내릴 곳을 놓치거나 못 타는 것보다 큰 사고가 일어날 것만 같았다. 그런데 문제는 해안가 쪽으로는 큰 호텔들이 바닷가를 차지하여 투숙객이 아닌 일반인의 출입을 어렵게 만들었다.

석호가 있는 쪽으로도 길게 음식점과 쇼핑몰 등이 늘어서 있었다. 넓은 석호가 잘 보이는 발코니 식탁에 앉아 점심을 먹으며 수상스키를 즐기는 사람들을 바라보았다. 그런데 건너편에 멕시코시티 소칼로에서 본 것보다 더 큰 국기가 바람에 휘날리고 있었다. 지금까지 이렇게 큰 국기를 본 것은 처음이었다.

이처럼 호화로운 호텔지구는 엄청난 물가 때문에 절약파 여행객들과 멕시코인들에게는 그림의 떡이었다. 말하자면 칸쿤은 멕시코가 아니라고 할 정도로 미국이나 유럽의 고급 휴양도시를 연상케 할 만큼 이질적이었다.

호텔로 돌아온 나는 마야 문명 유적지를 보기 위해 단체관광에 합류했다. 유카탄 반도 전 지역에 수없이 산재해 있는 마야 유적지를 탐방한다는 것은 힘든 일이었기에 칸쿤에서 가장 접근하기 쉬운 치첸이사Chichen Itza 한 군데만이라도 보기로 했다.

마야 문명은 2천 년 전부터 싹이 터서 중앙아메리카의 멕시코 남동부, 과테말라, 유카탄 반도 지역을 중심으로 번성했다. 그 후 서기 300~900년 사이 황금기를 이루다가 10세기에 멸망하였으나, 일부 마야 유민들이 유카탄 반도로 이동하여 신마야 문명을 일으키기도 했다.

오늘날 볼 수 있는 대규모의 유적은 선고전기 후기부터이며, 벨리즈의 라마나이Lamanai, 과테말라의 페틴Peten 저지에서 엘 미라도르El Mirador, 나크베Nakbe 등의 대도시 유적이 건설되었다. 기원후 300~900년 사이의 고전기에는 거대한 계단식 제단을 갖춘 피라미드 신전이 세워지고, 왕조의 역사를 나타내는 석비가 화려하게 새겨져 있다.

그러나 9세기경부터 중부지역 마야의 여러 도시국가는 연쇄적으로 쇠퇴하였다. 쇠퇴 원인은 여러 가지 설이 있다. 우선 유적지 석비에 새겨진 모양과 토기 분석에 의하면 중앙고원의 외부 침입자에 의해서거나 북부지역으로 교역의 중심지가 이동되어 경제적으로 어려워졌다는 등의 유력한 설이 있다.

또 다른 원인으로는 미국 라이스대학 연구팀이 유카탄 반도 남쪽 카리브 해를 끼고 있는 벨리즈 해안 근처에 위치한 그레이트 블루홀의 침전물을 조사한 결과, 서기 800~1000년 사이에 유카탄 반도에 혹심한 가뭄이 이어졌다고 한다. 물론 당시 수리시설이 발달했었지만 가뭄을 이겨내지 못해 마야 문명이 망했다고 추측한 것이다. 이는 최근 기원후 600~900년 사이의 고전기 후기가 끝날 무렵의 인골에서 영양실조로 인한 사실이 판명된 것이 이를 뒷받침하고 있다. 이러한 혹심한 가뭄은 위대한 앙코르와트를 건설한 크메르 제국이나 미국 남부 인디언의 아나사지 문명도 붕괴시켰던 것이다.

또 하나는 광범위하게 전개된 산림 벌채설이다. 이는 화전농법과 건축물에 사용되는 회반죽을 만들기 위해 나무 벌채가 폭넓게 이루어짐에 따라 지력 감퇴로 옥수수 등의 식량 부족과 질병을 초래했다는 설이 유력하다. 이는 산림 벌채로 인한 가뭄과도 밀접한 관련이 있다.

이처럼 하나의 문명이 사라지는 데에 삼림과 깊은 관계가 있음을 인류 최초의 문명이었던 메소포타미아 남쪽의 수메르Sumer 문명에서도 볼 수 있다. 이러한 악순환의 결과로 빚어진 식량자원의 부족은 지배계층의 권위 손상과 자원 쟁탈전 등으로 이어져 결국 쇠퇴를 앞당겼다고 추측하고 있다.

비록 문명은 망했지만 그들은 신정정치神政政治를 통해 이집트의 피라미드와 유사한 모양의 거대 신전을 건축하고 태양신과 달의 신을 숭배했다. 특히 천체관측법과 역법을 발달시켰고, 20진법을 사용하여 오늘날의 과학 발전에도 기여했음을 짐작할 수 있었다.

멕시코 고고학 사진집에 소개된 치첸이사의 19세기 모습을 보면서 캄보디아의 앙코르와트 신전을 떠올렸다. 500년 이상이나 정글 속에 있으면서 거센 나무뿌리들이 석조 신전들을 휘감고 있는 모습을 보는 순간 신기함을 넘어 역사의 아득함을 느꼈었다. 그러나 여기서는 사진과는 달리 말끔히 복원되어 있어 역사가 시간과 함께 흘렀다는 느낌을 반감시켜 주었다.

그동안 수많은 인류문명의 유적을 보았지만, 역시 이곳 나름의 문명을 보면서 흥분하지 않을 수 없었다. 동시에 사라진 문명의 시간 앞에 망연할 뿐이었다. 그리고 유카탄 반도에 흩어져 있는 수많은 유적 중에 이곳 하나만 보는 것은 아쉬운 일이었다. 정글 속에 굳게 문명을 지키고 서 있는 유적의 근엄한 역사적 사실 앞에 숙연해지기는 어느 문명을 볼 때와 마찬가지였다.

1천여 개의 기둥이 서 있는 곳을 돌아 대형 식당에서 점심을 먹는 동안 키가 작고 까무잡잡한 마야인의 후예들이 빈병을 머리에 올려놓고 춤을 추었다. 이어 폭 20m에 깊이 20~30m의 거대한 우물로 안내되었다. 이처럼 큰 우물을 본 것은 처음이었다. '우물가 이사의 집'이란 뜻을 지닌 치첸이사라는 지명이 바로 이 우물에서 나왔음을 알았다. 동굴을 이용하여 우물 바닥까지 내려가 수영을 즐기는 사람이 적지 않았다.

다시 칸쿤으로 돌아올 시간이었다. 버스는 정글 속에 한 줄기 뻗은 도로 위를 달리고 있었다. 어느새 떠오른 보름달이 버스와 벗하며 정글 위를 함께 나아갔다.

칸쿤을 떠날 준비를 하면서, 2003년 8월 멕시코 칸쿤 각료회의에서 있었던 일들을 더듬어 보았다. 당시 농산물 개방을 둘러싸고 농산물 수출국과 수입국 간에 첨예하게 대립하고 있었다. 그래서 칸쿤 하면 마야 문명 유적지와 아름다운 휴양도시의 이미지 못지않게 농산물을 둘러싼 대립의 이미지도 강하게 남아 있었다.

칸쿤 각료회의에 참가한 농산물 개방을 반대하는 사람들은 세계 농민의

96%가 개도국에 있으며 25억 인구의 주요 소득원을 농업에서 구하고 있다. 나아가 세계 최빈곤층의 3분의 2는 농촌지역에 살고 있으며, 이의 4분의 3은 개도국이 차지하고 있어, 개도국의 농업부문은 식량안보, 빈곤해소, 경제성장의 운명이라며 농업의 중요성을 강조했다.

우리나라는 쌀이 지닌 국민적 정서를 감안해 협상에 나서야 할 입장이었다. 즉 관세화 유예 연장이든 관세화로의 전환이든 선택해야 할 입장에 몰려 있었다. 특히 우리나라 농민단체들로 구성된 'WTO 농업협상중단 칸쿤투쟁 농민대표단'과 세계 각국에서 온 1만여 명의 농민들은 칸쿤 혁명광장에 모여 WTO 타결 반대를 요구했던 것이다.

이러한 농업인의 반대와 더불어 세계 각국이 처한 이해관계가 해결되지 않은 칸쿤 각료회의는 결렬되기에 이르렀으나, 다자간 무역WTO에서 양자간 무역FTA으로 방향을 돌리는 계기가 되었다. 이는 농업문제의 근본적인 방향 전환이 아니라 방법을 달리하고 있을 뿐이다. 이미 세계 대부분의 나라에서 체결한 FTA협정이 WTO에 통보되면서 대세로 굳히게 된 곳이 바로 칸쿤이다. 이미 우리나라는 세계 최강의 FTA 국가가 되어 있다.

유카탄 반도의 한서린 한인 이민

농업경제사와 농촌사회학을 공부하는 나는 이미 유카탄에 와서 살던 우리 선조들을 잊지 않고 있었다. 1905년 4월 4일 1,033명의 우리 동포가 인천 제물포항을 떠나 40여 일간의 항해 끝에 5월 12일 멕시코 중서부 태평양 연안 살리나크루스 항을 거쳐 곧바로 유카탄 반도의 메리다로 이동하여 에네켄henequén 농장에 도착했다. 이들은 중미 첫 이민자로서의 한인들이다.

당시 물적·인적 교류가 없었던 멕시코의 에네켄 농장으로의 이민은 에네켄농장주협회 대리인이었던 마이어스에 의해 주도되었다. 그는 1904년 8월 중국과 일본에서 노동자 모집에 실패하자 한국으로 와서 일본 대륙식민합자회사의 서울 주재 직원 오바 간이치大庭寬一와 함께 이민자를 모집하는 광고를 황성신문에 일곱 차례나 실었다.

모집 광고에 멕시코를 가리키는 한자어 묵서가墨西哥는 '극락 같은 곳으로 누구든 병들면 고쳐준다'는 식의 유혹적인 내용이 적혀 있었다. 그러자 반노예상태로 가는 줄도 모른 채 그들은 영국 화물선 일포드호에 실려 떠났다. 노동계약이 만료되는 4년 뒤엔 금의환향하리라는 '멕시칸 드림'이 시작되었다.

멕시코에 도착한 한인은 남성 702명, 여성 135명, 어린이 196명이었다. 가족단위 257가구에 단신이 196명이다. 그중에는 대한제국 퇴역군인이 200명으로 가장 많았고 소작인, 잡부, 전직 하급관리에 양반 등 다양했다. 한 번도 경험한 적 없는 열대 더위 속에 그들은 25개 이상의 에네켄 농장에 분산 배치되었다.

이들 멕시코 이민은 4년 계약이었다. 계약 만료일인 1909년 5월 12일을 앞둔 한인들은 샌프란시스코의 대한인국민회 북미총회 앞으로 계약 만료에 앞서 한인들의 제반문제를 도와줄 특사를 파견해 줄 것을 요청했다. 대한인국민회에서 견묵위원遣墨委員으로 방화중과 황사용을 파견하여 그들의 자활과 법적 문제를 돕도록 했다.

이 국민회는 장인환과 전명운 의사가 미국의 친일 외교관인 스티븐스를 사살한 것을 계기로 1909년 2월에 조직되었다. 이어 1910년 5월 대동보국회를 흡수하여 대한인국민회로 이름을 고치고, 해외의 한인을 총망라한 단체로 지역별 지방총회를 조직하고 1912년에는 샌프란시스코에 대한인국민회 중앙총회를 설치했다. 초대 중앙총회 회장은 안창호가 맡아 활동했다. 그리고 대한인국민회는 한인과 일본인의 대우를 구별해 줄 것을 미국 정부에 요청하여 승인받은 사실상 재미동포를 대표하는 기관으로 인정받았다. 그리고 1919년 2월에는 한국독립운동에 대한 청원서를 윌슨 대통령에게 제출하여 한국의 독립을 호소하였고, 기관지로 신한민보新韓民報를 발간하였다.

그런데 멕시코 이민자들의 상징인 '애니깽'으로 더 알려진 에네켄은 마야어로 '가시가 많은 선인장'을 의미한다. 건조한 땅에서 자라는 다년생 식물인 에네켄은 5년이 지나면 일 년에 두 번씩 잎을 딸 수 있으며, 길이 1~2m의 잎은 주위에 억센 가시가 있다. 초록색 껍질을 벗기면 나오는 질긴 섬유질은 선박용 로프 등을 만드는 데 쓰인다.

당시 1차 세계대전과 더불어 해운산업의 번창으로 선박용 로프 수요가 폭증했기 때문에 유카탄 반도의 에네켄 농장은 1920년대 인조섬유로 대체될 때까지 전성기를 누렸다. 따라서 급증하는 로프 수요에 맞춰 에네켄 농장은 대량의 노동력이 필요했던 것이다.

각 농장에 흩어진 한인들에게 움막 같은 초가집이 1가구당 한 채씩 할당되었으나 이들은 24시간 감시 속에 지냈다. 그리고 반드시 농장 내의 매점을 통한 강제 구입제도와 외상을 지게 만드는 채무노예의 굴레를 씌워 버렸다. 이러한 반노예적인 비참한 생활이 알려지자 고종황제는 이민회사와 교섭해 동포들을 송환할 방책을 강구하라는 칙유勅諭를 내렸으며, 정부는 일본을 방문중인 외부협판 윤치호를 파견해 하와이와 멕시코 동포들을 시찰하라는 훈령을 내렸다.

그러나 한일합병을 염두에 두고 일본은 필리핀에 대한 미국의 지배를 인정하는 대신 미국은 일본의 한국 지배를 승인한다는 내용의 가쓰라 · 태프트 밀약을 맺고, 이어 을사늑약이 체결됨으로써 대한제국은 일본에 외교권을 강탈당해 윤치호의 멕시코 시찰은 좌절되었다. 그리하여 멕시코의 이주민들은 나라 잃은 유랑민이 되었다.

이와 같이 단 1회에 그친 멕시코 첫 이민자들의 4년간 계약노동이 만료되자, 신한민보는 1909년 5월 19일 '멕시코에 있는 동포의 자유를 얻음을 치하함'이라는 논설을 통해 멕시코 유카탄 일대의 농장에 팔려온 한인 노동자들이 4년의 노예생활에서 풀려나 자유를 얻게 되었음을 축하했다.

그러나 1910년 한일합병으로 귀국할 나라를 잃은 이들은 갈 곳 없는 유랑생활을 하면서 멕시코 전역으로 흩어졌다. 그러나 이민 1세들은 조국을 잃는 절망 속에서도 강인한 한민족의 정체성을 지키기 위해 노력했다. 즉 한글학교를 세워 2세들에게 모국어와 민족의식을 가르쳤으며, 독립운동 자금과 한국전쟁 이후 난민을 돕는 구호금을 보내기도 했다. 특히 당시 이민자들의 독립운동 자금은 메리다를 방문한 도산 안창호 선생의 역할이 컸다. 이렇게 활동했던 메리다 일대의 5천여 명 등 멕시코 전역에 3만여 명의 한인들은 여전히 꼬레아노로서의 혈맥을 이어가고 있다.

한편 멕시코 꼬레아노의 삶을 포기하고 1921년 3월 쿠바로 288명이 재이민을 떠나서도 대한인국민회 쿠바지방회를 결성하는 등 멕시코 진출 한인의 유랑은 계속되었다. 그러나 그들이 사탕수수의 나라 쿠바로 가자마자 설탕값이 폭락하는 바람에 다시 에네켄 농장으로 돌아온 이민자도 나타났다.

1941년 일본의 진주만 공습으로 태평양전쟁이 본격화되자 멕시코 한인들은 일본인으로 오해받지 않기 위해 고심했고, 한편으로는 멕시코·쿠바 정부와 긴밀히 연락하며 반일운동을 펼쳤다. 그러나 조국이 해방을 맞은 이후에도 그들은 돌아오지 못했다. 조국이 그들을 잊었기 때문에 더 현지에 동화될 수밖에 없었던 한인들의 후손이 현재 5대에 이르고 있다.

이렇듯 한 많은 세월을 보낸 멕시코 이민생활을 다룬 영화 '애니깽'을 보았다. 이민자들의 참상을 여과없이 보여 준 이 영화를 통해 당시 우리에게 너무 힘이 없었다는 사실이 한없이 슬펐지만 악전고투 속에서도 자리를 잡아가는 끈질긴 우리 민초들이 무척 자랑스러웠다.

어느덧 멕시코 한인사회는 이민 110년이 되었으며, 이 나라 주류층의 일원으로 활약하고 있음은 우리 자랑이기도 하다.

칸쿤에서 마지막 식사를 한 뒤 배낭을 메고 호텔 앞 버스터미널에 가서 공항버스에 올랐다. 공항의 짐 검사는 운이 따라야 했다. 짐을 검사대 위에 올려놓고 버튼을 누르니 녹색신호가 들어와 그냥 통과했다. 만일 붉은색 불이 켜졌다면 철저한 검사를 받아야 한다.

두 시간 가량 정글 위를 비행하니 멕시코시티였다. 여기서 일본 도쿄로 가는 비행기편에 맞추려면 하룻밤을 묵어야 했기에 다시 멕시코시티 시내와 테오티와칸을 방문했다. 아무튼 칸쿤에서 이륙한 비행기가 거의 멕시코시티 상공까지 왔을 때, 연기를 조금씩 뿜어내고 있는 포포카테페틀 산 정상의 분화구가 선명히 보였다. 멕시코에서 두 번째로 높은 5,465m의 분화구는 눈에 덮인 균형잡힌 원뿔형 모양을 과감히 보여 주었다. 분화구는 다운타운으로부터 동남쪽으로 80km밖에 떨어지지 않은 멕시코 화산의 중심축에 자리잡고 있어 지진 등의 피해를 보고 있음을 실감했다. 그 사이 지진 피해는 있었지만 화산 폭발로 인한 피해는 1802년 이래 없었다고 한다. 그러나 지속적으로 때때로 많은 양의 연기를 뿜어내고 있어 불안감이 해소되는 것은 아니었다.

공항 밖으로 나가 1968년 멕시코올림픽 때 개통되었다는 지하철을 타고 소칼로 역으로 향했다. 소칼로 광장에는 대통령의 정책에 반대하는 데모 행렬이 거리를 메우고 있었다. 해가 저물자 점포들도 하나둘 문을 닫기 시작하고, 거리를 질주하는 자동차 소리만이 밤의 정적을 깨우고 있었다.

이튿날 아침 일찍 일어나 간밤에 빨아널은 양말을 드라이어로 말려 신고

테오티와칸 피라미드를 찾아갔다. 태양의 피라미드 정상에 다시 올라 가족과 함께했던 자동차 여행의 추억을 되새겨 보았다.

멕시코 중앙고원을 북상하며

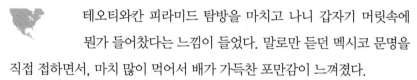 테오티와칸 피라미드 탐방을 마치고 나니 갑자기 머릿속에 뭔가 들어찼다는 느낌이 들었다. 말로만 듣던 멕시코 문명을 직접 접하면서, 마치 많이 먹어서 배가 가득찬 포만감이 느껴졌다.

이번에는 미국과 접해 있는 멕시코에서 제일 큰 치와와 주로 차머리를 돌렸다. 미국에서 남하할 때는 멕시코 만 쪽의 동시에라마드레 산맥의 중앙고원을 이용했지만, 이번에는 태평양 쪽의 서시에라마드레 산맥을 따라가는 코스를 택했다. 말하자면 남하할 때는 왼쪽으로 산맥을 바라보다가 북상할 때는 오른쪽 고원의 평원을 바라보았던 것이다.

이곳을 떠나면서 이번 여행의 반환점을 넘었구나 하는 생각에 심신이 가벼워졌다. 멕시코를 북상하면서 관심을 둔 곳은 멕시코 혁명의 영웅인 판초 비야Pancho Villa가 활동했던 치와와 시와 마드레 산맥을 넘는 것이었다. 물론 가는 도중에 볼 만한 곳이 있으면 들르기로 했다.

테오티와칸을 떠난 지 두 시간 정도 지나 멕시코시티에서 북서쪽으로 220km 떨어진 케레타로 시에 도착했다. 이곳은 반사막지역으로 오토미–치치메카 인디언들이 거주하던 곳이었으나 1446년부터 아즈텍족의 지배를 받아오던 유서 깊은 도시다. 우리가 남하할 때 지났던 곳이어서 방향을 북서쪽으로 바꿔 북상할 분기점으로만 생각하고 슬쩍 지나치려 했으나, 반사막기후의 특성상 나타나는 이 지역의 물부족 현상을 해소하기 위한 종교적 의식과 지형 및 생태계를 이용한 수로 구조물은 그냥 지나칠 수 없는 매력을 지니고 있었다.

더욱이 말끔한 도심지와 황토빛 건물들은 편안하면서도 정겨운 인상을 주어 우리 마음을 사로잡았다. 시내 구경을 할 겸 맥도날드 가게에 들러 햄버거를 하나씩 손에 들었다. 가게에서 일하는 젊은 친구는 동양인을 모처럼 보았는지 힐끔힐끔 쳐다보며 여러 번 눈인사를 보냈다. 이 햄버거 가게에 걸려 있던 케레타로 시내를 관통하는 수로교aqueduct와 세계에서 세 번째로 거대하다는 베르날Bernal의 바위 사진을 보니 이 지역의 자랑거리임이 틀림없었다.

사실 내 마음을 사로잡은 것은 1726년 12월에 공사를 시작하여 1735년 10월에 완공되었다는 고가 수로교였다. 그것도 가까운 시내를 관통하고 있다는 점이었다. 총연장 1,280m에 높이 25m를 떠받치고 있는 74개의 아치형으로 만들어진 수로교는 유네스코 세계문화유산으로 지정되었음은 물론이다. 이 고가 수로교 밑을 지나면서 우리나라의 산골 계곡 너머로 물을 보내기 위해 통나무를 파서 만든 수로가 문득 그리워졌다.

다시 케레타로를 벗어나 서시에라마드레 산맥을 따라 치와와를 향해 북상했다. 도중의 아과스칼리엔데스, 사카테카스, 고메스팔라시오 등의 도시는 스페인풍을 지닌 지역 중심 도시지만 미련없이 지나쳤다.

도시를 벗어나니 어렵게 살고 있는 작은 농산촌 마을들이 눈에 들어왔다. 북미자유무역협정으로 멕시코 농민들은 미국의 농업을 겁내고 있었는데, 우리와 같은 입장이라 충분히 이해하고도 남았다. 그러나 차창 너머 광활한 중앙고원의 모습에 그저 감탄사를 연발했다. 하지만 마땅한 휴식 장소가 없어 어디에 차를 세워야 할지 막막했다. 부지런히 달리고 달려 새벽 1시에 치와와 시에 도착했다. 거리의 인적은 끊기고, 공장지대의 불빛만이 희미하게 비치고 있었다. 호텔이라고 쓴 간판이 보이는 몇 군데를 돌았으나 문이 굳게 닫혀 있었다.

문을 열어 주는 호텔이 있어 무조건 들어갔다. 잠자리에 든 아이들을 보면서 연일 이어지는 강행군에도 지친 모습이나 불평 없이 따라주어 대견스럽기만 했다. 늘 그러했듯이 일기 형식으로 간단히 메모를 하고 지도를 펼쳐보았다. 돌아가려면 아직 너무나 멀고도 멀었다. 언제 돌아갈지는 아예 당분간 잊고 지내는 것이 좋겠다는 생각이 들었다.

판초 비야와 멕시코 혁명

아침 일찍 일어나 또다시 출발 준비를 했다. 전기밥솥에 밥을 짓고, 샤워하고, 식당에 가서 아침식사를 하는 등 바쁘게 움직였다. 우리는 애초 가고자 했던 판초 비야라는 혁명가의 저택인 멕시코 혁명 역사박물관의 위치를 알아보았다. 호텔에서 10분 거리에 있었다.

판초 비야는 봉건적인 멕시코의 농업체제를 자작농 중심의 근대적인 토지제도로 바꾸는 데 몸을 바친 사람이다. 사실 판초 비야를 알게 된 것은 고등학교 시절 단체로 본 '풍운아 판초 비라' 라는 영화에서였다. 당시 멕시코의 역사는 알 수 없었고, 단지 정의의 사도라고 생각되는 넓은 챙모자를 쓴 판초 비야의 생각과 행동이 옳았다고 생각할 뿐이었다. 그리고 영화 속의 주인공인 율 브리너의 액션이 좋았다. 그 후 멕시코 하면 바로 판초 비야가 떠올랐다. 그러니 치와와를 지나면서 그의 농업농촌에 대한 남다른 인생 역정을 알아보고 판초 비야의 저택을 찾지 않을 수는 없었다.

그의 저택은 제법 넓은 도로변에 자리잡고 있었다. 매표소에서 입장권을 사가지고 들어가 보니 입구는 좁았으나 안은 엄청 넓었다. 그가 타던 자동차와 사진, 개인화기, 옷 등이 잘 전시되고 있고 멕시코군 약 1개 소대가 경비 겸 관리를 맡고 있는 듯했다.

이 저택은 빈농 출신인 판초 비야가 멕시코 혁명이 본격화하자 게릴라 부대를 조직하여 곳곳에서 정부군을 격파하고 멕시코시티까지 진군했으나 승리를 전리품 삼아 정권을 잡지 않고 바로 낙향하여 지내던 집이었다. 이러한 판초 비야의 정신은 오늘날 치와와인들의 마음속에 맥맥히 흐르고 있었다.

스페인 치하의 멕시코는 1810년부터 독립운동과 이후의 멕시코 혁명을 통해 근대화의 길을 가면서 파란만장한 과정을 겪는다. 계몽주의 사상가의 영향을 받은 미겔 이달고 신부는 1810년 9월 16일 인디오와 메스티소를 지휘하여 '스페인인을 물리치고 빼앗긴 땅을 되찾자'는 독립의 함성인 '돌로레스Dolores 선언'을 했다. 이것은 독립운동을 본격화하는 신호탄이었다.

그리고 한 달 뒤 과달라하라 시에서 정부 수립을 선포함과 동시에 노예제도 폐지와 인디언에 대한 세금면제 등을 선언했다. 그러나 실제적인 힘이 이를 뒷받침해 주지 못해 곧바로 체포되어 처형되었다. 이달고 신부의 독립을 위한 투쟁과 순교는 주민들에게 독립에의 의지를 더욱 높여 주었다. 이러한 신부의 독립정신을 기리기 위해 독립기념일을 9월 16일로 정하여 다양한 국가행사를 하고 있다.

그러는 사이 1821년에 스페인군 사령관 이투르비데가 모국을 배신하고 독립운동에 가담하여 독립은 달성되었지만, 그는 강력한 힘을 지닌 황제로 탄생하였다. 하지만 국민적 저항에 부딪쳐 결국 1824년에 총살되면서 멕시코는 공화국이 되었다. 이후 스페인 군인이었던 산타 안나는 1829년에 스페인 본국의 원정군을 탐피코에서 격퇴하고 일약 국민의 영웅이 되어 1833년부터 1855년까지 네 번이나 대통령이 되었다. 그러나 불안정한 국내 정세는 여러 외국의 간섭을 받고 각주에서도 인디오들이 반란을 일으켰다. 그 최대의 사건이 1836년 텍사스 분리독립을 계기로 미국과의 무모한 전쟁에서 광활한 영토를 빼앗기는 등 시종 무책임으로 일관했다.

이러한 실정으로 산타 안나는 국외로 추방되었고 그 역할의 중심에 선 것은 자유주의자들이었다. 멕시코의 근대화를 바라는 자유주의자들이 볼 때 교회가 가진 광활한 토지와 성직자들의 특권, 학교 교육에 관한 뿌리 깊은 영향력, 교회에 징수된 세금 등은 멕시코 근대화의 큰 장애물이었다. 이에 1855년 군인이나 성직자의 재판상의 특권을 폐지한 후아레스Benito (Pablo) Juarez법과 1858년 일반 시민단체나 종교단체가 당장 필요로 하는 것 외의 토지, 건물 등 부동산의 소유를 일체 금지한 레르도Sebastian Lerdo de Tejada y Corral법이 제정되었다.

그러나 교회의 세력을 약화시키고 동시에 교회의 토지를 분할하여 농민에게 분배하려는 것에 교회와 보수파들이 강하게 반발하여 1857년 12월부터 3년여 동안 내전이 발발했다. 결국 내전은 자유주의자들의 승리로 끝나고, 내전을 지휘한 후아레스가 1861년 대통령에 선출되었다.

이어 1876년부터 프로피리오 디아스가 혁명이 일어나기 전까지 30년 동안 독재정치를 하였다. 디아스 대통령은 대외적으로는 경제발전을 이룩하고 철도부설과 광산개발, 전신 · 전화 통신망을 구축했다. 또한 수출증가와 농업 · 목축업을 확대하여 정부의 재정을 흑자로 바꿔 놓았다. 그러나 여덟 번에 걸쳐 대통령으로서 절대적인 권력을 행사하여 훗날 '재선 반대'가 멕시코 혁명의 구호가 될 정도였다. 이는 멕시코에서 대통령의 6년 단임 원칙을 철저히 지키게 된 계기가 되었다. 이러한 디아스의 정책에 대해 1910년 프란시스코 마데로는 강제로 빼앗은 농지를 인디언들에게 되돌려 줄 것과 공정선거와 대통령 재선 반대를 혁명의 기치로 내걸고 투쟁에 나섰다.

혁명의 불길은 빠른 속도로 멕시코 전역을 뒤덮었으며, 결국 이 같은 압력에 못 이겨 디아스는 이듬해 대통령직을 사임하고 미국으로 망명했다.

제3부 거대한 북미 대륙을 일주하다

그 뒤를 이어 마데로가 대통령에 취임했으나, 개혁을 제대로 추진하지 못하고 있다가 1913년 우에르타 장군에 의해 암살되고 말았다.

새로 정권을 장악한 우에르타 역시 디아스와 다를 바가 없었다. 즉 그는 혁명이념이나 농지개혁의 의지를 잃어버렸으며 그나마 허용되었던 자유로운 출판도 탄압했다. 그리고 혁명지도자들은 암살되었고, 1914년에는 의회마저 해산되었다. 이에 마데로의 혁명이념에 보다 충실했던 베누스티아노 카란사와 알바로 오브레곤 장군은 시민혁명군을 조직하여 우에르타에 저항했다. 말하자면 멕시코는 시민혁명군과 우에르타를 추종하는 정부군으로 나뉘어 내전상태에 돌입하였다. 멕시코 혁명의 제2막이 시작된 것이다.

시민혁명군은 크게 세 그룹이었다. 카란사를 중심으로 한 시민혁명군은 멕시코시티를 중심으로 중부지방에서 투쟁했으며, 북부지방은 산적 출신인 판초 비야가 주도했고, 남부는 농민군 출신인 사파타가 농민혁명을 주장하며 농민들을 지휘해 정부군과 싸웠다. 두 진영 간의 전쟁은 미국 쪽 접경지대로도 자주 번졌다. 한번은 판초 비야가 미국 뉴멕시코 주 일대를 공격해 미국인 18명이 목숨을 잃는 등 인명피해가 발생하자 미국의 존 퍼싱 장군은 수천 명의 병력과 함께 판초 비야의 토벌에 나섰으나, 결국 게릴라전에 지쳐 비야를 잡는 데 실패하고 돌아갔다.

이는 혁명기간 중에 회자된 이야기지만 지금까지 미국 역사상 아마 본토를 공격한 사람은 판초 비야가 처음이자 유일한 사람이었다. 당시 미국은 멕시코인을 열등한 민족으로 보고 멸시해, 혁명기간 내내 노골적으로 우에르타 정부군을 지원했다. 1917년 우에르타의 정부군이 완전히 진압되고 혁명에 성공하자 이번에는 혁명군 사이에 다시 내분이 일어났다. 말하자면 혁명의 마지막 장이 펼쳐진 셈이었다. 고생은 나눌 수 있어도 기쁨은 나누기 어렵다는 말이 이럴 때 어울리는 말인 듯하다. 북부지방 지도자인 판초 비야와 농민들의 우상인 사파타는 카란사나 오브레곤 장군에게는 정적일 수밖에 없었다.

판초 비야는 고아로 태어나 20여 년간을 산적으로 살아왔지만, 빼앗은 돈과 물건을 가난한 사람들에게 나눠 주었다. 이런 판초 비야였기에 멕시코 혁명이 일어나자 바로 3천여 명의 병사를 모아 마데로의 혁명군에 가담하여 북부지방을 장악했던 것이다. 그는 스스로 북부군 사령관이 되어 농토를 농민들에게 나누어 주고 수많은 학교를 설립하는 등 농민을 위한 정책을 아끼지 않았다.

카란사와 결별한 후에는 사파타와 동맹을 추진하기도 했으나 뜻을 이루지 못했다. 카란사 정권이 붕괴되자 다시 민간인 신분으로 돌아갔지만, 1923년 7월 반대파의 손에 암살당했다. 그러나 그는 멕시코 혁명사에 큰 발자취를 남긴 위대한 인물이었다. 또한 사파타 역시 계략에 의해 암살당했지만, 그의 꿈과 이상은 아직도 멕시코 농민들의 마음속에 살아 있다.

어쨌든 멕시코 혁명 후 계속된 시민전쟁은 과감한 농업개혁, 즉 농민들에게 무상으로 농지를 배분하는 것을 주요 골자로 하는 개혁들이 혁명정부에 의해 부분적으로 받아들여졌다. 또 혁명정부는 1917년 헌법에 국토와 지하자원을 국가소유임을 명확히 함으로써 외국자본이 국내 경제를 장악하지 못하도록 했다.

1910년 당시 멕시코 토지의 약 15%와 철도와 석유 및 광산의 95%는 외국인 소유였다. 따라서 '멕시코는 외국인에게는 어머니고, 멕시코인에게는 계모'라는 자조적인 말이 나돌고 있을 정도였다. 특히 디아스 독재를 적극 지지했던 교회를 교육과 정치로부터 완전히 분리시켰다. 정치·경제·사회면에서 대변혁을 가져온 멕시코 혁명은 20세기 최초의 사회혁명이었다. 한편, 혁명에 참여했던 메스티소와 인디오는 사회 각계로 진출했으며, 이들의 문화와 전통이 멕시코를 대표하는 것으로 인식되었다. 즉 멕시코는 백인에 의한, 백인을 위한, 백인의 나라가 아니라 메스티소의 국가라는 의식을 확실히 뿌리내릴 수 있었다. 동시에 아즈텍과 마야 문명에 대한 국민적 정체성을 확립할 수 있었다.

나아가 정치경제적인 안정성을 확보하여 라틴아메리카 여타 국가와 차별성을 가지게 되었다. 이러한 일련의 역사과정을 살펴보건대, 멕시코 혁명은 완전하고 철저한 개혁이었다고 말하기 어렵지만 미래지향적인 역사적 측면에서 볼 때 성공한 혁명이었다.

그랜드캐니언보다 깊은 멕시코 코퍼캐니언

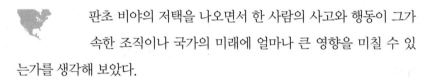 판초 비야의 저택을 나오면서 한 사람의 사고와 행동이 그가 속한 조직이나 국가의 미래에 얼마나 큰 영향을 미칠 수 있는가를 생각해 보았다.

이어서 그랜드캐니언보다 규모가 크다는 시에라마드레 산맥 속의 구리 협곡으로 향했다. 스페인어로는 바란카스 델 코브레Barrnacas del Cobre, 영어로는 코퍼캐니언Copper Canyon이라 부른다. 협곡 정상으로 가는 도중의 경치는 형언할 수 없을 정도였다. 산이 높으면 계곡도 깊다는 바로 그 형세였다.

이 협곡을 그랜드캐니언과 비교해 보면, 구리의 길이는 540km, 그랜드는 446km, 계곡 깊이는 구리가 1,250~1,870m, 그랜드는 1,480m다. 계곡 테두리의 해발 높이는 구리가 2,250~2,540m, 그랜드는 2,000~2,760m이며, 협곡 최대 폭은 구리가 4km, 그랜드는 15km다.

구리 협곡은 서시에라마드레 산맥 한가운데 서로 다른 6개의 강이 하나가 되어 캘리포니아 만으로 흘러들기 전에 각각의 강을 따라 만들어진 6개의 협곡으로 구성된 거대한 협곡군峽谷群이다. 그래서 이 협곡군은 애리조나 그랜드캐니언보다 길고 깊다. 이 협곡은 약 1억3,500만 년 전부터 3천만 년 전까지 서서히 만들어진 것이라 한다. 그런데 이곳 토착민들의 전설에 의하면 엄청난 거인이 이 주위를 걸어 돌아다녀 땅이 금이 가면서 만들어진 것이라 믿고 있다.

처음에는 구리 협곡이라 하여 구리가 많이 나오는지 짐작했지만, 협곡 바위에서 자라는 이끼가 멀리서 보면 구릿빛으로 보여 17세기에 이곳까지 진출한 스페인 정복자에 의해 구리 협곡이라 불렸다고 한다. 찬찬히 둘러보니 구리빛이 나는 것도 같았다.

최초에 이곳에 온 정복자들은 새로운 땅에 기독교를 전파함과 동시에 금과 은을 찾아왔다. 이때 이들은 이곳에서 살며 쉬지 않고 달리기The running people로 유명한 타라후마라 부족을 만났고, 그들이 기대하던 은광을 발견하였다. 이에 광산에서 일할 타라후마라 부족을 노예화하는 과정에서 토착민들의 항거가 있었으나 실패하였다. 결국 이들 부족은 정복자들의 억압을 피해 산맥 깊은 곳으로 들어갔다.

이처럼 스페인 정복자들에 의해 지배를 받아야 했던 잉카족도 안데스 깊은 산속으로 피신했다. 한편 생각하면, 일제총독부와 대지주의 50~90%에 이르는 높은 소작료를 피해 강원도나 함경도 등의 산간지대로 피신가서 화전농민이 되었던 과정이나 크게 다르지 않았다. 이렇게 피신간 화전민을 뒤쫓아 온 일제에 의해 만주나 연해주로 다시 이주했다가 중앙아시아까지 끌려가야 했던 아픈 역사를 기억하고 있다.

이 지역은 최근 급격한 인구 증가와 도로 확충 등으로 자연생태계가 파괴되고 산간지역에서 유지되어 오던 지역의 토착문화도 훼손되고 있다. 거기에다 생계유지를 위해 경작지와 목초지를 확충하느라 활엽수 등을 남벌하고, 특히 땔감을 구하기 위한 산림 훼손으로 토양 침식을 가속시켜 농업생산성을 떨어뜨리는 악순환의 원인이 되고 있다. 단단한 메스키트 나무 등은 숯이나 가구용으로 미국에 고가로 수출되고 있다. 이러한 나무들의 남벌은 임페리얼 딱따구리나 멕시코 늑대 등의 서식지를 빼앗아 결국 이들의 멸종 원인이 되고 있다. 다행히도 최근 이 지역에 세계은행과 멕시코 산림청 등이 대량 삼림 벌채 방지와 훼손된 산림자원을 복원하기 위해 노력하고 있다.

또한 구리나 금, 은 등의 광물질을 얻기 위한 계단식 채굴법과 제련과정에서 공기가 오염될 뿐만 아니라 멕시코 개구리 등 동물의 개체수를 심각하게 감소시켜 생태계의 교란이 일어나고 있다. 그리고 서시에라마드레 산맥 속에 거대한 댐을 건설하여 열대우림과 이 속에 사는 많은 동식물들이 입을 손실을 지적하고 있다.

사실 이러한 산속에 사는 토착인들은 쉬지 않고 달릴 수 있는 신체구조와 참을성이 뛰어나 그들의 신체적 조건이나 자연환경을 이용한 농촌관광이 하나의 대안으로 제시되고 있다. 멕시코의 치와와 태평양 열차Ferrocarril Chihuahua al Pacifico 또는 엘체페El Chepe라 불리는 철도는 길이 653km에 37개의 다리와 86개의 터널을 15시간 지나는 동안 토착인들의 음식이나 의류, 도자기류 등의 공예품을 소개하고 있다. 더욱이 이곳을 구리 협곡 국립공원으로 지정했다는 것은 의미있는 일이다.

길을 수없이 지나 2,400m에 위치한 엘체페의 중간 지점인 디비사데로 역까지 올라갔다. 우리 앞에 펼쳐진 웅장하고 장엄한 협곡은 깎아지른 듯한 바위산과 울창한 수목 그리고 겹겹이 싸인 3,000m급 산들로 장관 중의 장관이었다.

태평양에서 달려온 기차가 이곳에서 15분 정도 머물며 구리 협곡의 대자연을 구경할 수 있도록 멈춰 있었다. 승객들은 부지런히 카메라 셔터를 눌러댔다. 우리도 대자연의 장엄함과 신비함에 매료되어 토착인들이 주변에 있었는지조차 모를 정도였다.

이곳을 찾는 관광객을 위해 지은 호텔은 절벽 끝을 따라 늘어서 있었다. 이곳에서 하룻밤 머물까 했는데 자다가 떨어질까 봐 잠이 올 것 같지 않다는 말에 다음 행선지로 옮기로 했다. 이에 치와와 주를 지나 태평양과 접한 소노라 주를 거쳐 미국 애리조나의 노갈레스로 방향을 잡았다. 길을 바로잡기 위해 대협곡 정상에서 치와와 시 근처로 내려오니 어두워지기 시작했다.

마드레 산맥의 야간 관통

치와와 시로 다시 들어가려다가 그냥 밤을 이용하여 미국 로키 산맥과 이어진 서시에라마드레 산맥을 넘기로 작정했다. 주유소에서 기름을 넣으며 산맥을 넘어간다고 했더니 밤에는 대단히 위험하다고 만류했다. 하지만 기왕에 마음먹은 대로 강행군을 하기로 했다.

정말로 2차선의 좁고 깊은 산속에 들어서니 왕래하는 자동차가 한 대도 보이지 않았다. 아차하는 생각이 들었으나 되돌아가는 것도 쉬운 일은 아니었다. 갑자기 차 안에 긴장감이 흐르기 시작했다. 밤하늘을 살짝 비추던 초승달마저 모습을 감추니 깊은 산속은 더욱 어두워졌고, 긴장은 걱정으로 변해 있었다.

멕시코시티의 우리 대사관에서 다년간 근무하고 뉴욕 유엔대표부에서 일하던 친구를 이곳에 오기 전에 만났었다. 그는 멕시코에 가거든 정말로 조심 또 조심하라는 말을 여러 번 강조했다. 그중 하나는 마약을 단속하는 경찰이나 군인의 검문을 받으면, 반드시 그들의 일거수일투족을 잘 지켜보라며 겁을 주기도 했다. 왜냐하면 마약 단속을 한다면서 운전자 몰래 진짜 마약을 차 안에 슬쩍 던져 넣는다는 것이다. 그리고 차를 통과시킨 후 얼마 뒤에 쫓아와 재검문을 한다면서 자신들이 몰래 넣은 마약을 찾아내 돈을 요구하거나 구금시킨다는 것이었다.

드디어 산맥 한가운데를 지나는 16번 국도에 검문소 불빛이 멀리 보이기 시작했다. 나는 검문하는 군인들을 잘 보라고 당부하고 검문소 차단기 앞에 섰다. 이 한밤중에 차가 오리라고는 생각을 안했는지, 한참 뒤에 무장군인들이 나왔다. 영어를 하는 군인이 없어서인지 통역을 하는 동료를 찾아오는 사이에 군인들의 숫자가 7명으로 늘어 우리 차를 에워쌌다. 그리고 몸집이 큰 셰퍼드도 나와 차 주위를 맴돌았다.

잠시 후에 영어가 통하는 군인이 오더니 내리라며 손짓을 했다. 나는 그들이 묻는 말에 순순히 응했다. 어디서 왔느냐, 무엇하러 왔느냐, 직업이 뭐냐, 가족사항은 어떠냐, 혹시 마약은 있느냐 등의 질문이었다. 나는 한국의 현직교수로 현재 미국 대학에서 객원교수로 있으면서 멕시코를 자동차로 여행 중이라고 했다.

직업이 프로페서professor라는 말을 듣고는 그냥 통과시키려는지 잠시 기다리라고 했다. 한참 뒤에 책임자에게 가서 허락을 얻었는지 조심해서 가라고 했다. 우리는 고맙다며 검문소에서 멀지 않은 주유소에 차를 멈추고 그들이 열어 보았던 트렁크까지 유심히 살펴보았다. 나중에 알게 되었지만 멕시코의 최대 주적은 마약이었다. 마약을 단속하기 위해 도처에 검문소를 설치하고 단속하고 있었던 것이다.

우리는 졸고 있던 주유소 직원을 깨워 기름을 꽉 채우고 다시 출발했다. 가도가도 꾸불꾸불한 산길이었다. 산을 내려가기 시작했다. 이처럼 칠흑같은 캄캄한 밤을 달리기는 처음이었다. 빛이라고는 우리 차의 헤드라이트 불빛뿐이었다.

거대한 산맥을 관통하는 도로 위에는 각종 야생동물들이 눈에 많이 띄었다. 산토끼 20여 마리가 헤드라이트 바로 앞에서 깡충깡충 뛰며 길을 안내했다. 이렇게 수킬로미터를 달리는 동안 사슴같이 큰 동물들이 앞을 가로막았다. 내 생애 이런 색다른 경험은 다시 없었다.

거의 산을 다 내려올 무렵 한번 더 검문을 받았다. 그들은 앞쪽 검문소로부터 연락을 받았는지 검문 없이 통과하라는 수신호를 보냈다. 서서히 어둠이 걷힐 무렵이 되어서야 야생동물들의 모습이 보이지 않았다. 무려 12시간이나 거대한 산맥 속에서 차를 몰았던 것이다. 이제 나지막한 평원이 보이기 시작했다.

소노라 주 에르모시요 인근의 15번 고속도로를 만나고서야 간단한 휴식을 취했다. 간밤의 악몽에서 벗어났다고 생각하니 졸음이 쏟아져 차를 한동안 길가에 세워 놓았다.

에르모시요 시는 현대적인 건물과 스페인 식민지 시기의 건축물들이 대조를 이루어 독특한 경관을 가지고 있었다. 그리고 겨울 휴양지로 각광받을 만한 지리적 위치에 있었다. 미국 국경이 가까워서 주요 고속도로와 철도 등 교통의 요지임이 한눈에 들어왔다.

관심을 가질 만한 것은, 일찍이 이곳에서 제조업과 의류산업으로 성공한 중국 이민자들이 1920년대 반중국 정서가 확산되자 멕시코시티나 미국으로 떠났고, 그 이후 1980년대 미국의 포드자동차 공장의 진출로 도시는 다시 활기를 되찾았다고 한다.

미·멕 국경을 넘어 애리조나 주로

에르모시요 시를 뒤로하고 고속도로를 따라 미국을 향해 북쪽으로 차를 몰아갔다. 도로 양쪽에는 건조지대의 상징인 선인장들이 눈에 들어왔다. 말하자면 미·멕 국경지대의 황량한 건조지대로 들어선 것이었다. 흔히 서부 영화에서 보던 바로 그 광경이었다. 미국 국경 가까이 오자 차량들이 부쩍 늘었다.

오히려 국경이 가까워지면서 간밤에 느꼈던 긴장감이나 살벌함보다 더 강한 분위기가 느껴졌다. 미·멕 국경의 동쪽 관문인 미국의 라레도를 지나 멕시코의 누에보라레도로 입국하면서 보았던 가난한 사람들의 모습이 다시 보이기 시작했다. 미국으로 밀입국하려는 사람들인지도 모르는 일이었다.

미국 애리조나 주 국경도시인 노갈레스를 가리키는 간판이 눈에 들어왔다. 국경은 몇 겹의 철조망으로 불법 월경을 막고 있었다. 멕시코 국경사무소에서 타고 왔던 차가 맞는지 서류검사를 하더니 출국 허가를 해 주었다. 이곳을 지나 미국 국경사무소에 이르니 수많은 차량이 장사진을 이루고 있었다. 트럭은 별도의 라인으로 들어가 철저한 마약 반입 여부를 검사받았다. 잘 훈련된 경찰 마약견 수십 마리가 냄새를 맡으며 분주히 차량 안팎을 돌았다.

우리 차는 간단한 입국심사를 하고 짐을 체크하더니 바로 입국 도장을 찍어 주었다. 출국장을 빠져나오니 '환영, 그랜드캐니언의 주 애리조나'라는 커다란 간판이 눈에 들어왔다. 이상한 일인지는 몰라도 공기마저 갑자기 좋아진 것 같았다. 갈 길은 아직 멀었는데 마치 집에 돌아온 듯한 착각이 들었다.

노갈레스는 사막지역으로 멕시코와 중앙아메리카 국가들의 이주민들이 일자리와 신체의 자유를 찾아 미국 입국을 시도하는 길목이다. 인도적 차원에서 이주민들을 미국 사회가 포용해야 한다는 입장도 있지만, 미국 정부는 미국 내에 잠재적 범죄자를 양산한다는 이유를 앞세워 불법 이주를 불허하고 있다.

3,000km가 넘는 전 국경에 걸쳐 월경을 막는 방책을 설치했지만, 터널을 파는 등 국경을 넘는 방법이 점차 다양해지고 있다. 1990년 이후 200여 개 넘는 마약운반용 불법 터널을 찾아냈다고 하니 마약과의 싸움은 끝이 보이지 않는다. 최근에는 잠수함까지 동원하는 마약조직도 있다고 한다.

이처럼 전 국경에 설치된 삼엄한 방책은 단순히 마약거래를 막으려는 것이 아니라, 불법 월경자를 막는 강경한 수단이다. 최근에는 최첨단 기술을 갖춘 무인 비행선도 등장했다. 이 비행선은 감시 및 촬영범위가 넓고 24시간 활용할 수 있어 성과를 거두고 있다고 하지만 이는 미국의 힘만으로는 막을 수 없는 일로 양국이 상호 협력해야 할 사항이었다.

멕시코 정부도 마약 밀매 방지를 위한 특단의 조치를 취하고 있다. 멕시코는 미국과의 접경지역에 있는 누에보라레도와 노갈레스 등의 세관 직원들을 대량 교체하기도 했다. 또한 뇌물수뢰나 공문서 조작 혐의 등으로 고발된 직원을 파직시키는 등 부정부패 근절에 나서고 있다.

이제 8일간의 멕시코 여행을 마치고 12월 27일 미국으로 돌아왔다. 아무 탈 없이 미국 땅에 들어섰다는 안도감이 우리를 감쌌다. 국경을 넘어 캘리포니아 주와 애리조나 주에 걸쳐 있는 소노란 사막으로 들어서자 사구아로Saguaro 선인장이 보이기 시작했다. 영화에서만 보았던 바로 그 광경이었다.

국경사무소를 지나 첫 고속도로 휴게소에 들러 쉬고 있으려니, 사람들이 동부 코네티컷 차 번호판을 보고 어떻게 그 먼 곳에서 왔느냐며 놀라워했다. 멕시코시티까지 다녀왔다는 말은 하지 않았다. 놀라워하던 그들은 조심하라는 등 행운을 빈다는 등 격려를 아끼지 않았다. 사막 한가운데 뚫린 고속도로 양쪽으로는 광막한 건조한 평원이 펼쳐져 있었다. 우리는 편안한 마음으로 샌디에이고로 향했다.

1 라레도의 미·멕 국경검문소 2 리오그란데 다리 한복판의 미·멕 국경선 표지판
3, 4, 5 멕시코 몬테레이 가는 길에 있는 선인장밭 6 멕시코 중앙고원 도로변 주유소

7, 8 박물관 앞에서 춤을 추는 원주민 9 박물관 입구의 비의 신 10 멕시코 국립고고학박물관 11 마야룸에서 인기 명소인 두 여신 사이의 태양신 12 AD 1~8세기의 테오티와칸 시대의 진녹색 옥을 씌운 마스크 13 AD 8세기 이후 귀금속으로 만들어진 신기한 수염을 가진 불의 신

1, 2 멕시코시티 소칼로 광장의 예술궁전과 대성당　3 멕시코 대통령궁　4 멕시코국립자치대학 도서관의 벽화　5 칸쿤 호텔지구에서 석호 쪽을 바라보면서 본 대형 멕시코　6 태양의 피라미드　7 공중에서 본 태양의 피라미드(좌)와 달의 피라미드(우)　8 칸쿤에서 치첸이사로 가는 도중의 마야인의 농가　9 복원된 치첸이사의 카스티요 신전　10 방치된 신전의 깃털난 뱀 조각모습　11 치첸이사 신전 앞에서 기념품을 팔고 있는 모습　12 테오티와칸 피라미드 앞에서 산 토기들

1 무너져 가는 신전 모습 2 1905년 5월 1,033명의 한인을 싣고 멕시코 남부 살리나크루스 항에 도착한 일포드(ILFPRD)호 3 에네켄 용설란 4 유카탄 반도의 한인 이민자 5 에네켄을 자르는 로렌스 리 6 1942년 쿠바 아바나 한인들의 미국독립기념 경축행진 모습 7 트럭 뒤에 매달려 가는 노동자들 8 멕시코 혁명 역사박물관인 판초 비야 저택 9 케레타로 시 전경 10 케레타로 인근 베르날 거대 바위 11 박물관 내의 판초 비야 초상화 12 1968년에 제작된 율 브리너 주연의 '판초 비라' 미국 포스터 13 1968년 '판초 비라' 한국판 포스터

1 구리 협곡 정상의 다비사데로 역 앞에서 본 장엄한 대협곡　2 구리 협곡 다비사데로 역에서 치와와로 출발하는 기차　3 구리 협곡 절벽 위의 호텔　4 역 정상에서 민속공예품을 파는 아낙네들
5 미·멕 국경지대의 사구아로 선인장　6 미·멕 국경의 마약운반용 터널　7 미·멕 국경의 방책
8 미국의 불법입국자들의 월경을 막기 위한 애리조나와 캘리포니아 사이 사막 위의 방책　9 멕시코 북서부 태평양안의 소노라 주 주도인 에르모시요

태평양 캘리포니아의 다양성을 즐기며

애리조나 주 소노란 사막의 선인장

우리는 I-19번 고속도로를 따라 북상하고 있었다. 멕시코 국경에서 북쪽으로 약 100km 떨어진 투손을 지나 다시 I-10번과 I-8번 고속도로를 갈아타고 애리조나 주를 거쳐 캘리포니아 주의 샌디에이고를 갈 계획이었기 때문이다.

도로 주위에 널린 선인장들은 우리가 사막 한가운데 있음을 실감나게 했다. 멕시코 소노라 주에서부터 보이기 시작한 거대한 다육식물인 선인장을 보면서 사막을 거슬러 북상하고 있었다. 어느 지역에서도 이렇게 많은 거대한 선인장을 본 적이 없었기에 색다른 장관에 매료되었다.

미국 각 주의 특징을 한눈에 알아보는 데는 자동차 번호판에 나타난 그림을 보면 그 주의 자랑이 무엇인지 금방 알 수 있다. 애리조나 주의 자동차 번호판에는 선인장과 그랜드캐니언의 주라고 쓰여 있다. 이러한 사막 한가운데 세워진 투손은 도시권을 합하면 100만 명이 넘는 큰 도시다. 그런데 현대자동차가 2004년에 출시한 SUV 투싼이 이 도시 이름을 딴 것이라는 데, 아마도 사막이라는 열악한 환경 속에서도 번성해 가는 사구아로 선인장의 강인함을 보여 주기 위함이 아닐까 싶다.

여행을 마치고 지나온 사막에 대해 조사해 보았다. 북미 사막에 관한 지식이 없으면 여행의 의미가 줄어들 것 같아서다. 북미에는 그레이트베이슨, 모하비, 치후아후안 그리고 소노란 사막이 있다. 그레이트베이슨 내륙 대분지는 워새치 산맥과 시에라네바다 산맥 사이에 생성된 건조한 분지다. 이 대분지는 면적이 48만km²로 한반도의 2배가 넘는 크기로 53만km²의 중국 타림분지에 비해 작으나 40만km²의 쓰촨 분지보다는 크다.

모하비 사막은 대분지 남쪽에 위치하며 캘리포니아 남동쪽과 네바다, 애리조나, 유타 주 일부에 걸쳐 있으며 면적은 남한의 40% 정도다. 소노란 사막은 주로 멕시코 소노라 주와 애리조나 주 국경지대를 차지하고 있으며, 힐라 강 이름을 따서 힐라 사막이라고도 불린다. 면적은 한반도의 1.5배에 달하며, 애리조나 주 피닉스와 투손이 대표적인 도시다.

그리고 치후아후안 사막은 멕시코로 들어갈 때 우리가 통과한 지역으로 미국의 텍사스, 뉴멕시코, 애리조나 주의 일부와 멕시코 중앙고원의 대부분을 차지하는 곳으로 면적 또한 방대하다. 이들 사막은 평평한 지역뿐만 아니라 높은 산악지대 등이 길게 걸쳐 있어 무려 60여 종의 포유동물, 350여 종의 새, 100여 종의 파충류 그리고 2천여 종의 식물이 서식하는 생태적으로도 귀중한 보고다.

하지만 함부로 선인장밭을 다니다가는 야생동물로부터 공격을 받을 수도 있다. 특히 여름에 방울뱀 같은 독성이 강한 뱀 등이 나타나기 때문이다. 약간 높은 데서 주위를 바라보면 길 양편에 우뚝 서 있는 선인장들과 그 아래 사는 동식물로부터 대대적인 출정신고를 받는 듯한 느낌이 든다. 이런 우람한 모습을 카메라에 담느라 몇 번이나 차에서 내려 셔터를 눌렀다.

이처럼 애리조나 주의 상징인 사구아로 선인장은 평균 수명이 75년 정도로 오래 사는 것은 200년까지 자란다. 그런데 이들의 서 있는 모습도 수명도 인간과 비슷한 점이 많아 친근한 생각이 들었다. 미국 정부에서는 사구아로 선인장을 보호하기 위해 1933년에 처음 국정공원으로 지정하였고 1994년에 이르러 국립공원으로 선포했다.

사구아로는 한 나무에서 수천만 개나 되는 씨를 퍼뜨리지만, 한 그루의 선인장으로 성장하기가 쉽지 않은 희귀종이다. 일단 뿌리가 내리면 1년에 평균 6mm 정도 자라며 15년이면 30cm 정도 큰다. 30년이 되면 비로소 꽃을 피울 수 있고 50년이 되면 2m가 넘으며 75년이 지나야 사구아로의 상징인 옆가지가 퍼지기 시작한다. 100년 후면 7.5m까지 자라고 150년 후에는 15m에 무게가 8톤까지 나가는 제일 큰 선인장도 있다. 200년 정도 살면 거의 수명을 다하고 죽지만, 도중에 급격한 날씨 변화와 새 또는 야생동물의 성화 때문에 죽는 경우도 많이 있다.

사람들은 사막을 황무지 또는 불모지라고 부른다. 이는 사람이 살기에 부적당하고 물이 부족하여 농작물이 자라기 어렵기 때문에 쓸모없는 땅이라고 부르는 것이다. 그런데 과연 쓸모없는 땅인지 아닌지를 구분하는 기준이 지나치게 농업적 관점에서 바라본 이야기가 아닌가 싶다. 만일 지구상에 사막이 없고 온통 비옥한 농토만 있다고 가정했을 때 어떤 일이 생길까 생각하면 아찔해진다. 지구상의 북극과 남극, 산과 들 그리고 바다와 강뿐 아니라 사막 역시 지구 기후를 조절하는 데 큰 역할을 하고 있기 때문이다.

사실 이곳에 오기 전에는 애리조나 주 하면 선인장이나 그랜드캐니언보다 애리조나 카우보이가 먼저 생각났다. 왜냐하면 1950~1960년대 가수 명국환이 불렀던 '아리조나 카우보이'란 가요가 꽤 인기 있었다. 이 노래는 우리나라 최초의 컨트리 음악으로 제목이나 가사 내용에 컨트리 냄새가 물씬 풍겼다. 그리고 무엇보다도 어려운 살림에 찌든 우리에게 그 큰 대륙을 달려가는 카우보이의 모습은 도전적이고 낭만적으로 보였기 때문이기도 했다.

투손은 옛 서부시대를 주름잡던 총잡이들의 전설이 가득한 관광도시로 알려져, 사구아로 선인장 국립공원과 함께 서부 영화를 찍는 올드 투손 스튜디오Old Tucson Studios가 있다.

우리는 이 투손을 지나 멀리 피닉스를 바라보며 미·멕 국경을 따라가는 I-8번 고속도로를 만나 샌디에이고로 방향을 잡았다. 이미 날은 저물어 두 팔 올린 선인장도 희미해지고, 멀리서 달려오는 자동차 행렬의 불빛이 유달리 선명하게 보였다.

콜로라도 강을 건너 애리조나를 벗어나 캘리포니아의 관문인 윈터헤븐를 지나면서 바깥의 경치는 눈에 들어오지 않았다. 이미 우리는 코요테가 많이 산다는 겨울 건기철의 바싹 마른 코요테 산맥 남단을 따라 샌디에이고로 가는 고개를 넘어가고 있었다.

어느덧 휘황찬란한 캘리포니아 샌디에이고 시가 한눈에 들어오는 언덕 위까지 왔다. 멀리 태평양의 파도소리가 들리는 듯했다.

천사의 도시 LA와 한인사회

샌디에이고는 미국에서 가장 살고 싶은 도시 가운데 늘 상위권에 있는 도시다. 미국 최고 부호인 빌 게이츠도 이 도시 교외에 저택을 가지고 있다 하니 알아줄 만하다. 또한 이곳은 선샤인 데이가 일 년 중 330여 일이나 되고 바닷바람이 불어와 여름에도 그리 덥지 않다고 하니, 샌디에이고보다 더 좋은 날씨를 가진 도시는 많지 않을 것 같다. 이런 쾌청한 날씨와 충분히 햇볕을 받은 이 지역의 과일은 당도가 높아

소비자들에게 인기가 높다.

우리는 샌디에이고의 야경을 볼 수 있는 교외 언덕의 호텔에 여장을 풀고 하루 쉬기로 했다. 작은 수영장이 있어 모처럼 시합을 하며 피로를 풀었다. 사실 미국에 오기 전에 꼭 필요한 운동이라 생각하여 아이들에게 수영 훈련을 다부지게 시켰었다.

이튿날 아침 볼거리가 많은 샌디에이고의 어디를 갈까 망설이다가 돌고래쇼와 물개쇼를 볼 수 있는 씨월드를 가자는 아이들의 의견을 따랐다. 그런데 다섯 명의 입장료가 만만치 않았다. 눈치를 챈 큰딸이 뉴욕에서도 본 건데 또 보냐고 해 모두 뒤로 물러섰다. 사실 이곳에서 지체하기에는 시간이 너무 아까웠다.

우리는 북쪽으로 185km 떨어진 로스앤젤레스로 방향을 돌렸다. 막상 방향을 돌리면서도 아름다운 바닷가와 공원 그리고 미군항의 중심지인 이곳의 정취를 느끼지 못하고 떠난다는 것이 무척 아쉬웠다. 하지만 샌디에이고의 중심지를 벗어나 I-5번 고속도로에 올라 태평양을 바라보며 달리는 순간 아쉬움은 바닷속으로 사라져 버렸다. 갈매기가 하늘을 날고 검푸른 파도가 끊임없이 밀려오는 태평양을 내려다보며 바다 건너 고국의 부모형제를 생각했다. 그리고 파도소리와 갈매기 울음소리를 자장가 삼아 잠깐 눈을 붙였다. 짧은 토끼잠이었지만 머리를 맑게 해 주었다.

로스앤젤레스에 들어서니 역시 뉴욕 시에 이어 미국에서 두 번째로 인구가 많은 대도시다운 면모를 갖추고 있었다. 시 외곽으로 뻗는 입체교차로 등 교통이 무척 복잡했지만, 그 복합함 안에는 질서가 있었기에 찾아다니는 데는 문제가 없었다. 세계의 큰 도시인 뉴욕, 워싱턴, 파리, 런던, 로마, 도쿄, 베를린, 방콕, 아테네 그리고 북유럽의 여러 도시 등에서 차를 직접 운전한 경험이 있어 로스앤젤레스에서도 기가 죽을 이유는 없었다.

우리 동포가 거주하는 한인타운을 가보고 싶었다. 길 양쪽으로 늘어선 식품점, 세탁소, 식당 등 서비스 업체뿐만 아니라 교회, 병원, 변호사 사무소, 부동산중개소 등 다양한 업종의 한글 간판은 다름 아닌 한국의 LA구나 다름없었다. 자주 가던 뉴욕의 한인타운인 플러싱보다도 잘 정리되어 있고 세련된 분위기였다.

상점 간판을 보면 언제 이민 온 사람인지 알 수 있다고 한다. 이민 당시 한국 사회의 이미지가 간판 속에 드러나 있기 때문이란다. 그런데 이렇게 활기찬 한인타운이 로스앤젤레스 흑인폭동의 한가운데에 있었다니 믿어지지 않았다.

LA폭동은 1992년 4월 29일부터 5월 4일까지 로스앤젤레스 일대가 무법천지로 되면서 약탈과 살인 그리고 폭력이 난무한 흑인폭동이었다. PCP라는 마약을 복용한 흑인 청년 로드니 킹이 고속도로에서 속도위반으로 경찰의 정지신호를 무시하고 달리자, 그를 추격하여 검거하는 과정에서 백인 경찰들이 무자비하게 구타하는 현장이 텔레비전에 공개되면서 폭력을 행사한 백인 경찰들이 피소된 사건이 폭동의 시작이었다.

그러나 흑인 청년 킹을 집단 구타한 네 명의 백인 경찰관에게 무죄판결이 내려지자, 인종차별에 분노를 느낀 흑인들이 거리로 나오면서 백인뿐 아니라 동양인과 히스패닉들에게도 폭력, 상점 방화와 약탈, 총격과 살인을 자행했다. 이러한 흑인폭동은 전국으로 확산되었는데, 문제는 폭동의 중심지가 한인들의 상점이 밀집해 있는 곳이었다.

그런데 엉뚱하게도 미국 메이저 방송사들은 흑인폭동이 일어나자 1991년도 한국인 슈퍼마켓 정당방위사건인 두순자 씨 사건을 방송하면서 흑인폭동의 원인을 흑백 갈등인 아닌 한인과 흑인 간의 분쟁으로 몰아가기 시작했다. 이것을 본 흑인들이 한인 상점만을 골라서 폭력, 방화, 약탈, 살인을 저질렀던 것이다. 이때 피해를 본 업소 1만여 개 가운데 2,800개가 한인 업소였다.

한인들은 흑인 폭도들로부터 생명과 재산을 지키기 위해 한인타운을 중심으로 힘을 모으기 시작했다. 특히 한인 해병전우회는 동포들에게 총기 사용방법을 집중 훈련시켰고, 건물 옥상에 모래자루를 쌓아 진지를 구축하고 저격병을 배치하였다. 그리고 한인타운 각 매장 앞에도 모래자루로 진지를 만들어 폭도들의 진입을 차단했다. 해병전우회의 일사불란한 지휘하에 한인라디오방송과 무전기를 통해 LA특전사전우회, 한인타운 상인 그리고 유학생 등 한인 1세대인 할아버지들까지 움직이기 시작했다. 흑인 폭도들이 한인 상점을 약탈하려고 하면 즉시 차량으로 이동하여 대응사격을 하면서 상점들을 지켜냈다. 또한 할머니와 아줌마 부대들도 총탄이 오가는 중에도 김밥과 주먹밥이 담긴 광주리를 머리에 이고 방어대의 식사를 도왔다. 말하자면 행주치마 부대였다.

폭동 3일째 미국 메이저 방송사들은 한인타운의 총격전을 보도하면서 한인상가의 지붕에 설치된 M3자동화기, 기관총 등을 집중보도했다. 이러한 방송사들의 보도는 한인타운에 잘못 들어갔다가는 죽을 수 있다는 소문이 퍼지면서 조금씩 안정을 찾아갔다. LA폭동 당시 가장 중추적 역할을 했던 해병전우회의 활동은 평소의 조직력이 유사시에 전력화한 좋은 사례로 평가받을 만했다.

미국 정부는 LA 일원에 비상사태를 선포하고 캘리포니아 주방위군 6천 명, 장갑차와 연방군 1천 명을 진주시켰다. 그리고 폭동을 촉발한 로드니 킹은 기자회견을 통해 흑인들의 자제를 촉구하고 폭력행위를 즉각 중단해줄 것을 호소하기도 했다. 결국 사태가 진정되면서 사망자 55명, 부상자 2,383명, 체포된 사람이 13,779명으로 결코 작은 희생이 아니었음을 보여주었다.

이 폭동은 미국의 인종문제가 전통적인 흑백 간의 싸움에서 흑인과 다른 소수민족 간의 싸움으로 확대된 중대한 사건이었다. 그간의 노력에도 불구하고 흑백 간의 높은 인종차별의 벽을 넘지 못했던 것이다. 여기에 새로이 미국 사회에 몰려온 아시아나 남미 출신 이민자들이 그들보다 훨씬 빨리 자리를 잡고 부를 축적해 가는 것을 보면서 흑인들의 좌절감이나 괴리감은 더욱 깊어졌을 것이다.

여기서 귀담아 들을 뒷이야기가 있다. 당시 한인 방어대가 건물 옥상에 설치한 기관총 등의 중화기는 모두 모의 장난감총이었다는 것이다. 다만, 발사한 것처럼 보이도록 가짜 탄피를 바닥에 뿌려 놓거나 겉모양만 기관총같이 나무 모형을 만들어서 눈속임을 했다. 기관총이 등장했다는 신고를 받은 경찰들이 와서 보고는 모두 가짜라는 것을 알고, 그 기지와 용기에 크게 감탄했다고 한다.

이는 우리 방어대가 헬기를 타고 공중에서 현장 중개하는 미국 방송사들을 역이용하여 폭도들을 겁먹게 한 탁월한 심리전의 하나였다. 이러한 눈속임 사례로는 1950~1960년대 무기가 부족했던 독도경비대가 일본 해상경비정이 독도에 접근하면, 나무로 정교하게 만든 모의 대포를 경비정 방향으로 돌려 사격을 가하는 흉내를 내어 물리친 이야기와 너무 닮았다.

이렇듯 강력한 자위수단을 발휘한 한인타운에 대한 긍정적인 평가는 사회질서를 유지하려는 보수적인 미국인들에게서 나왔다. 당시 경찰들은 폭도들이 몰려오자 달아나기 바빴다. LA타임즈는 당시 현장에 있었던 총포상의 말을 인용하여 경찰차 4대 모두 총소리가 나자마자 0.5초도 안 되어 차를 타고 도망갔다고 했다. 그러나 당시 한인타운의 남자들은 군 경험이 있었고, 한국전쟁과 베트남전쟁 참전자도 있었기에 폭도들에 대한 즉각적인 응전이 가능했다고 한다. 한편, 사건 이후 총기 소유를 지지하는 전미총기협회는 '총은 이런 일이 생길 경우 자신을 지키기 위한 것'이라며 지붕 위에 올라가서 가게를 지킨 한인들의 사례를 들먹이며 이용하기도 했다.

몇 해 전 우리 학생들을 위해 '진정한 용기란 무엇인가'라는 제목으로 해병대사령관을 지낸 전도봉 장군을 모시고 강연을 들은 적이 있다. 전 사령관은 결혼과 동시에 월남의 지휘관으로 파병되어 많은 실전 경험을 쌓은 그야말로 역전의 용사였다. 그는 평소에 전우를 괴롭히고 말썽피우는 군인은 총알이 날라오면 가장 먼저 숨거나 도망가는 비겁한 모습을 보이곤 했다고 지적했다. 반면에 평소 묵묵히 자신의 일에 충실한 사람은 동료의 위기에 가장 앞장선 용감한 군인의 모습을 보여 주었다는 얘기가 가슴속에 진하게 남아 있다.

흑인폭동사건 이후 한인사회에는 두 가지 변화가 있었다고 한다. 하나는 먼저 미국인으로서 권리를 얻기 위한 운동이다. 이전까지 한인들은 한인 공동체 중심으로 살면서 시민권 취득을 하지 않는 사람이 많았다. 그후 정치적 입장을 강화하기 위해 수많은 교포들이 시민권 취득운동을 전개했다. 이는 나중에 버지니아 주에서 보여 준 일본과의 갈등 문제인 위안부 문제와 동해 명칭을 둘러싸고 벌인 한인들의 시민권 취득운동과 같은 것이었다.

두 번째는 타 인종과의 공생공존을 적극적으로 생각하기 시작했다는 점이다. 인종을 넘어 주변의 흑인, 히스패닉을 포함한 범지구적 차원에서 모든 인종과 더 많은 인적 교류를 위한 사고전환과 실질적인 행동을 보여 주기 시작했다는 것이다.

상상력을 자극하는 할리우드와 머릴린 먼로

LA는 세계적인 영화산업의 중심지이며 할리우드, 디즈니랜드, 비벌리힐스, 유니버셜 스튜디오 등을 안고 있다. 우리는 그중에서도 대표적인 명소 할리우드의 유니버셜 스튜디오를 구경하기 위해

LA 중심가에서 북서쪽에 있는 할리우드 시 인근의 보통 호텔에서 하룻밤을 보냈다.

이튿날 아침 일찍부터 많은 차량들이 입구에 몰려 있었다. 우리도 이들 사이에 끼어 본격적인 구경에 나섰다. 이 스튜디오는 미국의 영화 배급사로서 뉴욕에 본부를 둔 세계에서 두 번째로 오래된 영화 제작 스튜디오로 세계적으로도 가장 영향력 있는 영화업체다. 할리우드는 수많은 영화 제작을 통해 많은 유명 배우들을 탄생시켰으며, 할리우드라는 명칭은 미국의 영화와 텔레비전극을 대신하는 대명사로도 쓰이고 있다.

이곳 영화관에서는 많은 영화들이 첫 상영되기도 하고, 아카데미상 시상식이 열리기도 한다. 우리는 스타의 거리Walk of Fame에서 유명 배우들의 이름을 확인하고 그들의 손도장과 발도장이 찍혀 있는 곳에 손을 맞춰 보기도 했다.

이처럼 할리우드는 세계적인 명소가 되기까지 짧지 않은 시간을 기다려야 했다. 이곳은 1900년대 초까지만 해도 인구 500명의 작은 농촌이었는데, 1910년에 합병되면서 뉴욕과 뉴저지 일대에서 번성했던 영화산업이 캘리포니아의 날씨가 영화 촬영에 유리하다고 하여 할리우드로 옮기기 시작하면서 오늘날 영화산업을 대표하는 곳이 되었다.

우리는 영화 세트 속으로 빠져들어 갔다. 죠스Jaws, 워터월드Water world, 쥬라기 공원Jurassic park, 터미네이터Terminator 그리고 서부 영화 제작 세트의 움직임이 진짜 같았다. 특히 미이라Mummy 세트장의 공포의 동굴을 지나면서 무시무시하게 위장한 미이라들이 갑자기 나타나자 놀란 나머지 뒤로 넘어져 앉은 채로 뒷걸음질을 치기도 했다.

이곳에 오기 전에 흥미로울 것이라고 짐작은 했지만, 이렇게 영화 제작 세트가 섬세한 과학과 다양함이 뒷받침되어 있는지 몰랐다. 그리고 영화 한 편으로 끝나는 것이 아니라 영화 세트를 만들어 수입을 올리고 영화

세트를 해외에 수출하여 20~30년 전의 영화를 세 차례 이상 지속적으로 부가가치를 올리는 비즈니스 마인드에 감탄하지 않을 수 없었다. 우리나라에서도 유니버셜 스튜디오를 각 지자체에서 서로 유치하려는 경쟁을 벌이다 결국 중국으로 넘어간 것이 못내 아쉽다.

유니버셜 스튜디오 견학은 우리에게 새로운 경험을 통한 상상력을 일으키는 데 충분했다. 마음은 벌써 이곳에서의 아쉬움을 남기고 문밖에 나와 있었다.

그런데 할리우드를 대표하는 여배우 마릴린 먼로가 1954년 2월 한국전쟁에 참전한 미군들을 위로하기 위해 강원도 인제읍 상동리에 있는 인제성당 앞 가설무대에서 위문공연을 펼친 적이 있다. 이에 인제군에서는 사진전시회를 열고 농촌문화관광을 확대하는 차원에서 가로 0.9m, 세로 0.7m 크기의 대리석에 당시 마릴린 먼로의 공연사진과 설명문이 담긴 '마릴린 먼로 인제공연 기념비'를 설치할 계획이라고 한다. 관광자원 개발차원에서 좋은 아이디어라고 생각한다.

당시 마릴린 먼로는 뉴욕 양키스 소속의 조 디마지오와 재혼한 후 여행차 일본에 와 있었는데, 한 장교가 다가와 "지금 한국에서 많은 병사들이 고생하고 있는데, 그들을 위해 한국으로 가지 않겠느냐"는 제안을 흔쾌히 수락한 것으로 알려졌다. 이후 한국에서 4일 머무르는 동안 동두천을 시작으로 10여 차례 위문공연을 했는데 인제 공연도 들어 있었던 것이다. 이런 기록을 보면 그녀는 영화배우이기 전에 진정한 미국인의 한 사람이었다.

할리우드 근처의 비벌리힐스를 지나가며 미국에서도 손꼽히는 최고급 주택가와 고급 쇼핑가를 곁눈질로 구경했다. 설사 차를 멈춘다고 해도 쇼핑을 즐길 만한 경제적 여유가 없다는 생각을 하자 잠시 쓸쓸함이 스쳤다.

샌프란시스코의 금문교와 클램차우더

LA를 떠나면서 이곳의 유수의 대학인 UCLA를 둘러보지 못한 섭섭함도 컸지만, 더 아쉬웠던 것은 LA에서 LA갈비를 못 먹었다는 것이다. 우리는 LA에서 600km 북쪽 샌프란시스코 인근의 캘리포니아주립대학 데이비스UC Davis를 향해 차를 몰았다. 이곳에 강원대 농대 김상헌 교수가 연구차 와 있었기 때문이다.

샌디에이고에서 LA까지는 태평양을 끼고 북상하며 바다내음을 맡을 수 있었지만, LA부터 데이비스까지는 내륙 쪽에 건설된 I-5번 고속도로를 이용해야 했기에 바닷가와는 잠시 멀어져야 했다. 더욱이 점점 어두워지고 있어 차창 밖의 경치는 별로 의미가 없다. 드디어 자정 무렵 데이비스에서 멀지 않은 I-5번에서 내려섰다. 데이비스에는 비가 내리고 있었다. 김 교수 가족과 우연히 뉴욕에서 만난 지 4개월 만의 반가운 재회였다.

이튿날도 여전히 비가 내렸지만, 집을 떠나 처음 맞는 비라서 그런지 나쁘지 않았다. 바로 머리 위에 있는 듯 낮게 깔린 구름 아래 겨울 내내 내리는 영국의 겨울비보다는 한결 좋았다. 김 교수 가족과 함께 금문교에서부터 샌프란시스코를 들여다보기로 했다. 비는 멈출 듯하더니 점차 거세졌다. 하지만 우리의 의욕을 꺾지는 못했다.

사실 뉴욕 맨해튼과 뉴저지 주를 오가는 허드슨 강의 조지워싱턴 브리지를 넘나들 때마다 언제 금문교를 가보나 하는 생각을 했었다. 이는 바로 대서양안의 뉴욕에서 출발하여 대륙을 가로질러 태평양안의 샌프란시스코로 가는 육로 대륙 횡단의 꿈을 가지고 있었기 때문이다. 하긴 많은 미국인들도 금문교를 보는 꿈을 꾸고 있을 정도로 금문교가 지닌 의미는 단순하지 않다.

우리는 이 다리를 설계한 조셉 스트라우스 동상을 만져보고 샌프란시스코 시와 해협 건너 마린 반도를 연결하는 금문교의 인도에 올라섰다. 태평양의 바닷물이 내륙 깊숙이 파고들면서 만들어진 반도에 둘러싸인 캘리포니아 만은 천혜의 항구임이 금방 눈에 들어왔다.

이 반도가 태풍과 강풍으로 발생하는 파도를 막아 주어 샌프란시스코 만은 마치 인공호수처럼 바위산들이 자연 방파제 역할을 하고 있다. 다만, 대양과 만을 연결하는 2km 정도의 폭으로 트여 있어 넓은 캘리포니아 만에서 대양으로 나갈 수 있는 좁은 해협은 문 역할을 해 황금의 문Golden gate이라 불렀다고 한다. 이런 자연적인 해협은 배가 안전하게 드나드는 데는 좋지만, 두 반도 사람들은 해협을 건너야 하는 불편함이 있었다.

이러한 불편함을 덜고자 골든게이트 해협에 다리를 놓은 것이 바로 금문교다. 문제는 전함과 같은 큰 배가 통과하려면 다리가 수면에서 50m 이상 높아야 한다는 것이었다. 이렇게 하기 위해서는 바다 위에 높은 교각을 세우는 일이 쉽지 않았고, 동시에 이곳이 지진지대임을 감안하면 붕괴 위험도 높았다. 그럼에도 지금의 다리를 만들기 위해서는 양쪽에 지줏대를 세우고 빨랫줄처럼 높이 들어올린 다리가 지진과 강풍에도 견뎌 내야 했다. 그리고 2km가 넘는 해협에 다리를 건설해야 했는데, 당시 기술로는 꿈같은 일이었다. 말하자면 오늘날의 현수교Suspension bridge를 만들어야 했던 것이다.

그런데 왕복 6차선 도로의 무게가 무려 90만 톤에 이르는 것을 마치 빨랫줄처럼 공중에 들어올리듯이 건설하다고 했을 때 누구도 믿으려 하지 않았다. 그러나 여러 궁리 끝에 연필 굵기의 강철선 2만7천 가닥을 엮어 다리를 매달았다. 이렇게 엮은 케이블의 직경은 1m, 길이는 2,789m였다니 그들의 노력이 어떠했는지 짐작이 가고도 남았다.

이렇게 거대한 두 줄의 케이블을 해협 양쪽 바위산에 고정시키고 전신

줄처럼 늘어뜨린 케이블을 거대한 탑 두 개에 걸었다. 그 탑의 높이가 227m이며 다리 높이는 수면에서 66m나 되어 어떤 큰 배도 통과할 수 있게 되었다. 공사는 1933년에 시작하여 4년 후인 1937년에 개통되었다. 이후 1964년까지 세계 최장의 현수교로 미국인의 개척정신을 상징하는 구조물로 국민들의 사랑과 세계인의 주목을 받았다.

다리 건설에 필요한 재정 문제를 해결하기 위해 설계자인 스트라우스는 은행장이었던 장인 아메디오 지아니니와 면담을 하면서, 다리 수명이 얼마나 되겠느냐는 질문에 한마디로 영원하다고 자신있게 대답했다. 결국 계약이 체결되어 공사가 이루어졌다. 어쨌거나 금문교는 의외로 간결하게 보이지만, 나로서는 아름다움 그 이상의 의미를 지니고 있었다.

그리고 한번 들어가면 살아나오기 힘들다는 악명 높은 감옥 알카트라즈 섬이 빗속에서도 흐릿하게 눈에 들어왔다. 이 교도소는 이미 1963년에 폐쇄되어 지금은 많은 관광객을 끌어들이는 관광명소가 되었다. 이곳에서 탈출이 불가능하다는 이야기는, 우선 샌프란시스코 앞바다에는 상어가 우글거려 영화 촬영을 위해 몇 번 젤리로 만든 물개를 바다에 던졌는데 몇 초 지나지 않아서 모두 상어가 채갔을 정도라고 한다. 그리고 섬 주위에 수십 미터의 절벽과 빠른 조류와 낮은 수온 등은 탈출이 불가능한 그야말로 천혜의 감옥이었다.

이 감옥이 유명해진 것은 알 카포네와 조기 켈리 같은 거물급 갱단 두목이 수감되면서였는데, 더 유명해진 것은 탈출이 절대 불가능한 삼엄한 경계를 뚫고 은행강도로 10년 징역을 받은 프랭크 모리스와 클래런스 앵글린 그리고 존 앵글린 형제 등이 탈옥하면서였다. 이들은 교도소에 들어온 지 2년 반 뒤인 1962년 6월 탈출했는데, 탈출과정에서 사망했는지 또는 탈출에 성공했는지는 미스터리로 남아 있다. 실패의 증거가 될 시체가 발견되지 않아 궁금증을 증폭시켰기 때문이다. 그러나 이 탈출이 성공했다고 보는 이들은 인간에게 불가능이란 없다는 것을 믿기 때문이다.

이 탈옥 이야기를 담은 영화가 1979년 '알카트라즈 탈출Escape from Alcatraz'로 제작되어 이 섬을 더욱 유명하게 만들었다. 나도 이 영화를 흥미롭게 보며 탈출에 성공했을 것으로 생각했다. 어쨌거나 교도소 감방에 갇힌 죄수들은 창문을 통해 밤마다 불야성을 이루는 샌프란시스코를 바라보며 출옥할 날만을 기다렸을 것이다.

서양사 속에 나오는 감옥들도 주로 외딴 섬에 많이 있다. 러시아 원정에 실패한 나폴레옹도 우여곡절 끝에 대서양의 세인트헬레나에 유배되어 죽었다. 그리고 가슴에 새긴 나비 문신 때문에 '나비'라는 뜻의 별명이 붙여진 빠삐용도 살인 누명으로 종신형을 선고받고 대서양에서 악마의 섬이라고 불리는 외딴 섬에 갇혔다. 이 빠삐용이 백발이 다 되어 탈출에 성공한 이야기를 다룬 영화 '삐삐용'을 아주 감명깊게 보았다.

금문교 위에서 밑을 내려다보니 빠르게 휘돌아 감는 물결이 마치 우리에게 손짓하며 부르는 듯한 환상에 빠질 뻔했다. 그래서 그런지 매년 수십 명이 이 다리 위에서 투신하는 것으로도 유명세를 타고 있다. 이런 일이 반복적으로 일어나니 50여 명의 페인트공들이 일 년 내내 다리에 칠한다는 붉은색을 한번 다른 색으로 바꿔 보면 자살하려는 사람이 줄어들지 않을까 하는 생각이 들었다.

이어서 어시장이 있는 부둣가로 자리를 옮겨 그 유명한 조개수프를 먹기로 했다. 어부의 부두Fishermans Wharf라 불리는 어시장 바로 앞에 알카트라즈 섬이 자리잡고 있어 사람들로 무척 붐볐다.

어느 가게든지 줄을 서서 차례를 기다리고 있었다. 드디어 잘 구운 밀빵 속을 파내어 조개 등의 생선과 감자와 양파 등을 넣어 만든 클램차우더clam chowder를 하나씩 받아들었다. 이 수프빵은 샌프란시스코의 어부들이 배에서 먹기 좋게 개발한 것이라고 한다. 뜨거운 수프의 열기가 입맛을 돋우고 쫄깃하게 씹히는 조개, 그리고 푸근한 빵은 아닌 게 아니라 옆에 누가 있어도 모를 정도로 깊은 맛이 있었다.

샌프란시스코의 도심지로 돌아오는 동안 비는 멈추고 구름이 높아지면서 푸른 하늘이 보이기 시작했다. 제일 먼저 들른 곳은 부둣가에서 멀지 않은 차이나타운이었다.

샌프란시스코의 아시아계 이민사회와 우리

중국인들은 19세기 중반 이후 서구 열강들이 중국 대륙으로 들어오자 저임금의 육체노동자로 세계 구석구석 안 간 곳이 없을 정도다. 미국의 광산과 대륙 횡단 철도 공사 그리고 금문교와 시베리아 횡단 철도, 남아공의 다이아몬드 광산 등, 심지어는 나폴레옹이 유배되었던 당시에도 세인트헬레나 섬에 600명이 넘는 중국인 노동자가 있었다.

이는 그만큼 중국의 국력이 약하기도 했지만 그만큼 인구도 많았다는 것을 의미한다. 다시 말해 중국은 당시 세계 인적자원의 공급지였다. 지금도 중국 내륙 개발과 아프리카 대륙, 중남미, 태평양상의 여러 제도 등에서 그들의 인구는 가파르게 증가하고 있다.

이런 와중에 세계적으로 많지 않은 일본인 타운이 있다는 것도 하나의 역사적 산물이다. 한인 미주 이민 110주년을 맞아 뉴욕 불광선원에서 열린 '미주 한국불교의 미래 방향을 모색하는 세미나'에서 뉴욕시립대CUNY의 서영민 교수가 발표한 '한국계 미국인과 일본계 미국인 사회의 비교'라는 논문에 깊은 관심을 가졌었다.

서 교수는 여기서 한국의 역사와 문화적 배경으로 인해 한인 이민사회가 일본과는 다른 형태로 진화할 것으로 예측했다. 이는 일본 이민사회는 고립화와 미국화의 두 가지 특징을 보이며 20년 전부터 인구수가 감소하고 있는데, 한인 사회는 오히려 10년 안에 이민 러시의 물결이 일어날 것으로 보고 있었다.

우선 그는 2010년 인구센서스 분석에서 나타난 일본 이민자는 76만 3,325명으로 2010년 대비 4.2% 감소한 데 비해, 한인 사회는 무려 32.2% 증가한 142만3,784명으로 일본의 2배에 달하며, 이민자 중 한국에서 출생한 자는 100만 명으로 일본 출생자 30만 명의 3배가 넘는 것만 보아도 두 나라의 이민자 흐름은 극명한 차이를 알 수 있다고 한다. 이민 역사가 우리보다 훨씬 오래된 일본의 경우 미국 출생자들이 인구조사에서 미국인으로 표기하는 사례가 많다는 점에서 실질적인 일본계 미국인은 103만 명 정도로 추산되고 있다. 1970년대 초까지 7만여 명에 불과했던 한인 이민자는 90년대 초에는 무려 80만 명에 이르렀다. 현재 한인 공식인구는 140만여 명이나, 통계에 잡히지 않은 인구와 불법체류자를 더하면 230만 명에 달하는 것으로 추측하고 있다.

서 교수는 가족이민에서 취업이민의 숫자를 늘리려는 미국의 이민정책 변화에 한인들이 좋은 조건에 있다고도 한다. 왜냐하면 이미 고학력 중심의 전문직 종사자들을 중심으로 하는 한인 이민자들은 다른 이민사회와 달리 가족이민보다는 취업이민의 비중이 높은 것으로 나타나고 있기 때문이다. 거기에 자녀교육을 위해 미국 입국 후 이민자로 신분 변경을 하는 문화적 특성, 북한의 개방 가능성 및 조선족을 비롯한 제3국에 거주하는 신규 이민자들의 미국 선택 등 세 가지 요인을 제2의 한인 이민 러시의 요건이라고 주장했다. 또한 실향민 출신의 한인 이민자들이 북한에 있는 가족을 초청하게 된다면 얼마든지 가능한 일이라는 것이다.

그러나 일본 이민자들은 2차 세계대전 당시 재산이 몰수되고 집단수용소에 갇혀 학대받은 경험 등이 있어 미국 사회에 대한 거부감과 공포감이 있기 때문에 고립화와 미국화의 길을 걸었지만, 한인 사회는 미국의 극단적인 인종차별과 법차별을 받은 경험이 거의 없다고 지적했다.

역사적으로 보더라도 1924년 이민법Immigration Act of 1924 또는 존슨−리드법 Johnson-Reed Act에서는 1921년 이민제한법의 3% 쿼터를 더 낮춰, 1890년 인구조사를 기준으로 미국 이민자들을 2% 이내로 제한하는 법이었다. 이 법은 국가에서 이민자의 상한을 1890년 인구조사 때 미국에 살던 각국 출신의 2% 이하로 제한하는 것으로, 1890년 이후 대규모 이민이 시작된 동유럽 출신, 남부 유럽 출신, 아시아 출신을 엄격히 제한하는 것을 목적으로 하고 있었다.

특히 아시아 출신에 대해서는 전면적으로 이민을 금지하는 조항이 마련되었다. 당시 아시아 이민자의 대다수를 차지하고 있던 일본인이 배제되는 것이어서, 미국 정부에 일본계 이민자를 배척하지 않도록 요청했던 일본 정부에 충격을 주었다. 미국 이주를 희망하는 각국의 이주 희망자에 대해 국가별 인원수 제한을 결정한 내용이었지만, 일본인에 관해서는 입국이 전면적으로 불가능하게 되는 규정이었다.

미국에서 아시아계 이민자의 유입은 1848년 골드러시로 시작되었다. 많은 중국계 노동자가 캘리포니아 주를 중심으로 광산과 철도 건설에 종사했다. 아일랜드계 이민자를 비롯한 백인 빈곤 노동자의 대립과 항쟁하는 모습은 1870년대에 이미 기록에 나타나 있다. 중국계에 대해서는 1875년 페이지법Page Act of 1875에서 이미 제한이 이루어지고 있었지만, 1882년의 이른바 중국인 배척법Chinese Exclusion Act에서 명시적으로 이민을 금지시켰다. 당초 10년간의 임시 조치였지만 이후에 연장되었다.

일본인의 경우 하와이 이민은 메이지 시대 초부터 시작되었다. 이후 미국 본토에의 이민도 활발해졌는데, 이는 일본에서 직접 가는 경우도 있었다. 그러나 대부분 입국이 쉽고 일본인 공동체가 이미 있는 하와이로 갔다가, 하와이가 미국에 합병되는 기회를 틈타 미 서해안의 각 도시로 퍼졌다.

일본 이민자들 역시 근면하고 끈기가 있어 상당히 성공을 거둔 사람도 나타났다. 그러나 그들은 폐쇄적인 공동체를 형성한 나머지 미국 지역사회와는 조화를 이루지 못했다. 다만 번 돈을 일본의 가족에게 송금한다는 인식이 미국인에게 새겨져 있었다. 또한 현실적으로도 미국 시민권 취득에 열성을 보이지 않았고, 미국에 충성을 맹세하지 않는 등 배척을 받을 이유가 많이 있었다.

이런 중국과 일본의 타운은 역사적 의미를 지닌 채 관광객의 입에 오르내리고 있었지만, 한국의 기념물은 보이지 않았다. 다만, 샌프란시스코한인회에서 장인환, 전명운 의사의 기념물을 공공장소에 건립하려 했으나 시당국이 허락하지 않았다. 잘 알고 있는 것처럼 이곳 샌프란시스코에서 1908년 친일파 미국인으로 대한제국의 외부 고문을 맡고 있던 스티븐스가 귀국하여 일본의 보호가 한국에게 유익하며 한국인들도 환영하고 있다는 망언이 지역신문에 보도되었다. 이에 격분한 두 젊은이 중 전명운이 3월 23일 샌프란시스코 여객선 선착장에서 일본인 총영사와 함께 있는 스티븐스에게 먼저 육탄공격을 했고, 이어서 스티븐스에게 위해를 가할 목적으로 따로 왔던 장인환이 권총으로 저격하였다.

이와 같은 역사적 사실을 인지하고 있는 시당국은 장인환과 전명운 두 의사가 벌인 일은 한국 역사상으로는 대단히 중요하다는 것을 인정하지만, 이곳의 정치적 상황을 고려할 때 미국 시민을 샌프란시스코에서 암살한 두 사람의 동상을 공공장소에 건립하는 것은 적절하지 않다고 밝히면서 개인적 건물이나 장소를 택하길 바란다는 내용을 덧붙였다고 한다. 이처럼 우리나라를 알리는 공공기념물은 없지만, 샌프란시스코는 우리에게 독립정신을 다시 한 번 일깨워 주는 독립 성지로 자리매김되고 있었다.

이러한 역사적 사실을 가슴에 안고 제법 경사진 언덕을 따라 빅토리안 저택이 있는 곳까지 왔다. 영국 산업혁명 시대인 19세기 중반 이후 20세기 초반 빅토리아 여왕 시대의 주거 스타일을 보여 주는 컬러풀한 집들이 나란히 늘어서 있는 것을 보면서 영국에서 일 년간 이 집들과 비슷한 2층집에서 살던 기억이 떠올랐다. 1906년 4월 18일 샌프란시스코 시내와 캘리포니아 북부에 대규모 지진이 강타하여 건물 75%가 붕괴되고 498명이 목숨을 잃었으나, 이 저택들은 그대로 남아 있었다고 한다.

잠시 머물렀지만 이 도시를 이해할 수 있을 것 같았다. 미국인의 낭만적인 꿈과 현대 도시가 지닌 대기와 수질오염의 심각함과 미국 평균치를 상회하는 자살률을 기록하고 있는 이중성을 동시에 안고 있는 도시이기도 하지만, 뛰어난 경치를 자랑하는 항구와 다리 그리고 경사진 도로 등은 오래도록 기억에 남을 것들이었다.

또 한나절이 지나고 있었다. 비는 멈추었지만 태양은 수평선 끝에 걸려 석양의 아름다움을 연출하고 있었다. 샌프란시스코에서의 여러 일들을 추억으로 남기고 북동쪽으로 110km가 넘는 데이비스로 향했다. 김 교수 댁에 도착하니 캘리포니아대학 데이비스에서 농기계학을 공부하고 있는 듬직한 대학 후배가 기다리고 있었다.

이튿날 데이비스 캠퍼스를 방문하여 김 교수와 후배가 연구하고 공부하는 방을 찾았다. 연말연시라 캠퍼스는 조용했지만, 대학 공항을 가지고 있을 정도로 캠퍼스는 넓고도 넓었다. 데이비스의 지형이 매우 평탄하여 자전거가 일상적인 교통수단이었다. 또한 데이비스는 UC 버클리와 더불어 캘리포니아대학교 중 핵연구소를 갖고 있다. 이런 면학 분위기 속에서 밤새워 공부하고 있는 모습이 그려졌다. 특히 농대부터 시작된 대학인 만큼 생명과학에 강세를 보이고 있다.

대학 캠퍼스를 잠깐 들여다보고 다시 대륙을 건너갈 채비를 했다. 우리는 김 교수 가족과 작별 인사를 하고 데이비스를 떠나 요세미티 방향으로 차를 몰았다. 새해를 하루 앞둔 12월 30일 아침이었다. 우리는 캘리포니아 주의 3대 도시라 할 수 있는 샌디에이고와 로스앤젤레스 그리고 샌프란시스코를 통해 캘리포니아의 과거와 현재 그리고 미래를 볼 수 있었다.

부자를 꿈꾸는 샌프란시스코의 골드러시

캘리포니아 주의 또 다른 이름인 골든 스테이트Golden State가 지닌 의미를 곰곰 생각해 보았다. 골든 스테이트라는 캘리포니아 주의 별칭은 1848년 1월 24일 콜로마 시에 있는 존 셔터의 농장에서 사금이 발견되면서부터였다.

처음에는 이 사실을 비밀에 부쳤으나 소문은 금세 퍼져 나갔다. 1848년 2월 2일 미국-멕시코 전쟁이 끝나면서 이 지역은 미합중국에 할양되었는데, 지금은 폐간된 뉴욕 헤럴드가 1848년 8월 19일 이 사실을 보도한 것이 골드러시로 이어지면서 붙여진 이름이다. 이어 12월 5일에는 제임스 포크 대통령의 의회연설에서도 금 발견을 인정했다.

골드러시 초기인 1849년에 금을 찾아나선 사람들을 '49년의 사람' 이라는 뜻의 포티나이너Forty-niners로 부르기 시작한 것이 금을 찾아나선 사람들을 부르는 대명사가 되었다. 당시 금을 캐기 위하여 광부는 물론 공무원, 날품팔이꾼, 변호사, 군인, 의사, 심지어는 판사까지 나섰다고 하니 그 열풍이 얼마나 대단했는지 알 수 있다. 이는 지금도 샌프란시스코 운동팀을 49er라고 부르는 이유가 되었다. 이후 전 세계로부터 캘리포니아 황금의 땅으로 이민의 물결이 쇄도했다.

샌프란시스코는 골드러시가 시작되기 전까지는 작은 마을이었으나, 금이 발견되자 인구가 1848년 약 1천 명에서 1850년에는 2만5천 명으로 늘어났다. 급작스런 인구 유입으로 금광 가까운 마을에서 살 곳이 마땅치 않자 사람들은 텐트, 오두막, 혹은 버려진 선박 선실에서 살기도 했다.

하지만 골드러시에 편승하여 캘리포니아로 가는 여정은 쉽지 않았다. 중도에 죽는 사람도 많았고, 일부 사람들은 동부해안으로부터 33,000km에 이르는 남미 최남단을 돌아 5~6개월 걸리는 여행을 하기도 했다. 폭이 좁은 파나마까지 남진했다가 일주일 정도 정글을 가로질러 태평양안으로 와서 샌프란시스코 가는 배를 타고 시간을 절약하는 사람도 있었다.

이렇게 온 사람들에게 필요한 생활필수품을 실은 선박들도 도착했다. 문제는 선박의 승무원들이 금광으로 몰려가 샌프란시스코 부두에는 수백 척의 배가 버려져 마치 마스트의 숲처럼 되었다. 그러자 버려진 선박을 창고, 술집, 호텔, 심지어는 감옥으로까지 사용했다고 한다.

사실 셔터의 농장에서 금이 발견되기 6년 전에 LA 북쪽 산악지대에서도 금이 발견되었으나 사람들은 크게 관심을 두지 않았다. 한편 1850년까지 쉽게 접근하여 채취하던 금이 고갈되어 가자 중국인이나 라틴계 외국인들을 따돌리기 시작했다. 나아가 금광이 인근 지역으로 확대되자 백인들은 그곳에서 대대로 살아온 인디언을 몰아내기 위해 싸움을 걸었다. 무기가 없는 인디언들은 생활터전을 지키기 위해 광부들을 공격하기도 했으나 결국 내쫓기고 말았다.

1849년 캘리포니아에 도착한 이들은 9만 명 정도로 추산된다. 그 절반은 육로를 통해서, 나머지는 해로를 통해서 온 것이다. 이 가운데 5만 명에서 6만 명 정도는 미국인이었고, 나머지는 다른 나라에서 온 이들이었다. 이후 1855년까지 적어도 30만 명의 이민자들이 전 세계에서 캘리포니아에 도착했다.

초기 포티나이너들은 금을 마음껏 캘 수 있었다. 당시 금광의 소유자도 없어 정부가 세워지기 전까지는 면허세나 세금도 없었다. 다만 이들에게

1850년부터 1852년까지 캘리포니아 현지에 존재하던 멕시코 광산법이 적용되었을 뿐이다. 초기에 채굴자들은 강바닥에서 사금을 찾았다. 후에는 금 탐광을 위한 보다 세련된 기술이 개발되면서 개인 채굴자보다 회사 등의 광산 개발 비율이 높아갔다. 특히 수십억 달러에 달하는 금광이 발견되어 극소수에게는 막대한 부를 가져왔지만, 많은 사람들은 빈손으로 돌아갔다.

골드러시는 미국 역사에서 5년이라는 짧은 기간 동안 발생한 사건이지만 미국 사회 발전에 상당한 영향과 엄청난 결과를 낳았다. 작은 개척지였던 샌프란시스코는 신흥 도시로 성장하였고, 캘리포니아에는 도로, 교회, 학교 그리고 마을이 건설되었다. 또한 1850년에 미국의 31번째 주로 가입했다. 특히 재미있는 것은 광부들을 상대로 만든 작업복인 청바지 리바이스가 골드러시로 인해 세계적인 브랜드로 성장했다는 것이다.

그런데 당시 포티나이너가 물에 빠진 딸을 구하지 못해 슬퍼하며 부른 '넓고 넓은 바닷가에 오막살이 집 한 채'로 시작되는 클레멘타인 노래가 골드러시가 남긴 것이라는 이야기를 듣고 마음이 촉촉해졌다.

캘리포니아의 새로운 금맥, 캘리포니아 델타

이처럼 캘리포니아에 골든 스테이트라는 별칭이 붙여진 것은 금이 발견되었기 때문이다. 하지만 모든 금광의 생산이 멈춘 오늘날에도 많은 사람들은 또 다른 이름의 금맥을 찾아 캘리포니아를 찾고 있다. 감탄사가 절로 나오는 경이로운 자연경관, 햇빛 가득한 호수와 바닷가, 울창한 숲, 광활한 사막, 다양하고 풍부한 야생 동식물, 산과 산 사이의 넓은 평야, 현대적인 대도시와 옛 정취가 가득한 농촌마을은 이곳을 찾는 이의 마음을 설레게 한다. 그리고 친절한 사람들과 음식, 세계 최정상급의 와인과 과일 등이 널리 호평을 받고 있다.

이미 다녀온 영화산업의 중심지 할리우드나 지식 창출의 보고인 대학 등과 최근의 광고, 컴퓨터 프로그래밍, 데이터 프로세싱, 회계, 법률, 금융, 무역 등 비즈니스와 관련된 서비스업과 관광산업이 캘리포니아의 새로운 금맥이다. 또한 LA지역에만 2만5천 개의 제조업 공장들이 밀집되어 있어 미국에서 제일 큰 제조업의 중심지로 금맥의 크기를 키우고 있다.

캘리포니아 주는 41만1,000km²로 한반도의 2배에 달하는 크기로 다양한 기후와 자원 등으로 보기에 따라서는 금이 아닌 것이 없을 정도다. 특히 포도밭 면적이 무려 22만ha 이상으로 매년 약 30억 병에 해당하는 20억 리터의 와인을 생산하고 있다. 이는 이 지역의 기후 특성이 주는 또 다른 황금으로 이탈리아, 프랑스, 스페인에 이어 세계 4위의 와인 생산량을 자랑하고 있다. 동시에 광업과 함께 초기 주종산업이었던 목축업과 오렌지 등의 과일류와 사탕무의 생산은 미국에서 선두를 다투고 있을 정도로 명실공히 미국 제1의 농업 주임이 틀림없다.

우리는 새크라멘토 강과 아메리칸 강이 합류하는 센트럴 계곡에 자리잡은 캘리포니아 주도인 새크라멘토를 지나쳤다. 그리고 국도 16번과 49번, 120번을 타고 가다 요세미티 국립공원 안의 요세미티 빌리지를 돌아올 생각이었다.

캘리포니아 평야지대를 지나면서 이 지역에서 생산되는 각종 과일과 와인이 만들어지는 현장을 보고 싶기도 했다. 우리 정서가 담긴 자포니카 타입의 쌀을 대량 생산하여 한국의 쌀시장을 목표로 하고 있기 때문이기도 했다. 현장을 보지 않고서는 도무지 실감을 할 수가 없었다. 밸리를 지나면서 느낀 소감은, 이곳은 골이 패인 계곡이 아니라 남한의 거의 반이나 되는 대분지 평원이었다. 동서남북이 산으로 둘러싸인 길이 725km, 폭 64km로 남한의 거의 반에 이르는 유역 면적이 총 4만7,000km²에 달했다.

이 대분지를 관통하는 새크라멘토 강과 샌와킨 강은 많은 비와 시에라네바다 산맥 서쪽 측면의 눈이 녹아내린 물을 받아 새크라멘토–샌와킨 강 델타 또는 캘리포니아 델타라고 불리는 새크라멘토 시 남서쪽의 델타랜드 지역에서 합류하여 샌프란시스코 만으로 흘러들어가고 있다. 특히 1963년에 새크라멘토와 샌프란시스코 만을 연결하는 63km의 운하Sacramento Deep Water Ship Channel와 여기에 내륙항인 새크라멘토 항을 건설하여 델타 지역에서 생산되는 각종 농산물 등을 원활히 운송하는 역할을 담당하고 있다.

다만, 세계적으로 큰 델타인 나일강 델타, 메콩강 델타 등은 모두 상류지방의 발원지에서 강이 한 줄기로 내려오다가 하류에 와서 수많은 부채꼴 모양으로 갈라지는 것이 보통이다. 그런데 이곳 델타는 산맥에서 흘러내려오는 수많은 강줄기들이 갈라져 내려오면서 델타를 이루다가, 이 강줄기들이 다시 한 줄기가 되어 바다로 흘러들어가는 역방향의 부채꼴 모양을 하고 있는 것이 특이하다. 어쨌든 여러 갈래의 강줄기 사이에 전개되는 평원은 비옥한 충적 토양이다.

이처럼 광대한 분지는 1849년 캘리포니아 골드러시 이후 목축업과 농업이 급속히 발전하는 계기가 되었다. 특히 수많은 댐과 운하가 건설되어 충분한 관개가 가능했기 때문에 이 지역은 현재 미국에서 가장 비옥한 농토의 한 곳으로 다양한 작물과 가축을 생산하고 있다. 거기에 석유와 천연가스 매장량도 풍부한 것으로 나타났으니, 이 지역을 위해서는 금상첨화다.

특히 장립형의 아칸소 주 쌀과는 달리 우리 입맛에 맞는 중립형 캘리포니아 쌀은 바로 우리 농업에 영향을 주고 있다. 장기적으로 미국쌀협회USA Rice Federation와 카길사 등의 미국계 곡물 메이저들이 한국 쌀시장 공략에 본격 가세할 경우 국내 쌀시장이 급속도로 장악당할 것이라는 우려감도 없지 않다. 여기에 태국산과 호주산인 선라이스Sunrice 등도 가세할 것으로 보고 있다.

문제는 10년 이상 한국 시장을 준비해 온 미국 쌀인 칼로스Calrose가 인지도를 높이기 위한 홍보에 나서고 있다는 점이다. 한국을 포함한 세계 쌀 시장 공략의 선두에는 미국의 8천여 쌀 재배농가를 비롯하여 도정업자와 쌀 판매업자들로 조직된 미국쌀협회가 버티고 있다.

물론 그 뒤에는 미국계 곡물 메이저들이 위력을 발휘하고 있다. 카길, 컨티넨탈 등은 미국 곡물 수출량의 85%, 한국 곡물 교역량의 30%를 차지하는 국제적인 조직이다. 이들은 세계 여러 곳의 농산물 생산지나 시카고 곡물거래소 등에서 다량의 곡물을 매입하여 곡물매매 중계 및 수송과 가공, 하역, 선적, 배분, 저장시설 등 유통과정을 완벽하게 장악하고 있다.

그런데 최근 지구온난화로 겨울에 눈이 내리지 않아 이 지역의 물사용량을 급격히 줄이라는 강제 절수 명령이 내릴 정도가 되었다. 따라서 물을 많이 먹는 아몬드, 오렌지 대신 물이 적게 드는 포도나 올리브 등으로 작목을 바꿀 정도다. 캘리포니아 주정부는 물먹는 하마라는 잔디를 사치라며 걷어냈다. 이러한 때 오바마 대통령이 캘리포니아에서 골프를 치다가 비난을 받는 등 가뭄으로 예민한 반응을 보이고 있다. 동시에 이러한 가뭄은 대기를 건조시켜 캘리포니아에서 산불이 자주 발생하는 원인이 되었다.

겨울 눈 속의 장엄한 요세미티 국립공원

이 델타가 지니고 있는 저력을 생각하며 요세미티 국립공원 방향으로 전진하고 있었다. 이미 수확이 끝난 대규모의 논과 포도와 오렌지밭이 우리를 반기는 듯했다. 다소 흐린 날씨였지만 이 농장들 모습이 선명하게 눈에 들어왔다.

출발한 지 3시간 만에 '죽이는 자들Those Who Kill' 이란 킬러로서의 명성을 지닌 이곳 인디언 부족 이름에서 유래되었다는 요세미티 국립공원에 10달러를 내고 입장하였다. 산 아래쪽으로는 비가 내렸지만, 이곳은 도로 양쪽에 눈이 높이 쌓여 있었다. 겨울철에는 눈이 많이 내려 도로를 폐쇄한 다는 얘기를 듣고 막히면 어쩌나 걱정을 했는데, 다행히 말끔히 제설작업이 이루어진 채 개방되어 있었다.

우리는 눈 쌓인 도로 정상에서 심호흡을 하며 간단한 맨손체조로 웅크렸던 심신을 활짝 폈다. 그리고 다시 차에 올라 염화칼륨을 뿌려 놓은 도로 위를 천천히 내려가고 있었다. 해발 4,000m의 산과 산 사이에 빙하 침식작용으로 만들어진 깊은 계곡과 기암절벽들이 눈앞에 펼쳐졌다. 무슨 말을 덧붙여야 할지 입이 떨어지지 않았다. 길을 따라 내려오면서 만난 '수직 암벽의 추장'이란 뜻을 지닌 엘 캐피탄 바위는 높이가 900m에 달했다. 이 바위가 세계 암벽등반의 메카라고 하니, 암벽등반가들이라면 한 번쯤 도전해 보고 싶은 마음이 생길 만한 곳이었다. 이 바위 정상을 쳐다보려고 머리를 뒤로 젖히는 순간, 이름 그대로 근엄한 추장의 모습이 나를 내려다보고 있었다.

그랜드캐니언과 옐로스톤과 함께 미국의 3대 국립공원 중 하나로 1984년에 유네스코 자연유산으로 등록된 이 아름다운 장관을 우리만 보기에는 너무 아까운 생각이 들었다. 샌프란시스코에서 얼마 되지 않는 거리여서 금문교와 함께 요세미티 국립공원은 꼭 들러야 할 곳이다.

그런데 앞으로 나아갈수록 주변의 수려한 경관 때문에 자동차 속도를 내기가 어려웠다. 거대한 바위, 호수, 폭포, 맑은 시내, 세콰이어 나무 등으로 울창한 숲은 대자연의 신비로움을 그대로 간직하고 있었다. 가다 보니 사람들이 모여 있어 차를 멈추었다. 눈 덮인 기암절벽 사이로 물이 쏟아져 내리는 폭포가 있었다. 바로 높이 739m, 너비 28m의 요세미티 3단폭포였다.

겨울철이라 그런지 물의 양은 적었다. 신기한 것은 춘천의 구곡폭포는 한겨울인 1월과 2월 사이에는 얼어붙어 빙벽 훈련을 하는데, 여기서는 빙벽을 타는 사람들이 보이지 않아 아직 추위가 덜 왔나 보다 생각했다. 하긴 한겨울의 춘천보다 춥지 않았다. 나는 이곳의 기를 받고 싶어 두 팔을 높이 벌리고 만세 삼창을 외쳤다.

이렇게 요세미티 한가운데를 거쳐 국립공원 아래쪽인 요세미티 빌리지까지 내려왔다. 이곳 역시 관광객이 없다시피한 까닭인지 편의시설은 문이 닫혀 있었다. 아마도 연말연시 휴가를 갔는지도 모르겠다. 오히려 잘되었다고 생각하며 넓은 공간에 마련된 나무식탁에 앉아 준비해 온 밥과 밑반찬을 꺼내 점심을 먹었다. 주위의 맑은 계곡물 소리가 또 하나의 밑반찬이 되어 주었다.

요세미티 국립공원을 돌아보면서 세계 유수의 국립공원을 지났다는 것만으로도 짜릿한 즐거움을 느꼈다. 특히 흰 눈으로 덮인 요세미티를 감상할 수 있었던 것은 색다른 경험이었다. 그야말로 많은 사람들을 매료시켜 온 전설의 계곡은 찾는 이의 기대를 저버리지 않았다.

요세미티를 뒤로하고 북아메리카에서 가장 덥고 건조한 네바다 주 라스베이거스로 향했다. 이미 어두워져 사진 속에서만 본 데스 밸리를 상상하며 달리고 있었다.

1 애리조나 투손 시 2 1885년에 설립된 애리조나주립대학 3 샌디에이고 씨월드 입구 4 LA폭동 장면 5 바다에서 바라본 LA 전경 6 1954년 2월 강원도 인제성당 앞 임시무대에서 위문공연을 하고 있는 마릴린 먼로 7 유니버셜 스튜디오에서 받은 안내서 8 유니버셜 스튜디오 내의 홍수 광경을 찍기 위한 세트 9 샌프란시스코의 빅토리안 하우스 10 샌프란시스코 어시장 부둣가 입구 표시판 11 애리조나 주 자동차 번호판

1, 2 샌프란시스코 한인회관 강당의 전명운(좌)와 장인환(우) 의사의 흉상 3 샌프란시스코 어시장에서 맛본 클램차우더 4 샌프란시스코의 금문교 5 악명 높은 감옥이었던 알카트라즈 섬

6 금을 캐고 있는 작업 광경 7 1800년대 중반 골드러시에 등장한 리바이스 청바지
8 골드러시 기념우표 9 새크라멘토–샌와킨 강 델타 공중사진
10 내륙의 새크라멘토 항에서 배에 곡물을 선적하고 있는 모습

1 요세미티의 상징인 거대한 수직 암벽 엘 캐피탄 바위
2 요세미티의 터널 3 요세미티 도로 정상에서 본 모습
4 요세미티 입구를 알리는 간판

서부의 신비한 대자연 속으로

실패를 두려워하지 않는 라스베이거스

우리는 데스 밸리를 뒤로하고 네바다 주 남쪽 모하비 사막으로 들어섰다. 날은 이미 저물어 언제 떴는지도 모르게 둥근 달이 모하비 사막을 비추고 있었다. 가끔 자동차 헤드라이트 불빛이 사라지면 달빛이 그 자리를 대신해 희미하나마 저 멀리 사막 지평선 너머까지 비춰 주었다. 달빛 아래 사막은 적막하기 짝이 없지만 외롭다는 생각은 들지 않았다. 이럴 때 우리는 가족 대륙 횡단가를 부르곤 했다.

서너 시간을 달려 현란한 네온사인이 반짝거리는 라스베이거스에 들어섰다. 사막 한가운데 이 거대한 도시를 건설한 사람들에 감탄하며 휘황찬란한 네온 불빛에 눈을 빼앗기고 있었다.

라스베이거스의 명물인 스트립 거리와 프레몬트 거리에 늘어선 세계 일류 호텔들의 위용은 가히 일품이었다. 자정이 넘은 한밤중에 천천히 운전을 하면서 본 거리는 하나의 거대한 테마공원 같았다. 초록색과 붉은색으로 번갈아 변하는 거대한 사자상과 무려 5천 개가 넘는 객실, 컨벤션센터,

수영장, 나이트클럽, 식당, 카지노 등 뭐든지 대규모인 MGM호텔, 피라미드와 스핑크스로 장식한 이집트 테마 호텔인 룩소호텔 등은 정말이지 상상을 초월했다. 거기에다 200만 개가 넘는 조명등을 설치하여 쇼를 펼치는 프레몬트 거리의 화려함은 처음 이곳을 찾은 나그네의 마음을 홀려 놓기에 충분했다.

라스베이거스의 대형 호텔을 비롯한 모텔의 객실 총수가 1998년에 109,365개, 2001년 126,610개, 2002년에는 126,787개로 점차 증가하고 있었다니 얼마나 큰 규모인지 알 수 있다. 특히 세계에서 규모가 큰 14개 호텔 중 13개가 이곳에 있다고 하니 이제 더 놀라울 것도 없었다. 도시 전체가 도박장으로 대형 호텔 안에 대형 카지노가 있는가 하면 작은 호텔에도 아주 작은 카지노 오락실이 있다.

몇 시간의 짧은 휴식을 위해 대형 호텔 사이에 있는 작은 모텔을 찾아 노크했다. 누가 그랬는지 몰라도 라스베이거스 호텔들은 카지노 고객을 유인하기 위해 아주 낮은 가격이거나 거의 공짜 수준이라는 말은 통하지 않았지만 그래도 생각보다는 낮은 가격이었다. 아무튼 여장을 풀고 카지노 객장을 구경하기 위해 이곳에서 제일 크다는 MGM호텔 카지노장을 찾았다. 한밤중인데도 화려한 양탄자와 인테리어로 장식된 객장의 기계 앞에는 사람들로 붐볐다.

이런저런 이유로 일단 라스베이거스에 온 사람 가운데 카지노 게임을 하는 확률은 87%라고 하니, 누구나 적은 금액이라도 한 번쯤은 베팅을 해 본다는 얘기였다. 호기심이 발동한 나의 경우도 예외는 아니었다. 자동차 기름값이나 보충할 욕심으로 20달러를 바꿔 슬롯머신을 당겨 보았으나 얼마 안 가 모두 소진하고 말았다. 아마 평균적으로 20달러 정도로는 오래 버텨 봐야 30분을 넘기지 못한다고 한다.

사실 노름이라고는 민화투조차 제대로 못하는 내가 이런 경험을 해 본 것은 여기에 참가하는 이들의 심정을 이해하는 데 도움이 되었다. 남에게 지기 싫어 오기로 계속 베팅했다가는 패가망신에 이르는 것은 시간문제임을 알 수 있었다. 그래서 유흥과 도박으로 거금을 잃고 투신자살하는 사람이 많아 라스베이거스 대부분의 호텔은 창문을 열 수 없다고 한다.

강원도의 도박장인 강원랜드에서도 거금을 잃고 노숙자가 되거나 스스로 목숨을 끊는 사람들의 소식을 가끔 듣곤 한다. 라스베이거스의 휘황찬란한 네온사인은 그야말로 모하비 사막의 신기루와 다름없었다. 카지노장에서 도박을 하지 않는 것이, 돈을 잃지 않아 그만큼 돈을 따는 길이라는 것을 모르는 사람은 없는 것 같다. 다만 사람의 자제력을 시험하고 있을 뿐이었다.

라스베이거스는 도시로 성장하기 위해 갖추어야 할 입지조건은 아니었다. 왜냐하면 대도시로 성장하는 데 필요한 자연자원이나 뚜렷한 산업기반도 없고, 대도시로부터 수백 킬로미터 떨어져 있어 목초지는 고사하고 관개시설과 스프링클러 등 인공 시설물의 도움 없이는 풀 한 포기 자라기 힘든 건조하고 무더운 사막 위에 세운 기적의 도시이기 때문이다.

그런데도 현재 세계에서 가장 규모가 큰 호텔과 카지노, 컨벤션센터, 24시간 이용 가능한 오락시설을 갖춘 미국에서 가장 유명한 관광지가 되었다. 또 1999년에는 인구 100만 명 이상의 도시 59개 중 주거환경 적합성에서 1위를 차지하기도 했다. 이러한 차원에서 2000년도에 강원도 폐광지역에 카지노 사업을 개발하면서 라스베이거스는 주요 벤치마킹의 대상이 되었음은 물론이다.

라스베이거스는 1829년 뉴멕시코 산타페에서 LA로 가던 60여 명의 스페인계 탐험가들과 상인들이 사막 한가운데에서 오아시스를 발견하면서 시작되었다. 그들은 이곳을 '초원'이라는 뜻의 스페인어 라스베이거스라 불렀으며 사막을 횡단하는 사람들의 중요한 휴식장소가 되었다.

1850년대 이후는 유타 주와 캘리포니아를 연결하는 우편도로와 군용도로가 건설되면서 몰몬교도들이 처음 정착하게 되었다. 특히 20세기 초에 건설된 철도 정차역으로 이곳은 하나의 도시로서 기본적인 모습을 갖추게 되었다. 그러다가 결정적으로 1930년대 네바다 주가 금지했던 도박을 합법화하고 1931년부터 허버트 후버 대통령에 의해 후버 댐이 건설되기 시작한 것이 라스베이거의 급속한 성장을 돕는 촉진제가 되었다.

연방정부는 대공황으로 어려웠던 1930년대를 통틀어 7천만 달러에 달하는 대규모 예산을 투자했다. 후버 댐은 대공황으로 발생한 대량의 실업자를 구제하고 미국 남서부의 홍수 통제와 수자원과 전력개발을 위한 주요 프로젝트였다. 후버 댐에서 불과 40km 떨어진 라스베이거스는 풍부한 물과 전기를 공급받으면서 인구가 급증하고 건설 붐이 일어났던 것이다. 동시에 미국 전역에서는 세계에서 가장 큰 후버 댐을 구경하기 위해 몰려들었다. 이는 이 댐의 배후 도시인 라스베이거스에는 절호의 기회였다.

거기에다 1940년대부터 라스베이거스 주변 지역이 군수산업공장, 군 사격장과 비행훈련장으로 선정되면서 관련 인력들이 모여들기 시작했다. 실제로 이곳에서 105km 떨어진 곳에 네바다 핵실험장이 있다. 이들 군속과 관광객들은 화려한 네온사인의 불빛에 매료되어 이곳으로 모여들었고, 1950년대 들어 스트립을 중심으로 독특한 이미지를 가진 대형 호텔들이 건설되면서 관광객을 유치할 목적으로 당시 유명 배우였던 프랭크 시나트라, 엘비스 프레슬리 등의 쇼나 프로골프, 프로복싱 세계챔피언전 등을 유치하여 흥행을 연출하였다.

또한 호텔 내에 공연장이나 회의장을 만들어 도박을 넘어 쇼와 스포츠, 각종 회의장소로 인식되기 시작했다. 그중에서도 오늘날 카지노와 향락으로 활력이 넘치는 도시에 라스베이거스의 기반을 마련한 창업가의 꿈과 사랑, 그리고 고뇌를 그린 1991년에 제작된 영화 '벅시Bugsy'도 한몫했다.

2001년도 통계자료만 보아도 이 도시의 성격을 금방 알 수 있다. 즉 라스베이거스 총 방문객 4천만 명 중에서 세계적인 대형 박람회부터 크고 작은 세미나와 학술회의 등의 컨벤션 행사가 4천 건 이상, 참석하는 사람만 410만 명에 이르고 있다. 1인당 음식 및 음료수 값으로 약 213달러, 교통비로 62달러, 쇼핑에 107달러, 쇼관람 46달러, 관광경비 17달러, 호텔비로 하루 85달러, 카지노장에서 607달러를 각각 사용한 것으로 나타났다. 이것으로 보아 지출 비용의 반 이상은 카지노에 쓰고 있음을 알 수 있다. 그리고 종업원만 해도 2만 명이 넘는다.

이리하여 2000년 네바다 주의 235개 호텔 카지노장에서 벌어들인 돈이 140억 달러가 되었다니 분명 황금알을 낳는 사업임이 틀림없다. 그리고 재미있는 것은 골프나 복싱 등의 스포츠 경기에 베팅하는 돈만 연간 20억 달러가 넘는다는 것이다. 이는 네바다 주가 미국에서 스포츠 베팅이 허용된 몇 안 되는 주이기 때문이기도 하다. 미국인에게 인기 있는 슈퍼볼이 열리는 날은 전국에서 베팅을 위해 모여드는 사람들로 라스베이거스행 항공편은 늘 만석이라고 한다.

한편 영화 제작자이자 항공기 제작회사 등을 운영하는 '베가스 남작'이라 불리던 하워드 휴즈가 1966년 라스베이거스로 들어왔다. 억만장자인그가 오기 전까지는 어중이떠중이 협잡꾼과 노름꾼이 와서 싸구려 카지노나 하던 저급한 유흥도시였다. 그는 멋쟁이 신사숙녀가 고급 승용차를 몰고 다니며 놀 수 있는 레저 유흥도시를 만들기로 마음먹고 스트립에 있는 대형 호텔을 5개나 구입하면서 현재의 라스베이거스로 변신하게 되었다는 얘기도 들린다.

설경 속의 그랜드캐니언과 야생동물

라스베이거스에 입성한 지 9시간 만에 숨 돌릴 여유도 없이 떠난 우리는 그랜드캐니언으로 향했다. 황막한 사막을 가로질러 가다가 이정표를 잘못 읽어 사막 깊숙한 곳까지 갔다가 잘못된 것을 알았을 때는 기름이 거의 바닥난 상태였다. 미처 예비 기름통을 채워 두는 것을 등한히 한 결과였다. 주유소를 찾아 헤매다가 자동차가 멈추기 직전에 간신히 기름을 넣었다.

다시 되돌아와 애리조나와 네바다 주 경계의 블랙 협곡에 콜로라도 강을 막아 세운 후버 댐이 한눈에 내려다보이는 언덕 위에 올라섰다. 이 댐은 인류 역사에 남을 큰 토목공사 중 하나로 2만 명이 넘는 인력이 투입되었다. 당시에 만든 200m의 두꺼운 벽이 80년이 다 된 지금도 가장 깊숙한 곳의 시멘트는 굳지 않아, 피라미드와 함께 앞으로 최소한 10만 년 이상은 이 지구상에 남아 있을 구조물이라 한다. 이 댐 건설로 생긴 인공호수 미드호의 물은 수력발전, 관개, 식수 및 산업용수는 물론 댐 상부는 콜로라도 강을 건너는 교통로로 이용되고 있다. 이렇듯 이 댐이 지닌 경제사적 의미를 생각하니 감회가 깊었다. 특히 주변에 댐이 7개나 있는 춘천에 살면서 후버 댐을 보는 감정은 남달랐다.

후버 댐을 지나 그랜드캐니언으로 가는 길에 세찬 바람과 함께 폭설이 내렸다. 도중에 돌아가는 차량도 적지 않았으나 우리는 무슨 일이 있어도 그곳에 가야만 했다. 그런데 갈수록 눈이 더 내려 오도가도 못하면 큰일이라는 걱정이 없지 않았으나 예비 기름통에 기름을 가득 넣고 아직 도로가 통제되지 않아 계속 앞으로 전진하기로 했다. 결국 외롭게 달리는 길 잃은 나그네가 된 셈이다.

다행히 눈발이 점점 약해진 저녁 무렵 그랜드캐니언 남쪽 가장자리인 사우스림에 자리잡은 매표소에 도착했다. 매표소 직원이 소개해 준 그랜드캐니언의 절벽에서 아주 가까운 마스워크 로지에 여장을 풀었다. 만실은 아니었지만 그런대로 손님들이 떠드는 소리가 이상하게도 마음을 평온하게 해 주었다. 이들은 겨울눈과 캐니언을 동시에 즐길 수 있는 것을 행운이라고 생각하고 있는 듯했다.

우리는 모처럼 느긋하게 밥도 지어먹고 샤워도 하는 등 휴식을 즐기다가 자정이 가까워 로지의 휴게소 겸 식당으로 갔다. 2001년 마지막 날을 보내고 새해를 맞으려는 사람들로 무척 붐볐다. 드디어 자정을 알리는 소리와 함께 "해피 뉴 이어"를 외치며 서로 악수와 포옹을 나누며 행운이 함께하길 빌었다.

그랜드캐니언에서 새해 아침을 맞을 줄은 몰랐다. 아무튼 의미있는 일이라 생각하며 방문을 열었다. 앞이 전혀 안 보일 정도로 안개가 자욱하게 끼어 있었다. 방마다 아침식사를 하는 소리가 들려왔다. 짙은 안개가 서서히 걷히기 시작해 캐니언을 볼 수 있다고 생각하니 마음이 가벼워졌다.

숙소에서 가까운 전망대인 매더 포인트Mather Point에 올랐다. 아직 안개가 걷히지 않았지만 협곡의 운해도 볼만했다. 여기저기서 아쉬워하는 소리가 들려왔다. 그러다가 '와우' 하는 소리가 나면서 마치 밤하늘에 서치라이트가 비치듯 구멍이 크게 뚫린 안개는 서서히 계곡을 따라 움직이며 그랜드캐니언을 조금씩 보여 주었다. 아침 햇살에 안개와 황토색 협곡의 조화로운 광경은 웅장하고 장엄하다는 말 그대로 압권이었다. 바람에 따라 구름이 한꺼번에 사라졌다가 다시 나타나는 장면은 마치 무대 위의 춤사위를 보는 듯한 재미를 더해 주었다.

다시 짐을 챙겨 차에 싣고 협곡을 따라 다른 전망대인 야바파이 포인트Yavapai Point에 올라서 눈 덮인 그랜드캐니언을 감상했다. 고등학교 교과

서에 실렸던 그랜드캐니언 기행문이 생각나 웅장한 계곡을 내려다보는 감회가 더욱 새로웠다.

날씨는 쾌청하지 않았지만 계곡을 따라 흘러가는 구름 사이로 보이는 협곡의 웅대함과 장엄함 그리고 경이로운 대자연의 신비와 신의 섭리는 그 깊이를 알 수 없었다. 더구나 눈에 덮인 캐니언의 아름다움은 신비 그 자체로 붉은 황토색이 연출하는 광경에 빨려 들어가고 말았다.

이번 여행 중에 멕시코에서 애리조나 주 남쪽으로 입국하면서 사구아로 국립공원에서 본 거대한 선인장에 이어 장엄한 협곡을 포용하고 있는 애리조나의 자연경관에 탄복했다. 이 그랜드캐니언은 와이오밍에서 시작되어 애리조나 북부 고원지대를 흘러 캘리포니아 만으로 들어가는 2,330km의 콜로라도 강에 의해 침식된 거대한 계곡이다.

이러한 대협곡을 만든 콜로라도 강은 미국의 와이오밍, 콜로라도, 유타, 네바다, 캘리포니아, 애리조나, 뉴멕시코 등 7개 주와 멕시코의 소로나와 바자 캘리포니아 등 2개 주를 지나는 국제 하천으로서의 위대함을 느꼈다. 특히 밤에 콜로라도 강 유역을 달릴 때는 학창시절에 배운 미국 민요 '콜로라도의 달밤Moonlight on The Colorado'을 흥얼거리곤 했다.

이렇듯 많은 사랑을 받는 그랜드캐니언의 광활한 협곡 속에 다양한 이벤트가 기다리고 있었다. 매표소에서 받아든 관광안내서에 소개된 헬기투어, 래프팅, 노새타기, 야생 동식물 탐방, 캐니언 트레킹, 호수 탐방, 캠핑 등 모두 해 보고 싶은 욕망이 저절로 생기는 것들이었다. 하지만 다음을 기약하며 아쉬움을 고해야 했다. 특히 우리가 도착해서 본 것은 계곡 남쪽 절벽 위에서인데, 이보다 경치가 뛰어나다는 북쪽 절벽 가장자리는 겨울철에는 폐쇄되어 갈 수 없었다. 그리고 국립공원 밖에 인디언 보호구역이 있다는 얘기도 들었지만 그냥 지나쳐야 했다. 이러한 사실은 여행을 떠나기 전 도서관에서 빌려 온 그랜드캐니언 테이프를 보며 탐방의 끝이 없다는 것은 이미 알고 있었다.

　미국 남서부 건조지대에 위치한 대규모의 융기로 인해 생겨난 콜로라도 고원은 깊이 1,000m가 넘는 대협곡으로 세계에서도 접근하기 힘든 곳이다. 콜로라도 강은 길이 1,600km 이상의 깊은 협곡을 깎아 내리면서 흐르는데, 이 중 가장 장관인 부분이 바로 애리조나 주 북부에 위치한 약 350km의 그랜드캐니언이다. 지금의 모습을 보이기까지 약 20억 년이 흘렀다고 한다. 즉 캐니언의 지층 형성은 500만 년 전부터 18억4천여 만 년 전까지 거슬러 올라간다고 하니, 인간의 숫자만으로는 도무지 감을 잡기 힘들다.

　보통 콜로라도 강 계곡으로 들어가는 동쪽의 글렌캐니언 댐 밑에서부터 콜로라도 강이 서쪽으로 446km를 흘러 계곡의 출구가 되는 미드 호까지 양쪽 계곡을 그랜드캐니언이라고 부른다. 강을 따라 고무보트를 타고 캐니언을 통과할 경우 2주일 이상 소요된다고 하니, 그 규모를 짐작할 수 있다. 그리고 협곡의 폭, 즉 양쪽 가장자리의 간격은 좁은 곳은 180m, 넓은 곳은 30km에 이르며, 계곡의 깊이는 1,600m에 이른다.

　이러한 자연을 효율적으로 잘 이용하고 있음을 콜로라도 강은 보여 주고 있다. 왜냐하면 콜로라도 강은 세계에서도 가장 관리가 잘 되는 강으로 꼽기 때문이다. 이미 1920년대에 강유역 북쪽 지역에서 로키 산맥을 가로지르는 대규모 터널을 뚫어 강물을 대평원의 동쪽지역으로 공급하고 있다. 이미 말한 1935년에는 하류에 높이 221m의 유명한 후버 댐을 건설하여 미드 호를 만들었고, 수력발전과 물은 라스베이거스, 피닉스, 투손, 샌디에이고, 로스앤젤레스 등에 공급하고 있기도 하다.

　이러한 캐니언이 알려진 것은 그렇게 오래지 않았다. 1540년 스페인 사람들이 금을 찾아 처음으로 왔었으며, 본격적으로 알려진 것은 1869년과 1871년에 미 육군 소령 출신이자 지질학 교수였던 존 웨슬리 파월과 그의 탐험대가 나무 배를 타고 강을 조사한 결과였다. 그는 남북전쟁 당시 실로 전투에서 오른팔을 잃은 뒤에도 스미소니언 연구소에서 일부 지원을 받아 두 번에 걸친 탐사를 성공적으로 해냈다. 그는 이때 그랜드캐니언이라는 말을 만들어 세상에 알렸다. 당시 이 지역은 지도에조차 그려지지 않은 미지의 세계였다.

1903년 루즈벨트 대통령이 그랜드캐니언을 방문해 뛰어난 경치에 감격하여 국립공원 지정을 서둘렀다. 그 후 1908년 내셔널 모뉴먼트National Monument로 지정되었다가 우드로 윌슨 대통령 때 국립공원으로 승격되었다. 나중에 보도된 것을 보니 2007년 월라파이Hualapai 인디언 부족이 그랜드캐니언 스카이워크를 건설하여 계곡 공중에서 협곡을 볼 수 되었다고 하여 다시 한 번 가 보고 싶은 생각이 들었다. 안개 때문에 완전한 협곡 모습을 보지 못한 것이 아쉬워 멋진 그랜드캐니언이 담긴 사진집을 한 권 샀다.

협곡에서 큰길로 나서려고 가까운 숲길로 접어들었을 때, 먹이를 찾아 나선 야생 늑대들과 정면으로 마주쳤다. 눈 쌓인 도로 위에 야생 늑대 가족 5마리가 길을 막고 있었다. 가까이에서 사진을 찍고 싶어 차에서 내리려 하자 가족들이 아우성이었다. 늑대에게 물리면 큰일난다고 차를 세워 놓고 이들이 숲속으로 사라질 때까지 살펴보았다.

얼마 안 가서 이번에는 사슴 가족을 만났다. 그들도 먹을거리를 찾느라 정신이 없는 듯했다. 행여 이들이 늑대 가족을 만나면 희생되지 않을까 하는 조바심도 났다. 그러나 그들을 위해 할 수 있는 것은 아무것도 없었다. 야생 늑대와 사슴 가족을 눈앞에서 본 것은 그랜드캐니언의 덤이라는 생각이 들었다.

그랜드캐니언을 뒤로하고 새로운 협곡인 브라이스캐니언으로 향했다. 가는 도중 평탄한 지역에 움푹 들어간 크고 작은 계곡이 셀 수 없을 정도로 이어져 있었다.

유타 주의 숨막힐 듯한 대자연의 신비

끝나지 않을 작은 협곡을 보면서 그랜드캐니언 스테이트인 애리조나 북쪽의 마지막 도시인 페이지를 지나자 거대한 호수가 기다리고 있었다. 글렌캐니언 댐으로 만들어진 거대한 인공호수로 탐험가 파월의 이름을 딴 파월 호였다. 이 호수는 후버 댐을 건설하는 과정에서 콜로라도 강의 엄청난 토사로 주변 호수가 매몰되자 토사 유입을 방지하기 위해 만든 것이었다. 물을 채우는 데만 17년이 걸렸다고 하니, 그 규모를 짐작할 수 있겠다. 동시에 후버 댐으로 생긴 미드 호에 이어 미국에서 두 번째로 큰 인공호수로 주변의 기이한 경치와 수상레저는 미국에서도 알아주는 호수로 인정받고 있다.

호수 경관이 너무 아름다워서 하룻밤 머물 방을 알아보았더니 우리 주머니 사정을 크게 넘었다. 그래서 장대한 호수를 바라보며 89번 도로를 따라 북서쪽으로 한 시간 정도 달려 주 경계선을 넘어 유타 주 남쪽 첫 관문이자 사방이 황량한 사막으로 둘러싸인 캐나브에 도착했다. 시내로 들어오면서 제일 먼저 눈에 띈 쿼알 파크 로지에서 하룻밤 묵기로 했다. 작은 모텔이지만 깔끔하고 비용도 파월 호수변의 숙소에 비하면 반값도 되지 않는 26달러였다.

캐나브는 인접한 애리조나의 붉은색 광야의 색깔은 생생하게 가지고 있으면서도 울퉁불퉁한 바위산으로 둘러싸여 있는 유타 주의 새로운 이미지가 시작되는 도시였다. 이러한 분위기 때문에 100편가량의 영화가 이곳에서 촬영되기도 했다. 그리고 이곳은 미국의 주요 캐니언들을 둘러보는 전초기지로 삼아 짧은 시간에 효과적으로 여행하기에 안성맞춤인 도시였다.

숙소에 머무를 때마다 거의 모든 호텔은 방 하나에 침대가 두 개 놓인

4인 기준이었다. 그러나 우린 다섯이어서 늘 신경이 쓰였다. 방을 두 개 빌리면 되지만 사정상 하나만 썼기 때문이다. 여행비를 절약하기 위한 고육지책이었으나 한방에 모두 잘 수 있다는 것은 여러 모로 안심이 되기도 했다.

방안 책상과 침대 머리맡에는 고객들을 위한 몰몬경이 가지런히 놓여 있었다. 그때서야 유타 주에 몰몬교의 본산이 있고 인구 230만 명 중 70% 이상이 몰몬교도라는 것을 실감했다.

문득 고등학교 때인가 양복을 말끔하게 차려입은 몰몬교 선교사들이 영어를 앞세워 내가 살고 있는 춘천에 와서 열심히 전도하던 모습이 떠올랐다. 이들의 깍듯하고 깔끔한 모습은 당시 청소년들에게 신선한 이미지를 주었다. 또 원어민에게 영어를 배우고 싶어하는 친구들은 그 교회를 드나들었다. 몰몬교에 대해 아는 것은 없어도 1830년 유타 주에서 조셉 스미스 등에 의해 창시된 신흥 기독교이며 술, 담배, 마약, 커피, 홍차와 녹차를 금하는 등 엄격한 규칙을 내세우던 기억은 남아 있었다.

이튿날 아침 예정대로 유타 주 브라이스캐니언으로 향했다. 가는 도중에 펼쳐진 경관은 그야말로 경이로움의 연속이었다. 먼저 선라이즈 전망대에 오르니 관광객은 거의 보이지 않고, 가볍게 내리는 눈발 속에 팻말만이 우리를 반겨주었다. 그랜드캐니언은 장군복을 입은 웅장한 남성상이라면 브라이스캐니언은 아름답고 섬세하게 짠 황토색 옷을 입은 여성미가 넘쳤다.

자리를 옮겨 레인보우 전망대에도 올랐다. 섬세하게 빚어 놓은 듯한 수만 개의 뾰족한 봉우리로 이루어진 반원형 극장 무대 한가운데 서 있는 느낌이었다. 수십만 년 동안 물이 지나면서 만들어 낸 이 기묘한 봉우리들을 보며 물의 끈기와 위대함에 놀라움을 금치 못했다.

어떤 생명체도 견뎌 내지 못할 열악한 환경 같아도 이곳에서 서식하는 동물과 수목과 화초들은 서로 미묘한 관계를 유지하면서 위대한 자연의 모습을 보여 주었다. 해발 2,500m가 넘는 전망대 부근은 소나무와 전나무 종류 등이 자태를 뽐내고 있다. 이처럼 아름다운 협곡은 스코틀랜드 이민자이자 몰몬교도인 에비니저 브라이스가 1800년대 말경 초기 목장을 하면서부터 이곳을 브라이스캐니언이라고 불렀다고 한다.

1928년 국립공원으로 지정된 브라이스캐니언 인근에는 크고 작은 협곡과 아름다운 산들이 많이 있으며, 유명한 자이언캐니언, 아구아캐니언 등도 아름답기는 마찬가지다.

브라이스캐니언을 떠나 서쪽으로 140km 떨어진 자이언캐니언으로 갈까 망설이다가 이곳 경치와 크게 다르지 않을 거라는 생각에 고속도로를 피해 한적한 12번 국도로 들어섰다. 사실 예상치 못했던 딕시 국립숲으로 지정된 남쪽의 브라이스캐니언을 벗어나 숲 북쪽으로 관통하는 길로 접어들었다. 이곳을 지나면서 대자연의 극치가 이런 것이구나 할 정도로 가슴이 벅찼다.

12번 국도를 따라 오른쪽으로 캐피털 리프를 바라보며 북상하고 있었다. 도무지 믿어지지 않는 신비의 연속이었다. 그런데 이곳을 지나는 차가 눈에 띄지 않아 갑자기 불안한 생각이 들어 주위를 둘러보았으나 우리뿐이었다. 지구상의 모든 것을 삼켜 버릴 듯한 블랙홀 한가운데에 와 있는 것 같았다. 그때 갑자기 나무 아래 숨다시피 정차해 있는 경찰차에 오히려 더 놀랐다.

영국 케임브리지대학에 있을 때의 일이다. 자동차로 도버 해협을 건너 프랑스를 세로로 내려와 알프스 산맥 몽블랑 터널을 지났다. 그리고 이탈리아 롬바디 평원을 가로질러 이탈리아 반도의 동해안인 아드리아 해를 따라 반도 남쪽 끝에 있는 십자군 원정의 출발지였던 브린디시에 도착했었다. 그곳에서 다시 카페리에 차를 싣고 지중해를 건너 그리스 펠로폰네소스 반도에 도착하여 아테네를 둘러보았다. 그리고 다시 역방향으로 되돌아오던 중 올림피아 근처 신의 계곡이라는 펠로폰네소스 북쪽의 킬리니 산악 길을 달리고 있었다. 그런데 신들이 사는 산이라 그런지 분위기가 소름이 돋을 정도로 기이했다.

당시를 생각하며, 신이 되어 보고 싶은 사람은 숲과 바위와 야생화 그리고 황량한 대지를 번갈아 보여 주는 12번 국도를 한번 달려 보라고 권하고 싶은 마음이 생겼다. 다만 그리스에서 얼른 벗어나려 했던 산악 길과 다르게 이곳은 자연과 사귀며 신과 동행하고 싶은 충동이 저절로 생겨났다.

우리는 산악 길을 타고 볼더까지 왔다. 여기서 북상하여 24번 국도와 캐피털 리프를 가로질러 I-70 고속도로를 만나 로키를 넘어 콜로라도로 갈 계획이었다. 그런데 갈림길이 나올 때마다 어느 길을 택해야 할지 잠시 고민스러웠다. 황량한 자연경관과 강렬한 사막의 태양이 내리쬐는 유타는 미인의 흰 속살처럼 신비로운 마력을 지니고 있었다. 어느 길을 택하든지 절경의 산과 계곡 그리고 폭포 등 볼거리가 널려 있었다. 그리고 이러한 경관들은 관광과 오락을 겸하고 있었다. 관광을 즐기면서도 골프, 스키, 트레킹, 래프팅, 캠핑 등 레크리에이션의 천국이었다. 단지 이들이 시공간적으로 떨어져 있어, 어느 하나도 제대로 보면 다행이라는 생각이 들 정도였다.

미스터리를 지닌 아나사지 인디언 박물관

이곳의 미스터리로 남아 있는 아나사지 인디언 박물관을 그냥 지나칠 수는 없었다. 1960년에 건립되어 연중 휴일 없이 문을 열지만 추수감사절과 새해 그리고 11월 일요일에는 문을 닫는다는 이 박물관은 현 푸에블로족의 선조인 고대 아메리카 원주민의 유적지 등을 보여 주고 있다. 이들은 주로 애리조나, 뉴멕시코, 콜로라도, 유타 주가 만나는 지역의 절벽 양쪽 가장자리나 돌출부 밑에 암굴집을 짓고 살고 있었다.

이러한 암굴은 사막 한가운데 있는 중국 둔황의 고굴이나 황사 진원지 중의 하나인 중국 황토고원의 동굴 속에 살았던 사람들과 어떤 기후적 또는 지정학적 상관관계가 있지 않을까 하고 생각했다. 미국 남서부지역에 거주하는 아메리칸 인디언들을 통칭 푸에블로 피플Pueblo People이라고 부르는데, 이는 이 지역에 처음 발을 들여놓았던 스페인 사람들이 원주민들의 집단부락을 영어의 타운이나 빌리지에 해당하는 스페인어 '푸에블로'라는 명칭을 사용하면서부터라고 한다. 따라서 특정한 인디언 부족을 일컫는 말은 아니다.

현재 푸에블로족은 멀리 남쪽으로 이주해 푸에블로 촌락을 건설하여 살고 있다. 북아메리카 서남부 산간지대에 살던 아메리카 푸에블로 인디언의 조상은 바스켓 메이커Basket Maker 문화를 가진 유목 인디언이었다. 이들은 정착을 하고 옥수수를 재배하기 시작하면서 저장 창고용으로 둥근 구덩이를 파기 시작했다. 그리고 돌벽을 만들어 창고를 보강하고 지붕을 씌웠으며, 일부는 이 창고를 집으로 사용했다. 마침내 건조한 기후에 필요한 건지농법에 숙달되어 옥수수, 호박, 목화 재배로 생계가 완전히 해결되자 영구적인 촌락을 세우게 되었다. 땅 위에 집을 짓기 시작한 것은 바로 이 무렵이다. 암굴집은 이러한 건축기술의 극치이며, 손으로 깎은 석재와 진흙과 짚을 섞은 아도비adobe를 사용한 솜씨는 매우 뛰어났다.

고고학 분류에서 푸에블로의 연대기는 서기 750년부터 1기를 시작하여 현재까지 5기로 나누고 있지만, 그 이전인 기원전 7천 년부터 미국 땅에 문명이 존재했음을 보여 주고 있다. 푸에블로 이전의 문명들은 바스켓 메이커라 부르며 기원전 7천 년부터 서기 750년까지 4기로 나누고 있다. 이들을 바스켓 메이커라 부르는 것은 음식을 저장하는 바구니를 만들어 사용한 것에서 유래되었고, 바스켓 메이커 이후에 등장한 고대 푸에블로 인들과는 구별하고 있다. 이렇듯 북미 대륙은 거대한 유적 등은 전해지지 않지만 고대 문명이 존재했고 이후 고대 푸에블로의 유적들이 곳곳에서 발견되었다.

푸에블로 인디언이 암굴집을 짓기 시작한 것은 서기 1천 년 무렵으로 북부지역의 나바호족과 아파치족을 막기 위해서였다. 절벽은 자연적인 방어막이 되었고, 1층에 있는 방으로 들어가는 문이나 창문이 없었기 때문에 견고한 외부 돌벽을 사다리로 올라가야만 넘어갈 수 있었으며, 마을이 공격을 받을 때 사다리를 쉽게 치울 수 있었다.

작은 촌락이 한데 모여 절벽 아래 큰 도시를 이루었고, 가장 큰 촌락에 속하는 콜로라도 메사버디 국립공원에 있는 클리프 팰리스와 뉴멕시코에 있는 5층짜리 푸에블로 보니토Pueblo Bonito에는 각각 200~800개의 방이 있었다고 한다. 그런데 13세기 말에 푸에블로족은 이 암굴 주거지를 떠났다. 그 이유는 첫째, 나무줄기를 검사한 결과 1272~1299년에 심한 가뭄이 있었던 것으로 나타났으며, 둘째, 절벽 근처에 굴 도시를 이루어 살던 부족들 사이에 분쟁이 있었던 것으로 추측된다. 그후 좋은 수원지가 가까이 있는 남쪽에 작은 푸에블로 촌락이 생겼다.

직접 두 유적지를 가보지는 못했지만, 아주 오랜 옛날 북미 대륙에서도 인간이 살기 어려운 척박하고 황량한 이곳에 집을 짓고 문명을 이루었다는 사실을 비로소 알게 되었다. 그리고 유네스코 인류문화유산으로 지정된 사실을 이제야 알게 되어 한편 부끄러운 생각마저 들었다. 정작 많은 곳에서 인디언 얘기를 들었지만, 고대 인디언 문명에 대해서는 몰랐기 때문이다. 다만 미국 하면 콜럼버스 이후의 역사에 중심을 둔 탓도 있었다. 아무튼 이번 여행을 통해 얻은 수확이자 깨달음이었다.

이 땅이 유럽인에게 발견되기 이전에는 원주민들이 캐니언과 동굴 등에 정착해 살며, 특히 그랜드캐니언은 푸에블로족들에게는 신성한 성지였다는 것에 충분히 공감이 갔다. 현재도 보호구역에는 이들 외에도 수천년 전부터 이곳에 뿌리를 내리고 살아온 하바수파이족과 나바호족 등 인디언 5개 부족이 살고 있다. 이들의 흔적은 애리조나와 유타 주에 많이 남아 있다. 그러나 많은 사람들은 북미 대륙이 과거 인디언의 땅이었다는 것을 생각하면서 그들의 흔적이 너무 적고 초라하다고 인식하고 있다. 중남미의 아즈텍이나 잉카 유적만큼은 아니더라도 그들만의 인디언 유적을 기대하고 있었던 것이다.

그런데 대제국을 건설했던 몽골 유목민도 정작 이렇다 할 유적을 남기지 않았다. 이는 늘 이동해야 하는 유목민에게 정착해서 살 때나 필요한 구조물 같은 것은 불편하거나 귀찮은 일이었는지도 모른다. 이곳의 푸에블로 인디언족이 이만큼 유적을 남긴 것도 이동이 적어 유목하기에 부적합한 산악지대에 살았기 때문일 것이다. 이는 북미 중앙 대평원에 사는 인디언은 이러한 유적을 남기지 못한 것이 아니라 남기지 않은 것이라는 말이 더 설득력 있어 보였다.

바위지붕 캐피털 리프와 인디언의 철학자적 모습

박물관을 떠나기 전에 인디언 노래가 담긴 테이프를 하나 샀다. 대륙을 횡단하면서 인디언의 노래를 들으며 달려볼 생각이었다. 박물관을 뒤로하고 캐피털 리프 국립공원을 동서로 가로지르는 유일한 도로인 24번 국도로 갈아탔다. 아마 남북으로 길게 늘어선 이곳의 기이한 장관을 공중에서 보았다면 숨이 막혔을지도 모른다.

160km 이상이나 바위지붕Ridge of rock이 늘어선 캐피털 리프의 기이한

경관에 혀를 내두르지 않을 사람이 있을까. 공중사진을 보았을 때 그 어떤 절정에 오른 느낌을 받았다. 몇 년 전인가 이집트를 돌아 시나이 반도의 황량한 사막과 모세가 십계명을 받았다는 시내 산의 붉은 바위산에서 본 신비로움과 흡사하다는 생각을 했다.

캐피털 리프는 6천만 년 전 콜로라도 고원이 융기하면서 남북으로 땅이 접힌 부분이 침식되어 만들어진 워터포켓 폴드Waterpocket fold라는 지질현상이 일어났던 곳으로 그 옛날 심상치 않은 지질학적 현상이 일어났음을 암시하고 있다. 오랜 침식을 거치는 동안 각 지층의 특성에 따라 어떤 곳은 깎아지른 듯한 성벽 같은 절벽을 만들고, 어떤 곳은 160km가 넘는 거대한 줄무늬가 그려져 있고, 또 어떤 곳은 아름다운 바위 계곡을 꾸미는 등 그야말로 지상 최대의 지질 현상 쇼였다.

넓은 벌판 저 멀리에 턱 버티고 있는 붉은색 절벽들과 왕복 2차선 도로 밖은 사람 손이 닿지 않는 자연 그대로의 모습으로 신이 아니고서는 만들어 내지 못할 거대한 그림 속을 달리고 있었다. 우리는 가끔 차에서 내려 가장 미국적일지도 모를 이곳의 경관에 감탄사를 연발했다. 이런 황량한 자연미가 존재하고 있었는지 믿어지지 않았다. 아무리 설명해도 이해하지 못할 이곳의 자연경관은 자동차로 달려 보지 않고는 도저히 느껴볼 수 없는 야릇함이 있었다.

황토색 대지 위에 높이 길게 지붕을 이루고 있는 광경은 전율마저 느껴졌다. 이러한 환상적인 전경은 가도 가도 끝이 없을 성싶었다. 도로 너머 인디언들의 집들이 절벽 아래 모여 있는 것이 보였다. 인디언 보호구에 사는 가난한 인디언들이었다.

달리면서 인디언 노래가 담긴 테이프를 틀었다. 우리의 타령과는 또 다른 늘어지는 노래를 몇 번이고 다시 돌려 듣곤 했다. '어어어어어' 하며 땅의 영혼을 부르는 듯한 소리에 이어 흘러나오는 가사의 의미는 알 길이 없었으나, 신과 인디언들이 대자연 속에 살면서 서로 대화하며 자연을 경외하고 자연에 순응하며 사는 의미인 것 같았다. 마치 나도 한 사람의 인디언이 된 것 같은 생각이 들었다.

인디언들의 생활을 유심히 살펴보면, 깊이 고뇌하는 철학자적인 삶이 몸에 밴 사람들인 것 같다. 그들은 말을 타고 광야를 달리다가 가끔 말에서 내려 온 길을 한참동안 뒤돌아본다고 한다. 너무 빨리 달려 자신의 영혼이 미처 따라오지 못할까 봐 기다린다는 것이다. 그리고 자신의 영혼과 함께 황야를 가로지른다는 것이다.

북미 인디언의 비참한 사연

필리프 자캥 Philippe Jacquin은 『아메리카 인디언의 땅』이라는 책에서 인디언의 모습을 잘 표현했다. 1824년 미국 필라델피아의 한 마을에 인디언 추장들의 긴 행렬이 있었다. 거리의 시민들은 이들의 당당한 모습을 보며 감탄을 금치 못했다. 이를 지켜보던 사람 가운데 화가 조지 캐틀린은 이들의 모습에 매료되어 인디언 땅으로 그림여행을 떠났다. 그는 어린 시절부터 인디언들의 생활에 관심을 가져오다가 1829년 변경 지방에 대한 미국의 맹공격으로 인디언의 전통이 사라지기 전에 그들의 생활방식을 그림으로 남기기로 결심했던 것이다.

그는 인디언의 의식행위, 일상생활, 들소사냥 등 생생한 모습을 가감없이 그렸다. 특히 대평원에 사는 여러 부족을 방문하여 500점이 넘는 그림과 스케치를 그렸으며, 미국과 유럽에서 인디언전을 열고 나중에 『북미 인디언의 풍속과 풍습 그리고 생활조건에 관한 기록 Letters and Notes on the Manners, customs and Condition of the North American Indians』이라는 책을 내기도 했다. 그리고 북미 인디언에만 머무르지 않고 중남미 인디오의 민속 그림도 남겼으며, 대부분 스미스소니언 연구소에서 사들여 이미 사라진 인디언 문화의 귀중한 기록으로 보관하고 있다. 이제 그림들은 한 시대의 인디언 문화를 탁월하게 묘사한 증언이자 완벽하게 복원된 인디언의 영혼을 감싸고 있었다.

나도 어린 시절 북미 인디언의 잘 차려입은 모습과 대평원을 달려 들소를 사냥하는 용감한 모습에 매료된 적이 있었다. 그러나 이들은 1492년 콜럼버스가 인도로 가는 새로운 항로를 찾던 중 미지의 섬에 도착하면서 운명이 갈리기 시작했다. 그때까지 콜럼버스는 자신이 새로운 대륙을 발견했다는 사실을 깨닫지 못하고, 그를 만난 홍인종을 인디언이라 부르기 시작했다. 북미 대륙에 온 유럽인들은 신세계 주민들의 뿌리에 대해 무척 궁금해했다.

고고학자들은 3만 년 전의 화살촉, 고래작살, 탈, 작은 조각품 등에서 실마리를 찾았다. 유럽인들이 신대륙에 도착했을 때의 인디언들은 정치적 또는 상업적으로 긴밀하고 복잡한 동맹관계를 지니고 있었다. 즉 가장 넓은 지역을 다스리는 인디언들은 강력한 세력으로 패각류나 동물의 가죽, 구리, 옥수수 등을 수송하던 상업 요로를 장악하여 경제적 이익을 취했다. 그러던 중 서기 1천 년경 바이킹족이 잠시 아메리카 대륙에 왔었지만, 5세기 동안 유럽은 신대륙을 잊고 있었다. 이후 낯선 환경에 가진 것 없이 도착한 첫 이주자들은 굶주림에서 벗어나기 위해서 인디언들의 도움을 받아야 했다.

그러나 그 후 총과 화약으로 무장하고 금에 대한 탐욕과 모험심으로 가득 찬 유럽인의 등장은 이러한 질서를 뿌리째 흔들기 시작했다. 더욱이 백인들이 천연두 같은 무서운 전염병을 퍼뜨려 많은 원주민이 희생되었다. 그 대신 그들이 앓던 괴혈병은 인디언의 전통 치료방법으로 살아나기도 했다. 세월이 흐르면서 인디언과 백인 간의 영토 분쟁은 갈수록 치열해졌고, 식민지 백인들이 살해되는 일이 점점 많아졌다. 백인들은 인디언 토벌에 나서 그들을 처참하게 불태워 죽이기도 했다. 이에 인디언들은 백인들의 머리벗기기로 맞섰다. 전사가 상대편의 머리 가죽을 벗기는 것은 적의 힘을 빼앗는 것이었다.

캐나다에 살던 인디언 이로쿼이Iroquois족은 이웃의 휴런Huron족을 제압하여 북동 지역의 모피시장을 장악하고 프랑스인들과 독점거래를 하려 했다. 이처럼 형제 부족들 간의 끊임없는 모피전쟁은 몇몇 부족이 완전히 사라질 때까지 이어졌다.

고급 모피로 쓰이던 비버는 아주 이용도가 높았다. 따라서 인디언들이 모피 거래를 하던 초기의 비버는 은총의 선물이었다. 그러나 이 은총의 선물은 인디언 문화의 중단과 파국으로 이어지는 치명적인 결과를 가져왔다.

유럽인들은 상거래를 하면서 자신들의 방식을 강요하여 원주민들의 오래된 사회경제적 풍습을 훼손시켜 나갔다. 나아가 새로운 상행위를 도입하여 과감하게 인디언의 생활방식을 바꾸어 버렸다. 특히 인디언들이 가장 탐내던 것은 철이었다. 이로 인해 쇠로 만든 농기구가 사용되기 시작했다. 인디언 부녀자들도 바늘, 송곳, 긁게 등을 쇠로 만들어 가죽을 쉽게 세공하여 의생활의 변화를 가져왔다. 그리고 도기나 광주리 대신 솥을 사용할 수 있게 되었다. 한편 거울이나 유리구슬 등은 부녀자들의 마음을 사로잡기도 했다.

그러면서도 인디언과 백인 사이에는 끊임없이 불화가 일어났으며, 종국에는 중요한 토지소유권 문제가 힘에 의해 결정되었다. 점점 밀리기 시작한 인디언은 백인들로부터 어떤 혜택을 받는 것보다 자신들을 존중해 주고 배려해 주길 바라고 있었다. 그러나 백인들은 인디언들을 무지하고 야만적인 동물로 여겼으며 기독교로 개종시키려고 했다. 18세기 말부터 인디언들은 정말로 길고 비참한 역사를 맞이했다. 이미 북미 동북부지역의 인디언 부족들은 제 역할을 잃어가고 있었다. 이후 대륙이 영국과 프랑스 편으로 나누어지면서 아메리카 대륙은 피비린내 나는 참혹한 전쟁터가 되고 말았다.

백인들은 인디언을 정치적으로나 군사적으로 이용하기도 했다. 즉 영국의 식민지를 벗어나려던 식민 13개 주들은 인디언들에게 싸움을 유도했다. 이후 영국으로부터 독립을 쟁취한 미합중국은 인디언의 존재를 무시하면서 탐욕스런 야욕을 거침없이 드러냈다. 이러한 미합중국의 인디언에 대한 경멸은 인디언들의 자존심을 되살리는 자극제가 되었다.

1804년 제퍼슨 대통령의 명령으로 클라크와 루이스는 로키 산맥을 넘어 태평양안까지 탐사하라는 명령을 받고 역사적인 대탐험을 떠났다. 그때까지만 해도 소수의 전문 사냥꾼만 다니던 머나먼 서부지역에 대한 탐사를 했던 것이다. 이는 인디언에게 있어서는 또 하나의 새로운 시련의 신호탄일 뿐이었다. 왜냐하면 탐사대가 돌아온 이후 백인들의 서부 진출이 활발해졌기 때문이다. 이러한 백인의 진출에 대한 인디언들의 반발로 서부지역의 남쪽에서 북쪽까지 서로 죽이는 전쟁 속으로 빠져들어가고 있었다.

문제는 남북전쟁으로 인디언 진압에 병력을 집중시킬 수 없었던 것을 남북전쟁이 끝나면서 군병력을 대평원에서 벌어진 인디언과의 싸움에 동원할 수 있었다. 이 와중에 서부에서의 금 발견은 백인들의 서부 진출을 가속화하였다. 이에 비례하여 인디언의 도전도 만만치 않았다. 역전의 장군인 커스터와 285명의 병사들이 1876년 6월 얼마 안 되는 인디언들에게 리틀 빅혼 전투에서 전멸당한 것이 한 예다.

백인들은 커스터 장군을 문명의 순교자라며 그의 치욕을 갚아 주겠다는 명분으로 수Sioux족을 무자비하게 공격했다. 최후까지 저항했던 수족은 지휘자 시팅볼의 캐나다로의 피신과 크레이지 호스의 전사로 백인과 인디언과의 마지막 전투는 막을 내렸다. 활과 화살로는 기관총과 대포에 맞설 수는 없는 것이다. 오늘날 이 전투는 역사보다는 전설로 남아 많은 영화로 제작되었다.

이후 1880년대에는 인디언의 모든 부족이 군대의 통제 아래 보호구역 안에서만 거주하도록 했다. 그런데 보호구역이라는 것은 사냥이나 개발이 불가능한 곳이거나, 아무런 쓸모 없는 좁은 땅에 하나 또는 여러 부족을 마구잡이로 몰아넣었다. 한곳에 정착해 살던 인디언들은 식량과 구호품을 기다리는 처량한 신세가 되어 그들의 인구는 점차 줄어들었다.

1890년 12월 수족의 늙은 추장 시팅불이 살해되었다. 그 후 며칠이 지나 흥분한 인디언들이 사우스다코타 주의 운디드니 크릭에서 봉기를 했지만 이에 참가한 300여 명은 정부군에 의해 모두 학살되었다. 이 운디드니 크릭에서의 학살은 3세기에 걸친 인디언 전쟁을 종식시켰다는 상징적인 의미를 지니고 있다.

이에 머물지 않고 오하이오 주 헌트 상원의원은 19세기까지 살아남은 인디언에게 죽음을 택하든지 미국인이 되든지 양자 택일할 것을 촉구했다. 1887년 원주민 동화정책을 지지하던 매사추세츠 주 상원의원 헨리 L. 도스는 사냥꾼이었던 인디언을 소작농으로 바꾸는 도스 개별토지소유법 Dawes General Allotment Act 또는 Dawes Severalty Act을 제정하여 새로운 인디언 정책을 마련했다. 이 법은 부족의 토지공유를 인정한 거류지 제도를 폐지하고 토지를 각 개인이 분할소유하게 하는 것이었다. 즉 인디언 1가구당 160에이커를 분배하고 나머지 인디언 보호구역의 광대한 토지는 국가에 양도되어 경매에 부쳤다. 그리하여 백인들은 인디언들의 땅 가운데 3분의 2를 차지하여 미국 농업생산성을 높이는 데 기여를 하기는 했다. 결국 1894년 시민권을 부여받게 된 모든 인디언은 이렇게 미국인이 되어 갔다.

또한 인디언들의 삶에서 절대적인 종교의식이 금지되었다. 1891년에는 인디언에게도 의무교육이 실시되어, 인디언 어린이들은 부모 품을 떠나 정부가 지정한 기숙학교에 입학해서 철저하게 백인식 교육을 받아야 했다. 1879년부터 1918년까지 140개 부족에서 1만 명 이상의 어린이가 입학했으나 오직 158명만이 졸업했다. 이렇게 어린이들은 인디언의 전통과 격리되어 철저하게 백인사회에 동화되었다. 물론 이 과정에서 부모의 동의는 필요없었다. 모든 것이 강제로 이루어졌다. 그렇다고 인디언들을 위해 마련된 보호구역에 남는다고 해도 부족의 정체성을 유지할 수 없기는 마찬가지였다.

이와 같이 19세기에 미국 정부가 인디언을 상대로 추진했던 강제적 동화와 문명화 정책을 프랭크 초크와 조너선은 '집단살해'라는 뜻의 제노사이드genocide라고 이름 붙이는 데 주저하지 않았다. 이들은 문화적 제노사이드라는 개념을 통해 미국 연방정부가 취한 입장은 인디언들이 문화적 제노사이드에 저항하거나 무장투쟁을 도모할 경우에는 언제라도 물리적 방식의 제노사이드를 실행에 옮길 준비가 되어 있었다고 한다.

미국 정부는 보호구역에 수용된 인디언들에게도 전면적으로 백인의 통치방식을 강요했다. 그러나 인디언의 의식과 축제는 보호구역 내에서 은밀하게 맥을 이어가고 있었다. 콜럼버스가 미 대륙을 발견했을 당시 인디언 인구는 북아메리카에 100만 명, 중앙아메리카에 300만 명, 남아메리카에 900만 명, 즉 1,300만여 명이 있었던 것으로 추정하고 있다.

이러한 결과로 콜럼버스가 신대륙에 도착한 이후 인디언은 백인과의 영토분쟁과 인디언들에게 선천적 면역력이 없었던 유럽의 질병 등으로 급격하게 감소하여 1920년에는 35만 명에 불과했다. 이러한 인디언은 연방정부가 인정하는 558개 부족이 있었으며, 어떤 부족은 완전히 사라지기도 했다. 또 어떤 부족은 자신들의 언어와 문화를 대부분 잃어버렸다. 이러한 역사에도 불구하고 미국 원주민들은 여전히 건재하다. 현재 미국 원주민의 수는 미국 전체 인구의 0.8%에 해당하는 200만 명에 이르며, 이 중 3분의 1만이 인디언 보호구역에서 거주하고 있다.

20세기 이후 인디언들은 나중에 이민 온 유럽계 이주민과 같이 미국 사회의 일원으로 자리잡았다. 그러나 보호구역으로 쫓겨난 인디언들은 유럽계 이민자들과 달랐던 것이다. 인디언과 많은 민속학자들은 인디언 문화의 풍부함과 다양성을 알리는 일에 나섰다. 그러나 1930년대 인디언들은 미국에서 가장 빈곤한 계층으로 떨어졌다. 척박한 땅에 소외된 채 낮은 임금의 일자리조차 찾기 어려웠기 때문이다. 그리하여 인디언 사회는 한때 가정폭력, 알코올중독, 자살 등으로 심리적 붕괴 상태에까지 이르렀다.

세월이 흐르면서 과거 인디언에 대한 왜곡된 인식을 되찾고, 그들의 정체성을 바로 찾기 위한 노력을 꾸준히 전개하여 교육받은 인디언 청년들이 극빈층에 속한 인디언을 보호해 주고, 인디언 문화가치에 대한 인정을 요구하는 대규모 집회를 열었다. 이러한 집회가 언론을 통해 이슈화하면서 정치문제로 비화되었다. 종국적으로 인디언은 1978년 자치권을 상실한 인디언 부족국가에 대한 미국과 세계의 이목을 끄는 행진을 시도하기도 했다. 이러한 인디언들은 미합중국으로부터의 독립이 아니라 자신들의 정체성을 지킬 경제적 · 문화적 자치권을 요구했던 것이다.

미국 정부는 2010년에 건국 이후 초기 정부가 원주민을 탄압하고 강제 이주시킨 것에 대해 사과했다. 호주가 2007년에 원주민에 대해 사과한 것보다 3년이나 늦은 시점이었다. 2010년 샘 브라운백 공화당 상원의원은 워싱턴 D.C.의 의회묘지에서 진행된 원주민 행사에서 미국 정부의 잘못된 정책 및 폭력행위에 대해 사과하는 내용의 결의안을 낭독했다.

이 결의안은 2004년부터 추진되어 왔으나 2010년이 되어서야 버락 오바마 대통령이 결의안에 서명했다. 사과 내용은 과거 미국 정부에 의한 폭력, 탄압, 강제이주로 이어진 역사를 사죄하고, 원주민 자치구가 빈곤과 질병, 법의 보호로부터 방치된 부분들에 대해서 바로잡겠다는 것이었다.

　로마 교황청이 2000년 3월 5일 그동안 교회가 인류에게 범했던 각종 잘 못을 인정하고 공식 사과했다는 보도를 보았다. 즉 교황 요한 바오로 2세 는 '회상과 화해 : 교회의 과거 범죄' 라는 제목의 미사에서 십자군 원정과 유대인 탄압, 중세의 고문형, 신대륙 원주민 학살 등의 과오에 대한 사과를 하면서 화해를 구했다. 교황은 콜럼버스의 신대륙 발견 이듬해인 1493년 당시 교황 알렉산더 6세가 포르투갈과 스페인의 신대륙에 대한 주권을 인 정하고, 이 정복자들이 선교와 이문화 척결이라는 명분으로 원주민 학살 을 대대적으로 자행한 것에 대해 사과했다.

　백인의 피를 이어받은 메스티소의 한 사람인 베네수엘라 우고 차베스 전 대통령은 교황의 사과에 대한 답변인지는 몰라도 콜럼버스의 아메리카 대륙 상륙이 '인류 역사상 최대의 학살' 을 가져왔다면서, 중남미인들에게 콜럼버스의 날인 10월 12일을 원주민 저항의 날로 바꾸자는 제안을 한 바 있다.

로키를 넘어 콜로라도 대평원으로

　하루 종일 유타의 신비로움에 매료되어 어둠이 다가오는지도 몰랐다. 겨울철이기도 하고 왕래하는 차량이 적은 황량한 사 막 위에서 아무 준비도 없이 어둠을 맞는 것은 두려운 일이다. 나는 콜로라 도로 가는 I-70 고속도로를 타기 위해 부랴부랴 차를 몰았다. 이렇게 몇 시 간을 달리니 고속도로를 달리는 트럭들이 눈에 들어왔다. 웅장하고 신비로 운 한적한 길을 벗어나, 차 왕래가 많은 고속도로를 보니 안심이 됐다. 역 시 우리는 황량한 자연보다는 문명에 길들여진 사람들인 것이다.

유타 주를 지나 콜로라도 주로 들어섰다. 웅장한 로키 산맥을 보고 싶었지만, 주변에 보이는 것이라고는 헤드라이트가 비춰 주는 도로뿐이었다. 우리는 덴버에서 가까운 작은 산골 도시 글렌우드 스프링스라는 온천지구에 도착했다. 큰마음먹고 1888년에 세워진 고급 온천 리조트 글렌우드 스프링스 핫 스프링스 로지에 여장을 풀었다. 예약 없이 왔지만 성수기가 아닌 탓인지 방들이 비어 있어 값도 그런대로 만족스러웠다. 늦은 밤인데도 온통 눈으로 뒤덮인 산으로 둘러싸인 깊은 계곡 속에 있음을 알 수 있었다.

아침에 문을 열고 보니 그야말로 멋진 겨울 풍경이 펼쳐져 있었다. 수영장에서 올라오는 물안개와 눈 덮인 주위 산들과의 조화는 경직된 심신을 말랑말랑하게 풀어 주었다. 로지에서 주는 빵과 계란프라이, 콘플레이크로 아침을 대신했다. 그리고 느긋하게 온천을 즐기다가 떠나기로 했다. 수온은 쾌적한 섭씨 32~34도로 미네랄 성분이 피부에 와 닿는 순간 달콤함이 등골을 타고 전신을 감쌌다.

본래 글렌우드 스프링스는 1860년 처음으로 발견된 '도전'이란 뜻의 디파이언스Defiance라는 캠프가 설립되고 나서 숙박시설이 들어섰으며, 이 마을의 창시자인 아이작 쿠퍼의 부인 사라가 열악한 환경을 개선하고 글렌우드 스프링스로 이름을 바꾸면서 오늘날 유명한 온천지구가 되었다. 또한 글렌우드 스프링스는 미국에서 처음 전깃불이 들어온 곳 중의 하나이며, 제26대 대통령을 지낸 테디 루즈벨트는 재임시절 이곳의 유서 깊은 호텔 콜로라도에서 여름휴가를 보냈다고 한다. 이처럼 명망 있는 사람들의 휴식장소로서 뿐만 아니라 글렌우드캐니언을 비롯한 볼거리도 많아 늘 사람들로 붐비고 있다.

우리는 온천 수영장에서 모처럼 가족수영대회를 가졌다. 출발 신호와 함께 열심히 헤엄쳐 나갔다. 결과는 둘째딸 그리고 아들에 이어 나는 3등을 했다. 1월 초순에 로키 산맥 속의 노천 수영장을 즐기는 것은 우리나라에서는 맛볼 수 없는 특별한 경험이었다. 몽실몽실 피어오르는 수영장의 물안개는 모든 시름과 피곤함을 사라지게 했다.

우리는 다시 심신을 가다듬고 I-70번 고속도로로 올라섰다. 그리고 콜로라도 강과 나란히 서 있는 글렌우드캐니언을 끼고 달렸다. 산 위로 점점 올라갈수록 험난한 산세와 함께 유타에서 볼 수 없었던 또 다른 위엄이 눈앞에 펼쳐졌다.

덴버 방향으로 가기 위해 콜로라도 로키를 넘는 기분은 정말 대단했다. 아슬아슬한 절벽과 계곡 아래 펼쳐진 절경에 한눈을 팔았다가는 큰일이 날 것 같았다. 후버 댐부터 이어지는 그랜드캐니언, 브라이스캐니언 등 콜로라도 강과 산이 어우러지는 대자연의 향연이었다.

우리는 해발 3,401m에 있는 아이젠하워 대통령과 존슨 콜로라도 주지사의 이름을 딴 아이젠하워-존슨 터널Eisenhower-Edwin C. Johnson Memorial Tunnel 입구까지 올라왔다. 미국에서 제일 높은 곳에 있는 2.7km의 긴 터널이었다. 주변에 쌓인 눈은 세찬 바람이 불어 얼어붙은 채 제자리를 지키고 있었다. 산이 높아 그런지 다소 숨이 가빠왔다.

자동차를 세워 놓고 주위를 둘러보면서, 러시아와 알래스카 사이의 베링 해협으로부터 남미 칠레 남단의 마젤란 해협을 연결하는 로키 산맥과 안데스 산맥을 동서로 나누는 대륙분수령의 한 지점에 서 있다는 야릇한 기분이 들었다. 여기서부터 물이 갈라져 동쪽으로 흐르는 것은 태평양으로, 서쪽으로는 여러 강을 따라 흘러가다가 대서양이나 북극해로 흘러간다고 생각하니 새삼 중요한 갈림길 한복판에 서 있음을 알았다.

그런데 실제 분수령은 이곳에서 254m 위쪽인 3,655m 지점에 위치한 러브랜드 고개다. 아이젠하워-존슨 터널 천장이 키가 큰 트럭들이 빠져 나가기엔 위험하여 이 고갯길을 넘도록 하고 있었다. 그리고 자전거나 보행자도 이 고갯길을 이용해야 했으나, 주변의 수려한 경치를 감상하고 싶은 운전자들도 이용할 수 있다. 우리는 이 고갯길을 마다하고 터널 속을 구경하며 분수령 동쪽 지역으로 들어섰다.

터널을 빠져나왔어도 여전히 겹겹이 산이었다. 굽이굽이 돌아 내려오니 갑자기 높은 산은 간데없고 평평한 대지가 눈앞에 펼쳐졌다. 하기는 터널에서 덴버 시까지 80km 정도였으니 그럴 만도 했다. 로키의 여왕이라 불리며 목축과 서부의 비즈니스, 금융과 제조업의 중심지 덴버 시는 서부 대평원의 끝자락에 자리잡고 있었다. 말하자면 여기서부터 동쪽의 애팔래치아 산맥까지 이어지는 미국의 광대한 곡창지대인 대평원의 서쪽 끝이었던 것이다.

여행 도중 시간이 있을 때마다 지도책을 보며 현 위치와 다음 행선지를 알아보곤 했다. 하도 들여다보아 책이 너덜너덜했다. 지도 속에 나타난 콜로라도 주 경계선은 와이오밍 주와 유타 주와 함께 직선으로만 이루어졌다. 로키 산맥이 주 서부를 남북으로 세로내려 평균 해발은 1,200m로 높은 편이다. 서부의 다른 주와 마찬가지로 골드러시의 하나인 은광산 개발로 늘어난 백인과 원주민 인디언과의 영토를 둘러싼 잦은 충돌이 반복되었다.

그러던 중 1870년 덴버를 지나는 퍼시픽 철도가 완공되면서 도시는 더욱 확장되었으며, 1900년대 초반에 자동차의 대중화로 콜로라도 주의 2대 산업인 석유산업과 관광업이 번창했다. 미국 가정의 자가용 확보는 콜로라도의 수려한 자연풍경을 보고자 하는 수많은 관광객을 끌어들였던 것이다. 동시에 자동차 증가는 석유제품의 수요로 이어졌다. 역시 교통의 발달로 원거리 이동이 쉬워졌음을 알 수 있다.

1930년대 대공황과 동시에 일어난 오랜 가뭄으로 먼지폭풍이 대지를 덮어 그야말로 농촌은 황폐화되었다. 주와 연방정부는 먼지폭풍으로 손상된 대지를 복구하고 실업자들을 돕는 프로그램을 시작했다. 이는 콜로라도 주의 홍수조절과 수자원 확보를 위하여 여러 댐 공사와 더불어 터널을 뚫어 물을 로키 산맥에서 주 서부로 보냈다.

동시에 1950년대에는 연방사무소와 군사시설들이 속속 콜로라도에 설립되었다. 미국 공군사관학교는 1958년 콜로라도 스프링스 캠퍼스를 열었다. 그리고 현재의 북아메리카 항공우주방위사령부NORAD를 콜로라도 스프링스 근처에 본부를 세워 콜로라도의 군사적 위치를 확보하였다. 이와 같은 변화는 농목축업이 주산업이던 콜로라도에 제조업이 중심 산업으로 바뀌었다. 즉 미사일 등의 군수용품과 전자산업 그리고 우라늄 채굴 등이 중요한 산업이 되었다.

그럼에도 농지가 콜로라도 주의 거의 절반을 차지하고 있다. 소는 물론 돼지와 가금류 등의 가축과 축산가공도 콜로라도 주 농장 소득의 대부분이다. 콜로라도 주는 높은 순위의 육우 사육지이기 때문이다. 동시에 사료가 되는 옥수수와 건초 그리고 밀 등을 생산하고 있다. 또한 서부 콜로라도의 석탄과 천연가스, 석유는 주요 에너지 자원이다.

이러한 역사 속에서도 웅장한 대자연을 품은 콜로라도는 색다른 주인 것만은 분명하다. 자연도 그렇거니와 사람들에게서도 여유로움을 발견했다. 그래서 그런지 미국에서 가장 사랑에 빠지기 좋은 도시로 뉴욕이나 마이애미 등을 제치고 콜로라도 스프링스가 선정되었다고 한다.

반면에 사랑을 나누기에 최악인 곳은 샌프란시스코, 워싱턴 D.C., 뉴욕, 로스앤젤레스, 애틀랜타, 마이애미, 보스턴이 뒤를 이었다. 이는 대도시에 사는 사람들일수록 배우자를 선택할 때 조건이 많고, 만나는 상대도 많아 한 사람을 진지하게 만나는 시간이 짧아서 사랑에 빠지기 힘들다는 것이다.

우리는 일단 덴버 시내로 들어갔다. 문득 콜로라도주립대학에서 학위를 취득한 우리 학과의 신효중 교수가 생각났다. 그리고 국비장학생으로 콜로라도 광산대학에서 박사학위를 받은 동기생 민경원 교수가 떠올랐다. 젊은 시절 이역만리 이곳까지 와서 미래를 준비한 그들의 노고가 남의 일처럼 느껴지지 않았다.

우리는 중심가를 벗어나 변두리로 나왔다. 그리고 덴버 시를 눈에 담고 싶어 뒤를 돌아보았다. 고층 오피스 건물 뒤로 흰 눈에 덮인 로키 산맥이 선명하게 보였다. 우리가 진행하는 덴버 시 동쪽으로는 지평선이 아롱거리는 대평원이 펼쳐져 있었다. 이미 곡식을 수확한 뒤라 대평원은 텅 비어 있었지만, 풍요로웠을 지난가을의 모습은 얼마든지 상상할 수 있었다.

캔자스의 '오즈의 마법사' 토네이도

I-70번 고속도로를 따라 계속 동쪽으로 달렸다. 샌프란시스코를 벗어나면서부터 만난 대자연은 로키 산맥을 넘어 덴버를 지나자 분위기가 확 바뀌면서 대자연의 신비로움 대신 풍요로운 대평원이 전개되는 순간 신은 우리에게 무엇을 다시 알려 주시려나 궁금했다. 이는 가도가도 이어지는 우리 인류의 빵바구니 역할을 하는 곡창지대의 의미를 하나씩 알려 주고 있었다.

대평원은 겨울을 맞아 곡식들이 무르익는 소리는 들리지 않았다. 그러나 대지는 휴식을 취하고 있을 뿐, 여전히 장엄한 숨소리는 인디언의 노래가 담긴 테이프를 통해 들려왔다. 도중에 주유소에 들러 기름을 넣고 달리는 사이 캔자스 주로 들어섰다. 평원은 계속되고 있었다.

가도가도 끝이 없을 것만 같은 평야를 달리고 또 달렸다. 밭 옆 둔덕에 앉아 식사를 하며 사진을 찍는 우리를 보고 트랙터를 몰고 가던 농부가 도울 일이 없느냐며 다가왔다. 성실해 보이는 구릿빛 얼굴이 전형적인 캔자스의 농부 같았다. 우리 여행 이야기를 전해들은 그는 깜짝 놀라면서, 자신도 하고 싶은 일이라면서 뭔가 도움을 주려고 애를 썼다.

그는 자기 농장을 잠깐 구경해 보지 않겠느냐고 제안했다. 아마도 그는 내가 한국의 농대교수로 예일대학 농민연구소에서 토지제도에 대한 공부를 하러 왔다는 말에 뭔가 얘기를 나누고 싶은 모양이었다. 그러나 오클라호마의 친구를 만나기로 약속이 되어 있어 호의는 고맙지만 미안하다는 말을 전했다.

그 대신 나는 이 넓은 밭을 어떻게 똑바로 가느냐고 물었다. 그는 밭을 갈 때 멀리 있는 나무나 바위를 목표로 정해 놓고 그곳을 바라보며 운전한다고 했다. 만일 트랙터 바로 앞을 내려다보고 운전하면 지그재그로 가게 된다는 것이다.

이 말을 듣는 순간 아! 인생 목표도 멀리 내다보고 해야지, 발등의 일만 처리하다 보면 장기적인 목표를 잃어버리고 큰 것을 모두 놓치고 만다는 이야기와 같음을 깨달았다. 그는 우리에게 행운이 있길 바란다며 트랙터를 몰고 길 건너 자신의 농장으로 향했다.

농부의 뒷모습을 바라보던 우리 아이들이 '오즈의 마법사' 라는 노래를 불렀다. 나는 첫 소절만 기억이 났으나 아이들은 끝까지 응얼댔다. 캔자스 하면 바로 이 오즈의 마법사가 떠올랐던 것이다. 오즈의 마법사가 아이들 마음속에 자리잡고 줄은 몰랐다.

이 동화 속의 주인공인 도로시는 캔자스의 드넓은 초원에서 헨리 아저씨와 엠 아주머니와 함께 살고 있었다. 모든 것이 회색인 황량한 초원에서 도로시의 유일한 친구는 강아지 토토였다. 어느 날 도로시는 토토와 함께 무서운 회오리바람에 휩쓸려 오즈의 나라로 내던져진다. 집으로 돌아갈 수 있는 길은 오로지 위대한 오즈의 마법사를 만나는 것임을 알고 그를 찾아 떠나는 긴 여정 속에 도로시는 여러 친구들을 만나 문제를 풀어 나간다. 이 이야기는 손오공이 불경을 구하러 천축국으로 가는 삼장법사를 모시고 여러 제자들을 만나며 가는 여정과도 닮아 있었다.

그런데 '오즈의 마법사'에 나오는 무서운 회오리바람은 다름 아닌 토네이도였다. 말하자면 토네이도는 평평한 대평원의 심술꾸러기다. 이제 겨울이 지나고 대평원에 봄이 찾아오면, 겨울 동안 움츠렸던 사람들의 야외 활동이 시작된다. 그리고 이때부터 일기예보에 매일 토네이도 경보가 들어 있다. 토네이도는 봄과 여름에 자주 발생하기 때문이다.

미국의 토네이도는 토네이도 앨리라 불리는 토네이도 통로Tornado Alley와 딕시 통로Dixie Alley로 나뉘어져 있다. 앞의 토네이도 통로는 텍사스 주의 대평야를 따라 오클라호마, 캔자스 등 북쪽으로 이어지고, 딕시 통로는 루이지애나, 미시시피, 앨라배마 등 남부를 동서로 가로지르는 지역을 가리킨다. 이들 토네이도는 급속한 도시화에 따라 인명과 재산 피해가 갈수록 늘어나 걱정스럽다.

토네이도는 미국의 중남부 대평원의 곡창지대에서 빈번하게 일어나고 있다. 그중에서도 지도상에 등고선 표시가 하나도 없는 대평원인 캔자스와 오클라호마는 토네이도가 많이 발생하는 한가운데 자리잡고 있다. 미국 기상당국의 보고에 따르면 미국에는 매년 10만 번의 폭풍우와 약 1천 개의 토네이도가 발생한다고 한다.

이 캔자스 토네이도가 그 유명한 『오즈의 마법사』를 탄생시켰다. 프랭크 비움은 1900년부터 총 14편의 『오즈의 마법사』 시리즈를 발표했는데, 작가가 세상을 떠난 후에도 40편 넘게 이야기가 이어질 정도로 사랑을 받아 영화와 만화영화로 만들어졌다. 특히 만화영화 '오즈의 마법사'는 우리나라에서도 방영되어 어린이들에게 상상의 꿈을 키워 주기도 했다. 이 이야기는 조앤 K. 롤링이 쓴 『해리 포터와 마법사의 돌』의 원조가 아닌가 싶기도 하다. 그런데 이 순수한 동화 이야기를 작가가 살던 19세기 후반 미국에서 발생한 금본위제와 은본위제를 둘러싼 정치투쟁을 은유적으로 표현했다고 설명하는 이도 있다.

이런 이야기를 나누며 토네이도를 직접 보고 싶었으나 겨울철이라 어쩔수 없었다. 이어 오클라호마로 가기 위해 캔자스 중앙에서 남쪽으로 가는 135번 고속도로를 타고 남으로 직진하였다. 미리 연락해 둔 친구 민경원 교수의 집을 방문하기 위해서였다. 남쪽으로 방향을 틀었지만 여전히 평원은 이어졌다. 덕분에 캔자스의 평원을 제대로 본 셈이다. 오클라호마 시에 도착했을 때는 새벽 2시가 넘었다. 이렇게 늦게 찾아온 친구를 반갑게 맞아준 민 교수 가족이 무척 고마웠다.

대평원의 기상천외한 땅잔치

캔자스에서 바로 뉴욕 쪽으로 가지 않고 남쪽으로 방향을 돌려 오클라호마로 온 진짜 이유는 딴 데 있었다. 1889년 4월 22일 정오에 대포와 권총 그리고 나팔소리를 신호로 출발한 토지제도 역사상 가장 드라마틱한 토지분배방식인 랜드러시Land Rush와 1930년대 이 지역의 농토를 황폐화시킨 모래폭풍의 현장을 직접 보고 싶었기 때문이다. 그리고 텍사스에서 출발해 오클라호마를 지나 캔자스 등으로 가는 카우보이의 체취와 초원에 가득했던 들소의 냄새를 상상으로나마 느껴보기 위함이었다. 이는 농업사農業史적으로 기억해 둘 필요가 있었다.

미국 50개 주에서 오클라호마의 탄생은 특이하고 흥미로운 부분이 있다. 우선 주 이름은 이 지역에 살던 촉토Choctaw족의 언어로 '붉은 사람들'을 의미하는 오클라홈마okla humma에서 나왔다. 이 말은 촉토족에게 인디언 전체를 나타내는 의미이기도 했다. 당시 촉토족 추장이었던 앨런 라이트가 1866년 당시 인디언 준주의 명칭을 정할 때 제안한 것을 받아들여, 오클라호마 준주라는 이름이 붙여졌던 것이다. 이 이름이 제안된 24년 후인

1890년 백인들에게 토지가 개방되면서 공식적으로 주 이름이 확정되었다. 오클라호마 주가 연방에 가입하기 전에는 오클라호마 준주와 인디언 준주로 나뉘어 있었으나, 1907년 11월 16일 연방에 46번째로 가입하면서 하나의 주로 합쳐졌다.

사실 이때 인디언 준주의 주민은 1905년 세퀴야Sequoyah라는 단일 주 이름으로 합중국에 가입하려 했으나, 서부에 세퀴야와 오클라호마라는 두 개의 새로운 주는 필요없다고 판단한 의회와 정부에 의해 거부당했다. 결국 이 두 준주가 합해지면서 인디언 준주는 저절로 소멸되었다. 이러한 배경은 지금도 많은 30부족이 넘는 인디언들이 인디언 준주로 이주했다. 이것이 오늘날 인디언들이 특히 오클라호마 주 동부의 보호구역에 다수 거주하고 있는 이유다. 현재 이곳 원주민 인디언들은 주의 6%에 지나지 않으나, 주별로 따져보면 미국의 주 중에서 캘리포니아에 이어 두 번째로 인디언이 많다. 한편 흑인은 주 인구의 7%를 차지하고 있다.

이는 가장 최후까지 인디언의 영토로 남은 곳이기도 했다. 백인들에 대한 인디언들의 적대감, 호시탐탐 이 지역을 노리는 스페인의 음모, 동부 인디언들을 서부로 이주시키라는 백인들의 압력 때문에 미국 의회는 1828년 오클라호마를 인디언 거주지역으로 선포하고 모든 백인들을 이곳에서 철수시켰다. 1880년경까지 인근의 60여 개 인디언 부족이 나중에 인디언 특별구가 된 인디언 준주로 강제 이주되었다.

이들 중 일부는 정착하여 농경생활을 하는 평화적이며 상당히 개화한 부족들이었으나, 나머지는 사냥감과 목초지를 떠돌아다니던 매우 호전적이고 미개한 부족이었다. 인디언들의 주권은 미국 남북전쟁 초기까지는 비교적 잘 유지되었다. 그러나 이번 여행을 하면서 지났던 스모키마운틴 지역에서 강제로 인디언 준주로 이주당해 온 체로키족, 촉토족, 치카소족 Chickasaw, 크리크족Creek, 세미놀족 Seminole 등 개화한 5개 부족들이 북부가 아닌 남부연합에 합병한다는 조약을 체결했다. 이로 인해 연방정부와 매우 불편한 관계가 되었고, 이후 연방정부의 간섭을 증대시키는 요인이 되었다.

1861년 남북전쟁이 발발한 후 많은 인디언들은 북군과 남군에 각각 나뉘어 참가했다. 이러한 가운데 인디언 준주는 남북전쟁 기간 싸움터는 물론 전쟁의 패배로 막대한 손실을 입었다. 즉 남북전쟁 이후 이 지역 인디언들에게는 또 한번의 시련기가 찾아왔다. 다른 지역에 사는 인디언은 이 지역으로 추가 집단이주가 이루어졌으며, 철도부설로 인디언들의 토지매각을 강요받았다. 동시에 오클라호마를 자유 흑인들의 정착지로 만들려는 계획이 실현되지는 않았지만, 이들에게 토지를 양도할 것을 강요받았다. 인디언 준주의 유약함으로 인해 인근 주들의 백인, 흑인 모두에게 이용만 당한 셈이었다. 이러한 결과로 이 지역은 인디언들에게 최후의 굴종의 땅이 되었다. 그리고 또한 흑인, 백인, 황색인의 문화가 뒤섞이는 등 다양한 분포를 보이게 되었다.

1862년 남북전쟁이 절정기에 이르렀을 때, 연방의회는 자영농을 늘릴 경우 대규모 농장인 플랜테이션 경제에 의존하는 남부의 노예제도를 위협할 수 있다는 남부 출신 의원들의 반대로 통과되지 않았던 홈스테드법을 통과시켰다. 즉 이 법은 1860년에 1차로 연방의회를 통과하였으나, 남부 출신의 제임스 뷰캐넌 대통령에 의해 저지되었다. 이후 남부가 연방에서 탈퇴하자 링컨 대통령의 서명으로 발효되었다.

법안의 주요 내용은 공포 후 5년간 13개 식민지 주 바깥에 거주하면서 미국에 적대적인 행동을 취한 적이 없는 해방노예를 포함하여, 누구나 이 법에 따라 보통 160에이커를 그리고 서부 불모의 땅에서는 640에이커, 즉 256ha의 미개발 토지를 무상으로 주는 것이었다. 즉 21세 이상의 미국 시민이 일정구역에 3.6~4.3m 이상 크기의 집을 짓고 5년 이상 토지를 개척하면, 그 주변의 160에이커, 약 20만 평을 무상으로 증여받을 수 있는 자영농지법이었다. 그리하여 1862~1886년 사이 160만의 자영농이 새로 토지를 불하받았다. 이들이 받은 총면적은 한반도의 다섯 배에 해당하는 약 110만km²에 달했다. 이는 미국 총면적의 10%에 해당하는 거대한 면적이었다.

이 토지를 불하받기 위해 경작사실증명서를 허위로 작성하여 불법으로 토지를 받는 부작용도 속출하였다. 그러다가 홈스테드법은 공유지의 가장 좋은 용도는 정부관리 하에 두는 것이라는 미 연방정부의 판단으로 1976년 연방토지정책 및 관리법의 통과로 폐지되었다. 한편, 금·은 같은 귀금속 광물을 포함한 토지는 1872년 광업법으로 관리되었다.

이렇게 불하를 받은 농지 개척이 서부로 더 확대되면서, 마지막으로 남은 것은 정부가 인디언 자치구역으로 남겨 둔 오클라호마뿐이었다. "평원의 비옥한 땅을 낭비하는 야만인들에게 맡길 수 없다. 우리 가축업자에게 넘겨라"는 백인 목장 정착자들의 요구가 거세어졌고, 개중에는 실력으로 대항하는 사람도 나타났다. 이 지역에 불법으로 침입한 백인들에게 철수를 명하고, 말을 듣지 않는 백인들을 군대가 내쫓았으나 번번이 다시 되돌아오곤 했다.

이렇게 되자 정부는 1에이커, 즉 1,224평당 48센트씩 값싸게 인디언으로부터 땅을 사들여 백인들에게 분배하기로 했다. 그러자 오클라호마에 가면 땅을 공짜로 얻을 수 있다는 소문이 나 백인들이 모여들었다. 그 결과 하루 만에 인구 1만 명의 도시가 생겼고, 오클라호마의 첫 수도가 된 곳이 바로 거스리Guthrie다.

문제는 토지를 갖기 원하는 이들에게 어떻게 토지를 분배할까 하는 것이었다. 그런데 공정하게 토지를 분양하는 식의 제비뽑기로 정하는 것이 아니었다. 일정 구획마다 미리 깃발을 세워 놓고 사람들을 모이게 했다.

드디어 1889년 4월 12일 정오Land Run of 1889에 탕 하는 출발신호와 함께 수천 명이 일시에 달려가 깃발에 가장 먼저 도착한 사람에게 그 땅을 갖게 했던 것이다. 이것이 바로 오클라호마 랜드런Land Run 또는 랜드러시Land Rush였다. 세계 역사상 전무후무한 토지분배방식이었다.

그동안 일곱 번의 오클라호마 랜드런이 열렸다. 그 중에서 1889년 4월 22일의 랜드런 외에 1893년 9월 16일에 규모가 가장 컸던 체로키 스트립 랜드런Charokee Strip Land Run이 있었다. 이 랜드런은 정부가 1에이커당 1.40달러를 지불한 토지였다. 이러한 역사적인 현장을 담은 1992년에 제작된 영화 '파 앤드 어웨이far and away'를 당시 아일랜드의 소작농과 기근 그리고 미국의 농업과 농촌을 이해시키기 위해 학생들에게 영화감상 리포트를 받기도 했다.

이 영화에 나오는 탐 크루즈와 니콜 키드먼이 땅을 차지하려고 달리는 역사적인 무대인 오클라호마 랜드러시 장면이 바로 체로키 스트립 랜드런이다. 이 랜드런은 4만 개의 160에이커 크기의 땅을 차지하기 위해 토지에 굶주린 10만 명의 사람들이 채찍을 휘두르고 천둥과 같은 소리를 내며 먼지투성이의 평원을 가로질러 달린 미국 역사상 가장 큰 말경주였다. 도중에 마차가 뒤집히고, 말이 서로 부딪쳐 넘어지고 땅에 박히는 등의 사고는 헤아릴 수 없을 정도였다. 이외에도 랜드런을 주제로 1931년에 제작된 '시마론Cimarron'도 있었다. 이 영화 역시 오클라호마 주 개척사를 배경으로 이곳에 정착한 부부 이야기를 다루고 있다. 이곳에서도 주인 없는 땅인 오클라호마 주의 팬핸들Panhandl 지역에서의 랜드런 장면이 나온다.

이렇듯 랜드런은 인디언으로부터 획득한 오클라호마 땅을 일반인들에게 분배하기 위해 만든 기상천외의 땅잔치였다. 160에이커마다 깃발을 꽂아 두고 말을 달려 먼저 깃발을 뽑은 사람에게 그 땅을 갖게 했으니 말이다. 땅을 얻기 위해 대부분 말이나 마차를 타고 참가했지만, 말과 마차가 없는 사람은 발로 뛰었다. 그리고 자동차를 타고 온 사람도 있었다. 그런 가 하면 전날 미리 깃발 근처에 몰래 숨어 있거나, 나중에 도착한 힘센 사람이 좋은 토지를 차지한 사람의 것을 빼앗는 경우도 있었다. 좋은 땅이란 강이나 개울을 끼고 있어 물을 쉽게 얻을 수 있는 평원이다. 이렇게 얻은 토지에 주로 소를 중심으로 한 가축을 키우고 밀, 건초, 목화, 수수, 땅콩 등을 재배하기 시작했다.

달리기 선착순으로 토지를 분배한 오클라호마는 수너 스테이트Sooner State라는 별명이 붙었다. 오클라호마주립대학의 마스코트나 팀 이름도 '더 빨리 간 사람'이라는 뜻의 '수너Sooner'였다. 이러한 방식의 스포츠인 미식축구는 농구나 야구보다 더 인기가 있다. 미식축구의 경기규칙을 보면, 개척시대의 땅을 확보하는 방식과 같은 일종의 땅따먹기다. 상대편을 피해 최대한 빨리 앞으로 나아가면 거기까지가 자기 편 영역이 된다.

이 랜드런으로 1890년에 낸 미국 국세조사 보고서는 이제 더 이상 나아 가야 할 프런티어는 소멸되었다고 했다. 물론 이 해 미국 내에 1평방마일 당 6명 이상이 살지 않는 토지가 완전히 없어진 것은 아니었다. 그러나 변경선frontier line은 지금의 캐나다와 멕시코 국경까지 왔다는 것을 의미하고 있었다.

대평원 농촌에 불어온 거대한 모래폭풍

미국 금융사상 이른바 검은 목요일Black Thursday과 검은 화요일Black Tuesday이라 불리는 1929년 10월 24일과 10월 29일 증권거래소에서 파국적인 주식매도의 물결이 일어남에 따라 주가는 폭락하기 시작했다. 이는 1차 세계대전 이후의 1920년대 호황에 따른 과잉 주식투기 열기가 줄어들면서 나타난 대공황의 시작이었다. 수백만 달러의 액면가는 종잇조각으로 변했다. 은행들은 빌려준 대부금을 회수하기 시작했다. 이는 주식투자자로 하여금 증권을 더 싸게라도 팔아 갚으라는 의미였다. 이러한 모습은 미국 경제를 걷잡을 수 없는 침체 국면으로 들어서게 한 명백한 신호였다. 이에 많은 실업자가 발생하여 1930년대 대부분의 사람들은 힘든 삶을 살아야 했다.

이렇게 경제가 힘든 상황에서 엎친 데 덮친 격으로 남서부의 농민들은 자연재앙과 싸우고 있었다. 즉 가뭄과 모래폭풍dust storm과의 싸움이었다. 1931년의 심각한 가뭄은 미국 중서부와 남부를 강타했다. 작물은 말라죽고 모래는 밭과 초지를 덮기 시작했다. 모래폭풍은 1930년대 초 연평균 강우량이 500mm에도 안 되는 혹심한 가뭄이 수년 간 계속되자, 뿌리에 수분을 간직하여 흙을 고정시켜 주던 이 초원의 토착식물인 짧은 풀shortgrass이 죽어 버리고 표토는 강한 봄바람에 모두 날려갔다.

1932년에는 가뭄으로 인한 모래폭풍의 발생빈도가 14건에서 38건으로 증가했다. 이렇게 가뭄과 모래폭풍이 이어지자 정부는 1933년 5월 긴급 농장저당법을 제정하여 농민들을 돕는 지원책을 마련하기도 했다. 농산물을 사들여 구호품으로 전환하는 프로그램을 만들고 소를 시장가격보다 비싼 가격에 구매했다

그러나 1934년 5월 오히려 대규모의 모래폭풍이 확대되었고 미국 역사상 최악의 가뭄이 27개 주를 덮쳐 전국 경지의 75%에 영향을 주었다. 6월에는 이러한 위기에 직면한 농민들의 재산 압류 행위를 금지하는 프레이저-렘케 농장파산법Frazier-Lemke Farm Bankruptcy Act을 제정했다. 이 법은 1938년까지 적용되는 한시적인 법이었으나, 네 차례 연기되어 1947년까지 이어졌다.

또한 최악의 검은 눈보라black blizzard가 흙먼지가 되어 동부지역으로

날아가 수도 워싱턴 D.C.까지 덮쳤다. 이 사건을 1935년 4월 14일의 검은 일요일이라고 부르고 있다. 그러자 의회는 토양침식 방지업무를 내무부에서 농무부로 옮겨 토양보전국soil conservation service을 설치했다. 그리고 표토 보전 프로그램을 실행에 옮기기 시작해 바람을 막아 줄 나무를 대대적으로 심은 결과 모래폭풍이 일어난 지 8년 만에 65%를 줄였다. 어느 지역은 1940년까지 식목하여 대부분의 지역에서 모래폭풍이 멈추었다. 그러나 피해를 당한 지역 주민들이 다른 지방으로 이주하여 인구가 급속도로 감소했다.

텍사스 북부, 오클라호마, 캔자스, 콜로라도와 뉴멕시코의 동부지역은 원래 비가 적게 내리고 풀로 뒤덮인 초지였다. 바람막이 하나 없는 지평선이 보이는 드넓은 평원이기 때문에 바람이 불면 막을 길이 없었다. 모래폭풍이 심하게 몰아치면 한치 앞도 내다볼 수 없었다. 이 모래폭풍으로 목숨을 잃거나 호흡기 질환을 앓는 사람도 많았다. 특히 어린이들은 먼지폐염dust pneumonia으로 희생되기까지 했다.

루즈벨트 대통령은 1937년 연두교서에서 인구의 3분의 1이 열악한 의식주 생활을 하고 있다면서 대평원 식목 프로그램을 발표했다. 캐나다에서 텍사스 북부에 이르는 100마일 폭의 토양침식 방지구역을 정해 방풍림을 조성하여 65%의 토양유실을 낮추는 성과를 거두었다. 그럼에도 계속된다. 가뭄은 1939년 가을 비가 내림으로써 일단 풀렸으나, 2차 세계대전이 일어날 때까지는 경기침체가 이어졌다. 그 후 곡물 수요의 증가로 평원은 다시 밀의 전쟁 특수 황금기를 맞았다.

이렇듯 1933년부터 1939년에 걸쳐 일어난 가뭄과 모래폭풍은 미국의 대평원 지역을 황폐하게 만들었다. 특히 중서부는 20만 명이 넘는 이재민이 발생하여, 이들 중 상당수는 캘리포니아나 다른 대도시로 이주하여 빈민층을 형성해 사회적 문제가 되기도 했다. 아무튼 하루아침에 집을 잃은 사람들은 빈털터리가 되어 주로 서쪽 캘리포니아로 떠났다. 캘리포니아 사람들은 이 이주민들을 오클라호마 촌뜨기라는 뜻인 '오키Okies'라고 불렀다. 이 이주민들은 과거의 신분이 어쨌든 캘리포니아의 포도농장이나 감귤농장의 노동자로 전락하였다.

1930년대의 모래폭풍과 뗄 수 없는 관계인 노벨문학상 수상 작가 존 스타인벡의 『분노의 포도The Grapes of Wrath』는 이러한 배경에서 쓰여진 소설이다. 이 소설은 1939년 출판되기가 무섭게 베스트셀러가 되었다. 그러나 농민들의 생활을 너무 참담하게 그렸다는 이유로 여러 도서관에서 금서가 되었지만, 일 년 만에 50만 부가 팔릴 정도로 엄청난 반향을 불러일으켰다. 스타인벡은 이 소설로 1940년 퓰리처상을 수상하기도 했으나, 캘리포니아 지방에서는 책을 불태우기도 했다. 한편 미 농무부 소속 사진가 도로시 랭과 아서 로스스타인은 이 고난의 시대를 하나하나 흑백사진으로 남겨 놓았다.

최근 상영되어 큰 관심을 끌었던 영화 '인터스텔라'도 1930년대 모래폭풍의 환경재앙을 모델로 하여 만든 것이다. 이 영화에서처럼 미래 지구에 모래폭풍 등과 환경문제가 발생하여 농작물을 수확할 수 없다면, 농민들이 오클라호마에서 캘리포니아로 이주했듯이 인류는 지구를 떠나 이웃 행성으로 이주할 수밖에 없을는지 모르는 일이다.

미국은 지난 세기 동안 여러 번의 혹독한 가뭄과 모래폭풍을 경험했다. 1930년대의 모래폭풍 외에도 1977년 2월과 1988년부터 시작해 1989년까지 이어진 가뭄과 매서운 모래폭풍은 콜로라도 주에서 텍사스 주에 걸쳐 농경지의 300만 톤의 흙이 오클라호마 주에 쌓였다. 동시에 모래구름이 미시시피 주와 앨라배마 주를 거쳐 대서양까지 날아가면서 공기 중의 미세먼지로 오염이 심각했었다. 이때의 자연재해로 당시 미국 국민 절반 이상이 피해를 입었다.

이러한 가뭄과 모래폭풍은 미국의 19세기 정책이 서진정책의 하나로 추진된 랜드런 이후 이미 예견된 일이었다. 정부로부터 싼값에 땅을 불하받은 개척민들은 이 건조한 지역에 밀농사를 권장받았다. 그들은 비가 잘 내리지 않는 지역이라도 "땅을 갈면 비가 온다Rain follows the plow"라는 말을 믿고 있었다. 즉 땅을 갈아 곡식을 심으면 습기가 위로 올라가 구름이 되어 비가 내린다는 잘못된 이론을 따르고 있었던 것이다.

그러나 중서부 농지의 대부분은 19세기 중엽부터 20세기 초에 걸쳐 이민자들이 풀로 덮여 있던 초지를 경작지로 만들면서 습기를 잃어버린 표토는 가뭄이 오면 쉽게 바람에 날아가 버리는 구조였다. 하지만 운좋게도 오랫동안 가뭄이 없었기에 경작지로 이용할 수 있었던 것이다.

한편, 아시아에서 이주해 온 중국과 일본 그리고 일부 조선인 농민들은 척박한 땅에서도 전통 농사법대로 경작을 했기 때문에 이런 일은 많지 않았다. 그런데 유럽계 이주민들은 초지를 갈아엎어 경지를 만드는 방법으로 자연재해를 스스로 불러들였다.

당시의 극심한 가뭄은 몇 년 단위로 대량으로 발생하여 농작물에 막대한 피해를 주던 메뚜기 떼를 멸종시켜 버릴 정도였다. 주요 산란지인 미시시피의 습지대가 거의 개간되어 말라 버렸기 때문이다. 19세기 중반에는 이 메뚜기 떼 시체 때문에 기차바퀴가 헛돌아 선로에 모래를 끼얹어야 움직일 정도로 재앙에 가까운 것이었다. 이렇게 초지가 사막화되어 가는 것을 경험한 미국은 토양과 물 보존의 중요성을 재인식하게 되었다. 그리하여 수많은 홍수조절 시설과 댐 등이 건설되어 1960년대에 이르러서는 오클라호마 주에 200개가 넘는 인공호수가 만들어졌다.

여기에서처럼 물 부족은 식량 부족을 의미한다. 최근의 물 부족과 표토 상실 그리고 지구온난화로 인한 온도상승 등이 곡물의 수요와 공급의 균형을 더욱 어렵게 하고 있다. 특히 물 부족은 우리에게 직접적인 위협이 되고 있다. 세계 지표수의 70~75%를 농업용수로 사용하고 있기 때문이다. 여러 나라에서 수백만 개의 관정에 물이 고이기 전에 퍼올리고 있어, 세계 3대 곡물 생산국인 중국, 인도, 미국에서 지하수위의 하락으로 이어지고 있다. 특히 미국 대평원의 땅 밑에 흐르는 오갈라라Ogallala 지하대수층은 지질학적으로 형성된 것으로 물은 오래전 고대에 저장된 물로 강우에 의해 보충되지 않는 화석대수층fossil aquifer이다. 대평원 같은 건조지대 대수층의 물 상실은 농업 자체를 상실하는 것과 같은 절망적인 일이다. 특히 연료 대체작물로 옥수수 재배면적이 늘어나 지하수의 고갈은 심각해지고 있는 상황이다.

표토 상실 역시 농업생산에 큰 영향을 주고 있다. 세계 작물을 재배하는 3분의 1에 해당하는 표토가 침식되고 있기 때문이다. 식물에 영양을 공급하는 표토는 인류 문명의 기반이기에 더욱 중요하다. 따라서 미국의 모래폭풍이 바로 표토의 상실로 이어지는 문제는 바로 인류 미래의 문제이기도 하다.

이와 같은 미국의 사례는 토양 보전에 대한 인식을 지구적 차원에서 바라보게 되었다. 토양 유실은 농업생산력을 감소시키고 농장을 떠난 토양은 침전물로서 공해를 일으키고 있다. 토양 유실은 물과 바람에 의한 것이 84%이며, 나머지 16%는 물리적·화학적 저하에 의한 것으로 인류를 위한 식료 생산에 큰 영향을 주고 있다.

그러나 아직 대부분의 농민들은 토양 유실은 장기간에 걸쳐 일어나는 현상으로 자신이 살고 있는 동안에는 아무 일 없을 것이란 안이한 생각에 토양을 날려 보내고 있었다. 다행히도 미국 농업을 위협한 모래폭풍의 발생은 토양 보전의 인식을 절실히 만드는 계기가 되었다. 이리하여 당시 루즈벨트 대통령은 1933년 이후 뉴딜정책의 하나인 농업조정법Agricultural Adjustment Act으로 농산물 시장가격의 폭락을 막으려 했다. 동시에 토양

보전을 보다 효율적으로 하기 위해 1935년 토양침식법Soil Erosion Act을 제정했다. 이러한 결과로 1982년의 토양 유실량에 비해 그 이후 많은 감소를 보였다. 이와 같은 미국의 사례는 특히 밭농사를 중심으로 하는 많은 개도국의 토양 보전의 중요성과 토양 보전정책 수립에 좋은 사례를 보여주었다.

매년 봄이면 한반도는 중국에서 날아오는 황사로 긴장한다. 이는 인구가 늘어난 중국이 과거와 북부의 초원을 경작지화하고 가축 수를 늘려 목초를 먹어치우는 바람에 드러난 표토가 바람을 타고 우리나라로 날아오는 것이다. 이것은 1930년대 미국의 모래폭풍과 다르지 않다.

오클라호마주립대학의 한국참전비와 소몰이꾼

오클라호마의 근대농업사를 현장에서 깊이 생각할 수 있었던 것은 정말 즐거운 일이었다. 우리는 민 교수가 객원교수로 와 있는 노먼Norman의 오클라호마주립대학으로 향했다. 이 주 이름의 어원이 '붉은 사람'이란 뜻이어서 그런지 대학 건물도 진홍색이었다. 미국 주립대학이 대개 19세기 후반에 세워졌던 것처럼 이곳도 1890년 처음 노먼대학으로 출발했다가 오클라호마 주가 1907년 미 연방에 가입하면서 지금의 이름을 갖게 되었다.

캠퍼스 한가운데 한반도 모양으로 조각된 작은 한국참전비를 보니 반가움과 뭉클함이 교차했다. 이 대학 출신 학생들이 한국전쟁에 참전한 기념으로 세운 비석 앞에서 기념사진을 찍으며, 이 기념비가 태평양을 사이에 둔 두 동맹국의 우정과 자유의 소중함을 다음 세대로 이어주는 릴레이 배턴 역할을 할 것이라는 생각이 들었다.

그간 미국 여러 지역을 돌아보면서 미국인의 한국전쟁 참전을 기리는 기념비를 많이 보았다. 전국에 150여 개가 있는데, 그만큼 한국전쟁에 참전했던 미군 약 178만 명의 출신지가 전국적이었던 것이다. 그중에서도 매사추세츠 주가 16개로 가장 많다. 또한 현재 세워지고 있거나 앞으로 더 한국전쟁기념물을 세우기 위해 모금운동을 하고 있는 지역도 있다.

그러나 미국인들 사이에서 한국전쟁은 오랫동안 잊혀진 전쟁으로 인식되어 왔다. 미 역사가들은 당시 미국인들은 한반도를 알지 못했고, 2차 세계대전의 승리와 교차되면서 거의 주목을 받지 못했다고 기록했다. 이런 미국인들의 의식이 1995년 워싱턴 링컨기념관 옆에 한국전쟁기념공원이 조성되면서 조금씩 바뀌기 시작했다고 한다.

미 국립공원관리국은 한국전쟁기념공원을 찾는 관광객이 연간 350만 명으로 미국에서 네 번째로 인기가 높은 추모공원이라고 소개하고 있다. 오바마 대통령은 한국전쟁 정전 60주년 연설에서, 한국전쟁은 잊혀진 전쟁이 아니라 승리한 전쟁이라고 했다. 그러나 막상 당시 전쟁이 끝나고 고향으로 돌아온 군인들은 한국전쟁에 참전했다는 사실을 주위 사람들에게 떳떳하게 말하기 힘들었다고 한다. 이는 전쟁 전이나 후나 남북이 분단상태로 남아 있고 2차 세계대전으로 인한 지루한 전쟁에 대한 반전 분위기도 한몫했기 때문이다.

그러나 그들은 지금 한반도 남쪽의 5천만 인구가 활기찬 민주주의와 자유 그리고 번영을 이루어 강력하고 다이내믹한 경제강국으로 성장한 것을 보았다. 이로 말미암아 한국전쟁 참전에 대한 자부감과 보람을 얻고 참전의 소중한 가치를 발견했던 것이다. 그리하여 참전의 긍지를 되찾으면서 이를 잊지 말자는 결의를 다지기 시작했던 것이다. 그리고 독재와 가난으로 어렵게 살고 있는 북한과 비교하며 한국전쟁은 민주주의의 승리이고, 여기에 참전한 용사들의 고귀한 희생의 결과에 만족스러움을 갖는 것이었다. 이런 분위기는 미국 내 여러 지역에서의 한국전쟁 추모시설 건립 확산으로 이어지고 있다.

그들의 기념비를 보면서 우리나라 역사상 대규모 군대를 처음 파견했던 베트남전쟁을 기억하는 기념비도 우리나라 여러 곳에 건립되어 있음을 떠올렸다. 다만, 우리가 지원했던 남베트남은 멸망하고 북베트남이 승리했다는 미묘한 관계도 없지 않다. 2001년 8월 우리나라를 방문한 트란 둑 루옹 베트남 대통령에게 김대중 대통령은 불행한 전쟁에 참여해 본의 아니게 베트남인들에게 고통을 준 데 대해 사과했다. 이어 노무현 대통령도 베트남 참전에 대한 사과를 했다.

두 나라는 1992년 국교정상화 이후 미래지향적인 입장에서 경제협력을 통한 동반성장을 약속했으나, 베트남전쟁 동안 벌어진 불행한 양민학살문제 등은 깊은 상처로 남아 있음을 잊어서는 안 된다.

2013년 9월 박근혜 대통령은 베트남 하노이를 방문하여 호치민 전 국가주석의 묘소에 헌화했다. 이는 베트남전쟁 동안 행해진 한국군 파병에 대한 강한 화해의 메시지라는 생각이 들었다. 그때 우리 대통령을 만난 쯔엉 떤 상Truong Tan Sang 베트남 국가주석은 정상회담에서 약 5만 명의 부부가 국제결혼을 통해 한국에서 다문화 가정을 이루고 있는 점을 감안하여 한국은 사돈의 나라라며 친근감을 표했다. 그리고 이 다문화 가정의 2세, 3세가 한국 국회나 정계에 진출하는 사람이 나왔으면 하는 바람을 피력했다. 나는 그들의 멀리 보는 긴 안목에 공감하면서, 다문화 가정 자녀들이 우리 사회의 큰 일꾼으로 성장해 주길 기원했다.

그동안 1995년부터 베트남을 다양한 목적으로 여러 번 다녀왔지만, 그들은 베트남전쟁에 참전한 한국군에 대해 어떤 말도 꺼내지 않았다. 만나는 사람마다 친절히 대해 주었으며 어떤 위해도 위협도 가하지 않았다. 나역시 그들이 마음 깊은 곳에 간직하고 있는 속내를 건드리고 싶지 않았다.

어쩌면 통일된 베트남 국민으로서 아직 분단상태인 우리를 가엾게 여기고 있는지도 모른다는 생각이 들었다.

오클라호마주립대에서 한국전쟁참전비를 보고 멀지 않은 오클라호마 시까지 오가며 이곳이 그야말로 대평원의 오아시스이자 등대임을 알았다. 그런데 하늘과 땅이 맞닿은 지평선 끝까지 탁 뜨인 광활한 대지를 보면서 오히려 가슴이 답답해 옴을 느꼈다. 이는 연암 박지원 선생이 목놓아 울기 딱 좋은 장소라고 한 '호곡장好哭場'이란 말이 떠올랐기 때문만은 아니다. 이 말은 연암 선생이 청나라 6대 황제인 건륭제乾隆帝의 70세 생일을 맞아 만수절萬壽節 축하사절로 연경에 가는 8촌형 박명원의 수행원 자격으로 중국을 여행하고 쓴 『열하일기』에 나오는 말이다.

작은 나라 조선에서 살던 그가 요동벌판을 지나며 눈앞에 끝없이 전개된 광활한 평야를 보면서 실컷 울어나 보겠다고 했던 말이 시공간을 넘어 미 대륙 한복판에 서 있는 나에게 여과없이 전달되는 순간이었다. 사실 이러한 평원을 보면서 '아, 넓다' 하고 감탄하기에 앞서 우리의 작은 강토가 저절로 가슴을 때렸다. 우리도 역사적으로 여러 번 기회가 있었음에도 그렇게 하지 못한 너무나 아쉬운 순간이 생각났다. 나는 목놓아 울기보다는 목청껏 소리를 질러야 마음이 진정될 것 같았다.

다시 노먼으로 돌아온 우리는 YMCA 수영장에서 피로를 풀고 저녁을 먹으며 미처 알지 못했던 이 지역에 대한 이야기를 들었다.

1866년부터 1899년까지 20여 년 동안 텍사스의 소목장에서 기른 소를 미국 동부까지 빠르게 보내기 위해 캔자스 주 철도역까지 소를 몰고 오클라호마를 지나야 했다. 목장주들은 카우보이가 되어 캔자스 주까지 이동하거나 인디언 준주를 불법 통과하는 수밖에 없었다. 특히 거대한 소떼들이 인디언 준주를 통과할 때, 인디언의 습격이나 악당들의 공격을 막아내는 카우보이들의 수많은 실화와 전설이 남아 있다. 그리고 이 19세기의 전설적인 소몰이꾼 이야기를 언론은 서부 개척시대의 의협심 강한 카우보이나 보안관으로 등장시켰다. 이 영웅들을 소재로 많은 정통 서부 영화가 만들어졌다.

소몰이는 1876년 스코틀랜드계 아버지와 체로키족 인디언 어머니 사이의 혼혈로 영어와 14개 부족 언어를 구사하던 제시 치솜Jesse Chisholm이 남북전쟁 직후 그의 이름을 따서 만든 치솜 트레일을 따라 텍사스를 출발하여 새로 건설된 캔자스 위치토까지 가는 여정이었다. 그런데 소몰이 여정은 고행이었다. 텍사스를 출발하여 오클라호마를 거쳐 위치토까지 가는 4개월 동안 산과 강을 넘고 건너는 1,100km의 험난한 여행이었다.

이 치솜 트레일을 가장 많이 이용하는 축산업자는 텍사스에서 마리당 2~6달러인 소가 북부와 동부에서는 10배 이상의 가격을 받을 수 있다는 사실에 소떼를 몰고 치솜 트레일을 따라 가다가 철도를 이용하여 동부로 보내 막대한 이익을 취했다. 치솜이 사망한 1868년 3월 이후 10년간 약 200만 마리의 소가 동부로 보내졌던 것이다.

이와 같은 축산유통로는 남부와 북부의 경제를 연결시키는 것을 넘어 지역균형과 화합을 위한 길로서의 역할도 톡톡히 해냈다. 동시에 이들이 통과하는 주요 지역에 술집과 매춘업소 그리고 도박장이 들어서는 부정적인 면도 부각되었다. 이 업소들은 텍사스를 떠나 몇 달에 걸친 여행을 한 목장주나 카우보이들의 목마름을 달래주며 하루가 다르게 번창해 나갔다.

그러나 1890년대에 서부 개척은 이미 지나간 사업이 되었다. 소몰이꾼이나 목장주들은 북부 초원지대에서도 소 사육이 가능하다는 것을 알게 되었다. 동시에 철도가 부설되면서 힘들여 장기간의 여행을 할 필요가 없어졌다. 1874년에는 가시철조망이 생산되면서 거대한 면적의 토지를 둘러쌀 수 있게 되었다. 이는 카우보이와 서부 개척지의 무법자 시대가 끝나는 것을 의미했으며, 대규모 기업형 목축업 시대가 도래했음을 보여 주었다.

제3부 거대한 북미 대륙을 일주하다

이후 오클라호마 주는 곳곳에서 원유가 발견되고 인구와 부富가 동시에 증가하여 원유산업의 중심지가 되었다. 주 북동부 중심도시인 털사Tulsa는 '20세기 원유의 수도'라고 불렸으며 원유에 대한 많은 투자가 오클라호마 주의 초기 경제를 이끌었다.

이외에도 대평원에 사는 버팔로 또는 플레인즈 버팔로라고 하는 아메리카들소가 사는 숲이 오클라호마 주 전체 면적의 약 24%를 차지하고 있다. 이 들소들은 유럽인이 처음 왔을 때는 북미 대륙 전역에 6천만 마리나 분포되어 있었다. 평원에 사는 인디언들에게 이 들소는 경제활동의 원천이었다. 그러나 백인들이 서진함에 따라 고기와 가죽을 얻기 위해 또는 스포츠로서 아니면 오로지 들소의 혀를 얻으려는 목적으로 무차별 도살했다. 훗날 인디언과 백인들의 충돌이 일어난 원인의 상당부분은 아메리카들소 떼의 급속한 감소 때문이었다. 1900년경에 아메리카들소가 거의 멸종에 이르자 정부는 보호구역을 설정하여 보호에 앞장섰다.

그리고 오클라호마 주는 북쪽의 캔자스 주에서 흑인들이 대거 남하하여 흑인 마을을 만들면서 오클라호마 주의 인구를 흑인이 대다수 차지하게 만드는 방안까지 검토했다고 한다. 이런 정책으로 털사에는 아프리카계 흑인사회가 크게 발달하게 되었다. 그러나 1915년 제2차 KKK운동이 일어나 1921년에 털사에서 흑인에 대한 백인의 공격이 원인이 된 털사 인종 폭동이 발생해 300명의 사망자와 많은 재산 피해를 냈다.

1995년 4월에는 오클라호마시티 앨프리드 P. 뮤러 연방정부청사에서 폭탄테러가 발생해 어린이 19명을 포함해 총 168명이 사망했다. 이 사건이 일어난 후 빌 클린턴이 오클라호마시티를 방문해 추모 연설을 하고 모든 연방정부청사 건물에 30일간 조기를 내걸 것을 지시했다. 이 폭탄테러는 2001년 9·11테러가 발생하기 전까지 미국에서 가장 심각한 테러사건이었다. 테러 주동자는 티머시 맥베이와 테리 니콜스였고, 이 두 사람 중 맥베이는 사형을 선고받았다.

이처럼 생생한 이야기를 들으면서 오클라호마 사람들은 서부 개척자임을 스스로 자랑스럽게 생각하고 있음을 알았다. 이는 이곳에 있는 '인디언 명사들의 국립 명예의 전당', '남부 초원의 인디언 박물관', '국립 카우보이 명예의 전당', '서부 유산센터' 등을 보아도 잘 알 수 있는 일이다.

중부 대평원을 가로질러 대서양안의 뉴헤이번으로

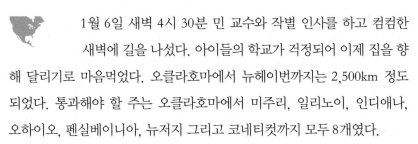

1월 6일 새벽 4시 30분 민 교수와 작별 인사를 하고 컴컴한 새벽에 길을 나섰다. 아이들의 학교가 걱정되어 이제 집을 향해 달리기로 마음먹었다. 오클라호마에서 뉴헤이번까지는 2,500km 정도 되었다. 통과해야 할 주는 오클라호마에서 미주리, 일리노이, 인디애나, 오하이오, 펜실베이니아, 뉴저지 그리고 코네티컷까지 모두 8개였다.

우리는 오클라호마를 벗어나 미주리 주로 들어섰다. 역시 끝없이 펼쳐진 대평원을 가로질러 미시시피 강과 미주리 강의 합류점에 위치한 세인트루이스까지 왔다. 이 도시는 동부에서 서부로 가는 관문 역할을 해 온 곳이다. 또 토머스 제퍼슨 대통령의 명령으로 1804~1806년 사이에 대륙을 최초로 횡단한 루이스와 클라크의 출발지점이기도 했다. 사실 그냥 지나칠 수 없는 의미 있는 역사적인 도시였다.

미시시피 강변에는 서부로의 확장을 기념하기 위해 1803년 루이지애나 매입부터 1890년 서부 개척이 종료될 때까지의 기념물들이 전시된 제퍼슨 서부팽창기념관Jefferson National Expansion Memorial과 약 192m 되는 세인트루이스 관문 아치가 있다.

이 우람한 관문을 잠시 외관만 둘러보고 일리노이, 인디애나, 오하이오,

펜실베이니아 주를 가로질러 쉬지 않고 달려 뉴저지 주 리지필드에서 한국인이 운영하는 한아름 슈퍼마켓에 도착했다. 오클라호마를 떠나 무려 하루하고도 반이 더 걸린 37시간이나 달려온 것이다. 시간을 나누어 보면 시속 약 68km로 온 셈이다. 물론 식사나 휴식을 위해 휴게소에 들른 시간까지 포함해서다.

뉴저지 리지필드는 작은 한국이다. 서부 로스앤젤레스에 한인거리가 있다면, 동부엔 뉴저지임을 금방 느낄 수 있었다. 거리 간판을 보면 약국, 세탁소, 슈퍼마켓, 노래방, 식당 등이 서로 경쟁하듯 그야말로 없는 분야가 없을 정도의 리틀 코리아다.

모처럼 한인 슈퍼마켓에서 한국 식품들을 보는 즐거움은 컸다. 김치 재료, 쌀, 고기, 양배추, 콩나물 등을 사서 차에 실었다. 그리고 나서 대륙 동쪽 끝에 있는 뉴저지와 뉴욕을 연결하는 조지워싱턴 브리지를 건넜다. 이는 대륙 횡단을 확인시켜 주는 것으로 묘한 쾌감이 느껴졌다. 마침내 해냈다는 짜릿한 성취감이었다. 맨해튼의 즐비한 고층건물들이 눈에 익숙한 듯 편안한 마음이었다.

여기서 집까지는 한 시간 반이면 충분했다. 익숙한 길을 따라 오후 8시 집에 당도하니 지붕과 잔디밭에 소복이 쌓인 흰 눈이 반겨 주었다. 집을 떠난 지 꼭 26일 만으로 2만여 km를 달렸다. 무사히 돌아온 것에 대해 스스로 대견해하며 가족들에게도 위로와 격려를 해 주었다. 그리고 그 먼 거리를 아무 고장 없이 함께 달려 준 차를 쓰다듬어 주었다.

막상 집에 오니 그간 잠시 잊고 지냈던 고향의 부모님 생각이 간절했다. 그래서인지 심순덕 시인이 쓴 '엄마는 그래도 되는 줄 알았습니다' 라는 시가 생각났다.

엄마는 그래도 되는 줄 알았습니다
하루 종일 밭에서 죽어라 힘들게 일해도

엄마는 그래도 되는 줄 알았습니다.
찬밥 한 덩이로 대충 부뚜막에 앉아 점심을 때워도

엄마는 그래도 되는 줄 알았습니다.
한겨울 냇물에서 맨손으로 빨래를 방망이질해도

엄마는 그래도 되는 줄 알았습니다.
배부르다, 생각없다, 식구들 다 먹이고 굶어도

(중간 생략)

한밤중 자다 깨어 방구석에서 한없이 소리 죽여 울던 엄마를 본 후론
아! 엄마는 그러면 안 되는 것이었습니다.

1 라스베이거스 스트립 거리 우편엽서 2 1960년대 라스베이거스 플레몬트 거리 우편엽서 3 콜로라도 강을 가로지르는 후버 댐 4 후버 댐을 건설한 근로자상 5 그랜드캐니언 도로에서 만난 야생늑대들 6 그랜드캐니언의 설경 7 가장 잘 보일 때의 그랜드캐니언 8 안개 사이로 보이는 그랜드캐니언 9 파월 호수의 상징 최대 자연석의 레인보우 브리지 안내서 10 파월 호수

5

RAINBOW POINT
ELEVATION 9105

1, 2, 3 브라이스캐니언의 기묘한 절경 4 아나사지 인디언 박물관 5 레인보우 포인트 안내판
6, 7 캐피털 리프 8 콜로라도 남서 끝의 절벽궁전 9 뉴멕시코 북쪽에 있는 1100년대 초기의 5층짜
리 푸에블로 보니토 10 도로상에서 본 캐피털 리프의 성 11 캐피털 리프 전경 12 캐피털 리프에
들어섰음을 보여 주는 표시판

EISENHOWER -
EDWIN C. JOHNSON
MEMORIAL TUNNEL
· ELEV ·11,158 FT

6

1 북미 대륙의 거주지별 인디언 부족 2 펜실베이니아 주 카리슬 인디언 학교 3 북미 4개의 대륙분수령 지도 4 글렌우드캐니언 5 콜로라도의 덴버 시와 로키 산맥 6 아이젠하워–존슨 터널 안내판 7 대분수령인 러브랜드 표지판 8 땅을 차지하기 위해 출발선을 떠나는 사람들 9 세계에서 가장 큰 동상인 오클라호마 100주년 기념 동상 10 1893년 체로키 스트립 런에 참가등록을 하려는 사람들 11 가장 큰 규모의 랜드러시인 체로키 스트립 런을 기념하는 우표

1 오클라호마 주의 모래폭풍   2 모래폭풍이 지나간 뒤의 농가와 들판   3 모래폭풍이 지나간 들판에
버려진 캔자스 농가   4 애리조나 피닉스 시를 덮친 거대한 모래폭풍   5 오클라호마주립대학 전경
6 오클라호마 시티의 스카이라인을 보여 주는 그림엽서   7 미시시피 강변의 세인트루이스 관문 아치
8 최근 오클라호마 시티의 스카이댄스 다리와 새로운 스카이라인   9 오클라호마 주의 겨울밀 수확 광경
10 오클라호마주립대학에 있는 한국참전 기념비

대서양안을 따라 미 대륙 최남단까지

태양빛이 빛나는 플로리다로

지난겨울 뉴헤이번을 떠나 남부를 돌아서 미·멕 국경을 넘어 멕시코시티까지 남하했었다. 그리고 다시 북상하여 애리조나와 캘리포니아 주를 거쳐 대륙 중앙부를 관통하여 돌아왔다. 이번에는 그때 비껴 지나갔던 플로리다 반도를 따라 최남단 키웨스트까지 갔다가 올라오면서 여기저기 둘러보는 동부지역을 왕복 종단하기 위해 떠났다.

4월 하순이 시작되는 토요일, 아이들의 중간방학을 이용하여 출발했다. 계속 이어지는 여행에도 지치지 않고 잘 따라주어 참으로 다행이었다. 새벽 6시 집을 떠난 우리는 왼쪽에 대서양을 끼고 남진하는 95번 도로를 따라 종단할 생각이었다. 봄기운이 가득한 산과 들은 마음을 잔뜩 부풀게 했다.

이제는 밤잠을 쫓으며 장거리를 달리는 것에 익숙해져 시간을 벌기 위해 플로리다까지 곧바로 갈 작정이었다. 우리는 가족 대륙 횡단가와 학교에서 배운 노래를 불러가며 지루함과 좁은 공간에서의 갑갑함을 달래곤 했다.

고요한 달밤에 이국의 도로를 달리는 기분은 경험해 본 사람만이 느낄 수 있다. 달과 별 그리고 대자연이 친구가 되어 동행해 줄 줄은 미처 몰랐다. 남진하면서 점차 더워지자 겉옷을 하나씩 벗기 시작했다. 이미 남쪽은 뜨거운 여름이었다.

드디어 조지아와 플로리다 주를 가르는 세인트메리스 강을 건너 플로리다 쪽 휴게소에 도착했다. 뉴헤이번에서 멀게만 느껴졌던 이곳에서 '환영, 태양빛이 비추는 플로리다Welcome to FLORIDA, The sunshine state' 라고 쓰여진 환영 간판을 보는 순간 긴장했던 마음이 풀렸다.

시계는 아침 7시를 가리키고 있었으니 뉴욕, 뉴저지, 펜실베이니아, 델라웨어, 메릴랜드, 워싱턴 D.C., 버지니아, 노스캐롤라이나, 사우스캐롤라이나, 조지아 주 등을 통과하는 약 1,900km를 꼬박 25시간을 달리는 그야말로 강행군이었다.

휴게소에서 플로리다 반도 안내 지도를 보니 가보고 싶은 곳이 하나둘이 아니었다. 오라는 데는 많은데 시간과 돈이 모자랄 뿐이다. 플로리다의 제일 폭이 넓은 북쪽은 582km나 되고, 남북 길이는 721km, 면적은 한반도의 88% 크기이자 남한의 1.7배인 17만km²로 결코 작지 않다. 인구도 2천만 명이 넘어 미국에서 세 번째 큰 주로 인구밀도가 상당히 높다. 그리고 연중 고르고 따뜻한 날씨와 매력적인 명소와 휴양지를 찾는 사람들이 줄을 잇는다. 특히 은퇴 후 이곳에서 여생을 보내는 노인들도 적지 않다. 또한 7,700개의 호수가 사방에 자리잡고 있고, 반도에서 제일 높은 브리튼 힐이 해발 105m이고 평균 해발 30m로 평평한 대지를 이루고 있다.

안내 지도에서 얼른 눈에 띄는 곳은 마이애미, 탬파, 잭슨빌, 올랜도, 케네디우주센터, 키웨스트 등이었다. 키웨스트는 플로리다 반도에서 100km 떨어진 해상에 있는 산호초 위의 휴양지로서, 미국 최남단에서 빨리 오라고 손짓을 하고 있는 듯했다. 총길이 약 200km에 30여 개의 섬을 42개 다리로 연결한 키웨스트 해상도로는 누구나 한 번쯤 달려보고 싶어하는 최고의 로맨틱 로드다.

역사적으로 12,000년 전부터 인디언들이 사냥과 어업을 하면서 살고 있던 플로리다에 처음 상륙한 유럽인은 콜럼버스 2차 여행에 참여했던 스페인 장교 후안 폰세 데 레온이다. 그가 한 번 마시면 영원히 늙지 않는다는 젊음의 샘Fountain of Youth을 찾아 도착한 곳이 세인트오거스틴이었다고 전해지고 있다. 이어 그는 이곳을 '꽃이 만발하다'라는 뜻인 플로리다라고 명명했다. 이후 스페인의 펠리페 2세는 이곳에 진출한 프랑스인들을 몰아내고 1565년 현재 미국에 첫 영구적 유럽인 정착지인 세인트오거스틴을 세웠다.

그리고 영국과 프랑스, 미국과 스페인 간의 얽히고설킨 과정을 거쳐 1819년 애덤스-오니스 조약으로 스페인은 플로리다를 미국에 넘겨주었다. 이 조약은 1819년 북아메리카에서 양국 간의 국경 분쟁을 끝낸 역사적인 협정이었다. 그간 스페인은 플로리다를 사겠다는 미국의 오랜 요청을 거부해 왔었다. 그러나 1819년경 미국에게 이 지역에서의 우위를 빼앗기면서 협상에 나설 수밖에 없었다.

한편, 미국은 남북전쟁 이전에 사우스캐롤라이나와 조지아 주에서 탈주한 흑인 노예와 범죄자들을 플로리다까지 추적하는 과정에서 이 지역에 거주하던 세미놀 Seminole 인디언과 세 차례 충돌이 있었다. 이것을 세미놀전쟁 또는 플로리다전쟁이라 부른다. 보통 세미놀전쟁이라고 하면 제2차 세미놀전쟁을 일컫는 말이다. 미국 독립전쟁에서부터 베트남전쟁까지 미국이 개입했던 전쟁 중 가장 오래 지속되었으며, 이때 1,500명의 미군이 전사했다. 그러나 공식적으로 평화조약을 맺지 않은 상태에서 세미놀 인디언은 미 정부와의 투쟁을 포기하지 않았다 하여 '정복되지 않은 사람들'이라고 자존심을 내세우고 있다.

아무튼 미군은 탈주한 노예들을 이용하고 있던 플로리다의 스페인군 요새를 공격하여 이들을 포로로 잡았다. 그리하여 스페인은 미국과의 협상에 나서지 않을 수 없었으며, 이 지역 영토 주장을 포기하는 대신 미국으로부터 500만 달러 보상금을 받았다. 이어 플로리다는 1821년 정식으로 미국 통치 하에 들어갔다.

이후 1880년대 플로리다 주는 크게 발전하기 시작했다. 대규모 인산염 매장량이 발견되었으며, 철도를 건설하는 등 미국의 새로운 땅으로 등장했다. 동시에 플로리다 주 북중부에서 감귤류가 대규모로 재배되면서 수십만 명의 투기업자들이 모여서 인구가 크게 증가했다.

지금까지 플로리다 오렌지 농장은 주 면적의 4분의 1을 차지하고 있으며, 주 총농업소득의 5분의 4를 차지할 정도로 사탕수수와 함께 주의 가장 중요한 농산물이 되었다. 그러나 여러 차례 무시무시한 허리케인으로 많은 인명과 재산 피해를 입기도 했다.

1900년대 중반에는 파나마 운하와 가까이 있는 플로리다는 태평양과 대서양을 연결하는 지리적 이점으로 2차 세계대전 기간에 주요 군사기지가 되었다. 이와 동시에 시작된 대양과 우주 탐험이 플로리다 주의 새로운 성장동력이 되었다. 즉 1950년대 케이프커내버럴은 우주로켓 발사기지가 되었던 것이다. 한편 1960년대 초 쿠바가 공산화되자 반공주의자들이 쿠바를 탈출하여 플로리다 마이애미 등에 정착하는 등 쿠바를 코앞에 둔 플로리다에 긴장이 고조되었다.

우리는 이렇듯 플로리다에 대해 풍부한 상식으로 무장을 하고 남진하는 I-95 고속도로를 따라 플로리다 북부 관문인 아름다운 항구 도시 잭슨빌을 관통하는 세인트존스 강을 쫓기듯 건넜다. 그리고 세인트오거스틴의 해변 카스틸로 데 산 마르코스 요새 앞에 도착했다. 7년 전 혼자서 이곳을 찾았을 때의 느낌과 가족과 함께라는 느낌은 우선 무게 면에서 달랐다.

이 요새는 1695년 스페인군이 바닷가에 세운 것으로 미국에서 가장 오래된 석조건축물이자 이 도시가 내세우고 있는 명물이다. 육지와 바다로부터 적의 공격을 막기 위해 아랫부분을 거의 4m 두께로 쌓은 난공불락의 요새로 유사시 1,500여 명이 2~3개월 버틸 수 있도록 설계되었다. 그 후 이 요새는 유럽 열강 세력에 따라 프랑스, 영국, 스페인 등으로 주인이 바뀌었으며, 영국은 미 동부 13개 주의 독립혁명 지도자들의 감옥으로도 이용하였다. 이러한 우여곡절의 역사를 안고 있는 이곳은 역사의 배움터였다. 성벽 위에 오르니 관광객들이 바다를 향해 있는 대포 앞에서 당시 군복을 차려 입은 요원들이 포사격 하는 모습을 재현해 보이고 있었다.

이렇듯 포사격을 재현하는 힘찬 구령을 들으니 서구 열강들이 세계를 나눠 먹기에 나선 현장에 서 있는 것 같았다. 그리고 같은 시기의 우리 모습이 적나라하게 바다 위에 투시되어 되돌아왔다. 17세기 동아시아는 임진왜란과 병자호란의 영향으로 질서 재편이 시작되던 시기였다. 조선은 1623년의 인조반정으로 권력을 쥔 서인 세력들은 세계사 흐름의 절박함을 알지 못한 채 정치 이상을 전면에 내세우고 있었다. 이후 한 세기가 지나서도 세도정치 밑에서 삼정三政이 문란해지는 등 국력이 날로 쇠약해져 어떤 결과를 가져왔는지를 떠올리니 답답함을 억누르기 힘들었다.

요새를 돌아본 우리는 단단히 쌓아올린 요새 외곽과 밀가루처럼 고운 백사장으로 발길을 돌렸다. 4월인데도 벌써 해수욕을 즐기는 사람들로 붐볐다.

이어서 가까운 세인트오거스틴 시내로 들어갔다. 450년의 역사를 지닌 이곳은 16~18세기에 스페인과 영국 식민지 시대의 건물, 교회, 공원, 빵집, 카페, 병원 등 문화적·역사적 유적지가 당시 그대로 남아 있었다. 도시 전체가 마치 살아 움직이는 박물관이었다. 이처럼 역사성과 자연의 아름다움을 함께 지닌 이곳에 일 년 내내 관광객이 붐비는 것은 당연하다 하겠다. 이래서 사람들이 플로리다 남쪽에는 키웨스트가 있고, 북쪽에는 세인트오거스틴이 있다고 말하는 것을 이해할 수 있었다.

천천히 다운타운을 걷는 재미는 미국 어느 곳보다도 깊은 역사의 향취를 맛볼 수 있다는 데 있다. 특히 세인트조지 스트리트의 스패니쉬 콜로니얼 쿼터Spanish Colonial Quarter는 1740년대 스페인 식민지 마을을 재현해 놓은 미국에서 가장 오래된 도시로 도심지는 마치 우리나라 민속촌에 온 기분이 들었다. 이는 지난가을 방문했던 보스턴의 민속촌 플리머스 플랜테이션과 흡사했다. 여러 가게가 늘어선 가운데 대장장이와 이불짜기 등 초기 스페인 정착자들의 생활상을 그대로 보여 주고 있었다.

케네디우주센터와 아름다운 마이애미 비치

세인트오거스틴을 구경하면서 당시 국제정세를 되새겨보고 이곳에서 남쪽으로 150km 정도 떨어진 케네디우주센터John F. Kennedy Space Center, KSC로 향했다. 이 센터는 천혜의 요새인 듯 해안선과 나란히 길게 늘어선 인디언 강의 다리를 건너야만 들어갈 수 있는 우주 발사기지다.

방문자센터에는 많은 사람들이 와 있었다. 우리 다섯 식구의 입장료가 20여만 원이나 되어 부담스럽기는 했지만, 아무 말 하지 않고 입장했다. 지난겨울 휴스턴우주센터를 방문했을 때도 그랬지만, 힘차게 하늘을 향해, 아니 미래를 향해 우뚝 솟은 로켓트들을 보는 것만으로도 다시 한 번 우리 가슴을 벅차게 했다. 다만, 이곳은 우주선 발사기지로 발사된 우주선을 통제하는 휴스턴우주센터와는 성격이 다르다는 것을 알았다.

미국과 소련을 중심으로 대치하던 냉전시대, 소련은 1957년 10월 '여행의 동반자'라는 의미를 지닌 스푸트닉Sputnik호를 인류 최초로 우주에 쏘아올렸다. 이에 미국도 자존심을 만회하기 위해 3개월 뒤인 이듬해 1월 익스플로러 1호를 지구궤도에 쏘아올리는 데 성공했다. 그리고 우주개발을 총괄하는 미항공우주국National Aeronautics and Space Administration, NASA을 설립했으며, 1961년 취임한 케네디 대통령은 우주개발을 국가의 주요 과제로 삼아 아낌없이 투자했다.

특히 머큐리 계획과 제미니 계획에서 얻은 경험을 바탕으로 아폴로 계획을 세워 1969년 인류 최초로 닐 암스트롱, 올드린, 콜린스 세 사람이 달 착륙선 독수리호를 수동 조종하여 갈릴레오 갈릴레이가 '고요의 바다'라고 명명한 남서쪽 가장자리 평원에 착륙시키는 쾌거를 이루었다. 이후에도 우주왕복선 등을 개발하는 등 우주를 향한 도전으로 우주의 감추어진 비밀을 캐내고 있다.

1만5천여 명이 근무하고 있다는 이 넓은 우주센터는 단순히 우주 발사만을 하는 것이 아니라 주변의 광대한 면적을 안전지대로 확보하여 모기늪, 인디언 강, 메리트 섬 국립야생동물보호구역, 커내버럴 국립해안으로 지정하였다. 여기에는 악어, 대머리독수리, 거북, 바다소 등 많은 야생동물들이 서식하고 있다. 개발을 억제하여 야생 동식물이 그대로 보존된 우리나라 비무장지대와 다름없다. 이렇듯 케네디우주센터는 월트 디즈니, 유니버셜 스튜디오와 함께 사람들에게 꿈을 심어 주는 세계적인 관광명소다.

우주센터에서 시간을 보내면 보낼수록 우리나라 우주개발 수준을 생각하면서 부러움만 커져 갔다. 우리도 늦었지만 2001년 우주개발 계획을 세우고 전남 고흥군 외나로도에 대규모 우주센터를 건설했다.

남들은 이곳에서 하루 종일 보내도 아쉽다고 하는데 우리는 서둘러 마이애미로 향했다. 우주해안Space coast이라 부르는 바닷가와 나란히 해안도로를 따라 남하하면서 끝없이 이어진 아름다운 바다가 유혹의 손길을 보냈지만 마이애미 비치 해안에서 발을 담그고 싶었다. 어두워지기 시작할 무렵 마이애미 시에 거의 도착하여 도시 외곽의 호텔을 찾았다. 플로리다 주를 넘어올 때 얻은 할인권을 사용할 양으로 약도를 보며 제법 큰 홀리데이 인 호텔을 발견하였다.

이 호텔에는 대부분 흑인 투숙객들이어서 마치 흑인 전용이 아닌가 착각할 정도였다. 호텔 주위마저 세찬 바람이 지나간 듯 어수선해 부담스러웠다. 여행을 떠나기 전 지인들이 마이애미는 치안이 불안하니 조심하라고 일러준 말이 자꾸 생각했다. 마이애미로 들어오는 본토 쪽의 분위기가 왠지 편하지 않다는 느낌을 떨쳐 버리기가 쉽지 않았다. 괜히 돈 좀 아끼려다 더 큰 손해를 보지 않을까 하는 생각이 잠시 들긴 했지만, 별일이 일어날 것 같지는 않았다. 옆방에서 술을 마시며 크게 떠드는 소리가 났지만 나는 아랑곳하지 않고 식사도 하고 책도 보고 했다.

호텔 식당에서 주는 우유와 콘플레이크, 빵과 계란 프라이 그리고 커피로 아침을 먹으며 주위에 앉아 식사하는 흑인들을 보니 모두 마음씨 좋게 생겼다. 괜한 걱정을 또 했구나 싶어 웃으며 그들과 인사를 나누었다.

그러고 나서 우리는 곧장 말로만 듣던 마이애미 시로 들어갔다. 그리고 비스케인 만을 건너 마이애미 비치가 보이는 고층아파트 뒤 주차장에 차를 세웠다. 본토 쪽의 마이애미 시와 비치를 연결하는 다리가 여럿 있어 왕래하기에 편했다. 대서양을 바라보며 열대해변을 따라 길게 늘어선 고층아파트와 호텔들은 신이 내린 축복인 듯 찬란한 태양이 그 위를 비추고, 백사장에선 일광욕을 하는 평화로운 모습이 마치 이곳을 두고 지상낙원이라 하는 것 같았다. 비치 쪽은 본토 마이애미 쪽과는 달리 비교가 안 될 정도로 안전하고 편안했다.

백사장을 따라 나무로 만들어 놓은 보도가 끝이 안 보일 정도로 길게 이어져 산책하는 사람도 많았다. 우리도 파도타기를 하며 신나게 놀았다. 그리고 예쁜 산호초들이 파도에 밀려와 백사장 여기저기 흩어져 있었다. 몇 개를 주머니에 넣어 왔는데 나중에 알고 보니 해변에서 산호 등을 줍는 것은 금지였다. 아무튼 그때 주워 온 산호초가 지금도 거실에 놓여 있어 가끔 그때를 추억하곤 한다.

다시 키웨스트로 가기 위해 본토 쪽 마이애미로 되돌아왔다. 미처 보지 못한 4월의 마이애미는 미인을 보는 듯 매력적인 분위기를 연출하고 있었다. 남국의 이색적인 분위기에다 온화한 날씨는 더욱 정감을 주었다. 특히 팜나무와 코코넛 가로수가 아름다운 해변과 어우러져 블랙홀처럼 빨려들 것만 같았다. 미국에서도 제일가는 휴양지로 많은 노인들이 이곳에서 여생을 보내고 있는 이유를 알만했다.

이처럼 마이애미는 국제적인 휴양과 비즈니스 도시로 변신했으며, 쿠바 난민이 물결처럼 밀려오기도 한다. 그리고 인종 폭동과 마약거래 등 각종 범죄로 들끓기도 하지만 남미와 쿠바 사이의 카리브 해 크루즈 등 관광산업이 발달하면서 연간 3천만여 명 가까운 관광객이 찾고 있다.

쾌적한 아열대성 기후와 짙푸른 바다, 끝없이 길게 이어진 백사장, 해변에 늘어선 호텔과 리조트 시절 등은 마이애미의 상징이다. 그리고 대통령 후보를 선출하는 정당 전당대회가 이곳에서 열렸다는 얘기를 오래전부터 들어오면서, 대통령은 이곳에서부터 탄생하는 것으로도 생각했었다. 동시에 중남미로 가는 현관이기도 해 스페인어를 사용하는 사람이 많았다.

해안에서 조금 떨어진 바다 위를 항해하고 있는 대형 크루즈선을 보면서, 1970년대를 전후해 10여 년 이상 카리브 해를 순회하는 배에 올라 돈을 버느라 갖은 고생을 하며 고향을 그리워했을 삼촌 생각도 났다. 지금은 고인이 되셨지만 한국전쟁 당시 북에서 남하하여 학업 대신 먼 이곳까지 와서 배를 탔던 삼촌의 인생 역정에 연민의 정을 느끼지 않을 수 없었다.

한편, 일본 유학시절 어린 딸을 데리고 후쿠오카 시내 다이에이Daiei 백화점에서 열린 '콜럼버스 신대륙 발견 500년1492–1992 카리브의 해적보물

전'을 보러 갔던 기억이 났다. 그때 전시회에 간 것이 오늘 이렇게 연결될 줄은 몰랐다. 본래 해적이라는 말은 그리스어로 '바다에서 일확천금을 노린다'는 뜻이다. 이 어원에서 보듯 해적은 이미 그리스 시대부터 있었다. 그러나 보통 해적이란 말을 들으면 카리브 해의 해적이 떠오른다. 이는 아마도 영화 '캐리비안의 해적Pirates of The Caribbean'때문일 수도 있다.

카리브 해는 영국, 프랑스, 네덜란드 등의 해적에게 딱 맞는 소굴이었다. 이는 바로 눈앞의 멕시코와 남미 대륙은 넉넉한 스페인과 포르투갈의 식민지였기 때문이다. 스페인 식민지인 멕시코, 페루 등지에 대규모 금과 은광산이 있었다. 콜롬비아와 에콰도르에서는 에메랄드가 나왔다. 그리고 이 귀금속과 보석은 매년 2회 스페인 본국과 카리브 해 항구 사이를 왕래하는 대선단에 의해 운반되고 있었다. 이른바 보물선이 매년 정해진 시기에 대서양을 통해 보내졌던 것이다. 유럽 각국의 해적들은 스페인의 방어가 허술한 카리브 해 섬을 점령하여 그곳을 근거지로 삼아 카리브 해 연안 항구를 습격하였다. 특히 스페인의 보물선을 노렸다. 한편 포르투갈의 식민지였던 브라질은 설탕의 대산지로 대량의 설탕이 매년 본국으로 수송되는 것을 도중에 습격하여 약탈하곤 했다.

이와 같이 카리브 해 해적의 역사는 중남미의 역사와 깊은 관계가 있다. 그러나 해적의 배후에는 미 대륙을 호시탐탐 노리는 유럽 열강의 눈초리가 있었다. 따라서 해적에 대해 아는 것은 대서양 양안에서 대립하고 있던 여러 나라의 정치와 경제관계를 이해하는 데 도움이 된다.

콜럼버스가 발견한 카리브의 여러 섬들에 차례차례 이주해 온 스페인 사람들은 원주민을 노예로 삼아 혹사시켰다. 그리고 유럽인이 가지고 온 질병으로 원주민들이 점차 사망하여 16세기 초까지 거의 절멸하다시피 했다. 이러한 상황을 개선하기 위해 스페인은 인도주의적 정책을 펴기는 했지만 효과는 없었다. 그래서 스페인 식민지자들은 각지에서 노예잡이에 나섰고 아프리카로부터 흑인 노예를 수입하기 시작했다. 동시에 고려와 원 나라의 여몽연합군이 일본 열도 공격에 실패한 이후인 13세기부터 16세기 에 걸쳐 한반도와 중국 대륙의 연안부나 일부 내륙 지역을 약탈하고 밀무 역을 행하던 왜구도 하나의 해적으로 지칭하고 있다.

키웨스트에서 헤밍웨이의 체취를 느끼다

사실 매력적인 이곳에서 얼마 동안 머물며 주변을 둘러보고 인생을 여유롭게 관조해 보고 싶은 생각이 간절했으나, 한곳 에 오래 있기보다는 새로운 곳을 더 많이 보려는 욕심이 있었기에 우리는 다음 행선지인 키웨스트로 차머리를 돌렸다.

우리 차는 북동부 메인 주와 캐나다 뉴브런즈윅 주의 경계인 훌턴에서 시작하여 마이애미까지 잇는 I-95번 고속도로의 종점에 도착했다. 이 도로 는 1957년에 개통되어 동부 15개 주를 통과하면서 무려 3,090km나 되는 미국 남북 축을 잇는 고속도로 중에서 가장 길다.

이 고속도로는 그간 동부 해안의 교통편의를 제공해 주었을 뿐만 아니 라, 도로 주변의 대도시와 역사유적지, 자연관광지, 아름다운 바다를 연결 해 주었다. 동시에 동부 해안을 낀 대도시와 주요 도시를 연결하여 다양한 비즈니스를 위한 편의와 대규모 물류를 유통하는 데 효율적인 수송망이기 도 하다.

또한 우리가 미국에 처음 도착했을 때 뉴욕 케네디 국제공항에서 뉴헤이 번으로 가기 위해 탔던 도로로 남쪽 끝까지 내려왔다는 감회도 적지 않았 다. 이러한 느낌은 발해만에 위치한 중국 허베이성의 산헤이관山海關에서 서쪽으로 2,700km 떨어진 만리장성의 서쪽 끝인 간쑤성의 자위관嘉峪關

까지 갔을 때의 감회와 크게 다르지 않았다. 끝까지 가봤다고 하는 일종의 만족감이자 성취감이었다. 그러나 사실 이는 끝이 아니라 새로운 시작일 뿐이었다.

우리는 지체없이 키웨스트로 가기 위해 32개 섬을 42개 다리로 연결한 1번 국도로 올랐다. 플로리다 반도 남서쪽으로 길게 늘어선 작은 섬들을 통틀어 플로리다키스Florida Keys라고 한다. 그 섬과 섬 사이에 펼쳐진 산호초 바다 위를 달리는 약 205km의 이 도로를 오버시스 하이웨이overseas highway라 부른다. 1938년에 이 다리가 완성되자 죽기 전에 꼭 달려 보아야 할 아름다운 도로, 또한 환상적인 드라이브 코스라는 칭송을 받아왔다.

자동차 도로보다 먼저 마이애미에서 키웨스트를 연결하기 위해 헨리 플래글러는 1905년에 공사를 시작하여 1912년에 플로리다 동해안 철도를 완성했다. 그러나 불행하게도 이 철도는 1935년 노동절에 허리케인으로 50km 이상 파괴되었다. 철도회사는 이를 복구하려 했으나 재정적인 어려움을 극복하지 못하고 결국 노반과 남은 다리를 플로리다 주정부에 단돈 64만 달러에 팔고 말았다. 그리하여 철도 복구 대신 고속도로로 공사를 전환하여 개통했으며, 1950년대 이후 새롭게 개장했다.

이 해상도로에서 으뜸 아이콘인 마라톤과 로어키스Lower Keys를 연결하는 세븐마일 브리지에 진입하기 전에 옆길 공터에 차를 세웠다. 이 다리 길이는 7마일이 채 안 되는 10.9km로 완성되었을 당시 세계에서 가장 길었다. 다리가 끝나는 건너쪽 끝은 바닷속으로 빠져들어간 듯 보이지 않았다. 광대한 바다와 하늘만이 보이는 이곳의 드라이브는 차라리 미끄러지는 배를 탄 기분이었다. 세상에 이런 기상천외한 곳도 있구나 싶어 감탄사가 절로 나왔다. 플로리다키스의 첫 번째 섬에 들어왔을 때는 과연 해상도로를 달리는 기분이 어떨까 궁금했지만, 섬을 넘어 달리면 달릴수록 이곳의 참 묘미가 무엇인지 알게 되었다.

산호초 바다를 건너 키웨스트에 도착했다. 말하자면 미국의 최남단에 도달한 것이다. 우리는 뭔가 얻은 듯한 기분으로 섬을 퍼레이드하듯 한 바퀴 돌았다. 동서 5.5km, 남북 2.5km의 작은 섬으로 마이애미 시보다는 미국과 적대관계에 있던 쿠바 수도 아바나가 더 가까워 지정학상으로 매우 중요한 곳임을 직감할 수 있었다.

그러나 이러한 정치적 긴장과는 달리 끝없이 맑은 하늘과 아름다운 산호초로 둘러싸인 이 섬은 관광휴양지로 이름이 나 있다. 또한 노벨문학상 작가 헤밍웨이Ernest Hemingway가 살았던 곳으로 많은 얘깃거리가 있는 곳이다. 지금도 많은 사람들은 키웨스트 하면 헤밍웨이를 서슴없이 말한다. 그만큼 키웨스트와 헤밍웨이의 관계는 진하게 얽혀 있다.

예상했던 대로 헤밍웨이가 1930년부터 10여 년 정도 살았던 집이자 박물관Ernest Hemingway Home and Museum 앞은 주차장부터 인파로 붐볐다. 집안에서 먼저 눈에 띈 것은 50마리도 넘는 고양이들로, 넓은 정원은 물론 집안의 침대, 소파, 탁자 위 어디든 자유롭게 앉거나 눕거나 자거나 하는 고양이 천국이었다. 뿐만 아니라 고양이를 그린 그림이나 조각작품 등도 여기저기 장식되어 있었다.

당시 헤밍웨이가 정말로 아끼던 고양이의 후손이라지만, 나로서는 이처럼 많은 고양이 떼를 한꺼번에 본 것은 처음이었다. 심지어 정원에는 여러 채의 고양이집과 그들의 무덤이 있고 고양이 이름과 생애를 표시한 비석이 있을 정도로 고양이 사랑이 끔찍했던 모양이다.

그가 쓰던 서재와 침실, 정원에는 여기저기 손때가 배어 있었다. 그가 이 집을 지으면서 마지막 남은 동전까지 다 썼다며, 1센트짜리 동전을 유리에 씌워 보관해 둔 것을 보니 웃음이 나왔다. 사실 나는 미국 작가 중에서 헤밍웨이 작품을 제일 많이 읽었기 때문에 그의 사상과 행동 하나하나에 관심을 갖고 있었다.

특히 글을 쓸 때 헤밍웨이를 닮으려고 애를 썼다. 친구이자 미국 소설을 전공한 영문학과 백낙승 교수로부터 헤밍웨이의 간결하고 직설적인 단문이 글을 읽는 이에게 강렬한 이미지를 준다는 얘기를 듣기도 했다. 이러한 문체는 아이 같다는 얘기를 들을지 몰라도 헤밍웨이의 문장 중 약 70%는 단문이다. 하긴 나도 문장을 중복문으로 길게 쓰면 전후가 뒤죽박죽되어 전달하고자 하는 뜻을 복잡하게 만드는 경험을 했다. 그래서 학생들에게 글을 쓸 때 헤밍웨이의 문장처럼 간결하고 명료하게 쓰라고 권고해 왔다. 즉 그의 글처럼 불필요한 말은 찾아볼 수 없고, 필요한 단어는 빠뜨리지 말라는 것이었다.

그리고 역사의 한복판으로 들어간 그의 인생 역정에 감동을 받았다. 또한 그의 취미인 낚시, 사냥, 스키, 투우 등이 활동의 밑바탕이 되었으며 후에 소설화되었다. 즉 그는 1918년 1차 세계대전 때 이탈리아 전선에 참전했다가 부상당했다. 전후에는 토론토 스타 특파원으로 유럽에서 활동했으며, 스페인 내전과 터키 내전에도 참전했다. 나아가 동아시아의 중일전쟁 현장에서도 취재했다. 2차 세계대전 때 독일잠수함 활동을 막기 위해 쿠바 해안 경계를 자원했으며, 영국 공군과 함께 몇 번의 비행 임무를 수행했다. 뿐만 아니라 노르망디 상륙작전과 파리 탈환과 벌지 전투 현장에도 있었다. 그는 외관상 기자였지만 직업군인들에게 깊은 인상을 주었다.

또한 젊은 시절 이탈리아에서의 군 경험을 연애 이야기와 전쟁 이야기를 융합해 섬뜩하면서도 서정적인 소설로 발전시켰다. 많은 비평가들은 헤밍웨이의 훌륭한 소설들이 이 무렵에 모두 쓰여졌다고 한다. 이러한 얘기는 너무 가혹하지만, 이 시기부터 그는 익숙하지 않은 실패를 겪었으며 예전보다 책 쓰는 것도 줄어들었다. 그는 사냥이나 낚시에 시간을 덜 썼다면 더 많은 책을 냈을 거라고 고백하기도 했다.

그의 곁에는 늘 전쟁이 있었다. 어쩌면 그는 종군작가였다. 이러한 경험

속에서 많은 여성들과의 사랑, 참전 경험, 아프리카 사냥 체험과 쿠바 생활 등을 주옥같은 소설로 써냈다. 1929년의 『무기여 잘 있거라』, 1940년에 내놓은 『누구를 위하여 종은 울리나』 그리고 키웨스트를 배경으로 한 『바다와 노인』 등이다. 이 작품들로 퓰리처상과 노벨문학상을 받았다. 아무튼 이 세 작품은 책과 영화로 여러 번 읽고 감상했다.

그러나 그의 결혼생활은 순탄치 않았다. 1918년 19세도 안 되어 오스트리아—이탈리아 전선의 포살타디피아브에서 부상을 입고 밀라노 병원에 입원했을 때, 적십자사 간호사인 아그네스 폰 쿠로프스키를 사랑하게 되었지만, 그녀의 거절로 결혼은 할 수 없었다. 이후 그는 이혼을 거듭하다가 네 번째 부인을 끝으로 아이다호 주에서 자살로 인생을 마감했다. 키웨스트의 집은 두 번째 부인과 살던 곳이었다.

말년에 그는 아이다호의 케첨에서 여생을 보내며 예전처럼 작품을 쓰려고 했으나 불안과 우울증에 시달리다가 미네소타 주 로체스터에 있는 메이요 클리닉에 두 차례나 입원하여 전기쇼크 치료를 받았다. 그리고 케첨에 있는 집으로 돌아온 지 이틀 뒤 엽총으로 자살했다. 그러나 그때 그는 상당히 많은 원고를 남겼으며, 그중 일부는 뒤에 출간되었다.

20세기 미국 작가들 중 헤밍웨이의 명성을 뛰어넘은 사람은 몇 되지 않는다. 그가 사냥이나 투우, 전투에서 경험한 육체적 감각을 그대로 재현해낸 힘찬 작품들 속에는 사실 매우 섬세한 미적 감수성이 깔려 있다. 그가 쿠바에서 살던 중 혁명가 피델 카스트로를 한번 만났는데, 카스트로가 가장 존경하는 유일한 미국인은 헤밍웨이라고 했다. 이때 헤밍웨이가 쿠바에서 문학적 영감을 얻었다면, 카스트로는 헤밍웨이에게서 혁명의 영감을 얻었을 것이다. 그러나 1960년경 쿠바에서 카스트로가 이끄는 혁명이 일어나자 헤밍웨이는 핀카 비히아Finca Vigia에서 쫓겨나고 말았다.

헤밍웨이가 쿠바에서 추방당한 지 55년이 지난 2015년 국교정상화가 이루어지면서 미국은 쿠바에 대한 통상금지를 완화하는 한편, 과학, 고고학, 역사 보전 등에 한해 쿠바 주민 지원을 위한 물자 수출을 일부 허용하기로 했다. 그러면서 쿠바 수도 아바나 외곽의 헤밍웨이 저택 '핀카 비히아'에 방치된 그의 유품을 지키기 위한 최첨단 보존시설을 만드는 데 필요한 자금을 지원하였다. 즉 2층짜리 보존시설을 지어 덥고 습한 날씨와 열악한 시설로 훼손될 우려가 있는 9천여 권의 서적, 헤밍웨이의 원고, 수천 장의 사진, 헤밍웨이가 주고받은 편지 등을 잘 보존하려는 계획이었다.

우리는 헤밍웨이 집을 나와 바로 길 건너에 있는 등대를 찾았다. 헤밍웨이가 밤늦게까지 술을 마시다가 길을 잃었을 때, 바로 집 앞의 등대 불빛을 보고 찾아왔다는 얘기가 전해지고 있다. 등대는 뱃사람에게만 방향을 안내해 준 것이 아니라 술꾼 헤밍웨이에게도 길을 안내해 주었다. 나는 쿠바 아바나를 방문하여 헤밍웨이가 즐겨 찾았다는 술집 바에도 가보았다. 좁은 바 안은 사람들로 꽉 차 있었다. 목을 축이려고 했지만 왁짜지껄하는 소리로 즐거움을 대신해야 했던 기억이 났다.

이어서 키웨스트를 방문한 사람이라면 반드시 들른다는 미국의 남쪽 땅 끝인 '최남단Southernmost Point'이라고 표시된 기념비가 있는 곳으로 갔다. 많은 사람들이 몰려 인증샷을 찍고 있었다. 하지만 진짜 최남단은 바로 이웃한 해군기지 안이라고 한다. 이 기념비 앞에서 사진을 찍으려면 한참 차례를 기다려야 했다. 우리는 얼른 가족사진을 몇 장 찍고 물러나왔다.

주변에는 왕소라 모양의 핑크빛 콘치조개 등을 파는 작고 아기자기한 노점들이 늘어서 있었다. 이 조개는 식용으로도 쓰이지만 최고가로 친다는 콘치 진주conch pearl를 만들어 낸다고 한다.

1분간 독립국가였던 콘치공화국과 허리케인

여러 상품에 새겨진 키웨스트 콘치공화국CONCH REPUBLIC 이라는 문구에 관심이 갔다. 알고 보니 1982년 4월 23일 키웨스트가 미연방에서 탈퇴하여 초소국가Micronation로서 독립국가임을 선언했다는 것이다. 1982년 초 미 국경경비대가 키웨스트로 들어가는 유일한 1번 국도의 플로리다 쪽에 불법이민자와 미약 단속을 위해 검문소를 설치했다.

이러한 검문활동은 주민들이 육지로 드나드는 데 불편한 것은 물론 관광객도 감소하기에 이르렀다. 키웨스트 시장과 의회는 연방정부와 주정부에 검문소 철수를 거듭 요청했으나 받아들여지지 않았다. 그러자 키웨스트 섬 주민들은 자신들을 외국인으로 취급하는 것과 다름없다며 소라공화국이란 뜻의 콘치공화국이라는 국명으로 독립을 선언했다.

1982년 4월 23일, 멜로리 광장에서 시장 등 많은 시민들이 모여 독립국가 탄생을 전 세계에 선포하고 소방 보트에서 물대포를 쏘며, 미 해군 군복을 입은 한 사람을 불러내어 딱딱한 쿠바 빵으로 머리를 한 대 때리는 것을 신호로 미국에 선전포고를 했다. 이어 1분 후 그 해군 군복 차림의 사람에게 바로 항복함으로써 콘치공화국의 1분간의 독립은 끝나고 말았다. 이렇듯 독립을 포기한 대가로 미 정부로부터 100만 달러 원조를 요청했다고도 한다. 그 덕분인지 콘치공화국은 1994년 마이애미에서 열린 미주 정상회담과 1995년 플로리다 축제에 공식 초청되었다.

이렇듯 '재미 삼아 한 일'이 거대한 독립기념 페스티벌로 바뀌어 매년 4월 말 화려한 옷차림을 한 시민들로 거리가 가득 찬다. 이후 키웨스트는 이 날을 독립기념일로 삼아 관광지로 더욱 유명해졌다.

1998년 겨울방학 내내 초청교수로 일본 규슈대학에 있었다. 그때 후쿠오카 지식인들의 모임인 '규슈독립운동모임'에 옵서버로 매주 참석했다. 나중에 이 모임에서 나온 얘기들을 정리하여 『규슈 독립도 꿈은 아니다』라는 책을 발간했다. 물론 나도 공동저자로 참여했다. 이 책의 주 내용은 그간의 세계화와 시장화로 인한 중앙집권적인 한계에 직면해 있다는 것을 전제로 분권화를 넘어 독립 그 자체에 대한 진지한 논의였다. 즉 일본 열도 큰 섬 4개 중 제일 남쪽에 위치한 규슈가 하나의 독립국으로서 존재해야 하는 이유를 역사와 문화적으로 살펴보고, 구체적으로 하나의 독립국으로서 인프라를 어떻게 갖출 수 있느냐 하는 구체적인 문제를 논의하고 있다. 규슈국의 수도는 어디로 하며, 경제와 관료조직, 심지어 군대조직과 운영 등 하나의 국가가 갖추어야 할 광범위한 문제를 다루었다.

이처럼 규슈를 하나의 독립국으로 상정하여 전개하는 모임이 신기하기도 했지만, 언젠가는 가능할 수도 있겠다는 생각을 했다. 하나의 일본만을 생각하고 있던 나에게는 참으로 신선하면서도 충격을 주는 모임이었다. 하기야 규슈는 뭐든지 전 일본의 10분의 1이다. 인구도 1,200만 명이고 면적도 그렇고 총 GDP도 대만과 네덜란드보다 큰 경제규모를 가지고 있다. 아마도 중앙집권적인 상황에 이 지역이 한때 키웨스트가 소외받았던 것과 같은 무엇이 있지 않았을까 생각해 보았다. 특히 일본은 오키니와를 중심으로 하는 류큐열도琉球列島 주민은 예로부터 독립국가였음을 내세우며 스스로의 정체성을 찾기 위한 분리주장도 멈추지 않고 있는 상황이다.

이러한 현상은 전 세계적으로 깊이 내재되어 있다. 소련 연방이 민족 중심으로 해체된 것처럼 미연방이나 중국, 러시아 등과 같이 넓은 면적에 다민족 다인종으로 구성된 나라의 공통된 사항이다. 최근 영국 스코틀랜드의 분리선거, 스페인 카탈루냐의 분리운동, 캐나다 퀘벡 주의 분리운동 등은 이미 나타난 사례이나, 보이지 않는 곳에서의 분리운동도 때를 기다리고 있을지도 모르는 일이다.

콘치공화국이라고 새겨진 글자를 보면서 엉뚱한 사례를 생각해 보았다. 그리고 수많은 인파가 모여드는 듀발 스트리트로 갔다. 낮은 건물과 야자수가 어우러진 거리는 크루즈선에서 내린 듯한 사람들로 앞으로 나아가기가 어려울 정도였다. 그래도 이러한 분위기 한가운데 서 있다는 것 자체가 흥분되고 즐거운 일이었다. 헤밍웨이가 매일 밤 다녔다는 바도 보였다. 그곳에는 21세 이하 미성년자는 입장 불가라 하여 우리는 들어가지는 못했지만, 곁에서 보아도 맥주 맛이 저절로 느껴졌다.

그 외에 연중 2천만 명에 가까운 관광객을 불러들이는 수족관, 난파선 박물관 등 많은 볼거리가 줄을 이었다. 리틀 화이트하우스라고 불리는 제33대 해리 S. 트루먼 대통령의 별장도 있었다. 이 별장은 나중에 아이젠하워 대통령과 케네디 대통령도 종종 이용했다고 하니, 이들의 체취를 맡으며 기를 받아 보려는 사람들을 따라 발길을 그곳으로 돌렸다.

하루 종일 쉬지 않고 돌아다니다 보니 어느덧 서쪽 하늘이 붉게 물들었다. 예약도 없이 여기저기 호텔을 노크해 보았지만 빈방이 없었다. 할 수 없이 키웨스트를 뒤로하고 본토로 향했다. 길게 이어진 섬들 중간에 있는 캠핑장을 알아보려 했으나 빈 공간을 잡기가 쉽지 않았다.

할 수 없이 바다낚시를 하는 사람들 틈에 끼어 밤을 보내기로 했다. 밤 낚시꾼들은 주차장에 차를 세워 놓고 고기잡이에 열중이었다. 이들은 고기를 낚아올리는 즐거움보다 고기를 잡는 것 자체에 즐거움을 찾고 있는 듯했다. 우리는 이들을 구경하다가 차로 돌아와 밤을 보낼 수밖에 없었다. 옆에 세워 놓은 차에도 낚시꾼들이 드나들며 휴식을 취하고 있었다. 어느 틈인가 시동 거는 소리에 눈을 뜨니 어느덧 날이 밝아왔다. 카리브 해의 강한 햇살이 비추자 낚시꾼들은 하나둘 자리를 떠났다. 우리는 이들이 떠난 뒤 낚시터에 앉아 준비해 온 아침을 먹었다.

이어서 1935년 9월 2일 월요일 저녁 카리브 해에서 발생한 강력한 허리케인으로 희생된 400여 명은 추모하는 기념비 앞에 차를 세웠다. 그때는 허리케인을 미리 알아낼 수 있는 기상레이다도 없었고, 일기예보에서도 허리케인이 올 거라는 정보가 없었다. 또한 이때 600여 명의 1차 세계대전 참전용사들이 연방긴급구제청Federal Emergency Relief Administration, FERA의 프로그램으로 이곳에 캠프를 치고 있었다. 허리케인 내습으로 이 중에서 262명이 사망하고 수많은 참전용사들이 부상을 당했다. 루즈벨트 대통령은 이들의 미망인과 부모, 자녀들을 구제하는 법안을 의회에 제출했다.

이 허리케인은 북대서양에서 발생한 것 중 세 번째로 강력한 것이었다. 플로리다키스 플로리다 주 본토를 연결하는 유일한 교통수단은 당시 플로리다 동부 해안 철도망이 있었다. 허리케인이 닥칠 당시 10량 중 9량이 모두 철로를 벗어나 파도에 휩쓸려 갔다. 남은 1량은 그 후 마이애미로 옮겨졌다. 이 폭풍으로 철도 운행이 중단된 대신 해상도로가 완성되었다.

허리케인은 플로리다키스 동부의 이사모라다에 상륙했다. 도시의 건축물들은 거의 파괴되었고, 다리와 철도 제방 등이 완전히 무너져 이사모라다 부근은 황폐화되었다. 특히 이 시기는 1929~1935년에 일어난 대공황과 겹쳐 고통은 극심할 수밖에 없었다. 거기에다가 독일과 일본이 손을 맞잡는 등 2차 세계대전을 코앞에 둔 시기이기도 했다.

에버글레이드 국립공원의 야생 악어

바다 낚시터에서 밤을 보내고 아침 일찍 출발한 우리는 플로리다키스에서 완전히 벗어나 30km 정도 북쪽으로 올라가다가 자연생태공원으로 널리 알려진 에버글레이드 국립공원을 찾았다. 마이애미 쪽 출입구로 들어서자 증기를 듬뿍 안은 열기 속으로 들어간 듯 더운 습기가 얼굴에 와 닿았다. 이는 늪지에서만 느낄 수 있는 기분이었다. 키 웨스트의 공기와는 확연히 달랐다.

입장료는 사람 숫자가 아닌 차 한 대당 10달러였다. 방문센터에는 습원에 대한 여러 가지 전시물이 있었다. 이 공원은 자동차로 공원 한가운데 도로를 이용하거나 에어보트를 타고 늪 안을 둘러보는 사파리를 할 수 있다. 우리는 에어보트를 타고 깊숙이 안을 들여다보고도 싶었지만, 자동차로 사파리를 하는 것도 나쁘지 않다는 생각을 했다. 늪 한가운데를 통과하기는 마찬가지로 구경하는 데는 큰 문제가 없어 보였다.

우리는 천천히 늪 한가운데 길을 따라 갔다. 여기서 60km 정도 더 들어가 플라밍고 등 각종 조류가 서식하는 곳까지 가보기로 했다. 우리는 도처에서 악어가 출몰하는 샤크 밸리Shark Valley 옆으로 남쪽으로 가는 길을 택했다. 늪을 구경하는 수단으로 에어보트, 자전거, 카누, 카약, 모터보트 등이 있는데, 에버글레이드를 속속들이 구경하려면 시설과 장비가 구비된 하우스보트나 요트를 빌려 타고 하루 종일 다닐 수 있다.

에버글레이드 국립공원은 죽음의 계곡과 엘로스톤에 이어 미국에서 세 번째로 큰 국립공원으로 미국 최대의 열대우림지대다. 이는 작은 주에 속하는 델라웨어나 코네티컷 주보다도 크며, 우리나라 서울보다 10배 가까운 크기다. 또한 해발 0m에서 2.4m의 아주 낮은 지형을 이루고 있다. 1900년대 초 개척자들이 이곳에 들어오기 전까지는 길이 160km, 폭 100km에 이르는 넓은 강으로 허리케인이 닥치면 많은 인명 피해가 나는 지역이었다. 그러다가 정부가 호수 주위에 제방을 쌓고 물길을 돌려 늪 가운데에 수로를 건설했던 것이다. 이렇듯 사람의 손길이 공원에 닿으면서 농업과 거주지가 확대되어 이 지역의 오염이 점차 심각해졌다. 이로부터 자연을 보존하기 위한 국제생물권보전지역International Biosphere Reserve,

세계유산지역World Heritage Site, 국제중요습지Wetland of International Importance로 한꺼번에 지정된 유일한 곳이다.

도로변 호수에 눈알만 물 밖으로 내놓은 악어들이 미동도 않고 뭔가를 기다리고 있는 모습은 흔했다. 그런데 이 호수에서 어린아이들이 보트 훈련을 하고 있었다. 무슨 일이라도 일어나면 어쩌나 걱정이 될 정도였다. 그러나 그들은 악어를 무시하는 듯 열심히 노젓는 연습을 했다.

작은 호숫가에는 독수리 떼가 모여들어 악어 시체를 쪼아먹는 모습이 눈에 들어왔다. 처음 보는 야생동물의 행동에 모두 시선을 빼앗기고 있었다. 그 사이에 악어 두 마리가 우리 쪽으로 기어오는 것을 보지 못하고 있었다. 조금 앞에 있던 백인 여인이 소스라치게 놀라는 모습을 보고 돌아보니 바로 5m 가까이 엉금엉금 기어오고 있었다.

깜짝 놀라 재빠르게 물러났다. 다가오던 악어가 멈춰 서서 우리를 노려보았다. 그것도 처음에 한 마리였던 것이 여러 마리로 불어나 사람들이 서 있는 곳까지 기어오고 있었던 것이다. 악어들은 도로를 가로질러 늪으로 사라졌다. 악어를 만나면 절대로 자극하거나 먹이를 주지 말라는 주의의 말이 머리를 스쳤다.

이렇듯 악어가 많이 서식하는 까닭에 이를 소재로 하는 다양한 이벤트가 있었다. 또 모기가 극성을 부린다더니 겨울보다도 여름모기가 정말 대단했다. 이래서 강력한 모기약을 준비해야 한다는 말이 수긍이 갔다.

어쨌거나 에버글레이드는 풍부한 생태계를 간직한 웅대한 습원이다. 안내소에서 무려 60km 안으로 들어와도 습지의 연속이다. 이것도 이 공원의 10분의 1도 안 되는 일부 지역일 뿐이다. 곳곳에 전망대가 있어 습지의 생태를 살펴볼 수도 있다. 그야말로 살아 있는 대자연의 무대다.

멕시코 만에 인접한 공원의 플라밍고 방문센터까지 왔다. 이곳까지 습원이 이어져 있었다. 늪을 효율적으로 관리하기 위해 만든 도로가 관광객을 위한 것이 되고 말았다. 우리는 공기부양선을 타고 습원을 달리는 모습을 지켜보았다. 우리 가족은 경제적·시간적 부담이 너무 커서 자동차를 이용했지만 공원을 아는 데는 부족함이 없었다.

플로리다 반도 내륙을 지나 디즈니월드로

에버글레이드 국립공원을 나와 플로리다 올랜드의 디즈니월드Walt Disney World Resort를 방문하기 위해 반도의 내륙 한가운데를 달리는 27번 국도를 탔다. 지도상으로는 그곳까지 가는 지름길인데 나지막한 언덕 하나 안 보이는 평원 속의 평지였다.

그런데 플로리다 양안을 달리는 고속도로 주변의 타운과는 분위기가 달랐다. 국도여서 신호등이 많아 좀 늦긴 했지만, 고속도로보다는 주변을 구경할 수 있어 좋았다. 지난번 멕시코 여행에서도 멕시코를 미국 안에서 다시 한 번 경험하는 느낌을 강하게 받았었다. 다시 말해 내륙 쪽일수록 히스패닉계 빈민층이 많이 살고 있기 때문이다. 문 앞에 서서 물끄러미 우리를 쳐다보는 모습은 멕시코 국경을 넘을 때의 사람들과 다르지 않았다. 반도 내륙지방을 북상하면서 이렇다 할 만한 타운은 보이지 않았지만, 지난해 멕시코 중앙고원을 달리던 때와 비슷했다.

이제는 이런 분위기를 벗어나고 싶었다. 그러나 몇 시간을 달렸는데도 아직 더 달려야 했다. 27번 국도에서 올랜드 디즈니월드라는 간판을 보며 182번으로 갈아탔다. 얼마 후 모텔들의 네온사인이 요란한 오세올라 카운티의 키시미에 저녁 9시가 넘어서 도착했다. 깜깜해서 어디가 어딘지 분간하기 어려웠지만, 테마파크의 왕국인 올랜드 가까이에 와 있음을 알 수 있었다.

올랜드는 1857년 세미놀 인디언 전쟁 중에 전사한 육군 보초병 올랜도 리브스의 이름에서 따왔다. 디즈니월드가 생기기 전까지는 아주 평범한 시골 도시였는데 1971년 이곳에서 약 30km 남서쪽에 디즈니월드가 개장되면서 세계적인 테마공원으로 주목받기 시작했다. 그 후 하나의 모조 열대섬을 조성해 만든 디스커버리 코브와 범고래, 북극곰 등 바다동물 쇼를 볼 수 있는 씨월드, 그리고 영화촬영소와 놀이공원을 결합한 유니버셜 스튜디오 아일랜드 모험 등도 문을 열었다.

여기에 헤아릴 수 없을 정도의 볼거리와 리조트 호텔 등이 있어 미국은 물론 전 세계에서 정말로 많은 사람들이 찾고 있다. 동시에 철도도 건설되면서 부동산과 오렌지 그리고 멀지 않은 곳의 케네디우주센터 등과 연계한 우주과학기술로 융성한 신흥도시가 되었다.

우리가 보려고 하는 디즈니월드는 매직킹덤, 디즈니-MGM스튜디오, 엡캇센터Epcot Center, 애니멀킹덤 등 4개 테마공원에 여러 군데 물놀이 공원과 종합스포츠경기장, 백화점, 야간공원인 다운타운 디즈니가 포함되어 있다.

우리는 길 옆에 있는 그럴듯한 모텔에 들었다. 방도 넓고 하룻밤 지내는 데는 아무 문제가 없을 성싶었다. 더구나 디즈니월드를 마음놓고 볼 수 있는 프리티켓을 230달러에 살 수 있었다. 이곳 입장권이 비싸다는 얘기를 듣고 내심 걱정을 했는데, 모텔에서 미리 사놓은 표를 싸게 구한 것이다.

디즈니월드에서 가장 인기 있는 매직킹덤은 연중 1,800만 명이 오고 하루 평균 5만 명이 입장해 세계테마파크협회TED가 선정한 놀이공원 1위에 올라 있다. 그러나 이곳은 '아이들에게는 천국이지만 어른들에게는 지옥'이라는 말이 있을 정도로 놀이기구를 타기 위해 몇 시간씩 줄을 서야 하는데도 수백 달러를 써야 한다. 왜냐하면 정상적인 값은 테마파크 입장료만 250달러인데 다섯 명이 네 곳을 전부 보려면 1,000달러 이상 들기 때문이었다.

모텔 종업원이 여러 테마들을 효율적으로 구경할 수 있게 안내서에 순서를 적어 주었다. 단 하루 머물 우리를 위해 그는 우왕좌왕하지 말고 순서대로만 보면 시간을 많이 절약할 수 있다고 했다.

아침 일찍 서둘러 디즈니월드로 향했다. 간밤에 알려 준 순서대로 1번 엡캇센터 주차장은 디즈니월드로 들어오는 수많은 차량으로 아침부터 북새통이었다. 주차장 관리인들은 오는 순서대로 차들을 정렬시키느라 땀을 뻘뻘 흘리고 있었다. 순식간에 주차장이 메워졌다.

그리고 2번이라고 적어 준 대로 디즈니월드로 들어가는 고가열차를 이용하여 이곳의 대표적인 매직킹덤으로 향했다. 모텔 종업원은 수십 개의 볼거리 중 10개 정도만 보라고 권했다. 매직킹덤으로 들어서자 신데렐라 성과 미키마우스며 미시시피 강을 오르내리는 외륜선, 재미있는 복장을 한 퍼레이드 등은 아이들의 마음을 금방 사로잡아 버렸다. 어른들도 아이들과 마찬가지로 동심 속으로 빠져들어갔다.

우리는 하루 만에 모든 테마를 다 보려고 빠른 걸음으로 애니멀킹덤으로 갔다. 입구 정면에 이곳의 상징이자 생명의 나무라고 불리는 거대한 인조나무가 우리를 반겨 주었다. 큰 규모와 마치 살아 있는 듯한 정교한 조각에 놀랐다. 이어 밀렵꾼을 체포하는 것을 보면서 사파리 투어도 볼만했다. 그 외에 타잔이나 공룡 그리고 라이온 킹 등을 소재로 한 다양한 동물 모습에 아이들은 정신이 없었다. 너무나 많은 탈거리와 볼거리 등을 즐기느라 시간가는 줄 모르고 있었다.

이렇게 오전 시간을 보내고 벤치에 앉아 준비해 온 점심과 간식을 먹으며 사람 구경하는 것도 재미있었다. 뉴욕에서처럼 일에 파묻힌 직장인이나, 연구에 밀려 바쁘게 움직이는 대학인들과는 너무나 다른 여유로운 모습을 본 지도 오랜만인 것 같았다. 그리고 대부분 가족단위나 친지 등으로 이루어진 그룹이었다. 그래서 더욱 정겹게 보였는지 모르겠다.

이번에는 엡캇 지역에 들어서자, 이곳의 심볼인 골프공 같은 알루미늄과 폴리에틸렌으로 만든 지름이 50m인 스페이스십 어스Spaceship Earth관이 눈에 들어왔다. 처음에는 엡캇이 무슨 말인가 했는데, 미래사회의 실험적인 모델Experimental Prototype Community of Tomorrow이라는 의미였다. 이곳은 퓨처월드Future World와 월드 쇼케이스World Showcase 지역으로 나뉘어 있었다. 퓨처월드는 미국 최고기업의 첨단기술이 결집된 곳으로 나의 관심을 끌었다. 특히 스페이스십 어스관에서 타임머신을 타고 태초의 지구에서부터 미래시대에 이르기까지 우주공간을 여행하는 것은 정말 짜릿했다. 지구 밖의 우주여행을 하는 듯한 구성은 두고두고 머리에 남을 정도였다.

호수 주위를 돌며 각국의 전통 건축양식에 맞게 세워진 건물들이 멕시코, 노르웨이, 중국, 독일, 이탈리아, 미국, 일본, 모로코, 프랑스, 영국, 캐나다의 순서로 늘어서 있었다. 우리는 천천히 하나하나 둘러보았다. 노르웨이관에서는 바이킹이 등장하고, 이탈리아관에서는 베니스의 산마르코 광장에서 유쾌한 퍼레이드쇼를 볼 수 있었다. 미국관에서는 마크 트웨인의 안내로 미국의 200년 역사를 살펴보았다. 이렇게 둘러보면서 우리나라 전통양식 건물과 문화가 빠졌다는 것은 여간 아쉬운 것이 아니었다.

어느덧 해가 저물어가고 있었다. 이곳을 벗어나 다음 행선지로 가려던 찰나였다. 이때 호수를 중심으로 불꽃놀이를 한다는 안내방송에 호수 주변에 자리를 잡고 불꽃 쇼가 시작되길 기다리고 있었다. 여태까지 살면서 이토록 장대하고 화려한 불꽃놀이는 처음이었다. 더욱 놀란 것은 불꽃놀이의 연출이었다. 1초의 오차도 없이 스토리에 맞춰 불꽃을 발사했다.

이렇게 디즈니월드 4개 주요 테마공원 중 MGM스튜디오를 제외한 세 곳에서 공연과 이벤트를 즐기고 나니 밤 10시가 되었다.

불꽃놀이를 끝으로 관광객들은 각자 숙소로 가기 위해 공원을 빠져나갔다. 우리도 군중들에게 떠밀리다시피 주차장으로 향했다. 휘황찬란한 다운타운 디즈니를 지나며 공원을 만들기 위해 전 세계 이야기들을 모은 사람들의 위대함에 찬사를 보냈다. 멀리 아시아에서 오래전부터 전해 내려오는 옛날이야기, 아프리카 정글 이야기, 유럽의 전설과 동화 속 이야기, 미국 소설 속에 나오는 탐험 이야기, 미래의 꿈을 심어 주는 첨단과학을 바탕으로 하는 바다와 우주 이야기, 야만을 문명으로 만드는 이야기 등 세계의 과거와 현재 그리고 미래를 한곳에 모아놓은 세계 최대의 이야기 보따리였다.

이어 우리는 올랜드를 뒤로하고 플로리다대학이 있는 게인스빌로 향했다. 그곳에는 지금 한국디지털대학교 디지털경영학과 교수로 있는 제자가 박사과정을 하고 있었다. 유료도로인 플로리다 텀파이크Florida Turnpike이자 91번 주도로를 따라 북상하다가 75번 주간 하이웨이 I-75를 만나 계속 북상하여 새벽 2시경 게인스빌에 도착했다. 밤늦게 마을 입구 주유소까지 마중을 나와 준 제자에게 뭐라고 고마움을 표현해야 할지 몰랐다.

아침부터 대학 캠퍼스를 둘러보고 프레드 베어Fred Bear라는 박제박물관 겸 활 만드는 공장을 견학했다. 미국 활 사냥꾼의 아버지라고 불리는 프레드가 활로 쓰러뜨린 동물들의 박제와 가죽 등이 즐비하게 세워져 있거나 벽에 걸려 있었다.

활박물관을 나오니 어느덧 오후 4시를 지나고 있었다. 집을 나선 지 6일째인 4월 25일이었다. 여기서 제자와 작별하고 다시 75번 고속도로를 따라 북상하다가 10번 하이웨이를 만나 동쪽으로 향했다. 차창 밖으로 플로리다의 농촌 전경을 보며, 다시 95번 고속도로를 따라 북쪽으로 곧장 달렸다. 조지아, 사우스캐롤라이나, 노스캐롤라이나를 지나 버지니아 주에 들어오니 새벽녘이었다. 버지니아 주 휴게소에서 잠시 눈을 붙이고 일어났다. 아이들이 바비큐 기구 앞에서 식사 준비를 하고 있었다.

세난도어 국립공원의 정상을 달리는 파크웨이

계속 북상하여 워싱턴 D.C.와 인접한 버지니아에 들어섰다. 4월 26일 쾌청한 아침이었다. 우선 집에 가까이 왔다는 안도감이 앞섰지만, 사실 갈 길은 아직 멀었다. 그래도 도중에 볼거리를 몇 개는 더 들여다볼 생각이었다. I-95번에서 I-64번 고속도로를 만나 서쪽으로 방향을 틀었다. 그 유명한 세난도어 국립공원 안의 루레이 동굴과 산정상 능선을 따라 블루리지 파크웨이를 달려 보기로 했다. 이 블루리지는 애팔래치아 산맥의 일부로 펜실베이니아 주 남쪽에서 남서쪽으로 메릴랜드, 버지니아, 노스캐롤라이나, 사우스캐롤라이나 주를 거쳐 조지아 주 오글소프 산에 이르기까지 길게 뻗은 산맥이다.

이러한 산맥 8, 9부 능선을 잇는 거대한 스카이웨이 블루리지 파크웨이를 건설했다는 것 그 자체가 놀라웠다. 이 도로는 총 755km로 미국에서 가장 길고 경치가 아름다운 곳이다. 이는 스모키마운틴 국립공원과 노스캐롤라이나의 체로키 인디언 보호구역을 잇는 스카이라인의 제일 북쪽에 위치해 있다.

본래 이곳은 루즈벨트 대통령에 의해 애팔래치아 경관 하이웨이로 명명되어 1935년 11월 공사가 시작되었고, 우여곡절 끝에 무려 52년 만인 1987년에 완성되었다. 그 사이 2차 세계대전, 개인소유토지 통과 문제, 특히 체로키 인디언 지역 통과 등 많은 문제를 겪으면서 개통된 것이다. 이후 많은 사람들에게 하이킹, 바이킹, 캠핑 등 다양한 즐길 거리를 제공하고 있다.

이 파크웨이를 따라 북상하면서 유명한 루레이 동굴을 둘러보기 위해 세난도어 국립공원의 장엄함을 간직하며 파크웨이를 벗어났다. 전형적인 산골마을 루레이를 지나 동굴 입구에 섰다. 매표소 앞에 설 때마다 망설임 없이 표를 산 적이 많지 않다. 이번에도 다섯 명의 입장료가 너무 부담스러웠다. 아내는 안 봐도 된다며 슬그머니 뒤로 물러났지만, 그래도 어떻게 온 건데….

안내인을 따라 동굴 입구에서 계단을 내려서자 수백만 년의 역사가 낳은 거대한 석회 종유석의 신비로움에 저절로 감탄사가 나왔다. 이처럼 지하세계에 펼쳐진 석주columns, 종유석stalactites, 석순stalagmites, 유석flowstone, 물에 이중으로 비춰 보이는 거울풀mirrored pools 등의 아름다운 향연은 지금까지 보아온 지상의 아름다움과는 또 다른 차원이었다.

다시 파크웨이를 타기 위해 8, 9부 능선을 따라 이어지는 도로 위에 올라섰다. 산 아래 경치는 서부에서와는 달리 편안한 모습이었다. 중간중간에 사슴들이 태연히 도로를 건너고 있었다. 수십 마리 무리를 지어 껑충껑충 뛰며 달리는 모습에 차를 세우지 않을 수 없었다.

이렇게 3시간을 달려 파크웨이 북쪽 게이트를 빠져나오니 허기가 느껴졌다. 나만 그런 줄 알았더니 모두들 배에서 꼬르륵 소리가 난다며 앞에 보이는 맥도날드를 가리켰다.

이제부터는 또다시 집으로 가야 했다. 북쪽으로 가는 I-95번 고속도로를 만나 워싱턴 D.C.를 왼쪽으로 바라보며 북상하기 시작했다. 메릴랜드 볼티모어의 야경을 뒤로하고 델라웨어 주를 통과하여 펜실베이니아 주의 필라델피아 야경 속을 지나 뉴저지 주까지 오니 집에 다 왔다는 생각이 들었다.

밤 11쯤 뉴저지 한아름 슈퍼마켓에 도착하여 먹거리를 사가지고 조지워싱턴 브리지를 건너니 뉴욕 맨해튼이다. 여기서부터 집까지는 한 시간이면 족한 거리였다. 조용한 15번 파크웨이는 눈을 감고도 운전할 수 있을 정도로 익숙했다. 정겨운 집에 돌아온 시간은 새벽 2시. 8일간의 플로리다 키웨스트까지 다녀온 여정을 매듭짓는 순간이었다.

1 플로리다 주 환영 간판 **2** 하늘에서 본 카스틸로 데 샌 마르코스 요새 **3** 1740년 샌 마르코스 요새를 공격하는 적함인 영국 해군에게 포격을 가하는 스페인군 **4** 요새 밖에서 본 카스틸로 데 샌 마르코스 요새 **5** 플로리다의 케네디우주센터 **6** 미국 최남단을 알리는 표지판

1 마이애미 시 전경   2 세븐마일 브리지의 시작을 알리는 표지판   3 마라톤과 로어키스를 연결하는
세븐마일 브리지   4 헤밍웨이와 만난 쿠바 카스트로. 헤밍웨이가 쿠바에서 문학적 영감을 얻었다면,
카스트로는 헤밍웨이에게서 혁명의 영감을 얻었을 것이다.   5 쿠바 수도 아바나 외곽에 있는 헤밍웨
이가 살던 핀카 비히아

AKES FOUR PARKS TO HOLD A CELEBRATION

EVERGLADES
NATIONAL
PARK
UNITED STATES DEPT. OF INTERIOR

8

6 1935년 노동절에 허리케인으로 희생된 사람들을
추모하는 현판 7 에버글레이드 국립공원 늪가에서
죽은 악어를 쪼아먹는 독수리들 8 플로리다 에버
글레이드 공원 입구 9 디즈니월드 안내서
10 신데렐라 성 앞의 인파

1 셰난도어 국립공원 입구에서   2 플로리다주립대학(UF)   3 루레이 동굴 내부의 현란한 광경
4 루레이 동굴에서 산 접시 기념품   5, 6 플로리다의 경작지

제4부

대양과 대양 사이의 광활한 캐나다

퀘벡 세인트로렌스에서 오대호까지

미국·캐나다 국경을 향하여

미국으로의 출국을 앞두고 연일 이어지는 환송연으로 뭔가 제대로 챙기지 못할 것 같은 불안한 생각이 들었었다. 예감 대로 일이 벌어졌다. 일 년간 유효한 국제운전면허증의 행방이 묘연했다. 분명히 어딘가에 잘 모셔 두었던 면허증은 몇 달이 지난 후에야 책갈피 속에 숨어 있다가 나타났다.

그래서 미국 운전면허증을 빨리 취득했는지 모르지만, 운전면허시험을 보러 다니면서 시간과 돈을 써야 했다. 한글로 된 필기시험과 도로주행시험은 한번에 합격했다. 도로주행시험 때는 옆자리에 탄 시험감독관인 여경찰관이 나의 손과 발 그리고 전방을 번갈아 주시하며 사소한 실수라도 잡아내려는 듯 눈을 부릅뜨고 있었다.

도로 곁의 인도로 가까이 걸어오는 할머니를 보고 서행하지 않았다는 주의 외에는 특별한 지적사항이 없었다. 할머니가 인도로 걸어오고 있지만 혹시라도 차도로 내려올 수 있기 때문에 충분히 방어운전을 해야 한다는 것이었다. 이렇게 해서 미국에 온 지 3주가 지나 코네티컷 주 운전면허증을 땄다. 그동안 미리 사 둔 중고차를 아내가 운전하고 옆에 동승하여 인근의 지리를 익혀 두었다.

아직 아이들 학교나 대학의 새 학기가 시작되기 전이어서 장거리 여행을 할 수 있는 시간적 여유가 있었다. 그래서 운전면허증을 받은 다음 날 기다렸다는 듯이 북미 대륙 첫 여행지로 캐나다를 택했다. 일 년 전 캐나다 외무부 초청으로 농축산 분야에서 두각을 나타내고 있는 100년 이상의 역사를 지닌 겔프대학 농업경제학과에서 두어 달 방문연구를 마치고, 주한 캐나다 대사관에 연구보고서를 제출하면서 받은 연구비 잔금을 수표로 받았기 때문이다. 그런데 그 유효기간이 8월 말까지로 캐나다 내의 은행에서만 현금으로 바꿀 수 있었기에 부랴부랴 서둘렀던 것이다. 애초의 연구비 5,000캐나다달러의 3분의 1로 사장시킬 수 없는 아까운 돈이었다.

우리는 이른 아침 6시에 집을 떠나 북으로 향했다. 북미 대륙 초행길인 데다 장거리 여행이어서 다소 긴장되는 순간이었다. 뉴헤이번을 출발하여 대서양안을 따라 북상하는 I-95번 고속도로를 따라 로드아일랜드, 매사추세츠, 뉴햄프셔를 지나 동북부 최북단의 메인 주까지 가야 했다. 지도상에서 보면 바로 이웃인데도 차로 가면 보통 몇 시간씩 걸리기 일쑤였다.

우선 캐나다로 가는 것이 급한 일이어서 바로 퀘벡 시로 방향을 잡았다. 동북 쪽의 뉴브룬즈윅 주와 맞닿은 곳까지 뻗어 있는 I-95번 고속도로와 퀘벡 주 국경까지 이어지는 201번 국도가 교차하는 한적한 메인 주의 페어필드에 도착했다.

여기까지 오는 동안 도로 주변은 그야말로 절정에 이른 녹음이 푸르름을 유감없이 뽐내고 있었다. 같은 고속도로라도 메인 주에 들어서면 인적이 뚝 끊긴 듯하여 마치 한적한 서부 대초원을 지나는 느낌과 다르지 않았다. 간혹 지나치는 차들만 봐도 서로 손을 흔들 정도로 반가웠으니 말이다.

제4부 대양과 대양 사이의 광활한 캐나다

왕복 2차선으로 좁혀진 201번 국도를 따라 캐나다의 국경 마을인 잭맨 타운을 지났다. 타운 중심가라야 건물 몇 채와 주유소 그리고 교회 등이 보일 뿐 우리 농촌의 작은 면소재지를 지나는 기분이었다. 이미 해는 지고 서서히 땅거미가 밀려오기 시작했다. 우리는 잭맨 인근의 캐나다 국경에서 가까운 캠핑장에서 하룻밤 지내기로 했다. 여름방학이 끝날 무렵이어서 그런지 캠핑장에 묵고 있는 사람은 보이지 않았다. 방갈로 스타일의 캐빈은 텅 비어 썰렁한 분위기였다. 50대 중반의 여성 관리인이 언덕 위의 캐빈으로 안내해 주었다. 점점 어둠이 짙어가는 캠핑장 주위에 불빛이라고는 우리밖에 없었다.

8월 말경이었지만 미국 최동북부에 자리잡은 메인 주의 밤은 몸이 떨릴 정도로 추웠다. 산속이라 몸과 마음이 더욱 움츠러들었다. 막상 캐빈 안으로 들어가 보니 시설이 빈약하기 짝이 없었다. 다른 것은 그렇다 치더라도 침대가 허술하여 자다가 무너지지 않을까 염려스러울 정도였다. 그래도 다행스러운 것은 난로를 지필 장작은 충분했다. 화장실을 겸한 공동 샤워장과 취사장도 그런대로 괜찮았다. 하긴 하룻밤에 20달러이니 더 이상은 무리였다.

캠프파이어를 할 수 있는 장작과 숯, 불쏘시개 등도 넉넉했다. 주위가 엄청난 삼림으로 둘러싸여 있어 땔감 걱정은 없는 듯했다. 우리는 불을 피우고 고기를 구워 먹으며 동북부의 늦은 여름밤을 보냈다. 고기 냄새를 맡고 배고픈 야생동물이 몰려오면 어쩌나 하는 엉뚱한 생각이 들긴 했지만 그건 기우였다.

밤 10시가 넘어서 헤드라이트를 밝히고 깜깜한 캠핑장 안으로 들어오는 사람 소리가 그렇게 반가울 수가 없었다. 그들도 하룻밤 묵을 곳을 찾아 헤매다가 이곳을 발견한 듯했다. 조금 전에 우리를 안내했던 여성 관리인의 굵직한 목소리를 들으며 잠을 청했다.

우리나라를 떠나 북미 대륙에 입성하여 첫 장거리 여행의 첫날 밤을 이렇게 보내면서 감성을 지닌 야성적인 대륙 횡단 여행의 문을 열었다.

캐나다 속의 또 다른 프랑스 퀘벡

이튿날 아침 일찍 캠핑장을 떠나 퀘벡 시로 향했다. 미·캐 국경Jackman-Armstrong Border에 다다르니 아침 8시경이었다. 복잡할 줄 알았던 국경 통과는 너무 간단했다. 미국에서의 출국은 입국에 비하면 정말 쉬운 일이다. 그러나 미국으로의 입국 절차는 복잡하다. 대학에서 미리 받아 놓은 재입국 서류를 제출해야만 다시 미국으로 들어올 수 있었다. 이러한 사실을 미리 알고 재입국 때 필요한 서류를 준비해 갔기 때문에 걱정없었다. 역시 잭맨의 미국 이민국에서의 출국은 간단했다.

잭맨 미 국경사무소에서 출국 수속을 마치고 캐나다 암스트롱 국경사무소로 가니 직원은 여권을 보는지 마는지 펑 소리가 나도록 여권에 입국 도장을 찍어 주었다. 그리고 캐나다 입국을 환영한다면서 아이들에게 캐나다 국기 배지까지 달아 주었다. 이렇게 기분 좋게 국경을 통과하여 캐나다 퀘벡 주로 들어섰다.

사실 잭맨-암스트롱 국경사무소는 연중 무휴로 통과가 이루어지고 있지만, 겨울 폭설기에는 길이 막혀 가끔 통제된다고 한다. 하긴 북미 대륙의 북쪽 지방인 만큼 폭설로 여러 마을이 고립되기도 할 것이다. 캐나다에 발을 내디디면서 단순히 국경을 넘어온 것보다는 끝없이 깊고 넓은 웅덩이에 풍덩 빠져들었다는 느낌이 강하게 들었다. 이는 캐나다라는 규모 때문만은 아니었다. 캐나다는 우리나라와 마찬가지로 삼면이 바다로 둘러싸인 점에서는 같다.

캐나다의 어원은 세인트로렌스 유역의 이로쿼이St. Lawrence Iroquoians 부족어로 '마을 또는 정착'이라는 뜻의 '카나타Kanata'에서 유래되었지만, 차차 북미 대륙의 북반부를 차지하면서 동쪽으로 대서양과 서쪽으로는 태평양과 면하고 북쪽으로는 북극해와 접하여 러시아에 이어 국토면적이 약 998만km²로 세계에서 두 번째로 크다. 즉 나라 자체가 커다란 대륙이다.

그래서 그런지 캐나다의 국가적 모토는 '바다에서 바다까지From Sea to Sea'로 이 안에 있는 거대한 산맥, 황금 평원, 빽빽한 밀림, 세련된 도시, 호수, 북극 툰드라, 모래언덕, 지하자원 등 없는 것이 없을 정도로 풍부한, 세계에서도 가장 살고 싶은 나라의 하나로 부동의 자리를 지키고 있다. 이는 한반도의 45배, 남한의 99배에 해당하는 엄청난 넓이다. 그리고 미국과의 국경선은 미국 본토와 알래스카 등을 포함하여 무려 8,891km로 세계에서 가장 긴 국경을 맞대고 있다.

캐나다는 10개 주와 3개의 준주로 구성되어 한 주당 차지하는 면적은 동쪽의 한두 주를 빼고는 웬만한 나라보다도 크다. 단지 인구가 이제 3천만 명을 넘었다. 이렇게 광활한 이 나라에 과연 없는 자원이 있을까 하는 부러움이 앞섰다. 늘 자원에 목말라하는 우리 입장에서는 누구나 생각할 수 있는 일이었다. 그러면서도 복잡하고 긴 역사를 지닌 우리에 비해 캐나다는 짧고 단조로운 역사처럼 보인다. 그러나 여러 세대를 거치면서 광활하고 풍요로운 대지 위에서 어떻게 공존해 왔는가를 생각하면 그렇게 간단히 보아넘길 일이 아니다. 따라서 현재가 이 나라의 최종 귀착점이 아니라 새롭게 미래를 만들어 가는 시작일 뿐이라는 것을 느꼈다.

물론 수천 년간 이곳은 원주민들의 삶의 터전이었음은 분명하다. 그러나 오늘날 백인이 주류사회를 이룬 것은 16세기 후반 영국과 프랑스가 캐나다 동부 해안의 탐험을 시작할 때부터의 일이다. 이어 유럽인들은 17세기 중반 캐나다의 대서양 해안에 정착하면서 이민과 교역이 확대되어 백인들의 정착이 본격화되었다.

그런데 이곳 퀘벡은 1629년 영국이 차지했다가 곧 다시 프랑스로 넘어가는 등 여러 차례 영국과 프랑스 간에 쟁탈전이 벌어졌다. 그 사이 프랑스의 북아메리카 식민지인 뉴프랑스의 행정 중심지로 발전했으나, 1763년 파리 조약에 따라 정식으로 영국령이 되었다. 프랑스 지배가 끝난 1763년 퀘벡은 인구 8천 명의 마을로 성장했다. 그리고 고풍스러운 건축물과 성벽과 저택으로 도시풍이 감도는 작은 식민지 도시였지만, 인근 주민들과 잉여 농산물 및 장작 등을 거래하는 등 범위가 점차 커졌다.

이러한 역사적 사실을 감지한 우리는 조심스럽게 173번 국도로 북상하다가 고속도로로 바꿔 타고 퀘벡 시가 보이는 캐나다에서 세 번째로 길다는 세인트로렌스 강에 도착했다. 이 지역의 인디언 알곤킨Algonquin의 말로 '강이 좁아지는 곳'이라는 뜻인 퀘벡이 지명으로 되었다는 얘기처럼 확 좁아지는 느낌이 와 닿았다.

이 강은 오대호 중 제일 동쪽 끝에 있는 온타리오 호에서 대서양과 맞닿는 세인트로렌스 만에 있는 앤티코스티 섬 하구까지 약 1,200km를 흘러내리고 있다. 그러나 오대호를 지나 더 거슬러 올라가 미국 미네소타 주의 발원지로부터 따지면 대략 4,000km나 되는 거대한 북미 수로체계의 하나로 상류와 중류, 하류에 거대한 삼각주를 이루어 농축업의 중심지로도 기능하고 있다. 동시에 온타리오 호에서 콘월 시까지의 세인트로렌스 강 상류는 미국과 캐나다 국경을 이루며 천혜자원을 활용한 관광지로도 각광받고 있다.

캐나다로 들어오니 우선 미국과 다른 점들이 금방 눈에 띄었다. 교통안내판의 거리단위가 마일이 아닌 킬로미터로 표시되어 있고, 속도제한이 80km인 도로를 무심코 미국 자동차 계기판의 80마일로 잘못 알고 달렸다가는 시속 128km로 속도위반에 걸리기 십상이다.

게다가 불어권이어서 모든 것이 프랑스어로만 적혀 있어, 우리는 알파벳을 보고 지명이나 건물명을 대충 눈치로 감을 잡아야 했다. 특히 지명이나 인명 발음이 흉내 내기조차 어려워 길을 묻는 데 애를 먹었다. 이러한 차이는 이국적인 맛을 즐길 수도 있었지만, 당장 불편한 것도 사실이었다.

캐나다는 물론이고 불어권인 퀘벡에 대해 아는 것이 부족하여 인터넷이나 문헌 등을 많이 찾아 보았다. 그러나 캐나다에 대한 연구는 내가 한때 캐나다의 토지제도에 관한 논문을 발표한 한국캐나다학회를 중심으로 이루어지고 있을 뿐 많지 않았다. 다만 숙명여대 출판부에서 펴낸『캐나다의 역사』와 퀘벡학연구회에서 발행한『키워드로 풀어보는 퀘벡 이야기』가 일목요연하게 잘 정리되어 있어 매우 유용한 지식과 도움을 얻었다.

퀘벡 주는 캐나다에서 제일 넓은 154만km²로 캐나다 전체의 15%를 차지하고 있다. 이는 한반도의 7배이며 남한의 15배 되는 크기에 인구는 캐나다 주 중에서 두 번째로 많은 800만 명이나 된다. 동시에 프랑스를 제외한 프랑스어권 국가 및 지역에서 가장 큰 경제규모로 1인당 소득도 4만 달러가 넘는다.

하지만 퀘벡은 캐나다로 불리는 것을 거부하는 곳이기도 하다. 영어와 프랑스어를 공용으로 사용하면서도 같은 언어를 사용하는 프랑스와는 또 다른 모습을 보여 주고 있다. 언젠가 영어권인 앨버타대학에서 단기간 연구생활을 하고 있을 때, 영어 연수를 하러 온 퀘벡 출신 여학생을 만난 일이 있다. 그녀는 열심히 영어 공부를 하고 있었지만, 행동은 퀘벡인의 모습을 분명히 보여 주었다.

이렇듯 퀘벡은 영어권 캐나다와는 다른 역사와 문화 그리고 종교적으로도 가톨릭교회가 우세한 뚜렷한 정체성을 가지고 있다. 서로 다른 두 언어권 주민들은 16세기 프랑스 탐험가 자크 카르티에Jacques Cartier가 지금의 캐나다 지역을 처음 발견한 이후 프랑스인들의 이주가 시작된 이래 지금까지 영국계 거주민들과 긴장과 대립 속에서 지내왔던 것이다. 그들은 오랫동안 영국계로부터 억압을 받아왔다고 생각하고 있다.

1840년 캐나다 주가 생긴 이후로 퀘벡은 킹스턴, 몬트리올, 토론토 및 오타와와 더불어 주도의 역할을 맡았으며, 1867년 오타와가 캐나다 연방 수도가 되었다. 이는 토론토와 몬트리올이 서로 수도를 유치하려는 과정에서 온타리오 주와 퀘벡 주 경계가 서로 맞닿은 중간지점인 오타와로 결정되었다. 이러한 연방제 국가 탄생을 위한 회담이 퀘벡 시에서 열렸던 것이다. 그러나 1867년 캐나다 연방이 출범한 이후 캐나다는 온타리오에 옹호적인 정책을 펴면서, 퀘벡을 뺀 다른 주에서는 프랑스어 교육이 사라지거나 위축되었다.

1900년 초까지는 농업과 목재산업이 중심을 이루었는데 제조업으로 옮겨 가면서 도농 간의 경제적 격차가 심하게 벌어졌다. 이러한 결과로 전통적인 가치관이 단절되는 변화를 겪었다. 한편 누벨프랑스 식민지 초기부터 절대적인 영향력을 행사했던 가톨릭교회는 종교 수호와 프랑스어 및 문화 보전에 힘쓰면서 사회개혁보다는 안정을 선호하는 태도를 취해 왔다.

이러한 보수적인 가톨릭교회의 영향으로 캐나다 연방정부가 1918년에 부여한 여성선거권을 퀘벡 주에서는 1940년에야 부여받았다. 특히 가톨릭교회와 정부 간의 유착이 끝난 1960년대 이후 퀘벡 사회의 전 분야에 걸쳐 조용한 사회개혁이 일어났다. 즉 무상교육 등 사회보장을 강화하는 복지 국가 지향, 가톨릭교회와 시민사회의 분리, 전통적인 퀘벡인의 새로운 정체성 확립 등이었다.

사회개혁과 더불어 경제발전을 발판으로 1967년과 1976년에는 각각 엑스포와 올림픽을 개최하여 성장동력으로 삼았다. 1967년 국빈으로 퀘벡을 방문한 프랑스 드골 대통령이 몬트리올 시청 발코니에서 '자유 퀘벡 만세'를 외쳐, 퀘벡 분리독립에 대한 주민들의 오랜 꿈을 자극했다.

이에 캐나다 연방정부는 영어와 프랑스어를 동등한 공용어로 공표했다. 거기에다 1970년대 퀘벡 독립을 요구하는 급진단체 퀘벡해방전선Front de Liberation de Quebec, FLQ이 테러를 자행하자 캐나다 정부는 전시조치법을 선포하고 무장병력을 보내 수백 명을 체포했다. 동시에 사회민주주의를 표방함과 동시에 민주적 분리주의 정당인 퀘벡당Parti Quebecois의 성장은 상대적으로 영국계와의 거리를 넓혀 가고 있었다.

폭력적인 방식을 사용하던 퀘벡해방전선은 영향력을 점차 상실했으나, 반면에 르네 레베크가 이끄는 퀘벡당은 1976년 연방주의 정당인 전국연합을 물리치고 주정부를 장악하기에 이르렀다. 르네 레베크는 프랑스어 언어법을 제정하여 점차 늘어가는 영어 사용으로 영어를 구사하지 못하는 퀘벡 주민이 퀘벡 내에서 사업상의 불이익을 받지 않도록 프랑스어를 퀘벡의 유일한 공용어로 선포했다.

한편, 1982년에는 캐나다 최초의 헌법이 발효되어 영국 여왕을 상징적인 국가원수로 하는 영연방의 일원으로 남았다. 그러나 영국에 대한 법적 종속관계를 깨끗이 없애고 누가 봐도 명백한 주권국가로서 모습을 갖추었다. 하지만 퀘벡 주는 이 헌법에 동의하지 않은 채 그들의 정체성과 특수성을 요구하고 있다. 문제의 핵심은 다른 주와 차별되는 수준의 자치권을 넘어 분리독립을 요구하는 데 있다.

이에 1980년과 1995년 두 차례에 걸쳐 독립 요구에 대한 주민투표가 실시되었으나 근소한 표차로 부결되었다. 이는 독립에 대한 오랜 숙원에도 불구하고 연방 탈퇴 이후 오는 경제적 불안이 연방에 체류함으로써 얻는 이익보다 적은 것이 이유였다. 그러나 보다 큰 문제는 퀘벡이 분리독립을 하면 이 지역에 거주해 오던 퀘벡 원주민들의 영토 반환 요구와 이들의 퀘벡 주에서의 분리독립 요구도 간과할 수 없는 요인이다.

국민투표 이후 연방정부는 '퀘벡은 연방 체제 안에서 특수사회임을 인정한다'는 캘거리 선언을 1997년에 서명했다. 이 선언은 캐나다를 세운 원주민과 영국 그리고 프랑스 민족 거기에 다른 여러 민족이 함께 이룩한 다민족 사회임을 인정한 것이다. 그럼에도 여전히 분리독립을 반대하는 자유당과 이와 반대 입장인 퀘벡당이 서로 정권을 바꿔 가며 현재에 이르고 있었다. 2014년 선거에서는 자유당이 압승을 거두었지만, 앞으로 퀘벡과 연방정부가 어떤 관계를 가질 것인가가 미래의 퀘벡은 물론 캐나다에 영향을 줄 것으로 생각한다.

이처럼 캐나다가 완전한 주권국가로서 등장한 데는 영국이라는 같은 식민종주국을 두었음에도 미국과는 확실히 다른 면을 보이고 있다. 미국은 아메리카 혁명을 통해 피 흘려 쟁취한 독립이지만, 캐나다는 오랜 세월을 두고 천천히 그것도 아주 조금씩 앞으로 나아가며 크게 피 흘리지 않고 얻은 독립이었다. 영국의 명예혁명에서 보듯 마치 명예독립을 얻은 것처럼 보였다.

불친절한 퀘벡 은행원

우리는 세인트로렌스 강을 건너 퀘벡 중심지로 들어왔다. 유럽을 빼닮은 듯한 도시의 아름다움에 매료되었다. 언덕 위에 세워진 도시는 바로 한 폭의 그림 같았다. 프랑스 파리에서도 느껴보지 못한 자연과 어우러진 우아함이 있었다. 프랑스 파리 몽마르트르 언덕에서 아이들의 초상화를 그려 준 적이 있는데, 이곳 언덕에도 화가들이 진을 치고 있었다. 바로 북미의 파리 몽마르트르였다.

퀘벡은 1608년 프랑스의 탐험가인 사무엘 드 샹플랭Samuel de Champlain 이 이곳에 정착지를 세운 이후 북미에서 가장 오래된 고도古都 중의 하나다. 동시에 퀘벡 구도심을 둘러싸고 있는 성벽은 북미 대륙에서 멕시코의 유카탄 반도 서쪽에 위치한 캄페체와 더불어 도시 속에 남아 있는 두 곳 중의 하나로 1985년 구도심 지역이 유네스코 세계문화유산으로 지정되었다.

특히 강가의 높은 벼랑인 캅 디아망Cap Diamant 위 어퍼 타운에 세워진 갈색 벽과 청동색 지붕의 샤토 프롱트낙 호텔과 은은한 회색 계통의 퀘벡 주의회 건물은 눈길을 끌고도 남을 규모와 장엄한 건축미를 자랑하고 있다. 그리고 빼놓을 수 없는 것은 군사 요새인 퀘벡 시타델이다.

이보다 앞선 1775년 12월 31일, 미국이 영국에 맞서 일으킨 독립혁명 도중 미국 독립군은 당시 영국령이었던 퀘벡을 독립시켜 영국의 힘을 약화시키려 했다. 그리하여 캐나다에 대한 공격작전의 하나로 영국군과 퀘벡에서 전투를 벌였다. 이 전투에서 미 독립군인 리처드 몽고메리 준장은 세인트진 요새와 몬트리올을 점령한 후 퀘벡 시까지 진군하여 베네딕트 아놀드 부대와 합류하여 퀘벡 시를 공격했지만 전투 중에 전사했다. 영국군은 적장인 그의 유해를 찾아 장례식을 치러 주었고 1818년 뉴욕으로 이장해 갔다. 이어 베네딕트 아놀드가 부상을 당하고, 대니얼 모건 등 400명 이상이 퀘벡 전투에서 영국군 포로로 잡히는 등 미 독립군의 작전은 완전한 실패로 끝났다. 이러한 미 독립군의 패배로 퀘벡을 영국으로부터 독립시키려던 미국의 계획은 무위로 끝나고 말았다. 그러나 나중에 포로였던 대니얼 모건은 미 독립군으로 복귀하여 영국군에게 큰 참패를 안겨 주어 미국이 독립하는 데 크게 기여했다.

이후 또다시 벌어진 미국과 캐나다 사이의 1812년 전쟁은 퀘벡에 별다른 영향을 미치지 않았지만, 이후 미국군의 공격을 염려하여 영국군은 시타델을 건설하였다. 미국군은 1812년 이후에는 캐나다를 공격하지 않았지만, 시타델은 1871년까지 영국군 최대의 주둔지로 남아 있었다. 현재도 군사시설로서 전통의 제22연대 주둔지로 이용되고 있다. 동시에 이 연대의 마스코트인 염소와 함께하는 근위병 교대식을 보러 관광객들이 몰려오고 있다. 또한 캐나다 총독의 공식 거소로서 여름에 몇 주간 사용되고 있다. 특히 1943과 1944년 캐나다 총독인 애스론 백작과 맥캔지 수상, 처칠 수상 그리고 미국 루즈벨트 대통령 등이 샤토 프롱트낙 호텔에 머물면서 시타델 요새에서 회동하여 2차 세계대전의 전략을 논의한 역사적 사실이 알려져 있다.

이러한 역사적 현장에서 내려다보이는 세인트로렌스 강변 주위에 펼쳐진 광경은 저절로 탄성이 나올 정도였다. 그리고 딸랑거리며 우리 앞을 오가는 예쁜 마차에 마음이 흔들렸지만 다음 도시에 가서 타기로 하고 눈길을 돌렸다.

구도심을 구경하면서 주한 캐나다 대사관에서 연구비 잔금으로 받은 수표를 현금으로 바꾸기 위해 퀘벡은행을 찾아갔다. 그런데 입구에서부터 문전박대였다. 아마도 후줄근한 여행복 차림의 내 행색을 보고 거지 취급을 하는 것 같앗다. 창구로 가서 수표를 제시했더니, 30대 중반쯤 되어 보이는 여행원은 무슨 이유인지는 몰라도 현금으로 바꾸어 줄 수 없다고 딱 잘라 말하며 아예 상대를 하지 않으려 했다.

분명히 캐나다 외무무에서 발행했다는 사인과 함께 이를 제시하면 현금화할 수 있다고 명시되어 있는데도 막무가내였다. 사용 유효기간이 불과 며칠밖에 남지 않은 상황에서 당황하지 않을 수 없었다. 이 수표 믿고 여기까지 왔는데 안 된다고 하니 화가 치밀어오를 정도였다.

왜 안 되느냐고 계속 이의를 제기했더니, 그때서야 부랴부랴 영어를 할 줄 하는 사람을 불렀다. 은행원 대부분이 영어를 할 줄 몰랐다. 급히 불려온 영어가 가능한 은행원은 내 얘기와 수표에 쓰여 있는 내용을 한참 들여다보더니 될 것 같다면서도 상사와 한참동안 얘기를 나누더니 안 된다는 것이었다.

이는 처음 만난 여행원의 입장을 지켜주기 위한 것으로밖에 보이지 않았다. 그 순간 인종차별을 받았다는 모멸감을 느꼈다. 나를 보는 순간부터 '네가 무슨 정부 수표를?' 하는 듯한 의심의 눈초리를 느꼈기 때문이다. 이에 물러서지 않고 계속 항의를 했더니, 오히려 여행원과 그녀의 상사가 합세하여 안 된다면 안 되는 거지 왜 이리 말이 많느냐는 식으로 알아듣지는 못하는 불어로 거칠게 윽박질렀다.

아무리 해도 바꾸어 줄 것 같지 않아 이 사실을 중앙정부에 전하겠다면서 은행을 나오고 말았다. 이처럼 은행원의 인종차별적인 행동과 합법적인 캐나다 정부 발행 수표를 믿지 못하는 행위는 캐나다 국경에서의 상냥한 직원과 퀘벡 시의 아름다움은 한낱 거짓 포장에 지나지 않는 불쾌한 이미지로 먹칠해 버리고 말았다. 세련된 여행원과 상사의 행위는 지금도 도무지 이해가 되지 않는 일로 남아 있다. 그러면서도 돈을 못 바꾸면 어떻게 하나 하는 고민이 이어졌다.

나는 더 이상 퀘벡 시에 머물고 싶은 생각이 싹 사라졌다. 미련없이 다음 행선지인 몬트리올의 은행으로 가기로 했다. 세인트로렌스 강을 따라 몬트리올로 서진하는데 날이 어두워지기 시작했다. 도로변에 있는 안내판을 따라 들어가보니 호숫가에 널찍하게 자리잡은 캠핑장이 눈에 들어왔다. 간밤에 머문 미국 캠핑촌보다는 다소 비쌌지만, 충분히 쉴 수 있는 공간과 따뜻한 샤워 시설도 있었다. 장작을 갖다가 드럼통 위에 불을 피우고 고기와 소시지 그리고 빵 등을 구워 먹으며 퀘벡에서의 밤을 보냈다.

아침 일찍 일어나 보니 굉장히 큰 캠핑장이었다. 많은 사람들이 떠날 준비를 하고 있었다. 우리도 다음 행선지를 향해 서둘렀다. 세인트로렌스 강 섬 위에 세워진 몬트리올은 '북미의 파리'라고 불릴 정도로 화려하고 세련된 도시라는 선입감이 들었다.

몬트리올의 한국혼

먼저 수표를 바꾸기 위해 눈에 띄는 은행에 들렀다. 퀘벡과는 달리 입구에서부터 친절히 맞아 주었다. 그리고 아무런 이의 없이 금방 현금으로 바꿔 주었다. 마음이 닫힌 퀘벡에 비해 몬트리올의 분위기는 사뭇 달랐다.

아이들이 타보고 싶다는 옛 무개마차에 올랐다. 따가닥따가닥 말발굽 소리를 들으며 느긋한 기분으로 올드 타운을 한 바퀴 돌았다. 이렇게 가족과 함께 황금마차를 타고 시내 명소를 돌아본 것은 영국 중부에 있는 요크 시에 이어 두 번째였다.

몬트리올은 퀘벡 시에서 느낀 것과는 볼륨면에서 압도적으로 큰 차이가 났다. 거기에다 북미 대륙에서 가장 큰 불어권 도시이며 전 세계 주요 불어권 도시 중 한 곳으로 꼽히고 있다. 즉 시 인구의 70%가 프랑스어를 모국어로 사용하고 있고, 15%는 영어를, 나머지는 다른 언어를 쓰는 다양한 문화가 공존하고 있는 곳으로 은행에서의 일을 생각하면 열린 도시라는 이미지가 박혀 버렸다.

시내를 일주하고 나니 멋진 건물들로 둘러싸인 예술광장에서 오페라 공연이 한창이었다. 많은 사람들이 걸음을 멈추고 서서 떠날 줄을 몰랐다. 사실 거리에서 악사들이 연주하는 것은 흔히 보았지만, 시민과 가까이 하는 열린 오페라 공연은 처음 보는 것으로 그들이 전하고 싶은 뜻이 무엇인지 이해할 수 있었다.

어느 도시를 가나 약방의 감초 같은 차이나타운은 이곳에서도 관광명소였다. 그것도 중심가에 자리잡고 있으니 자석에 끌려가듯 발길이 그곳으로 옮겨갔다. 식당가를 기웃거리다가 동양인들이 많이 들락거리는 식당

제4부 대양과 대양 사이의 광활한 캐나다

안으로 들어갔다. 점심시간이어서 손님들로 북적거렸지만 만두와 면류를 주문해 먹었다.

금강산도 식후경이라더니, 먹고 나니 몬트리올의 다른 것이 더 보이기 시작했다. 화려하고 고풍스런 성당은 물론 지하로 이어진 쇼핑가가 하나의 거대한 문화를 형성하고 있었다. 또 하나하나 이름을 열거하기 힘들 정도로 다양한 박물관과 미술관 그리고 세계적으로 유명한 몬트리올 교향악단, 예술문화와 스포츠 등 보고 듣고 느껴야 할 것들이 정말 많았다.

그래도 꼭 들러보고 싶은 곳이 있었다. 지방대학을 다니던 나는 당시 고등학교와 대학 선배인 임무일 씨가 1821년에 설립된 캐나다 제일의 몬트리올 맥길대학으로 유학을 갔다는 얘기를 들었다. 실제로 그분을 만난 적은 없지만, 그가 다닌 대학을 꼭 보고 싶었다. 왜냐하면 이는 나를 포함한 많은 후배들에게 좋은 롤모델이 되어 준 선배 중의 한 분이었기 때문이다. 그는 이곳에서 박사학위를 받은 후 공항면세점 등에서 많이 볼 수 있는 클레어 화장품회사에서 제품을 개발하며 우리에게 힘과 용기를 주었기에 감사하고 싶었다.

두 번째로 1976년에 치러진 제21회 몬트리올올림픽 경기장이다. 우리는 시내 중심가에서 조금 떨어진 올림픽공원으로 향했다. 이 대회에서 대한민국 수립 이후 최초로 레슬링에서 양정모 선수가 금메달을 딴 기억이 너무나 생생해 꼭 가보고 싶은 현장이다. 그리고 유도에서 장은경 선수가 여성으로 첫 은메달을 목에 걸고, 배구에서 여자선수들이 처음으로 동메달을 획득한 쾌거를 다시 떠올리며 그들의 승부 근성을 배우고 싶었다. 그때 나는 군복무 중이었는데 소대원들과 함께 금메달을 따는 순간 만세를 외쳤던 벅찬 환희를 잊을 수 없다. 이때의 기분은 메달을 몇 개 땄느냐는 것보다 하면 된다는 자신감을 우리 모두에게 심어 준 사실이 더 중요했다. 이를 계기로 우리나라는 세계 속의 스포츠 강국으로 발돋움했다.

그러나 몬트리올올림픽이 재정적으로 엄청난 적자를 기록하여 캐나다 국민은 물론 퀘벡 주민들이 그 빚을 수십 년간 갚아야 했다는 이야기는 지금 남의 이야기 같지 않아 내심 걱정이다. 평창동계올림픽을 바로 목전에 둔 우리의 일이라 민감하게 생각하지 않을 수 없다.

우리는 최대 8만 명을 수용할 수 있다는 둥근 메인스타디움 위에 옆으로 쓰러질 듯 삐딱하게 하늘을 향해 솟아오른 몬트리올 타워 바로 옆 바이오돔 인근 주차장에 차를 세웠다. 그리고 타워 정상까지 케이블카를 타고 올라갔다. 강 사이로 발달한 도시의 섬과 뭍을 연결하는 멋진 다리와 잘 정리된 부둣가의 요트와 여객선들이 아름다운 정취를 더해 주었다. 또 지평선 끝까지 바라볼 수 있는 광경은 가슴을 탁 트이게 해 주었다.

이어서 올림픽경기장과 바이오돔을 찾았다. 본래 사이클 경기장이었던 바이오돔은 올림픽이 끝나고 1992년 지구의 다양한 환경을 그대로 재현해 놓은 세계 최초의 에코 시스템을 도입한 박물관이 되었다. 이외에도 올림픽 공간을 문화와 예술 그리고 무역박람회 등이 열리는 종합공간으로 쓰고 있었다. 그래서 그런지 다양한 이벤트를 즐기려는 사람들이 많이 찾고 있는 듯했다.

미국과 캐나다의 1812년 전쟁

좋은 추억을 간직한 채 몬트리올을 떠나 200km 정도 서쪽에 있는 수도 오타와로 향했다. 그곳에는 캐나다 주재 우리 대사관에 부부가 함께 근무하는 친구가 있어 그의 집에서 하룻밤 머물기로 했다. 우리 아이들은 1층에 거실이 두 개인 집은 처음이어서 신기해하면서도 좋아했다. 집에서는 어른들이 거실을 차지하면 아이들은 각자 방으로 쫓겨가야 했기 때문이다.

우리는 주로 일상적인 얘기였지만 시간 가는 줄 모르고 이야기꽃을 피웠다. 그리고 이튿날 아침을 잘 얻어먹고 오타와 구경에 나섰다. 국회의사당과 운하, 문명박물관, 성당 등을 보면서 역시 수도다운 면모에 만족했다.

나는 이미 오타와와 토론토 인근을 두세 번 더 왔었다. 캐나다 외무부 초청으로 서부 대평원의 앨버타대학 농촌경제학과에, 2차 때는 동부 토론토 인근의 겔프대학 농업경제학과를 각각 방문했다. 그리고 2015년 몹시 추운 1월 하순에 베트남 개발협력을 위한 연수 협의차 이 지역을 다녀왔다.

이렇게 동부지역을 둘러보면서 눈에 띈 점은 미국의 침공을 대비한 다양한 군사시설이 여기저기 산재해 있다는 것이다. 퀘벡의 군사요새인 시타델과 오타와의 리도 운하, 나중에 따로 방문한 킹스턴의 헨리 요새가 그것이다. 이외에 같은 목적으로 많은 군사시설이 미국과의 접경지역에 밀집되어 있어 놀라기도 하고 흥미롭기도 했다. 이러한 군사적 방어시설은 예나 지금이나 그들의 심적 방어벽이 되고 있음을 느꼈다. 왜냐하면 당시의 군사적 승리는 오늘날보다도 상대편의 거의 모든 것을 가질 수 있다는 의미를 포함하고 있었기 때문이다.

어떻게 보면 미국과 캐나다는 하나의 공동체처럼 보이기도 하고 완전히 다른 이질적으로 보이기도 한다. 하지만 결론은 두 나라 모두 자유와 평화 그리고 자본주의라는 이념과 가치를 존중하는 주권국가다. 무엇보다도 영어를 공용어로 사용한다는 것이 두 나라를 하나로 보이게 했는지도 모르겠다.

잠시 시간을 1812년으로 돌려 보았다. 당시 국제 정세를 보면 1812년은 공교롭게도 나폴레옹이 65만여 명을 이끌고 러시아 원정을 시작한 해였다. 우리나라는 홍경래가 정조 다음인 순조 11년1811년에 농민 반란군을 이끌고 매관매직 등 부정부패를 일삼던 안동김씨가 좌지우지하는 관군에 대항했다. 그러나 이듬해인 1812년 관군에 의해 진압되었고, 홍경래는 총에 맞아 사망했다.

이렇듯 세계 정세는 서로 다른 모양으로 전개되는 가운데, 미국 토머스 제퍼슨 대통령은 프랑스 나폴레옹으로부터 엄청난 크기의 루이지애나를 사들였다. 이렇게 국토를 확장한 뒤에 바로 대통령이 된 제임스 매디슨은 1812년 6월 윌리엄 헐 장군에게 1만2천 명의 병력을 이끌고 캐나다의 영국군 진지를 공격하도록 했다. 이때 영국군은 인디언 추장인 테쿰세 등의 지원을 받으면서 미군을 격퇴시키는 데 성공했다.

말하자면 이때부터 2년 반 동안 영국과 아일랜드 그리고 북미 영국령 식민지와 원주민 인디언 연합군을 상대로 미국이 벌인 전쟁Anglo-American War of 1812이었다. 그 후 전쟁은 북미 동부지역 전체로 확전되었으며, 우세한 영국 해군함대는 미국의 주요 항구를 봉쇄하는 등 미국을 압박하기 시작했다.

드디어 대대적인 반격에 나선 영국군은 볼티모어에 상륙하자 바로 워싱턴으로 진격하여 이를 점령했다. 이에 미 대통령을 비롯한 의원과 수많은 시민들이 수도를 버리고 메릴랜드 등 인근 지역으로 피난을 가는 대혼란이 일어났다. 이러한 국가적 위기에 직면한 당시 미국은 국회의사당과 대통령관저 등 수많은 공공기관이 불에 타버렸다. 이로 인해 한때 국가권력의 공백기간이 발생하는 등 수난의 역사를 갖게 되었다. 그 후 6개월 뒤에 영국군을 워싱턴 포토맥 강에서 서서히 밀어내긴 했지만 뼈아픈 경험을 했다. 워싱턴으로 돌아온 대통령이 타버린 관저에 흰색을 칠하여 이후 백악관으로 불리기 시작했다는 얘기는 널리 회자되고 있다.

사실 이 전쟁은 유럽 대륙에서 영국이 프랑스의 나폴레옹과 전쟁하는 틈을 이용하여 캐나다를 점령하려는 야욕에서 시작되었다고 역사가들은 평가하고 있다. 그러나 나폴레옹을 물리친 전투 경험이 풍부하고 대병력을 동원한 영국군에게 패배한 전쟁이었다.

어쨌거나 전쟁으로 양국은 엄청난 비용을 지출해야 했고, 이로 인한 국가부채는 커다란 짐이 되었다. 그리고 이보다 더 관심이 가는 사항은 3천여 명의 미국 노예들이 영국 쪽으로 탈출했다는 것이다. 이 노예들은 단순히 전쟁의 혼란을 피하기 위한 것도 있었지만 궁극적으로 자유를 얻기 위한 것이었다.

자유를 찾은 이들은 주로 지금의 대서양주인 노바스코샤와 뉴브런즈윅에 정착했다. 미국은 이는 겐트 조약Treaty of Ghent에 위배되는 일이라며 이들을 돌려줄 것을 요구했지만 거부당하였다. 그러나 나중에 러시아 황제의 중재로 영국은 노예 소유주에게 배상금으로 약 120만 달러를 지불하는 것으로 매듭지었다. 이는 노예 해방을 위한 링컨이 등장하기 50여 년 전의 일이다.

이러한 무의미한 전투를 하면서도 양국은 벨기에 겐트에서 몇 개월간 협상을 벌인 끝에 1814년 12월 24일 겐트 조약을 체결하고 양국의 승인절차를 거쳐 이듬해 2월 전쟁을 완전히 끝냈다. 이 전쟁에서 양국은 조약 체결을 하지 않을 수 없었던 상황이었다. 선제 공격한 미국은 오히려 항상 열세였으며, 영국은 나폴레옹과의 전쟁으로 군사적·경제적으로 피폐한 상황이어서 새로운 국제질서를 확립하고 싶은 생각으로 종전을 원하고 있었다.

조약 내용은 양국의 모든 것을 전쟁 이전의 상태로 되돌리는 것으로 양측의 영토 손실이 없도록 했다. 그러나 이 조약으로 미국과 영국 간의 북동부 국경이 확정되었고, 미국의 캐나다에 대한 야심은 좌절되었다. 영국 또한 얻은 것은 없었으며, 상호 피해만 남긴 전쟁이 되고 말았다. 이러함에도 미국은 경제적으로 영국에 대한 의존도를 벗어나 대국의식이 싹트는 등 이후 대외 팽창정책에 탄력이 붙기 시작했다.

　이러한 미국과 캐나다의 역사를 생각하면서 해발고도가 낮은 오타와 강에서 리도 운하로 올리는 8개의 갑문을 통과하는 모습을 보기 위해 많은 사람들 틈에 끼어 있었다. 갑문을 여닫는 기계를 조작하는 여성 직원이 온 힘을 다해 핸들을 돌리는 모습과 서서히 갑문을 타고 올라오는 수십 척의 요트를 보았다.

　이렇게 올라온 배들이 202km의 리도 운하를 따라 아름다운 호수와 강을 가로지르면서 리도 강과 캐타라퀴 강 같은 큰 강의 일부와 몇몇 호수를 만나면서 대호수인 온타리오 호의 킹스턴으로 연결된 것으로 당시 미국의 공격을 염두에 둔 국가적인 대공사였다.

　시내 한복판을 통과하는 이 운하를 따라 많은 시민들이 보트 유람이나 조깅, 자전거, 산보 등을 즐기고 있다. 특히 겨울에는 오타와 중심가를 지나는 부분을 포함해 7.8km가 세계 최대 스케이트장으로 바뀌어 기네스북에 올라 있다. 운하 완공 175주년이 되는 2007년에는 북미에서 가장 오래된 리도 운하가 유네스코 세계문화유산으로 지정되었다. 이처럼 운하를 중심으로 펼쳐지는 문화생활을 보면서 상념에 빠지지 않는 이가 있을까.

　이 운하는 1812년 전쟁 당시에 몬트리올과 킹스턴 사이의 통신과 교류를 방해할 목적으로 미국이 세인트로렌스 강을 따라 영국령 어퍼 캐나다 Upper Canada 식민지의 침공을 막기 위해 만든 군사적 조치였다. 그리고 전쟁이 끝났으면서도 미국과의 전쟁 대비책의 하나로 1832년에 오픈되었다. 리도 운하의 시설은 대부분 그대로 보존되어 있고, 선박 운항은 갑문이 개방되는 5월 중순에서 10월 중순까지다.

오타와에서 캐나다 데이를 만나다

2000년 6월 하순, 캐나다 외무부 초청으로 겔프대학에 머무르고 있을 때였다. 캐나다 농무부 농업연구소에 객원교수로 와 있던 강원대 김남수 교수와 연락이 닿아 대학을 찾았었다. 그때 마침 캐나다 건국을 기념하는 캐나다 데이Canada Day, Fete du Canada가 끼어 있었다. 이날은 캐나다 최초의 헌법인 1867년에 제정된 영국령 북아메리카법British North America Acts이 캐나다가 하나의 연방으로 자치를 시작한 1867년 7월 1일을 기념하여 공휴일로 지정한 날로, 오타와 시는 물론 캐나다 전체가 축제를 벌인다.

하루 종일 퍼레이드와 카니발 그리고 불꽃놀이 등이 국회의사당 주변을 중심으로 벌어지고 있었다. 김 교수와 함께 아침 일찍 캐나다 데이 이벤트를 구경하려고 국회의사당 광장으로 갔다. 처음 국회의사당을 보는 순간 민주주의의 본산인 영국 웨스터민스터 궁이 떠올랐다. 특히 시계탑은 웨스트민스터 궁의 빅 벤Big Ben을 옮겨다 놓은 것처럼 보였다. 의회제도 역시 그랬다. 즉 영국 왕을 중심으로 상하원 제도를 채택하는 등 닮은 점이 많았다.

의사당 광장은 이미 캐나다 국기 속의 단풍잎을 모자와 얼굴에도 그리고 티셔츠 등에 단 사람들로 꽉 차 있었다. 이것은 다름 아닌 그들의 애국심의 표시였다. 우리는 사람들 사이를 비집고 다니며 들떠 있었다.

캐나다 데이가 시작된 1867년 당시에는 동부의 노바스코샤, 뉴브런즈윅, 퀘벡, 온타리오 주 등 4개주 만이 조약에 참여했었다. 1871년에는 브리티시컬럼비아 주가 철도 건설을 한다는 것에 힘입어 연방에 참여하면서 서부와 북부 6개 주가 차례로 참여하여 오늘날의 캐나다연방을 형성했다. 사실 1860년대 영국 식민지였던 캐나다는 대륙 횡단 철도 건설로 대서양과 태평양의 긴 거리와 다양한 기후에서 오는 동서 간의 소통을 이룰 수 있다는 것을 보여 주었다. 그러나 독립적인 각 주의 힘으로는 실질적인 힘을 발휘할 수 없었기에 연합체의 필요성을 느끼고 있었다. 특히 철도 건설은 이 지역으로 많은 투자가들을 유인하여 모두의 이익을 추구할 수 있다는 가능성을 보여 주었다.

이러한 가운데 캐나다인들은 미국의 위협을 느끼기 시작했다. 미국은 1845년과 1848년에 각각 텍사스와 캘리포니아를 병합해 버렸기 때문이다. 특히 이때 태평양안 밴쿠버 내륙의 프레이저 강 상류에서 금광이 발견되어 다음 병합 차례는 브리티시컬럼비아가 아닌가 하는 의구심이 생겼다. 왜냐하면 중부 레드 강의 작은 식민지였던 미네소타가 미국의 당당한 주로 승격되면서, 이곳 지도자들이 브리티시컬럼비아 주를 미국에 병합하자는 말을 공공연하게 떠들고 있었기 때문이다. 사실 이 무렵인 1816년 미국은 남북전쟁을 치르고 있었지만 오히려 더 강력해진 것처럼 보였다. 만일 미국이 욕심을 가지고 군대를 북으로 돌릴 명분만 찾는다면, 이는 그렇게 어려운 일이 아니었을지도 모른다.

미국에 대해 감상적이고 낭만적인 감상에 젖은 많은 캐나다인들에게 미국의 공격 위협은 오히려 캐나다가 연방제로 나가야 하는 이유를 설득하는 좋은 계기가 되었다. 또한 미국은 국경선을 봉쇄하여 여권을 사용할 것을 강요했으며, 호혜조약은 1866년에 종료될 것임을 선언했다. 이는 경제적 봉쇄를 의미하는 것이었다.

캐나다의 저명한 역사학자 데스몬드 머튼은『캐나다의 역사A short history of Canada』에서 미국의 군사적·경제적 위협이 오히려 영국령 북미 식민지들이 더 밀착된 연합체를 만든 가장 강력한 자극제라고 했다. 동시에 미국식 연방제의 붕괴 또한 가장 실제적인 경고라고도 했다. 이는 미국 남북전쟁의 실질적인 이유는 노예 문제가 아니라 각 주들의 권리다툼에 있다고 보았기 때문이다.

이러한 연방제 도입에 따른 필요성과 리스크가 있었지만 캐나다는 연방제 도입을 적극적으로 고려하지 않을 수 없었고, 결국 처음 구상보다 훨씬 어려운 과정을 거쳐 연방제가 통과되었다. 이렇게 연방제가 시작된 1867년 7월 1일 자정, 대서양안 노바스코샤 남쪽의 루넨버그에서 온타리오 주 국경도시 사르니아에 이르는 교회의 모든 종이 일제히 울리면서 수백 발의 축포 소리와 함께 환호성 소리가 진동하였다.

연방제가 시작되면서 새롭게 기사 작위를 받은 자치령의 첫 번째 수상이 된 존 맥도널드 경은 자신이 할 일이 무엇인지 잊지 않고 있었다. 서부에는 초대 수상이 신경을 써야 할 문제들이 기다리고 있었다. 드디어 캐나다가 우려했던 미국인들이 몰려오기 시작했던 것이다. 1867년 미국은 러시아로부터 캐나다와 접한 알래스카를 720만 달러에 사들였고, 레드 강 지역에 행정관을 파견했다.

이러한 상황에서 캐나다는 영국과의 관계를 중요시할 수밖에 없었다. 이는 1891년 맥도널드가 "대영제국의 신민臣民으로 태어나 대영제국의 신민으로 죽을 것이다"라고 말했을 정도였다. 그러나 지정학적 위치로 보아 캐나다인은 진정한 영국 본토인이 될 수도 없고 미국인이 될 수도 없는 노릇이었다. 이처럼 캐나다인들은 영국과의 유대가 점점 중요해지고 있었는데, 이는 캐나다인이 미국인이 되기를 거부하는 하나의 표시이기도 했다.

그러면서도 1890년대 후반의 경제적 호황은 캐나다인으로서의 자긍심을 높여 나가는 계기가 되었다. 그러다가 1931년 웨스트민스터법이 통과되어 세계 무대에서 독자적인 목소리를 낼 수 있었다. 이미 1917년에 시도된 대영제국 공동 외교정책은 의미없는 것이었다. 다만, 이 정책의 주요 업적은 미국을 달래기 위하여 캐나다가 요구한 영일동맹의 파기였다.

그러나 영국은 중요한 외교정책 결정을 영연방 내 다른 국가와 공유할

의사가 없었고, 영연방 국가들도 영국의 부담을 나누어 지고 싶지 않았다. 1926년 당시 외무장관 밸포어 경이 주창한 동일한 군주를 가진 정서적·전통적 의미의 영연방British Commonwealth of Nations 제안이 유일하게 제국의 명맥을 잇고 있었다. 3세기에 걸친 식민통치는 원한을 남기지 않은 채 종식되었다.

1차 세계대전 이후 캐나다는 미국과 마찬가지로 유럽의 정치적 분쟁이나 외교문제에 휘말리지 않고 대서양 건너 멀리 떨어져 있다는 사실에 만족하고 있었다. 심지어 영국에 강한 충성심을 가진 캐나다인도 그러했다. 그러다가 1933년 루즈벨트 대통령의 캐나다에 대한 선린우호정책으로 양국은 긴밀한 관계가 되었다. 1930년대 말 북극기지에서 발진한 소련의 장거리 폭격기가 미국을 공격할 수 있다는 것이 현실화되었기 때문이다. 이에 미국의 안보체제는 방어태세를 갖추지 못한 캐나다를 생각하지 않을 수 없었다. 이로부터 캐나다는 미국과 상호 협조하는 관계로 들어섰다.

2차 세계대전이 일어나자 캐나다와 미국은 경제통합에 합의했다. 동시에 캐나다군은 노르망디에 상륙하는 등 적극적으로 연합군의 일원으로 참전했다. 그 후 독일과 이탈리아, 일본의 항복으로 많은 이익을 보았지만, 큰 대가도 치러야 했다. 4만3천여 명이 전사한 것 외에도 정부 부채가 크게 늘어났던 것이다. 그러나 세계대전에 참전함으로써 캐나다의 위상이 높아졌으며 세계에서도 살기 좋은 나라로 인정받게 되었다.

그리고 6·25전쟁에도 16개국 중 미국과 영국에 이어 세 번째로 많은 25,687명이 참전하여 전사 312명, 부상 1,212명, 실종 1명, 포로 32명 등 모두 1,557명의 인명 피해를 보았다. 이렇듯 캐나다는 개화 초기부터 근대화에 이르는 동안 음양으로 우리에게 큰 도움을 준 나라다. 이는 캐나다의 아름다운 자연경관이나 기후 등의 영향이 아니라, 캐나다인 스스로 국제적으로 어떤 기여를 해 왔는가에 따른 평가라고 생각한다.

캐나다인의 스스로에 대한 만족감은 어떤 언어를 구사하든, 또는 언제 어디서 이민을 왔든지 간에 매우 높다는 것을 느낄 수 있었다. 심지어 퀘벡 독립분리주의자조차도 대부분 캐나다 여권과 화폐를 사용하는 캐나다인이라고 인식하고 있다는 사실이다.

그런데 또 하나 흥미로운 것은 캐나다 국기가 1965년에야 제정되었다는 것이다. 다소 의아스러웠지만 캐나다가 처했던 역사를 생각하면 이해가 되었다. 즉 1867년 연방제로 출범하면서 새로운 국기 제정이 필요했던 것이다. 이전에는 붉은색 바탕에 유니언 잭과 문장으로 표시된 해군기였다. 1, 2차 세계대전 때도 이 국기를 가지고 참전했었다. 그러다가 1962년 선거철이 되어 비로소 새로운 국기 제정에 관한 논의가 시작되었고, 1964년 자유당 출신 피어슨 수상은 선거공약대로 국기 제정을 추진했다. 당시 퀘벡에서는 캐나다로부터 분리독립을 원하는 '조용한 혁명Quiet Revolution'이 진행되고 있어 피어슨은 새로운 국기 제정이 캐나다의 단결을 촉구하는 계기가 되길 바라고, 흰 바탕에 단풍잎이 세 개 가운데 있고 '대서양에서 태평양까지'을 상징하는 파란색 줄이 세로로 그어져 있는 디자인을 선보였다.

그러자 이것은 프랑스계 캐나다인들을 위한 것이라면서 영국계 캐나다인들이 극렬히 반대했다. 한편 프랑스인들도 국기 속에 영국을 의미하는 어떤 상징도 들어가는 것을 바라지 않았다. 이에 절충안으로 새롭게 제정된 국기를 사용하되, 기존의 국기는 특정일에만 사용하도록 하는 안을 제시했다. 즉 국기가 두 개인 셈이었으나, 이 역시 반대에 부딪쳤다. 마침내 1964년 12월 논쟁을 끝내고 국기 도안을 최종 결정하는 위원회에서 투표를 진행한 결과 메이플 리프Maple Leaf라는 새로운 국기를 갖게 되었다.

그런데 최근 국기를 둘러싸고 같은 영연방국가인 뉴질랜드가 유니언 잭 문양이 들어간 현행 국기가 식민시대를 상기시킨다는 등의 의견을 제기하여, 국기 교체 여부를 묻는 국민투표를 준비 중이라는 얘기가 나왔다. 선거

결과가 기대되긴 하나, 여전히 보수적인 사람들이 많아 보인다.

이렇게 일 년 전의 일을 회상하면서 잰걸음으로 오타와를 구경하고 해가 뉘엇뉘엿 넘어갈 무렵 이곳을 떠나 토론토로 향했다. 그날도 야간 주행에 나선 우리는 토론토가 얼마 남지 않았다는 교통표지판을 보면서 길가 모텔로 들어섰다.

겔프의 후배 부인이 보고 싶었던 고층건물

우리는 다시 새벽부터 움직이기 시작했다. 8월 29일 수요일이었다. 그런데 나는 이상하리만치 8월 29일을 내 생일날처럼 기억하며 지내고 있다. 일본에 강제 합병된 국치의 날, 어쩌면 해방된 8·15보다도 더 가슴속에 새겨두고 싶은 8·29다.

농업경제사 중에서도 근대농업사를 공부하고 있기 때문이기도 하지만, 이날을 시작으로 나라를 잃고 해외를 방황하던 선조들의 마음을 헤아려보며 조용히 지내곤 했다. 특히 해외에 나갔다가 귀국할 때는 나에게 귀국할 나라가 있구나 하는 생각을 하면서 한시라도 빨리 집에 가고 싶었다. 이날은 운전을 하면서 아이들에게 국치일의 의미를 전해 주었다.

토론토를 눈앞에 두고 지난해 2개월 정도 머물렀던 겔프 시 교통표지판을 보는 순간 갑자기 가보고 싶은 생각이 들었다. 아이들에게 물어보지도 않고 겔프대학을 향해 토론토 외곽을 지나쳐 달렸다. 잠시 후 대학본부 잔디밭에 앉아 이곳에서 연구하던 때를 떠올리다가, 문득 당시 이 대학에서 박사과정을 밟고 있던 후배 심윤섭 박사를 만나보고 싶었다. 계획에 없었지만 우리는 번개 만남을 통해 그간의 정담을 나누었다. 그런데 그때 얼마나 공부를 열심히 하고 있었는지, 그의 부인의 말이 인구 10만 명도 안 되는 작은 겔프 시에서 지척에 있는 토론토를 2년이 넘도록 한 번도 못 나가 봤다면서 도시의 고층건물이 보고 싶다고 했다. 공부에 대한 집념이 참으로 대단하여 놀라지 않을 수 없었다.

토론토는 150여 년 전에 설계된 캐나다 최대 도시의 면모를 유감없이 보여 주었다. 먼저 온타리오 호수를 보고 싶은 마음에 1976년에 완공되었다는 토론토 CN타워Canadian National 또는 Communication Networks에 올랐다. 안테나 첨탑 끝까지는 553m이고, 최상층은 148층으로 446.5m의 높이였다. 북쪽을 보면 지평선이, 남쪽을 내려다보면 수평선을 동시에 볼 수 있는 곳은 아마도 이곳뿐이 아닐까 하는 생각이 들었다. 호수에는 수많은 요트들이 떠다니고, 내려다보기만 해도 현기증이 느껴지는 투명유리 밑으로는 개미만한 자동차들이 오가고 있었다. 그러나 이를 배경으로 사진을 찍으려고 저마다 투명유리 위에 몸을 눕히곤 했다. 나도 따라서 해 보니 마치 몸이 허공에 둥둥 떠다니는 구름이 된 느낌이었다.

공중에서 도시를 감상하고 나서 왕립 온타리오박물관을 찾았다. 그런데 이 지역에 대한 유물보다는 아프리카와 아시아 그리고 유럽의 고대부터 현대에 이르는 미술과 유물 등을 전시해 놓은 자연사박물관이었다. 이어서 중국인 거리와 한국 사람이 많이 산다는 곳에도 가보고, 토론토대학 쇼핑센터에 들러 대학 이름이 쓰여진 티셔츠를 하나씩 사서 입었다.

이렇게 직접 자동차를 몰고 다니니 여러 모로 시간이 절약되었지만, 시간을 정지시킬 수는 없는 노릇이었다. 오늘도 어느덧 날은 저물고 있었다. 우리는 토론토에서 140km 정도 떨어진 나이아가라 폭포로 향했다.

잘 정비된 도로를 달려 나이아가라 시에 도착했다. 길 양쪽에 늘어선 모텔과 호텔, 캠핑장 중 어느 곳을 들어가야 할지 망설이다가, 주차장에 차가 별로 없는 모텔 문을 노크했다. 그리고 방에 들어서자마자 얼마나 곯아떨어졌는지, 아침에 일어나 보니 주차장에 빈틈이 없었다.

나이아가라 폭포는 오대호의 하나인 이리 호에서 온타리오 호수로 떨어지는 미국 뉴욕 주와 캐나다 온타리오 주 사이의 국경에 걸쳐 있는 3개의 폭포를 말한다. 이 중 말굽 폭포Horseshoe Falls는 거의 캐나다 쪽에 자리잡고 있고, 미국 폭포American Falls와 브라이들 베일 폭포Bridal Veil Falls는 완전히 미국에 속해 있다. 셋 중에서 가장 큰 말굽 폭포는 폭이 약 790m, 미국 폭포는 320m, 브라이들 베일 폭포는 이 두 곳에서 떨어져 있는 작은 폭포다. 워낙 물살이 세어 매년 침식현상으로 뒤로 30cm씩 물러난다는데, 계산해 보면 12,000년 전에는 지금보다 12km 앞쪽에 있었던 것이다.

심 박사가 헤어지면서 나이아가라 폭포를 보거든 "나이야! 가라, 나이야! 가라" 하고 외쳐 보라고 했다. 한 번 외칠 때마다 5년씩 나이가 뒤로 물러나 젊어진다면서, 나이 많은 한 노인이 '나이야! 가라' 하고 여러 번 외쳤더니 그만 어린아이가 되었다는 농담을 들려주었다.

폭포는 참으로 아름답다는 표현보다는 정말 장관이구나 하는 표현이 더 적절할 것 같았다. 우리는 물이 바로 떨어지는 절벽 앞에 서서 물방울을 맞으며 한참 쳐다보았다. 나중에는 내가 물이 되어 떨어지는 듯한 착각이 들 정도였다. 공중으로 피어오르는 물방울과 태양빛이 빚어 낸 무지개다리를 따라 건너고 싶은 환상에 빠지기도 했다.

100년 전에 나이아가라를 찾은 조선인

사실 더 놀랍고 감탄스러웠던 것은 100년 전에 이곳을 구경하고 후세에 길이 남을 기행문을 남긴 우리 선조들의 이야기다. 우리가 나이아가라 폭포를 구경할 때는 옛 선조들이 이곳을 방문했었다는 사실을 몰랐지만, 이 글을 쓰는 동안 100년 전의 여행답사기를 발견하고 깜짝 놀랐다.

프랑스 루이 14세의 명령을 받고 300년도 훨씬 전인 1670년대 북미 대륙을 탐사하던 프랑스 신부 루이 헤네핀이 이곳을 방문한 최초의 유럽인이라는 사실보다는, 우리나라 사람이 1세기 전에 이곳에 왔다가 글을 남겼다는 사실은 정말 반갑고도 반가운 일이었다. 지금도 만만치 않은 여정을 당시에 해냈다는 이야기는 그만큼 우리에게 절박한 무엇이 있었음을 암시하고 있었다.

1902년 영국 빅토리아 여왕이 서거하자 고종황제는 새로 즉위하는 에드워드 7세의 대관식에 대한제국 경축사절단을 파견했다. 이때 의양군義陽君 이재각을 단장으로 정3품 통정대부 이종응, 예식원 번역과장 고희경, 참리관 김조현 그리고 외교고문에 인천 주재 영국 부영사 고프H. Goffe, 葛福 등 5명이 4월 7일 인천항을 떠났다. 이들은 나가사키와 고베를 거쳐 요코하마에 이른 뒤, 5월 3일 요코하마를 출항하여 5월 14일 밴쿠버 빅토리아 항에 도착했다. 그리고 바로 조지아 해협을 건너 밴쿠버 항에 도착한 다음날 대륙을 횡단하는 캐나다 태평양 철도를 이용하여 로키 산맥과 대초원을 넘고 건넜다. 오대호의 하나인 슈피리어 호수를 끼고 돌아 토론토에 도착한 것은 5월 20일이었다.

그리고 다음 날 피곤함도 잊은 채 나이아가라 폭포에 도착해 하루를 묵었으며, 5월 22일 의관을 잘 갖춰 입고 마차를 타고 나이아가라 폭포 구경에 나섰다. 벌써 이때 나이아가라 폭포는 세계의 명승지가 되어 구경하기 편하게 여러 시설물이 설치되어 있었다.

당시 50세였던 이종응은 나이아가라를 본 느낌과 서울을 출발한 4월 6일부터 인천으로 귀국한 8월 20일까지 4개월 15일간의 수륙 3만 리를 순한문으로 기록한 『서사록西槎錄』이란 진귀한 기행보고서를 귀국 후 고종황제에게 공식 제출했다. 여기서 서사록이란 '서쪽으로 배를 타고 갔다 온 기록'이라는 뜻이다. 그런데 그들은 서쪽으로 떠났던 것이 아니라 동쪽으로 떠났다가 서쪽에서 돌아왔다. 사가들은 사절단의 주요 목적이 영국 국왕 대관식에 참석하는 것이었고, 영국에서 체류한 기록이 가장 길었기에 서사록이란 이름은 틀리지 않는다고 해석했다. 그리고 그는 후손들이 읽기 쉽게 이 기록을 요약하여 한글 기사체로 풀어 쓴 『서유견문록西遊見聞錄』을 남겼다. 이 견문록은 이보다 7년 전인 1895년 유길준이 서구를 여행하고 돌아와 남긴 『서유견문西遊見聞』과 1896년 러시아 니콜라이 2세 대관식에 참석한 민영환의 『해천추범海天秋帆』과 비교해도 확연히 다른 특징을 지니고 있음을 알 수 있다.

『해천추범』을 보면, 민영환과 수행원 윤치호, 김득련, 김도일, 손희영 그리고 주 조선 러시아공사관 서기관인 스테인Stein, 師德仁 등으로 이루어진 러시아 사절단은 러시아 황제 니콜라이 2세의 대관식에 참석하기 위해 인천 제물포항을 떠났다. 이어 캐나다 밴쿠버에 내린 이들은 열차로 캐나다 대초원을 넘어 토론토를 거쳐 몬트리올에 도착한 후, 뉴욕으로 가서 거기서 다시 배로 대서양을 건너 영국, 아일랜드, 네덜란드, 독일, 폴란드를 거쳐 러시아에 입국했다. 그들은 바로 모스크바에서 열린 대관식에 참석한 뒤 상트페테르부르크까지 가서 외교활동을 전개하는 등 바쁜 일정을 보냈다. 그 후 시베리아를 횡단하여 연해주 블라디보스토크 등에서 현지 동포의 문제점을 파악하기도 했다. 이러한 활동을 마치고 다시 블라디보스토크를 출항하여 원산 앞바다를 지나 부산을 거쳐 인천으로 귀국할 때까지의 기록을 남겼다. 『해천추범』은 '넓은 세상을 향해 나아가다'라는 의미로 조선의 정치적 격변기와 근대적 문화 수용의 충격을 맛본 조선의 지식인이 바라본 세계의 모습을 보여 주고 있다.

그런데 민영환뿐만 아니라 김득련은 『환구일기環璆日記』와 『부아기정

赴俄記程』을 남겼다. 그리고 윤치호도 1883년부터 1943년까지 자신이 겪은 일본 유학 시절, 개화파들을 둘러싼 이야기, 미국 유학 이야기, 식민지시대 하의 여러 상황을 포함하여 한문 혹은 영문으로 쓴『윤치호 일기尹致昊日記, Yunchiho's Dairy』를 남겼다. 그 일기 속에 당시 러시아 황제 대관식에 다녀온 이야기 등이 담겨 있다. 이 일기는 그의 모교인 미국 에모리대학 도서관에 보관되어 있다.

한편, 유길준의 기록은 기행문이라기보다는 서구 각국의 정치, 경제, 법률, 교육, 문화 등 각 분야를 견학한 후에 우리의 근대화를 어떻게 추진할 것인가에 대한 구체적인 내용과 방법론을 서술한 보고서 성격을 띠고 있다. 이에 비해 이종응의 기록은 서구 문물을 익혀 나라를 중흥시키고자 하는 자신의 감정과 느낌을 담은 오늘날의 수필집과도 같은 사람 냄새가 짙게 깔려 있다.

서사록에 감명받은 나는 좀 더 자세한 내용을 알고 싶어, 이를 처음 소개한『신동아』1982년 1월호와 엘리자베스 2세 영국 여왕과 부군 필립 공이 1999년 4월 19일부터 22일까지 우리나라를 공식방문했을 때 이를 재조명하는 차원에서『주간조선』에 연재된 서사록에 관한 글을 찾아보았다. 읽으면 읽을수록 당시 서구문물에 대해 솔직하게 경이로움을 표현하고, 이들과 우리와의 엄청난 격차를 줄여 나가고 싶어하는 갈망과 열정이 곳곳에 배어 있음을 느꼈다.

당시 즉위식에 경축사절단을 보낸 국가는 모두 56개국으로 아시아에서는 한국과 청나라 그리고 일본뿐이었다. 이와 같은 경축사절단 파견은 앞에서 언급한 1893년의 시카고만국박람회와 1896년 러시아 니콜라이 2세 대관식에 민영환을 보낸 일과 1900년의 파리만국박람회 등과 함께 고종황제의 일제 외압에 대항해 나라의 자주성을 대외적으로 알림과 동시에 외세를 통해 일제를 견제하려는 노력의 하나였다.

고종황제는 여기에 머무르지 않고 1907년 네덜란드 헤이그에서 44개국이 참가한 만국평화회의에 밀사를 파견하여 을사늑약과 일제 침략의 부당성을 호소하여 한국의 국권 회복을 이루고자 최후의 노력을 했다. 그러나 뜻을 이루지 못하고 일본에 의해 강제 퇴위당한 수모를 우리는 잊지 않고 있다. 이때 사절단이 갔던 경로를 보면 부럽기도 하고 감탄스러울 정도로 흥미진진하다. 그들은 토론토에서 나이아가라를 보고 난 뒤 퀘벡에서 배를 타고 대서양을 건너 아일랜드를 거쳐 영국 리버풀에 도착했다. 이어 영국 왕을 알현하고 런던을 출발하여 도버 해협을 건너 기차를 타고 칼레 항을 거쳐 파리와 이탈리아 제노바에 갔다. 거기서 배로 나폴리, 이집트의 수에즈 운하, 홍해, 콜롬보, 싱가포르, 홍콩, 상하이, 나가사키, 대마도, 부산과 목포를 거쳐 인천항에 도착하는 그야말로 세계일주였다. 그리고 미국을 횡단한 사람은 이미 여럿 있었지만, 캐나다 대륙 횡단은 한국인 가운데 어쩌면 이들이 최초라고 기억해도 좋을 듯싶다.

서사록을 쓴 이종응이 여행 도중 만난 새로운 사람과 문물을 보고 경이로움을 나타낸 말들을 보면 웃음이 나기도 하고 재치가 넘친다. 서구 과학기술의 상징인 기계가 쉬지 않고 계속 반복하여 움직이는 것을 보며, 하늘이 하는 일天工을 사람이 대신 한다며 감탄하는 장면이라든가, 근대 산업혁명의 상징인 런던의 인파와 번화한 거리 그리고 층루고각이 하늘 높이 솟아 있는 모습 등에 경탄하는 모습 등을 그려냈다. 그리고 버킹엄 궁전에서 국서제정식國書提呈式이 거행되었을 때 궁전의 장엄한 규모와 절도 있는 궁중병들의 모습에 놀라고, 국회의사당의 토론문화와 중앙은행의 신용제도, 조폐공사의 화폐 발행, 교도소에서 인간 존중의 교도행정제도 등이 시행되는 것을 목격하기도 했다. 또 네거리의 수많은 마차들이 서로 얽히지 않게 교통정리하는 모습과 서커스도 보고 진기한 동식물 등을 가두어 놓은 동물원을 보았던 일 등은 우리가 근대화를 위해 무슨 일을 해야 할지 등을 보고 느꼈던 것이다.

특히 기록을 읽다 보니 명쾌하게 눈에 띄는 것이 있었다. '순풍에 높이 팔괘국기를 달았구나' 하면서 뱃머리에 태극기를 높이 게양하고 영국 외교관으로 하여금 수행하게 하면서 떠난 패기 넘치는 장면들이었다. 거기에 영국 왕에게 국서를 올리면서 나눈 대화는 동서양을 잇는 다리와 같은 정겨움이 있었다. 영국 왕이 먼저 악수를 건네며 "몇만 리 바닷길을 편하게 오셨는지요?"라고 묻자, "네, 황제의 신령스러움에 힘입어 우리 일행은 편하게 왔습니다"라고 대답했다. 또 "귀국의 대황제께서는 옥체가 편안하신지요?"라고 묻자, "편안하십니다"라고 대답했다. 그리고 또 영국 왕은 대황제께서 특별히 대사를 파견하시어 감복스럽다면서 양국의 우의가 더욱 돈독해지길 바란다는 대화 속에는 진정성이 담겨 있었다. 비록 영국 왕의 병환으로 연기되는 바람에 대관식에는 참석하지 못했지만, 충분히 사절단의 역할을 다하고 돌아왔다.

나이아가라에서 남긴 그들의 행적이 궁금했다. 그들이 토론토에서 이 폭포로 와서 남긴 시는 폭포의 전경이 그려질 정도로 구구절절하다. 글을 쓰기 위해 벼루에 먹을 갈면서 차분히 시상詩想을 떠올렸을 그들을 생각하면 여유로운 풍류의 멋에 기가 눌린다. 그들의 나이아가라 방문기를 옮겨 본다.

물길의 원천지는 천여 리이고 수세가 호대浩大하다. 이곳에 이르면 물길은 좁고 양쪽 언덕의 석벽은 넓이가 수십 칸에 이른다. 지형의 생김새가 말발굽 모양 같다 하여 폭포 이름을 마제馬蹄 폭포라 일컫고 있다.

석벽이 홀연히 깎아지른 가파른 절벽이 백여 장丈 서 있었으니, 물길이 절벽에 걸린 듯이 물이 거꾸러 쏟아져 옴이 산이 무너지고 땅이 갈라지듯 하고 물의 기세가 서로 격돌하여 혹은 푸르고 혹은 붉은 수백 개의 무지개가 걸린 듯하구나. 폭포 아래 수면 위로는 흰 눈 같은 물보라가 공중에 가득하니, 참으로 천하에 장관이로구나.

강가에는 4~5개 철교가 걸려 있어 흡사 무지개가 물을 마시는 듯하구나. 길 양쪽 언덕의 철로를 따라 전차가 왕래하고 있네. 어떤 사람은 크고 작은 윤선을 타고 강을 오르내리고 강 양쪽 도로에는 마차행렬이 줄을 잇고 하루 유람객 수가 수천 명에 달하고 있다.
강남 쪽 언덕에는 교각과 수십 층의 루가 있어, 일행은 루에 올라가 난간에 의지하고 내려다보니 바람이 눈에 가득 차서 만리타향까지 와서 여행하는 고통을 잊게 했다.

지하 38m 밑으로 승강기를 타고 내려가 세 개의 구멍을 통해 물이 떨어지는 것을 구경했다. 누각의 주인이 우의 네 벌을 가져와 그가 시키는 대로 입고 그를 따라 강 언덕에 이르니 한 칸 철옥鐵獄이 있었다. 주인이 그 속으로 들어가길 청하여 들어갔더니, 철옥은 갑자기 땅속으로 수십 장 내려가서 멈춘 후에, 주인이 문밖으로 먼저 나가 우리를 불러내기에 어두운 동굴 속에서 빛이 들어오는 곳을 향해 나갔더니, 갑자기 머리 위에서 수만 개의 천둥소리와 굉음이 들리고 물보라가 얼굴을 어지럽게 하여 사람의 눈과 귀를 놀라게 하였다. 우리 일행은 눈을 똑바로 뜨고 보니 폭포수 석벽 아래에 서 있는 것이 아닌가. 겁이 나 오랫동안 머물 수가 없었다.

바로 발길을 뒤로 돌려 강 언덕으로 나와 네 사람이 얼굴을 서로 마주 보니 진흙 속에서 싸우던 짐승 같았다. 의관을 바로하고 강을 따라 수십 보 걸어가니, 사진관이 하나 있었다. 우리는 폭포를 배경으로 사진을 찍고 난 뒤 돌아서서 기차를 타고 퀘벡으로 향하였다.

우리도 나이아가라 폭포를 잘 볼 수 있는 곳으로 가서, 당시 사절단이 오 갔던 폭포 뒤로 들어가는 동굴로 향했다. 그리고 그들처럼 우의를 받아들 었다. 이 동굴과 엘리베이터가 각각 1889년과 1902년에 설치되어 사절단 이 이용했던 것임을 알았다. 이들이 100년 앞서서 이 시설들을 이용했다 는 것을 생각하면, 앞서 구경한 사람이 위대한 것인지, 이를 만든 사람들 이 더 위대한 것인지 가려봐야 할 일이다. 사절단이 폭포 밑을 구경하고 나서 쓴 적은 글을 보면 우리와 생각하는 것이 다르지 않다는 것을 느끼면 서, 그들이 했던 대로 우리도 사진사의 권유로 멋진 사진을 찍었다. 그 후 그들이 찍었다는 사진을 찾아보려고 애를 써보았지만, 어딘가에 있을 그 사진은 궁금하기만 했다.

우리는 그들이 하지 못했던 배를 타기 위해 구불구불 절벽 길을 걸어 내 려갔다. 우의를 받아들고 배 위에 올랐다. 갑판에는 이미 환호성을 지르는 관광객들로 가득했다. 점점 폭포 밑으로 다가가니 폭풍우를 만난 듯 배가 뒤뚱거리며 갑자기 폭포수가 배를 뒤덮었다. 커다란 파도가 배를 집어삼 킬 듯한 형세였다. 서로 얼굴을 보았더니, 사절단이 표현한 짐승 같지는 않았지만 물을 뒤집어쓴 모습은 가관이었다. 카메라를 사용할 수 없을 정 도로 물보라가 대단하여 카메라는 비닐봉지 안에 넣어 두었다. 우의를 입 기는 했지만 물이 안으로 스며들어 옷이 다 젖어 버렸다. 이어지는 탄성 속에 뱃머리를 돌려 처음의 선착장으로 왔다.

나이아가라를 실컷 구경하고 나서 폭포 강 언덕길인 나이아가라 파크웨 이를 따라 하류 쪽으로 차를 몰았다. 하류 길가에는 멀리서 온 관광객을 그대로 보낼 수 없다는 듯이 볼거리가 줄지어 있었다. 굉음으로 마음이 혼 란한 폭포 손님들을 조용히 받아주는 식물원, 나비공원, 스페인 공중카, 헬기 투어, 카지노, 스카이론 타워, 식당 등이 기다리고 있었다.

그리고 인근에 1812년 미국과 영국과의 전쟁 때 미국 공격을 방비하기 위한 이리 요새와 조지 요새 등이 있다는 것을 알았다. 우리는 나비공원을 찾았다. 형형색색의 나비들이 반갑다는 듯 머리, 팔, 심지어 콧등에까지 내려앉았다.

캐나다 국경을 넘어 다시 미국으로

8월 30일 목요일 저녁이었다. 이제부터는 캐나다를 벗어나 국경검문소로 향했다. 수천 대의 차가 늘어서서 수속을 기다리고 있었다. 기다리는 사이 우리는 차 안에서 밥을 고추장에 비벼 나누어 먹었다.

이윽고 검문소를 통과할 차례가 되었다. 검문소 요원은 우리에게 마약이나 불법 음식물 등이 있는지를 물었다. 그러고는 빨갛게 비벼놓은 밥을 보더니 보여 달라고 했다. 우리는 한국 고유의 고추장 비빔밥이라고 설명했다. 그들은 냄새를 맡아가며 혹시 마약 종류가 아닌지 유심히 살펴보더니 통과시켜 주었다. 고추장 비빔밥에 정신이 팔려 중요한 입국비자 여부는 따져볼 생각도 않고 있었다. 얼굴만 보아도 어떤 사람인지 안다는 듯한 표정이긴 했다.

미국 뉴욕 주로 다시 돌아와 갈 길은 멀었지만 미국 쪽에서 나이아가라를 못 보면 아쉬울 것만 같았다. 잠시라도 폭포 쪽으로 차를 돌려 폭포로 바로 떨어지는 지점을 보기 위해 염소섬Goat Island으로 갔다. 폭포 측면만을 감상할 수 있어 캐나다 쪽에서 보는 것보다 웅장함이 떨어진다는 이야기도 있지만, 나로서는 폭포가 잡힐 듯이 바로 눈앞에 있는 것이 가히 환상적이었다. 동굴 속으로 들어가서 폭포를 보는 것은 이미 캐나다 쪽에서 해 보았기에 생략하고 이곳을 떠났다.

제4부 대양과 대양 사이의 광활한 캐나다

도로변에서 쉽게 볼 수 있는 뉴욕주립대학 버펄로 캠퍼스를 한 바퀴 둘러보았다. 어두워지기 시작했지만 대학의 기를 받아볼까 하는 마음이 있었기 때문이다.

새 학기 날짜에 맞추려면 아직 금토일이 남아 있어 오하이오 애크런대학에서 객원교수로 있는 강형석 교수 댁으로 방향을 돌렸다. 그와는 춘천의 같은 아파트에 살고 있기 때문에 미리 연락을 해 둔 터였다. 뉴욕 주에서 I-90 고속도로를 타고 펜실베이니아 주를 지나 오하이오 클리블랜드 조금 못 가서 I-77번으로 갈아타고 남진해서 내려오니 애크런 간판이 보였다. 너무 늦은 밤이라 집 찾기가 만만치 않았다. 결국 전화를 하여 마중을 나오게 했다. 자정이 넘은 시간이었지만 춘천 아파트에서 헤어진 지 반년이 넘은 우리는 맥주를 마시며 회포를 풀었다.

그리고 아침 일찍 오하이오에서 유일한 쿠야호가 밸리 국립공원 구경에 나섰다. 나이아가라 폭포를 보아서인지 너무 작았지만 나름대로 만족했다. 그 후 강 교수 가족이 우리가 사는 뉴헤이번을 방문하기도 했다.

이렇게 시간을 보낸 뒤 오후 3시경 애크런을 떠나 집으로 향했다. 펜실베이니아 주만 횡단하는 데도 힘이 들었다. 도로변 휴게지역에 들러 쉬기도 하면서 뉴저지 한인 슈퍼마켓에 들렀으나 새벽 3시라 문을 막 닫은 후였다.

그래도 좋았다. 한글 간판만 보아도 힘이 났다. 우리는 허드슨 강 조지워싱턴 브리지를 건넜다. 통행료가 6달러나 되었다. 맨해튼을 가로질러 코네티컷 오렌지타운 집에 무사히 도착해 보니 떠난 지 꼭 일주일 만인 9월 1일 토요일 새벽 5시였다. 장거리 여행을 무사히 마쳤다는 성취감과 큰 여행에 대한 자신감을 얻었다.

캐나다의 베트남 친구와 함께

2015년 1월 베트남의 정부지도자 연수프로그램을 기획하기 위해 다시 토론토 지역을 다녀왔다. 그곳에 있는 선진 아태 국가에 파견하는 베트남 연수를 위탁받은 기구의 초청이었다. 떠나기 전에 주위에서 추위가 대단하니 단단히 무장을 하고 가라고 했다. 북반구 중에서도 중위도 북쪽에 위치한 지역이니 당연한 얘기였다.

그런데 지난겨울 우리나라는 겨울가뭄으로 모두 걱정을 하고 있었다. 사실 나는 예년에 비해 덜 추운 탓에 갑자기 겨울이 없어지는 것이 아닌가 하는 걱정 아닌 걱정을 하고 있었다. 주위에서 지구온난화 현상으로 겨울이 춥지 않은 것은 물론 짧아진다는 보고가 수없이 쏟아지고 있었기 때문이다. 하지만 그것은 지나친 우려에 가까운 상상일 뿐 상당기간 괜찮을 성싶다.

밴쿠버 국제공항에서 캐나다 국내선으로 환승하기 위해 내려서 보니 눈에 잘 띄는 곳에 커다란 인디언 조각상이 있었다. 이는 어딜 가나 인디언 문화를 캐나다 문명으로 전면에 내세우는 하나의 상징물이었다. 나아가 캐나다가 다문화 사회임을 공식적으로 인정하고 역사와 삶 속에서 공존의 필요성을 가지고 있기 때문이다. 또한 이는 인디언과의 관계에 있어서 소통과 평화적인 관계보다는 대립과 갈등구조를 보였던 미국과의 차이점이 아닐까 생각했다.

입국수속을 마치고 다시 국내선으로 바꿔 타는 절차를 마치고 나서도 3시간이나 기다려야 했다. 시간을 그냥 보내기가 아까워, 지하철로 20분이면 갈 수 있는 밴쿠버 중심가를 가다 보니 강가에 벌목된 나무들이 수없이 떠 있는 저목장貯木場이 있었다. 역시 캐나다는 시베리아의 타이거 삼림과 더불어 세계 삼림의 29%나 차지하는 나무 왕국임을 슬며시 보여 주고 있었다. 우리나라에서 캐나다산 재목이 인기 있는 것으로 보아 저목장의 나무들이 한국으로 가려고 기다리고 있는지도 모르는 일이었다.

마침 내가 탔던 지하철 외벽에 한국농수산식품유통공사aT가 선전하는 감 그림이 붙어 있었다. '한국 최고의 감과 함께 당신의 휴가를 달콤하게 Sweeten your holidays with premium Korean Persimmons'라는 문구와 함께 밴쿠버를 오가는 길손들을 유혹하고 있었다. 나는 이 그림을 보고 또 보며, 우리 농업과 농촌을 위해 애쓰는 모습에 마음이 흐뭇했다.

지상으로 올라가 잠시 시내를 둘러보았다. 역시 세계 미항 중의 하나라고 하더니 앞으로는 바다요, 뒤로는 거대한 로키 산맥이 받쳐주고 있는 모습은 '정말 복받은 곳이구나' 하는 느낌이 들었다.

특히 눈길을 끈 것은 지하철 종점이 바로 캐나다 대륙을 횡단하는 태평양 철도의 종점이자 출발지라는 점이다. 그리고 역 바로 앞에는 태평양을 건너 아시아로 향해 뻗어나갈 수 있는 천혜의 밴쿠버 항이 자리잡고 있었다. 1986년 이곳에서 열린 엑스포를 위해 세운 캐나다 플레이스와 길게 뻗은 철로를 번갈아 보며, 대서양과 태평양 사이의 대륙을 잇는 기차역과 항구가 지닌 소통의 역사적 의미를 되새겨 보았다.

몇 년 전 앨버타대학을 방문하고 돌아가는 길에 브리티시컬럼비아대학에서 공부하던 나창식 교수와 함께 이곳의 유명한 스탠리 파크를 찾아 수많은 인디언 조각상과 거목들을 안아보고 휘슬러 스키장에도 들렀던 추억이 떠올랐다.

다시 공항으로 돌아와 토론토행 국내선에 몸을 실었다. 토론토 공항에는 자정이 가까운 시간인데도 이곳에서 목회를 하고 있는 고교동기생 이승남 목사 부부가 마중을 나와 있었다. 이번 연수프로그램을 만드는 데 우리측 코디네이터로 도와줄 것을 부탁해 놓았던 것이다.

아침에 일어나 보니 시내 도로는 염화칼륨을 뿌려 놓아 배우가 화장품을 짙게 바른 것 같았다. 미관상도 그렇고 건강에도 좋아 보이지 않았다. 눈이 많이 내리는 춘천에도 염화칼륨을 뿌려대지만, 이곳처럼 흰가루가 온 시내를 날리게 하지는 않는다. 이렇게 해서 교통사고를 줄이는 데 효과가 있다고 하니 더 할 말은 없었다.

오후에 그 기구 대표자인 피터라는 베트남계 캐나다인을 만나 여러 가지 논의를 했다. 그는 일찍이 월남이 패망하면서 베트남을 탈출하여 캐나다로 온 2세였다. 우리는 연수 효율을 높이기 위한 구체적인 사항과 연수 횟수를 늘리는 방안에 대해 이야기를 나누었다.

우선 이튿날 베트남 연수단이 오면 문화탐방의 하나로 꼭 가본다는 나이아가라 폭포부터 가보기로 하고 그와 함께 눈 속을 뚫고 나이아가라로 향했다. 10년 만에 다시 만난 겨울 나이아가라 폭포는 수만 개의 얼음덩어리가 상류에서부터 내려와 절벽 아래로 떨어지고 있었다. 바로 코앞까지 흘러온 얼음덩어리들이 절벽 아래로 떨어지면서 내는 소리는 마치 야생 늑대 떼가 울부짖는 것 같았다. 그리고 말굽 폭포 가장자리에 얼어붙은 두터운 빙벽을 기어오르는 사람들도 있었다.

너무 춥고 바람이 불어 우리는 폭포 전체를 조망할 수 있는 160m 높이의 스카일런 타워 전망대 식당 창가에 자리를 잡았다. 미국 쪽 폭포 상류에서 흘러내려오는 물과 말굽 폭포를 둘러싼 주변경치에 홀려 이곳 음식 맛이 최고라는 종업원의 설명을 듣지 못했다. 전망대는 아주 천천히 회전하면서 우리를 폭포 반대 방향으로 돌려놓았다. 바로 아래 나이아가라 마을의 예쁜 집들이 눈 속에서 곤히 잠들어 있었다. 그리고 지평선 너머까지 흰 세계가 뻗어 있었다. 나이아가라 폭포의 겨울 모습은 그 어느 계절보다도 진수를 보여 주는 듯했다.

토론토로 돌아오면서 온타리오 과수연구소를 방문했다. 물론 포도밭은 눈에 파묻혀 있었지만, 포도가공 실험 등은 실내에서 이루어지고 있었다. 그리고 포도주를 생산하여 판매하는 농장을 찾았다. 잘 차려입은 아가씨가 이곳의 포도주는 폭포와 대지가 빚어 낸 독특한 와인이라며 시음을 권했다. 사실 나는 막걸리를 좋아하는 까닭에 와인 맛을 잘 알지 못하지만 칭찬을 아끼지 않았다.

이튿날 새벽 열차를 타고 1박2일 일정으로 오타와로 출발했다. 숙소는 국회의사당 근처에 잡았다. 잠시라도 밖에 서 있으면 금방 눈이 쌓여 털어 내야 할 정도로 폭설이 내리고 있었다. 지난번 여름에 보았던 운하는 꽝꽝 얼었고, 강물도 대부분 얼어 있어 겨울 한복판에 서 있음을 실감했다.

마중 나온 친구의 안내로 잠시 국회의사당 안을 들여다보고 밖으로 나오자 진눈깨비로 바뀌어 있었다. 우리는 캐나다의 농업 및 농식품부의 농업기술을 연구하는 종합연구단지를 찾았다. 이곳에는 우리 농촌진흥청처럼 전반적인 농업기술을 연구하는 연구원들이 많았다. 그리고 농식품 박물관도 있었다.

시설물들을 보고 나니 눈 속에서 시간을 보낸다는 것이 크게 하는 일은 없어도 피곤한 일임을 느꼈다. 동행했던 친구에게 내일 토론토로 돌아가는 그레이하운드 버스 예약을 부탁하고 혼자 걸어서 갈 수 있는 가까운 시장을 둘러보기 위해 호텔 로비를 나서려는 순간, 한 백인 여성이 다가와 배가 고파 죽겠다면서 손을 내밀었다. 처음에는 외면하려 했으나 계속 따라왔다. 얼굴은 거지 같지는 않은데 배가 고프다니 뜻밖이었다.

눈보라가 몰아치는 엄동설한에 호텔 앞에서 손님이 나오길 기다렸다가 구걸하는 여인에게 적선을 하면서도 가엾은 마음이 떠나지 않았다. 사실 이 여인뿐만 아니라 추위와 배고픔을 견뎌 내야 하는 수많은 사람들을 생각하니, 아무리 캐나다 같은 선진국가라고 해도 가난은 나랏님도 못 구한다는 옛말이 떠올랐다.

이튿날 아침, 그레이하운드 버스를 타고 토론토로 향했다. 운전기사 혼자서 동네마다 들러 수하물을 싣고 내리는 등 배달까지 했다. 이들의 사는 모습을 가까이서 볼 수 있는 기회였다. 큰길을 벗어나 한적한 시골 주인을 찾아다니며 수하물을 나르는 운전기사의 행동에 감탄이 절로 나왔다. 이렇게 토론토와 오타와를 연결하는 400km를 달리는 그레이하운드는 우리 시골버스보다 더 시골적이었다. 달리기만 하면 되는 고속도로로 나오니 운전기사의 얼굴이 오히려 편안해 보였다.

토론토에 도착해 하룻밤을 더 묵어야 했다. 비행기 출발시간이 이튿날 밤 11시였기 때문이다. 그래서 처음 마중 나와 주었던 이승남 목사 부부와 아침에 만나 킹스턴 헨리 요새를 보러 가기로 했다. 내가 머문 호텔은 다운타운 한가운데 있어 대낮에도 고층건물 사이의 도로는 햇빛이 잘 들지 않는 깊은 계곡처럼 찬바람과 추위가 더한 것 같았다.

무료한 시간을 보내기 위해 프린세스오프웨일즈극장에서 공연하고 있는 뮤지컬 '로빈후드'를 보러 갔다. 추운 탓인지 좌석은 반도 차지 않았다. 부패한 관리들의 재물을 털어 가난한 사람들의 영웅이 된 셔우드 숲속의 로빈후드 공연이 시작되었다. 음악이 어우러지는 빠른 대사는 알아 듣기 힘들어도 내용을 대충 알고 있는 터라 배우들의 연기만 보아도 무슨 얘기인지 알 수 있었다. 그보다도 그때 그때 내용에 맞게 좁은 무대 위를 변화시켜 나가는 무대장치나 소품들이 감탄스러울 정도였다.

계획에 없었던 뮤지컬을 보며 이 사회의 밤문화를 하나라고 더 이해해보려고 했다. 공연이 끝나고 돌아오는 길은 추워서 그런지 어깨를 움츠린 몇 사람만이 왕래할 뿐 인적이 끊겨 적막마저 느껴졌다.

야생동물 사냥 경험

호텔에 들어와 텔레비전을 켜니 캐나다 대자연 속에서 야생 조류를 사냥하는 프로그램이 방영되고 있었다. 워낙 야생동물 관련 프로그램을 좋아하는 나는 새 사냥꾼들이 철새들이 몰려 있는 계절을 틈타 사냥하는 광경을 신나게 보았다. 사냥꾼들은 새들을 유인하기 위해 가짜 모형 새들을 수풀 위에 놓고 수풀 속에 숨어 있다가 미끼 새에 관심을 갖고 접근해 오는 새를 향해 총을 쏘았다.

야생조류 사냥을 보면서 예전에 두어 번 나갔던 야생동물 사냥이 떠올랐다. 어린 시절 이웃집에 포수 아저씨가 있었다. 어느 눈 내리는 날, 꿩사냥을 하러 가는 포수 아저씨를 따라 갔다. 사냥개를 시켜 꿩을 날라가게 하고는 총을 쏘아 떨어뜨리는 것을 구경하고 한 마리 얻어먹은 적이 있었다. 그리고 제주도에서 꿩사냥을 할 때는 새장에 갇힌 꿩을 원격조정으로 문을 열어 날아오르면 엽사들이 일제히 사격을 하는 방법이었다. 이는 사냥이 아니라 사격 연습이라고 하는 것이 더 맞는 말이었다. 대여섯 명이 일시에 방아쇠를 당겨 누가 쏜 총에 맞았는지도 모른 채 땅에 떨어지면 사냥개가 물어오는 싱거운 사냥이었다.

또 한번은 루마니아 국립농림과학연구원AAFS을 방문했을 때, 생전 처음 경험한 들개사냥이었다. 이 나라 고위관리였던 거대 농장주의 초청으로 루마니아 서북쪽 대평원에서였다. 가기 전에는 거대 농장이라고 해 봐야 몇십만 평, 아니 몇백만 평 정도겠지 생각했다. 그런데 막상 가서 보니 2만4천ha, 무려 7,200만 평이나 되었다. 그중 울창한 자연림에 인공 숲을 조성하여 사냥터로 삼고 있었다. 거대한 평지에는 몇 개의 인공호수가 있고, 농장 저택은 작은 호텔을 연상케 하는 3층 규모로 1층은 각종 연회

장소로 쓰고 있었다.

땅거미가 낮게 깔리기 시작하자 농장주는 들개사냥을 제안했다. 전에 해 보지 못한 것이어서 얼떨떨해하면서도 모두 이에 응했다. 4륜구동 자동차 두 대에는 저격용 3발 장전식 소총 두 정이 실려 있었다.

어두워지는 들녘으로 나갔다. 초대형 트랙터가 헤드라이트를 밝힌 채 밀 파종 밭갈이를 하고 있었다. 우리는 철조망이 쳐진 사냥터 숲 주위를 돌다가 곡물을 수확하고 난 뒤 그루터기만 남아 있는 옥수수밭에서 클랙슨을 울리면서 달리기 시작했다. 이렇게 넓은 뜰을 질주하는 자동차 모습을 보면 짐승들이 움직이기 시작한다는 것이었다. 아닌 게 아니라 사슴과 노루들이 놀라 정신없이 뛰는 모습이 선명하게 보였다.

그런데 이때 차를 몰던 농장주가 다른 차에게 무선전화로 알리고 시속 80km 이상으로 들개들을 몰아가기 시작했다. 들개 세 마리가 우리 차를 보자 죽을 힘을 다해 숲속으로 도망가려 했지만 숲까지는 너무 멀었다. 들개가 아무리 잘 달린다고 해도 오프로드 전용차를 피할 수는 없었다. 차를 운전하며 총을 발사하는 65세 된 농장주의 모습은 그야말로 특수부대 요원과 진배없었다. 오랜 경험과 집중력을 발휘하여 들개 세 마리를 차례로 쓰러뜨렸다.

그런데 동물사냥은 원칙이 있었다. 들개는 잡되 기타 동물은 임신 중인 암컷과 어린것은 사냥이 금지되어 있고 포획 수도 정해져 있다고 한다.

농장주는 내가 해병대 출신이라는 말을 듣고는 시험해 보고 싶은 생각이 들었는지, 곰이나 다른 동물들을 더 사냥하자며 돌아갈 생각을 하지 않았다. 이제는 완전히 깜깜해서 서치라이트가 없으면 어디가 어딘지 분간하기도 어려웠다. 곰을 잡기 위해 다시 숲속으로 들어갔으나 자동차 소리에 놀란 곰이 숨어 버려 포기했다. 그리고 차 위에 설치된 강력한 서치라이트 불빛 속에 토끼와 노루가 보이자 농장주는 나에게 총을 주며 사격을

하라고 했다. 잠시 쏠까 말까 망설이다가 조준경 안에 들어온 것들을 향해
방아쇠를 당겼다.

이러한 일들이 간밤의 꿈속에서 일어난 것만 같았다. 아침 일찍 집 밖으
로 나오니 가죽이 벗겨진 토끼와 노루가 줄에 매달려 있었다. 설사 사냥에
성공했다 하더라도 살아 있는 동물을 희생시켰다는 찜찜한 마음이 쉽게
사라지지 않았다.

킹스턴 헨리 요새에서 본 캐나다 요새들

호텔방에서 옛날 생각을 하는 동안 아침이 밝았다. 아침 해
가 떠오르자 친구 목사 부부가 에스키모 복장을 하고 왔다.
오늘은 온타리오 호숫가 킹스턴의 헨리 요새를 보러 가기로 했다. 그리고
피터와 마지막 미팅을 하고 밤비행기로 귀국하기로 되어 있었다.

토론토에서 킹스턴까지는 250km나 되는 거리로 차라리 오타와에서 훨
씬 가까웠다. 토론토는 온타리오 호수의 시작부에 있고, 킹스턴은 호수 끝
자락이자 세인트루이스 강 입구이니 그럴 만도 했다. 온타리오 호수는 길
이가 311km, 최대 너비는 85km이니 사실상 호수의 끝에서 끝으로 가는
셈이었다. 이 킹스턴은 지정학적 위치로 과거 캐나다의 초대 수도였지만,
지금은 주로 관광과 농업 중심의 소도시로 침체되어 있었다. 그러나 곳곳
에 역사적인 자취가 남아 있는 소도시 특유의 고즈넉함이 물씬 묻어나는
곳이었다.

우리는 온타리오 호수변을 따라 북동쪽으로 움직이고 있었다. 호수 가
장자리에는 꽁꽁 얼어붙은 얼음 위에 구멍을 내고 낚시를 하는 사람들도
적지 않았다. 킹스턴에 도착하니 언덕 위에 헨리 요새가 보였다. 겨울철이

라 관광객은 우리뿐인 듯했다. 요새 안은 내부공사 중이어서 어수선했다. 이 요새는 1812년 미국과의 전쟁에 대비해 몬트리올에서 이곳 킹스턴 온타리오 호까지 이어진 리도 운하와 함께 1836년에 완성되었다.

언덕 위에 자리잡은 요새를 천천히 둘러보았다. 구경口徑이 제법 큰 대포는 어디서 올지 모르는 적을 향해 위풍당당하게 겨누고 있었다. 성벽 위에 서서 내려다본 온타리오 호수는 말없이 역사의 흐름을 지켜보고 있었다. 요새 안에는 병사들과 장교들이 묵었던 숙소와 식당, 그리고 다양한 기능공 방이 있었다. 군인 아내들이 군복을 수선하는 모습을 보면서 일부 군인들은 가족과 함께 생활했음도 짐작할 수 있었다.

또한 자녀들을 위한 교실로 보이는 벽에는 빅토리아 여왕이 재위했던 1837년에서 1901년 사이에 제작된 세계지도가 붙어 있었다. 이 시기는 해가 지지 않는 나라 대영제국의 최전성기였다. 이러한 시기에 만들어진 지도지만, 오늘날에 뒤지지 않을 정도로 정교했다.

캐나다 최초의 요새는 퀘벡 주로 이주한 백인들이 이로쿼이족의 공격을 막아내기 위해 1665년에 세운 샹블리 요새다. 이 요새는 목재로 건립했다가 화재 등의 취약점을 보완하면서 영구적인 석축 요새로 바뀌었다. 유럽인들은 처음에는 수운이 편한 대서양안이나 강변에 요새를 구축했으나, 점차 내륙지방을 넘어 태평양안에 이르렀다.

요새는 시대적으로나 목적에 따라 여러 개로 나눌 수 있다. 첫째, 처음 북미 대륙에 온 프랑스인들이 방어용 목적으로 세운 요새였다. 그들은 주로 상업적 길목에 건설했다. 오늘날의 서부 서스캐처원 주와 퀘벡 주, 온타리오 주 사이에 있는 허드슨 만 남쪽의 제임스 만에서 남쪽으로는 플로리다에 이르는 광범위한 곳에 석축을 쌓고 목재로 된 무역거래소 등을 설치했다. 특히 무역거래를 위해 초기의 캐나다 캐누 루트를 개발했던 것이다.

대표적인 곳으로는 캐나다 노바스코샤 주 케이프브레턴 섬에 있는 루이스버그 요새다. 이 요새는 대구를 중심으로 한 수산업의 요지였으나, 대륙에서 지배권을 다투어 오던 영국에게 빼앗기고 말았다. 전쟁으로 폐허가 되다시피한 요새를 대대적으로 보수하여 북미에서도 가장 큰 역사유적지로 등장하였다.

둘째, 미국과의 전쟁에서 승리하기 위한 목적이었다. 1759~60년에 뉴프랑스를 정복한 후에 영국은 프랑스 요새를 파괴하거나 점령하였다. 그러나 미국의 독립혁명으로 인한 남쪽으로부터의 위협에 대항하기 위해서도 강력한 요새가 필요했다. 그래서 전쟁이 시작되던 1812년부터 영국은 나이아가라 지역에 많은 요새를 구축하여 방어망을 형성했다. 즉 우리가 오늘 방문한 킹스턴에서 몬트리올을 거쳐 세인트로렌스 강을 방어하는 라인이었다. 그 후 전쟁이 끝나서도 캐나다는 방어에 게을리하지 않고, 추후에도 요새 건설을 멈추지 않았다.

그중에서도 1802년 나이아가라 인근 온타리오 호수변에 세운 조지 요새는 실제로 미국과의 전쟁에서 치열한 전투 끝에 빼앗겼다가 다시 탈환한 대표적인 요새로 영국군 사령부 역할을 했던 곳이다. 지금은 캐나다의 유수한 역사유적지의 하나로 지정되어 많은 사람들이 찾고 있다.

셋째, 무역 확보를 위한 싸움이었다. 프랑스와 영국은 유럽에서나 이곳 북미에서나 쉬지 않고 대립하고 있었다. 특히 양국의 모피업자들은 수익이 많이 남는 비버털 모자를 만들기 위한 모피거래에 치열한 경쟁을 하고 있었다. 허드슨 만에 1682년 요크 팩토리York Factory를 건설했으나 프랑스인에 의해 파괴되었다. 그러나 영국은 요새를 새로 지었고 나중에 제임스 2세가 되는 요크 공작의 이름을 따서 요새 이름을 요크 팩토리라 불렀다. 이곳은 주요 항구로서 캐나다 북부 모피교역소들의 본부로 이용되었다. 그러나 1885년, 1915년에 각각 대륙 횡단 철도가 개통되고, 1931년 매니토바 허드슨 만의 처칠까지 철도가 들어옴으로써 교역소는 275년간 계속되다가 1957년에 폐쇄되고 말았다.

넷째, 캐나다 북서지방의 질서를 찾기 위함이었다. 즉 서북쪽은 불법 주류거래업자와 무법자들이 활개 치던 곳으로 질서를 찾기 위하여 캐나다 정부는 군을 파견하였다. 즉 술 취한 늑대 사냥꾼들에 의해 인디언 나코다족이 20명 이상 살해된 사이프러스언덕 학살사건이 발생했던 것이다. 그래서 북서기마순찰대가 지역을 가로지르는 요새들을 건설했다. 대표적인 것은 1875년에 건립된 월시 요새다. 순찰대원이 상주하면서 술거래나 영토 내의 순찰을 강화했다.

다섯째, 공동체 생활의 정착 지원을 위한 역할이었다. 이는 캐나다 역사에서 중요하게 다루어 온 개발정책으로 국방을 기초로 공동체 성장을 위한 중심지로서 무역의 교차로 역할을 하도록 하는 데 있었다. 동시에 지역경제와 관광산업의 중심지 역할을 지속적으로 할 수 있도록 지원하는 일이었다.

이렇게 다양한 성격과 목적으로 건설된 요새는 캐나다 전 지역에 흩어져 있다. 즉 앨버타 34개소, 브리티시컬럼비아 48개소, 브리티시컬럼비아에 합병되기 전 1851~1866년 사이 밴쿠버 섬 27개소, 매니토바 28개소, 서스캐처원 25개소, 온타리오 28개소, 이스턴 온타리오 26개소, 퀘벡 67개소, 퀘벡 시 지역 23개소, 노던 퀘벡 및 가스페 반도 21개소, 뉴브런즈윅 38개소, 노바스코샤 44개소, 프린스에드워드아일랜드 3개소, 뉴펀들랜드 35개소, 래브라도 15개소, 유콘 준주 11개소, 북서 준주 20개소, 누나부트 준주 11개소 등 모두 504개소나 된다. 이 외에 군사기능을 갖춘 해군기지나 조선소가 노바스코샤 2개소, 퀘벡 2개소, 온타리오 8개소, 브리티시컬럼비아 2개소 등으로 군사적 기능을 가진 요새는 무려 518개소나 된다.

이처럼 캐나다에서 군사적 성격을 띤 요새는 영토 보위는 물론 무역거래를 보호하고 주민의 안녕과 질서를 유지하는 데 큰 역할을 했다. 동시에 오늘날에도 역사적 유물이나 유적이 적은 이 지역에 큰 관광자원으로서도 기능을 다하고 있다.

늦은 저녁 우리는 다시 베트남의 피터를 만나 그가 우리 대학을 방문하여 제반 연수 관련 사항에 대한 협의를 하기로 하고 아쉬운 작별을 했다.

귀국길에 오른 비행기는 동토의 알래스카와 알류샨 열도를 지나 시베리아 동쪽 끝인 캄차카 반도 상공을 날아 러시아 연해주 연안을 따라 비행하고 있었다. 구름 한 점 없는 겨울 하늘 아래 펼쳐진 알래스카의 설경은 황홀함의 극치였다. 이어 캄차카 반도의 활화산이 토해 내는 열기는 산 정상 부근의 눈을 녹여 검갈색의 위엄을 드러내고 있었다.

그러나 지상의 겨울 현장은 황홀함 대신 참혹함이 기다리고 있었다. 몇 년 전 몽골에서는 한겨울에 얼어죽은 가축이 1천만 마리가 넘고, 사람도 수백 명 얼어 죽었다고 한다. 문제는 강자만이 살아남는 자연법칙에 따른 준비와 인내만이 추운 겨울을 넘길 수 있다는 점이다. 충분한 준비 없이 시베리아를 공략했던 나폴레옹과 히틀러의 실패가 이를 말해 준다.

이제 추위나 폭설보다 더 심할지 모르는 더운 계절이 다가올 것이다. 눈 속에서 몸을 숨기고 미리 준비해 둔 양식으로 지내는 겨울보다, 자신을 생존경쟁의 장으로 노출시키는 더운 계절이 더 큰 위험에 빠질 수 있다. 자연의 순리인 여름은 겨울을 위하여 양식을 준비하고, 겨울은 새끼를 낳아 종족을 유지하는 등 삶의 의지와 힘을 길러 생사의 갈림길인 여름을 대비하고 있음을 보고 있다.

그런 점에서 겨울은 추운 계절이기보다는 양육강식의 초원의 법칙이 적용되는 여름을 넘기기 위한 준비기간이자 인내심을 기르는 시간일 것이다.

1 퀘벡의 군사요새인 시타델 2 퀘벡 시 세인트로렌스 강변의 주택들 3 몬트리올의 맥길대학 캠퍼스
4 몬트리올 올림픽공원 5 몬트리올 타워에서 내려다본 광경 6 화가 Amedee Forestier가 그린 겐트
조약 조인식

1 영국 해군과 미국 해군의 해전에서 첫 승리를 얻은 미국 군함
2 리도 운하의 갑문 3 리도 운하 갑문을 타고 올라온 보트들
4 오타와 시내를 관통하는 한여름의 리도 운하 5 캐나다 데이를
축하하는 국회의사당 앞의 인파들 6 오타와 농식품박물관에 전시된
옛 증기 트랙터 7 세인트로렌스 강변의 퀘벡 시를 소개하는 사진책

7

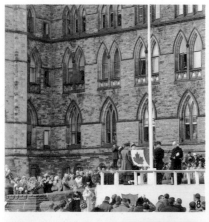

8 1965년 캐나다 국회의사당에서 새로 채택한 국기 게양식   9 온타리오 박물관   10 박물관 사진첩
11 에드워드 7세 즉위식 축하사절단 일행. 가운데가 이재각, 오른쪽 이종응   12 겔프대학 본부
13 1907년 사절단이 이용했던 토론토 올드 유니언 역   14 CN타워에서 내려다본 토론토

1 1904년 토론토 중심가인 영스트리트   2 나이아가라
말굽 폭포를 찾은 한 커플   3 나이아가라 폭포 관광선
4 스카이타워에서 내려다본 나이아가라 폭포
5 나이아가라 폭포 빙벽을 타는 등반가들
6 밴쿠버 지하철에 우리 농수산식품유통공사의 감 광고
7 밴쿠버 역 앞에 정차한 전차

8 밴쿠버 공항에 있는 인디언 조각상 9 오타와 시에 있는 캐나다 농식품부 중앙농업연구소
10 밴쿠버 항 인근의 저목장 11 밴쿠버 항의 캐나다 플레이스 12 스카일런 타워에서 내려다본
나이아가라 타운 13 캐나다 태평양 철도 밴쿠버 역

1 오타와의 한인식당 2 오타와 시 거리의 눈조각 3 캐나다 국회의사당 4 프린세스오프웨일즈극장
5 국회의사당 전망대에서 내려다본 오타와 시 6 토론토-오타와 열차의 아침식사 7 새 모형들 사이
에 숨어 날아오르는 새를 쏘고 있는 사냥꾼들 8 1665년 캐나다 최초로 세워진 샹블리 요새를 재현
해 놓은 모습 9 킹스턴의 헨리 요새 입구 10 헨리 요새에서 내려다본 킹스턴 시 전경
11 영국 빅토리아 여왕 때 제작된 세계지도

낭만이 넘치는 캐나다 대서양주

뉴햄프셔 주, 대통령 산의 큰바위얼굴

귀국을 두어 달 남겨 놓은 상태에서 마음이 분주해지고 있었다. 더구나 학기말을 맞이해 긴 여름방학이 시작되려는 참이었다. 농민연구소에 와서 연구활동을 하던 사람들도 하나둘 짐을 싸고 있었다. 옆방에서 연구하던 짐바브웨에서 온 징기라이 박사를 집으로 초대하여 저녁을 먹으며 석별의 정을 나누기도 했다. 그때 자신의 조국이 불안정하다며 앞으로 어떻게 해야 할지 고민하는 그의 모습을 통해 나라의 부흥과 안정이 얼마나 중요한 것인지 깨달았다.

또한 이때는 방학을 맞이하여 자녀들을 데리고 여행하는 계절이기도 했다. 지인들이 예일대학을 포함한 동부의 대학들을 둘러보기 위해 우리 집에 하루나 이틀씩 묵어가곤 했다. 그때 컴퓨터공학을 전공한 고교 동기이자 대학 동료인 황환규 교수 가족도 우리 집에 사흘간 머무는 동안 인근 대학과 뉴욕 등을 같이 다녔다.

우리는 그간 미뤄 두었던 캐나다의 대서양과 접해 있는 뉴브런즈윅,

노바스코샤, 프린스에드워드아일랜드, 뉴펀들랜드, 래브라도 등을 찾아보기로 했다. 이곳은 내륙의 주들과는 달리 캐나다의 또 다른 모습인 산림으로부터 해안을 메운 갯바위에 이르기까지 곳곳마다 낭만적인 경관을 볼 수 있을 거라는 기대를 갖고 있었다.

5월 마지막 금요일 오후였다. 아이들이 학교에서 돌아오자마자 길을 떠났다. 자주 다니던 I-95번 고속도로를 이용하여 로드아일랜드와 매사추세츠 주를 지나 뉴햄프셔 주로 들어섰다. 도중에 강한 폭우가 몰아쳐 밖을 내다볼 수 없었지만 얼마 후 구름이 걷히기 시작하자 이번에는 시뻘겋게 달아오른 석양빛이 차 안을 가득 채웠다.

보스턴 시 북쪽 외곽을 지나는 I-95번 고속도로에서 북쪽으로 가는 I-93번 고속도로로 갈아탔다. 뉴햄프셔 주의 링컨 타운에서 가까운 큰바위얼굴을 보기 위해서였다. 우리 차는 애팔래치아 산맥의 일부를 이루고 있는 화이트 산맥 속으로 들어왔다. 대부분 높이 1,500~1,800m를 기록하는 최고봉들은 애덤스 산, 제퍼슨 산, 링컨 산, 라피엣티 산 등 대통령들의 이름을 따서 지은 연봉들로 이어져 프레지덴셜 산맥을 형성하고 있었다.

그래서 뉴햄프셔 주의 문장은 바로 큰바위얼굴이다. 다행히 우리는 어둡기 바로 직전에 큰바위얼굴을 볼 수 있는 곳까지 접근했다. 앞에서 보거나 위에서 보면 얼굴 모양을 찾아보기 힘드나 옆에서 보면 그야말로 거대한 큰바위얼굴상이다. 그런데 등반가들이 얼굴에 줄을 내려놓고 이마와 눈과 콧등 그리고 입을 타고 하강하는 경우가 많다고 한다. 저녁 산속의 바람소리는 마치 큰바위얼굴이 숨을 쉬는 소리인 양 크게 울렸다.

초등학교 시절이었다. 이 큰바위얼굴 이야기가 교과서에 등장했다. 이야기는 150여 년 전쯤으로 돌아간다. 주인공 어니스트는 어릴 때 어머니로부터 이 마을 출신으로 저 바위를 닮은 위대한 사람이 나타난다는 전설을 전해 듣고 항상 큰바위얼굴이 나타나길 기다리며 성실히 살아간다. 세월이 흐르는 동안 이 마을 출신의 갑부, 장군, 정치인 등이 노후를 맞아 귀향할 때마다 큰바위얼굴을 닮았다는 소문이 무성했지만, 그들의 얼굴을 보는 순간 주인공은 실망했다.

그러는 사이에 주인공도 늙게 되었다. 어니스트는 아름다운 시를 읽고 그 시를 쓴 시인을 한 번 만나고 싶어했다. 이를 안 시인이 주인공을 찾아 가지만 어니스트는 그 시인이 큰바위얼굴과 닮지 않았다는 것에 실망한다. 그런데 그 시인은 마을사람들이 모인 자리에서, 그동안 신실하게 사는 동안 주위의 존경을 받고 있는 주인공이야말로 큰바위얼굴을 닮았다고 외친다. 그러나 주인공은 그럴 리가 없다며, 언젠가 나타날 큰바위얼굴 닮은 사람을 계속 기다린다.

이 이야기는 엄청난 부나 사회적 지위보다는 하루하루를 성실하게 사는 청교도적 입장에서 자기성찰적 생활이야말로 인간의 가치를 높여 준다는 교훈을 준다. 나는 이 글을 떠올리며 큰바위얼굴을 보면서 그 바위에 생명을 부어넣은 소설가 나다니엘 호손에게 감동을 먹고 있었다.

사실 보스턴은 두 번째 방문이다. 눈이 펑펑 내리던 날 군대 동기생인 아주대 유동훈 교수와 함께 이곳 설산을 등반하면서 언젠가 가족과 함께 다시 오고 싶었다. 일반 명승지와는 다른 장소라고 생각했기 때문이다. 그래서 이번에 만사 제치고 이곳부터 찾은 것이다.

유 교수는 서울대 산악부 학생회장 출신이라 그런지 산을 무척 좋아했다. 산을 등반하러 미국에 온 것이 아니라 그도 루이지애나주립대학에 일년간 객원교수로 와 있다가 겨울방학을 맞이하여 나와 함께 산행을 했던 것이다. 두 사람은 큰바위얼굴 입구 주차장에 차를 세워 놓고 산을 오르기 시작했다. 눈은 내리다 말다 했지만 두어 시간 올라가도록 아무도 만나지 못했다. 그때 "배고픈 곰이 우릴 덮치면 어쩌지?" 하자 그는 곰에 대항할

무기를 만들어야겠다며 제법 굵은 나뭇가지를 두 개 골라 창 모양으로 만들었다. 그런데 정작 우리를 위협하는 것은 곰이 아니라 하늘에서 내리는 눈이었다. 이미 내린 눈까지 합쳐 무릎 있는 데까지 쌓였다. 우리는 정상까지 가는 것을 포기하고 하산했지만 설산을 등반했다는 것에 만족했다.

그런데 가슴 아픈 일은 귀국 후 유 교수가 갑자기 세상을 떠나고 말았다. 그렇게 산을 좋아했던 친구였는데, 지금쯤 그의 영혼은 그가 좋아하던 어딘가의 산을 오르고 있을 거란 생각을 하고 있다.

다음날 아침 일찍 출발한 우리는 옆을 볼 겨를도 없이 메인 주를 종단하고 있었다. 포틀랜드, 워터빌 등을 지나 지난번 퀘벡으로 가기 위해 페어필드에서 201번 국도로 갈아타고 정북 방향으로 갔던 기억이 났다. 그런데 이번에는 I-95번 고속도로를 타고 방거를 지나 계속 북동 방향으로 진행했다.

역시 미 동부의 인적이 드문 최북단 지역이라 산림이 빽빽하게 우거져 있었다. 청년기형의 급경사를 이루면서 기운차게 하늘을 향해 치솟은 뾰족한 바위 등은 보이지 않았으나, 거대한 중년기나 노년기 지형의 산들이 점잖게 늘어선 모습이 오히려 큰 위압감을 주었다. 숲 사이로 이어진 도로는 아득하기만 했다. 지나치는 차만 보아도 가슴이 설렐 정도로 반가웠다.

메인 주만 하더라도 면적은 남한과 거의 비슷하지만 인구는 강원도보다도 적은 130만 명 정도이니 짐작이 갈 것이다. 도처에 호수가 산재해 있고 그 사이 나무들이 자라 그야말로 대자연을 그대로 간직하고 있다. 북적대는 것에 익숙해져 있어 인구가 너무 적은 곳은 적막함을 넘어 살짝 겁이 났다. 사람이 없으면 그만큼 비어 있는 것이 아니라 다른 동식물들이 살고 있기 때문이다.

이렇게 쉬며 달리는 사이 메인 주와 캐나다의 뉴브런즈윅 주와의 국경인 홀튼 타운까지 왔다. 이곳은 미국 대서양과 나란히 달리며 마이애미까지 이어지는 I-95번 고속도로의 최북단 종점이자 출발점이다. 이 고속도로는 남북을 잇는 가장 긴 도로이며 워싱턴 D.C.를 포함하여 16개 주를 통과한다. 미국 고속도로 중 대서양의 보스턴에서 태평양의 시애틀을 잇는 I-90번 고속도로도 13개 주를 통과하고 있기 때문이다. 미국의 최북단 끝점에 서서 불과 얼마 전에 I-95번의 최남단 종점인 마이애미를 거쳐 키웨스트까지 다녀온 생각을 하니 자신감이 솟아올랐다.

캐나다의 낭만적인 대서양주

미국은 나갈 때는 이민국을 거칠 필요조차 없을 정도로 관대하다. 나갈 때는 얼마든지 나가라는 의미다. 대신 입국심사를 엄하게 하려는 것이다. 반면에 국경을 넘어간 캐나다의 우드스톡 이민국 직원은 여권을 일일이 확인하면서도 시종 미소를 잃지 않았다.

국경에서 25km 정도 떨어진 우드스톡 인근 작은 모텔에서 하룻밤을 보냈다. 조용한 산사에서 지낸 것같이 평안한 마음으로 이튿날 우리는 세인트존 강을 따라 100km 정도 떨어진 프레더릭턴으로 방향을 잡았다.

가는 도중 차를 몇 번이나 세워 놓고 뉴브런즈윅의 경치를 감상했다. 미국 메인 주에서 이어지는 그야말로 나무의 바다가 펼쳐졌다. 평평한 대지 위에 이렇게 많은 나무가 빚어 내는 흔치 않은 광경이었다.

인구가 적어 미국과는 달리 울창한 숲 사이를 가로지르는 2차선 도로도 좁아 보였다. 숲속에 자리잡은 주유소는 숲속의 자동차 오아시스이자 쉼터였다. 이곳에서 기름도 넣고 간이음식점에서 간단히 요기를 했다. 동양인의 방문이 적은지 우리에게 특별히 잘해 주려는 모습이 역력했다.

이렇게 한가롭게 보이는 뉴브런즈윅은 면적은 우리나라 7할 정도이나 인구는 고작 70만 명이니 사람의 손이 닿지 않는 곳이 많아 자연 그대로 보존될 수밖에 없다. 기암절벽으로 이루어진 천혜의 항구, 수정처럼 맑은 강물, 우거진 숲 등은 천국이 따로 없을 듯싶다.

그리고 이 지역은 대서양 건너편에 유럽을 마주하고 있어 유럽인이 최초로 이곳에 왔었다. 그래서 유럽인의 입장에서 그들이 이곳에서 한 일에 대해 '최초'라는 수식어가 따라붙는다. 우선 캐나다 최초로 1785년에 세워진 뉴브런즈윅대학이 그랬다. 그러나 애초에 이곳에서 살아온 원주민들은 이 땅을 처음 밟고 살아온 긍지와 정체성을 갖기 위해 자신들이 이 땅 최초의 국가이자 국민임을 나타내는 퍼스트 네이션First Nations이라 부르고 있다.

먼저 만난 프레더릭턴 시는 작지만 세인트존 강을 끼고 아름다운 주도로서의 위용을 갖추고 있었다. 주의회나 주정부 청사 그리고 시청 같은 관공서는 물론 교회나 예술공연을 위한 공간 등은 최초 정착자인 프랑스와 뒤이어 온 영국과의 대립을 통해 이루어진 거의 200~300년 전 것들로 과거의 문화적 향수를 불러일으킴과 동시에 조용히 미래를 준비하는 곳으로도 충분해 보였다.

매력적인 프린스에드워드아일랜드

주말 아침이라 그런지 거리에는 사람들이 거의 눈에 띄지 않았다. 너무 조용하여 심심할 지경이었다. 우리는 캐나다에서 제일 작은 주인 프린스에드워드아일랜드로 발길을 돌렸다.

뉴브런즈윅 주를 달리면서 내륙지방과는 다른 대서양주의 아름다운 자연에 취해 있는 사이에 언제 왔는지도 모르게 프린스에드워드아일랜드로 들어가는 컨페더레이션 브리지 안내소까지 왔다. 1997년 5월에 개통된 이 다리는 길이가 무려 8마일, 12.9km였다.

다리를 건너기 위해 우리보다 먼저 온 사람들이 안내를 받고 있었다. 안내원들은 우리에게도 어디서 왜 왔는지 물었다. 이 다리는 뉴브런즈윅과 프린스에드워드아일랜드 사이의 노스엄버랜드 해협을 건너는 왕복 2차선 다리로, 이전에는 범선이나 정기여객선 등이 섬과 육지를 오가고 겨울에는 쇄빙선이 운행되었다. 이러한 불편을 해소하기 위해 건설한 것으로 세계에서 가장 긴 다리이며, 캐나다 10경 중의 하나로 꼽히고 있다.

우리도 이 아름다운 해협을 건너기 시작했다. 가도가도 바다 한가운데였다. 속도제한은 80km로 바람이 살살 부는 데도 차가 조금씩 흔들리는 것 같아 속도를 줄였다.

큰 배가 다리 밑을 통과할 수 있도록 다리 가운데 부분이 높게 설계되어 있었다. 이 높은 부분을 올라갈 때는 마치 항공모함의 비행기 조종사가 되어 모함을 이탈하는 짜릿한 공기 압력을 받는 느낌이었다. 그러나 내려올 때는 바다 밑으로 떨어지는 게 아닌가 할 정도로 가슴이 철렁했다. 15분가량 걸려 다리를 건너 프린스에드워드아일랜드로 들어섰다.

뉴브런즈윅이 영국 노팅엄셔의 셔우드 숲의 로빈후드라면, 이 섬은 덴마크의 동화마을인 오덴세의 안데르센 마을에 들어선 느낌이었다. 금방이라도 여기저기서 예쁜 공주와 왕자들이 나와 이야기판을 벌일 것 같은 분위기였다. 그래서 많은 예술가들이 찾아와 영감을 얻는다는 매력적이고 역사적인 섬이다.

인디언들은 비옥한 농지와 목가적인 이 섬을 바다의 정원이라 불러왔다. 그리고 프린스에드워드아일랜드는 무엇보다도 1864년 온타리오와 퀘벡으로부터 정치가들이 이곳 주의사당에 모여 영국령 북미자치구의 연합을 토의했고, 3년 후 이것을 현실화시켜 캐나다 연방을 탄생시킨 곳이다. 그래서 연방 탄생지Birthplace of Confederation 또는 연방의 요람Cradle of Confederation이라고 부를 정도로 캐나다 역사의 산실로서의 긍지를 갖고 있다.

제일 먼저 찾은 샬럿 타운은 이 섬에서 가장 큰 도시지만, 인구 3만 명도 안 되는 미니 주도로 전형적인 시골마을이었다. 그림 같은 주도를 둘러보고 섬을 돌아보기 시작했다. 먼저 샬럿 타운에서 50km 정도 떨어진 캐번디시로 향했다. 농토는 마치 화판에 그려 놓은 예술작품처럼 가꾸어져 있었다. 우리 농촌의 이상향으로 삼고 싶을 정도로 매력적이었다. 규모면에서나 농업기술면에서나 작부방식에서 우리나라에 적용할 수 있는 형태를 취하고 있었다. 미국이나 캐나다 대초원지대의 대규모 영농방식과는 달랐기 때문이다.

이 섬은 캐나다 연방 주이긴 하나 면적은 춘천시의 약 5배, 제주도보다는 3배 크지만, 강원도 면적의 4분의 1에 불과하다. 인구도 고작 15만 명도 안 되는 초미니 주다. 그러나 드라이브를 하다 보면 이렇게 토지를 효율적으로 관리할 수 있나 할 정도로 자연 농토와 건물이 조화를 이뤄 더 이상 좋을 수가 없었다. 마치 꿈에 본 농촌의 이상향이라고 할 수 있을 정도였다. 우리는 모두 북미 대륙 서부 대자연의 장대함에 감탄과 놀라움을 표시했지만, 작지만 마음을 두고 살 수 있는 이상적인 곳은 바로 이곳이구나 하는 감탄사를 연발했다.

마치 제임스 힐튼이 쓴 『잃어버린 지평선Lost Horizon』에 나오는 가공의 장소로 신비롭고 평화로운 계곡 속에 영원한 행복을 누릴 수 있다는 샹그릴라와 다름없었다. 끝없이 펼쳐진 붉은 토양 위에 감자밭 사이로 예쁘게 꾸며 놓은 집에 사는 농부를 만나보고 싶은 충동이 일었다.

드디어 도착한 캐번디시 또한 평화로움이 가득한 전원마을이었다. 이곳을 찾는 이들은 거의 캐나다의 대표적인 소설가 루시 모드 몽고메리가 1908년에 발표한 『빨간머리 앤Anne of Green Gables, Red haired Ann』에 나오는 초록색 지붕인 그린 게이블 하우스가 있기 때문이다. 우리도 예외는 아니었다. 빨간머리 앤이 그려진 그림 앞에 서서 한 사람씩 인증샷을 찍는 등 수다를 떨며 집 내부를 둘러보았다. 우리 농촌 가옥과 크게 다르지 않은 전형적인 농가를 재현해 놓았다.

농촌에서 단순하면서도 흔히 볼 수 있는 일을 작품화하여 100년 이상이나 사람들에게 마음의 고향을 만들어 준 위대한 작가의 애향심에 고개가 숙여졌다. 역시 펜은 사람의 마음을 움직이게 하는 마법을 지니고 있음을 확인했다. 이렇게 빨간머리 앤의 집을 구경하고 나니 배가 출출했다.

대서양을 끼고 있는 이곳은 바닷가재, 연어 등 해산물이 풍부하여 포구에는 해산물을 파는 가게들이 즐비했다. 이곳에서 제일 유명하다는 식당에 가보니 200~300명이 동시에 식사를 할 수 있는 대형 음식점이었다. 입구에 있는 메뉴판을 들여다보고 있는데 점원이 오늘 잡은 것 중에서 가장 큰 바닷가재를 권했다. 무려 8파운드, 3.6kg이나 되는 것이었다. 더구나 다섯 사람이면 이 정도는 먹어야 한다면서 140달러라고 했다. 우리나라 돈으로 환산하면 10만 원이 훨씬 넘는 액수였지만, 바다가 잘 보이는 자리에 앉았다.

그런데 요리되어 나온 바닷가재를 보는 순간 너털웃음을 지을 수밖에 없었다. 가재 집게발이 사람 머리만 했다. 주위 사람들도 이렇게 큰 바닷가재는 처음 보는 듯 우리와 바닷가재를 번갈아 쳐다보았다. 여태 살아오면서 해산물을 이토록 실컷 먹어 본 기억이 나지 않았다. 보통 30분이면 뚝딱 해치우던 식사가 거의 2시간 반이나 걸렸다. 평생 먹을 바닷가재를 이날 다 먹은 것 같다.

다시 본토로 가기 위해 다리 입구에 다다르니 통행료가 35캐나다달러,

우리 돈으로 21,000원쯤으로 지금까지 낸 다리 통행료 중 가장 비쌌다. 하지만 차를 타고 들어온 이상 섬을 나가려면 다른 방법이 없었다.

섬을 나와 길쭉한 고구마처럼 생긴 노바스코샤 주 핼리팩스로 향했다. 주 경계선 안내소를 지나 남진하면서 이곳 역시 대서양주들이 지닌 특성을 그대로 공유하고 있음을 느꼈다.

그런데 핼리팩스를 향해 가던 중 갑자기 엄청난 폭풍우가 쏟아져 앞으로 나아갈 수 없을 정도가 되었다. 다른 차량들도 뒤로 돌아가거나 제자리에 머물러 있었다. 폭풍우가 그치지 않아 차를 돌려 뉴브런즈윅 주 남단 길을 택하여 연방도로 2번과 1번 도로를 번갈아 이용하여 미국으로 돌아가기로 했다. 바다 건너 뉴펀들랜드 주는 아예 갈 생각조차 못했다. 거기는 차가 아닌 비행기나 배를 이용해야 하므로 훗날로 미루었다.

도중에 유심히 살펴보니 '성인'이란 뜻의 세인트Saint가 붙은 도시 지명이 줄을 이었다. 성 요한Saint John, 성 마틴Saint Martins, 성 안드레아Saint Andrews, 성 조지Saint George, 성 루이Saint Louis de Kent, 국경도시는 성 스테파노Saint Stephen였다. 더하여 뉴브런즈윅 주 내륙을 흐르는 세인트요한 강Saint John River과 미·캐나다 국경을 가르는 세인트크로이 강 St. Croix River도 있었다. 이곳 사람들에게는 미안한 말이지만, 초행인 나로서는 이곳이 그곳 같고 그곳이 이곳 같아서 지명을 기억하는 것이 쉽지 않았다. 아무튼 종교적 성인을 귀감으로 삼으려는 이곳 사람들의 뜻이 담겨 있음을 알았다.

대서양 연안을 끼고 이어지는 도로변의 풍경을 구경하면서 어느덧 미국 메인 주와의 국경선인 세인트크로이 강을 건너 칼레에 도착했다. 6월 3일 새벽 2시였다. 밤중에도 이민국 직원들은 부산하였다. 나올 때는 자유로웠지만 들어갈 때는 여간 까다로운 것이 아니었다. 우선 이민국 사무실에서 입국 신청을 하고 여권 심사와 비자 확인을 한 다음 자동차의 짐을 하나하나 뒤져 보았다. 9 · 11사태 이후 더욱 강화되었다고 한다.

앞에 서 있는 우리 차의 검색시간이 길어지자 뒤쪽의 차량들이 짜증을 냈다. 어쩔 수 없는 일이었다. 얼마 전에 캐나다를 통해 미국으로 밀입국하려던 한국인이 대량 적발되었다는 이야기를 들었는데 그 영향이 아닐까도 추측해 보았다. 미국에 있으면서 멕시코와 지난번의 캐나다에 이어 세 번째 미국으로 재입국한 것 중 이번이 제일 까다로웠다.

그런데 사실 '칼레'라는 말만 들어도 마음이 들떴다. 칼레는 오랜 역사를 간직한 프랑스 북부의 해안도시로 영국 도버에서 출발하여 도버 해협을 건너 유럽으로 나가기 위해 여러 번 거쳤던 기억이 생생하기 때문이다. 여기서도 캐나다에서 미국으로 들어오는 첫 관문이 칼레라고 하니 저절로 생각이 날 수밖에 없었다. 아마도 프랑스계 주민들이 붙인 지명으로 지금도 프랑스계 후손들인 어케이디안acadian이거나 17~18세기에 프랑스계와 원주민 사의 후손인 메티스Metis들이 많이 살고 있음을 말해 주는 것이다.

아직 집에 가려면 직선거리로 900km나 남았지만, 메인 주의 어케이디아 국립공원을 돌아볼 여유는 있었다. 1번 국도를 따라 남하하기 시작했다. 1번 국도는 메인 주 최북단에서 시작하여 I-95번 고속도로와 마찬가지로 플로리다 키웨스트까지 잇는 주요 간선국도로 대서양을 가까이 끼고 달리는 해안도로여서 경치 또한 일품이다.

대서양의 해돋이도 보고 수많은 호수와 산림으로 뒤덮인 나지막한 언덕 아래 보석같이 박힌 바위와 섬들을 구경하는 사이 1번을 벗어나 어케이디아 국립공원의 중심인 마운트디저트아일랜드로 들어가는 톰슨아일랜드 안내소에 도착했다.

너무 일러서 그런지 한가롭기만 했다. 안내판을 들여다보니 어케이디아 국립공원은 말하자면 해상공원이었다. 여기 외에 바다 건너 조금 떨어진 스쿠딕 반도와 아일 오 홉트Isle Au Haut에 걸쳐 있는 바다와 섬 그리고 해안의 기암괴석들을 연결한 아름다운 바다공원을 말하고 있었다.

우리는 마운트디저트아일랜드에서 해발 466m로 가장 높은 캐딜락 산과 사람들이 많이 찾는 선더홀을 보기로 했다. 섬 안에 빽빽이 들어찬 침엽수와 향나무들이 뿜어내는 향내를 맡으며 오른 캐딜락 산 정상은 탁 트인 북대서양과 바위로 뒤덮인 해안 절벽, 쉬지 않고 파상적으로 몰려오는 파도 등은 그야말로 천하 제1경이라 부를 만했다. 그간 둘러보며 감탄을 자아내던 그랜드캐니언과 요세미티, 나이아가라 폭포와 서부대평원의 웅장하고 신비로운 모습은 아니지만 조용히 마음을 파고드는 매력을 지닌 곳이었다. 이렇게 수려한 매력을 지닌 이곳에 부호 록펠러가 공공위락시설을 건설한 뒤 정부에 기증하였으며, 1919년 국립공원으로 지정되어 오늘에 이르고 있다.

선더홀은 길쭉하게 큰 바위 사이로 깊이 파고들어온 곳에 파도가 들이칠 때 천둥 같은 소리를 낸다 하여 붙여진 이름이다. 최대 밀물 30분 전에 가장 큰 소리를 낸다고 하여 우리는 귀를 모으고 천둥소리를 들으려고 했으나 들리지 않았다. 사람들은 파도가 바위틈 사이로 몰려들어 갈 때마다 와 하고 탄성을 울렸다.

공원을 벗어나 계속 해안도로인 1번 국도를 따라 진행하면서 수없이 많은 강과 호수를 건넜다. 그리고 리아스식 해안의 아름다움을 감상했다. 남쪽으로 직행하는 I-95번 고속도로를 만나 올 때의 역순으로 보스턴 외곽을 지나 뉴헤이번 집에 저녁 10시경에 도착했다.

제4부 대양과 대양 사이의 광활한 캐나다

1 어두어질 무렵의 큰바위얼굴　2 큰바위얼굴에서 암벽타기를 하는 등반가들
3 뉴브런즈윅의 숲평원　4 프레더릭턴 시가지 모습

5 뉴브런즈윅과 프린스에드워드아일랜드를 연결하는 연방교 6 프린스에드워드아일랜드의 주도인 샬럿 타운으로 가는 길 7 미국–캐나다 국경마을인 메인 주 홀튼 타운의 I–95번 최북단 고속도로 표시
8 프린스에드워드아일랜드의 붉은색 농토

1 어케이디아 국립공원에서 내려다본 대서양
2 어케이디아 국립공원의 선더홀
3 프린스에드워드아일랜드의 타이론 곶 등대

캐나다의 대초원을 가로질러 태평양으로

멀리까지 가는 스컹크 방귀 냄새

주한 캐나다 대사관에서 주관하고 캐나다 외무부에서 지원하는 연구과제에 선정되어 토론토 인근 겔프대학 농업경제학과에서 2개월 정도 머물 예정이었다. 학기가 끝나가는 6월 하순에 짐을 챙겨 가족의 배웅을 받으며 집을 나섰다. 그때 연구실에서 일 년 동안 한중 간 농업문제 관련 공동연구를 했던 중국 랴오닝대학遼寧大學 교수인 장동명 박사가 공항까지 동행해 주었다. 그는 중국 연변자치구 우리 동포 출신으로는 드물게 중국 거점 대학의 교수로 있었으며, 지금은 랴오닝대학 동북아문제연구소장을 맡고 있다.

비행기를 탈 때마다 밖을 내려다보는 재미로 창가 좌석을 선호했으나 이번에는 통로를 선택했다. 창가에 앉으면 시선이 밖으로 향해 있어 마음도 비행기 밖을 날고 있었으나, 통로 안쪽에 앉으니 마음을 안으로 모을 수 있었다. 그런데 옆자리에 처음 해외에 간다는 이충권이라는 신학대학생이 타고 있었다. 그는 첫 해외여행이라 두렵고 떨린다면서 옆자리에 누가 타고 앉을까 궁금했는데 교수인 나를 만나 안심했다고 한다. 나는 첫 해외여행에 좋은 일만 있기를 바란다고 덕담을 건넸다.

비행기는 중간기착지인 알래스카 앵커리지에 잠시 내렸다. 6월 하순인데도 주위 산들은 눈이 하얗게 덮여 있었다. 마치 쌀쌀한 초가을 날씨와 비슷했다. 몇 분 간격으로 항공기의 이착륙이 이루어지는 공항에는 작은 자가용 비행기들이 곡예를 하듯 뜨고 내렸다. 그리고 자가용 비행기 수백 대가 한쪽 활주로에 계류되어 있었다. 이 광대한 알래스카에서 살려면 소형 자가용 비행기 한 대쯤은 있어야 할 것 같았다. 산 위의 눈과 평지의 푸른 숲이 어우러진 광경은 과연 볼만했다.

다시 이륙한 비행기의 승무원은 같은 비행기인데도 모두 바뀌어 있었다. 여기서 토론토까지 5시간 30분 걸린다는 기내방송이 흘러나왔다. 늘 항공 요금이 저렴한 외국 항공사를 이용했으나 모처럼 대한항공기를 타니 마음이 차분히 가라앉았다. 그리고 장거리 비행의 좋은 점은 영화를 두어 편 정도 볼 수 있다는 것이다.

이번에는 영화 '허리케인'에 채널을 맞추었다. 실화를 바탕으로 1999년에 제작된 미국의 인종차별을 그린 작품이다. 프로 권투선수였던 주인공 루빈이 흑인을 경멸해 오던 백인 형사에 의해 백인 세 명을 살해한 누명을 쓰고 1985년 무죄로 석방되기까지 20년간 복역하면서 정의와 자신과의 싸움을 그린 감동적인 영화였다.

루빈이 옥중에서 무죄를 주장하며 쓴 글이 『제16라운드The Sixteenth Round』라는 25센트짜리 책으로 나온다. 이 책을 읽은 흑인 소년 레스라와 세 명의 캐나다인이 그를 도와 결국은 무죄를 입증해 석방하게 만든 인간적인 끈끈함을 보여 주었다. 그는 감옥에서 자신의 존엄성을 잃지 않기 위해 책을 읽으며 심신을 강하게 다져나갔다.

그가 옥살이를 하고 나오며 남긴 "증오가 날 감옥에 넣더니, 사랑이 날

놓아 주는구나"라는 독백은 사랑이 우리의 응어리진 마음을 풀어주는 마력임을 깨닫게 해 주었다. 여기에 선과 악이 동시에 등장하면서 선으로서의 캐나다인은 캐나다로 가고 있는 나에게 좋은 이미지를 심어 주었다.

이렇게 영화를 보고 잠시 눈을 감고 있는 사이 비행기는 토론토 비행장 활주로를 미끄러지고 있었다. 공항 밖에는 겔프대학에서 박사과정을 이수하고 있는 대학 후배 심윤섭 박사가 마중 나와 있었다.

이튿날 겔프대학 캠퍼스를 걸어가는데 웬 고약한 냄새가 난다 했더니 스컹크가 적대시하는 상대방을 향해 뀐 방귀 냄새라고 한다. 이 냄새는 무려 2~4km까지 퍼진다니 정말 대단한 놈이다. 나중에 스컹크에 대해 알아봤더니, 가스를 뿜어대는 것이 아니라 적을 만나면 꼬리를 높이 올리고 항문 주변의 액취선에서 액체를 뿜어대는 것이라 한다. 비록 고약한 냄새가 났지만, 나를 환영해 주는 축포라고 생각하니 싫지 않았다.

이렇게 시작된 겔프대학에서의 연구 테마는 지속가능한 농업을 위한 토지정책이었다. 물론 이 테마 외에도 미래에 우리에게 필요한 농업 관련 자료를 얻기 위해 애를 썼다. 특히 학과장인 캐빈 교수는 영국 런던대학의 농과대학 격인 와이칼리지Wye College 출신으로 내가 머무는 동안 농업 관련 관공서를 방문하거나 자료를 얻는 데 적극적으로 돌봐준 고마운 분이었다. 그 덕분에 온타리오 주의 농업 관련 농장이나 연구기관 또는 행정관청 등을 방문할 수 있었다.

한편, 연구에 필요한 자료를 찾느라 어떤 때는 도서관에서 온종일 보내기도 하고, 책 중에는 분실된 것도 있고 장기 대출 중인 책도 있어 자료를 찾다가 책장 귀퉁이 의자에 앉아 잠든 적도 있었다. 뿐만 아니라 토론토에 있는 '세계에서 가장 크다는 이름을 가진 서점World' s Biggest Bookstore'을 찾아갔다. 3층으로 이루어진 서점의 책장 길이가 20km를 넘을 정도로 큰 서점이었다. 글쎄, 교보문고 두 배 이상은 되지 않을까 싶다. 그러나 나에게 필요한 농업 관련 책은 찾아보기 어려워 『캐나다의 역사』라는 책 한 권을 사는 것으로 만족해야 했다.

토론토대학 서점에도 전공서적이 많이 비치되어 있었지만 내가 보고 싶은 농업 관련 책은 거의 없었다. 아마도 농업 관련 전공이 없는 토론토대학보다는 농림축산과 수의학 분야가 있는 겔프대학에 가서 캐나다 제일이라는 캠퍼스를 거닐며 오랜 역사에서 풍겨 나오는 중후한 분위기를 즐기곤 했다.

며칠 뒤 겔프를 떠나 400km나 떨어진 오타와의 농무부에서 연구생활을 하고 있던 강원대 김남수 교수를 찾았다. 그의 실험실은 물론 실험포장 등을 방문하는 등 농무부에서 행하고 있는 연구 상황을 살펴보고 함께 오타와 강을 건너 퀘벡 주에 속한 힐 시 주변의 오타와 강변을 찾았다.

방파제로 둘러싸인 작은 포구에는 수십 척의 요트가 물결에 흔들리고 있었다. 왠지 마음이 차분해지면서, 가끔 혼자 이곳을 찾는다는 김 교수가 이해되었다. 이곳에 그만이 갖고 있는 사색의 오솔길과 같은 비밀장소가 아닐까 하는 생각이 들었던 것이다. 느닷없이 찾아와 바쁜 사람을 끌어내어 여기저기 다니는 것은 마치 내가 스컹크가 되어 사방 방귀를 뀌어대며 고약한 냄새를 퍼뜨리고 다니는 것이 아닌가 하는 생각도 들었다.

이렇게 겔프대학을 중심으로 토론토와 오타와 지역을 둘러보면서도, 버스와 기차를 번갈아 갈아타며 캐나다를 횡단하고 귀국할 계획을 하고 있었다. 그래서 겔프시 버스터미널에 가서 미리 서부 앨버타 주도인 에드먼턴까지 가는 버스표를 구해 두었다. 왜냐하면 출발 당일 표를 구입하면 247캐나다달러, 일주일 전에 사면 170캐나다달러, 2주일 이전에 구입하면 148캐나다달러로 당일 구입하는 것보다 거의 반값이었다. 이리하여 2주일 뒤에 겔프 시를 떠나는 것으로 했다.

그 사이 주변에 못 가본 현장도 방문하고, 필요한 자료도 더 얻는 등 바쁜 일정을 보냈다. 캐빈 교수는 이곳 교수들이 알고 싶어 한다면서 한국의 농업구조와 농업정책 방향에 대한 세미나를 개최한다는 공지문을 여기저기 붙였다. 말하자면 고별 세미나였던 것이다. 40분간 내 얘기를 듣고 나서 참석자들의 코멘트와 질문이 쏟아졌다. 그들은 먼저 우리나라의 빠른 산업화에 따른 급속한 농업인구의 감소에 놀라워했다. 세계사적으로도 어느 특정지역에서 다른 특정지역으로 인구가 이동하는 데 그 정도의 빠른 속도로 이루어진 사례가 없었다며, 향후 우리의 대책에 대해서 물었다. 이는 우리나라 농업의 특수성에 기인하는 요인도 있을 뿐만 아니라 정부의 중화학공업과 첨단산업 중심의 구조정책도 한몫했으며, 그럼에도 여전히 우리나라는 소농 구조를 벗어나지 못하여 캐나다와는 비교할 수 없다고 대답했다.

캐나다의 경우 1호당 평균 농가면적이 200ha가 넘는데 한국은 상당한 산업화가 이루어진 상황에서도 여전히 1.5ha의 낮은 수준이다. 따라서 규모 확대화를 위한 다양한 정책도 필요하지만, 이와 더불어 중소농 보호를 위한 정책도 필요하다. 캐나다는 농업인구가 2% 내외지만, 당시 우리는 10% 내외로 많은 중소농이 농업에 매달리고 있어 이들을 보호하기 위한 정책이 필요하다고 강조했다. 그들은 캐나다 농업의 강점과 한국 산업의 강점을 보완시켜 나갈 무역정책이 필요하다며 입장을 설명하려 했다. 아무튼 나의 영어 실력에 비해 좋은 이야기가 오간 것 같아 기분이 좋았다. 캐빈 교수도 처음 듣는 이야기로 신선했다는 평을 아끼지 않았다.

드디어 겔프 시를 떠나 대초원을 횡단하는 아침이 되었다. 먼저 버스로 토론토를 거쳐 캐나다의 대초원을 지나 애드먼턴까지 가서 며칠 묵다가, 다시 기차로 로키 산맥을 넘어 밴쿠버로 들어갈 생각이었다. 그런 다음 귀국행 비행기에 오를 심산이었다. 미리 구입한 버스표는 저녁 10시에 출발하는 버스였다. 토론토에서 새벽 1시에 서부로 떠나는 시간과 맞추려면 그래야 했다.

짐을 다시 한번 챙겼다. 자료만으로도 한 배낭 가득했다. 그래도 남은 시간을 보내기 위해 겔프 시내를 어슬렁거렸다. 인구 9만 명이 조금 넘는 겔프 시 다운타운을 걷는 재미도 나쁘지 않았다. 그러다가 1866년 캐나다에서 가장 먼저 창설되어 영국과 남아프리카 지역의 네덜란드계 보어족과 벌인 보어전쟁과 1, 2차 세계대전에 참전한 역전의 제11야전포병연대 병기창 앞을 지나며 진열된 대포를 만져보며 나의 포병장교 시절을 되돌아보기도 했다.

또한 1832년 이곳에 최초로 정착한 영국인 정착지라는 표시판을 보면서, 우리나라도 마을 입구에 무슨 마을이라고만 적지 말고 마을 창립연도를 표기해 놓으면 어떨까 생각해 보았다. 그러면 마을사람들의 자긍심과 애향심이 높아지고, 외부인에게는 전통을 지닌 마을이라 생각되어 그곳에서 생산되는 농산품에 대한 신뢰도가 높아지지 않을까 싶었다. 사실 이는 미국과 유럽 그리고 러시아에서 많이 보아 온 터였다.

캐나다의 주요 대륙 횡단 교통망 이야기

직접 운전하여 캐나다 대륙을 횡단하는 대신 기차나 고속버스를 이용해야 했기에 몸으로 느끼는 감도는 낮았지만 충분히 해볼 만한 가치가 있다고 생각한다. 토론토 동쪽 지역인 온타리오 주 일부와 퀘벡 등 대서양주 답사는 나중에 직접 운전하며 돌아보았기에 이 글을 쓰는 순간 캐나다 대륙에 대한 감각은 충분했다.

캐나다 대륙 횡단 고속도로망은 동서를 연결하기 위한 것으로 미국과 같은 격자망의 횡단과 종단을 연결하는 주간고속도로와는 차이가 있었다. 이는 주로 캐나다의 도시가 미국과의 국경선을 따라 발달해 있기 때문이다. 캐나다 대륙 횡단 고속도로는 대서양과 태평양 사이의 10개 주를 통과한다. 이 고속도로는 시베리아 횡단 고속도로와 호주의 1번 고속도로와 더불어 세계에서 가장 긴 고속도로의 하나로 무려 8,030km에 이른다. 이 도로는 1949년 대륙 횡단 고속도로법이 제정되어 1950년 공사를 시작해 1962년 일부 개통되고 1971년 완공되었다.

처음에는 캐나다 전체에 2개의 횡단루트가 설계되었다. 대서양의 핼리팩스에서 출발한 1번 횡단고속도로는 매니토바 주 위니펙까지 와서 두 갈래로 나누어진다. 한 갈래인 1번 고속도로는 그대로 계속 밴쿠버로 이어지고, 또 다른 16번 고속도로는 북쪽으로 뻗어 태평양상의 퀸샬럿아일랜드의 마세트까지 간다. 그러나 대륙 횡단 고속도로는 인구가 희박한 북부 3개 준주로는 연결되지 않았다.

캐나다 고속도로는 미국과 달리 연방정부 관할 하에 있지 않고 고속도로나 무료 간선도로 건설은 완전히 각 주의 결정에 달려 있다. 따라서 대륙 횡단 고속도로의 번호 부여도 각 주의 결정에 따른다. 즉 같은 1번 대륙 횡단 고속도로의 번호도 통과하는 주에 따라 번호를 달리하고 있다. 그래서 같은 주간고속도로를 주행하면서도 길을 잘못 들지 않았나 하는 착각이 들 정도다.

하나의 커다란 대륙이라고도 할 수 있는 캐나다 각지를 연결하는 교통망의 확충은 국가를 효율적으로 운영하는 데 필수적인 일이다. 앞서 말한 고속도로 외에 각지를 연결하는 광대한 캐나다 철도를 타본다는 것 자체가 하나의 모험일 수 있다. 거의 모든 철도 구간을 정부 산하의 공공기관인 한국철도공사가 운영하고 있는 우리나라와는 달리, 캐나다를 비롯한 북미 대륙의 철도사업 관계는 꽤나 복잡하게 얽혀 있다.

현재 캐나다 철도는 2개 민자회사와 1개 국영기업Crown Corporation으로 나누어져 있다. 우선 캐나다 최대 철도회사인 캐나다 국립 철도Canadian

National Railway, CN는 미국 내 일부 철도를 인수하여 약 32,000km를 운용하고 있다. 즉 캐나다 국내를 넘어 미국 일리노이, 루이지애나 주 뉴올리언스 항구까지 통하는 구간을 가지고 있다.

둘째는 캐나다 태평양 철도Canadian Pacific Railway, CPR로 앨버타 주 캘거리에 본사를 둔 철도회사로 약 22,500km 구간을 운용하며, 이 회사 역시 CN과 마찬가지로 미국 내 일부 노선을 인수하여 미네소타, 일리노이, 뉴욕에 이르는 노선을 갖고 있다.

셋째 국영 비아철도VIA Rail Canada는 1978년 캐나다 태평양 철도와 캐나다 국립 철도의 여객운수 기능을 이관받아 캐나다 전역의 여객운송업을 하는 국영기업이다. 이들은 뉴펀들랜드와 프린스에드워드아일랜드를 제외한 모든 주에서 영업하며 거리는 약 14,000km에 이른다. 이 외에도 워낙 광대한 국토여서 잘 알려지지 않은 지방철도 또는 사유철도가 있다는 것을 생각하며 캐나다의 철도망을 상상해야 했다. 우리나라 철도공사의 총 노선길이가 3,866km인 것을 감안하면 캐나다 철도의 위용을 알 수 있다.

캐나다 대륙 횡단 철도와 중국인 노동자

현재의 캐나다 철도가 하루아침에 이루어진 것은 아니었다. 잦은 사고, 재정난, 여러 갈등을 극복하고 건설된 것이었다. 처음 캐나다 대륙 횡단 철도 건설 논의는 1850년대 캐나다 연방의 설립 시기부터 시작되었다. 당시 캐나다 연방에 가입하지 않고 있던 태평양안의 브리티시컬럼비아 주에게 연방정부는 가입할 것을 권유했다. 당시 공업이 발달했던 온타리오, 퀘벡 등 동부 캐나다 연방은 새로운 경제활동 영역을 확보하고 브리티시컬럼비아 지역의 금을 비롯한 풍부한 천연자원이 필요했기 때문이다.

브리티시컬럼비아는 캐나다 연방정부에게 캐나다 동부와 브리티시컬럼비아 주를 연결하는 교통망 건설을 연방 합류 조건으로 내걸었다. 즉 그 교통망 중에 우선 신속히 건설할 수 있는 마찻길을 즉시 건설할 것을 요구했다. 그러자 연방정부에서는 10년 후인 1871년 7월 20일까지 브리티시컬럼비아 주와 캐나다 연방 동부를 연결하는 철도를 건설할 것을 약속했다. 이때 약속을 주도했던 이는 이전부터 캐나다의 동서를 연결하는 철도망의 필요성을 주장했던 연방정부의 보수당 총재 맥도널드 경이었다.

그러나 생각처럼 철도 건설은 순조롭지 못했다. 우선 철도 건설을 주도했던 맥도널드 총리 내각은 건설 도중 커다란 비리에 관련되어 정권을 진보당에 넘겨주는 과정에서 여러 차례 건설계획이 수정되었다. 둘째로는 지형적인 장애물에 직면했다. 즉 캐나다 북부에 산재해 있는 극지 토양 위에 무거운 철로를 깔고 그 위에 열차가 오갈 수 있게 시공하는 것은 만만치 않은 일이었다.

한대 지방의 토양은 계절에 따른 결빙과 해빙으로 토양이 연약해져 애써 만들어 놓은 철로가 겨울이 지나 봄이 오면 주저앉는 일이 많았다. 거기에 험준한 산악지형인 로키 산맥을 넘는 일은 많은 노력과 희생이 뒤따랐다. 특히 인력 부족이 큰 문제였다. 위험한 지형에서 목숨을 내걸고 일해야 하므로 캐나다 내에서는 충분한 인력을 구할 수가 없었다. 이러한 문제를 극복하기 위해 아시아에서 많은 노동자를 들여와야 했다. 이를 계기로 태평양을 건너온 많은 중국인 등을 비롯한 아시아인들은 오늘날 캐나다의 다문화를 싹트게 했던 것이다.

셋째, 캐나다 횡단 철도는 여러 번의 재정위기를 겪었다. 1883년 철도 건설이 급속히 진행되었지만 부실한 재정관리로 공사가 여러 번 중단될 처지에 놓이기도 했다. 그러자 1884년 1월 연방정부는 재정지원법안을 통과시켜 자금을 지원하였다. 드디어 1885년 11월 7일, 브리티시컬럼비아 주 밴쿠버에서 북동쪽으로 약 250km 떨어진 크레이글리치라는 작은 마을에서 역사적인 철도 완공 기념행사를 진행하였다. 많은 사람들이 모인 가운데 캐나다 철도의 완공을 의미하는 마지막 스파이크를 침목에 박음으로써 대륙 횡단 철도는 동서 간의 소통의 역사를 만들어 주는 새로운 역사를 쌓아 나가기 시작했다.

18세기 영국에서 각종 화물을 대량으로 수송하기 위해 말이 끄는 수레를 궤도 위에 올려 끌고 다닌 마차철도horse-drawn tram의 시작은 궤도기술의 발전을 가져와 증기철도로 이어졌다. 이 증기철도는 19세기 캐나다의 수송혁명으로 이어져 캐나다를 하나의 국가로 묶어 주는 역할을 했다. 동시에 산업화 과정에서 지역을 연결하는 새로운 시장의 개척은 자원과 기술 수요를 증가시켰다.

나아가 대륙 횡단은 연방정부의 팽창에 결정적인 역할을 했으며, 서부에의 정착을 유도하는 데도 크게 기여했다. 그러나 철도회사를 지원하는 과정에서 많은 비판이 뒤따르는 등 부정적인 면도 있었다. 그럼에도 역사가이자 캐나다 국기를 디자인한 조지 스탠리는 "대륙 횡단 철도는 캐나다의 새로운 연방을 강철같이 붙여 주는 접착제 역할을 했으며, 철도 없이는 캐나다도 없었다"고 말했다. 그리고 새로운 연방국가를 위한 새로운 정치경제적 스케일을 구상할 수 있는 계기가 되었다.

사실 지금은 성공적인 대륙 횡단 철도 건설이었다고 평가하고 있지만, 당시 초기 건설단계에서 큰 역할을 했던 중국인 노동자들에 대한 애기를 빼놓을 수 없다. 왜냐하면 미국 남북전쟁 이후에 동부와 태평양을 잇는 철도 건설이 활발해지면서 그들은 서부 개발의 주력 노동자원이었던 것이다. 이는 기업가들이 값싼 임금에도 불평 없이 성실히 일하는 중국인 노동자들을 선호했기 때문이다. 그런데 임금인상을 요구하며 노동쟁의를 일으키는 유럽계 이민자들은 이러한 중국인들을 못마땅해했다. 특히 1870년대 경기침체기에 일자리를 잃게 된 유럽계 이민자들은 노골적으로 중국인들에 대한 반감을 노출하면서 중국인 노동자들에게 억압을 가했다.

과거에 인종갈등 하면 백인과 흑인, 그리고 프로테스탄트와 가톨릭계의 문제였지만, 캘리포니아 총인구의 15%나 차지하고 있던 아일랜드 가톨릭계와 중국인 간의 대립이 커지고 있었다. 두 민족 모두 모국이 어려움에 처하자 미국으로 온 사람들이었다. 아일랜드는 1739~1741년에 걸친 악천후로 감자 농사를 망쳐 240만 명 가운데 25만 명이 굶어 죽는 일이 발생했다. 그러나 1741년 이후의 경제성장으로 1800년에는 500만 명, 1821년에는 700만 명, 1845년에는 850만 명으로 인구가 급팽창하여 유럽에서 인구밀도가 가장 높았다.

이와 같은 인구 급증은 약 150만 명의 극빈자의 증가로 이어졌다. 그러나 일자리는 농업분야 외에는 찾을 길이 없었다. 더구나 주식이 감자였던 아일랜드의 300만 명이 넘는 소자작농은 감자 없이는 살 수 없었다. 그런데 1843년 미국 동부 해안지대에서 처음으로 관찰된 감자마름병은 미국 중서부와 아일랜드, 남부 프랑스, 스위스, 동부 독일, 남부 스칸디나비아로 퍼져 나갔다.

1845~1849년 사이 5년에 걸친 감자 대기근은 유럽 역사에서 유례를 볼 수 없을 정도로 300~400만 명에 이르는 사람들이 사경을 헤맸다. 어쩌면 중세 유럽을 휩쓴 흑사병에 버금가는 대재앙이었다. 특히 1946~1947년 아일랜드의 대기근으로 사람들은 미국으로 대서양을 건너왔던 것이다. 이렇게 미국으로 온 그들은 영국계 신교도들의 집요한 견제를 받아야 했다. 그러던 가운데 캘리포니아의 골드러시라는 시대적 유행에 휘말려 집단 이주해 왔다.

한편, 중국인들도 관리들의 부정부패에 반대하는 홍수전洪秀全이 중앙

정부에 반란을 일으킨 태평천국운동 등으로 중국을 등지고 태평양을 건너 미국으로 온 사람들로 처지가 비슷했다. 그런데 당시 중국인들은 미국뿐만 아니라 금광 등의 개발로 세계 각처에 부족한 인력을 공급해 주는 세계의 인적자원 공급처였다. 이는 남아공의 다이아몬드 광산이나, 남태평양의 여러 섬에 이르기까지 현재 차이나타운을 이루고 있는 대부분이 이 시대 중국을 떠난 사람들임을 알 수 있다.

이렇게 미국에 온 중국인뿐만 아니라 동양인이나 시베리아에서 온 러시안들은 샌프란시스코 만에 있는 엔젤 섬의 이민국에서 조사를 받아야 했다. 이는 유럽 이민자들이 대서양을 건너 뉴욕의 엘리스 섬을 거쳐 미국에 들어온 것과 비유하여 엔젤 섬을 서부의 엘리스 섬이라고도 불렀다.

그런데 엘리스 섬에 내린 유럽 이민자들은 배 안에서 입국수속을 간단히 마칠 수 있었지만, 엔젤 섬에서는 배에서 내려 각종 조사를 받으며 기약없이 본토 상륙을 기다려야 했다. 왜냐하면 뒤에서 말하는 중국인 배척법에 있었지만 이미 시민권을 취득한 중국인은 가족을 초청할 수 있었기 때문이다. 이것을 이용하여 가짜로 조작된 위장 친족들을 가려내기 위해서였다. 한편, 엔젤 섬의 이민 막사가 1940년 관리소 건물의 화재로 종지부를 찍을 때까지 이곳을 거쳐간 중국 이민자는 대략 17만 명이 넘었다.

이렇게 미국에 건너온 중국인 수가 점차 증가하자 중국인 배척운동으로 변하여 서부로 확대되었다. 특히 어떤 질병과 같은 사회적 문제가 발생하면 모두 중국인 탓으로 돌리는 소위 황색공포Yellow fever가 전 미국으로 퍼져 나갔다. 그러나 실질적인 중국인 배척운동은 경기침체 여부와 직접적인 관계가 있다고 전문가들은 말하고 있다. 즉 경기침체 현상이 나타나면 배척운동이 거세지기 때문이다. 또 미국 경제가 나빠지면 인종차별적인 운동이 강하게 일어나고 여기에 더하여 동양인에 대한 인종적인 편견과 의식이 가슴 깊이 쌓여 있었던 것이다. 중국인은 아편, 도박, 매춘과 비위생적인 환경 속에서 사는 미개인이라는 선입견도 문제였다. 동시에 중국인 특유의 가족과 씨족 그리고 지연을 기반으로 하는 폐쇄성도 한몫 거들었다. 결국 이러한 중국인에 대한 거부감은 1882년 최초의 미국 이민 제한법인 중국인 배척법 제정으로 공식적으로 10년간 금지되었다가 계속 연장되었다. 이는 인종적인 편견이 앞섰던 것으로밖에 볼 수 없다. 당시 캘리포니아법은 중국인은 흑인과 인디언과 마찬가지로 백인들에게 불리한 증언을 할 수 없도록 만들어 놓은 것만 보아도 충분히 짐작이 간다.

나아가 근면하고 검소한 중국인에게 일자리를 빼앗길 거라는 우려가 작용한 경제적 이유도 간과할 수 없다. 이 중국인 배척법은 2차 세계대전 당시 중국이 미국과 같은 연합군으로 추축국樞軸國에 대항하여 싸운 일과 소설『대지The Good Earth』를 쓴 펄벅 여사의 폐지운동 등으로 1943년 폐지되었다. 이렇듯 중국인 노동자 이민이 금지되고 그 대신 한국인과 일본인 이민자를 데려오기 시작했는데, 1903년 한국인 노동자가 하와이에 도착한 이야기는 앞에서 말한 그대로다.

여기서 기억해 둘 만한 일은 펄벅 여사의 한국에 대한 남다른 애정이다. 그는 자신의 이름 펄 벅을 우리 식인 박진주朴眞珠라고도 사용하는 등 구한말부터 8·15광복 직전까지 한국 근현대사를 소재로 한 장편소설『살아 있는 갈대The Living Reed』와 한국의 혼혈아동을 다룬 소설『새해The New Year』등도 출간했다. 나아가 1964년에 비영리단체인 펄벅재단을 창설하여 1965년에는 한국지부를 설치해 전쟁고아들을 돌봐주는 등 한국의 다문화 아동을 위해 거액을 기부하기도 했다. 이밖에도 태국, 필리핀, 베트남, 캄보디아, 대만, 중국, 인도, 루마니아, 러시아, 미국 등 11개국에서 펄벅재단을 통해 사랑을 이어가고 있다.

이렇게 박해를 받던 중국인에게 캐나다 대륙 횡단 철도 건설과 브리티시컬럼비아 주와 유콘 준주에 금광이 발견되었다는 소식은 희망의 빛이었다. 이때 밴쿠버에 중국인이 크게 늘기 시작하여, 지금은 북미 3대 차이나 타운을 형성하고 있다. 여하튼 당시 캐나다 태평양 철도회사는 태평양 지역에 철도를 부설하는 위험한 일을 할 인력이 필요했고, 그들 식대로 표현하면 '가장 적은 비용으로 가장 불만 없이 가장 위험한 일을 할 노동력'이 절실했었다.

그래서 공사가 한창이던 1881년부터 3년간 총 1만7천 명의 중국인이 캐나다 브리티시컬럼비아로 이주해 왔다. 이들은 주로 캘리포니아에 있던 중국인들과 중국에서 직접 데리고 온 사람들로 공사 중에 많은 이들이 희생되었다. 후세의 중국인들은 가장 험난한 구간인 로키 산맥을 뚫는 작업에 30cm 나아가는 데 한 사람씩 죽었다는 말이 돌기도 했다. 당시 연방 보고서에도 적어도 600명 이상이 사망했다고 기록되어 있다.

그런데 문제는 철도공사가 완공된 1885년 11월 7일 이후에 발생했다. 공사에 투입되었던 중국인들은 실직자가 되어 귀향 자금조차 없이 거리를 헤맸다. 캐나다에서 교육을 받지 못한 이들은 날품팔이나 세탁부, 봉제사, 채소 배달 등을 하는 하층민으로 전락했다. 그런데 중국 인력이 필요없게 된 캐나다 정부는 캐나다에 남으려는 중국인에게만 1885년 인두세Head Tax로 1인당 50달러씩 부과했다. 그러다가 1900년에는 100달러로, 1903년에는 500달러로 올렸다.

1900년대 초 경제불황으로 실직자가 늘어나면서 저임금으로 일하는 중국인에 대한 차별과 불만이 심해졌다. 드디어 1907년 백인들이 중국인 거주 지역인 상하이 골목에서 벌인 시위는 중국인 상점 등을 약탈하고 불을 지르는 등의 폭동으로 커졌다. 결국 브리티시컬럼비아 주는 폭동으로 인한 손실보상금을 지불했다. 이때 덩달아 피해를 입은 일본인도 보상금을 받았다. 이러한 밴쿠버의 폭동은 단지 인종차별에 대한 시작에 지나지 않았다.

이처럼 철도 건설사업을 둘러싸고 인종적 차별과 수모를 받아야 했던 중국인 노동자들의 한이 서려 있는지는 몰라도 오늘날 중국 철도는 과거의 철도 선진국을 무색하게 만들고 있다. 최근 원자력발전소와 고속철 건설공사 수주에서 앞선 선진국을 따돌리고 있다는 소식이 들려온다. 특히 철도 분야에서는 세계 최정상의 건설기술력과 가격경쟁력을 갖추고 기존의 독일과 프랑스 그리고 일본을 따돌리고 철도 수출국으로 변신한 모습에 놀랄 수밖에 없다.

실제로 2014년에 중국 랴오닝성 선양에서 다롄까지 시속 250km 고속철을 타고 왕복했었는데, 이미 승차해 본 독일의 이체ICE, 프랑스의 테제베 그리고 일본 신칸센의 승차감이나 속도면에서 뒤지지 않을 정도로 안정적인 운행을 하고 있었다. 중국이 이렇게 철도 분야에서 놀랄 정도의 발전을 이룩한 것은 북미 대륙에서의 중국인 철도노동자들의 한이 미치지 않았나 하는 생각이 들었다.

그러나 전문가들은 중국이 비록 근대 산업기술을 바탕으로 하는 산업화의 역사는 짧지만 공간적으로 엄청난 크기의 내수시장을 갖고 있어서, 단기간에 다양한 경험을 할 수 있는 장점을 지니고 있기에 가능한 일이라고 지적하고 있다. 즉 선진국이 100년 걸렸던 산업기술을 단 10년 만에 이루어 놓았는데, 이는 과감한 기술개발에 대한 뒷받침이 있었기 때문이다. 중국의 고속철을 이용하는 중국인들의 느긋한 얼굴을 보면서, 중국의 산업기술이 한국을 추격하는 것이 아니라 이미 우리 앞으로 유유히 나아간다고 생각하니 가슴이 철렁해지면서 새로운 각오도 생겼다.

캐나다 철도 건설을 둘러싼 소요에도 불구하고 완성된 대륙 횡단 철도 주변의 토지를 분양하기 위해 캐나다 태평양 철도회사는 국내는 물론 해외 비즈니스망을 통해 다양한 서비스 제공을 미끼로 이민자를 모집했다. 즉 출발국에서 캐나다까지의 뱃삯은 물론 캐나다 도착 항구에서 토지가 있는 매니토바 주나 노스웨스트 준주의 정착지까지 열차편을 제공하고, 정착을 위한 토지를 1에이커당 2.5달러에 판매한다는 광고를 내보냈다. 이렇게 하여 캐나다로 이주해 온 유럽인들과 기존 토착민들이 토지를 둘러싸고 마찰을 일으키는 등 많은 우여곡절을 싣고 대륙 횡단 철도는 달리고 있었다. 지금도 많은 지하자원과 곡물 등 기타 화물을 나르는 캐나다 운송의 핵심 역할을 하고 있다.

그런데 처음 대초원에 도착한 이주민들은 미국이건 캐나다건 모두 나무로 된 통나무집을 만들기 전에는 풀과 흙으로 된 뗏장집sod house에서 살았다. 그리고 몇 년간은 초지를 농토로 일구었다. 일단 농장을 조성해 놓기만 하면 농산물을 수확할 수 있었지만, 농사일을 그만두고 도시의 날품팔이로 전락하는 이주민도 적지 않았다.

특히 1880년대와 1890년대는 전 세계에서 밀값이 오르자 대초원 지방의 농민들은 호황을 누렸다. 그리하여 그때까지 손으로 하던 농사일을 서서히 트랙터 등으로 기계화하기 시작했다. 초기에는 여름철이 짧은 지역에 맞는 품종 선택이 어려웠으나, 이러한 기후에 맞는 레드 파이프Red Fife와 마퀴스Marquis 등 신품종이 개발되었다.

대초원을 달리는 횡단버스

밤 10시에 겔프를 떠난 그레이하운드 버스는 새벽 1시에 출발하는 버스시간에 맞춰 토론토 버스터미널에 도착했다. 터미널은 오가는 사람들로 무척 북적였다. 워낙 땅이 넓은 나라라 그런지 밤에 떠나는 것은 예사인 듯 대형버스마다 만원이었다. 운전기사는 짐과 사람을 하나하나 꼼꼼하게 체크하면서 에드먼턴까지는 쉬지 않고 달려도 53시간이나 걸린다고 했다.

버스는 지정좌석이 있는 것이 아니라 선착순대로 올라타는 것이었다. 늦게 온 사람은 결국 버스를 타지 못하고 몇 시간 뒤에 떠나는 다음 버스를 기다려야 했다. 그것도 한밤중에 좋아 보이지도 않는 대합실에서 기다려야 하니 난감한 표정들이었다. 표를 살 때 자리를 지정해 주면 혼란이 없을 것 같은데 선착순으로 태우는 이유가 무엇인지 잘 이해되지 않았다.

드디어 밴쿠버행 버스는 토론토 오피스 빌딩 사이를 빠져나와 빠른 속도로 서쪽을 향해 달렸다. 모든 승객이 종착지인 밴쿠버까지 가는 것은 아니고 중간에 내리는 손님이 많은 것 같았다. 물론 나도 도중에 에드먼턴에서 내려야 했다. 토론토를 떠난 버스는 오대호에서 두 번째로 큰 휴런 호를 끼고 북상했다. 어둠 속에 희미하게 보이는 호수의 섬들과 호수 연안을 따라 휴양촌의 예쁜 집들은 나그네의 마음을 유혹했다. 넓은 호숫가에 흔들리고 있는 고기잡이 배들은 이곳이 어업의 중심지임을 말해 주었다.

버스는 5시간을 달려 서드베리에 도착했다. 이곳에서 모든 승객을 내리게 하고 청소를 마칠 때까지 기다리라고 했다. 한여름 새벽녘의 공기는 선선했다. 이곳은 고속도로와 2개의 횡단 철도가 지나는 교통의 요지로 도소매업의 중심지였다. 특히 니켈은 서방 국가의 전체 산출량의 5분의 1을 생산하며 상당량의 구리, 금, 은, 백금, 코발트, 황, 철 등도 산출되는 자원의 보고였다.

다시 차에 올랐을 때 사람들의 옷차림이 모두 바뀌어 있었다. 나도 차 안에서 잠을 자거나 움직일 때 편안한 트레이닝복으로 갈아입는 등 장거리 여행에 대비했다. 날씨는 쾌청하여 창밖으로 경치가 잘 보였다. 긴장감과 기대감이 교차하는 버스 대륙 횡단의 짜릿함이 온몸을 감쌌다.

불과 150년 전만 해도 말이나 마차 등을 타고 몇 달씩 가야 했던 것에 비하면, 버스좌석이 조금 불편하다고 불만스러워할 때가 아니었다. 이는 그야말로 최첨단의 고급스러운 대륙 횡단 여행이었다.

버스는 휴런 호를 지나 오대호에서 가장 큰 슈피리어 호수를 옆에 바싹 끼고 달렸다. 이 호수는 면적이 남한의 80%에 해당하는 크기다. 그리고 해발고도 180m에 위치하며 최대 수심 406m로 오대호 중 수심이 가장 깊다. 이는 아시아와 유럽 사이에 있는 카스피 해에 이어 세계에서 두 번째로 큰 호수다.

그런데 호수 전체가 미국에 속한 미시간 호를 제외한 4개 호수 가운데로 미국과 캐나다 국경선이 그어져 있다. 오대호의 총면적은 카스피 해보다는 작지만 남북 길이는 1,110㎞이고, 온타리오 호에서 슈피리어 호에 이르는 동서 길이는 약 1,384km로 오늘날 미국과 캐나다를 아우르는 오대호 문명의 탄생지 역할을 하고 있음을 알 수 있다.

역시 호숫가의 아름다움은 보는 이의 마음을 빼앗고도 남았다. 거기에다 작은 호수 사이를 빠져나가는 아름다운 경치는 뭐라고 표현해야 할까 생각하기보다는 그냥 쳐다보는 것으로 족했다. 차는 두 시간 간격으로 쉬었다. 물론 버스 뒤쪽에 화장실이 있지만 차가 정차할 때마다 승객들은 타고 내리기를 반복했다.

그런데 내 옆자리가 비어 있어도 그들은 슬쩍 쳐다보고는 대개 다른 자리에 앉곤 했다. 체중도 얼마 안 나가는 내 옆에 앉아야 편할 텐데, 뚱뚱한 사람 옆에 비비고 앉으려는 심보를 알 수 없었다. 이는 다름 아닌 내가 황인종이기 때문이다. 자리가 없어야 비로소 엉덩이부터 들이대며 마지못해 앉았다가 다른 자리가 나면 얼른 옮겨 앉았다. 이건 그들의 뿌리깊은 인종차별의식의 반응이었다.

그러면서도 차내에 단 한 사람인 동양인에 대한 궁금증이 크다는 것을 느꼈다. 차가 정차하는 휴식시간에 몇 사람이 말을 걸어왔다. 내가 한국인이며 연구를 마치고 버스와 기차를 번갈아 타고 대륙을 횡단하고 있다는 사실이 알려지자 나만 보면 미소를 보이기 시작했다.

정차할 때마다 타는 사람보다 내리는 사람이 많아져 차츰 승객들의 숫자가 줄어들었다. 나는 조망하기 좋은 맨 앞자리에 앉았다. 역시 앞자리는 초원을 달리면서 감상하는 데는 더없이 좋았다. 사실 이렇게 경치를 보며 대초원을 부담없이 횡단한다는 것을 생각하면 가슴이 달아올랐다.

슈피리어 호변의 선더베이 시를 지났다. 이 도시는 1678년 프랑스의 모피상들이 처음 점거한 뒤 호수 어귀에 모피사냥과 교역을 위한 요새를 세우는 등 1880년대에 캐나다 태평양 철도가 왕래하면서 번창한 도시였다. 특히 철도와 고속도로 그리고 기선이 연결되는 운송로의 중심지에 위치하여 캐나다에서도 활기찬 항구 중의 하나로, 세계 유수의 곡물저장 장소로도 알려져 있다.

버스는 오대호를 지나 세계의 빵바구니 역할을 하고 있는 대초원 속으로 빠져 들어갔다. 밤낮없이 달리다 보니 벌써 운전기사만 다섯 번째 바뀌었다. 특히 재미있는 것은 아무리 작은 마을이라도 일일이 들러 우편물은 물론 수하물을 수발하면서 가는 일이었다. 그때마다 운전기사는 짐을 내리고 싣느라 땀을 흘렸다. 그리고 가는 곳마다 동네사람들이 나와 승객들을 마중하기도 하고 배웅하느라 반가움과 석별의 정을 나누었다. 버스는 몇백 명 혹은 몇천 명 정도 사는 마을의 훌륭한 메신저 역할을 하고 있었다. 이는 우리나라에서 볼 수 없는 진기하고도 정겨운 광경이었다.

한번은 도로 위에 야생 무소가 갑자기 나타나 하마터면 부딪칠 뻔했다. 승객들의 비명소리에 놀라서 보니 아무 일 없었다는 듯이 초원의 숲으로 천천히 걸어 들어가는 모습이 여유가 있었다. 이렇게 야생동물들이 피하면 다행이지만 빨리 달리는 자동차를 피하지 못하는 경우도 종종 있나 보았다. 실제로 차에 치인 야생동물 사체를 여러 번 보았다.

벌써 이틀 밤이나 차 안에서 보냈다. 그리고 오늘밤도 달리는 차 안에서 보내야 했다. 운전기사는 계속 바뀌었다. 모르긴 몰라도 때로는 시간으로 때로는 거리를 기준으로 지형지물에 맞추어 운전기사를 교대하는 것 같았다. 그때마다 뚱뚱한 기사, 홀쭉한 기사, 키가 작은 기사, 큰 기사 등이 차례로 운전대를 잡았다.

대초원의 관문 위니펙과 북서기마순찰대

버스는 매니토바의 주도인 위니펙에 도착했다. 미국 서부의 관문이 미주리 주 세인트루이스라면 위니펙은 캐나다 서부의 관문이다. 즉 1881년 캐나다 태평양 철도가 들어옴으로써 캐나다의 초원 주Prairie Province인 매니토바, 서스캐처원, 앨버타 주를 상대로 한 주요 곡물시장이자 유통 중심지로 자리를 굳혀 왔다.

꽤나 오래전인 중학교 지리시간이었다. 나는 늘 지리시간을 기다렸다. 다른 과목도 중요했지만 지리시간만큼 재미있는 시간은 없었다. 그리고 한국지리보다는 세계지리가 더 좋았다. 세계 여러 지역의 사정을 안다는 것에 흥미를 느끼고 있었던 만큼 지리 성적은 늘 남보다 앞섰다. 캐나다 위니펙을 공부할 때 대초원 주의 농산물 집산지로 세계 식량 창고의 역할을 하는 곳이라는 선생님 말씀을 듣고 언젠가는 한번 가보고 싶다는 생각이 마음속 깊이 있었다.

그런데 그 대초원의 관문인 위니펙에 왔다. 여기서는 버스 정차시간이 다른 곳보다 30분 더 길다는 운전기사의 말에 솔깃했다. 버스에서 내려 터미널 주위를 둘러볼 수 있었기 때문이다. 중학생 때의 일을 생각해서라도 최소 하룻밤 정도는 머물다 가고 싶은 마음도 없지는 않았다. 하지만 땅을 밟아 보고 분위기만 느끼는 정도로 만족해야 했다.

터미널 바로 앞에 위니펙대학이 있었다. 고풍스런 대학 건물과 현대 빌딩이 어우러진 대학 외관과 주변을 돌아다니다 버스로 돌아와 보니, 맨 앞자리는 노인들이 차지하고 있었다. 아쉽기는 했지만 조용히 뒷자리로 물러났다.

버스기사는 인원수를 몇 번이고 확인한 뒤 출발했다. 시내를 벗어나면서 위니펙이 지닌 진한 역사적 메시지를 느꼈다. 이곳은 단순히 대초원의 농산물을 유통시키는 곳만이 아닌 역사적 의미를 간직한 곳이었다. 캐나다의 대초원을 얘기하면서 꼭 짚고넘어가야 할 세 가지가 있다. 그것은 허드슨 만 회사Hudson's Bay Company, HBC와 메이티Metis 원주민 그리고 북서기마순찰대Northwest Mounted Police다. 이들은 서로 얽혀 있지만 이를 이해하지 않고는 오늘날의 캐나다, 좁게는 캐나다 서부를 이해하기 어렵다.

먼저 허드슨 만의 이름부터 살펴보자. 영국 탐험가인 허드슨 경은 네 번째 북미를 탐험하면서 그린란드와 허드슨 만 해안을 조사하던 중 1611년 6월 그가 탄 디스커버리호 선원들의 반란으로 행방불명되었는데, 이를 기념하기 위해 명명한 것이다.

그 후 1670년 영국 왕 찰스 2세는 크롬웰이 중심이 된 청교도혁명이라고도 불리는 영국내전에서 자신을 크게 도와준 왕자 루퍼트 공작에게 허드슨 만 회사를 하사하면서 북대서양과 연결되어 캐나다 북동 지역의 내륙 깊숙이 파고들어온 약 123만km²의 엄청나게 큰 허드슨 만으로 흘러들어가는 모든 하천 유역의 토지에 대한 권리를 인정하는 토지양도 증서를 주었다. 이에 회사가 소유한 토지를 그의 이름을 따서 루퍼트랜드라고 불렀다. 이는 오늘날 캐나다의 3분의 1이나 차지하는 것으로 매니토바 주 전부와 서스캐처원 주의 대부분과 앨버타 주 남부, 누나부트 준주 남부, 온타리오와 퀘벡 주 북부 그리고 미국 미네소타, 노스다코타, 몬태나, 사우스다코타 주의 일부를 포함하고 있다.

그리고 1821년에는 같은 영국계 경쟁업체로 몬트리올에 본부를 둔 북서

회사Northwest Company를 합병하여 규모를 키우면서 모피독점권을 밴쿠버와 컬럼비아를 중심으로 하는 태평양 해안까지 확대하였다. 동시에 허드슨 만에서 오리건까지 잇는 대륙 횡단 통로를 개척하여, 요소에 모피거래소를 설치하여 오리건 지역의 강자로 사업의 확대를 꾀하기도 했다.

1840년 유럽의 경기 여파로 모피무역이 침체되자 이곳의 거래도 급속히 가라앉았고, 캐나다 횡단 통로를 이용하여 대륙을 횡단하던 영국의 사냥꾼, 모피거래상, 무역상 등이 오리건에 정착하기 시작했다. 이렇게 오리건으로 이주민들이 몰리는 이유는 미국 미주리와 미시시피 지역이 습지여서 황열병과 말라리아가 널리 퍼져 있고, 로키 산맥 동부의 대분지는 척박한 건조 지역을 피해 물과 삼림이 풍부한 오리건 지역을 선호할 수밖에 없었다.

밴쿠버, 시애틀, 올림피아 지역을 망라하는 오리건 지역의 영토권을 주장하는 미국과 캐나다 그리고 스페인 정부는 벌써부터 기득권을 둘러싸고 대립하고 있었던 것이다. 특히 스페인이 이 지역 관할을 포기하면서 미국과 영국과의 마찰은 불가피했다. 그리하여 영국과 미국은 오리건 주의 영토 소유 문제를 토의하였으나 결론에 도달하지 못했다. 양국은 당분간 영토권의 주장 없이 공동으로 관리하기로 하는 6개 조항에 합의했다. 이에 허드슨 만 회사는 허드슨 만에서 태평양안의 오리건까지 수시로 왕래하면서 모피거래에 힘을 쏟고 있었다. 1820년 회사본부를 밴쿠버에 두고 태평양의 모피교역 중심지가 되어 영국 등에서는 모피교역을 위해 밴쿠버로 몰려들었다.

그 후 1869년에 루퍼트랜드를 캐나다 자치령 정부에 양도하면서, 그 긴 200년간의 사업 중심이었던 모피무역에서 소매업으로 옮겨 갔다. 이후 캐나다 최대의 소매업체로 발전하여 현재는 캐나다 유일의 백화점 더 베이 the Bay와 할인점 젤러스Zellers를 운영하고 있다.

두 번째로 나눌 이야기는 '메이티'라고 하는 혼혈공동체다. 일찍이 캐나다 중서부까지 진출한 초기 프랑스인들과 지역 원주민들 사이에는 모피와 유럽에서 가져온 물건 교환이 이루어지고 있었다. 그런데 독신으로 왔던 프랑스계 아버지와 원주민 어머니 사이에 많은 후손들이 태어나 만들어진 공동체다.

캐나다 연방정부의 인디언과의 화친정책과 개척지 사업 확장정책에서 소외되기 시작한 메이티들은 영국 식민지였던 그들의 주요 거주지인 캐나다 대초원을 중심으로 2차에 걸쳐 캐나다 북서부 매니토바에서 반란을 일으켜 한때 주도인 위니펙을 점령한 뒤 임시정부를 세워 루이 리엘을 대통령으로 내세우기도 했다. 그러나 강력한 연방군에 진압되어 '매니토바 주의 아버지'라 불리는 루이 리엘은 반역죄로 체포되어 1885년 11월에 교수형에 처해졌다.

그러나 메이티들은 오늘날도 서부 및 대초원 주인 브리티시컬럼비아, 앨버타, 서스캐처원, 매니토바, 온타리오 주 등 추운 북극지역에 사는 이누엣이나 북서해안과 고원 또는 대평원 그리고 삼림 속의 원주민과 더불어 캐나다에 제일 먼저 온 사람임을 자처하는 약 85만 명은 퍼스트 네이션을 칭하며 정체성을 잊지 않고 있다. 들리는 말에 의하면, 캐나다에서 자원개발에 투자할 때 연방정부나 주정부와의 협약이 이루어졌다 해도 이들의 동의를 얻지 못하면 사업 추진이 순조롭지 못하다는 것이다.

한편, 이 메이트들의 반란을 다룬 게리 쿠퍼 주연의 '북서기마순찰대'라는 영화가 만들어진 것은 이의 영향이 적지 않았음을 단적으로 말해 주고 있다. 여기서 등장하는 북서기마순찰대는 국경지역의 치안을 유지하기 위해 1873년에 북서기마소총대라는 이름으로 발족하였으나, 소총대라는 무장군대가 국경을 순찰한다는 강성 이미지를 줄이기 위해 북서기마순찰대로 이름을 바꿨다. 이후 이들의 활약상이 인정되어 1904년 왕립기마순찰대로 이름을 고쳤다가, 1920년에는 자치경찰대와 합쳐져 오늘날의 캐나다

기마순찰대로 되었다.

당시 미국 쪽에 거주하던 모피상들이 캐나다 대평원에 살던 원주민들의 질 좋은 모피를 얻기 위해 위스키 등 각종 주류를 가지고 와서 모피와 교환하곤 했다. 그러나 원주민들은 위스키가 그들의 공동체 생활을 파괴시킨다는 것을 안 뒤로는 백인 모피상들과 갈등이 생기기 시작했다. 그러던 중 1873년 6월 초 오늘날 서스캐처원 주 베틀크릭 지역 사이프레스 언덕에서 미국인 들소 사냥꾼과 캐나다 위스키 상인들이 말들을 도둑맞자 인디언 마을을 급습하여, 20여 명의 인디언이 목숨을 잃고 상인 한 명이 사망하는 등 마을이 초토화된 사건이 발생했다. 당시 말을 훔치는 것을 하나의 성인 의식으로 간주하던 인디언들은 백인 거래상들의 말을 도둑질하는 데 아무런 죄의식을 느끼지 못하고 있었다. 그러나 백인 모피상들은 범죄로 보고 말을 훔친 인디언을 처벌해야 한다는 입장이었다.

이 사건은 나중에 사이프레스 언덕 대학살Cypress Hill's Massacre이라고 알려졌다. 이 소식이 수도 오타와에 전해졌고 캐나다 정부는 미국에서 그랬던 것처럼 원주민과 정착민 간의 싸움이 일어나는 것을 원치 않았다. 그 결과 정부는 북서부를 순찰할 경찰병력을 조직하기로 했다. 1874년 북서기마경찰 첫 모집공고가 나붙었다. 그해 300명의 경찰병력이 북서부의 평화 유지를 위해 첫 장도에 올랐다. 처음에는 북서부의 광활한 지역을 300명의 경찰병력으로 다스린다는 것은 황당한 생각이라고 여겼다. 왜냐하면 미국의 경우에는 수천 명의 기병대가 작전을 전개하고 있었지만 원주민과의 분쟁이 악화일로에 있었기 때문이다.

기마순찰대는 서부로 행군하여 위스키상들의 거점 중의 하나인 읍업 요새에 도착했다. 순찰대가 도착했을 때는 위스키상들이 남쪽으로 모두 도망가고 아무도 없었다. 순찰대는 대평원 여러 곳에 초소를 세우고 병력을 배치했다. 붉은 제복에 말을 타고 대평원을 순찰하는 늠름한 모습은 곧 원주민들과 정착민들에게 믿음을 주었다. 캐나다 정부의 계획은 성공적이었다. 기마경찰은 원주민과 정착민 그리고 상인들 사이에서 일어나는 온갖 알력을 평화적으로 해결함으로써 중재인으로서의 본분을 다하고 있었다.

그들은 싸움을 미리 예방하고 어느 쪽도 편을 들지 않았다. 그래서 원주민들이나 정착민들에게 공정하게 일을 처리한다는 인상을 주었다. 특히 토지문제를 해결하는 일은 무엇보다도 중요했다. 이미 살고 있는 사람의 땅을 차지하려면 그 땅을 사들이든지, 아니면 그들을 이주시키든지, 그것도 안 되면 살고 있던 사람을 죽이는 등 세 가지 방법이었다. 북미 대륙에 도착한 유럽인들은 이러한 문제들에 직면했다. 유럽 국가들은 신대륙 여기저기를 자기들 땅이라고 주장했으나, 그곳은 이미 인디언들이 대대로 살아온 원주민들의 소유였다.

그러나 원주민들은 땅은 모든 사람의 것이라고 생각하고 있었기에 토지 소유 개념이 없었다. 그래서 처음에는 유럽인들이 이곳에 와서 정착하는 것을 크게 문제삼지 않았다. 그러나 유럽인들은 땅을 소유하려고 원주민들에게 자질구레한 장신구 몇 점과 유리구슬 몇 개를 주고 사들이기 시작했다. 때로는 원주민들과 친분 관계로 그냥 얻기도 했다. 그러나 점차 원주민들과 전쟁을 벌여 그들을 쫓아내고 강제로 땅을 빼앗았던 것이다.

캐나다에서도 정착민들이 점차 대평원의 내륙으로 들어오면서 원주민들이 설 땅은 점점 줄어들었다. 이에 미국과는 달리 캐나다인들은 원주민들과 싸우는 것을 피하면서 원주민들이 살고 있던 땅에 대한 지배권을 확보하기 시작했다. 즉 캐나다 정부는 각 지역에 거주하는 토착민과 조약을 맺어 나갔다. 이때 북서기마순찰대가 협상에 앞장섰다. 이러한 기마순찰대의 노력으로 캐나다 정부는 일부 원주민인 블랙풋Blackfoot 등을 제외하고 모두를 설득할 수 있었다.

그러나 이것도 1876년 조약을 맺어 캐나다 정부는 5인 가족 한 세대당

1평방마일로 계산하여 보호구역을 책정해 주고, 원주민들에게는 일정금액의 돈을 지불하기로 했다. 다만 블랙풋 인디언은 북서부의 아무 곳에서나 사냥과 고기잡이를 하는 조건이었다.

그 외에 캐나다 정부는 가축과 농기구를 원주민들에게 제공하고 새로운 농사법을 가르쳐 주기로 했으며, 식량이 부족하면 지원해 주기로 약속했다. 이러한 조약에 서명한 인디언은 다름 아닌 북서기마순찰대를 믿었기 때문이다. 그러나 점차 많은 이주민들이 북서부에 정착하면서 원주민들은 전통적인 들소사냥마저도 할 수 없게 되는 등 대평원에서의 생활에 서서히 종말이 다가온다는 사실에 체념했는지도 모른다.

이렇게 이주민이 증가하여 1905년까지 100만 명이 넘는 이민자들이 대평원에 정착하면서, 캐나다 정부는 대평원 지방의 북서 준주에 새로 두 개의 주를 세우기로 결정했다. 이때 새로 탄생한 주가 앨버타와 서스캐처원 주였다. 앨버타 주는 빅토리아 여왕의 딸 앨버타 공주에서 왔으며, 서스캐처원 주는 이곳을 흐르는 키시카체완 강에서 따온 것이다. 이렇게 해서 캐나다는 9개 주를 가진 나라가 되었다.

한편, 1884년 초 크루키드 호 주위에 살던 인디언들이 굶주림을 참다못해 한 농촌지도원에게 식량을 요구했으나 거절당했다. 기아로 죽음 직전에 직면한 인디언들은 양곡창고를 점거했고, 곧 북서기마순찰대가 현장에 출동했다. 인디언들은 창고 안에서 바리케이드를 치고 저항했으나 기마순찰대의 설득으로 사건은 무사히 진압되었고, 농촌지도원은 약간의 부상을 입은 것 외에는 인명 피해도 없었다. 이외에도 유사한 사건이 발생했으나 기마순찰대는 조용히 일을 처리했다.

1992년에 연방정부와 주정부는 서스캐처원의 퍼스트 네이션들의 토지 배상 협상에 역사적인 서명을 했다. 퍼스트 네이션인들은 토지 보상을 받았으며, 그들 종족을 위한 토지 구입을 오픈시장에서 할 수 있게 하였다.

또한 3,079km²의 토지를 획득했다. 약간의 퍼스트 네이션인은 새스커튠 시를 포함하는 도시 지역에 투자를 하는 등 정착해 살고 있다.

오, 나의 문명인 도시여!

토론토를 떠난 지 며칠이 지났건만 정차하는 간이터미널마다 샌드위치뿐이었다. 차가 멈추는 시간이 충분하지 않아 별미를 맛본다는 것은 나중으로 미루어야 했다. 다만 진작 먹을 것을 준비하지 못한 것이 아쉽기는 해도 도리가 없었다.

오늘 아침도 수프에다 빵이었다. 그리고 점심과 저녁에도 큰 차이가 있을 것 같지는 않았다. 3박4일째 달리는 차에서 지내고 나니 잠이 오면 자고, 눈을 뜨면 밖을 내다보고, 밤낮의 구분이 따로 없었다. 거기에다 세계에 대한 소식도 거의 끊어지고 완전히 시공을 초월해 가는 기분이었다.

위니펙을 벗어나 얼마 후 서북쪽으로 가는 16번 고속도로이자 옐로헤드 고속도로로 갈아탔다. 도로와 나란히 달리는 곡물을 실은 화물열차도 가도 가도 똑같은 대초원이 지루했던지 힘찬 기적소리를 내며 달리고 있었다. 그리고 만나는 기차역마다 거대한 곡물창고가 있었다. 이곳에서 기차에 실린 곡물들은 대부분 태평양의 항구로 와서 배로 아시아로 운반되었다.

달리고 달려도 온통 밀밭과 유채밭으로 뒤덮인 대초원은 멀리 가물대는 지평선만이 보일 뿐이었다. 곡물 대산지인 매니토바 주를 지나 서스캐처원 주 요크톤에 도착하여 한 시간가량 정차했다. 그 사이 거리를 둘러보았으나 주말 오후라 그런지 작은 타운의 중심가마저 적막한 찬바람만이 불고 있었다.

그런데 이곳에 한국인이 운영하는 태권도장임을 알리는 쇼윈도 안에 세계태권도연맹기와 태권도복 등이 눈에 확 들어왔다. 대초원 한복판에 있는 태권도장은 마치 우리 동포의 살아 있는 숨결 같았다. 출발시간이 되어 버스가 떠나자 나도 모르게 태권도장이 보이지 않을 때까지 목을 뒤로 젖혀 바라보았다.

주도인 리자이나에서 북쪽으로 250km 떨어진 서스캐처원에서 가장 큰 새스커툰 시가 멀리 보이기 시작했다. 모처럼 초원 속의 콘크리트 고층건물이 보이자 승객들이 술렁이기 시작하더니, 누군가가 큰 소리로 "오, 나의 문명이여!"라고 외치자 승객들은 박수를 치며 즐거워했다.

며칠을 초원 속에서 지내더니 도시의 콘크리트 건물을 문명이라며 환호하는 심정을 이해할 수 있었다. 2년간이나 고층건물을 보지 못했다는 후배 부인의 마음을 읽을 수 있었다. 농촌은 마음의 고향이라고 하지만, 도시는 문명의 꽃임을 다시금 느끼게 해 주었다.

미국이나 캐나다의 농가를 보면 대충 어느 민족 출신이 살고 있는지 알 수 있을 것 같다. 대초원의 거대한 밀밭을 경영하는 민족은 우크라이나 출신이 많고, 낙농은 네덜란드나 덴마크인들이, 축산은 영국인들이 하고 있다. 그리고 한국이나 중국, 일본인들은 노동집약적이거나 토지집약적인 원예농업에 종사하고 있다. 이는 각 민족별로 기후 풍토에 맞는 농사를 대대로 해 온 유전인자가 몸속에 배어 있기 때문이 아닐까 생각해 보았다.

서스캐처원 주만 해도 면적은 남북한의 3배나 되면서 인구는 겨우 100만 명을 넘으니, 초원의 적막함을 짐작할 수 있다. 그러니 25만 명 정도가 사는 새스커툰 시는 그야말로 초원의 꽃이자 문명이 활짝 핀 곳이었다. 그러나 내륙의 서스캐처원은 극심한 대륙성 기후를 보이고 있었다. 지금까지 온도를 보면 1937년 7월에는 최고 45°C를 기록했으며, 겨울에는 -45°C까지 내려가는 등 큰 차이를 보이고 있다.

이렇게 광활한 대초원 중심지에 자리한 서스캐처원 주는 캐나다 최대의 곡창지대임은 물론이다. 특히 밀은 캐나다 전체의 절반을 차지하며, 주 남부는 초지를 활용한 목축업이 활발하다. 최근 남부에서는 다량의 석유가 매장되어 있어 산유 주로서도 각광받고 있는 풍요로운 지역임을 느낄 수 있었다. 동시에 1905년 연방에 가입한 서스캐처원 주는 북미 최초로 사회민주당원으로 주지사에 당선된 토미 더글라스가 1944~1961년간 역임했다.

새스커툰 시에 도착하니 어느덧 밤 9시가 넘어 있었다. 버스는 이미 시간을 초월해 있었으므로 몇 시인가는 문제가 되지 않는 듯 사람들이 만나고 헤어지는 장면도 새삼스럽게 보이지 않을 정도가 되었다. 사람들이 타고 내리고 짐을 다 부릴 때까지 조금이나마 시내 공기를 마시고 싶어 20여 분 정도 거닐었다. 이제 밤새 달려 내일 아침이면 나의 일차 목적지인 에드먼턴이다.

다시 찾은 에드먼턴과 캐나디언 로키

토론토를 출발한 지 70여 시간 만에 동이 트기 전 앨버타 주도인 에드먼턴에 도착했다. 이제 운전기사가 몇 명이나 바뀌었는지 모를 정도였다. 일곱 번째까지는 세고 있었지만 그 이후는 잊어버리고 말았다. 승객들의 모습도 몹시 피곤한 듯 마치 운동시합에 진 운동선수들처럼 처져 있었다. 남자들은 수염이 까칠해졌고, 여자들 머리는 수세미처럼 제멋대로였다. 양치질도 제대로 못해 입냄새가 나는 듯했고, 옷은 마구 구겨져 가관이었다. 다리는 계속 쪼그리고 앉아 있어 잘 펴지지 않을 정도로 뻐근했다. 그러나 기분은 너무 좋았다.

5년 전에 와 보았던 에드먼턴과 앨버타대학은 변한 것이 없었다. 숙소를 정하고 농촌경제학과에 가니, 학과장과 교수들이 반갑게 맞아 주었다. 이곳

에 일주일 동안 머물면서 컨디션도 회복하고 자료는 얻고 가보고 싶은 곳
도 방문하기로 했다.

5년 전 주한 캐나다 대사관에서 캐나다 연구를 장려하는 프로그램에 참
여하여 캐나다의 토지제도에 관한 연구를 하러 북미 대륙에 첫발을 내디
뎠다. 그 후 두 달간 앨버타대학 농촌경제학과에 머무르며 캐나다의 농지
제도에 관한 조사를 진행하면서도 가끔 여행을 했다.

앨버타 주는 오래전부터 강원도와 자매결연을 맺고 있어 낯설기보다 친
근감이 더 느껴졌다. 그런 일환인지 몰라도 강원도 교육청의 중등교사들
이 매년 여름방학이면 이 대학에 와서 영어연수를 받고 있었다. 그들과 같
은 기숙사를 이용하면서 함께 1일 투어를 하곤 했다. 그리고 예전에 잘 보
이지 않던 우리나라 어학연수생들이 조기유학 붐을 타고 강의실을 찾아가
는 모습을 바라보며 여러 상념이 교차했다.

드럼헬러 타운은 강원도 태백시와 많이 닮았다. 원래 이 타운은 1910년
석탄을 채굴하기 위해 이 지역을 사들인 사무엘 드럼헬러 대령의 이름에서
따왔다. 1912년 철도가 놓이면서 1916년에 인구 312명의 타운이 되었다가
1930년에는 2,987명으로 증가하여 시로 승격했다. 15년 사이에 인구가
857%나 증가한 것이다. 그러다가 1998년에는 인구 감소로 인근 지역과 통
합되면서 다시 타운으로 격하되었다.

즉 1900년대 초부터 1950년대까지 광부들은 일주일 내내 쉬지 않고 일
하며 돈을 벌었다. 이처럼 과거에는 사람들이 검은 노다지인 석탄을 찾아
이곳까지 밀려들었다가 석탄산업이 사양산업으로 전락하자 물 빠지듯 빠
져나갔다. 다행히 이곳에서 세계 최대의 공룡화석이 발견되어 이에 걸맞게
세계에서 가장 큰 공룡박물관이 자리잡고 있을 뿐만 아니라, 빙하시대의
흙과 진흙으로 이루어진 신비한 후드스Hoodoos 등이 있어 사람들의 발길
이 끊임없이 이어지고 있었다.

우연히 앨버타대학을 방문한 수원과학대학의 이달표 교수를 만났다. 그도 나도 초행길이었지만 차를 빌려 재스퍼에서 밴프까지 약 300km를 달려 루이스 호수 인근에서 하루 캠핑을 하면서 로키 산맥의 품에 안겼다. 주변의 웅대하고 장엄한 자연경관에 입이 다물어지지 않았다.

설악산 울산바위를 볼 때마다 '아! 정말 크고 아름답구나' 라고 생각했는데 양쪽에 수백 개의 울산바위 같은 바위산이 도열해 있는 것을 보는 순간 뭔가에 압도당하는 듯했다. 동시에 크고 작은 아름다운 호수와 빙하 그리고 숲 사이를 흐르는 강을 보면서 경탄을 금치 못했다. 더욱이 마릴린 먼로가 주연한 영화 '돌아오지 않는 강River of No Return' 을 이곳에서 촬영했다고 해 더 정감이 갔다.

밴프는 특급호텔, 우아한 레스토랑, 화랑, 토산품점, 스키장 등 오락시설들로 이루어진 종합 위락단지였다. 특히 좋았던 것은 산 중턱에 있는 노천온천에서 산아래를 굽어보며 여유롭게 수영을 즐긴 것이다. 그리고 캘거리를 찾아 동계올림픽 시설들을 둘러보고 돌아오면서 마치 꿈속을 다녀온 듯한 기분이었다.

자료 수집도 수집이었지만, 에드먼턴에서 멀지 않은 곳에 컬리플라워를 재배하는 한인농장과 농촌지도소를 찾아갔었다. 20여 년 전에 농업이민을 와서 주로 인도인 노동자를 고용해 여름철에 컬리플라워만 재배하고 있는 한인농장은 대형 농기계와 창고 등 캐나다식의 대규모 경영방식을 취하고 있었다. 농장주와 한참 이야기를 하다 보니 동향의 선후배 사이였다. 무척 반가웠다. 덕분에 대접도 잘 받고 공부도 많이 했다.

선배인 그의 소개로 인근 마운틴 뷰의 농촌지도소를 방문했다. 나는 소장에게 요즘 최대의 관심사가 무엇이냐고 물었다. 여러 가지가 있지만 특히 지속가능한 농업프로그램을 위한 농가교육이라고 대답했다. 이어서 효율적인 토양보전법과 물관리법 그리고 온실가스를 줄이기 위해 직접 농가를 방문하여 연구와 교육을 동시에 실시하고 있다고 했다.

설명을 듣고 나서 이 지역의 농장 지도를 부탁했더니 최근에 제작된 지도를 한 장 주었다. 사방 1마일씩 나눈 섹션 36개가 하나의 타운십을 이루는 지도였다. 지도 전체가 우리나라처럼 꾸불꾸불 휘어진 곳이 없이 사각형의 토지 모양이었다. 이는 대서양부터 태평양까지 이어지는 것으로 농장관리에 얼마나 편리한지 알고도 남았다. 지도 위에는 빨간 점의 농가 위치와 농장주의 이름이 대략 1마일 간격으로 적혀 있었다. 말하자면 이웃 농가 간의 거리가 최소 1km는 넘는다는 얘기였다. 이 지도 한 장만 있으면 지역의 농장분포나 경작상황 등을 금방 파악할 수 있도록 상세했다. 지금도 이 지도는 미국과 캐나다의 타운십 제도 교재로 잘 활용하고 있다.

그리고 또 들러보고 싶은 곳은 목조방책으로 된 우리 민속촌과 같은 에드먼턴 요새와 세계에서 제일 크다는 웨스트에드먼턴 몰이었다. 이미 다녀온 곳이었지만 어떻게 변했는지 보고 싶은 마음이 굴뚝같았다.

에드먼턴 요새는 모피회사인 허드슨 만 회사가 노스서스캐처원 강변에 요새를 건설한 초기 정착민들의 생활 모습을 섬세하게 재현해 놓았다. 당시 옷차림을 한 사람들, 마차, 초기 자동차, 가옥과 인테리어, 간판, 인디언 부락, 목공소, 잡화점 등 모든 것이 옛것 그대로였다. 이 요새는 군사적인 목적이라기보다는 상업적인 방책에 더 가까웠다.

운좋게도 이 요새에서 백인들의 태권도 시범경기가 열리고 있었다. 높은 가설무대 위에서 힘차게 기합을 넣어가며 기본형과 기타 품새를 보여 주고 마지막으로 격파를 하는 모습은 국내에서와 똑같은 수순이었다. 무대 주위에는 많은 시민들이 둘러서서 호기심과 관심을 보이며 박수를 보냈다. 나도 주먹을 불끈 쥐고 끝날 때까지 자리를 지키고 있었다.

이어서 찾아간 몰은 규모면에서 상상을 초월했다. 세계 8대 불가사의의 하나로 북미 최대이자 아랍에미리트UAE 두바이 몰과 더불어 세계 10대 몰 안에 들어 있다. 800여 개가 넘는 상점과 이튼Eaton, 시어스Sears, 베이 Bay 등의 주요 백화점, 대형 슈퍼마켓과 쇼핑센터, 영화관 외에 디너 극장 등 100여 개가 넘는 각종 음식점, 아이스링크, 월드 워터파크, 테마파크인 갤럭시 랜드, 카지노, 오락실 등 최고급 시설로 꽉 차 있었다.

험하고 아름다운 로키 산맥을 넘어서

 이렇게 시간을 보내다 보니 떠날 시간이 가까워졌다. 석별의 인사는 언제나 아쉬움과 기대감을 동시에 갖게 된다. 드디어 밴쿠버로 가기 위해 예약해 둔 열차표를 들고 숙소를 나섰다.

마침 이곳에서 환경경제학을 공부하는 고대 농경제학과 출신 한영욱 군 이 역까지 배웅을 해 주었다. 역에서 아침식사를 같이 하고 기차에 올랐 다. 객차가 30량은 되는 듯 우리나라 열차보다 5배나 길었다.

토론토에서 출발한 대륙 횡단 열차의 보통칸은 지정석이 없고 승객이 빈자리에 앉으면 차장이 와서 선반 위에 사람이 앉았다는 표시로 카드를 끼워 두었다. 비록 편히 갈 수 있는 침대칸은 아니지만 버스보다는 공간이 훨씬 넓어 안락하고 자유스러웠다.

잠을 잘 때 필요한 모포와 베개는 돈을 주고 차장에게 빌렸다. 처음에는 모르고 옆에 있는 베개를 안고 있었더니 건너편 아줌마가 자기 거라고 달라고 해 비로소 돈을 주고 빌린다는 것을 알았다.

이 글을 쓰면서 그간 다녀온 기차여행을 생각해 보니 적지 않은 거리였 다. 우선 베트남 호치민에서 하노이를 지나 중국 상하이까지 아시아 대륙 남북을 종단하고, 블라디보스토크에서 모스크바를 거쳐 상트페테르부르크까지 시베리아 횡단, 인도 델리에서 콜카타까지 인도 대륙 횡단, 중국 베이징이나 상하이 또는 난징에서 내륙 깊숙이 동서를 가로지르고, 유레일패스를 이용하여 헝가리 부다페스트에서 포르투갈 리스본을 둥글게 돌며 유럽을 일주한 일들이 머리를 스치고 지나갔다.

밴쿠버행 열차 내의 방송은 영어와 불어로 번갈아가며 나왔다. 날씨가 맑아 로키를 잘 볼 수 있을 거라며 사람들의 기대가 컸다. 마치 사람들은 내가 그랬듯이 로키를 보기 위해 열차를 타는 것 같았다. 열차는 재스퍼를 향해 서진하고 있었다. 초원의 끝이 보이기 시작했다. 드디어 멀리 로키 산자락들이 보였다. 이 산자락 사이를 빠져나가니 재스퍼 역이었다.

일전에 들렀던 곳이지만 주변의 경치는 모두 처음 보는 듯한 신비로움으로 가득했다. 캐나디언 로키 하이웨이를 달려온 많은 사람들이 열차에 올랐다. 여승무원이 바쁜 걸음을 재촉하며 열심히 일하고 있는 모습이 인상적이었다.

내 좌석 앞에 백인 부부가 앉았다. 그들은 미소를 보이더니 이내 나에게 말을 걸었다. 먼저 일본 사람이냐고 물었다. 그리고 중국 사람이냐고도 물었다. 그것도 아니라고 했더니 어디에서 왔느냐고 재차 물었다. 내가 한국인이라고 했더니, 이번에는 남한이냐 북한이냐고 물었다. 사우스코리아라고 하니 요즘 남북관계에 관심이 많다는 얘기를 꺼냈다. 이들이 어찌 피를 나눈 부모형제가 헤어져 살고 있는 우리 심정을 알랴마는, 그들은 그저 남북분단 상황을 시사상식 정도로 말했다. 하루라도 빨리 통일이 되어 세계인들이 다시는 남한에서 왔느냐, 북한에서 왔느냐고 묻는 일이 없기를 기원했다.

이렇게 큰 산맥을 넘으면서도 터널다운 터널이 별로 없는 것이 다소 의아스러웠다. 애초 철도를 건설할 때 굴착기술이 부족한 상태에서 되도록 경사가 낮은 계곡 길을 택한 까닭이라는 생각이 들었다. 앞에 앉은 부부는 토론토에 살면서 육로로 대륙을 돌아볼 계획이라고 했다. 그들에게 캐나다는 인구소국 국토대국, 한국은 인구다국 국토소국이라고 하자, 면적이 크다는 것에 엄청 자부심을 느끼는 듯 여유를 보였다.

열차는 서쪽의 태평양을 향해 열심히 달리고 있었다. 10분 후에 아름다운 폭포 앞을 지나니 구경을 잘 하라는 안내방송이 나왔다. 사람들은 기차 두어 칸마다 하나씩 설치된 옥상 전망대로 자리를 옮겼다. 나는 기차에 전망대가 있는지 몰랐다. 이뿐만 아니고 백설로 뒤덮인 높은 산을 지나거나, 높은 산이 호수에 비쳐 아름다운 경치를 볼 수 있을 때 안내방송을 해 주었다. 그러면서 그 앞을 지날 때는 아주 천천히 서행하는 서비스도 아끼지 않았다. 전망대는 앉아서 웅장한 로키를 사방에서 잘 볼 수 있도록 유리천장으로 둘러쳐져 있었다. 그렇게 넓지 않은 공간이라 5분 이상 지체하지 않고 교대로 다른 사람들도 조망할 수 있도록 양보했다.

잠이 들었는지 눈을 뜨니 밤 10시가 넘은 시각이었다. 창밖에는 둥근 달이 기차를 따라오고 있었다. 전망대에는 두 사람이 조용히 앉아 달빛을 즐기고 있었다. 높은 설산과 그 아래 호수에 비친 산그림자가 속세를 떠난 별세계 같았다. 그 옛날 둥근 달을 볼 때마다 소원을 빌던 기억이 떠올랐다.

동시에 1896년 러시아 황제 니콜라이 2세 대관식에 축하사절단 대표로 임명된 민영환이 열차를 타고 로키 산맥과 대초원을 횡단하면서 쓴 『해천추범』 속에 "강 옆으로 길이 험한데 산에는 교량을, 물에는 다리를 놓고 쇠로 궤도를 설치하여 바람이 달리고 번개가 치는 듯하더니 보던 것이 금방 지나가 거의 꿈속을 헤매는 것 같고 확실치 아니하여 능히 기억할 수 없다"라는 표현이 참으로 이해되었다. 그리고 그가 남긴 시가 가슴에 와 닿았다. '캐나다의 큰 기차를 타고 동쪽으로 9천 리를 가다' 라는 시는 기차라는 신문명의 발명품과 대자연과 인간의 관계를 말해 주고 있었다.

기차 바퀴가 철로 위를 나는 듯 빠르게 가고
가건 쉬건 마음대로나 조금도 어김이 없으니
이치를 꿰뚫어 누가 이 방법을 알았으리요?
한 잎의 차를 끓이다가 신의 기계를 만들었으니

　다시 열차 안으로 내려오니 이곳은 현실이었다. 넓지 않은 좁은 공간에 많은 사람들이 허리를 구부리고 불안한 자세로 자고 있었다. 기차는 여전히 숨도 차지 않은지 쉬지 않고 달렸다. 목적지인 밴쿠버에 가까이 왔는지 사람들이 웅성거렸다. 아침 해가 떠오르는 듯 차창 밖이 훤해졌다. 무려 23시간이나 달려왔다.

　나도 짐을 챙기기 시작했다. 옷도 구겨지고 수염도 자라 행색이 말이 아니었다. 드디어 밴쿠버에 도착했다. 이제 귀국행 비행기에 몸을 싣는 일만 남았다. 열차에서 내려 셔틀버스를 타고 공항에 도착하여 출국수속을 마쳤다. 마음은 벌써 고향으로 향하고 있었다.

　비행기에서 로키 산맥과 밴쿠버 시내를 내려다보면서 오타와, 나이아가라, 토론토, 초원 3개 주와 대서양주 그리고 로키 산맥을 넘는 대장정을 무사히 마쳤다는 기쁨을 온몸으로 느끼고 있었다.

1 1866년에 창립된 캐나다에서 가장 오래된 제11야전포병 연대   2 킹스턴 역에 있는 옛 증기기관차
3 캐나다 1번 횡단 고속도로   4 휴게소에 정차한 캐나다 그레이하운드 고속버스   5 캐나다 대륙 횡단
고속도로망

1 대서양에서 처음으로 운행된 열차 2 캐나다 대륙 횡단을 구상한 맥도널드 경 3 캐나다 태평양
철도를 건설하기 위하여 산악지대에서 일하는 중국인 노동자 4 캐나다 횡단 철도의 마지막 스파이크
를 박는 도널드 스미스 남작 5 캐나다 철도회사가 운영하는 철도망

6 1900년 캐나다 서스캐처원 주의 뗏장집 모습 7 1903년 노스다코타 주의 뗏장집
8 위니펙대학 정문과 건물 9 캐나다 모피거래소 모습

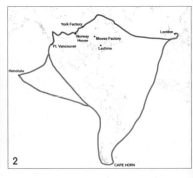

1 1901년 앨버타 주 캘거리 지역을 행진하는 북서기마순찰대　2 허드슨 만 회사 HBC의 영국행 루트, 파란색은 요크 팩토리 익스프레스　3 매니토바 주 대초원을 달리는 횡단 열차　4 서스캐처원 주 시골 마을에 한국인이 경영하는 태권도장　5 철도변의 곡물창고

6 에드먼턴 인근의 컬리플라워 한인 농장에서 일하는 인도 노동자들
7 에드먼턴 요새   8 드럼헬러 후두스

1 웨스트에드먼턴 몰 안의 해적선 2 로키 산맥 계곡 사이를 달리는 열차 전망대
3, 4 차창 밖으로 보이는 로키 산맥의 경치

제5부

미 북부
대평원과
로키를
넘어

세계의 빵바구니 콘벨트

정든 뉴헤이번을 떠나다

예일대학 객원교수 생활이 끝나가고 논문도 써야 하는 등 여러 가지 숙제가 남아 있었지만, 나로서는 꼭 해야 할 일이 하나 남아 있었다. 그것은 캐나다 국경에서 가까운 미 대륙 북부 루트를 이용하여 동쪽에서 서쪽으로 횡단하는 일이었다. 이미 북미 대륙의 남부와 중앙 루트를 따라 횡단하였기에 이번에는 북부 도로를 따라 횡단하고 싶었다. 그렇게 하면 캐나다를 버스와 자동차 그리고 기차 등으로 릴레이 하듯 대서양에서 태평양안까지 횡단한 것까지 전 북미 대륙을 일주한 셈이 되기 때문이다.

그런데 방법이 문제였다. 지금까지 타고 다니던 차로 갈까, 아니면 지금 차를 팔고 렌트를 해서 갈까 하는 것이었다. 우리가 타던 자동차를 처음 구입할 때 6천 달러를 주었는데 막상 팔려고 하니 2천 달러에 다시 사주겠다고 했다. 하지만 렌트 비용에는 많이 모자라는 금액이었다. 그래서 기왕에 타고 다니던 차로 대륙을 횡단한 후 현지에서 차를 처리하는 방법은 없을까 고민을 하고 있는데, 주위에서 샌프란시스코 주변 대학의 한인 홈페이지에 들어가 차를 타고 대륙을 횡단한 다음 이 차 구입을 희망하는 사람을 찾아보라고 조언해 주었다. 나는 스탠퍼드대학 한인유학생 홈페이지에 1천 달러 정도에 차를 팔겠다는 내용을 올렸다. 다행히도 전주 모 대학 교수가 스텐포드대학 객원교수로 오면서 내 차를 사겠다고 했다. 그리하여 대륙을 건너 대학 캠퍼스에서 만나 차를 인계하기로 약속했다.

이렇게 북부 루트 횡단을 위한 차 문제가 해결되었다. 드디어 미국에 도착한 이래 꼭 만 일 년이 되는 날이 밝았다. 입국할 때 체류 허가기간은 일 년이었지만 귀국 시에는 어느 정도 유예기간이 인정되었다. 그렇지만 마음이 쫓기듯 바빴다. 아무튼 우리는 찌는 듯한 더위 속에 꼼꼼히 귀국 준비를 했다.

언제 타시 오랴 싶어 아이들에게도 다니던 학교를 다시 둘러보게 하고, 나는 예일대 연구실을 비롯하여 자연사박물관과 구텐베르크 성서와 이집트 파피루스 등 희귀도서를 70만여 권이나 소장하고 있는 희귀문서도서관을 돌아보았다.

비록 일 년이라는 짧은 시간이었지만 미국을 포함하여 캐나다와 멕시코를 잇는 북미 대륙을 잘 이해할 수 있게 해 준 곳이어서 아쉬움과 미련이 교차했다. 특히 사회정책연구원 농민연구소는 나에게 학문적으로나 인간적으로 너무나 애틋한 곳이었다. 연구소 책임자인 제임스 스콧 교수는 방학 전부터 노르웨이에서 휴식중이고, 비서도 영국으로 여름휴가를 떠나 그야말로 정적이 감돌고 있었다. 다만 새로 각 대륙에서 온 포스닥 과정의 몇몇 사람들만 남아 책과 씨름하고 있었다.

하기는 여름방학이 시작되기 전에 이미 송별회가 열렸었다. 특히 포스닥 중심의 이 연구소는 방학이면 만나고 헤어지는 일은 늘 있어 왔다. 그리고 교회 식구들과 뉴욕의 친구들과도 이미 석별의 정을 나눈 뒤였다.

또한 그간 쓰던 생활용품 중 새로 오는 사람에게 물려줄 것은 물려주고 나머지는 이미 배편으로 보낸 터라, 당장 필요한 물건과 대륙을 횡단하는 데 쓸 캠핑도구만 남아 있었다. 드디어 우리는 8월 2일 아침 집을 비워 주기로 했기에 떠날 준비를 마치고 마지막 밤을 보냈다.

8월 2일 아침 8시, 짐을 차 지붕 위까지 올려 실은 우리는 그간 정들었던 이웃집은 물론 마을사람들과 작별 인사를 나누었다. 그리고 9시경 뉴헤이번을 떠나 수없이 다녔던 15번 파크웨이와 I-95번 고속도로를 번갈아 달려 맨해튼을 관통했다. 뉴욕은 언제 봐도 역동적이며 매력 있는 도시였다.

세계에서도 가장 바쁘다는 허드슨 강 위에 세워진 2층 구조의 조지워싱턴 브리지를 건너 뉴저지 주로 들어섰다. 이 다리는 건널 때마다 14달러나 되는 높은 통행료를 내야 해서 한숨이 나오곤 했었다. 우리뿐만 아니라 이 다리를 통과하는 교포나 미국인들도 같은 마음이었다. 그래서 그런지 보도나 자전거도로를 왕래하는 사람도 적지 않았다. 아무튼 그 오래전에 이 다리를 세운 사람들의 숭고한 뜻과 기술에 탄복하면서도, 100년 가까운 세월 동안 많은 사람들의 자살 장소로 이용되는 등 숱한 사연을 지닌 곳이라 숙연해지기조차 했다.

미국에서 받은 대통령상

아이 셋이 초·중·고에 각각 다니고 있어 우리는 차례로 학교 종업식에 참석했다. 지난 학기를 반추하며 새로운 학기를 준비하는 모습은 우리나라와 별 차이가 없었다. 다만 학생들을 격려하기 위한 상이 우리보다 넉넉하고 푸짐하다는 생각이 들었다.

중학교에서는 과목별 그리고 학습태도 등에 따라 다양한 상을 주었다.

우리 둘째딸도 과목별로 상을 몇 개나 받았다. 초등학교는 이보다 더 푸짐했다. 레이스브룩초등학교는 학부모에게 정식으로 종업식에 참석해 달라는 초청장을 보내왔다. 학생들과 학부모들로 꽉 찬 강당에서 종업식이 시작되었다. 저학년 학생들은 교실에서 선생님이 상장을 전달하고 6학년생들에 대한 시상식이 있었다. 졸업생 70여 명이 한 명씩 일어나 상장을 받으러 단상에 올랐다. 그런데 시상식이 거의 끝나가는 데도 우리 아들의 이름은 불리지 않았다. 그렇게 상을 많이 주는데 하나도 받지 못하나 싶어 아쉬워하고 있었다.

그때 지금부터는 부시 미합중국대통령의 상을 수여하는 시간을 갖겠다고 했다. 먼저 두 명의 이름을 부르고 나서 '상범 전'이라고 호명했다. 우리는 귀를 의심하며 너무 놀란 나머지 입을 다물지 못했다.

아들 녀석은 미리 알고 있었으면서도 혹시 잘못 들었나 싶어 우리에게 알리지 않았다고 한다. 혹시라도 아니면 실망이 클 것 같아 그랬다는데 할 말이 없었다. 오히려 떠벌리는 것보다는 낫다고 여겨 칭찬을 아끼지 않았다. 아무튼 미국에 와서 대통상을 받다니, 커다란 환갑상을 받은 기분이었다. 담임선생님 말씀은, 성적은 최상위는 아니었지만 매사 적극적이고 열성적으로 학교생활을 잘해 잠재력을 높이 평가하여 교사회의에서 결정했다고 한다.

이렇게 작은 학교에서 여러 명이 대통령상을 받는다는 것이 신기했다. 상은 잘했다고 주는 것이 아니라 더 잘하라고 준다는 것을 새삼 느꼈다. 특히 청소년을 격려하는 일은 좋은 것이라는 생각이 들었다.

나도 언젠가 수상자를 뽑는 심사위원으로 참석한 적이 있었다. 개인에게 주는 상도 있고 마을공동체에 주는 상도 있었다. 특히 농어촌 관련 상은 대개 수확 후에 주기 때문에 상을 받는 사람과 단체는 한해 두 번 수확하는 즐거움을 만끽할 수 있다. 그래서 11월과 12월은 시상의 계절이었다.

세계적으로 최고 권위 있는 노벨상도 10월에 선정해서 12월 10일에 수여한다. 그래서 10월이면 신문에 눈길이 많이 간다. 올해는 우리나라 어느 학자가 노벨상을 받지 않을까 하는 기대 때문이다.

모든 상은 이제까지의 업적을 평가하여 이를 행한 인재를 세상에 알려 귀감으로 삼고자 하는 뜻이 담겨 있다. 그러나 과거의 결과에 대한 평가도 중요하지만 미래에 대한 동기부여가 더 중요하다고 생각한다.

지금 대학에서 내가 하고 있는 개발도상국 정부지도자 연수를 마치고 귀국하는 연수생들에게 상이 지닌 가치를 훼손하지 않는 범위에서 최대한 상을 주려 하고 있다. 비록 작은 상이지만 그들이 귀국해서 자긍심을 가지고 지역사회에 힘과 용기와 긍지를 심어 달라는 무언의 사인인 것이다. 특히 상을 계기로 더 분발하여 큰 리더로 성장해 달라는 뜻이 담겨 있다. 왜냐하면 '하면 된다'는 것을 스스로 체험했기 때문이다.

그런데 우리나라는 상의 권위 때문인지는 몰라도 상을 주는 데 너무 인색한 편이다. 상은 가능하면 많을수록 좋다고 본다. 상은 남의 단점을 지적하는 것이 아니라, 그가 한 일을 찬양하고 칭찬하는 일이다.

아들녀석이 상을 받던 그해 미국에서 대통령상을 받은 학생이 무려 15만 명이 넘는다고 한다. 대통령 상장과 부상으로 백악관이 새겨진 배지와 대통령이 서명한 편지가 전부였다. 편지에는 상을 받은 학생과 가족에게 보내는 축하인사와 함께 앞으로 귀하가 속한 공동체의 발전과 위대한 국가건설 그리고 인류의 보편적인 복지와 가치를 높이는 데 기여해 달라는 내용이었다. 이런 상과 편지가 어린 학생의 미래에 발전을 촉진시키는 최대의 동기부여가 될 것이라고 생각한다.

피츠버그에서 자선사업을 생각하며

조지워싱턴 브리지를 지나 곧 뉴욕에서 샌프란시스코로 이어지는 I-80번 고속도로에 올라섰다. 그리고 인구밀도가 높은 뉴저지를 지나 펜실베이니아 주로 접어들자 그렇게 많던 차량들의 왕래가 갑자기 줄어들었다. 그도 그럴 것이 대도시에서 조금만 빠져나와도 전형적인 농촌이 전개되었기 때문이다.

우리는 계속 서쪽으로 나아갔다. 펜실베이니아 주를 여러 번 횡단했던 터라 낯설지 않았다. 장방형으로 길게 생긴 주는 남한보다 약간 큰 면적에 횡단 동서 폭이 대략 500km으로 서울-부산보다 조금 더 길다. 또한 산삼이 많이 자생하고 있다는 애팔래치아 산맥이 남북으로 주를 지나고 있어 마치 강원도 어딘가를 지나고 있는 느낌마저 들었다.

특정 지역을 생각하지 않고 한참 달리다 보니 도로안내판에 슬리퍼리록이란 간판이 보였다. 그때서야 강원대와 자매대학인 슬리퍼리록대학이 생각났다. 이 안내판을 본 순간 핸들은 서진이 아닌 남쪽으로 뻗은 I-79번 고속도로로 들어섰다. 이렇게 가다가 보고 싶은 곳이 있으면 핸들을 돌려대는 자유로움을 만끽했다. 강원대는 미국의 크고 작은 여러 대학과 자매결연을 맺고 있지만, 이 대학같이 작은 대학과의 관계가 오히려 교수나 학생들을 위한 실질적인 혜택이 오가는 인적 교류 효과는 컸다.

한참 달리다가 2차선 국도로 빠지니 슬리퍼리록 카운티의 대학 캠퍼스가 금방 눈에 띄었다. 8월 3일 새벽 3시였다. 인적은 완전히 끊기고 가로등만 캠퍼스를 밝히고 있었다. 넓은 운동장 한쪽에 차를 세우고 날이 밝기를 기다렸다. 아마도 겨울이었다면 추운 펜실베이니아의 밤을 견디기 어려웠을 것이다.

달리 방법이 없었던 우리는 차 안에서 잠들었다가 새벽운동 나온 사람들의 차량소리에 눈을 떴다. 아침에 본 대학 모습은 전형적인 시골 대학으로 조용히 지내기는 안성맞춤이었다. 또 방학 중이라 주민들이 새벽운동을 마치고 돌아간 뒤 캠퍼스에는 다시 깊은 정적이 감돌았다.

잔디밭에 앉아 준배해 온 밥을 먹으면서 이 대학을 다녀간 여러 동료들의 이름을 하나하나 떠올렸다. 태양이 점점 높아지자 우리는 이곳 생활권의 중심지인 피츠버그로 향했다. 이 대학에 교환교수로 다녀간 동료들이 워낙 시골이어서 가끔 피츠버그로 쇼핑을 갔었다고 말한 기억을 더듬으며 나아갔다.

자동차로 한 시간 남짓 남쪽에 있는 펜실베이니아 주에서 두 번째로 큰 도시이자 풍부한 문화적·역사적 유산을 지닌 피츠버그를 말하지 않고서는 펜실베이니아 주를 설명하기 힘들다. 이미 다녀본 펜실베이니아의 동남쪽 필라델피아나 게티스버그 등은 미국 독립과 남북전쟁의 중심지로서 기억이 생생하나, 이곳은 그 이후 미국 산업의 중심지로서 인식이 박혀 있었다. 오하이오 강과 앨러게니 강 그리고 모논가헬라 강 등 세 강으로 둘러싸인 다운타운은 골든 트라이앵글이라고 불리는 곳으로 오피스, 백화점, 고급호텔 등 각종 편의시설이 몰려 있었다. 첫눈에도 강 건너 산 정상을 향해 오르는 빨간 인클라인 철도Incline Railway 그리고 강과 어우러진 상업도시로서의 모습을 지닌 아름다운 도시였다. 강을 가로지르는 다리들도 가히 일품이었다.

이처럼 뭔가 눈에 띄는 것들이 삼각형을 이루고 있거나 세 개의 지점 위에 돈이 많이 될 때 흔히 '트라이앵글'이라는 이름을 붙인다. 즉 동남아시아의 태국, 라오스, 미얀마 국경의 메콩강에 삼각형을 이루고 있는 아편과 헤로인 등으로 반정부 집단의 금고 역할을 했던 마약 주요 생산지가 먼저 떠올랐다. 하지만 최근에 가보니 메콩강의 트라이앵글은 과감한 노력으로 과거 마약 밀매 중심지로서의 오명을 벗어나고 있었다. 즉 미래를 향한 발전기지로 성격이 바뀌어 가고 있음을 확인했다. 한편 최근 한·중·일 비행기 노선을 트라이앵글이라 부르고 있다. 이처럼 트라이앵글은 어떤 특정 지역만을 지칭하는 것이 아니라 돈이 되는 것이 있으면 붙이던 별칭이었다.

피츠버그를 더욱 생각나게 하는 것은, 1887년에 창단된 미국 메이저리그 내셔널리그 중부지구에 소속된 피츠버그 파이어리츠팀에서 김병현과 박찬호 그리고 강정호 선수가 맹활약한 곳이기 때문이다. 거기에다 철광왕 앤드류 카네기의 본거지도 피츠버그다. 이처럼 피츠버그는 철광업의 대명사다. 즉 카네기가 미국 철강업계를 지배하면서 1900년에 세운 카네기멜론대학이 있는 것만 보아도 알 수 있다.

사실 카네기는 영국 스코틀랜드의 가난한 노동자 아들로 태어났는데, 1848년 카네기 집안은 가난을 벗어나기 위해 이곳으로 이주해 왔다. 그는 어려서부터 잡일, 전보배달원, 전신기사 등의 일을 전전하다가 1853년 펜실베이니아 철도회사에 취직했다. 남북전쟁에도 참전했던 그는 1865년까지 이곳에서 장거리 여행자를 위한 침대차와 유정사업 등에 투자해 큰돈을 벌었다. 그는 이 돈을 장차 철과 강철에 대한 수요를 예견하고 1892년 카네기철강회사를 설립했다. 이후 사업 수완을 발휘하여 19세기 후반 미국의 철강산업을 지배하면서 번 돈으로 당대 최고의 자선사업가로 등장했다. 그 자선사업 또한 어마어마한 규모였는데, 그중 미국 전역에 2,500개의 도서관을 지어 기부한 이야기는 유명하다.

이처럼 개인 자산을 사회복지사업에 투자하는 대부호들의 이야기는 미국에서는 더 이상 생소한 일은 아니다. 미국의 경우 지난 세기 초에는 백만장자가 폭발적으로 증가했다. 즉 1870년에는 100여 명에 지나지 않던 것이 1892년에는 4천 명, 1916년에는 4만 명에 달할 정도였다. 금융자산

100만 달러 이상을 보유한 백만장자는 2013년에 713만5천 명에 이르러 세계에서 가장 많다. 이들은 도서관이나 병원, 대학을 세우고 자선재단을 만들어 가난한 사람들의 불행을 줄여 주거나 문맹퇴치사업 등을 했다. 처음에는 필요할 때마다 한시적으로 이루어졌으나 이제는 지속적인 인간의 행복 추구를 위해 기부하는 형식으로 성격이 바뀌었다.

그러나 당시에는 개인의 자산이 공공이익을 위해 쓰여질 수 있다는 생각을 한 것은 아니었다. 즉 대학에 자산을 기부하는 것도 자신들의 이익에 동조하는 세력을 만드는 일이라고 비판을 받기도 했다. 1890년대 초 펜실베이니아 철강공장에서 노동자들에 대한 공격적인 직장 폐쇄조치가 빈번해졌을 때, 많은 노동자들이 카네기가 기부하여 세운 건물에 입장하기를 거부했다. 그리고 20여 개 도시는 도서관을 지어 주겠다는 카네기의 제안을 거절하기도 했다. 그러나 오늘날은 분위기가 완전히 바뀌었다. 기부나 증여는 더 이상 비판이나 빈정거림의 대상이 아니다.

물론 기부는 부호들의 세금을 피하려는 전략의 하나이기도 하지만, 워렌 버핏과 빌 게이츠 그리고 40여 명의 억만장자들이 전 재산의 절반을 기부하겠다고 약속한 후에 오바마 대통령은 기부 약속 캠페인의 선도인인 두 부자를 백악관에 초청하여 덕담을 나누었다. 특히 최근 빌 게이츠가 내놓은 개도국 빈곤퇴치기금은 크게 환영받고 있다.

그러나 이러한 부자들의 기부보다 매년 다양한 계층의 1천만 명 이상의 시민들이 기부에 동참하고 있다는 사실이다. 말하자면 미국에는 자선 개미군단으로서의 대중적 기부문화가 있다. 거위 10가구 중 9가구가 기부에 참여하며, 전 미국 기부총액 3,350억 달러의 72%에 이르고 있다는 한다.

나는 평범한 월급쟁이 교수지만 일이 있을 때마다 개도국 어린이를 돕거나 문화예술 활동에 약간의 기부를 하고 있다. 그러면서 만일 로또라도 당첨되면 어떤 기부를 하면 좋을까 하고 꿈꾸곤 한다. 이런 야무진 생각을 하면서 카네기멜론대학 캠퍼스로 들어갔다. 역시 건물에서부터 사립 명문 대학으로서의 중후함이 느껴졌다. 이어서 바로 이웃한 피츠버그대학까지 가보았다. 입구부터 우아하고 고풍스러운 건물들은 낭만이 넘쳐 보였다. 가장 먼저 눈에 띈 것은 1926년에 건립된 배움의 전당으로 후기 고딕 부흥양식의 42층 건물은 국가사적지로 등재되어 있다고 한다.

건물 안에는 극장, 시청각실, 컴퓨터실, 강의실, 식당, 학과 행정실, 기념품 가게, 도서관 등 다양한 시설이 있고 2천 개가 넘는 방이 있다는데 대부분 문이 굳게 잠겨 있었다. 우리는 승강기를 이용하여 꼭대기층까지 올라갔다. 세계에서도 가장 높다는 이 강의실에서 공부하는 학생들의 마음을 헤아리며, 나도 그들에게 강의를 해 보고 싶다는 생각이 들었다.

복도 창문을 통해 내려다본 피츠버그는 가운데 강이 흐르는 한폭의 그림이었다. 이 건물이 피츠버그의 랜드마크인지 몰라도 새학기 맞이를 위해 건물을 수리하느라 어수선한데도 관광객들이 무척 붐볐다. 동시에 두 명문대학을 보면서 우리 아이들도 멋진 꿈을 꾸길 빌었다.

콘벨트와 곡물거래의 중심지 시카고

피츠버그를 벗어난 우리는 I-70번 고속도로를 이용하여 일리노이의 어바나 샴페인에 있는 일리노이대학을 향해 달렸다. 북으로 길게 뻗어 나온 북부 웨스트버지니아, 오하이오 그리고 인디애나 주의 인디애나폴리스를 통과하여 일리노이 주로 들어서니 벌써 어둠이 내리기 시작했다.

우리를 기다리던 대학 동료 부동산학과 김갑열 교수와 경영학과 정규석 교수가 반갑게 맞아 주었다. 김 교수는 일전에 뉴헤이번의 우리 집에 와서 같이 지낸 적이 있어 더욱 반가웠다. 타국에서 동료들을 만나 밤새 이야기 꽃을 피운다는 것이 얼마나 즐겁고 행복한 일인지 알게 되었다.

이튿날 아침 일리노이대학 캠퍼스 투어에 나섰다. 1세기 이상의 역사와 전통을 지닌 이 대학 역시 규모가 대단했다. 학생이 약 4만 명으로 그중 대학원 과정에 1만여 명이 공부하고 있다. 미국 최우수 주립대학의 하나로 전공에 따라서는 공사립을 막론하고 전국 최상급인 분야도 많다고 한다. 특히 공학은 대학원과 학부 모두 전국 최고 수준이라며 긍지가 대단하였다. 거기에다 하버드와 예일 다음으로 많은 약 1천만 권의 책이 소장되어 있는 도서관을 이용할 수 있다는 자부심 역시 부러울 정도였다.

캠퍼스 투어를 마치고 우리는 대륙 서쪽 끝의 샌프란시스코 국제공항까지 가서 정해진 귀국 비행기 시간에 맞춰야 했기에, 서로 건강을 기약하며 귀국해서 만나기로 했다. 그리고 다시 북쪽으로 130km 떨어진 시카고로 향했다. 달리다 보니 잘 익은 옥수수밭이 지평선 너머 끝없이 펼쳐져 있었다. 다시 말해 중부와 서부에 걸쳐 형성된 세계 제일의 옥수수 재배지역인 콘벨트Corn Belt의 한가운데에 들어선 것이다.

세계 3대 곡창지대의 하나인 이곳 콘벨트는 미국 중서부 지역인 오하이오 서부에서 인디애나, 미시간 남부, 일리노이 주 북부, 아이오와, 미주리 북부, 미네소타 남부, 사우스다코타와 노스다코타 일부, 네브래스카 동부, 캔자스 동부, 위스콘신 그리고 켄터키 주에 이르는 광대한 지역을 포함하고 있다.

이곳에서의 농업은 전형적인 미국적이라 할 수 있는 광활함과 넉넉함 그리고 집단화·화학화·기계화로 무장한 현대과학의 모습 그 자체였다. 어쩌다가 가끔 대형 트랙터는 보여도 농부는 만나기 힘든 완전 기계화된 영농방식을 택하고 있다. 하긴 미국의 농업인구는 전체의 2% 정도이니 그 넓은 농토에서 농부를 보기란 쉽지 않은 일이다. 주요 농작물은 콘벨트라는 말 그대로 옥수수가 주작목이며 콩, 사료목초, 밀, 과수, 채소 등이다.

이러한 콘벨트는 1850년대 이후 중서부 지역을 덮고 있던 키 큰 초원의 풀을 갈아엎고 옥수수가 그 자리를 차지함으로써 형성되었다. 1950년대까지는 약 99%의 옥수수가 교잡종으로 돼지와 닭, 오리, 칠면조 등 가금류의 사료로 이용되었다. 최근에는 이 지역에 콩이 주요 작물로 인식되고 있으나, 옥수수가 바이오 연료인 에탄올의 원료로 정부정책의 지지를 받고 있어 옥수수 생산을 줄이지 않고 있다.

옥수수밭 사이를 지나 두 번째로 시카고 시내로 들어갔다. 이전에는 고교 동기생 신세를 졌는데, 이번에는 우리끼리 시간을 보내기로 했다. 낯익은 거리와 거대한 미시간 호를 다시 보니 정겹게 느껴졌다. 이곳에 다시 온 이유는 전 세계 곡물 거래를 좌지우지하는 시카고상품거래소CBOT를 한 번 더 들러보고 싶어서였다.

이곳은 회원 조직의 비영리 특수법인으로 1848년에 창립된 미국에서 가장 오래되고 거래량이 많은 선물거래소다. 시카고는 주위의 광활한 곡물 산지와 거대한 미시간 호수를 끼고 있는 등 지리적 이점으로 중서부 농경지에서 산출되는 곡물의 집산지였다. 그러나 가을 수확기의 집중 출하로 농민들은 곡물 값을 제대로 받지 못하고, 또 봄에서 여름에 이르는 단경기端境期에는 반대로 곡물 부족으로 농산물 가격이 급상승했던 것이다.

그래서 곡물거래업자들은 농산물 가격의 극심한 변동을 극복하기 위해 선물거래라는 방식을 고안하여 농민은 사전계약을 통해 안심하고 생산할 수 있고, 곡물거래업자도 안정된 거래활동을 할 수 있게 되었다. 이러한 선물거래는 시카고 거래업자들에 의해 제도화되었는데, 이를 바탕으로 시카고의 사료 및 식료업자 등 25명이 사우스워터 스트리트에 거래소를 설치한 것이 오늘날 세계 제일의 규모를 갖춘 시카고거래소의 기원이다. 이들은 모두 곡물상인은 아니었고 식료잡화점, 무두장이, 철물상, 은행원,

서점주인, 약사 등도 참가하였다.

이곳에서 이루어지는 옥수수, 보리, 콩 등의 가격은 국제적 지표가 됨은 물론이다. 1922년 곡물선물거래법에 의한 지정상품 선물거래시장으로 지정되었는데, 동법은 1936년 현행 상품거래소법으로 확대되었다. 처음에는 신용을 바탕으로 거래되었으나 1965년 선물거래 담보로 증거금제도를 채택하면서 현대적 상품거래소로 진화했다.

초창기에는 곡물거래가 중심이었으나 1970년대 후반부터는 종합상품 거래로 변모했다. 1973년 거래소 회원들에 의해 시카고옵션거래소CBOE가 설립되었다. 따라서 현재 상품거래소법에 의해 지정된 밀, 귀리, 쌀보리, 옥수수, 콩, 콩기름, 콩가루, 목화, 정선수소精選牡牛 등과 비지정상품인 은, 합판 등 48개 종목이 상장되어 선물과 옵션 거래가 이루어지고 있다. 이 중에서도 옥수수와 콩 거래가 제일 활발하다. 또한 2000년부터는 전자상거래를 시작했으며, 회원은 거래소에 상장된 품목의 전부 또는 일부 거래 유형에 따라 분류되는데 현재 3,600여 회원이 있다.

거래소 건물은 아르 데코 양식의 44층짜리 빌딩으로 규모와 아름다운 디자인으로도 유명하다. 라살레 스트리트에서 보면 거리 한가운데 우뚝 서 있는 삼각형 빌딩 지붕 위에는 그리스 신화의 곡물과 대지를 다스리는 풍작의 여신이자 농업의 여신인 케레스Ceres가 조각되어 있다. 이러한 여신상을 올려다보면서 "여신이여, 우리 인류를 굶게 하지 마시고 풍요로움을 주소서"라고 중얼거렸다.

유리창 너머로 시카고상품거래소 객장 안을 직접 보려고 서둘러 왔지만, 이번에도 늦게 도착하여 객장 안으로는 들어가지 못하고 밖에서 사진을 찍는 것으로 만족해야 했다. 꿩 대신 닭이라고 윌리스 타워라고 이름이 바뀌기 전의 시어스 타워에 먼저 왔을 때는 미시간 호를 중심으로 내려다보았지만, 이번에는 일리노이 주 서쪽의 광활한 콘벨트를 넘어 전개되는 대평원을 주시하고 있었다.

이처럼 시카고가 오늘날과 같이 중서부의 중심 도시로 발전한 것은 미대륙의 중간에 자리하고 있기 때문이기도 하지만, 1860년 중반 이후 일리노이 및 미시간 운하와 철도망 건설을 통해 인근지역에서 생산되는 가축, 곡물, 목재의 유통 중심지로서 공업지대의 동부와 서부지역을 연결하게 되면서부터다. 1860년대 시카고에서 링컨이 공화당 대통령 후보로 지명되던 무렵, 이미 시카고는 산업 및 비즈니스의 중심지가 되어 있었다. 이후 미국을 상징하는 에이브러햄 링컨, 알 카포네, 마틴 루터 킹, 마이클 조던과 같은 사람들의 주요 활동무대가 되었다.

이러한 시카고가 1871년 10월 8일부터 이틀간 대화재로 큰 재앙을 입었다. 즉 18,000동의 건물이 파괴되고 300여 명의 사망자와 9만 명이 집을 잃었다. 이 대화재는 20년이라는 긴 복구기간이 걸렸지만, 시카고는 완전히 새롭게 태어났다. 그 후 도시 내에서는 목조건물 건축이 금지되고 철근이 사용되기 시작하더니 1882년 세계 최초의 마천루라 할 수 있는 10층 건물이 선을 보였다.

최근에는 미국 중부의 허브 도시로서 연 탑승객 7천만 명이 이동하는 미국 최대 규모인 오헤어 국제공항이 자리잡고 있다. 학문적으로도 시카고대학은 시카고 지역의 엄청난 경제력을 바탕으로 무려 40여 명의 노벨경제학상 수상자를 배출하며 세계 경제학의 주류로 시카고학파란 단어가 생긴 것도 이상한 일이 아니다. 거기에 사람의 심금을 울려 주는 재즈가 한 몫 거들고 있다.

또한 신대륙 발견 400주년 기념으로 1893년 열린 세계 엑스포로 다양한 문화예술 시설인 오케스트라, 도서관, 박물관 등이 새롭게 건축되었다. 동시에 시카고 스타일이라 불리는 상업 및 산업건축물에 미국적인 창조적인 실용성을 갖춘 현대 건축물이 들어서기 시작했다. 이는 세계 최대 평지인 미국 중서부 대평원의 한복판에 위치하여, 이 지역의 아름다운 자연을 연상시키는 건축물과 도시환경이 국제적으로 인정받아 시카고는 대평원의 아테네, 미국 중서부의 파리라는 별명을 얻었다.

1960년대 이후에는 현대기술이 적용된 시어스 타워 등 초고층 빌딩이 세워졌다. 이 가운데 우리 눈길을 끈 것은 1964년 시카고 강변에 세워진 60층짜리 철근 콘크리트 타워, 일명 쌍둥이 옥수수 빌딩인 마리나 시티다. 마치 시카고가 전 세계 곡물거래의 중심지임을 말해 주는 콘벨트의 정수를 보여 주는 듯한 잘 익은 옥수수 모양의 건물이다. 비록 이 건물이 옥수수나 농업 관련 용도가 아닌 주로 아파트로 사용되고 있는데도, 이 지역 농업의 특징을 잘 보여 주고 있는 기발한 착상에 찬사를 보내지 않을 수 없었다.

이 거대한 옥수수 빌딩을 뒤로하고 서부로 가는 북쪽 루트를 이용하기 위해 위스콘신의 메디슨에 정차했다. 8월 5일 한여름, 위스콘신대학의 자랑거리인 멘도타 호수의 아름다운 정경에 이끌려 잠시 휴식을 취했다. 이전에 한번 와 본 곳이어서 그렇게 생소하지는 않았지만, 여기서부터 새롭게 가야 한다고 생각하니 다소 긴장되는 마음을 가다듬기 위해서였다.

그런데 차를 움직이려는 찰나 계기판에 엔진을 체크하라는 붉은 불이 들어왔다. 얼른 대학에서 가까운 차량정비소를 찾았다. 그간 장거리를 운행하면서 일정거리를 달릴 때마다 정비소에 들러 엔진오일을 교환하거나 보완해 왔다. 이번에는 다른 곳에 이상이 있나 걱정했는데, 정비공은 엔진오일과 다른 부분을 간단히 손봤다며 걱정 말고 운전이나 조심하라는 말을 잊지 않았다. 사실 장거리를 운행하면서 고장이 나거나 하면 큰 문제가 아닐 수 없다. 다행히 큰 문제가 아니라니 점검하길 잘했다 싶었다. 아직 갈 길은 7천 리 이상이나 남아 있었다.

국제곡물시장을 좌지우지하는 곡물 메이저

콘벨트 지역에서 생산되는 옥수수와 시카고상품거래소를 보면서, 이러한 곡물을 실제로 좌지우지하고 있는 곡물 메이저의 존재에 대한 의문이 들었다. 사실 우리 일상생활에 큰 영향을 미치면서도 곡물 메이저와 같이 실체가 잘 알려지지 않은 조직은 드물다. 우리가 먹는 곡물의 70%가 몇몇 곡물 메이저를 통해 수입되고 있지만, 그들에 대한 진진한 논의는 상대적으로 활발하지 않다. 이는 곡물 메이저들이 스스로를 알리기 위한 적극적인 노력을 하지 않기도 하지만, 비밀스런 곡물유통에 가려져 있기도 하다. 그러나 곡물 수출국 뒤에는 전 세계 곡물시장을 좌지우지하는 곡물 메이저가 버티고 있다.

곳곳에 흩어져 있는 농민들이 생산한 농산물을 내다팔면서 농산물 시장이 형성되기 시작했다. 그러나 농민들은 소비자가 어디 있는지 모르는 가운데 운송수단이 발달하고 지역 간 곡물 수급에 차이가 발생하였다. 이에 생산자와 소비자 사이를 연결해 주는 곡물상이 나타났고, 더 나아가 국내 시장을 넘어 세계시장을 무대로 활약하는 곡물 메이저가 등장했다. 이 곡물 메이저란 이름은 전 세계 석유생산과 판매를 사실상 독점하고 있는 셸Shell이나 스탠더드오일Standard Oil 등의 석유 메이저에서 빌려온 말이다.

1990년대까지 5대 곡물 메이저라면 크기 순서로 미국의 카길Cargill, 콘티넨털Continental, 프랑스의 루이 드레퓌스Louis Dreyfus, 브라질의 벙기Bunge, 스위스의 가낙Garnac 등이었다. 그러나 시간이 흐르면서 이들 간의 경쟁으로 1999년 카길이 콘티넨털의 곡물사업을 인수합병하면서 미국의 아처 대니얼 미들랜드Archer Daniel Midland가 5대 곡물 메이저 안에 들어오기도 했다.

이들 외에도 이탈리아, 독일, 일본, 중국, 벨기에, 네덜란드, 태국, 캐나다 등의 수많은 중소 규모 곡물회사들이 틈새시장에서 곡물을 취급하고 있다. 그러나 이렇게 헤아리기 어려울 정도로 많은 중소 규모 곡물회사들은 국제 곡물거래의 80~90%를 점하고 있는 5대 곡물 메이저 앞에 힘을 못 쓰고 있는 상황이다.

곡물 메이저의 특징은 대부분 유럽에서 출발해 세계적 기업으로 성장했다. 또한 가족경영을 통해 사업을 확장해 왔으며, 창업주의 후손들이 기업 경영을 잇고 있다. 곡물기업 창업주들은 대부분 유대인으로, 그간 유럽 사회에서 농지를 소유하기도 어렵고 공직사회로의 진출도 제한되자 출신 제한이 없는 상업분야에 뛰어들 수밖에 없었던 것을 성공 요인의 하나로 잡고 있다. 이후 유대인 없이는 곡물거래가 제대로 이루어지지 않는다는 말이 나왔던 것이다.

곡물거래는 워낙 거액이 오가고 신용과 비밀보장이 우선이어서 곡물 메이저들의 경영은 매우 폐쇄적으로 이루어져 왔다. 이는 1865년 미국에서 설립돼 세계 최고의 곡물기업이 된 카길의 경우도 마찬가지다. 카길의 경영은 혼인으로 이루어진 카길가와 맥밀란가가 맡고 있다.

카길은 미국에서만 1만2천 개의 창고와 100대 이상의 열차를 소유하고 있으며, 미국은 물론 전 세계 곡물시장의 25%를 장악하고 있는 세계 최대 곡물회사다. 동시에 60여 개국에 사무소를 두고 있으며 곡물 저장능력은 우리나라 쌀 생산량보다 많은 700만 톤에 이른다니 그 영향력이 얼마인지 가늠하기 힘들 정도다.

곡물 메이저들은 정보망을 최대한 활용하여 낮은 값에 물건을 미리 확보해 높은 이윤을 붙여 팔 수 있는 곳이면 세계 어디든 진출했다. 세계 곳곳에 바둑판 같은 정보망은 물론 인공위성을 통해 밀, 옥수수, 쌀 등 주요 농작물의 국가별 작황을 수시로 파악하고 있다. 또한 곡물 메이저의 경영진은 정부의 일을 맡다가 복귀하는 등 각국 정부의 정책에 관여하는 등 유착관계마저 보이고 있다. 즉 이들은 정부와의 인적 교류 및 로비 등을 통해 미국과 세계 농업정책에 큰 영향을 미치고 있다.

때로는 그들의 이익과 반하는 정권이 들어서면 퇴진운동도 서슴지 않았다. 한 예로, 1970년대 구소련이 아프가니스탄을 침공하자 미국의 카터 대통령이 곡물 메이저들에게 소련에 대한 밀수출 금지를 요청했다. 이로 인해 결국 식량난을 겪고 있던 소련이 아프가니스탄에서 철수한 이야기는 곡물을 무기화한 대표적인 사례로 꼽고 있다. 더욱 무서운 것은 종자나 비료 등 관련 업종의 대기업들과 연계하여 세계 주요 곡물의 생산 및 유통의 모든 단계를 독과점 체제로 만들어가고 있다는 점이다.

우리나라는 연간 1,500만 톤의 곡물을 수입하고 있는 식량 수입 대국의 하나다. 즉 세계 곡물시장에서 차지하는 수입 순위는 밀 8위, 옥수수를 포함한 잡곡은 2위, 콩은 8위를 차지하고 있다. 따라서 우리는 독과점을 무기로 한 곡물 메이저의 불공정거래로 인해 알게 모르게 손해를 입을 수밖에 없는 구조다. 일단 식량 부족 사태가 일어나 곡물 메이저들의 담합에 의한 곡물값 폭등으로 피해를 입은 경우는 한두 번이 아니었다.

이러한 국제적 움직임을 생각하면서 우리나라의 늘어나는 농산물 수입과 식량자급률의 저하로 인한 식량안보를 염려해 온 터였다. 상황이 이러함에도 곡물 메이저를 통하지 않는 직접적인 국제곡물시장에 대한 진출이 매우 크지 않다는 사실이다. 같은 식량 수입국인 일본은 이미 1960년대 초반부터 우수한 인력들이 식량과 에너지의 중요성을 인식하고 이 분야에 뛰어든 것과는 대조적이다. 이들은 오늘날 국제곡물시장의 베테랑이 되어 곡물시장을 누비고 있으며, 우리나라에도 막강한 영향력을 미치고 있는 형편이다. 이러한 가운데 우리 농수산식품유통공사가 국제곡물시장에 뛰어들려고 시도했지만, 곡물 메이저의 높은 장벽을 극복하지 못하고 있는 현실이다. 하지만 지속적인 노력을 한다면 머지않은 장래에 어느 정도의 몫은 기대하고 있다.

우리는 곡물 메이저들이 상상을 초월하는 자금력을 바탕으로 세계 곳곳의 농산물 집산지나 시카고거래소 등에서 다량의 곡물을 매입하여 정부와 기업에 판매하면서 막대한 이윤을 챙기는 것을 보고만 있을 뿐이다. 이들이 매입한 곡물의 수송, 가공, 하역, 선적, 배분, 저장시설 등 유통과정까지 완벽하게 장악하고 있는 것을 여행 도중에 수없이 보아왔다. 예를 들면 지난여름 세계 농촌 답사차 남미의 아마존 강을 페루에서 브라질의 최하구인 베렘까지 배로 약 4,000km를 횡단하는 도중, 강 중류에 있는 산타렘 항구의 카길 저장시설에서 곡물을 배에 선적하고 있는 모습을 보고 그들의 실체를 눈으로 확인했다.

평소에 잘 알고 지내던 전 충남대 박진도 교수는 곡물 메이저의 구체적인 활동은 철저한 비밀주의로 실체를 파악하기 어렵지만, 곡물 메이저와 미 행정부 간의 긴밀한 인적 교류를 통한 깊은 유착관계를 지적하곤 했다. 박 교수는 카길사는 인구가 많은 아시아 곡물시장을 장악하는 것이 핵심이라고 주장했다. 그래서 인구의 상당부분이 농업에 종사하는 아시아의 자족적인 식량경제를 식량의존적인 경제로 변화시키는 것이 카길사의 비전이고 WTO의 전략이라는 비판에 공감하지 않을 수 없다. 세계 총 곡물 교역량의 80% 이상을 5대 곡물 메이저가 장악하고 있는 상황에서 그들의 전략대로 될 수 있겠구나 하는 생각마저 들었다.

곡물 메이저들이 '우리가 세계를 부양한다'고 자신만만하게 말하는 것을 그냥 하는 말이 아니라는 것을 느끼고 있다. 그러나 분명한 것은 '농민 없이 식량은 없다No Farmer, No Food'는 것이다.

1 맨해튼과 뉴저지를 연결하는 조지워싱턴 브리지
2 맨해튼에서 바라본 허드슨 강 건너의 뉴저지 주 주택들
3 카네기멜론대학 전경   4 슬리퍼리록대학 캠퍼스
5 일리노이대학 도서관   6 피츠버그대학의 배움의 전당

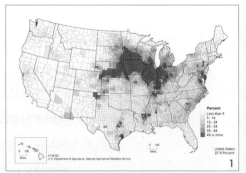

1 미국의 콘벨트 지역 2 일리노이 주의 옥수수 재배 지역 3 시카고상품거래소 내부 객장 4 호수변의 위스콘신 메디슨 캠퍼스의 느긋한 분위기 5 브라질 아마존 강 중류 산타렘 항구의 카길사 저장시설에서 곡물을 선적하는 선박 6 시카고의 옥수수 모양의 주상복합 쌍둥이 빌딩인 마리나시티

미 대평원의 새로운 역사를 쓴 사람들

대평원에 들어서다

지금까지 번갈아 이용하던 I-80, I-70, I-57을 벗어나 시카고에서 대서양안의 보스턴과 태평양안의 시애틀까지 잇는 미국에서 가장 긴 I-90번 고속도로에 올랐다. 이어서 위스콘신 주 남서쪽에 있는 라크로스와 미네소타 주 라크레스센트 경계인 미시시피 강 상류를 건너 미네소타 주로 넘어왔다. 이미 둘러본 미시시피 강 중류인 멤피스 지역과 하구인 뉴올리언스 지역의 미시시피 강 중하류에서 느꼈던 감정과는 사뭇 달랐다. 특히 미시시피 강을 가로막은 갑문식 댐을 통해 상하류로 큰 배들이 자유롭게 오르내리도록 한 것은 인상적이었다.

우리는 상하류를 왕래하는 갑문식 댐을 잘 볼 수 있는 미시시피 강 상류 갑문식댐 7번Upper Mississippi 9FT channel Navigation Project, Lock and Dam No.7 전망대에 올랐다. 1번부터 27번까지 일련번호를 붙여 갑문식 댐들을 관리하고 있었다. 미네소타 주 중북부의 해발 475m에 위치한 미시시피 강 발원지인 이타스카 호수에서 미주리 강과 합류하는 중동부의 중심지인 미주리 주 세인트루이스까지 대략 2,000km 사이에 45개의 댐이 있음도 알았다. 그중 일련번호를 붙이지 않은 댐 16개는 1900년대를 전후하여 건설된 것이 대부분이었다.

그리고 일련번호가 붙은 갑문식댐 29개 가운데 23개는 1930년대 경제대공황을 극복하기 위한 수단으로 시작하여 완공된 댐들이다. 앞서 방문했던 테네시 강 계곡에 경제대공황 때 대규모 댐 공사가 진행됨과 동시에 이곳에서도 엄청난 댐 공사가 진행되고 있었다. 동시에 동쪽에서 흘러내려와 미시시피 강 중류에서 합류하는 오하이오 강에는 21개 갑문식 댐이 건설되었는데, 이는 대개 전후에 건설된 것들로 20~30년의 시차가 있다.

이처럼 미시시피 강 상류에 갑문식으로 건설된 것은 1930년대 배들의 안전한 항해를 위해 최소 수심이 약 2.7m인 9피트가 유지되도록 댐 위에 물이 항상 차도록 갑문이 설치되었다. 그래서 그런지 갑문식 이름에 굳이 9피트라는 것을 붙인 이유를 알았다. 이 건설을 담당한 미 육군 공병단은 미시시피 강 갑문식 댐은 홍수 조절을 위한 것이 아니라 배의 원활한 항해에 목적을 두었기 때문이라 했다. 그리하여 중서부 일대에서 생산된 엄청난 양의 곡물이나 특산품들이 강을 따라 하구인 뉴올리언스로 운송되어 세계 각국으로 수출될 수 있도록 한 구조였다. 동시에 크루즈 운항으로 인적 수송과 지역문화 간의 교류에도 도움을 주고 있었다.

그러면서 미주리 주 세인트루이스와 미네소타 주 미니애폴리스와 세인트폴 사이의 미시시피 강을 배경으로 한 『허클베리 핀의 모험』과 『톰 소여의 모험』을 쓴 마크 트웨인의 문학을 기리는 크루즈 여행을 해 보지 않고서는 이 나라의 젖줄이자 대동맥인 미시시피 강을 제대로 이해하기 쉽지 않겠구나 하는 느낌을 받았다. 즉 오지브웨 인디언 말로 '큰 강' 이란 뜻인 미시시피 강을 말이다.

아무튼 댐 한쪽에 갑문을 두어 배가 자유롭게 오르내리도록 설계해 인적 교류와 상품이 유통되어 경제 흐름을 원만하게 만들었다. 그리고 이러한 물류 흐름에 못지않게 중요한 것은 갑문의 여닫음을 통해 물이 위아래로 흐를 수 있어 물고기의 이동에도 도움을 주어 생태계 유지에도 크게 방해되지 않도록 배려했다는 점에 부러운 생각이 들었다. 왜냐하면 우리나라는 댐 건설로 강이 저수지화되었기 때문이다. 즉 홍수 시기에 수문을 열어물을 흐르게 할 뿐, 그 외에는 물을 가두어 강이 저수지화되었다는 안타까운 생각이 앞섰다. 특히 댐으로 이루어진 호반의 도시에 사는 입장에서 강이 흐르지 않고 갇혀 있다는 생각을 하면 가슴이 답답해진다.

이명박 정권 때 강을 둘러싼 논쟁은 우리 사회의 핵심 키워드 가운데 하나였다. 경부대운하 사업에서부터 4대강 정비사업 계획에 이르기까지의 논란이 그것이다. 한반도의 중심에 위치한 강원도는 산이 많은 만큼 우리나라 큰 수계의 발원지로서 하류인 경인지역을 비롯하여 대구, 부산, 경남북 지역, 대전 충남 등 중부권에 직간접으로 많은 혜택을 주고 있다.

서울을 떠나 한강을 거슬러 올라오면 남한강과 북한강이 합쳐 거대한 호수를 이룬 팔당댐을 만난다. 여기서 동북쪽으로 방향을 틀어 올라오면 청평댐과 청평양수발전소, 의암댐, 춘천댐, 화천댐, 평화의댐과 북한이 세운 금강산댐으로 이어진다. 그리고 춘천에서 북한강과 합류하는 소양강에는 웅장한 소양강댐이 버티고 있다. 이처럼 북한강에는 다른 강에 비하여 많은 댐이 세워져 있다. 북한의 수공水攻 위협에 대비해 건설된 평화의댐을 제외하고는 1970년대 초반 이전에 만들어진 댐들이다. 여기서 생겨난 전기와 용수 공급은 우리나라 산업화의 불을 지펴올리는 불쏘시개 그 자체였다.

그러나 산업화 초기에 세워진 이들은 전기와 용수 공급에 초점이 맞추어져 계속 흘러야 하는 강의 속성과는 거리가 멀어졌다. 말하자면 북한강은 더 이상 흐르는 하천이 아닌 호수의 연속점인 강호수가 되고 말았다. 즉 서울에서 평화의댐에 이르는 약 300km 구간에는 호수와 호수 사이에 아주 짧은 구간만이 하천으로 남아 있다. 이제는 여름철의 홍수량을 조절하기 위하여 수문을 열 때와 발전을 위하여 물을 낙차할 때 말고는 더 이상 강은 흐르지 않아 수중 생태계에도 적지 않은 영향을 주고 있다.

몇 해 전 중국 양쯔강을 배로 거슬러 올라가면서 세계 최대 댐인 싼샤三峽 댐을 지났다. 장강을 가로막고 있는 댐 한쪽에는 5계단의 거대한 왕복 갑문식 독dock이 설치되어 있었다. 이를 통하여 수많은 배들이 상하류를 오가고 있었으며, 물 흐름도 큰 문제가 없어 보였다. 물론 갑문식으로 만들어 비록 제한된 양의 물이 상통하지만, 생태계의 흐름에 큰 도움을 주고 있음은 분명해 보였다. 그래서 생각해 낸 것이 북한강은 흘러야 한다는 기본 명제에 따라 강의 흐름을 막고 있는 댐을 배가 위아래로 오르내리는 시스템을 갖출 필요가 있다는 생각을 했다. 댐 옆에 미시시피 강이나 싼샤 댐과 같은 갑문을 만들든가, 터널을 뚫든가, 크레인으로 들어올리든가, 줄을 매어 끌어올리든가 하여 배가 강 상하류를 자유롭게 오가며 볼 수 있는 명소를 만들어 보고 싶은 것이다.

강 상류라는 이유로 그간 사회기반시설에 대한 투자와 산업체 유치 등에서 많이 소외되어 왔던 것을 강 상류부를 개발하여 국가 균형 발전에 기여했으면 하는 바람이다. 또한 경제계획 하나로 남수북조南水北調라는 슬로건을 내세워 물이 넉넉한 양쯔강에서 수백 킬로미터 떨어진 황허黃河, 화이허淮河, 하이허海河 등 3개 강을 잇는 중국의 대운하 사업에 주목할 필요가 있다. 이는 제한된 물의 양을 합리적으로 사용하는 것이요, 지역문화 자원을 상통시키는 일이라고 생각한다.

미네소타 주의 여름은 옥수수의 물결이었다. 어쩌다 채소류가 눈에 띄긴 해도 역시 거대한 옥수수밭이 8월의 뜨거운 태양볕 아래 잘 익어가고 있었다. 댐 전망대를 떠난 우리는 무르익는 한여름의 농촌 풍경에 지루한 줄 모르고 서진했다.

　북쪽으로 캐나다의 매니토바 주와 온타리오 주와 접경해 있는 미네소타 주의 구체적인 역사 배경은 공부를 더 해야겠지만, 정착한 주민 대부분이 유럽의 추운 북부지방 민족인 독일, 노르웨이, 스웨덴, 핀란드 그리고 폴란드인 등으로 이루어져 흑인 거주자는 불과 1% 남짓하다는 것에 주목했다.

　나의 고향은 우리나라에서는 춥다고 하는 북쪽의 춘천이어서, 미국에 와서 살라고 하면 늘 더운 남부보다는 사계절이 뚜렷하여 겨울이 있고 호수가 많고 울창한 타이거숲이 있는 미네소타 주나 뉴욕 또는 캐나다 등 북부의 주를 택하지 않을까 생각하고 있었다. 이는 타고난 DNA가 보이지 않게 소리내는 속삭임과 같은 것이다.

　특히 미네소타는 크고 작은 호수가 1만2천여 개나 되어, 주 자동차 번호판에도 이곳의 지역적 성격을 잘 나타내는 '10,000LAKES'라고 쓰여 있다. 아닌 게 아니라 미네소타 주의 지도를 들여다보니, 푸른 보석이 박힌 듯 헤아릴 수 없을 정도의 크고 작은 호수가 고루 퍼져 있다. 이러한 푸른 호수가 겨울에는 얼음이 되어 반짝이는 다이아몬드로 변할 것을 생각하니, 겨울에 다시 와보고 싶은 충동이 일었다.

대평원의 메뚜기 떼

　우리는 더 북상하여 미네소타 주 주도인 세인트폴과 쌍둥이 도시인 미니애폴리스를 들러볼 겨를도 없이 I-90 고속도로를 따라 서쪽으로 달렸다. 수확을 기다리는 옥수수밭을 지나면서 분위기가 서서히 바뀌더니 대초원지대가 보이기 시작했다.

　어느 사이인가 미네소타 주를 가로질러 사우스다코타 주로 들어섰다.

여기도 미네소타 주에서 시작된 대초원의 광활한 광경이 연출되었다. 그러나 대초원은 건조한 탓인지 녹색이 아닌 마치 가을 들판처럼 온통 누런 빛을 띠고 있었다. 이 누런 초지 위에 쉴 새 없이 뿜어대는 스프링클러 주위의 채소류 밭에만 여러 개의 녹색 동그라미를 그려 놓았다.

뉴헤이번을 떠나기 직전 읽은 사우스다코타 주의 메뚜기 떼에 관한 기사가 떠올랐다. 미시시피 강 서쪽 북부지방인 사우스다코타와 노스다코타 그리고 와이오밍 주의 가뭄으로 메뚜기가 1평당 150마리 이상이 서식한다는 것이었다. 사실 그대로 미시시피 강 서쪽 초원지대는 한여름인데도 누런 초원의 연속이었다. 한여름의 황색 대지는 섬뜩할 정도였다.

기사 내용을 확인해 보기 위해 길가에 차를 세우고 정말 메뚜기 떼가 있는지 살펴보았다. 막상 차에서 내렸을 때는 누런 보호색을 띤 메뚜기가 몇 마리만이 보였다. 그런데 초원을 이리저리 뛰어 보았더니 눈에 잘 띄지 않던 메뚜기 떼들이 사방에서 날아오르기 시작했다. 아닌 게 아니라 온통 메뚜기 밭이었다. 이렇게 풀 위에 닥지닥지 붙어 있는 메뚜기 떼를 본 것은 처음이었다.

어린 시절 먹을 것이 부족하여 가을이면 논에 가서 메뚜기를 잡아다가 튀겨먹던 생각이 절로 났다. 그때도 메뚜기가 이렇게 많지는 않았다. 언젠가 중국 쓰촨성에서 가뭄을 타고 번식한 메뚜기 수십 억 마리가 들판을 덮쳐 풀이란 풀을 몽땅 먹어치운 적이 있다. 낙심한 농부들의 심정은 말할 것도 없고, 당국이 메뚜기 떼를 퇴치하는 방법도 역시 기상천외했다. 전국에서 오리 수천만 마리를 모아 메뚜기 떼와 대적시킨 것이었다. 먹성 좋은 오리들이 메뚜기들을 마구 먹어치워 농민의 근심거리였던 메뚜기 떼의 해를 크게 줄인 이야기는 잘 알려져 있다.

아무튼 메뚜기는 그 옛날 성서에도 등장하였고, 중동과 이집트 등지에도 나타나 큰 피해를 입혔다. 펄벅의 『대지』에서 메뚜기 떼와 처절한 싸움을 하는 중국 농민들도 생각났다. 그러면서 이 메뚜기 떼들이 만일 이곳의 스프링클러가 작동하는 밭을 습격한다면 얼마 되지 않은 채소류는 금방 쑥대밭이 되지 않을까 하는 걱정이 되었다. 메뚜기들은 채소밭을 습격할 기회만을 노리고 있는 듯했다.

이처럼 곤충의 공격은 이미 우리에게 가까운 거리에 와 있다. 특히 갈색 여치나 꽃매미 같은 돌발 해충이 급속히 증가하여 농작물에 큰 피해를 주고 있다. 또한 계절 구분 없이 증가하는 모기의 서식도 이미 우려의 선을 넘고 있다고 한다.

메뚜기 떼가 농작물을 황폐화시킨 것은 역사상 여러 번 있었던 일로 가볍게 넘길 일이 아니다. 같은 곤충이라도 꿀벌은 메뚜기 떼와는 다르다. 아인슈타인은 "만약 꿀벌이 사라진다면 4년 내에 인류는 멸망할 것"이라 했다. 왜냐하면 지구상에 있는 식물의 75%는 꿀벌에 의해 수정되기 때문이다. 만일 꿀벌이 없어지면 우선 식물이 멸종되고, 이를 먹는 사람을 포함한 동물들의 멸종도 시간문제다. 그래서 학자들은 해로운 곤충이라도 박멸시키기보다는 공생하는 지혜가 필요하다고 역설하고 있다. 해로운 곤충에게서 우리 인류에게 필요한 기능성 약 등이 개발될지도 모르기 때문이다. 물론 음식물 찌꺼기를 먹어치우는 동애등애 등과 같은 익충의 발견이나 개발의 필요성은 말할 나위 없다.

서쪽으로 갈수록 초원에 개인 소유 경계를 나타내는 철조망이나 목책 등이 눈에 많이 띄었다. 초원지대의 풀이 옥수수보다는 키가 낮아 잘 보이지 않던 철조망이 크게 클로즈업된 느낌이 들긴 들었다. 같은 초원지대인 중국 내몽골지방에도 농가 단위별로 나누어진 토지 위에 철조망 등으로 울타리에 가로막혀 가축이나 야생짐승들이 마음대로 오갈 수 없게 된 것을 보았다. 이를 보는 순간 우리 인류의 문화유산이라 할 수 있는 유목민이 가축을 이끌고 물과 풀을 찾아 초지를 찾아다니는 유목생활이 사라져 가고 있어 안타까웠다.

이렇듯 초원을 중심으로 하는 유목지대에서는 개인 소유에 제한을 두어 가축이나 짐승들이 마음대로 물과 풀을 찾아다닐 수 있게 해야 한다고 생각한다. 현재는 가축들이 개인 초지를 넘나들 수 없게 되어 자동차에 실려 이동하고 있다.

사실 그동안 농업생산성을 높이기 위하여 토지의 개인소유제를 확대하는 것이 바람직하다는 생각을 했다. 그런데 중국의 초원지대에 이어 이곳에서 철조망을 보는 순간 대초원지대에 한하여 토지의 사적소유제를 강력히 막아야 한다는 생각이 들었다. 다행히도 미국의 경우 거대한 국립공원을 지정하여 야생동물의 자유로운 이동을 보장하고는 있지만, 과거와 같은 넓은 초지 위에서 야생동물 개체를 유지하는 데는 한계를 보이고 있다.

초강대국 미국을 만든 제퍼슨의 토지매입

황량하다고 느낄 정도로 건조한 초원 한가운데를 달려 I-90 고속도로 상의 미주리 강을 마주했다. 이 강은 3,734km의 미시시피 강보다 겨우 33km 더 긴 3,767km로 북미에서 가장 긴 강이다. 그런데 미시시피가 본류가 된 것은 우선 미주리 강은 세인트루이스의 합류점에 이르러 방향이 남쪽으로 꺾이는 데 반해 미시시피 강은 계속 남쪽으로 흐른다는 점이었다. 그리고 무엇보다 미시시피 강이 일찍부터 알려져 친근한 데 비해 북서쪽 미개척지에서 발원한 미주리 강은 19세기 초까지 초입을 제외하고는 거의 알려지지 않았던 것이다.

이 미주리 강을 건너기 바로 전인 체임블린 타운 근처에 루이스 클라크 정보센터Lewis&Clark I-90 Into Center가 있음을 알았다. 너무나 반가운 일이었다. 그렇지 않아도 최초로 미 대륙을 횡단한 루이스와 클라크가 남긴 흔적을 하나라도 접해 보고 싶었기 때문이다.

이는 지난번 중앙루트를 따라 이동하면서 루이스와 클라크가 본격적인 서부 탐험을 하러 떠났던 19세기 서부로 가는 관문인 세인트루이스에서 당시 탐험에 관여했던 사람들의 행적을 기리는 제퍼슨국가확장기념관Jefferson National Expansion Memorial을 보면서도 시간이 늦어 그냥 지나쳤었다. 이러한 아쉬움이 내내 가슴속에 남아 있었다.

사실 이곳 정보센터는 이들 탐험대가 세인트루이스에서 태평양까지 왕복하면서 남긴 족적을 기리는 서북부 주의 많은 기념관 중의 하나다. 최근에는 청소년에게 호연지기를 길러주기 위한 루이스와 클라크가 지났던 길 Lewis and Clark Trail을 찾아 떠나는 모험이 인기코스로 떠오르고 있다. 그런데 재미있는 것은 이들 탐험대가 지나간 크고 작은 마을의 주민들이 긍지를 가지고 안내인을 자처하고 있다는 점이다. 아닌 게 아니라 루이스 클라크 정보센터의 안내원들도 루이스와 클라크에 대한 무한한 자부심과 존경심을 나타내고 있었다.

사실 루이스와 클라크는 미국 건국 초기의 탐험가로 알려진 전설적인 인물로 오늘날의 미국을 만든 초석을 쌓은 대명사처럼 되어 이들의 이름을 딴 대학도 생겨났다. 특히 이들 탐험대의 루이스와 클라크는 물론 동행했던 인디언 여인인 사카가위아 등은 기업가 스티브 잡스, 권투선수 무하마드 알리, 마틴 루터 킹 목사, 트럼펫 연주가 루이 암스트롱, 프랭클린 루즈벨트, 링컨, 토머스 제퍼슨, 조지 워싱턴 대통령 등과 더불어, 2012년 미국 타임지가 선정한 미국 건국 이래 가장 영향력이 컸던 인물 20인 안에 들어갈 정도다. 즉 이 탐험과 관련된 사람이 제퍼슨 대통령을 포함하여 네 명이나 되었던 사실만 보아도 이 탐험대가 이룬 성과에 대해 후세 미국인들의 이들에 대한 존경심이 어떠한지를 잘 보여 주고 있다.

정보센터 안에는 루이스와 클라크가 탔던 배 모양과 전통적인 인디언 막사 등이 전시되어 있었다. 몇 안 되는 전시물이 초라해 보일 수도 있지만, 이들이 행한 역사적 의미는 오늘날의 미국을 있게 해 준 초석을 마련한 위대한 탐험의 증거였다.

나는 이곳에서 말없이 흐르는 미주리 강을 바라보며 루이스와 클라크가 이룬 험난한 탐험 과정과 이들의 구체적인 행적이 무척 궁금했다. 그러던 중 2009년 이들 탐험대에 대한 대원정기 『불굴의 용기Undaunted Courage』가 번역 출간되었다. 즉 루이스와 클라크 탐험대가 2년 4개월, 863일간에 걸쳐 세인트루이스에서 로키 산맥을 넘어 서북쪽 태평양안의 오리건까지 왕복해 8천 마일, 13,000km의 대장정 이야기를 담은 책이다.

이 책의 저자인 역사학자이자 전기작가인 스티븐 앰브로스 교수는 방대한 자료에 탁월한 이야기 솜씨를 곁들인 전문적인 역사서와 대중적인 논픽션의 경계를 허문 고급 교양서 작가로 평가받고 있다. 특히 그의 대표작인 2차 세계대전 당시의 노르망디 상륙작전을 배경으로 한 『디데이』에 조선인으로 추정되는 아시아계 독일군 포로 사진이 실렸었다. 신문에 보도된 사진 속의 조선인을 본 순간, 나는 어떤 연유로 노르망디까지 오게 되었는지는 모르지만 누군가가 상상력을 덧붙이면 좋은 스토리가 나오겠구나 생각하고 있었다. 그런데 몇 년이 지난 후 한국과 일본 청년이 마라톤을 매개로 한국에서 만주, 시베리아 동부전선과 서부 노르망디에 이르면서 서로간의 애증을 다룬 영화 '마이웨이'가 상영되고 있었다. 이를 놓칠 리 없는 나는 영화 제작진의 무한한 상상력에 크게 감동받았다.

이 작가가 쓴 루이스와 클라크 원정을 다룬 『불굴의 용기』는 지금까지 그의 논픽션 가운데서도 최고의 역작으로 평가받을 만하다는 생각이 들었다. 동시에 이 책을 우리말로 옮긴 번역가 박중서 선생의 수고에도 경의를 표하고 싶었다.

나는 이 책 출간 소식을 듣고 너무 반가운 나머지 얼른 책을 사서 꼼꼼히 읽기 시작했다. 많은 이들이 평가했듯이 나 역시 이들의 용기, 지혜, 인내, 우애, 믿음, 책임감, 결단력, 배려 그리고 미래의 비전 등이 담긴 책을 숨이 넘어갈 듯 책장을 넘겼다.

그리고 2006년 신동아 10월호에 미국문학을 전공한 신문수 서울대 교수의 '미국문화원류 탐험기'라는 제하의 '대륙 국가 초석 닦은 루이스와 클라크의 서북공정'이라는 글도 재미있게 읽었다. 사실 그동안 마르코 폴로의 『동방견문록』을 비롯하여 수많은 여행기를 읽어 보았지만, 이처럼 책을 읽는 동안 내가 탐험대의 한 사람이 되어 미지의 세계를 파헤쳐 가는 느낌을 맛보기는 오래간만이었다.

이 책은 미국이 27주년 독립기념일을 맞은 1803년 7월 4일, 토머스 제퍼슨 대통령이 워싱턴 D.C.에서 발행되는 신문 '내셔널 인텔리전서'를 통해 미국이 막 나폴레옹으로부터 루이지애나를 구입했음을 공표하는 것으로부터 시작되고 있다. 여기서 말하는 루이지애나는 오늘날의 루이지애나 주가 아니라 뉴올리언스뿐만 아니라 미시시피 강 서쪽에 위치한 모든 땅, 특히 미주리 강 유역까지 포함하는 지역으로 면적이 무려 132만km², 한반도의 6배에 달하는 땅을 단돈 약 1,500만 달러에 구입하여 국토를 두 배로 늘렸다. 그때까지만 해도 역사상 최대의 공식적인 토지매매였다. 이는 매우 중요한 충격적인 뉴스였다. 뉴올리언스를 포함한 루이지애나 전체를 구입한 것은 미국 입장에서는 거의 공짜로 얻은 횡재나 다름없었다. 이는 나폴레옹과 제퍼슨의 결단이었다.

그러나 아이러니하게도 땅을 판 나폴레옹은 "단 하루도 지속되지 못할 점유권 대신 6천만 프랑이라니…" 하고 더 기뻐했다고 한다. 루이지애나에 대한 권리는 있어도 행사할 만한 힘이 없었기 때문이다. 만약 힘이 있었어도 자국의 육군을 보내기 전에 미국인이 그곳을 휩쓸어 버릴 것이

뻔하다고 보았던 것이다. 물론 그는 자신이 무엇을 포기했는지, 그리고 미국이 무엇을 얻었는지 잘 알고 있었다. 이번 매각으로 미국의 힘을 영원히 확고하게 만들 것이며, 결국 영국 측에 그들의 자부심을 꺾어 버릴 경쟁자를 키운 셈이라고 자신했다. 말하자면 그는 미국을 프랑스와 경쟁관계에 있는 영국의 견제세력으로 보았던 것이다.

이렇듯 루이지애나 구입으로 미국은 미시시피 강 서부와 대륙분수계인 동부의 모든 지역을 차지하게 되었다. 이는 오늘날의 루이지애나, 아칸소, 텍사스 북동부 일부, 오클라호마, 콜로라도 동부, 미네소타 주 등을 포함하고 있다. 원정대가 기록한 지역에는 그 밖에도 미주리, 캔자스, 아이오와, 네브래스카, 노스다코타와 사우스다코타, 몬태나도 포함되었다. 이 원정 덕분에 미국은 거대한 북서지역인 아이다호, 워싱턴, 오리건 주를 선점할 수 있는 기회를 잡았을 뿐만 아니라, 오늘날의 미국 영토로 확장하는 큰 계기가 되었다.

이러한 명령을 내린 제퍼슨 대통령은 미국 독립선언서, 종교의 자유, 1787년의 북서부 영지법Northwest Ordinance 등 큰 업적을 남겼다. 그는 이 법에서 오하이오, 인디애나, 일리노이, 위스콘신은 충분히 규모가 큰 준주이므로 완전히 평등한 주로서 연방에 들어올 수 있음을 분명히 했다. 이는 이 주들도 처음의 13개 주와 같은 수의 상원과 하원의원은 물론 지사를 선출하는 권리를 부여한 것이다.

제퍼슨 대통령이 이룬 여러 업적 중 가장 높이 평가받은 것은 바로 루이지애나 구입이었다. 그러나 당시 야당인 연방당Federalist party은 미국 헌법 어디에도 대통령이 추가로 영토 구입을 위한 권한을 부여한 조항이 없으며, 더욱이 그 땅은 좁고 너무 비싸다고 주장했다. 또 보스턴의 어느 연방당 신문은 이 거래를 맹비난했다. 루이지애나는 엄청난 쓰레기, 사람도 살지 않는 늑대와 떠돌이 인디언뿐인 야생이다, 우리는 가뜩이나 모자라는 돈을 주고, 남아돌아 걱정인 토지를 사들였다. 제퍼슨이 황무지를 사들이느라고 나라를 파산으로 몰고 갔다고 주장했다. 당시에는 이런 반대하는 당파심이 도리어 정상으로 여겨지던 시기였다. 어떤 사람은 이 매입을 엄청난 저주라고도 했다. 그리고 머지않은 장래에 우리 연방을 전복시킬 위협적인 것이 될 거라고까지 했다.

그러나 대통령은 헌법 어디에도 대통령이 추가로 구입하지 못하도록 규정한 조항은 없다며 토지 구입을 강행했다. 비록 그 범위가 어느 정도 어디까지인지 정확히 아는 사람은 없지만, 나라의 미래를 좌우할 수 중요하고 유익한 것으로 나중에 이 토지는 저 멀리 유럽까지 위력을 미치는 강력한 자석이 되었다.

이렇게 대서양에서 태평양에 이르는 미국의 국경선을 확장시킨 인물은 바로 제퍼슨 대통령이었다. 문제는 이 땅에서 살아온 인디언들은 미국 영토에 거주하는 셈이 되었다는 것이다. 루이스는 이러한 사실을 인디언들에게 알려야 하는 책임도 져야 했다. 이는 당초 미시시피 강 유역의 서쪽 지역에 한정되어 있었지만, 제퍼슨의 개념은 점차 확대되어 1808년 플로리다 서부, 텍사스, 태평양안의 오리건 지역을 포괄하기에 이르렀다. 이러한 시각은 이후 반세기 미국 외교의 근거로 작용했다.

제퍼슨은 토지 구입에 머물지 않고 구입한 토지 경계를 넘어 스페인령 태평양까지 횡단하는 원정을 계획하고 명령을 내렸다. 명령을 받은 루이스와 클라크 두 지휘관이 쓴 원정일지에 기록된 장소들은 모두 오늘날 관광객이 많이 찾는 명소가 되었다.

제퍼슨이 대통령으로 취임했을 무렵은 영국 제임스 와트가 발명한 증기기관이 면화의 방적, 적조, 날염작업에 적용되어 원료 수요가 폭등하던 시기였다. 동시에 엘리 휘트니가 발명한 조면기繰綿機는 키가 작은 고지산 면화에서 씨를 분리할 수 있게 되었다. 그런데 면화는 노동집약적인 작물로 노예와 토지가 필수적이었으며, 이는 버지니아 지배계층의 주요 수입원이었다.

당시 육군의 주된 임무는 변경의 경찰 역할이었는데, 100여 명으로 구성된 장교와 사병들은 작고 외딴 요새에 분산되어 있었다. 이 작은 요새들은 애팔래치아 산맥 서부의 수천 마일에 걸쳐 마치 작은 섬으로 이어진 열도와 같았다. 1801년 제퍼슨이 제3대 미국 대통령으로 취임했을 당시 미국 인구는 약 530만 명이었으며, 그중 5분의 1은 흑인 노예였다. 그리고 전체 인구의 3분의 2는 대서양 해안가 50마일 이내에 살고 있었다.

이러한 변화 속에 1801년의 루이지애나 매입은 비교적 쉽게 이루어졌다. 경쟁자는 영국, 스페인, 프랑스, 러시아 등이었다. 그러나 경쟁자들은 유럽에서 서로 다투고 있었기에 시간과 거리상 이들은 미 서부를 개척할 역량이 없었다. 그것은 미국도 마찬가지였지만, 제퍼슨이 등장하면서 사정은 바뀌어져 있었다. 첫째로 미국인들은 이미 애팔래치아 산맥을 넘어 미시시피 강 동쪽 오하이오 지역에 정착하고 있었다. 이는 말로만 자기 땅이라고 하는 유럽인들과 달리 토지를 소유하기 위한 실력행사에 나설 수 있었다. 둘째로 제퍼슨의 토지 확장에 대한 높은 의욕이 정책에 적극 반영되고 있었다는 점이다.

이렇듯 영토 확장은 신의 의지이고, 대륙을 양도받을 미국인들의 권리라는 것이 영토 확장론의 요지였다. 굳건한 사상과 종교적 신념으로 무장한 미국 정부의 서부 팽창정책은 더욱 가속화되어 1890년 미국 인구조사국이 "더 이상 미개척 영역이 없다"고 발표할 때까지 불과 90년도 걸리지 않아 일단락되었다.

루이스와 클라크의 역사상 가장 놀라운 모험

이러한 국내외의 변화 속에 제퍼슨은 대통령 취임 직전 피츠 버그에 있는 루이스 대위를 초치하여 미주리 강이 태평양과 연결되어 있는지를 알아내는 서부 탐사계획에 참여시켰다. 그리하여 탐험대의 통과지역, 여행한 거리, 그 강과 호수에 적당한 선박의 크기 등을 정확히 조사하게 했다.

그런데 이보다 앞서 1801년 캐나다의 맥켄지는 『런던에서 몬트리올로부터의 여정-세인트로렌스 강에 위치한 몬트리올을 떠나 북아메리카 대륙과 북극해, 태평양에 이르는 여정Voyages from Montreal, on the River St.Lawrence, Through the Continent of North America, to the Frozen and Pacific Ocean』이라는 책을 출간했다. 그는 1793년 최초로 캐나다 대륙 횡단에 성공하고 태평양 절벽 위에 '알렉산더 맥켄지, 캐나다에서 육로로 도착, 1793년 7월 22일 Alex MacKenzie from Canada by land 22d July 1793' 이라고 새겨 놓았다. 훗날 이곳은 맥켄지 주립공원과 국가역사유적지로 지정되었다. 이러한 맥켄지의 성공적인 횡단으로 영국은 미 대륙 북서지역에 대한 소유권을 주장하기 시작했다.

맥켄지의 책이 출간되자마자 제퍼슨과 루이스는 탐독을 했다. 영국이 태평양으로 향하는 육로를 먼저 탐험했다는 소식은 그리 반갑지 않았지만, 그래도 미주리 강을 따라가다 보면 태평양 서쪽으로 흐르는 강을 만날 수 있다는 이야기에 희망을 가졌다. 조급해진 제퍼슨은 1802년 루이스 대위에게 태평양까지 가는 탐사계획을 세우도록 지시하였다.

이런 계획 아래 탐사팀은 육분의sextant, 六分儀 2개, 수평의水平儀 1~2개, 아널드 시계, 낚시도구, 납화약통, 의약품, 의류, 담배, 지축, 연필, 방수포, 모기장, 초 등을 구입하였다. 그리고 인디언에게 줄 선물로 흰색 유리 구슬 5파운드, 붉은색 구슬 20파운드, 소형 싸구려 가위 144개, 놋쇠 골무 288개, 재봉실, 칼 288자루 등을 더 준비했다. 루이스는 선물이자 교역품이 될 푸른색 구슬을 추가하고 잉크와 종이도 충분히 준비했다.

당시 루이스와 클라크 등 버지니아인들은 인디언을 '문명화된 시민으로 변모될 수 있는 고귀한 야만인'으로 보았다. 그러나 흑인은 인간보다 못한 존재, 심지어 동물에 가까운 존재라고 생각했다. 여기서 제퍼슨이 최우선으로 삼은 것은 태평양까지의 완전한 수로를 찾는 것이었다. 그리고 대통령은 루이스에게 토양은 물론 그 지역의 나무 종류, 연평균 강수량, 연중 기온차 등을 추정하여 토양 비옥도를 판단하도록 지시했다.

그러나 루이스에게 내린 최종 지시에는 탐사와 상업을 농업보다 우선시했다. 제퍼슨은 영국인 교역상들이 미주리 강 부근 인디언 부족과 교역하기 위해 캐나다에서 온 경로, 교역방법, 관습을 알아보도록 지시했으며, 미주리 강 하구에서 위도와 경도를 관찰하고 강하구, 급류, 섬, 두드러진 자연적 특징 등을 모두 기록하게 했다. 그리고 기록은 여러 사본을 만들어 두되, 그중 하나는 일반 종이보다 습기에 잘 견디는 자작나무 종이를 쓰라고 지시했다.

모피 교역을 하려면 인디언 부족에 관한 지식이 필요하여 각 부족의 이름과 숫자, 영토의 범위, 타부족과의 관계, 언어, 전통, 유적, 주업농어업, 사냥, 약탈 등 먹고사는 기반, 기구, 식량, 의복, 주택, 주요 질병과 치료법, 법률과 관습, 인디언이 필요로 하는 교역 품목과 원하는 정도, 그리고 교역 외에도 식물군과 동물군, 공룡뼈, 화산, 광물 등을 관찰하고 기록하도록 지시하는 등 기록을 매우 중시하였다. 제퍼슨은 광물 분포에 대해서도 기록을 잘 하라고 지시했지만, 무거운 암석이나 광물을 옮길 방법은 전무했다. 로키 산맥은 광업을 하기에는 너무 멀고, 원정대 입장에서는 로키 산맥이 지닌 가장 큰 부의 원천은 동물뿐이었다.

또한 인디언을 대할 때 그들의 규범이 허락하는 한 친절하게 회유적인 태도로 대하고, 이 여정의 순수한 의도를 납득시킬 것, 동시에 미국의 규모와 힘을 분명히 전할 것과 미국이 그들과 친하게 지내고 싶어한다는 소망과 평화적인 의도를 납득시킬 것, 인디언이 공격할 가능성이 커져 원정이 중단될 경우에는 귀환하라고 지시했다.

제퍼슨은 가능하다면 인디언 추장들을 워싱턴으로 초대하고, 미국 정부는 그들과의 교역은 물론 다른 문제에서도 적극 협조할 뜻이 있음을 알리라는 구체적인 지침을 주었다. 따라서 원주민과 접촉 경험이 있는 루이스와 클라크는 우호적이면서도 원칙적인 행동으로 그들의 신망을 얻는 데 성공했다. 원정대가 어려움에 처할 때마다 원주민 인디언들로부터 도움을 받을 수 있었던 것은 이런 신뢰 덕분이었다.

이러한 지침과 함께 태평양에 도달하면 준비해 간 모든 물자가 소진될 것이라는 판단하에 미국 정부 산하기관에 무제한 징발할 수 있는 신용장도 발급해 주었다.

세계 각국의 공사, 대리인, 상인, 시민에게 귀관이 필요로 하는 것은 무엇이든지 보급품을 제공하도록 요청하는 바이며, 귀관을 위해 도움을 베푸는 사람에게는 전적인 보상과 신의를 제공할 것임을 확약한다. 이 일반신용장을 직접 작성하고 서명하는 바이다.

미합중국 대통령 토머스 제퍼슨

1803. 7. 4.

이렇게 원정을 시작한 루이스는 1803년 8월 31일부터 일지를 기록하기 시작했다. 그는 이 일지가 원정 성패를 좌우하는 중요한 일임을 알고 있었다. 후세 사가들은 탐험가들 중에서 자기 행동을 자랑하지 않고 과장 없이 기록한 사람은 아마 없을 것이라고까지 격찬했다.

루이스는 1796년 전역한 클라크에게 함께 탐험하자는 초청편지를 보냈다. 이 편지는 오늘날 문서보관소에 보관된 서류 중 가장 '위대함으로 초대하는 내용'이 담긴 것으로 분류되어 있다. 이는 가장 위대한 모험이자 탐사로 이어진 것이었기 때문이다. 루이스는 클라크 중대장 밑에서 6개월간 근무한 인연으로 나이와 계급을 넘는 위대한 우정을 나누었다.

이들이 워싱턴에서 피츠버그 등으로 이동하면서 모집한 원정대는 사병 22명, 부사관 3명이며 공동지휘관인 루이스와 클라크, 클라크의 노예인 요크, 드뤼야르, 그리고 시먼 등이 동행했다. 탐험 준비는 1803년 루이지애나 매입이 이루어지기 전 토머스 제퍼슨 대통령에 의해 주도되었다. 탐사대원들은 엄격한 야외훈련과 식물학, 기상학, 동물학에서부터 천문항법天文航法, 인디언 수화手話, 목공일, 총기수리, 보트 취급법까지 익혔다.

이렇게 세인트루이스 근처에서 군사훈련과 보급물자 및 장비구입 등으로 겨울을 보낸 뒤 1804년 5월 21일 오후 3시 30분 원정대The Corps of Discovery는 한 척의 평저선keelboat과 두 척의 통나무 보트에 나누어 타고 세인트루이스 강둑에 몰려든 사람들의 박수를 받으며 미주리 강을 거슬러 오르는 대장정을 시작했다. 말하자면 루이스와 그 대원들은 이제 문명으로부터 완전히 차단된 상태가 되었다. 무사히 귀환할 수 있을지 알 수 없는 위험한 여정이었으나 대원들의 사기는 높았다. 그들은 여정의 목적과 사명, 그리고 중요성을 인식하고 있었다.

원정대가 떠난 19세기 초 당시 세인트루이스는 중부 대평원의 젖줄 미시시피 강과 미주리 강이 합류하는 지점 바로 아래에 있는 미주리 주 최대 도시였다. '서부로 가자!'라는 구호 아래 새로운 삶의 터전을 찾아 떠나는 초기 개척자들은 증기선을 타고 미시시피 강을 따라 끊임없이 세인트루이스로 몰려들었다. 이들은 이곳에서 말과 마차, 먹거리 등을 챙겨 서부로의 긴 여정에 올랐던 것이다. 이들의 의지를 서부 팽창정책으로 묶어 낸 사람이 바로 제퍼슨 대통령이었다.

이 시기 원정대는 엄연한 적대지역으로의 군사원정이었다. 제퍼슨으로서는 새로 획득한 영토 탐사와 태평양까지의 수로를 찾아내어 상업 확장 및 과학표본 수집 그리고 오리건 지역에 대한 미국의 영유권을 수립하기 위한 것이었다. 반면 인디언으로서는 한낱 자기네 영토 내에 들어온 불청객일 뿐이었다. 프랑스로부터 땅을 사들였다고 하지만, 이 땅에 오래전부터 살던 사람들로부터는 어떠한 의견을 구한 일이 없었던 것이다.

따라서 원정대는 도중에 만나는 낯선 인디언 부족을 원칙적으로 적으로 보아야 했다. 당시 원정대가 보유한 무기는 미주리에 들여온 것 중에서 가장 많았고, 어느 인디언 부족이든지 이것만 얻으면 그 지역을 평정할 수 있을 정도였다. 이리하여 루이스는 기습을 막기 위하여 가능한 한 섬에서 캠핑하며 경계를 늦추지 않았다. 그리고 가끔 들소, 사슴 또는 곰을 사냥하여 식량으로 삼았다. 도중에 신선한 야채 부족으로 이질과 피부질환이 생기거나 뱀에 물리고, 복막염으로 사망하는 등의 사고가 발생했다. 그리고 모기, 진드기, 각다귀 등의 공격으로 괴로움을 당하기도 했다. 한편, 당시 이 두 지휘관에게도 알코올은 필수품이자 저주였다. 도중에 과음으로 몸을 추스리지 못하는 두 대원에 대한 군법회의를 열었을 정도였다.

원정 도중에 클라크는 사방에 사슴과 돼지, 새, 양, 코요테, 엘크, 비버, 들소 떼들이 있다고 기록했고, 펠리컨의 부리에 무려 5갤런의 물이 들어간다는 사실에 놀라기도 했다. 그리고 비버는 최고의 인기였다. 우선 꼬리가 별미 중의 별미였으며, 미시시피 강 서쪽에서는 가장 큰 치부의 수단이었다.

인디언과의 충돌을 피하고 상업을 촉진하기 위해 여러가지 물건을 준비해 왔지만, 그들이 가장 원했던 것은 소총, 탄환, 화약이었다. 원정대는 인디언 부족을 만나 제퍼슨 대통령이 미 대륙의 대추장 또는 새로운 큰아버지가 되었으니 그의 말을 따라야 한다는 이야기를 전했다.

원정 도중 인디언들은 원정대로부터 주술적인 힘을 얻을 거라고 믿고 젊고 예쁜 여자나 자기 부인을 원정대 군인들과 동침을 권유하기도 했다. 또한 그들은 사우스다코타 아리카라족 3만 명이 천연두와 전염병으로 80%나 줄어드는 것을 목격하기도 했다. 그리고 그들 부족간의 전쟁으로 인구가 줄어드는 이유도 알게 되었다.

원정대가 인디언들에게 위스키를 선물하자 자신들을 바보처럼 행동하게 만드는 독주라며 거절하기도 했다. 그러면서 인디언들은 동행한 흑인 노예인 클라크의 피부색에 의심을 품고 손으로 문지르기도 했다. 한편 원정대는 수집한 식물표본 108종, 광물표본 68종과 그 외에 많은 동물표본을 산 채로 제퍼슨에게 보냈다. 또한 보통 북아메리카 인디언들은 이동식 원뿔형 천막인 티피tepee를 사용하는 것으로 알고 있었는데, 사실은 이 가운데 5분의 1을 차지하는 평원 인디언들만이 사용하고 있다고 전했다.

그러나 18세기 초 스페인인들에 의해 말, 총, 금속칼 등이 도입되면서 이동이 신속해졌고 물소 사냥이 더욱 쉬워져 이 물소 가죽으로 천막을 짓기 시작했다. 이로 인해 대평원 인디언의 집은 휴대용 천막으로 바뀌었다. 그들은 티피를 접어서 말을 이용하여 쉽게 운반할 수 있었고, 사냥을 하지 않는 겨울철에는 사냥 장면을 묘사한 그림으로 티피를 화려하게 장식하기도 했다.

루이스와 클라크는 11월경 미주리 강의 험한 벼랑을 넘어 지금의 노스다코타까지 진출했다. 그곳에서 작은 요새를 건설하고 친절한 만단 수족 인디언과 함께 첫 번째 겨울을 그곳에서 보냈다.

탐사대는 계속해서 서쪽으로 나가 지금의 몬태나에 도착했다. 거기서 말을 구하여 로키 산맥 분수령을 넘었으며 클리어워터 강 상류에 도착했다.

이곳에서 카누를 만들어 강을 따라 내려가 컬럼비아 강의 큰 지류인 스네이크 강을 만나면서 11월 15일 드디어 태평양을 바라보았다. 횡단에 성공한 것이었다.

이들은 거기서 클랫소프 요새를 만들어 겨울을 지내고 이듬해 3월 마침내 귀환길에 올랐다. 마리아스 강과 옐로스톤 강을 지나 거슬러 올라왔던 미주리 강을 따라 내려갔다. 마침내 1806년 9월 23일 세인트루이스로 귀환하는 데 성공했다. 태평양안까지 가는 길은 19개월 정도 걸린 데 비해, 돌아오는 여정은 그것의 3분의 1인 6개월에 불과했다.

죽은 것으로 여겼던 원정대의 귀환은 큰 놀라움이었다. 소식을 들은 세인트루이스 시민들은 선창에 도열해서 그들을 맞이했다. 제퍼슨 대통령은 루이스와 클라크 원정대를 백악관으로 초청하여 노고를 위로해 주었다. 루이스와 클라크의 귀환은 서쪽으로만 가면 인도를 만날 수 있다고 믿고 출항한 콜럼버스의 항해에 종지부를 찍는 서북 항로 찾기의 마지막 탐험이었다. 이 답사로 오랫동안 서구인의 탐험욕을 자극해 온 서북 항로는 미대륙에 가로막혀 존재하지 않는다는 것을 확실히 보여 주었다.

이들의 답사는 또한 미국이 로키 산맥 너머 오리건 지역에 대한 영유권을 주장하는 유력한 근거가 되어 결과적으로 미국의 영토 확장에 크게 기여했다. 요컨대 이들의 답사는 미시시피 강 너머 서부 세계에 대한 지형과 지도, 기후와 박물학적 생태, 인디언 부족 등에 관한 상세한 정보를 미국 사회에 제공함으로써 서부 개척에 확고한 자리매김을 했다. 이러한 루이스와 클라크의 성공적인 여정은 지형적으로 크게 셋으로 나눌 수 있다. 즉 황량한 대평원 지역, 험난한 로키 산맥 지역, 태평양에 이르는 북서쪽 해안지역이다. 이들은 지형이 달라지면서 변화하는 기후와 생태환경에 슬기롭게 적응했다는 것이다.

귀환 후 제퍼슨 대통령의 지시에 따라 루이스와 클라크는 탐험을 하는 동안 풍부한 정보가 담겨 있는 엄청난 분량의 일지와 지도를 작성했다. 탐험은 이 지역에 대한 사람들의 무지를 일깨우는 데 큰 역할을 했다. 즉 제퍼슨 행정부는 이 공식 탐험대를 통해 미지의 국토에 대한 기초자료를 확보했고, 탐험은 성공적이었다.

이러한 공로로 루이스와 클라크는 각각 650ha의 공유지를 받았으며, 다른 대원들도 1인당 130ha의 땅과 2배의 급료를 받았다. 뒤에 루이스는 루이지애나 준주의 지사로, 클라크는 미주리 준주의 지사에 임명되었다. 그런데 탐험이 끝나고 대원 중 한 명인 존 콜터는 문명으로 돌아가길 거부하고 다시 서부로 돌아갔다.

이제까지 스티븐 앰브로스 교수의 『불굴의 용기』를 중심으로 원정대의 활동상을 소개했으나, 사실 원작은 광대한 미지의 북미 대륙 서부를 답사하면서 매일매일 기록한 내용을 책으로 만든 메리웨더 루이스의 『루이스와 클라크의 탐사일지 The Journals of Lewis and Clark』였다. 이 책은 아메리카 탐험사의 신기원을 열었다. 그러나 루이스는 35세 되던 1809년 10월 자살로 생을 마감했다. 루이스 사후 5년이 지난 1814년 그의 초판일지가 출간되자마자 세간의 큰 관심을 모아 베스트셀러가 되었다.

그의 책은 세 가지 점에서 주목할 만한 평가를 받았다. 첫째, 뛰어난 모험담이라는 것, 둘째, 초창기의 미국사를 다룬 점, 셋째, 탁월한 리더십 지침서라는 것이다. 아무런 사고 없이 서로 우의를 다지며 성공적인 탐사를 완수했다는 점이다. 사실 이러한 점보다도 더욱 후세 미국인들로부터 존경을 받고 있는 것은, 독립선언 당시인 1776년 13개 식민주로 이루어진 대서양 연안국가에 불과했던 미국이 프랑스로부터 루이지애나를 헐값에 사들인 이후 원정대의 성공적인 답사가 오늘날 미국이 50개 주를 포용하며 태평양에서 군림하는 광활한 대륙국가로 거듭난 시발점이 되었다는 점일 것이다.

피와 천둥의 시대

서부 개척 초기시대를 이해하기 위한 또 한 권의 책은 『피와 천둥의 시대-미국의 서부 정복과 아메리칸 인디언 멸망사』다. 이 책의 주인공은 실존인물인 크리스토퍼 카슨이다. 그는 20년 동안이나 서부를 돌아다니며 믿을 수 없을 만큼 풍부한 경험을 가진 사람이었다.

나이는 겨우 36세였지만 모피사냥꾼이자 탐험가로서 로키 산맥, 그레이트베이슨, 시에라네바다, 윈드리버 산맥, 티턴 산맥, 오리건 해안 등을 헤아릴 수 없을 정도로 누비고 다녔다. 즉 버펄로 무리를 따라 대평원을 수없이 가로질렀다. 태평양도 보았고, 멕시코 깊숙한 곳과 영국령 북서부 지역도 갔다. 소노란 사막, 치와완 사막, 모하비 사막을 횡단했고, 그랜드캐니언과 그레이트솔트 호, 콜로라도, 아칸소, 미주리, 옐로스톤, 리오그란데 강 등 카슨은 태초부터 그곳에 있었던 것 같았다. 끝없이 여행하면서 그는 주요 인디언 부족과 교류를 했다. 이러한 점에서 미국 서부 역사를 전개하는 데 그와 견줄 만한 이는 없었다.

거기에다 스페인어와 프랑스어를 유창하게 했고, 웬만한 인디언 부족과 소통할 수 있었으나, 글은 전혀 읽을 줄 몰랐다. 말하자면 스핑크스처럼 눈으로는 모든 것을 보았고, 가슴속에는 비밀을 간직했으며, 입은 굳게 다물고 있었다. 그는 캔터키 주 메디슨 카운티의 한 통나무집에서 태어나 일년 뒤 미주리 개척지로 갔다. 거기에서 마구 제조자의 도제자로 일하면서 서부에서 온 사냥꾼들의 이야기를 들으며 큰 영향을 받았다. 1826년 16세에 산타페로 가는 큰 대상의 막일꾼으로 참가하면서 서부 일대를 꿰뚫는 사람이 되어 갔다.

위대한 탐험가 윌리엄 클라크의 의붓딸인 메리 래드퍼드와 결혼한 스티븐 위츠 커니 준장은 제임스 포크 제11대 대통령으로부터 당시 미국 크기의 절반에 해당하는 영역을 정복하라는 명령을 받고, 세인트루이스의 서쪽 레븐위스 요새를 떠나 1,000km 거리의 산타페로 가는 남쪽 통로를 이용하여 뉴멕시코로 진격했다. 그는 이미 루이스와 클라크의 루트를 이용하여 3,500km를 탐험한 사람으로 사상자 없이 99일 만에 여행을 마친 베테랑이었다. 이는 산타페에서 뉴멕시코를 차지한 후 오늘날의 애리조나 전체, 콜로라도, 유타, 네바다의 일부를 정복하고 마침내 캘리포니아까지 손에 넣어 푸른 태평양에 닿는 것이 목표였다.

1845년 미국은 텍사스공화국을 공식적으로 합병했다. 그러나 포크 대통령은 이에 만족하지 않고 더 넓은 영토를 원했다. 이처럼 미국 역사상 포크처럼 노골적으로 땅을 획득하려고 한 대통령은 없었다. 유럽 열강국가들도 지도상 공백이었던 이 대륙의 마지막 땅을 차지하려고 서로 견제하고 있었다. 영국은 오리건 지역을, 러시아는 알래스카와 캘리포니아 북부 해안에 영향력을 미치고 있었고, 쇠락하는 프랑스와 스페인도 땅을 차지하기 위해 여러 궁리를 하고 있었다.

이런 경쟁적 상황에서 포크 대통령은 1845년 집권하자 텍사스와 캘리포니아를 사이에 두고 멕시코와 오리건을 두고 영국과 두 개의 전쟁을 일으키려 했다. 결국 그는 멕시코를 정복하여 대륙 서쪽의 3분의 1을 차지했다. 그가 대통령직을 떠날 때는 무려 210만km²가 늘어나 있었다. 서부군은 서쪽으로는 태평양까지, 남쪽으로는 멕시코의 몬테수마 전당까지 깃발을 올렸다. 즉 1847년 멕시코와의 전쟁시 미 해병대가 멕시코시티 몬테수마 전당에 깃발을 올렸었다. 그래서 미 해병대가에 '몬테수마 전당에서 트리폴리 해안'까지라는 구절이 나오는 이유다.

당시 '뉴욕 모닝뉴스' 편집자인 오설리번은 서쪽으로 진격하여 북아메리카를 바다에서 바다까지 확보하는 것이 필요불가결한 일로 거절할 수 없는 미국의 운명이라고 주장했다. 매년 증가하는 수백만의 인구가 자유롭게 살아가기 위해서는 신이 내려주신 대륙 전체를 차지해야 한다고 했다. 이는 자유라는 위대한 실험을 진행하는 미국의 자명한 운명이라고 했다. 아시아로 가는 대양까지는 미국의 서쪽 경계는 없다고 생각했다. 그러나 영토 확장을 위한 전쟁은 엄청난 실수라며 포크의 정적들은 반대했다.

상원의원 톰 벤턴의 사위인 존 찰스 프리몬트는 1842년 오리건 통로를 탐사하는 임무를 맡았다. 오리건 통로는 캔자스에서 나누어지는 산타페 통로의 북서쪽으로 로키 산맥을 넘어 오리건까지 이어지는 새로 생긴 마찻길이었다. 이 오리건 통로는 이주민들을 위한 길이었지만 충분히 안전하게 갈 수 있는 길은 아니었다. 언제 어디서 인디언 부족이 공격해 올지 모르는 곳이었다. 이리하여 서진 팽창을 주장하는 이들은 이주민의 행렬을 독려하기 위해서라도 명료한 지도와 지침서 또는 안내서가 필요한 상황이었다.

세인트루이스에서 출정 준비를 하던 프리몬트는 미주리 증기선을 탄 카슨을 우연히 만났다. 당시 카슨은 32세로 로키 산맥에서 몇 해 동안 덫사냥을 한 뒤 미주리의 가족을 만나기 위해 가던 중이었다. 이때 프리몬트는 카슨을 고용하여 세 번씩이나 서부 개척을 위한 탐사에 나섰다. 이는 카슨에게도 행운이었다.

첫 번째 원정대는 1842년 6월 미주리를 출발했다. 25명의 대원과 5개월이 걸린 원정은 성공적이었다. 날씨도 좋았고, 죽은 사람도 없고, 인디언의 습격도 없었다. 공기를 주입하는 고무보트라는 새로운 발명품을 이용했다. 프리몬트는 워싱턴으로 돌아와 바로 벤턴이 바라는 대로 지도와 식물스케치 등 완전한 길잡이 안내서를 펴냈다. 의회는 『캔자스 강과 그레이트플랫 강을 따라 있는 미주리 강과 로키 산맥 사이 지역 탐험보고서A Report on an Exploration of the Country Lying between the Missouri River and the Rocky Mountains on the Line of the Kansas and Great Platte Rivers』라는 제목을 붙여 간행했다. 이 보고서는 전국의 신문에 게재되어 온 나라 사람들의 용기를 자극했다.

사람들은 버펄로, 회색곰, 인디언 풍습을 곁들인 프리몬트의 생생한 원정기록을 열렬히 읽었다. 오리건으로 가는 길은 그렇게 위험하지 않고 미국의 대평원은 황량한 사막이 아니라 손짓하는 꽃밭으로 생각했다. 이에 많은 사람들은 그 책을 들고 마차바퀴 자국으로 울퉁불퉁한 길을 따라 나섰다.

프리몬트는 두 번째 추가 임무를 받았다. 이번에는 오리건 통로의 나머지 절반 사우스 패스에서 컬럼비아 강까지를 측량하고 기록하는 것이었다. 이번에도 안내자로 카슨을 고용했다. 1843년 프리몬트의 2차 원정은 첫 번째보다 큰 성공을 거두었다. 그는 태평양과 그레이트솔트 호가 지하로 연결되었다는 기존의 설을 무시하는 완전한 내륙호임을 밝혔다.

그들은 1843년 늦여름 오리건에 도착했다. 여기서도 그는 컬럼비아 강과 지류를 지도로 그렸다. 그리고 본래의 임무를 벗어나 알타 캘리포니아로 불리는 캘리포니아, 네바다, 유타, 애리조나, 콜로라도, 와이오밍의 일부를 탐험했다. 이러한 탐험은 멕시코 국경을 불법으로 침입한 것으로 멕시코 정부는 이들을 잡기 위해 군대를 파견한다는 말까지 들렸다. 멕시코 입장에서는 아주 예민한 일이 아닐 수 없었다.

이러한 사정으로 프리몬트는 카슨의 도움으로 계획보다 일 년 늦은 1944년 바싹 마른 모습으로 워싱턴에 돌아왔다. 그래서 죽었다는 소문마저 돌았었다. 몇 달 뒤 프리몬트는 또다시 많은 사람들이 기다리던 원정기를 펴냈다. 이번에도 반응이 좋아 의회 출판부에서 첫 번째와 두 번째를 모아 1만 부나 찍어내자, 신문들은 다투어 소개하며 그를 미국의 마젤란이라고 추켜세웠다. 그를 대통령 후보로 추천하는 소리도 들렸다. 프리몬트는 역사상 가장 큰 규모의 이주 행렬을 촉발시킨 사람이었다.

이듬해 여름 오리건 통로를 지나는 마차 행렬은 더 북적였다. 수천 명의 개척민들이 서쪽으로 떠났다. 이들 중에는 몰몬교도가 많았다. 프리몬트가 그레이트솔트 호 지역을 찬란하게 묘사해 놓은 덕분에 몰몬 교주 브리검 영이 자기를 따르는 신도들을 일리노이 노부에서 유타로 옮기기로 한 것이었다. 전국 언론은 프리몬트를 제임스 페니모아 쿠퍼의 소설에서 나오는 '길을 찾는 사람the pathfinder'이라고 불렀다.

프리몬트도 유명해졌지만 키트 카슨도 전 국민의 마음속에 자리잡았다. 그의 재능은 한마디로 말할 수 없을 정도였다. 적당한 야영지를 찾아내 캠프를 치고 또 순식간에 천막을 거두어 다시 길을 찾아 나서곤 했다. 프리몬트는 카슨을 엄청난 용기, 한눈에 유리한 점과 위험을 파악해 내는 신속하고 완벽한 지각력을 갖춘 사람, 멋진 말에 안장도 없이 초원을 누비는 완벽한 마술을 보유한 사람이라고 찬양했다. 카슨은 프리몬트가 자신을 그토록 격찬한 글을 읽을 수가 없었다. 어쩌면 그런 글이 존재하는지조차 몰랐을 것이다. 두 사람은 수천 킬로미터를 함께 여행했고, 온갖 어려움을 극복해 냈다.

프리몬트는 1845년 6월 1일 55명의 자원병과 함께 세인트루이스를 출발하여 서쪽으로 세 번째 답사 원정을 떠났다. 이번에도 안내인으로 키트 카슨을 선택했다. 이는 프리몬트 원정 가운데 가장 야심차고 광범위한 여행이었기 때문이다. 그러나 그의 임무는 제한적인 것으로 로키 산맥 남부의 동쪽 경사지를 탐사하고 지도를 그리고 아칸소 강 상류의 분수계를 찾고 그해 말까지 세인트루이스로 돌아오는 일이었다. 그러나 그는 다른 비밀지령에 따라 움직이고 있는 듯했다. 이에 멕시코 정부는 도발이라며 탐사원정대 철수를 요구했다. 그러나 대통령의 의도가 무엇인지 파악한 미군 장교로서의 의무가 무엇인지를 알아챘다. 즉 대통령이 캘리포니아 해안까지 국토 경계로 삼으려는 의중을 알았던 것이다. 1821년 멕시코가

　　　　　　　　제5부 미 북부 대평원과 로키를 넘어

스페인으로부터 독립하여 모든 토지관리 업무 등은 멕시코시티의 새로운 정부에서 주관하고 있었다.

이즈음 1840년 출간된 리처드 헨리 데이너의 유명한 책 『2년 동안의 선원생활Too Years before the Mast』을 읽고 사람들은 캘리포니아의 매력에 눈을 떴다. 그리고 태평양 연안에 미국의 항구가 있어야 한다는 갈망이 강해지고 있었다. 이러한 움직임은 캘리포니아도 텍사스와 마찬가지로 미국에 합병되는 것은 시간문제라는 것을 보여 주고 있었다.

1820년대 중반 영국의 허드슨 만 회사는 미국이 컬럼비아 강 유역으로 뚫고 들어오지 못하게 막으려고 했다. 서부군은 전투를 하면서도 최대한 멀리 왔다. 그 이름이 가리키는 방향 서쪽 끝까지 온 것이다. 캔자스의 레븐워스 요새에서 3,200km 떨어진 대륙의 끝까지 가는 모진 여정이었다. 미국 역사상 이에 견줄 만한 행군은 없었다. 커니 장군은 태평양을 복잡한 심정으로 바라보면서 아내 메리에게 이런 편지를 보냈다. "잘 지내고, 나 대신 사랑하는 우리 아이들에게 입맞추어 주오. 눈앞에 대양이 펼쳐져 있고, 밀려오는 파도소리는 우르릉거리는 천둥소리 같소."

키트 카슨은 한때 무궁무진했던 야생의 서부가 점차 사라지고 몇 년 사이에 회색곰의 숫자가 크게 줄어들고 많은 사람들이 재미로 버펄로를 사냥하고 초원에 사체를 버린다는 것을 알았다. 서부 전역의 인디언은 오래전부터 사냥해 오던 땅이 점점 새로운 정착민들의 차지가 되어 가고 있음을 알았다. 천연두 등 유럽에서 온 질병에 면역력 부족으로 몰살된 부족도 많았다. 이는 땅을 차지하고 있던 인디언들의 몫을 그만큼 백인들이 차지할 수 있다는 의미이기도 했다.

1848년 2월 과달루페 이달고 조약으로 멕시코 전쟁은 공식으로 끝났고, 미국은 310만km²의 영토를 획득했다. 포크는 1,500만 달러로 그가 바라던 태평양까지 닿는 광활한 대륙 땅을 얻었다. 미국이 처음으로 벌인 국외

침략 전쟁에서 미국인 1만3천 명, 멕스코인 2만5천 명이 희생되었다. 협상에 참여했던 미국 대표는 멕시코 영토의 절반을 떼어가는 조약을 마무리지으며 죄책감을 느낀다고 했다.

이때 뉴멕시코 지원병 1대대 지휘관은 카슨 대령이었다. 나바호 인디언족과의 전쟁에 참여하여 공을 세운 카슨은 마침내 장군이 되었다. 아마 미국 역사상 유일한 문맹 장군이었을 것이다. 그 카슨이 1868년 세상을 떠나자, 덴버에서 발간된 '로키마운틴 뉴스'에 다음과 같은 부고가 실렸다.

광활한 평원에서, 눈덮인 산지에서, 강에서, 바다에서 그는 처음으로 길을 냈다. 그를 이끄는 본능은 타고난 기사도 정신이었다. 필요할 때면 구름 속의 번개처럼 솟아나는 용기가 있었다.

대평원의 들소 떼와 야생동물

루이스와 클라크의 영웅적인 탐사를 생각하며 그들이 지났던 미주리 강을 건너 계속 서부로 달렸다. 그리고 주유소가 보이기만 하면 기름통에 휘발유가 있건 없건 가득 채워 넣었다. 인가가 드문 대평원에서 기름이 바닥나면 어쩌지 하는 괜한 걱정 때문이었다.

도로 양쪽에 광활한 누런 초지 속에 어쩌다 보이는 농가 모습은 한가로움을 넘어 외롭기까지 했다. 초원지대를 가로지르는 고속도로를 달리다 보니 느낌은 시공을 초월하는 영겁의 우주공간을 나는 기분이었다. 한참 달리다 보니 포트 피에르 국립 초원지대 Fort Pierre National Grassland라는 간판이 눈에 띄었다.

초원지대 안의 또 초원지대라니 궁금증이 더해졌다. I-90 고속도로에서

21번 출구로 잠시 빠져나왔다. 국립 초원지대에 들어섰다는 안내판을 지나면서 이제까지 본 초원과 다른 점이 뭘까 싶었는데, 갑자기 불어온 바람결을 따라 파도 치듯 거대한 초원의 물결이 일었다. 46,900ha에 이르는 광대한 이곳은 지금까지 도로변에서 본 개인 소유의 초원과는 달리 국가가 직접 관리하는 곳으로 일반인의 캠핑, 낚시, 사냥 등이 가능한 자연 그대로의 모습을 간직하고 있었다. 즉 생태보고지로서 이곳에 서식하는 각종 야생동물의 생생한 모습을 담는 사진작가들의 활동무대이기도 했다. 이때 사진애호가들이 몰려와 왕방울뱀 등의 파충류, 도요새류, 맹금류, 쇠올빼미, 대초원 뇌조, 프레리도그, 구멍올빼미, 노새사슴, 긴꼬리족제비 등 이름조차 헤아리기 힘든 다양한 동식물을 향해 카메라 초점을 맞추기 시작했다. 그러나 갈 길이 먼 우리는 국립 초원지대의 끄트머리 맛만 보고 다시 차를 돌려 고속도로로 올라섰다.

그렇게 온통 풀로 뒤덮여 있는 대평원의 한가운데로 점점 빠져들었다. 대평원은 남북 길이 3,200km, 동서 폭 800km, 면적은 130만km²로 한반도의 6배 이르는 광대한 지역을 말한다. 미시시피 강 서쪽과 로키 산맥 동쪽 사이의 콜로라도, 캔자스, 몬태나, 네브래스카, 뉴멕시코, 노스다코타, 오클라호마, 사우스다코타, 텍사스와 와이오밍 주의 미국과 캐나다의 앨버타, 매니토바, 서스캐처원 주의 일부 또는 전부를 포함하는 연강우량 250mm 이상 500mm 미만인 스텝 지역으로 온대초원을 이루고 있다.

이 지역은 조방적인 목축업과 건조농업을 하는 지역이다. 그러나 캐나다는 평원great plains이라는 용어 대신 초원great prairie이라고 불렀다. 이들은 같은 연장선상에 있을 뿐 국경을 경계로 이름을 달리 부르고 있는 의미는 없어 보였다. 몇몇 지리학자들은 대평원 안에 멕시코 북부를 포함시키고 있으나, 대부분의 경우 미국·멕시코 국경인 리오그란데 강을 대평원의 경계로 삼고 있다. 또한 이들 대평원은 생태지역이라는 동의어로 사용하고 있었다.

이 대평원은 5개 소지역으로 나누고 있다. 즉 온대초원Temperate Prairies, 중서부 반건조초원West-Central Semi-Arid Prairies, 중남부 반건조초원South-Central Semi-Arid Prairies, 텍사스–루이지애나 해안평원Texas Louisiana Coastal Plains 그리고 멕시코 동북부 주 타마울리파스–텍사스 반건조지역 Tamaulipus-Texas Semi-Arid Plain을 말한다. 이 중에서도 특히 중서부 초원지대는 19세기 중반 이후 백인에 의해 사냥이 이루어지기 전까지는 아메리카 들소들의 고향이었다. 대평원을 탐사한 루이스도 이곳에 굉장히 많은 들소 떼가 있다고 기록했다.

루이스와 클라크가 이곳에 오기 전에는 대평원에 6천만 마리의 들소가 풀을 뜯고 있었다고 추정하고 있다. 그러나 1825년 웨스트버지니아에서 암컷 들소 한 마리와 새끼가 사살되었는데, 이 두 마리 들소는 미시시피 강 동쪽 지방 최후의 들소였다. 그리고 1830년대 한 인디언 부족이 들소 1,400마리의 혀를 백인과 싸구려 위스키 10리터와 바꿨다는 얘기도 있다.

백인들이 쉽게 접근할 수 없었던 북부 초원의 들소는 그런대로 개체수를 보존하고 있었다. 그러나 1880년에 철도가 놓이면서 들소 서식 지역을 운행하는 철도회사는 들소 사냥을 위한 특별열차를 운행했다. 이 열차를 타고 온 백인 사냥꾼들은 평원을 거닐고 있는 들소를 향해 총을 쏘는 등 1902년까지 많은 들소들을 놀이삼아 죽이기 시작했다.

버펄로는 인디언의 삶의 전부였다. 즉 고기는 주식으로 쓰이고, 가죽은 신발과 담요 그리고 물병과 주거용 막사 등의 재료였다. 그리고 배설물을 말려 연료로, 뼈는 칼과 화살촉으로 매우 유용하게 쓰였다. 또한 들소의 심줄은 활시위를 비롯해 탄력이 필요한 재료로 활용했다.

그 결과 들소 복원이 시작될 무렵 개인이나 동물원이 기르고 있던 들소의 수는 겨우 969마리뿐이라는 보고가 있었다. 다행스럽게도 오늘날 대평원에는 들소의 개체 복원으로 25만여 마리가 살고 있다. 이 들소들은 순수한 평원 들소가 아니라 개체수를 늘리기 위해 캐나다에서 들여온 숲들소 woodland bison의 후손이다.

또한 들소의 개체수를 줄이는 데 크게 한몫했던 것은 대륙 횡단 철도 부설로 대서양을 건너온 유럽 농부들의 토지 소유가 결정적인 역할을 했다. 그들은 대평원인 캔자스 주에만 5천여 개의 마을을 형성하였다. 이렇게 정착한 유럽인들이 목축을 시작하면서 들소가 서식할 공간이 줄어들었고 가축들의 경쟁자인 들소를 없애 버렸던 것이다. 또한 1886년 혹독한 추위로 수많은 가축들이 굶어 죽거나 얼어 죽는 일이 발생했다. 백인들은 가죽만을 얻기 위해 들소를 죽인 것이 아니라, 들소의 뼈와 뿔로 단추나 빗을 만들고, 뼈는 비료를 만드는 데 썼다.

러시모어 산에 새겨진 대통령의 얼굴

이처럼 19세기에 가죽을 얻기 위해 백인들은 중부 평원지역에 서식하고 있는 들소의 씨를 말려 원주민들의 생존을 크게 위협했다. 역사적으로 대평원은 들소와 대평원 인디언인 블랙풋족 Blackfoot, 크로우족Crow, 수족Sioux, 샤이엔족Cheyenne, 아라파호족Arapaho, 코만치족Comanche과 대평원 동쪽에 흙으로 반영구적인 집을 짓고 살던 아리카라족Arikara, 만단족Mandan, 포니족Pawnee과 위치토족Wichita 등과 어울려 독특한 역사와 문화를 만들어 낸 지역이다. 100년도 안 되는 사이에 6천만 마리의 들소가 멸종 직전까지 갔다는 얘기는 무슨 말을 하더라도 변명의 여지가 없는 잔인한 행동이었다. 지구상의 한 생물체가 인간에 의해 사라져 간다는 얘기는 어제 오늘의 일이 아님에도, 이러한 대량 학살을 자행한 몰지각한 백인들의 행태에 대해 연민의 정을 느끼지 않을 수 없다.

우리는 어느덧 뉘엿뉘엿 저물어가는 서쪽 하늘의 해를 보며 달렸다. 그런데 몇 시간을 달렸는데도 해는 그대로 고도를 유지하며 그 자리에 있었다. 이는 곧 우리가 서쪽으로 직선으로 뻗은 고속도로를 제한속도인 시속 80마일, 즉 128km 내외로 달린 것이 지구의 자전속도와 같아 태양의 고도가 그대로 유지되는 것이 아닐까 하는 엉뚱한 생각을 순간적으로 해 보았다. 그러나 지구의 자전속도는 위도에 따라 다소 차이가 있다고는 하나 우리 차가 달린 I-90 고속도로 상의 위도에서는 시속 약 1,660km로 소리보다 훨씬 빠른 속도였음을 알았다.

사우스다코타 주는 생각보다 자연이 준 선물이 많았다. 그래서 그런지 대평원지대에서 가장 볼거리가 많은 지역이었다. 수려한 자연을 배경으로 아메리카 인디언 문화와 서부 개척 시대의 백인문명이 마지막으로 무력 충돌한 역사적인 장소였다. 우선 수많은 생명체의 터전이 되는 초원이 그랬다. 그런가 하면 아무런 생명체가 살 수 없을 듯한 이름 그대로인 악지, 침식 불모지 또는 황무지로 번역되는 배드랜드 국립공원과 다양한 볼거리가 줄지어 있는 블랙힐스 국립숲도 있었다.

우리는 먼저 I-90 고속도로를 벗어나 44번 국도를 이용하여 배드랜드 국립공원 입구에 도착했다. 8월 6일 아침이었다. 반건조지대인 이곳은 비가 내리면서 대부분의 초생식물들이 씻겨내려가 거대한 나지로 노출되어 있어 황량한 모습에 전율을 느낄 정도였다. 이렇게 침식된 황무지의 크기가 경기도의 거의 절반인 5,200km²에 동서로 160km 이상 뻗어 있다니, 이 나라 국토의 광활함과 다양성에 신음소리가 저절로 나왔다. 회색과 황색이 어우러진 거대한 침식계곡이 손에 잡힐 듯 바로 눈앞에 있었다. 풍요로운 푸른 초원지대를 보다가 갑자기 나타난 삭막함은 신이 버린 듯한 대지의 모습이었다.

대초원지대의 갑자기 변한 모습에 수많은 관광객도 넋을 잃고 쳐다보았다. 이러한 적막한 곳에서도 다양한 동물이 살고 있다는 것이 신기해 보일 뿐이었다. 이렇듯 수천만 년 동안 변화해 온 지형 속에 뭔가 깊이 숨겨진 보물이 있는 듯했다. 아닌 게 아니라 이곳은 2,500만 년~4,000만 년 전 올리고세Oligocene epoch 시대의 포유류 화석이 발견되는 등 동물 진화를 연구하는 데 필요한 보고였다.

우리는 기이한 비경 사이를 지나는 드라이브 코스scenic byway인 44번 도로를 따라 두어 시간 또다시 움직였다. 도로의 반을 점령하듯 수십 명의 오토바이족들이 떼를 지어 굉음소리를 내며 무섭게 질주하고 있었다. 잠시라도 한눈을 팔면 추돌할 정도로 꼬리에 꼬리를 물고 오토바이 행렬이 이어졌다. 거기에다 승용차와 캠핑카를 몰고온 사람들로 도로가 무척 붐볐다.

우리도 이들 사이에 끼어 천천히 사우스다코타 남서쪽과 와이오밍 동북쪽에 걸쳐 있는 블랙힐스 국립숲을 향해 앞으로 나아갔다. 두어 시간 뒤 블랙힐스 산맥 동쪽 기슭에 자리잡은 사우스다코타 주에서 두 번째로 큰 래피드 시티가 잘 보이는 언덕 위에 멈췄다. 도시 규모는 크지 않았지만 편안한 마음으로 필요한 물건을 보충하는 데는 부족함이 없어 보였다. 블랙힐스는 1868년 조약에 의해 인디언 구역으로 지정되었다.

블랙힐스 산맥은 사우스다코타를 중심으로 몬태나에 걸친 대평원 한가운데 고립되어 있다시피 한 침식 산악지대로 평균 1,500~2,000m 높이에 산림이 울창하여 경사지가 어둡게 보인다 하여 블랙힐스라는 지명이 붙었다. 이후 1874년 미 원정군이 금을 비롯한 기타 광물을 발견하면서 골드러시로 많은 사람들이 몰려들었다. 오늘날 래피드 시티에 '러시모어 블랙힐스'라는 간판 아래 금보석 등의 공장과 아웃렛 상점 앞 곡괭이를 들고 있는 광부상이 눈길을 끌었다. 당시 군인들이 삽으로 흙을 퍼낼 때마다 금이

나온다면서 흥분했다고 한다. 이러한 소문을 듣고 몰려든 백인들은 인디언을 자극할 수밖에 없었다. 이것이 결국 리틀 빅혼 전투로 이어졌다.

우리는 대평원 속에 우뚝 솟은 블랙힐스 산맥 봉우리 중 하나인 러시모어로 핸들을 꺾었다. 이곳으로 향하는 차량 행렬이 쉴 새 없이 몰려들었다. 이들은 미국의 정신과 애국을 상징하는 조지 워싱턴, 토머스 제퍼슨, 시어도어 루즈벨트, 에이브러햄 링컨 등 네 명의 대통령이 차례로 조각되어 있는 러시모어 산을 향하고 있었다.

네 명의 대통령이 화강암 위에 조각된 러시모어 산 기념관에 도착했다. 이미 수많은 오토바이족과 차량들로 붐벼 겨우 주차공간을 찾아냈다. 하기는 매년 300만 명 이상의 참배객이 찾아온다고 하니, 이 정도는 충분히 감내할 만한 일이었다.

단단한 화강암 위의 큰바위얼굴은 덴마크 출신 조각가로 조지아 주 애틀랜타의 스톤마운틴에 거대한 세 명의 남부 영웅들의 부조를 새긴 거츠 보그럼과 그의 아들 링컨 보그럼에 의해 완성되었다. 연방정부의 재정지원으로 새겨진 네 명의 대통령 얼굴은 해발 1,745m 높이에 18m 크기로 실제 얼굴과 거의 흡사한 대형 걸작이다. 재미있게 전해지는 이야기는 애초 워싱턴, 제퍼슨, 링컨 등 세 명의 얼굴만 조각할 계획이었으나, 공간이 남아 당시 대통령이었던 루즈벨트의 얼굴을 그 사이에 새겨 넣었다는 후일담이 있다.

즉 1927년에 시작하여 1930년에 워싱턴의 흉상이 완성되었고, 1936년에 제퍼슨, 그 이듬해인 1937년에 링컨의 얼굴이 마무리되었다. 끝으로 루즈벨트의 얼굴을 새기던 거츠 보그럼이 1941년 3월에 세상을 떠나자, 아들이 이어받아 그 해 10월에 완성해 오늘에 이르고 있다. 이러한 걸작을 이곳에 처음으로 제안한 사람은 사우스다코타 주 향토역사학자인 로빈슨이었다.

그는 이 지역의 관광진흥을 위하여 블랙힐스 지역에 루이스나 클라크,

테톤 수족 인디언 전사들의 마지막 추장인 레드 클라우드 같은 미국의 서부 개척을 상징하는 유명인사의 얼굴을 조각하자는 아이디어를 냈다. 이러한 제안에 보그럼은 서부 개척사의 이미지를 담은 내용을 넘어 미국 전체를 상징하는 국민적 영웅인 네 명의 인물을 조각할 것을 구상하였다. 그래서 선정된 인물이 네 명의 대통령이었다. 이 이후 러시모어 산은 미국을 상징하는 아이콘이 되어 수많은 사람들이 찾는 대표적 명소가 되었다.

한적한 대평원에 자리한 이곳에 새겨진 대통령들이 국민으로부터 얼마나 많은 사랑과 추앙을 받고 있는지 가늠할 수 있었다. 어떻게 이런 바위산 전체를 대상으로 사람의 얼굴을 조각하는 아이디어를 냈을까 감탄하지 않을 수 없었다. 이것을 보면서 기왕에 제안되었던 루이스와 클라크를 포함해 과학자, 예술가, 스포츠 인사 등을 추가하여 더 조각해 놓았다면 지금보다도 세계적인 조각 인물 산맥을 이루어 많은 사람들이 이곳을 찾지 않을까 생각해 보았다.

대통령의 큰바위얼굴은 마치 살아서 후세들에게 많은 이야기를 전해 주는 이야기꾼 같은 은은함으로 다가왔다. 미국 독립을 위해 헌신한 초대 대통령으로 민주국가 탄생을 위해 장기집권을 마다한 조지 워싱턴, 독립선언서를 기안하고 루이지애나를 프랑스로부터 매입하여 국토를 확장한 토머스 제퍼슨, 남북전쟁을 승리로 이끌어 남북 분단을 막고 노예해방을 시켜 모든 인간의 자유와 평등을 지킨 에이브러햄 링컨, 서부의 자연보호에 기여하고 파나마 운하 건설을 추진하는 등 오늘날의 미국을 세계 최강의 반열에 올려놓은 시어도어 루즈벨트 대통령 등 위인들의 모습은 우리에게 무언의 교훈을 주는 위품이 서려 있었다.

그러나 루즈벨트 대통령이 20세기 초 우리나라가 일제 지배하에 들어가는 것을 용인했다는 사실이 마음을 쓸쓸하게 했다. 루즈벨트는 러일전쟁이 끝날 즈음인 1905년 7월, 당시 미 육군장관 태프트를 도쿄에 파견하여 일본 수상 가츠라 다로와 소위 가츠라–태프트 밀약을 맺었다. 이는 일본은 미국의 필리핀 식민지 통치를 인정하며, 미국은 일본이 대한제국을 침략하고 한반도의 통치를 용인한 것이다. 이 밀약 내용은 미일 양국이 극비에 부쳤기 때문에 1924년까지 세상에 알려지지 않았었다.

그간 우리나라 바위에 새겨진 마애불상이나 중국, 중·근동 아시아 지방의 거대한 불상이나 석상을 보긴 했어도, 이처럼 산 전체를 삼아 조각해 놓은 것은 불가사의한 일이 아닐 수 없었다. 우리는 좀 더 가까이 다가가 바위 위에 새겨진 얼굴 하나하나를 유심히 살펴보았다. 만일 강원도 설악산 울산바위에 이러한 인물 조각상을 새긴다면 벌떼같이 반대운동이 일어날 것이다. 그래도 우리나라 어딘가에 역사상 큰 인물들의 얼굴 조각상을 만들어 놓으면 많은 사람들로부터 큰 사랑을 받지 않을까.

크레이지 호스 기념산에 새겨진 인디언의 영혼

러시모어 산을 구경한 우리는 이번에는 인근의 커스터 주립 공원으로 발길을 옮겼다. 이 공원은 남북전쟁 당시 혁혁한 공을 세우고 나중에 서부의 인디언 토벌에 나섰다가 1876년 6월 25일 북미산 큰뿔양을 의미하는 리틀 빅혼 전투에서 원주민 연합군에게 패배해 전사한 조지 암스트롱 커스터 연대장의 얼을 기리는 곳이다.

이 공원을 찾은 직접적인 이유는 평균 800kg에서 최대 1톤이나 나가는 거대한 들소를 가까이서 보고 싶은 마음에서였다. 이들은 후각이 매우 민감한데, 바람이 부는 반대쪽으로 다가가면 예민한 후각을 발휘하지 못하는 등 자신을 지키는 데 힘을 쓰지 못한다고 한다. 그러나 식량이나 가죽 등이 필요한 인디언들은 들소 사냥을 위해 늑대 가죽을 뒤집어쓰고 접근하거나, 들소가 강을 건널 때 취약한 틈을 이용하여 보트를 타고 접근하든가, 절벽으로 몰아 떨어트려 잡는 방법을 썼다. 인디언들은 백인들과 교류하면서 말과 철 그리고 총을 얻으면서 사냥 방법을 바꾸었다.

주립공원에는 수백 마리의 들소가 떼를 지어 자유롭게 돌아다니고 있었다. 바로 우리 차 앞으로도 수십 마리가 다가왔다. 혹시라도 달려들지 않을까 조용히 지나가기를 기다렸다. 우리 앞을 지나는 들소 떼를 보면서, 들소 사냥을 하기에 앞서 들소 떼의 동정을 살피러 언덕 위로 기어오르던 영화 '늑대와 함께 춤을' 속의 미국 기병대 중위 존 던바John Dunbar와 열 마리 곰Ten bears, 발로 차는 새Kicking bird, 머릿속의 바람Wind in his hair 같은 수족의 영혼이 담긴 인디언 이름을 지닌 주인공들의 진지한 모습이 떠올랐다.

그들이 언덕 정상에 올라갔을 때, 갑자기 보이지 않던 광활한 초원 위에 수천 마리의 들소가 한가롭게 풀을 뜯고 있던 광경에 놀라던 생각이 났다. 그리고 신호 소리와 함께 일제히 그의 부족이 활과 창으로 들소를 사냥하는 장면은 아직도 머릿속에 짙게 남아 있다. 특히 이 영화는 1860년대 바로 여기 사우스다코타 주에 거주하던 수족을 대상으로 만든 장편 대서사시였다. 이 영화가 만들어지기 이전의 서부 영화에 등장하는 인디언들은 머리 가죽을 벗겨내는 등 잔인하고 야만적이며 무차별 공격 성향이 강한 족속으로 그려졌었다. 그러나 엄청난 수의 백인 기병대가 이 평화로운 인디언 지역을 침범할 것을 예상한 수족은 중과부적임을 깨닫고 다른 지역으로 피해간다. 이런 과정에서 중위와의 사랑, 우정, 자아발견, 자연과 함께하는 인디언의 휴머니즘을 그린 감동적인 이야기를 담고 있다.

영화 속의 들소 떼가 실제로 눈앞에서 어정어정 걸으며 그 큰 눈으로 쏘아보자 우리 아이들은 넋을 놓고 바라보고 있었다.

이렇게 구경하는 사이 태양은 서서히 서산으로 기울어져 갔다. 우리는 이곳 캠프장에서 하룻밤 야영을 하기로 했다. 여러 곳에 흩어져 있는 캠프장을 돌아다니며 자리를 잡으려 했으나, 가는 곳마다 공간이 충분한데도 입구에 '만원full'이라고 써붙여 놓고 입장을 막았다.

겨우 텐트를 설치할 장소를 찾아냈다. 캠프장을 돌며 관리하는 부부에게 15달러를 지불하니 바로 텐트를 설치할 장소로 안내해 주었다. 다행히도 작은 호수 옆에 있는 조용한 곳이었다.

아들과 함께 바닥이 평평한 곳에 텐트를 치는 동안 여자들은 식사 준비를 했다. 8인용 텐트 안에 누우니 그렇게 아늑할 수가 없었다. 캠프장에는 공동 취사장과 화장실 그리고 샤워장이 있어서 편리했다. 더욱이 바로 옆 호수에서는 사람들이 물놀이를 하고 있었다.

우리 옆에 텐트를 친 한 가족은 식사를 마치고 그들끼리 캠프파이어를 했다. 서로 눈길을 주고받으며 우리도 캠프파이어를 하면서 밤늦게까지 즐거운 시간을 보냈다.

숲속에서 하룻밤을 보내고 동이 트기 전에 일어나 짐을 챙기면서 세계 최대의 산상 조각으로 기록될 '크레이지 호스' 조각상이 있는 산을 바라보았다. 멀리서 바라만 보아도 그 엄청난 규모에 감탄을 넘어 압도당하는 느낌이었다. 1948년 6월 3일 처음으로 조각하기 시작한 이 크레이지 호스 상이 언제 완성될지는 아무도 알 수 없다. 높이 172m, 폭 195m로 조각될 이 상은 현재 겨우 얼굴 부분만 드러나 있다. 말을 탄 인디언 용사가 손가락으로 먼 곳을 가리키고 있는 모습으로 새겨질 이 조각상의 주인공은 북미 대륙 중부에 거주하던 오갈라 라코타 부족의 족장인 크레이지 호스다. 그는 샤이엔 부족의 용맹한 족장인 시팅불 등과 손잡고 1876년 6월 남북전쟁 당시 소장이었던 불패의 조지 암스트롱 커스터 중령이 지휘하는 미 육군 제7기병대를 궤멸시킨 영웅이었다. 그러나 크레이지 호스는 미 기병대의 대대적인 토벌작전으로 죽임을 당하고 말았다.

이 조각상을 둘러싼 인간미 넘치는 훈훈한 이야기가 내 마음을 끌었다. 이 조각 산의 이야기는 어제 본 러시모어의 큰바위얼굴에서 비롯되었다. 즉 인디언의 성지인 인근 러시모어 산에 미국 대통령의 얼굴이 새겨졌다는 사실에 분노한 수족 추장 스텐딩 베어로부터 조각 요청을 받은 폴란드계 코작 지올로브스키의 용기 있는 결단에서 시작되었다. 왜냐하면 백인이 인디언을 위해 일한다는 소식이 알려지면서 다른 백인들의 비난이 뒤따랐기 때문이다.

그러나 그는 이에 아랑곳하지 않고 무모한 일에 열정을 가지고 도전했다. 초기에는 수동식 드릴과 망치 그리고 다이너마이트가 전부였다. 이러한 얘기가 전해지자 수많은 자원봉사자가 몰려들었다. 그중에는 그의 아내가 된 18세의 루스 로스라는 어린 여대생도 끼어 있었다. 결국 결혼한 그들 사이에 태어난 10명 중 7명이 이 조각작업에 매달려 있다고 하니 대를 이은 위대한 가업이 아닐 수 없다. 1982년 74세로 세상을 떠날 때까지 지올로브스키는 35년간 740만 톤의 돌을 깼다고 한다. 그의 집념이 얼마나 강했는지 짐작하고도 남았다. 그리고 1998년 6월에 겨우 얼굴 길이만 27m에 달하는 조각상이 완성되었다. 이는 러시모어 산의 대통령 얼굴 길이 18m보다 훨씬 큰 규모였다.

처음에는 이를 어리석은 일이라고 여기던 미국 정부는 크레이지 호스 얼굴이 조금씩 윤곽을 보이자, 과거 원주민 탄압에 대한 반성으로 후원금 1천만 달러 지원을 제안했다. 그러나 그의 부인 로스 여사는 인디언의 저항정신을 상징하고 인디언의 염원과 영혼이 담긴 이 조각상에 정부 지원을 받을 수 없다는 남편의 유지에 따라 거절했다. 그 대신 이곳을 찾는 관광객의 입장료와 기부금으로 경비를 채워 나갔다. 이러한 소문은 더욱 많은 관광객과 기부금을 불러모았으나 이 걸작이 언제 끝날지는 아무도 모르고 있다. 27m에 달하는 얼굴만 조각하는 데 60년이 걸렸기 때문이다. 그리고 규모가 러시모어의 4배에 달하여 이제 겨우 머리부분과 전체의 윤곽을 잡은 정도다.

이 전체 조각상이 완성되면 폭 195m에 높이 172m의 말을 타고 달리는 인디언 용사의 모습이 될 것이다. 로스 여사는 지금 우리가 못하면 대대로 이어가며 이를 완성할 것이라는 강한 집념을 보이고 있다고 한다. 많은 전문가들은 이 정도의 속도라면 아마도 100년 이상은 더 걸릴 것이라고 예측하고 있다.

이는 중국의 열자列子 탕문편湯問篇에 나오는 우공이산愚公離山이라는 말이 미국에서 재현되고 있는 것이다. 둘레가 700리나 되는 높은 산에 가로막혀 사람들이 왕래에 불편을 겪자, 이 산의 흙을 퍼담아 평평하게 될 날까지 자자손손 대를 이어 일을 할 것이라는 우공이라는 노인의 결의에 찬 이야기다. 오랜 시간이 걸리더라도 꾸준히 노력해 나간다면 결국엔 뜻을 이룰 수 있다는 말이다. 이에 미국인들도 러시모어가 미국인들의 정신을 상징한다면, 크레이지 호스는 용기와 현명함 등 인디언의 정신을 상징한다고 인정하고 있다.

우리는 가슴 벅찬 이야기를 되새기며 블랙힐스 마운틴을 벗어나 I-90 고속도로를 이용해 북서쪽으로 향했다. 여기서도 많은 오토바이들과 함께 달렸다. 우리는 블랙힐스 자락에 위치한 미 육군 준장 사무엘 스터지스의 이름을 딴 스터지스 시에 들어와서야 왜 이렇게 오토바이가 많은 줄 알았다.

이는 8월 첫 주 동안은 1938년 사우스다코타 주 스터지스 시에서 시작된 미국에서 가장 큰 모터사이클 대장정이 벌어지는 기간이었던 것이다. 이렇게 유명한 오토바이 축제가 열린다는 것을 몰랐지만, 미국 내 모터사이클 베스트 라이딩 코스 TOP10에 들어가는 현장을 보았다는 것은 행운이 아닐 수 없다. 라이더라면 한 번쯤 와볼 만한 축제가 아니라 반드시 찾아와야 할 성지라고 말할 정도였다.

경기방식은 잘 모르지만 이렇게 많은 오토바이가 모인 그 자체만 해도 생동감 넘치는 흥분을 자아내기에 충분했다. 매년 이 무렵 40만 대 이상의 오토바이가 이곳에 모인다니 정말 대단한 축제다. 그리고 대부분의 오토바이족들은 평원과 블랙힐스 숲속 캠프장에서 텐트를 치고 지낸다는 것도 알았다. 그래서 간밤에 캠프장이 만원이었던 것이다. 이러한 축제는 블랙힐스의 큰바위얼굴과 함께 이 지역의 주요 소득원이 되고 있었다.

한편, 이 작은 도시는 이 기간 중에 오토바이의 소음으로 잠을 제대로 못 이루고, 폭력과 절도 등으로 다치거나 분실되는 등 나쁜 일도 많이 일어난다고 한다. 그러나 이 작은 도시를 세계적인 오토바이 메카로 국민적 관심을 갖게 만든다는 것은 여러 면에서 좋은 귀감이 되고도 남을 만한 일이다.

수천 수만 대의 오토바이가 한꺼번에 행진하는 장면은 마치 과거의 평원을 달리는 수백만 마리의 들소 떼를 연상케 했다. 마치 들소가 오토바이로 변신한 듯한 착각마저 들 정도였다. 이러한 모습을 보면서 우리는 스터지스 마을을 뒤로했다.

1 상류 미시시피 강을 오르내리는 바지선   2 상류 미시시피강 7번 갑문식 댐   3 갑문식 댐을 구경하는 관광객   4 상류 미시시피 강을 항해하는 퀸 미시시피호 여객선   5, 6 사우스다코타 주의 누런 초원 위에 쳐놓은 철조망

1 루이스와 클라크 탐험로 2 루이스와 클라크 그리고 인디언 여인 사카가위아 3 루이스와 클라크의 대륙 횡단 원정 성공 기념우표 4 알렉산더 맥켄지 경 5 미국의 영토 확장 과정 6 캐나다의 맥켄지가 대륙 횡단 성공을 자축하며 태평양 절벽에 새겨 놓은 글 7 아메리칸 인디언의 원뿔형 천막 티피 8 포트 피에르 국립초원을 알리는 안내판 9 미국의 대초원지대 10 1870년대 중반 산처럼 쌓아올린 아메리카 들소의 머리뼈 11 사우스다코타의 초원지대를 관통하는 고속도로

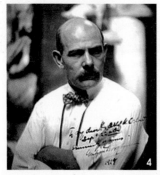

1 래피드 시티의 '러시모어 블랙힐스'라는 간판 아래 곡괭이를 들고 있는 광부상 2 러시모어 산의 큰바위얼굴을 조각하고 있는 모습 3, 5 배드랜드 전경 4 큰바위얼굴을 새긴 조각가 보그럼 6 대초원의 생활풍습을 보여 주는 미니박물관 7 배드랜드 안내판 8 1948년 3월 수족의 추장 스탠딩 베어가 조각가 지올로브스키에게 조각을 의뢰하고 있다. 9 크레이지 호스 전경 10 러시모어 국립공원 내의 들소들 11 러시모어 국립공원을 질주하는 오토바이족 12 러시모어 국립공원 입구

미 대서부 길목을 지나 태평양으로

카우보이 주 와이오밍의 악마의 탑

오토바이 대장정에 참가한 수백 대의 오토바이족들은 아무 거리낌 없이 하이웨이를 질주했다. 그들은 한결같이 검은 반소매 가죽옷을 입고, 헬멧 대신 머리에 가죽끈을 질끈 매거나 군모 같은 모자를 쓰고 있어 마치 영화 속의 폭주족처럼 보였다. 그리고 드문드문 있는 주유소에 수백 명이 늘어서서 부릉부릉 엔진 소리를 내며 차례를 기다리고 있었다. 이들의 모습이 신기해서 카메라를 들이댔더니 손을 가로젓거나 혀를 내밀어 보이는 등 겁을 주는 것인지 찍지 말라는 것인지 모를 제스처를 취했다.

이처럼 오토바이 소리로 가득한 스터지스 시내를 지나 I-90 고속도로를 달려 사우스다코타 주를 벗어나자, 카우보이 주 와이오밍에 들어섰음을 알리는 카우보이와 악마의 탑이 그려진 환영 안내판이 나타났다. 이곳은 아직 서부 개척 시대의 여운이 가시지 않은 분위기였다. 하지만 여성 참정권을 최초로 인정하여 '평등의 주'란 별명을 가지고 있는 것을 보면 서부 개척 시대를 훨씬 앞서간 선진적인 면도 있었다.

거의 남한 면적 크기에 인구는 미국에서 가장 적은 약 50만 명이라니 아직도 개척의 여지는 얼마든지 남아 있는 듯했다. 주도이자 가장 큰 도시인 샤이엔의 인구가 5만 명 정도에 지나지 않을 정도였다. 주위에는 사우스다코타 주에서 계속 이어진 누런 초원지대가 펼쳐져 있었다. 우리는 안내판 앞에서 기념촬영을 하는 등 여유롭게 초원의 공기를 느껴 보았다.

그 사이 오토바이족들은 굉음을 내며 도로를 메우다시피 길게 꼬리에 꼬리를 잇고 있었다. 그들이 고속도로를 벗어나 14번 국도로 접어들기에 뭔가 좋은 것이 있을 것만 같아 그 뒤를 쫓아갔다. 얼마 후 대평원 한가운데 우뚝 치솟은 큰 바위가 눈에 띄었다. 악마의 탑Devils Tower이었다. 잘 되었다 싶어 도로변에 이 탑을 잘 볼 수 있도록 마련해 놓은 전망대에 올랐다.

악마의 탑은 거대한 자연 기념물이었다. 대평원 한가운데 이런 거대한 바위가 불쑥 솟아 있다니, 말 그대로 악마의 장난일지도 모르겠다는 생각이 들었다. 점점 다가갈수록 선명하게 보이는 바위는 경이로움 그 자체였다.

해발 1,559m 평원에 우뚝 솟은 386m의 악마탑에는 재미있는 인디언의 전설이 전해져 오고 있다. 대표적인 전설은 방문자센터 벽에 걸린 캐나다 태생의 미국 화가 헐버트 코린스 경이 1936년에 그린 그림 속에 잘 나타나 있었다. 이는 약 2억 년 전인 공룡과 해생파충류가 출현한 중생대 초기의 트라이아스기로부터 시작되는 지질학적인 설명보다는 인디언의 전설이 이 바위를 이해하는 데 더 정감이 갔다.

이 지역의 수족 인디언 소녀 7명이 들판에 놀러 나갔다가 갑자기 나타난 큰 곰이 쫓아오자 급하게 도망가면서 그들이 믿는 신Great Spirit께 구원을 요청했다. 그러자 소녀들이 있던 땅이 갑자기 위로 솟아올라 곰을 따돌릴 수 있었다. 그러나 곰은 포기하지 않고 산을 기어오르다가 너무 가팔라서 미끄러져 죽고 말았다. 그때 곰이 바위 절벽을 할퀸 자국이 각진 기둥이 되었다고 한다. 정상에 있던 7명의 소녀들은 봄철 새벽에 태양이 떠오를 무렵 항해와 농사를 시작하는 계절임을 알리는 성단星團, star cluster 플레이아데스Pleiades의 7개의 별이 되어 악마의 바위 위에서 부모들을 내려다보고 있고, 부모들도 딸들이 별이 되어 환생했다고 믿고 있다는 것이다. 전설은 우리 마음을 잡을 뿐만 아니라 좋은 교훈도 주고 있었다.

악마의 탑을 둘러싼 전설을 들으며 방문자센터에서 나와 탑을 올려다보았다. 한마디로 굵은 빗으로 곧게 빗어 내린 듯한 선명한 머릿발 모양은 감히 범할 수 없는 위엄이 서려 있었다. 한편 이토록 가파르고 위험한 바위 절벽을 이 지역의 카우보이였던 로저스와 리프레이는 500여 명의 군중이 지켜보는 가운데 1893년 독립기념일인 7월 4일 나무사다리를 설치하여 처음으로 정상을 정복하는 데 성공했다. 그 후 많은 암벽등반가들이 로저스 등이 타고 오른 사다리를 이용하여 정상에 올랐다.

그런데 1941년 10월 1일 특이한 일이 발생했다. 비행기에서 낙하산을 타고 악마의 탑 정상에 내린 조지 홉킨스의 이야기가 신문 헤드라인을 장식했다. 그는 세계 점프 기록을 갖고 있는 스턴트 낙하산 강하자였지만 국립공원에 알리거나 동의 없이 행한 일이었다. 그런데 문제는 정상을 빠져나오기 위해 비행기에서 내려준 줄을 잡는 데 실패했다는 것이다. 공원 당국은 그를 어떻게 구출해 낼지 전국에 자문을 구했다. 그 사이에 필요한 식량이나 담요 등을 비행기로 떨어뜨려 주었다. 이틀 뒤 스키어이자 등반가로 1938년 악마의 탑 정상에 올랐던 다트머스대학 학생인 잭 듀런스를 중심으로 하는 구조팀을 정상에 올려 보내기로 했다.

그러자 타이어 제조회사인 굿니어는 소형 비행선을 제공하겠다고 하고, 해군에서도 헬기를 지원해 주겠다고 했다. 그러나 날씨가 나빴다. 5일 후 듀런스와 그의 구조팀이 이곳에 도착해 오르기 시작하여 10월 6일 정상에서 건강한 홉킨스를 발견했다. 그러나 하강이 쉽지 않았다. 오도가도 못하는 그들을 위해 수많은 사람들이 성원을 보냈고 그들은 6일 만에 무사히 내려왔다. 이러한 홉킨스의 에피소드가 있은 두 달 뒤에 일본은 미국 진주만을 공격했다.

이 거대한 바위를 신성시하던 인디언들은 탑 정상에 오르는 것 자체가 신을 모독하는 일이라 하여 등정을 반대했다. 결국 인디언들이 이 바위 주변에서 종교적 행사를 하는 6월을 피해 정상에 오르도록 했고, 그 후 등정로가 몇 개 더 개발되어 더 많은 사람들이 도전하고 있다고 한다.

그런데 바위 위를 올려다보면서도 도저히 악마 같은 모양은 아니라는 생각이 들었다. 오히려 위엄과 품위를 갖춘 도사처럼 보였다. 아닌 게 아니라 애초 이 바위 이름은 블랙힐스의 한 부분으로 곰오두막Bear Lodge Mountains으로 불리었다. 그러던 중 1875년 당시 최서부 요새 사령관이었던 리처드 어빙 닷지 대령의 통역관이 지형이 험하다는 뜻으로 곰오두막을 나쁜 신의 탑Bad God's Tower으로 잘못 말한 것이 악마로 탈바꿈하게 되었다. 이후 1906년 9월 시어도어 루즈벨트 대통령이 이곳을 첫 번째 국가기념물로 지정하면서 지금까지 악마의 탑으로 불리고 있다.

대초원 한복판에 솟아오른 거대한 바위를 두어 시간 구경하고 되돌아나오면서도 여전히 이어지는 오토바이 행렬을 조심하며 다시 서쪽으로 향하는 I-90 고속도로 위에 차를 올려놓았다. 가도가도 초원뿐이었다.

길은 길게 똑바로 뻗어 있고 주위 풍경도 여전히 같은 모습이었다. 그런데 갑자기 하늘이 어두워지더니 주먹만한 우박이 쏟아지기 시작했다. 우당탕탕 차 유리창과 지붕을 때리는 소리에 기겁을 했다. 동시에 검은 먹구름으로 한치 앞도 보이지 않았다. 더 이상 앞으로 나아갈 수가 없어 차를 길가에 세웠다. 깜깜한 하늘에선 머리만한 우박이 사정없이 대지를 갈겨댔다. 차 유리도 온전하지 못할 것 같아 잠시 두려움이 엄습해 왔다.

강력한 우박은 수백 명의 오토바이족들을 더 난감하게 했다. 대개 반소매 차림이었던 이들은 우박 앞에 거의 무방비 상태였다. 도와주려고 해도 차 밖으로 나갈 수가 없었다. 우리 차 가까이 있는 몇 명이라도 차 안으로 대피시키고 싶어 소리를 질러도 천둥소리와 우박 떨어지는 소리에 묻혀 버렸다.

그들은 웅크린 채 10여 분을 그 자리에 앉아 있었다. 얼마 후 언제 그랬느냐는 듯 맑게 갠 하늘에선 밝은 햇빛이 빛났다. 지옥에서 천국으로 빠져나온 기분이었다. 잠시 뒤에 급한 연락을 받은 앰뷸런스가 오토바이족들이 모여 있는 곳으로 달려왔다. 우박에 맞아 부상을 입은 여러 명을 태우고 급하게 되돌아갔다. 구급차가 사라진 뒤 주위에는 녹지 않은 우박덩어리들이 뒹굴고 있었다. 여태까지 살면서 이렇게 큰 우박은 처음이었다. 나라가 크고 초원이 넓긴 해도 너무 위압적인 강력한 우박에 무척 놀랐다.

평온해 보이기만 하던 대자연의 변화를 보며 인디언들이 왜 자연을 경외하는지 이해가 되고도 남았다. 기후적으로도 이 지역은 봄부터 여름 사이에 뇌우가 많이 발생하는 곳이다. 특히 대평원의 남부지방은 토네이도가 자주 발생하는 통로로 큰 피해를 입곤 한다. 이렇듯 자연과 사람 그리고 다양한 기상변화 등은 이 지역만이 지니고 있는 특징이자 매력일지 모르겠다는 생각을 했다.

우리는 천둥 번개가 자주 발생하여 국립천둥분지초원Thunder Basin National Grassland이라 부르는 대평원을 지나 계속 서쪽으로 나아갔다. 그런데 그렇게 많던 오토바이들이 갑자기 자취를 감춘 듯 도로가 텅 비어 버렸다. 어쩌다 자동차 한 대만 보아도 반가울 정도로 분위기가 바뀌었다. 이렇게 차 왕래가 없는 도로를 몇 시간 달리다 보니 어느덧 대초원에 어둠이 깔리기 시작했다.

우리는 고속도로 휴게소에 차를 세웠다. 가게 문은 잠겨 있고, 화장실에

만 희미한 불빛이 새어 나올 뿐 인기척이 전혀 없었다. 음산하고 적막해 살짝 겁이 나기도 했지만, 약한 모습을 보이기 싫어 폼을 잡으며 허세를 부려 보았다. 얼마나 더 가야 동네가 나올지 감이 잡히지 않았다. 주변을 둘러보아도 이만한 곳이 없을 것 같아 우선 저녁을 해서 먹고 몇 시간 쉬었다 가기로 했다. 지도를 들여다보아도 가까운 곳에 마땅히 쉴 곳이 없었다.

언제 잠이 들었는지 대형 트럭 엔진소리에 잠이 깼다. 그 사이 동이 트려는 듯 동쪽 하늘이 밝아오기 시작했다. 휴게소에는 우리와 트럭 운전사들 뿐이었다. 어쩐지 불안한 생각이 들어 시동을 걸었다. 아이들은 아직 자느라 정신이 없었다. 공간이 좁아 다리도 마음대로 뻗지 못하는데도 버텨 주는 가족들이 정말 고마웠다.

인디언의 마지막 몸부림

새벽바람을 맞으며 I-90 고속도로를 따라 몬태나 주 경계 가까이 갔다가, 와이오밍 주 서북쪽에 있는 옐로스톤 국립공원으로 가는 14번 국도를 향해 서쪽으로 방향을 잡았다. 사실 여기서 북쪽으로 올라가 몬태나 주에서 벌어진 리틀 빅혼 전투지를 둘러보고 싶었다.

이 전투는 1876년 6월 지금의 몬태나 주 리틀 빅혼 카운티에서 라코타-샤이엔 원주민 연합과 미 육군 7기병연대 간에 벌어진 미국과 아메리카 원주민의 전쟁사에서 가장 유명한 전투이며, 부족단위로 분열되어 있던 아메리카 원주민이 연합하여 미국에 대항해 승리를 거둔 역사적인 전투였다. 당시 미 연방정부에는 원주민 인디언에 대해 유화정책을 택했던 그랜트 대통령과 인디언에 대해 불만을 품은 반그랜트파가 대립하고 있었다.

그런데 1874년 당시 미주리 군관구 사령관이던 필립 쉐리던은 남북전쟁에서 활약한 부하 조지 암스트롱 커스터를 인디언 영지로 원정을 보냈다. 그러자 인디언들이 협정을 위반했다면서 연방정부에 강한 불신을 갖게 되었다.

사실 협정이라는 것은 1851년에 이어 1868년 와이오밍 준주에서 제2차 라라미 요새 조약에 따라 미주리 강 서쪽의 다코타 지역에 대한 인디언의 독점권과 수렵권이 보장되어 있었다. 동시에 이 조약에는 인디언의 문명이 존중되고, 인디언의 교육을 위한 백인교사, 미장이, 농부, 정미업자, 목수, 엔지니어, 정부관리 등이 인디언 구역에 거주하면서 영어 교육을 제공하는 등의 내용도 들어 있었다.

그러나 금을 찾아온 백인들이 이곳에 거주하게 되면서 인디언들이 이들을 가끔 공격하기에 이르렀다. 백인들은 인디언의 행동을 조약 위반이라 간주하여 1876년 1월 말까지 지정된 보호구역으로 돌아가지 않으면 미국의 적대적인 존재로 간주할 것이라 했다. 이에 인디언은 더 이상 백인에게 물러서지 않겠다는 전의를 보임으로써 양측의 충돌은 어쩔 수 없는 상황으로 전개되었다.

이에 육군 장관 셔먼은 1876년 인디언 토벌군을 재편성하였다. 여기서 커스터는 육군 7기병연대를 이끌고 싸움에 참가하였다. 이 전투에서 인디언의 지휘자는 크레이지 호스와 시팅불이었고, 미군 지휘자는 커스터 중령이었다. 여기서 인디언은 강한 전력을 보여 주었지만, 수적으로 우세한 미군에 의해 결국 항복하고 말았다. 이로써 1622년 3월, 버지니아의 포우하탄족이 버지니아 식민지를 공격하여 제임스 타운에서 347명이 사망한 것에서 시작되어, 리틀 빅혼 전투 이후 벌어진 1890년 12월의 운디드니 전투에서 7기병대 500여 명이 운디드니 언덕에서 수족 200여 명을 학살한 사건에 이르는 동안 벌어진 미국 인디언 전쟁American Indian wars이 끝났다. 즉 미국 인디언 전쟁은 1622년에서 1890년 사이 270년간에 걸쳐 백인 정착민과 아메리칸 인디언 사이의 전쟁을 총칭하는 말이다.

물론 초기부터 아메리칸 인디언과 이주민 사이에 작은 다툼이 이어지고 있었지만, 이민자의 증가와 함께 열강의 식민지 전쟁과 맞물리면서 점점 커졌다. 미국은 독립전쟁 이후 넓고 싼 땅을 요구하던 백인 정착민이 서진하게 되면서, 그곳에 살던 인디언은 쫓겨나 연방정부가 마련해 준 유보지 Reservation로 들어갈 것을 강요당하면서 일어난 당연한 저항이었다.

인디언 부족들은 각각 다양한 역사와 전통을 지닌 집단이었다. 그러나 백인처럼 조직화되고 체계화된 단일민족은 아니었다. 일부 부족 간의 동맹이 있긴 했지만 그들은 부족 또는 지역적 차원에서 전쟁과 평화의 결단을 내렸다. 특히 리틀 빅혼에서와 같은 인디언 연합군 결성은 어쩌면 처음이자 마지막일 것이다. 1886년 미국 남서부의 아파치족 제로니모Geronimo의 항복과 운디드니 학살 이후 인디언의 군사적 반란은 없어진 셈이었다. 그러나 20세기의 레드파워운동으로 대변되는 인디언의 권리회복 요구 운동은 새로운 인디언 전쟁이라 할 수 있다.

이렇게 역사적 사실을 되새기며 역사의 현장을 70km 정도 앞두고 비켜가는 아쉬움은 너무 컸다. 그러나 인디언의 마지막 몸부림이었던 현장을 지나면서 "신이시여, 이것이 정녕 당신이 바라던 일이었고 뜻이었습니까?" 하고 하늘을 향해 질문을 던져 보았다.

이 질문의 응답인지는 몰라도 초원의 목동들이 양떼를 몰고가는 평화로운 모습이 보였다. 나중에 안 일이지만, 매년 8월 초에 이 지역의 독특한 목동축제Sheepherder's rodeo가 열려 양 산업을 통한 지역경제의 활성화와 목동들의 사기를 높이기 위해 양을 다루는 기술과 양치기 개들의 묘기를 보이는 이벤트가 열린다고 한다. 이러한 이벤트는 1900년대 초반에 목초지 이용을 둘러싸고 양 사육자들과 소 사육업자들 간에 다툼이 벌어진 역사적 배경을 지니고 있다. 그 후 양과 양털 시장이 번창함으로써 소 사육자들이 양을 함께 사육하면서 문제가 풀리게 되었다. 이후 와이오밍은 양털 생산의 선두주자가 되었다.

대평원을 지나 서부로 가는 길

서쪽으로 방향을 틀자 간혹 지나가던 트럭은 물론 오가는 승용차도 끊겨 삭막하기 짝이 없었다. 얼마 후 갑자기 가파른 고갯길이 나타났다. 차가 쩔쩔매며 오르기 시작했다. 해발 3,000m 내외의 고산 준봉들이 늘어선 몬태나 주에서 길게 남쪽으로 뻗어 내린 와이오밍 주 중북부의 거대한 빅혼 산맥 안으로 들어선 것이다. 빅혼Bighorn이라는 이름은 이 지역 산간지대에 주로 서식하는 큰뿔양에서 따온 것이다.

빅혼 산맥은 국립운봉야생지역National Cloud Peak Wildness, 빅혼국립삼림 Bighorn National Forest, 해발 3,600m의 운봉 빙하Cloud Peak Glacier 등을 포용하고 있다. 운봉야생지역에서는 자전거를 포함하여 어떤 모터 장착이나 기계화된 탈 것은 허용되지 않는다. 1964년 야생법에 의해 집을 짓거나 채광을 못함은 물론 낚시나 캠핑도 허가를 받아야 할 정도로 자연생태보호에 힘을 기울이고 있다.

산맥의 8부 능선쯤 고갯길 정상에 올라서서 내려다본 서쪽 초원지대는 평평하게 엎드린 빅혼 분지였다. 오르는 동안 보이지 않던 큰 산으로 둘러싸인 고원지대에 대초지가 넓게 펼쳐져 있었다. 연 강수량이 200mm 내외의 반건조지대라 그런지 풀들은 키가 낮았다. 그리고 이곳에서 만난 사슴 등 야생동물들은 우리를 보고도 유유히 걷고 있었다. 그러다가 눈길을 서로 주고받더니 우리가 귀찮다는 듯 초원 한가운데로 멀어져 갔다.

우리는 왕래하는 차도 보이지 않는 그야말로 거대한 자연 속의 외로운 가족이었다. 사실 이런 경험도 흔치 않은 귀한 일이긴 했으나 이런 분위기에 익숙하지 않은 아이들이 두려움을 느낄까 봐 다소 걱정이 되긴 했다. 가장 두려운 것은 두려움 그 자체라는 말이 머리를 스쳤다. 그러나 고원의 폭은 160km나 되어 금방 빠져나갈 수도 없었다.

이렇게 수많은 야생동물들을 만나며 꼬불꼬불거리는 도로와 거대한 고원 지대의 초원 속을 세 시간 정도 달려 이번에는 하산길인 그라니테 고개에 들어섰다. 그 밑으로는 또 하나의 거대한 조개 협곡Shell canyon이 오묘한 색깔과 모습으로 우리를 유혹했다. 그 뒤로는 산들이 끝도 없이 이어져 있다.

경사가 급한 고개를 계속 내려갔다. 어디선가 타는 듯한 냄새가 코를 찔렀다. 브레이크 과열인가 싶어 차를 도로 한가운데 세워 놓고 엔진이 식을 때까지 주변을 둘러보며 잠시 쉬었다. 도대체 인적이 없으니 별별 생각이 다 들었다. 혹시 인류 전체가 갑자기 어딘가로 증발된 것은 아닐까 하는 생각마저 스쳐 지나갔다.

조개 협곡을 빠져나오니 바로 앞에 옐로스톤까지 이어지는 대평원이 펼쳐져 있었다. 우선 급한 것은 자동차 점검이었다. 얼마를 달려 해발 약 1,500m에 위치한 코디 타운 카센터 앞에 멈췄다. 엔진오일을 교환하고 자동차 상태를 점검하였으나 다행히 별 문제가 없다면서 60달러나 달라고 했다. 차를 손보기 어려운 이런 시골에서 정비사의 말 한마디는 귀하신 말씀이었다. 만일 그가 없었다면 하고 생각하니 장거리를 다니는 우리로서는 그저 감사할 뿐이었다.

옐로스톤에서 80km 떨어진 코디 타운은 서부 개척 당시의 모습을 간직한 채 그때의 향수를 불러일으켰다. 그리고 1901년 사이 개척 당시 건물과 마차 등으로 올드 트레일 타운을 복원하여 관광객들을 부르고 있었다. 당시 미주리 세인트루이스에서 출발한 서부 개척인들이 캘리포니아를 향해 지나던 길 중의 하나였다.

1840년대 중반 무렵 개척자들이 와이오밍 지역을 거쳐 서부로 가는 세 개의 큰 길이 있었다. 하나는 캘리포니아 트레일이고, 또 하나는 유타로 향하는 몰몬 트레일, 또 하나는 태평양 북서부로 향하는 오리건 트레일이었다. 이 트레일들은 모두 대평원과 험준한 산맥을 거쳐야 했다. 즉 와이오밍 주 북쪽에 있는 이 코디 타운을 지나는 루트보다는 미주리 주에서 출발하여 와이오밍 주 남쪽을 지나 아이다호 주와 유타 주 경계지역과 메마른 네바다 주와 로키를 건너 서부의 종착지인 캘리포니아로 가는 길을 캘리포니아 트레일이라 불렀다. 1841년부터 1869년까지 25만여 명이 금을 찾아 대평원과 거대한 산을 넘어 이 길을 지나갔다.

그 외에 7만여 명의 몰몬교도들의 본산인 솔트레이크를 가기 위한 몰몬 트레일과 미주리에서 대평원과 로키 산맥을 넘어 우편, 신문, 소포 등을 말 등에 얹어 릴레이 방식으로 운송하는 포니 익스프레스 트레일, 골드러시 때 서부로 가던 보즈먼 트레일 등 목적에 따라 이름을 붙인 어떤 길도 모두 와이오밍을 통과해야 했던 것이다.

오리건 트레일은 중부 미시시피 강변의 미주리 주에서 서북부 태평양의 오리건 주에 이르는 약 3,200km의 산길을 말한다. 이 길은 1820년대에는 사냥꾼, 교역상인, 선교사들이 주로 통행했으나, 1840년대 초 골드러시 때 금에 욕심을 낸 사람들이 집단으로 이동하면서 서부 이주에 크게 기여했다. 특히 오리건 트레일은 미시시피 강 유역의 습한 기후로 인한 모기 등을 피해 산악지대를 선호하는 사람들에게 인기가 높았으므로 시간이 흐를수록 많은 사람들의 관심이 커졌다.

여기서 말하는 서부는 어떤 특정한 지역을 가리키는 것이 아니라, 백인이 정착하고 있던 서쪽에 펼쳐진 광활한 미개척지를 통틀어 말하는 추상적인 개념이다. 그러면서 인구밀도가 낮고 풍부한 천연자원을 이용하여 개인적으로 성공할 수 있는 기회의 땅이라는 인식을 갖고 있었다. 이러한 미개척지에 제일 먼저 사냥꾼과 인디언을 상대로 하는 모피업자가 들어갔다. 그리고 가축을 방목하는 목축민에 이어, 산림을 벌채하여 경작지를 개간하는 정착농민이 진출하는 것이 일반적인 순서였다.

즉 남북전쟁이 끝나면서 텍사스의 소몰이꾼들이 대규모 소떼를 몰고 북상하여 대평원의 철도역까지 운반하는 등 목축업이 성황을 이루기도 했다. 그러나 뒤를 이어 공유지의 토지분배에 따라 1870년대 이후 대평원에 농민 입식이 본격화되면서 대평원의 건조기후에 잘 견딜 수 있는 농작물 보급과 철조망, 풍차, 펌프 등의 개발로 서부 개척 시대가 서서히 막을 내리게 되었다.

이러한 역사적 발전과정에서 오리건 트레일이 그 역할을 다하던 때는 모피 사냥꾼이 활약하던 시기였다. 즉 1820~1830년대 모피 교역이야말로 당시 최대로 이익을 얻을 수 있는 분야였다. 동시에 사냥꾼과 모피 상인들은 극서부의 지리에 밝아 서부 개척자의 안내 역할을 해낸 인물들이었다. 이러한 모피 교역이 성황을 이루면서 커슨과 같은 유명한 모피 사냥꾼과 스미스 같은 모피 상인이 등장했다.

특히 독일 출신 모피 상인 존 제이콥 애스터는 태평양모피회사를 설립하여 모피 교역을 독점하다시피 하면서 대부호로 등장하였다. 그러나 그는 야생동물의 감소를 우려하여 은퇴하는 양식을 보이기도 했다. 또한 모피 상인 애슐리는 매년 여름 사냥터에서 가까운 곳에 모피 시장을 열어 모피와 탄약과 식품 등과 교환하는 랑데부 교역을 제안하여 시장정보 교환과 인적 교류를 하는 등의 성과를 거두기도 했다.

이처럼 모피는 경제사의 중요한 몫을 차지했다. 동토의 시베리아와 알래스카 개발, 그리고 초기 북미의 서부 개척 등은 모피 사냥과 교역을 통해 이루어졌다. 즉 모피 사냥과 교역은 한때 세계 경제사를 이끌었던 커다란 축이었다. 이 모피 교역은 이미 고대로부터 온대와 한대지역에서 이루어진 중요한 교역물품으로 과거 초원의 길은 모피 무역의 중요한 루트였다.

17세기에 북미 대륙은 유럽의 짐승털 펠트 및 모피코트와 의류의 수요 증가로 가죽의 주요 공급원이 되었다. 모피는 보온을 위한 의류 제조에 주요 산품이었고, 석탄이 유통되어 난방이 보급되기 이전에는 특히 그러했다. 그중에서도 비버의 인기는 절정에 달했다. 19세기 모피 무역은 글자 그대로 동물의 모피를 거래하는 산업으로 세계적인 시장이 형성되어 있었으며, 시베리아와 북미 대륙 극한 지역의 포유류 동물가죽은 고가로 거래되었다. 여기서 모피를 둘러싼 이야기 중 재미있는 것은, 알래스카를 지배하던 러시아가 바다수달 등 야생동물의 모피 교역이 줄어들자 1867년에 720만 달러를 받고 미국에게 땅을 팔았다는 것이다.

최근 보고에 따르면, 완전한 길이의 털코트를 만들기 위해서는 친칠라 토끼 100마리가 필요하고, 여우 모피코트 한 벌은 11마리의 푸른 여우가 필요하며, 밍크코트 한 벌에 크기에 따라 45마리에서 200마리가 필요하다고 한다. 이렇게 해서 매년 3천만 마리의 동물가죽이 필요한데 그중 2천만 마리 이상은 인공사육되고, 나머지는 허가받은 야생 수렵이나 밀렵으로 충당된다고 보고 있다.

국제모피무역연맹IFTF은 매년 모피 수요 증가로 한동안 감소 추세에 있던 모피 산업이 북미산 코요테, 살쾡이, 수달피 가격 상승으로 와이오밍 주와 캐나다 앨버타 주에서 활기를 띠고 있다고 했다. 특히 미국 모피 산업이 재부상하는 이유 중에 중국군 장교복의 재료에 짐승가죽이 쓰이고 있기 때문이라는 이해하기 힘든 부분도 있다. 즉 중국군 장교복에는 장당 100달러가 넘는 수달피가 쓰인다는 것이다. 이 때문에 모피 가격이 올라 미국 북서부 지역에서는 수렵면허를 따려는 사람들이 늘고 있다는 것이다. 그리고 위스콘신, 몬태나, 아이다호, 알래스카 주 등에서는 생업이나 부업으로 동물 사냥하는 가정이 급증하고 있다는 얘기다.

당시 서부로 가는 길목의 하나였던 이곳에서 모피 생산을 위해 정해진 길은 없었지만, 그중에서도 사람의 손길이 비교적 적게 닿은 오리건 트레일이 사냥꾼들의 활동지였음을 짐작할 수 있었다. 이렇게 서부로 가는 길목에 서서 당시를 상상해 보았다. 그러나 길게 머물 수 없기에 우리는 코디 타운을 뒤로하기 시작했다. 여기까지 오는 동안 3,000m 넘는 고원과 협곡을 빠져나와 다소 안심했는데, 앞에 더욱 높은 산들이 기다리고 있을 것을 생각하니 긴장이나 속도를 늦출 때가 아니었다.

생각하면 우리도 지독한 가족이다. 다섯 명이 주로 차 안에서 자고 먹으면서 선조들이 앞서갔던 길을 밟으며 몇 번째 대륙 횡단에 도전하고 있으니 하는 말이다. 아마도 이렇게 몸으로 때우는 여행은 두 번 다시 할 수 없는 귀한 경험이라고 스스로 만족하고 있을 뿐이다. 그러면서도 서부 개척 당시의 대륙을 횡단하던 개척민들의 노고를 생각하면 우리는 황제가 대륙 횡단하는 것 이상으로 사치스런 것이다. 그간 장거리 자동차 여행을 하면서 감사한 일은 아무런 사고 없이 여정을 소화할 수 있었다는 것이다. 운전을 하다 보면 졸릴 때가 한두 번이 아니었다. 그때마다 무리하지 않고 적당히 휴식을 취한 것이 우리 여행의 노하우가 아닌가 싶다.

옐로스톤의 여름에 내리는 눈

옐로스톤 국립공원이 가까워오자 다시 산이 높아지기 시작했다. 한여름이었지만 첩첩산중 고원지방이어서 긴 옷을 입지 않고는 한기를 견디기가 만만치 않았다. 울창한 숲으로 둘러싸인 옐로스톤 호수변을 따라가니 방문자센터가 나타났다. 이곳에서 미리 50달러를 주고 구입해 두었던 패스를 관리인에게 제시했다.

그는 종이 한 장을 건네며 사인을 요구했다. 패스 뒤에 있는 내 사인과 일치하는지 확인하기 위해서였다. 그에게 한글 사인을 해 보였더니 맞지 않는다며 입장료 20달러를 내고 들어가야 한다고 했다. 그래서 다시 영어 사인을 해 보였더니 그때서야 들여보내 주었다.

이처럼 3대 국립공원인 그랜드캐니언, 요세미티, 옐로스톤을 포함한 어떤 곳이든 일 년간 입장할 수 있는 패스는 여러 모로 유익하다. 대서양에서 태평양까지는 물론 알래스카, 하와이, 미국령 사모아, 괌, 푸에르토리코, 버진아일랜드 등 미국 영토 내 385개 국립공원을 구경할 수 있는 티켓이다. 큰 국립공원 입장료가 평균 20달러인 것을 감안하면 반드시 이 패스를 이용할 필요가 있다. 그리고 지체장애자나 노인들은 보다 싼값으로 이용할 수 있는 평생 패스life pass도 있다.

자동차 한 대에 몇 명이 타고 있든 이 패스를 갖고 있으면 된다. 국립공원은 물론 국가 차원의 격전지, 역사공원과 보호지구, 국가기념물, 국립 숲과 강, 그리고 군사공원 등 국가관리 시설을 이용할 수 있다. 또한 패스를 구입하면서 받은 상세지도를 보고 이용할 수 있는 시설이 이렇게 많구나 하고 놀랐었다. 그런데 미국에 도착하자마자 이러한 제도가 있는 줄 알았으면 첫 국립공원에 입장할 때 연간 패스를 구입했을 텐데 하는 아쉬움이 컸다.

우리는 동쪽 입구에서 천천히 올라 2,598m의 실번 고개를 넘어 황 성분에 의해 바위가 누렇게 되어 이름 붙여진 옐로스톤 중심부로 들어갔다. 첩첩산중이라 그런지 8월의 한여름 소나기가 내리는 대신 상한 바람을 타고 흰 눈이 펑펑 내렸다. 주변 나뭇가지와 도로에 눈이 쌓여 갔다. 미끄럼 방지용 체인을 준비하지 못해 조심조심 앞으로 나아갔다. 신기한 자연의 조화를 도무지 알 수가 없었다. 눈이 내리기 시작하자 우리는 자동차 뒤쪽 깊숙한 곳에 혹시나 해서 넣어 둔 점퍼를 꺼냈다. 주변에는 산불로 시커멓게 탄 나무들이 눈을 맞으며 산꼭대기까지 말없이 서 있었다.

불에 탄 나무를 보면서 이 지역에서 산불이 많이 난다는 뉴스를 들은 기억이 났다. 이곳에서는 번개 등에 의해 매년 35여 건의 산불이 일어난다는 것이다. 그중 사람에 의한 산불도 6~10건은 된다고 한다. 자연발화로 인한 산불은 생태계를 유지하는 자연의 한 부분이라고도 하지만 바람직한 일이 아님은 분명하다. 산불을 방지하기 위해 옐로스톤에는 3개의 망대에 소방관이 배치되어 있다. 산과 숲이 많은 미 서부에서의 대형 산불 방지는 큰일 중의 하나임을 알 수 있었다.

우리는 실번 고개를 넘어 해발 2,300m 높이에 길게 늘어서 있는 옐로스톤 호수를 끼고 간헐천 지역을 둘러본 다음, 북쪽 출입문을 빠져 몬태나 주로 들어가는 약 200km의 순환길을 이용할 계획이었다. 이곳은 세계 최대의 화산지대로 1만 개 이상의 간헐천과 세계에서 규모가 큰 250여 개 중 200여 개가 몰려 있는 간헐천의 메카다. 동시에 미국에서 야생 동식물이 가장 많은 고원지역이며, 셀 수 없이 많은 호수와 폭포 그리고 수많은 강의 지류 등 풍부한 자연자원이 넘쳐났다. 아닌 게 아니라 늑대인지 곰인지 확인이 안 되는 야생동물들이 산등성이 숲속에서 눈을 맞으며 서 있는 것이 보일 정도였다. 특히 들소는 도로나 길가에서 여러 번 만났고 곰, 엘크, 늑대, 여우, 독수리, 고라니 등이 서로 얽히고설킨 생태계는 텔레비전의 다큐를 통해 여러 번 본 탓인지 전혀 낯설지 않았다.

옐로스톤 호수는 길이 32km, 폭 24km에 마치 백사장처럼 자갈이 깔려 있는 바다 같은 산정호수다. 이 호수를 돌아 1시간 반 만에 한 번씩 40m 이상 높이로 분출되는 올드 페이스풀 간헐천Old Faithful Geyser에 도착하니 눈은 멎어 있었다. 그런데 막 간헐천의 분출이 끝났는지 모였던 사람들이 흩어지고 있었다. 다음 분출 시간까지는 1시간 반 정도 기다려야 했다. 그 사이 우리는 통나무로 예쁘게 지어 놓은 호텔 안의 선물가게와 주변의 간헐천을 둘러보았다. 기다려서라도 물을 뿜어내는 간헐천의 모습을 봐야 이곳에 온 이유를 찾을 수 있을 것 같았다.

다시 분출 시간이 가까워지자 갑자기 많은 사람들이 간헐천 주변에 몰려들었다. 드디어 간헐천은 몇 번인가 재채기를 하듯 하더니, 쏴쏴 하는 소리와 함께 흰 물기둥이 하늘을 향해 솟아올랐다. 이와 동시에 사람들의 탄성 소리가 옐로스톤을 흔들었다.

이런 자연의 장관을 보기 위해 매일 3만 명 정도가 찾고 있다는 이 공원은 1807년 미 대륙을 최초로 횡단한 루이스와 클라크의 팀원이었던 존 콜터가 백인으로서는 처음 왔었다. 당시 이곳은 인디언들이 큰뿔양을 사냥하던 곳이었다. 그가 이처럼 신기한 간헐천과 진흙이 끓어오르는 구멍이 수없이 많다는 사실을 외부에 알렸지만, 모두 우스갯소리로 넘기고 말았던 것이다. 그 후 남북전쟁으로 1860년대 후반까지 조직적 탐험이 이루어지지 못하다가 전쟁이 끝나면서 제대로 된 탐험이 이루어지기 시작했다. 탐사 결과 화산활동에 의한 지열현상과 화석림 그리고 옐로스톤 호수를 보존할 필요성을 느껴 1872년 세계 최초로 국립공원으로 지정되었다.

이렇게 높이 솟는 간헐천을 보고 나서 이번에는 북쪽으로 방향을 바꿔 또다른 간헐천을 찾아 나섰다. 그 많은 간헐천과 볼거리를 다 보려면 몇 년이 걸려도 모자랄 것 같았다. 공원 면적만 해도 우리 남한의 거의 10분의 1이나 되고 온천 등이 산재해 있기 때문이다. 그래서 이곳의 대표적인 온천 몇 개만 보는 것으로도 만족했다.

우선 관심을 끈 것은 올드 페이스풀 간헐천에서 50km 북쪽에 있는 노리스 간헐천 지구였다. 넓게 펼쳐진 지하의 여러 구멍을 통해서 올라오는 수많은 증기줄기는 마치 증기정글이라 부를 정도였다. 아궁이에서 바로 불을 지펴 솥에서 나오는 증기처럼 누군가가 지하에 웅크리고 앉아 장작불을 때고 있을 것만 같았다.

온천을 보기 위해 이동하는 많은 관광객 틈에 끼어 있는 것도 재미가 쏠쏠했다. 경탄스러운 자연을 보는 순간의 감정과 감탄은 '와우'라는 소리로 통일되어 있었다. 이번에는 노리스 간헐천 지구에서 북쪽으로 34km 떨어진 매머드 핫스프링으로 차를 몰았다. 옐로스톤 순환도로를 따라 이동하면서 다양한 온천들에 일단 매료될 수밖에 없었다.

수많은 간헐천 중에 사람들이 많이 찾는 곳 중의 하나로 모닝글로리 풀은 수시로 물 색깔이 푸른색, 오렌지색, 황색 등으로 변하는 것이 흥미로웠지만, 입을 벌리고 뭐든지 안으로 빨아들일 것만 같은 생각에 순간적으로 섬뜩했다. 이는 물속에 서식하는 박테리아가 날씨와 온도에 따라 행동하기 때문이라 한다. 그러나 물은 강산성으로 크리스탈처럼 투명해 보였다.

또한 강한 유황 냄새를 풍기며 끓어오르는 진흙탕Mud pots, 마치 용의 입을 닮은 입구에서 뿜어나오는 용구온천Dragon mouth spring, 옐로스톤 호수에서 갓 잡은 송어를 간헐천에 익혀 먹었다는 피싱콘Fishing cone geyser 등 일일이 열거하기 힘들 정도다. 또한 옐로스톤의 장관은 숲, 계곡, 절벽 그리고 폭포와 호수의 뛰어난 경관이다. 그리고 3,000m 이상의 고봉이 45개가 넘고, 숲속의 비밀을 간직한 채 화석으로 변한 나무화석petrified tree과 야생동물들은 우리에게 삶의 생동감을 불어넣어 주었다. 글자 그대로 옐로스톤 국립공원에는 대자연의 신비함을 모두 포용하고 있다는 자부심에 고개를 끄떡이지 않을 수 없었다.

옐로스톤의 제일 북쪽에 있는 매머드 온천지구에는 공원의 본부가 있고 공원을 관리하기 위해 1886년에 미 육군이 지은 오래된 건물이 있다. 이는 당시 부당한 이익을 얻기 위해 공원 내에서 행해지던 밀렵과 자연파괴 행위를 막기 위해 내무장관이 육군에 주둔을 요청했다고 한다. 말하자면 대평원에 야생동물을 위한 준전시체제로 돌입했다고 볼 수 있는 일이었다. 대평원의 6천만 마리 들소가 1세기도 안 되어 1천 마리 정도까지 줄어든 일을 생각하면, 밀렵꾼들이 얼마나 무차별적이고 불법적인 사냥을 했는지

제5부 미 북부 대평원과 로키를 넘어

알만했다. 이렇게 주둔한 육군은 현재 공원 본부로 쓰고 있는 붉은 지붕과 굴뚝이 많은 아름다운 옐로스톤 요새를 건설했다.

이러한 역사적 배경 외에 이곳 옐로스톤 관광 중 가장 하이라이트는 단연 누런 석회암이 밖으로 노출된 매머드 온천의 다양한 풍경들이다. 오랜 세월에 걸친 용암 활동으로 물 색깔이 회색과 파랑색으로 되어 있고, 특이한 석회 냄새와 유황 냄새가 나는 등 아직도 사방에서 증기가 솟아올라 아름다움과 신비함을 더해 주고 있기 때문이다.

그러나 이곳 방문자센터에서는 온천만 볼 것이 아니라 매머드 온천의 하이킹 트레일을 따라 하는 트레킹을 권했다. 사실 그렇게 하고 싶은 마음은 굴뚝같았다. 이곳의 진면목을 보다 입체적이고 다각적으로 이해할 수 있기 때문이다.

이곳을 오랜만에 찾은 사람들의 글을 보면, 옐로스톤은 늘 변하고 있다고 한다. 계단식 모양의 아름다운 청회색 미네르바 테라스는 몇 년 뒤에는 흰색과 누런색으로 변해 있었다는 것이다. 그래서 이곳을 다시 찾는 이들에게 과거의 기억을 버리고 어떠한 모양과 색깔로 변해 있을까 기대를 갖게 하는가 보다. 사실 변하는 것은 이뿐이 아닐 것이다. 우선 나도 늘 변하고 있으니 말이다. 당장 몇 달 뒤에 다가올 옐로스톤의 겨울 모습이 그리워졌다.

트레킹을 하진 못했지만 이렇게나마 이곳을 보았다는 것이 얼마나 행운이고 감사한 일인지 모르겠다. 누군가는 그랬다. 에베레스트 정상을 정복하지 못했다 하더라도 정상을 본 사람과 못 본 사람과는 가치관이 다르다고. 왜냐하면 본다는 것 자체가 미래의 상상력을 자극하는 실마리가 되기 때문이다. 방문자센터 2층 박물관에는 이곳의 과거와 현재 그리고 사계를 담은 사진 등 트레킹에서 얻는 실재감 못지 않은 상상력을 안겨 주었다.

매머드 온천지대를 빠져나오면서 같은 환태평양화산대에 속한 일본에서의 생활을 떠올렸다. 일본의 대표적 온천지 벳부의 지옥온천과 나가사키 운젠 지옥온천, 일본 남단의 오키나와, 북단의 홋카이도 등에서 온천욕을 즐기기도 했다.

규모면에서는 옐로스톤이 단연 압권이지만 끊임없이 올라오는 노천 증기는 비슷했다. 활화산인 아소阿蘇山나 사쿠라지마櫻島 등도 방문했었다. 뿐만 아니라 로마시대 화려한 도시였던 지중해의 폼페이를 지옥으로 만든 베수비오 산도 유황 냄새를 맡으며 정상을 밟아 보았다. 또한 멕시코에서 남미 칠레에 이르는 화산지대를 여행하면서도 불시에 지진이나 화산 폭발이 일어나면 어떻게 하나 하는 염려가 한쪽 뇌리를 스치곤 했었다.

사실 많은 지질학자들은 환태평양화산대를 불의 고리ring of fire라고 부르며 태평양을 사이에 두고 지각이 약한 거대한 화산고리가 이어지고 있다고 설명하고 있다. 지구상에서 발생하는 분화의 70~80%가 이곳에서 일어나는 동시에 지진활동도 활발하여 많은 피해를 주고 있기 때문이다. 그리고 이러한 지진의 여파로 해일이 발생하여 큰 피해가 나는 것을 남아시아 스리랑카 등에서 직접 목격하기도 했기에 반드시 남의 일만이 아님은 분명했다.

여기서 말하고 싶은 것은, 자연 위험지대인 옐로스톤에 연 300만 명이 찾아와 이 지역 주민의 소득에 기여하고 있다는 사실이다. 이는 일본의 사례도 마찬가지다. 전국이 화산이나 지진대에 속해 있지만 오히려 이 때문에 먹고 사는 사람들이 약 17%에 해당하는 2천만 명이나 된다는 것이다. 이는 지진이나 화산 등이 일시적이고 국지적인 피해를 주지만, 중장기적으로 기가 막힌 관광자원이자 국민자산이다. 그런데 옐로스톤은 세계적인 온천지구인데도 온천욕을 할 수 없었다는 것이 아쉬웠다. 환태평양화산대의 일본과 지중해화산대에 속한 옛 로마인들은 보는 온천이 아닌 즐기는 온천으로 발전시켰던 것처럼 문화 차이가 크다는 것을 인정해야 했다.

옐로스톤에서 캠핑을 하려고 캠프그라운드를 찾았으나 텐트를 칠 자리가 없었다. 그렇다고 비싼 호텔에서 머물 처지도 못 되어 옐로스톤 밖에 있는 캠핑장을 알아본다고 간 것이 북쪽 출입구를 지나 몬태나 주 가디너 타운까지 나와 버렸다.

옐로스톤을 벗어나면서 아쉬웠던 것은 남쪽의 수많은 설산 봉우리가 호수에 비쳐 장관을 이루고 있는 그랜드티턴 국립공원을 보지 못한 것이었다. 모르면 그냥 지날 수도 있지만 알고도 지나친다는 것은 여간 섭섭한 일이 아니었다.

옐로스톤을 벗어나니 눈앞에 우리나라 독립문과 파리 개선문을 닮은 몬태나 주의 가디너에 들어섰다는 것을 알리는 루즈벨트 아치가 나타났다. 그 밑을 통과하면서 여러 상념에 젖어들었다. 이 아치는 시어도어 루즈벨트 대통령이 국립공원에 기여한 공을 기리기 위하여 1903년에 세운 문이다. 이곳에 대통령이 직접 와서 주춧돌을 놓았으며, 대통령의 사진과 성경 그리고 지역신문 등을 넣은 타임캡슐을 묻어 놓아 '루즈벨트 아치'라고 부르게 되었다.

아치 위에는 1872년 국립공원의 근간이 된 법률에서 인용한 '국민의 이익과 즐거움을 위해 For the Benefit and Enjoyment of the People'라고 새겨져 있다. 이 아치는 옐로스톤 내의 여러 호텔을 설계한 오하이오 주 출신 로버트 리머가 1만 달러를 들여 6개월에 걸쳐 완성했다고 한다.

몬태나에서 미 대륙 횡단 철도를 그리다

아치를 지나 가디너 타운 주유소에서 텅 빈 기름탱크를 가득 채웠다. 기름값을 지불하려는 찰나 계산기 옆에 있는 복권을 사라는 주유원의 시늉에 즉석 지우기 복권 세 장을 10달러에 샀다. 그리고 열심히 지웠더니 40달러가 당첨되었다. 30달러를 번 셈이었다. 그러자 불현듯 욕심이 일어나 40달러를 전부 복권에 재투자했다. 이번에는 모두 꽝이었다.

우리는 가디너 타운을 벗어나 캠핑장을 더 찾아보기 위해 북쪽 방향으로 89번 국도를 달렸다. 가디너는 인구 8천 명 정도의 미니타운이지만 거리 풍경은 전형적인 서부 스타일이었다. 특히 옐로스톤의 관문 중 겨울에도 폐쇄되지 않는 유일한 북쪽 입구로 알려져 겨울 스포츠와 여름 계곡을 즐기기 위해 많은 사람들이 찾고 있다.

거기에 옐로스톤 강을 끼고 있는 이 타운은 가지영양뿔, 들소, 사슴, 엘크, 노새, 사슴 등과 가축들이 함께 전형적인 야생과 축산이 어우러진 정감이 넘치는 곳이다. 이러한 풍경은 가디너 타운뿐 아니라 몬태나 주 전체에서 볼 수 있는 흔한 광경이다. 몬태나라는 말 자체가 스페인어로 '산'을 의미한다고 하니, 우리 강원도에서 느끼는 정감이 그대로 와 닿았다.

특히 철도가 가디너에서 옐로스톤 북쪽 입구까지 연결되었다는 것은 농업경제사를 다루는 입장에서 가벼운 흥분마저 일었다. 와이오밍의 평원을 달리는 기차를 보았을 때는 남다른 역사적 감회에 젖기도 했다. 그래서 내친김에 미국의 경제발전에 큰 영향을 준 대륙 횡단 철도에 대해 알아보고 싶었다. 그러던 중 스티븐 E. 암브로스의 『대륙 횡단 철도 시간과 공간을 정복한 사람들의 이야기』라는 책을 두 번 정독하기에 이르렀다.

19세기 미국의 가장 위대한 업적은 당연히 남북전쟁을 승리로 이끌어 노예제도를 폐지한 일일 것이다. 그리고 네브래스카 주 오마하에서 캘리포니아 주 새크라멘토를 잇는 미 대륙 최초의 대륙 횡단 철도 개통 역시 큰 업적이라 할 수 있다. 즉 20세기 초인 1914년 8월 15일, 400년 이상 꿈이었던 77km의 파나마 운하가 완공되기 전까지 이 철도 건설에 비교할 만한 경제사적 · 기술사적 대업은 없었다. 만일 이 철도가 완성되지 않았다

613

면 오늘날의 미국은 존재하지 않았을 것이다.

그 후 20년이 지난 1886년에 캐나다의 퍼시픽 호가 대륙을 횡단했으며, 러시아의 시베리아 횡단 열차TSR의 완성은 반세기가 더 지난 1916년 일이다. 미국은 1776년 독립선언에 이어 1783년에 독립한 후 1803년 루이지애나를 매입하면서 대륙 횡단 철도 부설의 필요성을 느꼈다. 1848년에는 캘리포니아와 네바다 그리고 유타 주를 귀속시켰으며, 드디어 1869년 대륙 횡단 철도를 완공했다.

철도를 건설하는 데는 삼국지에 등장하는 영웅호걸과 같은 세기의 거물들이 등장하고 있다. 즉 에이브러햄 링컨이 선봉대 역할을 맡았으며, 율리시스 그랜트와 윌리엄 셔먼 장군은 남북전쟁을 승리로 이끌어 미국을 결속시키고 동서를 한데 묶는 결정적 역할을 한 인물들이다. 훗날 링컨은 16대, 그랜트는 18대 대통령이 되었으며, 셔먼은 육군총사령관이 되었으나 대통령직을 포함하여 모든 공직을 사절했다. 그리고 미합중국 장군이자 후에 의원이 된 그렌빌 도지 등 당시 사회지도자들이 대거 참여했다.

한편 태평양에서 출발하는 센트럴 퍼시픽 철도CP는 주로 중국인들이 건설했으며, 대서양쪽 내륙의 오마하에서 출발하는 유니언 퍼시픽 철도UP는 아일랜드 이주자들이 맡아했다. 그 외에 양쪽 철도 모두 세계 각지에서 몰려든 인력이 적지 않았다.

두 노선은 각각 1만5천 명씩 투입되어 남북전쟁 당시의 군대조직과 맞먹는 규모였다. 대륙 횡단 철도는 이들이 없었다면 불가능했던 일로 아일랜드, 중국, 독일, 영국, 중미, 아프리카 등 출신지가 어디든 모두 미국인이었고 하나같이 열심히 일했다. 이들은 남북전쟁을 치르면서도 생각을 크게 갖는 법, 원대한 프로젝트를 계획하고 수행하는 방법을 익혀 나갔다. 유니언 퍼시픽과 센트럴 퍼시픽은 당대 최고의 기업이었다.

철로는 우리나라 백두산 부근을 지나는 북위 42도선에 건설하는 것이 가장 경제적이고 실용적이라는 주장이 제기되었고, 처음 대륙 횡단 철도 건설계획이 발표되었을 때 그 규모와 기획에 놀라움을 감추지 못했다. 왜냐하면 미래를 바꿀 선구자는 증기선보다는 철도였기 때문이다. 철도는 바로 미국의 산업혁명으로 이어졌다.

기관차가 등장하기 전까지만 해도 시간의 중요성이 거의 거론되지 않았으나 철도가 건설되고 나서 시간의 중요성이 더욱 커졌다. 즉 시간이 지났다, 시간을 낭비한다, 시간이 다 됐다, 기차가 역을 출발하고 있다는 말이 사람들의 입에 자주 오르내리게 되었다. 그리고 '표준시'라고 하는 것도 철도가 생겨나면서 쓰인 용어로 미국은 네 개의 시간대로 구분되었다. 이처럼 19세기 기술혁신의 상징은 단연 철도였으며, 기차는 당대 최고의 발명품이었다. 결국 인간은 철도를 통하여 시간과 공간을 정복하기 시작했다.

링컨은 서부에서 최고의 철도 관련 변호사였다. 즉 승객과 선적회사 그리고 철도 문제를 해결하는 선도자였다. 그런 그가 23세에 일리노이 주 정계에 입문하면서 선거연설을 통해 철도는 기상의 제약을 받지 않는 가장 실리적인 교통수단이라며 철도 건설을 공약한 것은 당연한 수순이었다. 당시 미국은 미개척지 개발과 끝없이 밀려드는 이민자들로 교통수단 해결이 절실한 상황이었다. 철도 건설 기획안이 나오자 그에 대한 자금이 모아지면서 동부지역을 가로지르고 산맥을 넘어가는 노선이 건설되기 시작했다.

1837년 경제공황의 여파로 경기침체가 심화되었지만, 1840년까지 전 유럽의 철도보다 긴 4,800km의 선로가 동부지역에 이미 건설되었다. 1850년까지 라이트, 완충장치, T자형 레일, 브레이크 등 기관사들의 비약적인 기술개발은 대륙 횡단 철도를 점차 가시화시켰다. 정부는 철도회사가 철로를 깔 때마다 그에 해당하는 주변의 땅을 주면 되었다. 다행히도 대부분의 땅이 국유지였기 때문에 쉽게 풀려나갔다.

1853년 의회는 대륙 횡단 철도 노선 조사작업에 착수했다. 제퍼슨 데이비스 육군장관은 4개 탐사대를 파견하여 캐나다 접경지역에서 멕시코 접경지역으로 이어지는 남북노선과 위도 49도에서 32도까지 남북으로 연결되는 노선 등 여러 대안을 연구하였다. 일부 탐사에 나섰던 링컨과 도지와의 만남은 훗날 유니언 퍼시픽 철도회사의 두 거물로 이어진다. 결론은 태평양으로 가는 철도는 지금 무엇보다도 절실한 상황으로 당장 실천에 옮겨야 한다는 것이었다. 이 철도가 완성되면 수십 개의 쿠바를 가진 것보다 더 큰 부와 국력을 가져다줄 것이라고까지 했다.

그런데 1861년 4월 12일 남군의 섬터 요새 공격을 시작으로 남북전쟁이 발발했다. 이에 도지 장군은 동서를 잇는 철도보다 남북을 하나의 국가로 만드는 것이 우선임을 판단하고 군에 입대했다. 그렇다고 그들이 철도 건설을 잊은 것은 아니었다. 다만 미루고 있을 따름이었다.

남북전쟁 당시 북부의 철도망은 미국 전체 철도망의 70%를 차지하고 있었다. 그리고 전체 철도 설비의 81%를 보유하고 있는 등 물량면에서 북군은 압도적인 우위를 차지하고 있었다. 즉 남북전쟁의 승패는 군인들의 용맹성이 아니라 두 지역이 갖고 있는 전쟁 수행 능력에 의해 판가름났다. 결정적인 역할을 한 것 중 하나는 철도였다.

따라서 당시 남군과 북군은 기왕에 설치된 상대방의 철도를 무력화시키기 위해 선로를 파괴하거나 달리는 열차를 습격했다. 열차를 습격하는 방식은 양군이 비슷했다. 선로 중 일부를 빼내 달리는 열차를 탈선시켜 큰 혼란에 빠진 상대를 매복해 있던 병사들이 공격하여 상대측에 큰 손실을 입히는 방식이었다. 이와 같은 열차 공격은 남북전쟁이 끝나고 난 뒤 인디언들이 백인들의 열차를 습격하는 방식이기도 했다.

당시 동부에서 태평양안으로 가는 데는 건장한 젊은 청년들로 구성된 팀이라도 말과 마차로 거의 반년이 걸렸다. 금을 찾아 떠났던 많은 사람들은 차례로 죽어갔다. 아니면 동부에서 태평양으로 가기 위해 파나마를 통과하거나 육로를 이용하는 건 육체적으로 건장하고 야망으로 가득한 젊은이들만이 가능한 일이었다. 또는 남미 대륙 최남단에 위치한 호른 곶을 돌아가는 바닷길은 위험과 비용문제를 제외하더라도 최소한 6개월이나 걸리는 머나먼 길이었다. 그래도 이 노선을 택하는 이들도 적지 않았다.

여기서 더욱 나의 관심을 끌었던 것은 일본을 개국시킨 페리 제독의 1차, 2차 항로였다. 당시 미 대륙 횡단 열차가 없었던 시기였기 때문이다. 그는 1852년 3월에 동인도함대 사령관에 취임하여 일본을 개국하라는 지령을 받았다. 그리고 11월에 필 모어 제13대 대통령의 친서를 가지고 프리깃함 미시시피호를 기함으로 삼아 모두 네 척이 대서양안의 버지니아 주 노퍽 Norfolk을 출항했다.

그런데 이들은 남미 대륙의 남단과 태평양을 경유하지 않고 대서양과 인도양을 건너 카나리아제도, 케이프타운, 싱가포르, 홍콩, 상하이, 오키나와, 오가사와라 제도를 길게 경유하여 220일 만인 1853년 7월 8일, 도쿄 우라가浦賀에 입항했다. 그리고 돌아오는 길은 역순이었다는 사실이다. 만일 그때 대륙 횡단 열차가 있었다면 태평양안의 해군기지를 건설하여 이곳에서 출항하지 않았을까 생각해 보았다. 그러나 1959년 미국의 50번째 주로 편입되기 이전인 1887년 미국은 하와이 진주만을 해군기지로 사용할 수 있는 권리를 확보하고는 있었다.

남북전쟁이 끝나자 미국은 캘리포니아 전 지역을 합법적으로 소유할 수 있게 되었으며, 캘리포니아는 그야말로 기회의 땅이었다. 이러한 기회의 땅으로 가려는 사람들의 행렬이 끝없이 이어졌다.

400년 만에 동서를 잇는 미 대륙 횡단 철도

드디어 온 미국인이 갈망하던 횡단 철도가 건설되기 시작하면서 캘리포니아 서부 연안지역은 빠르게 성장하였고, 철도와 인접한 마을과 농장의 땅값이 크게 올랐다. 거기에 1854년 미국에 의한 일본의 문호개방과 1844년 중국과 맺은 왕샤望廈 조약은 퍼시픽 철도를 더욱 구체화시켰다. 그리고 1866년의 병인양요과 1871년의 신미양요도 이 무렵의 일이다. 이러한 국제정세의 변화에도 아직 대평원과 북서부에서는 인디언과의 분쟁을 강제로 진압하기 위해 남북전쟁으로 끝난 군대를 파견하던 시기이기도 했다.

1862년 미 상하 양원은 퍼시픽 철도법안을 통과시켰다. 이 법안의 장대함으로 센트럴 퍼시픽은 캘리포니아 새크라멘토를 기점으로 동부 쪽 건설을, 유니언 퍼시픽은 미주리 강을 출발하여 서부로 향하는 철도 건설을 각각 맡기로 했다. 양대 철도회사는 법안에 명시된 대로 공유지의 양쪽 끝에서부터 200피트에 대해 권리를 갖게 되었다. 그리고 1마일마다 6,400에이커, 약 783만3,600평, 2,611ha를 확보하게 되었다. 정부는 토지를 무상으로 불하하더라도 두 노선이 연결된 이후에는 정부가 보유한 양쪽 공유지 구획 1평방마일의 가치가 큰 폭으로 상승할 것을 기대하였다.

철도회사들은 정부로부터 승인받은 40마일을 건설하고 나서 1마일당 평지는 16,000달러, 구릉지는 32,000달러, 산악지역은 48,000달러에 해당하는 국채 형태의 재정지원을 받았다. 동시에 회사가 요구하는 자재와 공사에 필요한 물품 일체와 구조물의 대지를 얻을 수 있었다. CP의 경우 공사 초기인 2년 내에는 50마일을 부설해야 했으며, 그 이후는 매년 50마일씩 건설하여 1876년 7월 1일까지 완공해야 하는 의무를 지고 있었다. 만일 공사가 지체되면 과태료를 부담해야 했다.

이미 동부 여러 곳에 건설된 열차들의 최고시속 18마일과 보통은 시속 12마일에도 빠르다 하여 마치 공간을 소멸시키는 것 같다고 했다. 1864년 12월 6일 재선된 링컨 대통령은 전선에서 계속 이어지는 승전보에 남과 북이 합쳐진 미합중국의 탄생이 확실해진 만큼 동서를 잇는 일은 전적으로 철도에 달려 있다며 이의 완성을 촉구하고 있었다.

그런데 19세기 당시 열차는 2% 이상의 경사를 오르기가 힘들고, 급커브 길을 운행한다는 것은 상상할 수 없었다. 비탈이나 능선 부분은 깎아내고 낮은 곳은 메워 평형을 맞추어야 했다. 측량사들은 전체 노선을 확정짓기 위해 3,000km 이상의 지형을 직접 답사했다. 지도조차 없던 당시에 오직 믿을 수 있는 것은 경험을 통한 막연한 추측뿐이었다. 좌우지간 경사가 2% 이하인 길을 찾아내야 했다.

한편 북서부 평원에 사는 인디언들의 약탈과 방화, 강간 등이 계속되었다. 당시 인디언들의 공격은 극에 달하였고, 도지와 그랜트 장군은 인디언의 공격을 막기 위해 심혈을 기울였다. 그리고 철도 건설에는 자금뿐만 아니라 인디언들의 적대행위가 가장 큰 장애요인이었다. 1865년 4월 남북전쟁은 끝나고 링컨은 암살되었다.

또한 백인들의 거부감으로 중국인들을 철도 건설에 이용하지 않으려 했으나 역사적으로 만리장성을 쌓은 사람들이어서 시험적으로 50명을 고용해 보았다. 그러자 그들은 팀을 이루어 쉬지 않고 바위 폭파법 등을 익히며 훌륭하게 일을 해냈다. 그래서 CP는 고용 첫달에는 28달러 그리고 30달러, 31달러 등으로 차차 인상해 주었다. 1865년 말 최고봉인 4,418m 휘트니 산이 있는 시에라네바다 산맥 노선에서 일하는 중국인은 7천 명인 데 비해 백인은 2천 명 정도에 지나지 않았다. 미국인 노동자들은 시냇물이나 호수에서 길어온 물을 마셨기 때문에 설사, 이질 등 질병에 쉽게 걸렸지만,

중국인들은 차 마시는 습관대로 끓인 물을 운반하여 마시는 등 백인과는 달리 노동 손실이 거의 없다시피 했다.

당시 캘리포니아에 6만 명 정도의 중국인이 백인들과 마찬가지로 일확천금을 꿈꾸고 있었다. 그러나 캘리포니아법은 모든 방법을 동원하여 중국인을 차별하는 등 경제활동을 막았다. 중국인의 직접적인 채광이 금지되었고 각종 세금을 납부해야 했다. 또 자녀들의 공립학교 입학은 물론 시민권과 투표권 그리고 법정증언도 허용되지 않았다.

미국인들은 그들을 쓰레기 취급을 하거나 미숙련 노동자를 의미하는 힌두어 쿨리coolie라는 말로 비하했다. 결국 1858년 캘리포니아에 더 이상의 중국인 유입을 막는 법을 제정했지만, 그들의 입국을 막기는 어려웠다. 샌프란시스코에 거주하는 중국 무역상들의 고임금 광고를 보고 미국행 배를 타고 건너오고 있었기 때문이다.

남북전쟁이 종결되어 구대륙에서 온 개척민들은 땅을 얻기 위해 서쪽으로 이동하고 있었다. 정부는 자작농장 법안을 만들어 개척민 1인당 4분의 1평방마일, 약 20만 평을 주면서 사람들을 끌어들였다. 네브래스카 주도 이러한 개척민들의 수가 급격히 늘어 1867년에는 정식 주로 승격되었다. 이런 가운데 철도 공사를 하는 UP는 넘어야 할 산이 많았는데, 그중에서도 인디언의 공격이 가장 큰 위협이었다. 물론 우호적인 인디언도 있긴 있었다.

그러나 철도는 백인들 입장에서는 좋은 일이지만 인디언은 대평원에 사는 버펄로 무리를 선로 양쪽으로 갈라놓았기 때문에 그들의 생활에 큰 지장을 주었다. 더구나 대대로 살아온 토지를 잃는다는 것은 참을 수 없는 일이었다. 따라서 충돌이 불가피해지면서 철도 공사를 위한 군대가 필요했다. 노동자들은 대부분 군 출신으로 사격술을 가르칠 필요가 없었다.

아무튼 두 곳에서 따로 출발한 공사 간격은 날마다 줄어들면서 완성을 고대하는 사람이 하나둘이 아니었다. 우선 철도가 사업가에게 안겨 주는 경제적 이익은 이루 말할 수 없었다. 이처럼 철도 완성을 앞두고 소문이 퍼져 나갔다. 서유럽에서는 톱뉴스는 아니었으나 독일에서는 자세히 보도되었다. 아일랜드와 영국에서도 큰 관심을 보였다. 그러나 부정적인 보도도 있었다. 워싱턴의 '내셔널 인텔리전서'는 철도는 단순히 투기일 뿐 그 이상도 그 이하도 아니라는 등의 얘기였다. 그리고 철도노동자들이 이동하면서 일을 시작하면 근처의 술집 천막들도 함께 이동했다.

초대 유타 주지사를 지낸 브리검 영은 몰몬교의 시조 요셉 스미스가 암살되자, 그 뒤를 이어 신자들과 함께 아이오와 주를 거쳐 지금의 솔트레이크 시티를 세우고 그곳을 몰몬교의 종산으로 만들었다. 그러면서 UP와 CP를 건설하는 데 중대한 역할을 담당했다. 남북전쟁이 한창일 때부터 UP의 철도노선 선정에 관여했고, UP는 그의 의견을 수용했다. 그는 초기의 UP 주주株主로 열성적인 철도 후원자였다. 영은 선로가 1마일 놓여질 때마다 멀리 흩어져 있는 자신의 몰몬교도들의 지친 발걸음을 줄어 줄 것이라고 생각했다.

1867년 철도가 솔트레이크 시티에 점점 가까워지자 영은 이 거대한 사업은 상거래를 증진시킬 것이며 미국을 하나로 묶어 줄 거라고도 했다. 특히 철도는 개종 이민자들을 저렴한 경비로 수송하는 이점과 포교를 위해 동부로 갈 수 있는 쉽고 편한 길을 열 수 있다는 종교적 입장에서 바라보았다. 나아가 철도는 솔트레이크가 관광 중심지가 될 것이라고도 예견했다.

당시 농촌지역에 엄청난 메뚜기 떼의 출현으로 수많은 농장들이 큰 피해를 입자 도시는 물론 그 주변까지 노동력이 넘쳐났다. 이들은 모두 철도공사에 참여하기를 원했다. 그런데 몰몬교도들은 금욕주의자들로 도박도 안하고, 경건하게 식사기도를 올리며, 공동기도와 찬송으로 하루 일을 끝냈다. 또 중국인들이 그랬듯이 열심히 일했고 성실했다.

철도노선을 설치하는 데 제일 앞장섰던 이들은 측량대원이었다. 그들은 최초의 대륙 횡단 철도 노선을 측량하고 설계했다. 1868년 말경 동서 양쪽에서 철도를 건설해 오던 측량 팀의 임무가 끝나가자 그들은 비용절감을 위해 해체되거나 신설 철도를 위하여 떠나기도 했다.

드디어 양쪽에서 공사를 해 오던 CP와 UP는 해발 1,500m의 유타 주 프로몬토리 서미트 분지에서 역사적인 만남이 이루어졌다. 1869년 4월 30일에 먼저 도착한 CP와 UP가 만나 골든 스파이크를 마지막 침목에 박으면서 동부와 서부를 잇는 양쪽 노선이 하나로 합쳐졌다. 이에 대륙 횡단 철도의 완성과 함께 축하행사가 거행되었다. 4년 전 남부 리 장군의 항복이 남과 북이 하나로 결합되는 연합국가의 탄생을 의미했다면, 골든 스파이크는 그 연합국가가 합치되었다는 상징적 의미가 되었다.

북군과 남군으로 나뉘었던 이들이 함께 골든 스파이크 행사에 참석했다. 즉 이 행사는 모든 미국인을 한자리에 모이게 한 역사적인 사건이었다. 이제 험난한 역경을 거친 대륙 횡단 철도는 세계 8대 불가사의의 하나로 불리고 있다. 철도 건설은 콜럼버스의 탐험이나 필그림 파더의 미 대륙 상륙에 비유되었다.

1869년에 살았던 사람들에게, 특히 40대가 넘는 이들에게는 이 철도와 비교할 수 있는 것은 어디에도 존재하지 않았다. 1829년 이전에 태어난 사람들은 로마제국의 줄리어스 시저가 했던 여행 속도에서 별반 차이 없는 세상에 살았다고 보면 되었다. 그러나 1869년에 철도가 생기고, 철도 옆에는 전신주가 세워지면서 인간은 시속 60마일 속도로 이동하면시 거의 동시적으로 대서양과 태평양까지 통계자료 등을 전송할 수 있게 되었다.

철도가 프로몬토리에 연결되기 일 년 전 미국 문학사에서 가장 뛰어난 시인인 월트 휘트먼은 당시 세 가지 큰 사건인 수에즈 운하 개통, 대서양 횡단 해저전신 부설 그리고 미 대륙 횡단 철도의 접속을 기리며 '인디아로 가는 길Passage to India' 이라는 시로 철도의 미래를 노래했다.

나는 보고 있네, 나의 대륙 위로 퍼시픽 철도가

모든 장애물을 넘어가는 모습을

나는 보고 있네, 줄기찬 열차의 행렬이 화물과 승객을 싣고서

대고원을 굽이굽이 올라가는 모습을

나는 듣고 있네, 기관차들의 돌진하며 울부짖는 소리를

그리고 날카로운 기적소리를

나는 듣고 있네, 메아리 소리가

세상에서 가장 장엄한 풍경을 가르며 반향하는 소리를

나는 라라미 평원을 건너며 그로테스크한 모양의 암석에

나무 밑동에 눈을 준다.

나는 보고 있네, 풍요로운 야생풀과 꽃들

그리고 건조지에서만 산다는 산쑥풀, 우거진 무채색의 황량한 사막을

동쪽 바다와 서쪽 바다를 단단히 붙들어 매고 있는

유럽과 아시아를 연결하는 철도여.

  축하행사가 열리는 1869년 5월 8일에 맞추기 위해 먼저 CP의 정기운행 객차가 여행객을 태우고 5월 6일 캘리포니아 새크라멘토 역을 출발했다. 승객은 스탠퍼드, 캘리포니아 재판장, 애리조나 주지사 등 귀빈이었다. 또한 월계수로 만든 마지막 침목, 골든 스파이크, 머리부분을 은으로 감싼 해머도 실었다. 골든 스파이크는 샌프란시스코의 부동산개발업자인 데이비드 헤웨즈가 선물로 만들었다. 길이 6인치, 무게 436g의 표면에 금을 붙여 350달러 가치가 있었다. 당시 오리지널 골든 스파이크는 현재 스탠퍼드대학에 보관되어 있다.

이 날을 기념하기 위해 대규모 퍼레이드, 예포, 소방관들의 벨소리, 교회 시계탑, 정비소, 주물공장, 조폐국 등에서 일제히 한 시간 동안 종을 울렸다. 그리고 샌프란시스코와 새크라멘토에서도 축제가 계속되었다.

그러나 철로 연결 축하식은 지연되어 5월 10일 CP 열차 2대와 UP 열차 2대가 임원, 내빈, 축하객과 함께 도착했다. 보병 제21연대 휘하의 군인들도 열차를 타고 이곳에 왔다. 결국 보병 21연대는 철도로 대륙을 횡단한 최초의 군대로 기록되었다. 하지만 그랜트 대통령 등 정치가들은 다른 공무로 참석하지 못했다.

드디어 스탠퍼드가 자나깨나 기다리던 국민들을 위해 해머를 내리쳐 골든 스파이크를 침목에 박음으로써 대륙 횡단 철도의 완성을 알렸다. 온 나라의 종이란 종은 모두 크게 울려 퍼졌다. 필라델피아의 자유의 종도 울렸다. 이어서 천지를 뒤흔드는 대포를 샌프란시스코에서 220발, 워싱턴에서 100발을 쏘아올렸다. 마을마다 폭죽이 터지고, 교회에서는 찬송가가 퍼져 나왔다. 시카고에서는 최대 규모의 퍼레이드가 벌어졌다.

두 기관차는 서서히 다가와 직녀와 견우가 만나듯 살며시 손을 맞잡았다. 남북전쟁으로 혼란을 겪으며 링컨 대통령 때 시작된 위대한 사업은 그랜트 대통령 시대에 완성되었다. 대륙 횡단 철도를 적극적으로 후원하고 태평양 철도법에 서명함으로써 초기 미국 철도의 부흥기를 만드는 데 기여한 링컨 대통령답게 그가 1865년 4월 14일 워싱턴 시내 포드극장에서 암살되자 그의 장례는 호화 장례열차로 이어졌다. 즉 그와 같은 장소에 묻힌 3년 전 열한 살에 세상을 떠난 셋째 아들 윌리엄 링컨을 실은 풀먼의 호화열차는 미국 최초의 철도노선이 시작되는 볼티모어를 비롯해 워싱턴, 필라델피아, 뉴욕 등 수십 개의 도시와 마을을 지나 그의 고향인 일리노이 주 스프링필드까지 약 2,600km에 이르렀던 것이다.

수에즈 운하 개통도 1869년의 일이었다. 이로써 대륙 횡단 철도는 더 풍요로운 은혜와 여가를 누릴 수 있게 해 주었다. 살 수 있는 땅이 넓어졌고, 동일한 기간에 더 많은 일을 하며, 전 세계에 지식과 가치를 확산시킬 수 있었다. 그러나 공사과정에서 정부와 의회 유력인사들과 부통령까지 연루된 뇌물사건인 크레디트−모빌리에 스캔들로 온 나라가 들끓었던 부정적인 면도 있었다. 한편, 뉴욕에서 샌프란시스코까지 가려면 이전에는 1,000달러 이상 들었지만, 1869년에는 일등석 150달러, 이주민석 70달러, 1870년에는 일등석 136달러, 이등석 110달러, 이민자석인 3등석은 65달러로 낮아졌다. 화물 운반 비용은 우마차나 증기선보다도 훨씬 저렴했다.

그런데 그 후 미국은 유럽이나 중국 등에 비해 철도 발달이 훨씬 뒤처지기 시작했다. 최근 미국의 철도시설은 웬만한 중진국 수준에도 미치지 못하는 등 선진국 가운데서는 공식적으로 하위에 머물고 있다는 평가를 받고 있다. 그 이유는 1920년대 초기 석유업자들이 미국 전역에 석유를 많이 팔 속셈으로 철도망을 약화시키는 우를 범했던 것이다. 즉 철도망 대신 도로를 확대하여 자동차를 유일한 교통수단으로 만들어 버렸다는 얘기다. 그러다 보니 항공과 일반도로 사정은 선진국 중 최상의 수준을 보이고 있다.

그렇다고 미국의 철도 총 연장 길이가 짧다는 것은 아니다. 땅 넓이와 이용 승객 숫자를 고려하면 미국의 철도는 유명무실하다고 할 정도라는 얘기다. 유럽은 승객 수송은 물론 화물을 포함한 물류에서 날로 견고한 위치를 굳혀가고 있다. 사실 유럽에 가서는 열차로 이동할 생각을 하는데, 미국에서는 철도를 이동하려는 생각은 애초부터 하지 않는 것이 현실이다.

특히 유럽과 중국에는 최고 시속 400km 정도로 달리는 고속철도망이 주요 도시를 거미줄처럼 연결하고 있는데 미국에는 고속철도가 없다. 또한 미국 항공회사들도 철도를 밀어내고 있는 현실이다. 최근 들어 고속철도에 눈을 뜨고 있으나, 건설까지는 한참 걸릴 것으로 예상된다. 만일 자원 부족이나 기후변화로 인한 화산재를 동반한 폭발이 일어나 상상을 초월할

제5부 미 북부 대평원과 로키를 넘어

피해가 발생할 때는 철도가 훨씬 유리하다.

버락 오바마 대통령은 고속철도 운송의 새로운 시대를 열겠다고 선언했다. 환경, 에너지 대책을 염두에 둔 21세기형 대량 수송망을 구축하는 한편 건설 및 고용창출 효과로 경기부양을 노리는 일석이조의 계획이다. 오바마 대통령은 "고속도로 증설, 항공운송보다 빠르고 값싸며 편리한 교통수단을 만들기 위한 첫 시도라며 기관차 제조업체로부터 철로 못 제조업체까지 부양 효과를 볼 것"이라고 강조했다. 두고 볼 일이다.

지금까지 미국의 철도 역사를 보면, 철도의 발전으로 그때까지도 사람이 살지 않던 황무지가 비로소 개척되기 시작했다. 경제학자 로스토우는 1850~1875년 사이 미국 철도는 산업혁명의 도구였다면서 철도뿐만 아니라 증기선 및 농업기계화에 대해서도 언급했다. 미국의 산업혁명이 먼저 농업과 운송수단에서 시작됨으로써 자연과 아주 구체적이고 직접적인 연관을 맺고 진행된 점이 유럽과는 다른 점이라고도 했다. 즉 교통수단의 기계화로 유럽은 전통적인 문화 경관을 훼손시켰다는 점을 지적하고 있다.

유럽 산업혁명의 시작은 디킨스 소설에 나오는 석탄마을인 맨체스터나 셰필드에 자리잡은 산업지대였다. 그러나 미국 산업혁명의 주요 무대는 19세기의 증기선과 철도 그리고 제재소와 곡식 수확기 등이었다. 이는 미국인은 기계류나 산업화는 자연을 훼손하는 것이 아니라, 자연을 경작함으로써 자연을 돕는 것으로 이해하고 있었다. 그래서 미국의 산업혁명은 자연 속으로 향하는 철도여행이라고도 말하는 것이다.

철도 공사를 하더라도 영국은 땅값은 비싸고 노동임금은 쌌기 때문에 가능한 한 선로를 직선으로 만들어 땅값 비중을 낮추려고 했다. 그에 비해 미국은 땅값은 거의 값이 없을 정도로 낮고 노동임금이 비쌌다. 따라서 미국의 철로는 자연장애물을 뚫고 통과하는 직선이 아닌, 자연장애를 피해 자연에 순응하는 철도를 건설하면서도 비용은 영국의 10분의 1 정도였다.

그리고 미국 철도 객차는 넓은 통로형으로 마치 물 위를 떠가는 증기선처럼 초원을 항해하듯 대륙을 횡단하고 있다. 사실 몽골 초원을 질주하면서 초원의 가축은 물고기요, 자동차는 작은 배라는 생각을 하며 초해草海를 항해하는 기분으로 달리곤 했던 기억이 생생하게 떠올랐다.

그레이셔 빙하공원 고개를 넘어가는 길

길 양쪽에 3,000m 되는 고산준봉들이 옐로스톤 강과 나란히 달렸다. 어두워질 무렵에야 파라다이스 리빙스턴 코아 캠프장에 도착했다. 빈 통나무집이 딱 하나 남아 있어 정말 다행이었다. 우리보다 늦게 도착한 사람들은 잔디 위에 텐트를 설치했다.

흰 눈이 쌓인 높은 산과 강 사이에 자리잡은 캠핑장은 야영하는 데 편리하게 조성되어 있었다. 더구나 통나무집 하나 빌리는 데 20달러 정도로 우리에게 적당했다. 공동 샤워장을 사용해야 하는 불편함이 있었지만 냉온수 샤워를 할 수 있어서 좋았다. 이렇게 몬태나에서의 하룻밤이 시작되었다.

코네티컷 집을 떠나온 지 8일째 되는 8월 8일 저녁이었다. 대륙의 4분의 3을 건너온 셈이었다. 통나무집 안에는 2층침대와 더블침대가 놓여 있었다. 다섯 명이 쓰기에는 넉넉하지 않았지만 모처럼 아늑한 밤을 보냈다.

옐로스톤으로 가는 길목이어서 그런지 자동차 여행객들로 캠핑장은 꽤 붐볐다. 식사 준비를 위해 뉴헤이번에서부터 가지고 온 조개탄에 가디너 타운에서 사온 소고기를 굽고, 밥도 짓고 라면과 고추장 두부찌개를 끓이는 등 법석을 떨었다. 시장이 반찬이라든가 우리는 식사다운 식사를 하며 두어 시간 떠들어댔다. 나는 오늘도 하루 일을 기록하며 여러 생각에 빠져들었다.

이튿날 아침 충분히 휴식이 되었는지 머리가 맑고 상쾌했다. 앞으로 남은 일정을 생각하며 떠날 채비를 했다. 드라이브하기에 더없이 좋은 날이었다. 간밤에 북적대던 캠핑족들도 떠날 준비로 부산했다. 이들 중 반 정도는 캠핑카를 이용했고, 나머지는 우리처럼 미니밴이나 승용차를 이용했다.

우리는 몬태나와 캐나다에 걸쳐 있는 국립빙하공원을 향해 출발했다. 말로만 듣던 빙하를 본다는 것과 지구온난화로 빙하가 녹는다는데 과연 어느 정도일까 궁금했다. 그러나 거기까지 가는 도중에 보즈맨의 몬태나 주립대학MSU에 들러 체육관, 스타디움, 공학관 등 여러 시설을 둘러보기로 했다. 이 대학에서 공부한 양재의 교수나 이곳에서 일 년여 연구생활을 했던 이필호 교수가 생각났다. 1893년 농대로 시작한 이 대학은 크지는 않지만 짜임새 있는 분위기가 느껴졌다.

다시 서쪽으로 달리는 I−90번 고속도로에서 I−15번 고속도로로 갈아타고 북쪽으로 차를 몰았다. 대학에서 국립빙하공원까지는 대략 400km는 넘어 보였다. 대초원과 산록에 펼쳐지는 낯익은 정경은 긴장된 심신을 편하게 해 주었다. 쏟아지는 한여름 햇볕을 받으며 농작물이 잘 자라고 있었다.

도중에 셀프 주유소에 들렀다. 주유를 하고 돈을 어디다 내야 하나 두리번거리다가 바로 옆 옷가게로 갔더니 젊은 아가씨가 친절하게 웃으며 옷을 사라고 했다. 전혀 도시 때가 묻지 않은 듯한 그야말로 순수한 몬태나의 아가씨였다. 기름값을 내야 한다고 했더니 앞에 있는 슈퍼마켓으로 가라고 했다. 슈퍼마켓에서는 CCTV를 통해 주유하는 것을 봤는데 왜 안 오나 하고 기다리고 있었단다. 아마 조금 더 늦었더라면 신고를 하지 않았을까 하는 생각이 들었다. 한적한 시골 모습은 시간이 정지되어 있는 듯 느긋하기만 했다.

길 양쪽으로 밀밭이 이어졌다. 계속 북쪽으로 가면 캐나다의 대표적인 곡창지대인 앨버타 주였다. 미국과 캐나다의 원시 대초원지대였던 이곳은 어느덧 밀 경작지가 되어 태초의 초원의 모습은 간 곳이 없었다.

이렇게 여덟 시간을 달려가니 캐나다 방향을 가리키는 안내판이 보이기 시작했다. 미국과 캐나다와의 국경이 멀지 않았다는 것을 알려 주었다. 어디서나 느끼는 일이지만 국경이라면 괜히 긴장이 되곤 한다. 지금까지의 제도와 풍습 그리고 언어와 도로사정 등이 달라져 새롭게 적응해야 하기 때문이다.

우리는 I-15번 고속도로에서 국립빙하공원으로 들어가는 서쪽 방향 왕복 2차선의 좁은 2번 국도로 갈아탔다. 캐나다까지 불과 50km도 안 되는 곳이었다. 이곳에서 얼마를 가다가 다시 북쪽으로 가는 89번 국도를 만나 빙하공원의 입구인 50여 명이 살고 있다는 세인트메리 타운까지 나아갔다. 로지 몇 개와 식당과 카페 두어 곳, 그리고 작은 식품가게와 작은 주유소가 보였다. 그래도 여름에는 이곳을 찾는 사람이 매일 500여 명은 된다고 한다. 이렇게 작은 마을이지만 주위는 거대한 산들로 둘러싸여 있어 위압감이 느껴졌다.

우리는 인근 공원에 있는 캠프그라운드를 찾았다. 저녁 6시경이었는데 관리인은 이미 퇴근하고 없었다. 대신 관리소 창문에 텐트를 쳐도 좋다는 장소를 표시해 놓고, 요금은 아침 9시에 와서 받는다고 써놓았다. 그런데 어떻게 하지? 우리는 관리인이 오기 전인 아침 6시에는 떠나야 하는데, 더구나 요금표도 보이지 않아 얼마인지도 알 수 없었다. 우리 뒤로도 캠핑족들이 줄을 이었다.

밤하늘의 별들이 무척 맑았다. 아이들을 텐트 밖으로 나오게 하여 별을 헤며 목이 아프도록 밤하늘을 쳐다보았다. 얼마 안 되어 산속 찬 공기가 파고들어 몸이 덜덜 떨렸다. 막내녀석이 슬리핑백 속에 작은 돌멩이가 들어 갔다며 몸을 뒹굴뒹굴했다. 나도 흔들대는 갈대 소리에 뒤척이다가 어느새 곤한 잠에 빠져들었다. 아직 새벽별이 하늘을 지키고 있는데 일찍 떠나야 한다며 아내가 잠을 깨웠다. 우리는 텐트와 슬리핑백, 취사도구 등을 조용히 차에 싣고 떠나기에 앞서 통나무집 이용료가 20달러임을 감안하여 15달러를 관리소 창문 틈에 끼워 놓았다.

험하고 아름다운 빙하공원을 횡단할 생각을 하니 마음이 급해졌다. 동이 트기 전이라 캠프장은 고요할 뿐이었다. 한여름이었지만 새벽 공기는 두터운 옷을 여미게 했다. 한쪽 팻말에 야생동물들이 출몰하는 지역이니 가능한 먹을 것은 밖에 두지 말고 안쪽에 잘 보관하라고 쓰여 있었다.

우리는 캠프장을 뒤로하고 세인트메리 호수를 바라보며 서서히 고갯길로 접어들었다. 로키 산맥의 한 줄기인 빙하공원은 미국 몬태나 주와 캐나다 앨버타 주와 브리티시컬럼비아 주 사이에 있는 빙하고원으로 130개가 넘는 호수와 수천 종의 동식물이 서식하는 천하 절경을 자랑하고 있었다. 바로 미국 쪽의 국립빙하공원과 이어지는 캐나다 쪽의 빙하계곡의 이름을 워터턴 그레이셔 국제평화공원Waterton-Glacier International Peace Park이라 다르게 부르고 있으나, 그 연장선상에 있다는 것을 감안하면 자연의 아름다움을 상상할 수 있었다.

정상에는 한여름인데 얼음으로 덮여 있는 것이 보였다. 깊은 계곡에는 섬뜩할 정도로 찬 빙하류가 흐르고 있었다. 점점 고도를 높여 갈수록 추위도 심해졌다. 그런데도 도로변 언덕에는 이름을 알 수 없는 예쁜 꽃들이 바람결에 한들한들거렸다. 그 꽃들을 찍을 양으로 도로변의 빙하 사진 설명판이 있는 곳에 내렸다. 사진은 몇십 년 전부터 순차적으로 찍은 빙하와 최근에 찍은 빙하 모습을 보여 주었다. 지구온난화로 점점 줄어든 모습이 뚜렷하게 나타났다. 동시에 이 속도로 지구온난화가 계속 진행되면 몇십 년 안에 빙하공원은 얼음 없는 빙하공원이 될 거라는 경고문도 함께 쓰여 있었다.

아닌 게 아니라 몇십 년 전에는 산 중간 아래까지 두꺼운 빙하가 내려와 있었는데 지금은 정상 부분에 얇게 조금 걸려 있는 정도였다. 겨울에는 산을 타고 아래로 내려오기는 하겠지만, 얼마 후 만년빙은 전설로만 남을지도 모르겠다는 생각이 들었다. 몇 해 전 에베레스트와 마나슬루 베이스캠프까지 다녀오면서 이미 해발 4,000m 정도에서는 과거의 빙하가 사라진 현장을 직접 목격했었다.

아무튼 3,000m 고산준봉들 사이의 로간 고개는 미 대륙 분수계의 역할을 하고 있었다. 이 고개를 넘어가는 길 이름을 이곳 인디언들이 지은 것이 아닐까 생각했다. 길 이름인 태양으로 향하는 길Going-to-the-Sun Road답게 해발 2,026m를 향해 올라가고 있었다. 이 길은 국립빙하공원을 넘는 유일한 도로로 1921년부터 무려 12년간의 공사 끝에 완공된 길이 85km, 폭 2차선으로 일정 크기 이상의 차량은 통행이 제한되어 있었다.

이 길은 버스기사들이 '고난Jammers의 길'이라고 부를 정도의 난코스였다. 북미에서도 가장 심한 난코스 중의 하나로 겨울에는 상상할 수 없을 정도로 눈이 최대 24m나 쌓인다고 한다. 고속제설기로 하루 종일 퍼내도 150m 정도밖에 나아갈 수 없어 겨울에는 접근이 어려운 곳일 뿐만 아니라, 6월 초부터 10월 중순까지만 통과할 수 있다. 사진을 통해서 본 겨울 눈속 길은 꿈속에서나 볼 수 있는 광경이었다. 그런데 이 정도는 겨울철 로키에서는 흔히 볼 수 있는 광경이라니 겨울에 오면 또 다른 세상을 만날 수 있을 것만 같았다.

온통 거대한 바위투성이로 길을 내는 데 고생을 넘어 희생자도 적지 않았을 거라는 생각이 들 정도로 아찔한 길이었다. 겨우 차 두 대가 지나갈 수 있는 험준한 길은 자동차가 마주 오면 차라리 서 있다 가는 것이 낫다. 길 바깥쪽은 수백 미터 낭떠러지가 입을 벌린 채 우리를 기다리고 있었다.

하산길은 엔진브레이크를 이용하여 천천히 내려왔다. 길 양쪽의 절경을 볼 기분이 아니었다. 오로지 안전만을 생각하며 눈길을 다른 곳에 둘 마음의 여유를 갖지 못했다. 그러나 이 웅장한 경치를 놓치기는 너무 아까웠다. 차를 절벽 바로 밑에 세워 놓고 한동안 주변 절경을 감상하지 않고는 몸살이 날 지경이었다.

오랜만에 차 한 대가 서서히 다가왔다. 서로 비껴갈 때는 마치 예리한 칼날 위를 걸어가듯 아찔한 느낌이 들었다. 이렇게 스릴을 느끼며 거의 다 내려왔을 때 온몸의 긴장이 확 풀렸다. 맥도날드 호수를 보며 완전히 고갯길을 내려오니 또 다른 호수가 반겨 주었다. 마침 호수 입구 근처에 간이 차량정비소가 있었다. 차를 점검하고 엔진오일을 교환했다. 기름 탱크도 가득 채웠다. 그리고 호숫가 벤치에 앉아 점심을 먹으며 긴장을 풀었다.

여기서 다시 남하하여 I-90번 고속도로를 만나 서쪽으로 나아갔다. 아이다호 주를 지나 워싱턴 주 시애틀로 들어갈 생각이었다. 로간 고개를 넘긴 했어도 여전히 깊은 산속 도로가 이어졌다. 오후 3시경 우리는 또 다른 해발 1,436m의 룩아웃 고개 정상 부근의 몬태나와 아이다호 주 경계를 가르는 다리 위를 지났다. 여기서부터는 시간대가 마운틴 타임Mountain Time에서 퍼시픽 타임Pacific Time으로 바뀌어 한 시간 늦게 시계를 조정해야 했다.

이렇게 몬태나 주에서 손잡이 모양의 캐나다와 인접한 팬핸들 지역인 북부 아이다호 주에 들어섰다. 아이다호 주 안내판을 보면서 서서히 서쪽 방향으로 차를 몰았다.

한국 근대사를 싣고 달린 북태평양 철도

아이다호 주에 들어와 열심히 달리고 있는데, 뒤에서 계속 클랙슨과 헤드라이트 불빛으로 우리에게 신호를 보내는 차가 있었다. 처음에는 우리와 상관없는 일이겠거니 하고 지나쳤다. 하지만 뒤차는 추월도 하지 않은 채 계속 신호를 보내왔다. 이상하여 차를 갓길에 세웠다. 뒤에 따라오던 차도 우리 차 뒤에 세우더니 오른쪽 뒷타이어 바람이 빠졌다고 알려 주었다.

깜짝 놀라 확인해 보니 과연 타이어가 거의 주저앉을 지경이었다. 이 정도가 되도록 느끼지 못한 것이 이상했다. 깊은 산속 고속도로에서 큰일 날 뻔했다. 어떻게 해야 할지 당혹스러웠지만 바로 앞에 있는 고속도로 출구로 빠져나가 길가에 차를 세우고 어떻게 해야 하나 두리번거리고 있었다. 그때 한 농부가 차를 타고 오더니 멈춰 섰다. 아마 외국인이 자동차 때문에 난감해하는 것을 알아챈 듯했다. 그는 잠깐 기다리라는 신호를 보내고는 자기 집에서 바람 넣는 컴프레서를 가져와 공기를 넣어 주었다. 집집마다 각종 농기계 등을 갖고 있어 이 정도는 보통인 듯했다.

그런데 일단 공기를 넣었지만 다시 바람이 서서히 빠진다며 가까운 타이어 수리하는 곳을 알려 주었다. 너무 고마워서 뭔가 보답하고 싶었지만 달리 방법이 없었다. 그래서 가지고 다니던 우리 전통열쇠와 전통부채를 선물로 주었다. 그랬더니 작은 것에 그렇게 감사한 마음을 표현하는 사람을 여태 보지 못했다.

그가 알려 준 대로 월레스 타운의 타이어 수리가게를 찾았다. 뒷타이어에 중간 크기의 못이 박혀 있었다. 수리공은 가끔 있는 일이라며 못을 빼내고 때워 주었다. 수리비는 20달러였다. 이곳에 와서 몇 사람을 만났지만, 아이다호 주 사람들은 정말 친절하고 순박했다.

수리공에게 여기서 볼 만한 것이 뭐냐고 물었더니 그는 신이 난 듯 꼭 봐야 할 것이 있다면서 광산박물관과 북태평양철도박물관 두 곳을 소개해 주었다. 그러면서 과거 이 지역은 대표적인 광산지대였던 만큼 광산박물관부터 가보라고 했다.

월레스 광산박물관은 규모는 작았지만 과거 이 지역을 이해하는 데 아무 문제가 없었다. 그런데 이곳에 있는 세계 최대이며 높은 수익을 내던 선샤

인광업회사 광부들이 1972년 화재로 91명이 사망하는 미국 최악의 광산사고가 일어났었음을 알았다. 그래서 죽은 이들과 그들 가족을 추념하는 공원과 조각상이 세워져 있었다.

얼마 전 동료 교수들과 함께 강원도 장성광업소 지하 4km 막장까지 들어가 본 적이 있다. 수면보다도 훨씬 낮은 그곳은 30℃ 이상의 고온과 착암기와 공기환풍기 등의 소음 그리고 갱내에 꽉 들어찬 먼지 등으로 최악의 작업환경이었다. 이렇게 깊은 곳에서 갱이 무너지거나 화재가 발생한다면 그야말로 속수무책일 거라는 생각이 들었다. 그래서 나는 이곳 갱속에서의 처절한 화재현장이 머릿속에 그려졌다.

월레스 타운은 인구가 700여 명 되는 작은 마을이지만 타운 중심지 전체가 1979년에 국가사적지로 지정될 정도로 풍부하고 컬러풀한 마음의 고향이라고 한다. 1884년 월레스 대령이 금과 은이 풍부한 이 지역의 땅을 구입하면서부터 광산 붐이 일기 시작했다. 그러나 1890년 대화재로 목조 건물이 대부분 불타 버렸다. 재건에 나선 주민들의 노력으로 오늘날 서부의 옛 정취가 묻어나는 도시로 재탄생했다. 그런데 20년 뒤인 1910년 워싱턴 주 동북지역과 북부 아이다호 주, 서부 몬태나 주에 걸쳐 역사상 최대의 산불로 기록된 빅번The Big Burn이라는 불폭풍으로 87명이 죽는 사고가 발생했다. 이때 산불 피해 면적은 코네티컷 주 크기와 거의 같았으며, 사망한 사람들 대부분이 소방관이었다.

이러한 불운이 있었지만 이 지역의 실버밸리는 지난 130년간 세계 주요 은광산으로 세계의 실버수도라는 타이틀을 얻을 만큼 상업적으로도 허브 역할을 하고 있다. 특히 아이다호 주는 1863년 금이 발견되면서 골드러시를 이룬 주 중의 하나였다. 그 후 금 산출이 없어지고 1800년대 후반에 은, 납, 아연 등이 발견되었다. 특히 은과 인산염은 각각 미국 총생산량의 45%와 15%를 차지하는 주요 광물자원이다.

이 지역도 골드러시의 주요 대상지였던 것처럼 남미, 아시아, 아프리카, 호주 등 어디든지 금이 나왔다 하면 골드러시가 일어나 새로운 역사를 만들어 냈다. 마르코폴로가 동양에 금이 있다는 내용의 『동방견문록』을 써서 유럽인을 자극했던 일이나, 십자군 원정 때나 남미 대륙에 갈 사람을 구하기 위한 구호로, 거기에 가면 금과 여자가 있다고 유혹했다. 이러한 역사적 사실을 생각하면 금은 예나 지금이나 사람의 마음을 움직이는 마력을 지닌 물질임이 틀림없다.

특히 이 작은 도시에서도 과거 선조들이 뿌려 놓은 광산도시의 이미지를 살린 박물관이나 철도박물관을 운영하면서 체험상품과 지역 특산품을 개발하여 또 다른 금맥을 캐내려 하고 있다.

우리는 걸음을 재촉하느라 철도박물관은 그냥 지나치려 했으나 박물관 벽에 그려진 두 개의 태극 문양이 우리에게 강한 눈길을 보내고 있었다. 참으로 정겹고 반가운 일이 아닐 수 없었다. 그것도 이런 산골 외지에서 말이다. 미 대륙을 여행하면서 한국산 자동차나 가전제품 등만 보아도 가슴이 뿌듯해지곤 했다. 그런데 늘 가슴속에 담고 있는 태극 문양을 보는 순간 가슴이 찡하거나 뿌듯함과는 다른 야릇할 정도로 울컥했다.

우리 태극 문양과 이곳과 무슨 관계가 있는지 궁금하지 않을 수 없었다. 박물관 안에 무엇이 전시되어 있는가는 그리 중요하게 생각되지 않았다. 태극 문양 그 자체에 꽂혀 버렸기 때문이다. 그리고 2층으로 된 우아한 대저택 스타일의 박물관도 마음에 들었다.

이 건물 벽돌은 중국에서 들여왔고 콘크리트 패널벽은 이곳 광산 폐석으로 만들었다고 한다. 또한 I-90번 고속도로가 건설되어 기차역이 박물관으로 새로 탄생하면서 매년 5월 초 이 주변에서 클래식 자동차쇼가 열려 미 서북부의 아이콘으로 자리잡았으며, 역사적인 철도박물관에서 결혼식을 하는 것도 멋진 일이라며 결혼을 앞둔 커플들을 유혹하고 있었다.

북태평양철도회사NP에 속했던 이 건물에 태극 문양이 그려진 것은 이 철도회사의 심벌이 태극 문양이었기 때문이다. 회사 로고를 태극 문양으로 채택한 연유는 한 사람의 우연한 방문 때문이었다는 것을 알았다. 북태평양철도회사를 설립하면서 회사를 상징하는 트레이드 마크를 찾기 위해 많은 노력을 하고 있었다. 그때 수석 엔지니어였던 맥킨리는 콜럼버스의 신대륙 방문 400주년을 기념하는 1893년 시카고 세계무역박람회장의 대조선국 전시관을 찾았다. 그는 전시관 지붕 위에 걸린 태극 문양을 본 순간 단순하면서도 순수한 모양에 감명을 받고 이 태극 문양이 회사의 사업 효율을 높이는 데 유용할 것으로 판단했다. 그리고 바로 이 태극 문양을 회사 로고로 만드는 절차를 밟기 시작했던 것이다.

이 박람회는 미국의 경제적·정치적 위상을 드높이기 위한 국제 이벤트였다. 공식 47개국과 비공식 79개국이 참가하여 5월 1일부터 10월 말까지 6개월간 약 2,730만 명의 관람객이 찾아와 대성황을 이루었다. 우리나라는 중국의 속국이 아닌 독립국가로서 자주성을 처음으로 국내외에 과시하기 위하여 참가한 박람회였다. 이때 대조선이라는 국명으로 참가하는 동시에 1882년 특명전권대신 겸 수신사로 일본에 파견된 박영효 일행이 태극 문양과 4괘가 그려진 태극기를 처음 국기로 사용한 이래, 이듬해인 1883년 고종이 국기로 공식 반포한 태극기를 가지고 이 박람회에 갔었던 것이다.

이미 1876년에 회사 공식 홍보를 위해 사진작가 프랭크 헤인즈와 계약을 맺으면서, 회사는 모든 서류와 노선 내의 역, 기관차와 객차 등의 시설과 장비 등에 이 태극 문양을 사용하도록 했다. 모자, 셔츠, 승무원과 직원의 휘장 등도 포함되었다. 말하자면 태극 마크를 단 기관차가 미국 오대호에서 태평양안까지 달리도록 조치를 취한 것이었다.

특히 이는 시련의 한말, 한 맺힌 식민지 시대 꿈에 그리던 해방과 동족상

잔의 한국전쟁 그리고 기아와 가난을 벗어나려고 안간힘을 쓰던 1970년대에 이르는 한국 근현대사와 함께 북태평양철도는 서부 오대호에서 대평원과 로키 산맥을 넘어 태평양까지 기관차 앞에 태극 마크를 단 열차가 기적 소리를 내며 달리고 있었던 것이다. 우리의 염원과 희망을 싣고서….

이러한 사실을 2009년 8월 25일 LA중앙일보가 19세기 말부터 태극 문양을 단 열차가 미국 대륙을 누볐던 것으로 확인됐다고 소개했다. 그 외에 당시 사료를 발굴한 내용을 담은 보도가 여러 차례 있었다. 즉 2013년 4월 8일자 헤럴드경제가 120년 전에 한국이 처음으로 참가한 이 박람회에 파견된 출품대원단의 모습을 담은 스케치 사진이 발굴되었다고 소개했다.

이는 시카고에서 활동하고 있는 '1893 한국전시관복원기념사업회' 김성규 회장이 발굴한 자료로 고종이 파견한 출품대원단 대표 정3품인 내무부사 정경원을 비롯하여 안기선과 최문현 등 4명의 원본 사진을 담은 스케치였다. 고종은 이들 외에 전통음악인 10명을 포함해 모두 13명을 파견하여 우리 고유문화를 알리는 데 진력했다. 그 후 고종황제는 1900년에 열린 파리 만국박람회에 조선국이 아닌 대한제국의 이름으로 참가하여 기울어져 가는 국운을 국제적으로 호소하여 다시 세우려는 안간힘을 다하는 모습을 보여 주었다.

나도 월레스 타운을 다녀온 뒤 1864년부터 1970년까지 운영되었던 북태평양철도회사의 자료방에 들어가 1893년에 회사 로고가 우리 태극 문양을 바탕으로 한 것임을 확인했다. 이는 다시 말해 한인 이민 시작보다 10여 년 앞서 이미 태극 문양을 새긴 열차가 시애틀을 비롯해 미국 대륙을 누볐다는 것을 말해 주고 있다.

다만 이러한 사실이 많이 알려지지 않았던 것은, 수많은 한국인이 대륙을 횡단하였지만 주로 샌프란시스코와 뉴욕, 워싱턴을 연결하는 열차로 왕래하였기에 대륙 북부를 달리던 사실을 놓쳤을 것이라는 생각이 들었다.

한편 고종은 기울어져 가는 국운을 다시 일으켜 세우기 위해 박람회에 참가했고, 1897년에는 국명을 조선국에서 대한제국으로 바꾸었고, 1907년 네덜란드 헤이그에서 열린 만국평화회의에 밀사를 파견했다. 애절한 노력에 마음이 저려옴을 느끼지 않을 수 없었다.

이 북태평양철도박물관은 말하자면 미네소타 세인트폴에 본부를 두었던 북태평양철도회사의 한 역이었다. NP는 1864년 대륙 횡단 철도 부설 인가를 받은 뒤 정부로부터 토지 16만km²를 받고 유럽에서 기금을 얻어 1870년 공사를 시작하였다. 드디어 오대호에서 태평양까지 잇는 마지막 골든 스파이크를 1883년 9월 서부 몬태나에서 박았다. 이는 최초의 대륙 횡단 열차를 개통시킨 1869년보다 14년 뒤진 1883년의 일이었다.

그 후 회사는 미네소타, 위스콘신, 노스다코타, 몬태나, 아이다호, 워싱턴, 오리건 주 등을 지나는 약 10,800km의 철로를 보유하였다. 동시에 캐나다 매니토바 주의 위니펙에 지점을 두었다. 주요 업무는 밀과 기타 농산물 그리고 가축, 재목, 광물 등의 운반과 여객 수송이었다. 그러나 재정적인 문제로 1970년 북부 벌링턴철도회사에 합병되었다. 그 후에도 여러 과정을 거치면서 현재의 앰트랙Amtark이 출범하면서 통합되었다. 그런데 이러한 통합과정을 거치면서도 북태평양철도회사가 운행했던 노선의 건물 등에는 아직도 태극 마크가 생생하게 남아 있다. 거기에 흥미로운 것은 이 철도회사가 1893년부터 다른 회사에 합병되던 1970년까지 태극 로고를 다양하게 사용했으며, 안내책자를 통해 이 로고가 태극기에서 유래되었다는 것을 널리 홍보했다는 사실이다.

이러한 역사적 사실을 보다 더 알기 위해 당시 시카고박람회에 조선정부가 국가전시관을 만들어 세계박람회에 최초로 참가한 상황을 살펴보았다. 우선 참가 목적은 조선이 자주국임을 대내외에 알리려는 것도 있었지만, 고종은 우리 제품은 물론 관습과 풍습 등의 고유문화를 세계에 널리 알려야겠다는 소망을 가지고 있었다. 그러나 박람회 참가는 조선 주재 미국 공사관의 도움이 없었으면 불가능 일이었다. 즉 조선 주재 미국 공사관 서기관이었던 호레이스 알렌은 협력을 부탁받고 고종이 선정해 준 전시품과 함께 시카고로 먼저 가서 조선전시관 설치에 협조했다. 또 조선 대표들이 태극기가 게양된 전시관 운영과 축하연을 여는 등의 홍보활동은 물론 미국 대통령과 저명인사들을 만나 외교활동을 전개하는 데 큰 도움을 주었다.

이때 조선전시관을 찾은 인사 중에 개회식을 마친 제22대 대통령 그로버 클리블랜드와 태극 문양을 철도회사 로고로 채택한 맥킨리 등은 우리의 소중한 손님이었다.

당시 전시관 전시품은 비교적 다양했다. 질과 색상이 뛰어난 종이, 면과 삼베 · 비단 등의 직물, 말린 생선과 홍합 · 젓갈류 등의 가공식품, 훈제 햄 · 마른 버섯 · 곶감 · 견과류 강정 · 꿀 · 식용기름 · 죽순 · 전통소주 등 전통식품, 왕의 만찬용 놋그릇 세트를 포함한 식기 및 주방용품, 은제품 국자, 금장식 젓가락, 보석류 등이었다.

그리고 100여 종의 얇고 번쩍이는 비단에 금수를 놓은 궁중의상, 다채로운 빛깔의 왕 사냥 옷, 옛날 갑옷, 창 · 활 · 화살 · 총포 · 말안장과 굴레 그리고 장식용 마구馬具 등 전쟁무기와 장고 · 당비파 · 양금 · 해금 · 거문고 · 생황 · 용고 · 대금 · 피리 등 악기 등도 출품되었다. 또한 천연보석, 도자기, 자수병풍 · 화문석 돗자리 · 발 · 가마 · 목수의 도구 · 장欌 · 나전 칠기 · 담뱃갑 · 곡물 · 견과류 · 얼레 · 장기판 · 바둑판 · 촛대 · 비녀 등도 포함되었다.

특히 질환에 특효가 있다며 조선의 특산품으로 인삼을 알렸다. 그리고 왕은 전시품을 미국 박물관에 기증하라고 지시했다. 무엇보다도 중요한 전시품은 북태평양철도회사가 채택한 태극 문양을 한가운데 그려놓은 전시관 지붕과 입구 전면에 게양된 태극기였다.

그런데 아쉬운 것은 이렇게 태극 문양을 회사 로고로 채택한 맥킨리가 일제강점기가 극에 달했던 1931년 72세로 타계한 일이었다. 그는 1901년 경 일본과 중국 그리고 필리핀을 여행하였지만, 한국은 당시의 정정불안으로 방문하지 못했다. 그리고 일본이 태극 문양을 없애려는 것을 맥킨리의 굳은 의지와 미국인들의 혜안에 의해 그대로 1970년까지 유지되었다는 사실은 감명스러운 일이 아닐 수 없었다.

그냥 지나칠 뻔했던 일들이 자동차 타이어 펑크로 우리 근현대사를 되돌아볼 수 있었던 것은 그야말로 전화위복이었다. 그렇지 않았다면 이러한 사실을 모른 채 그냥 지나쳤을 것이란 생각을 하면 감사하고 놀라운 일이었다. 이 윌레스 철도박물관을 나오면서 다시금 우리나라 근현대사가 압축되어 있는 현장을 보았다는 뿌듯한 행복감에 젖었다. 이러한 행복감을 간직한 채 우리는 다음 갈 길을 재촉했다.

미 대륙을 또 횡단하여 태평양을 다시 보다

이제부터는 시간과의 싸움으로 마음이 다소 조급해지기 시작했다. 샌프란시스코에 가서 자동차를 인계하고, 8월 13일 오후 2시 15분 샌프란시스코 국제공항을 이륙하는 비행기에 탑승하는 데까지 불과 60여 시간밖에 남지 않았기 때문이다. 그래서 식사도 차 안에서 해결하지 않으면 안 될 정도가 되었다.

도로변에 있는 맥도날드 가게에 들렀다. 서둘러 먹고 나서 두어 개씩 더 싸가지고 차에 올랐다. 이를 본 아이들의 표정이 밝아진 듯했다. 좁은 아이다호 주 북부를 벗어나 태평양에 접해 있는 워싱턴 주 경계에 도착했다.

마치 우리가 그 옛날 오리건 트레일을 따라 동부에서 역마차를 타고 태평양이 바라다보이는 곳까지 온 서부 개척민 같다는 생각이 들었다. 당시 오리건 컨트리라 불리는 지역은 정착민이 거의 없었던 1818년에 맺은 조약에 따라 영국과 미국의 공동영토로 인정되고 있었다. 즉 로키 산맥에서 태평양 연안 사이 캐나다의 브리티시컬럼비아의 상당부분이 포함되는 북위 42도에서 54도 41분까지를 망라하는 엄청난 크기의 땅덩어리였다.

그 후 20여 년 동안 마차를 타고 오리건 트레일을 따라온 미국인 이주자들은 끊임없이 오리긴의 태평양안으로 향하고 있었다. 그리하여 1844년까지 5천여 명의 미국인이 이 지역에 자리잡았다. 이렇게 미국 개척민의 숫자가 늘어나자 공동영토는 양국 간의 영토영유권을 둘러싼 분쟁의 불씨가 되었다.

이에 양국은 불씨의 소지를 없애려고 1846년 6월 오리건 협정을 체결하여 현재의 국경선을 만들었다. 이때 미국에 속한 오리건 주는 밴쿠버 섬을 제외한 북위 49도선 이남의 광대한 지역이었다. 즉 오늘날의 오리건, 워싱턴, 아이다호 주 전체와 몬태나, 와이오밍 주 서쪽 일부를 포함하고 있었다.

당시 미국의 영토에 대한 야욕은 끝이 없어 보였다. 이는 제11대 대통령 제임스 녹스 포크를 비롯한 영토확장론자들에게서 뚜렷하게 나타났다. 그들은 북위 49도선을 국경으로 하는 것에 대해 불만을 품고 오리건 컨트리 전 지역을 미국의 영토로 확장하려는 주장을 내세웠다. 그러나 미국과 멕시코 간의 전쟁으로 군사력을 멕시코 쪽에 집중해야 했던 미국은 영국과 북위 49도 국경선 타협에 응할 수밖에 없었던 것이다. 이에 미국령이 된 부분은 1848년 8월 14일 오리건 준주가 되었다.

그러한 가운데에도 이 조약은 1859년 현재의 밴쿠버와 시애틀 그리고 밴쿠버 섬 사이 조지아 해협의 불명확한 경계로 산후안 제도의 영유권을 둘러싼 돼지전쟁Pig War이라는 위기를 맞았다. 민간인 사이의 돼지 사살을 둘러싼 분쟁이 양국의 군병력을 섬으로 끌어들인 사건이었지만, 미국은 남북전쟁이 발발하기 직전으로 남북 간 갈등이 고조되던 상황이었다. 이러한 국내외 상황을 감안한 영국이 1871년에 미국의 주장을 받아들여 분쟁이 끝났다.

이렇듯 미국의 영토확장 과정을 둘러싼 분쟁의 역사적 사실을 되새기며, 코네티컷을 출발한 지 10여 일 만에 미국 초대 대통령의 이름을 딴 워싱턴 주에 입성했다. 먼저 워싱턴 주 관광안내소를 찾았다. 우리는 쉴 겸하여 잠시 이곳에서 미국의 제일 서쪽 끝 주에 도착했다는 것을 의식하며 쿵쿵거리며 땅을 밟았다. 뭔가 해냈다는 성취감에 우리 얼굴에는 기쁜 미소가 감돌고 있었다. 일본에서 4년여 유학생활을 마치고 김포공항에 내려 땅을 밟으면서 맛보았던 감회와 크게 다르지 않았다.

관광안내소에 걸려 있는 주기에 조지 워싱턴의 초상화가 그려져 있었다. 돈에 초상화가 있는 건 흔한 일이지만, 주기나 국기 안에 그려진 초상화는 처음이었다. 워싱턴 주가 오리건 준주에서 벗어나 42번째로 미연방에 가입하던 1889년 당시 워싱턴 대통령을 기리는 뜻으로 그의 초상화를 주기 안에 그려 넣었다고 한다. 그 주기 속의 워싱턴 대통령이 펄럭이며 마치 우리를 환영해 주는 듯 보였다.

별이 빛나는 저녁, 인적이 드문 대평원의 주들과는 달리 차 왕래가 급격히 늘어났다. 하긴 100만 명 안팎의 대평원 주와는 달리 600만 명에 달하는 많은 사람이 살고 있으니 말해 뭐하랴. 우리는 비행기 출발 시간에 맞추느라 여유 있게 호텔이나 캠핑을 하며 시간을 보낼 수가 없었다. 그래서 밤새 달려 시애틀까지 갈 생각이었다. 시애틀까지는 자동차도로로 500km쯤 되었다.

밤하늘의 별빛을 따라 쉼 없이 산과 들을 건너 드디어 8월 11일 새벽 5시 시애틀 중심가의 빌딩들이 보이는 시 경계까지 왔다. 보스턴과 시애틀 간의 4,961km를 이으면서 미 대륙 북부를 달리는 I-90번 고속도로의 끝에 도착한 것이다. 시애틀 시내로 들어간다는 내 말에 가족들은 만세를 불렀다. 그간 길고 긴 여정을 잘 참고 견뎌 준 가족들이 정말 고맙다는 생각이 들었다.

우리는 휴게소 겸 주유소에서 기름을 가득 채우고 잠시 눈을 붙였다. 그리고 아침을 먹으며 대륙 남부와 중앙 루트를 관통한 데 이어 세 번째로 대륙을 횡단하는 북부 루트 관통을 자축하며 성취감을 만끽했다. 정말로 사연도 많은 장거리 관통이었다. 한편 인내와의 싸움이기도 했다.

휴게소 뒤쪽으로 우주 공간을 나르는 듯한 시애틀의 상징인 스페이스 니들 타워가 한눈에 들어왔다. 이 타워는 우리의 꿈을 현실로 확인시켜 주었다. 이렇게 손에 잡힐 듯 보이는 타워를 배경으로 인증샷을 누르며 다시금 즐거움을 나누었다. 잠시 휴식을 더 취한 뒤 서서히 중심가로 차를 몰았다.

마침 일요일 이른 아침이라 시가지는 조용했다. 어딘가 대륙 횡단을 뚜렷하게 기념할 만한 곳에 가고 싶었다. 우리는 시내 중심가에 있는 북서태평양의 랜드마크이자 시애틀의 아이콘인 시애틀센터 스페이스 니들 타워에 올라가 태평양을 바라보며 대륙을 횡단했다는 실감을 느껴 보기로 했다.

시간이 일러 텅 빈 듯한 시내 중심가를 한 바퀴 돌면서 태평양안 도시의 정취를 맛보았다. 그리고 시애틀센터로 들어섰다. 1962년 만국박람회가 열려 1천만 명 이상의 인파가 몰려들었던 그때의 복고적인 분위기를 타고 당시의 여운이 여전히 남아 있는 듯했다. 인근의 익스피어리언스 뮤직 프로젝트EMP, 오페라하우스, 과학센터 등도 눈에 들어왔다.

우리는 바로 입장권을 사서 160m 전망대에 올랐다. 당시 박람회 기간 중에는 매일 2만 명씩 모두 230만 명의 관광객이 전망대에서 경치를 즐겼다니, 얼마나 복잡했을까 상상이 되었다. 이 타워는 최고 184m에 달하는 한때 미시시피 강 서쪽에서 가장 높은 곳이었다. 그리고 지진 9.1도와 초속 89m에도 견뎌 낼 수 있게 설계되었다. 전망대보다 낮은 150m 높이의 회전식 스카이시티 식당에서 식사를 하며 시애틀 중심가의 스카이라인은 물론 올림픽 국립공원과 북캐스케이드 국립공원 등의 웅장한 산세와 내륙 깊숙이 들어온 태평양의 바닷물에 둘러싸인 수많은 섬들이 한눈에 들어왔다.

산과 바다와 어우러진 시가지는 한마디로 그림이요, 시로 읊는다면 시요, 글로 쓴다면 소설이 나올 것 같았다. 글을 쓰는 이 순간 생각해 보니, 그간 참으로 많은 도시의 타워나 높은 빌딩에 올랐다. 파리의 개선문과 에펠탑, 영국의 성바오로 성당 옥탑, 토론토의 CN타워, 뉴욕의 엠파이어 스테이트 빌딩, 시카고의 윌리스 타워, 상해의 동방명주, 일본의 도쿄타워, 카이로 나일강변의 전망대 그리고 우리나라의 남산타워 등 가능하면 어떤 도시라도 높다는 곳에 올라가 보았다.

문제는 왜 이렇게 오르느냐는 것이다. 1923년 에베레스트에 도전했다가 정상 부근에서 사망한 조지 말로리가 말한 '그게 거기 있으니까' 라는 말을 넘어 나는 '그게 날 오라고 부르니까' 라고 답하고 싶었다. 그 외의 다른 말은 구차할 뿐이라는 생각이 들었다.

아름다운 바다와 육지를 동시에 둘러보면서 콜럼버스가 1492년 신대륙의 동쪽 섬인 서인도제도에 상륙한 이래, 영국과 스페인의 많은 탐험가들이 대서양과 태평양을 잇는 전설의 북서항로를 찾아 태평양 북부해안을 탐색했던 것을 떠올렸다. 그러다가 콜럼버스가 미 대륙에 발을 디딘 이후 꼭 300년이 지난 1792년 조지 밴쿠버 선장은 대륙 건너편인 지금의 시애틀 지역인 태평양의 퓨젓사운드 해안을 최초로 탐험했다. 그리고 그 주변을 모두 영국령으로 선포했다. 그래서 현재 캐나다의 밴쿠버 시와 밴쿠버 섬의 지명은 그의 이름에서 온 것이다. 그러나 이 지역에는 이미 수천 년 전부터 살던 여러 인디언 부족이 있었다.

이렇게 그가 활약했던 1790년부터 1795년 간의 이야기를 생생하게 담은

『북태평양의 탐험과 세계일주 항해A Voyage of Discovery to the North Pacific Ocean, and Round the World』가 1798년에 출간되어 후세의 항해 지침서가 되었다. 그가 탄 배는 밴쿠버 섬 서해안에 있는 누트카 만에서 영국과 스페인 사이에 해전이 일어나자 아프리카의 희망봉, 오스트레일리아, 뉴질랜드로 가는 길을 택하여 1792년 북아메리카 대륙에 도달했다. 그리고 밴쿠버 섬 주위는 물론 샌디에이고부터 알래스카 남부까지 조사를 통해 그린 해도海圖는 높은 평가를 받고 있다.

콜럼버스가 신세계에 발을 내디딘 이래 동쪽 미 대륙에서 서쪽 끝인 태평양에 닿는 데까지 300년의 세월이 걸렸다는 얘기다. 그리고 필그림 파더들이 보스턴에 상륙한 1620년부터 128년 후의 일이었다. 그것도 미 대륙 중심지인 미지의 대평원과 대산맥을 남겨 놓은 채 말이다.

이후 루이스와 클라크가 처음으로 육로로 동부에서 태평양까지 갔다가 귀환한 1809년까지는 317년이요, 실질적으로 일반시민이 쉽게 태평양까지 쉽게 접근하기 시작한 대륙 횡단 철도가 처음으로 개통된 1883년까지는 391년이나 되는 오랜 시간이 걸렸던 것이다. 이토록 동쪽에서 서쪽까지 실지로 잇는 데 엄청난 세월이 걸렸는데 우리는 일 년 사이에 북미 대륙을 종횡무진으로 여러 차례 횡종단했다. 참으로 시대에 따른 속도 차이가 엄청나게 크다는 것을 실감했다.

이후 시애틀 주변은 워싱턴 주 인구의 60%가 사는 인구 밀집지역이 되었다. 이는 1869년 동부와 연결된 대륙 횡단 철도와 1883년 북태평양철도의 완공으로 동부의 정착민들이 많이 이주해 왔기 때문이다. 따라서 시애틀은 20세기의 양차 대전을 겪으면서 군수산업인 항공기와 조선업을 중심으로 산업도시로서의 자리를 굳혔다. 특히 알래스카의 재목과 수산 그리고 골드러시로 인한 광업 발달의 관문으로서 시애틀의 해운업도 상당히 앞서갔다.

최근 시애틀 마이크로소프트의 본사 서비스업은 워싱턴 주의 고용과

제5부 미 북부 대평원과 로키를 넘어

GRDP의 대략 5분의 4를 차지하고 있다. 보잉사의 대규모 항공기 공장, 패션계의 노드스트롬, 커피계의 스타벅스, 알래스카 항공, 쇼핑몰의 아마존을 포함한 대기업의 본부 등 시애틀은 워싱턴 주 최고의 금융 허브 역할을 담당하고 있다. 또한 1962년 시애틀 첫 세계박람회가 열려 스페이스 니들 타워 등이 세워져 연중무휴 관광산업의 중심지가 되었다. 그래서 그런지 중국의 최고권력자 시진핑이 미국을 방문하면서 제일 먼저 이곳에 들러 미국 기업가들을 만났다는 사실 자체가 주는 의미는 결코 작지 않음을 알 수 있다.

그러나 관심을 가져야 할 것은 컬럼비아 강과 스네이크 강에 건설된 댐들의 양면적인 역할이다. 댐 건설로 이 지역의 대표적인 연어가 상류로 거슬로 올라가거나 부화된 알이 바다로 나가는 도중에 터빈에 말려 죽거나 자유롭게 오르내리지 못해 회귀성 연어 수가 감소하여, 이를 먹고 사는 곰 등의 먹이사슬에 영향을 주고 있다는 것이다. 하지만 댐 건설로 물 공급을 효율적으로 해 주어 각종 농업에는 좋은 영향을 주고 있다고 한다.

타워에서 내려와 시가지 여기저기를 돌아보다가 한인교회를 발견했다. 마침 일요일이어서 그간의 여정에 대한 감사 기도를 드릴까 하고 안으로 들어가려 했더니 11시부터 시작한다고 했다. 그때까지 기다릴 수가 없어 돌아서려는데 한 분이 나오더니 도와드릴 것이 없느냐고 물었다. 워싱턴 주립대학을 보고 싶다고 했더니 그곳까지 안내해 주겠다고 나섰다. 그를 따라간 대학 캠퍼스는 구석구석 역사와 전통이 배어 있었다. 방학 중이어서 조용한 분위기를 느끼고 일어섰다.

이제 더 이상 시애틀에 머물 시간은 없었다. 귀국 비행기를 타야 할 시간이 점점 다가왔다. 시애틀을 뒤로하고 I-5번 고속도로를 이용해 우리는 남하하기 시작했다. 샌프란시스코까지 가려면 아직도 워싱턴 주를 벗어나 오리건 주를 지나 캘리포니아 중간까지 가야 하는 먼 길이 남아 있었다.

해발 1,882m의 분화구 호수를 돌아
샌프란시스코 국제공항으로

 지도를 펴놓고 보니 가본 곳도 많지만 가보고 싶은 곳이 더 많았다. 하지만 이제 마음을 비우고 정리할 때라는 것을 알고 있었다.

미련을 버리고 다시 다음을 기약하며 남쪽으로 차를 몰았다. 워싱턴 주와 오리건 주를 가르는 컬럼비아 강을 건너 포틀랜드로 들어왔다. 이 강은 캐나다브리티시 로키에서 발원하여 태평양으로 흘러들어가는 강 가운데 최대 수량을 보이며, 총길이가 장장 2,000km로 그중 미국을 지나는 길이는 1,200km다. 이 강을 처음 보는 것이긴 해도 특별히 기억하는 것은, 1805~1806년 루이스와 클라크 원정대가 강 하구에서 겨울을 지내고 이듬해 봄 로키 산맥을 넘었다는 사실을 알고 있었기 때문이다.

오리건 주 최대 도시인 포틀랜드는 컬럼비아 강과 윌라미트 강으로 둘러싸인 수상도시다. 1883년 이곳에 철도가 부설되면서 세계 최대의 밀 수송항의 하나가 되었다. 양차 세계대전 때 이곳의 울창한 산림을 배경으로 한 목재산업이 지역경제를 이끌었다. 그러나 그 유명하다는 대규모의 장미와 튤립밭을 보지 못하고 지나는 아쉬움은 적지 않았다. 우리는 오리건 주정부가 있는 세일럼과 목재 집산지로 알려진 오리건 주의 두 번째 큰 도시인 유진을 곁눈질하며 지났다.

이렇게 달려오다 보니 어느덧 또 하루가 저물기 시작했다. 차를 몰면서도 캠핑할 곳을 유심히 살펴보았는데 며칠 전 몬태나 주 국립빙하공원 밑에서 야영했던 전국 체인인 KOA 간판이 눈에 띄었다. 곧바로 평평하고 넓은 숲속 캠핑장으로 향했다. 텐트를 칠까 하다가 먼저 이용했던 통나무집과 외관은 물론 내부 침대 배치까지 같은 통나무집을 빌렸다. 그리고 캠핑장에서 가까운 슈퍼마켓에 가서 고기를 사다가 미리 준비해 온 조개탄을 꺼내 구웠다. 어쩌면 미국에서 마지막으로 먹는 소고기일 것 같은 생각이 들었다. 식사를 마치고 한 명씩 번갈아 샤워를 하고 꿈나라로 향했다.

아침 일찍 일어나 정비소에 들리 차 점검을 했다. 정비사는 우리 차 번호판을 보더니 동부 코네티컷에서 왔느냐며 놀란 표정을 지었다. 벌써 세 번째 횡단이라 했더니, 지금까지 정비하면서 뉴헤이번에서 온 차는 처음 본다며 넉살을 떨었다. 차는 문제가 없다면서 손가락으로 V자를 해 보이며 가볍게 손을 흔들었다. 사실 많은 사람들이 차 번호판을 보며 우리를 신기하다는 듯 쳐다보곤 했다.

다시 마음을 가다듬고 캘리포니아의 샌프란시스코를 향해 한참을 달려 내려오던 중 워키아컴 카운티에 있는 로스버그에서 국립분화구호수Crater Lake National Park라고 쓰인 표지판이 눈에 들어왔다. 이 표지판을 보는 순간 디트로이트에서 만난 군대 동기가 오리건에 가면 꼭 분화구 호수를 보고 오라는 말이 퍼뜩 떠올라 내륙으로 들어가는 오리건 지방 OR-138번으로 방향을 틀었다.

오리곤 주의 6분의 1 정도 되는 거대한 윌라미트 국유림 속에 빽빽히 들어찬 나무숲 사이로 흘러가는 노스엄프콰 강을 따라갔다. 알고 보니 이 길은 미국에서도 아름다운 도로로 지정된 곳이었다. 울창한 삼림과 계곡 그리고 그 사이사이 크고 작은 폭포가 있다는 표시판이 있었지만 도로 주변 경치만으로도 가히 짐작이 갔다.

우리는 제법 경사가 있는 산길을 따라 올랐다. 먼저 1,570m 높이에 자리 잡고 있는 개척자 존 다이아몬드의 이름을 딴 다이아몬드 호를 만났다. 차에서 내려 구경할까 하다가 차 안에서 보는 것으로 만족하기로 했다. 다시 가파른 고갯길을 오르자 한여름인데도 제법 찬바람이 차 안으로 스며들었다. 분화구 호수가 보이는 곳까지 올라왔다. 멀리 보이는 산 정상에는 흰 눈이 희끗희끗 보였다.

평균 2,400m 봉우리로 둘러싸인 마자마 산 한가운데 있는 커다란 호수는 정말 장관이었다. 해발 수면 높이 1,882m에 평균 수심은 350m나 되며 최대 수심 594m로 미국에서 가장 깊을 뿐만 아니라 세계에서도 가장 깊은 호수라고 했다. 그리고 최대 길이와 폭이 각각 9.7km와 8.0km로 둘레길이는 35.1km나 되는 약간 장방형의 분화구를 한 바퀴 도는 데 천천히 돌아야 하기에 족히 몇 시간은 걸릴 듯했다.

이 분화구 호수는 활화산이긴 해도 7,700여 년 전에 폭발이 일어난 이래 약 5천 년 전에 소규모 분화가 일어 조그마한 기생화산을 만들어 냈을 뿐 최근의 폭발은 없었다. 그 후 빗물과 빙하물이 고여 지금과 같은 모습이 되었다고 한다.

이를 쉽게 이해하려고 우리 백두산과 비교해 보았다. 백두산의 최대 수심은 384m, 최대 폭과 길이는 각각 4.85km와 3.35km, 둘레는 14.4km다. 그리고 천지 수면은 해발 2,257m, 면적은 9.2km², 평균 깊이 213m에 최대 수심은 384m로 한반도뿐만 아니라 중국에서도 가장 깊은 호수로 주위에는 기암절벽으로 둘러싸여 있다. 그리고 역사적으로 화산 폭발은 각각 1597년, 1688년, 1702년에 일어났다고 기록되어 있다.

이런 기록을 보면 해발 수위는 백두산이 높은 곳에 위치해 있으며, 크기나 깊이 등은 오리건의 분화구 호수가 더 크다. 다른 점이 있다면, 분화구 호수에는 마법사 섬과 유령선이라는 두 개의 섬이 호수 가장자리에 있다는 것과 백두산이 세 차례에 걸쳐 화산 폭발이 있었던 것과는 달리 폭발 기록이 없다는 것이다.

분화구는 몇 군데 가보았지만 이렇게 물로 산정이 꽉 찬 호수는 처음이었다. 우리 한라산 백록담은 밑바닥에 살짝 물이 고여 있을 정도이고,

킬리만자로의 분화구는 만년설로 가득했으며, 일본의 분화구와 이탈리아의 베수비오 산의 분화구는 활화산으로 분연이 일어나고 있었다. 그 외의 분화구가 아닌 티티카카 호나 바이칼 호 같은 지상의 높은 호수와는 구분되어야 했다.

이렇게 아름다운 숲과 산정호수에 넋을 잃고 시간가는 줄도 모르고 있다가 정신을 차리고 다시 하산하기 시작하였다. 역시 내려가는 길도 가도 가도 숲이었다. 이러한 숲이 있기에 오리건 주의 산업에서 임업이 차지하는 비중이 크다는 것을 이해할 수 있었다.

이제 비행기 탑승시간이 바로 내일이어서 서둘어야 했다. 아직도 갈 길은 800km나 남아 있었다. 아닌 게 아니라 오늘도 밤새 달려야 했다. 더 이상 내려서 어정댈 시간이 없었다. 하지만 운전하면서 창 밖으로 보이는 경치들은 지루할 틈을 주지 않았다.

남하하면서 캘리포니아 북부지방의 웅장한 산에 탄복할 때가 한두 번이 아니었다. 휴게소에 들를 때마다 잠시 눈을 붙이고 앞으로 나아갔다. 드디어 13일 0시가 조금 넘어서 샌프란시스코가 한눈에 내려다보이는 언덕 위까지 왔다. 샌프란시스코의 밤 풍경은 전에 왔을 때의 느낌하고는 전혀 달랐다. 그렇게 높지 않은 곳인데도 외투를 꺼내 입을 정도로 공기가 찼다.

잠을 제대로 못 잤는데도 잠이 오지 않았다. 비행기에서 자면 된다는 생각에 오히려 정신이 말똥말똥해졌다. 이제 차를 인계하기로 한 스탠퍼드 대학으로 가면 되었다. 시내가 보이는 언덕에서 내려와 이전에 돌아보면서 익혔던 시내 중심지를 한 바퀴 돌았다. 샌프란시스코 중심지만을 일주하는 것이 아니라 미국을 한 바퀴 더 도는 듯한 마음으로.

이른 아침 선창가의 어시장을 찾았다. 아침 일찍 문을 연 가게의 조개수프 맛은 예전과 다르지 않았다. 막상 떠나기 전의 새벽 방문이라 아쉬움이 클 뿐이었다. 이렇게 아침을 해결한 우리는 자동차를 전해 줄 교수 대리인에게 전화를 했다. 우리 차의 새 주인은 며칠 뒤에 미국에 도착할 예정이었기 때문이다. 그는 우리를 위해 대학이 아닌 샌프란시스코 국제공항에서 차를 인계인수하자고 제안했다. 시간이 조금만 더 있었더라면 애초 약속대로 구경도 할 겸 대학으로 갔겠지만, 너무나 반갑고 고마운 일이었다.

대학으로 가려던 코스를 바꿔 바로 공항으로 향했다. 공항에 도착한 우리는 차에서 짐을 내려 다시 싸느라 허겁지겁하고 있었다. 마침내 차를 인수하러 온 새 주인의 지인들과 만나 사인을 받고 차에 관한 서류와 키를 넘겨 주었다. 정말로 아무 사고 없이 미국에서의 일정을 잘 마친 것에 감사했다. 나중에 새 주인이 된 교수로부터 좋은 차를 인계해 주어 고맙다는 이메일을 받고서야 안심이 되었다.

드디어 출국수속을 마치고 노스웨스트 항공기에 올랐다. 미국에 온 지 1년 13일 만이었다. 일본 나리타를 경유하여 김포공항에 내리니 8월 14일이었다. 공항에 근무하던 동생이 항공기 문이 열리는 데까지 와서 환영해 주어 더 깊은 감회와 고국에 왔음을 실감하였다. 공항을 벗어나 경춘가도를 통해 본 아름다운 나의 조국 모습은 그 어느 곳보다도 천하제일이었다.

귀국편에 올라 되돌아본 미국 횡단

북미 대륙을 다녀와 종횡단기를 쓰고 있는 것을 알고 있는 영문학과 백낙승 교수로부터 존 스타인벡의 『찰리와 함께한 여행−존 스타인벡의 아메리카를 찾아서』라는 책을 소개받았다. 그렇지 않아도 대륙을 최초로 횡단한 책은 물론 동서양의 여러 사람들이 쓴 여행서를 읽고 있던 참이었다. 이미 수집하여 읽은 책들은 주로 탐험서나 여행담이 대부분으로, 존 스타인벡의 책은 현대 미국과 미국인의 정체성을 탐구하여 그 심성을 파헤치는 여행서로서는 유일하였다.

여러 문학 비평가들이 논한 것과 여행을 하면서 스스로 느낀 것을 적어 본다.

존 스타인벡은 세계적인 대문호답게 그가 만난 이들의 섬세한 심리묘사를 통해 미국인의 정체성이 무엇인지 접근하고 있었다. 그는 글의 마술사가 아니라 생각의 창조자였다. 『분노의 포도』는 이미 이 책에서도 언급했지만 그의 광적인 여행가다운 면이 곳곳에 배어 있었다. 그는 세상을 떠나기 8년 전인 1960년 9월 혼자서, 자신이 특별히 주문하여 만든 캠핑카 안에 더블베드, 네 개의 버너가 있는 스토브, 히터, 냉장고, 부탄가스로 켜는 전등, 화학식 변기, 옷장, 창고, 방충망 등의 여행 장비와 엽총 한 자루, 소총 두 자루와 낚시대 두 채를 싣고 길을 떠났다.

그리고 그 차를 세르반테스의 『돈키호테』에 나오는 애마 '로시탄테'라 명명하는 등 여행을 떠나기 전에 치밀한 계획을 세웠다. 아마도 이런 생각을 수십 년 전부터 하고 있지 않았나 할 정도로 완벽한 준비였다. 드디어 존 스타인벡은 사람들의 왕래가 많은 노동절인 9월 첫 번째 월요일을 피해 3개월 여정으로 길을 떠나, 돌아올 때는 34개 주를 통과하는 등 16,000km 이상을 여행했다.

그의 여행 동기는 대개의 사람들이 그렇듯이 뭔가를 알아내려고 떠났던 것이다. 자신이 오랫동안 세계 각지를 둘러보았지만, 정작 자신의 조국인 미국을 몰랐다는 것이 주요 이유였다. 미국에 관한 그렇게 좋은 글을 발표하고도 "나는 미국에 대해 얼마나 알고 있는가. 지금껏 현재의 미국이 아닌 기억 속의 미국을 쓰고 있지 않았는가"라고 반문하면서, 자신의 조국의 참모습을 보기 위한 것이라고 했다.

그의 여행벽은 출항을 알리는 뱃고동 소리나 시동 걸린 엔진 소리, 심지어 포장도로를 울리는 말발굽 소리만 들어도 여행을 가고 싶은 충동을 느낀다는 말만 들어도 알 수 있다. 계획한 여행이 못 견딜 만큼 힘들다는 걸 알게 된다면 그때야말로 어차피 세상을 떠나야 한다는 생각까지 하던 사람이었다. 사실 나도 멀리 기차가 지나가는 모습을 보거나, 누가 어딜 떠난다는 얘기만 들어도 부러운 눈초리를 보낼 만큼 방랑의 피가 역류하곤 했다. 단, 세상을 떠나는 사람은 예외적으로 부럽지 않을 뿐이다.

그런 그가 58세에 길을 떠났다. 존 스타인벡은 건국 초기에 자신이 사는 대륙이 어떻게 생겼나 알아보려고 내륙으로 떠났던 초기 탐험가들과는 달리, 현대 문명사회의 사람들의 정체성을 알아보려는 것이었다. 그러나 신대륙 아메리카를 개척한 개척자들과 마찬가지로 뭔가를 알아내려는 개척자적 정신은 다름 아닌 그도 미국인이라는 것을 말해 주고 있다.

이러한 탐구를 위해 그는 잘 닦인 길이 아닌 풀이 무성하거나 시궁창 냄새 나는 도시 뒷골목에 멈춰 섰다. 그리고 함께 간 강아지 찰리와 끊임없이 대화를 나누며 앞으로 나아갔다.

그러면서도 그는 미국을 알려고 하는 것이 아니라 미국인이 지닌 심성과 자신이 사랑하는 조국 미국의 존재를 확인하려는 듯 보였다. 동시에 미국의 모든 것을 끌어안으려는 철저한 미국인의 자세가 엿보였다. 즉 미국은 지리적으로 넓고, 세계 각지에서 온 여러 인종뿐만 아니라 다양한 민족이 섞여 살고는 있지만, 틀림없는 하나의 국가요 새로운 민족이다. 아일랜드계, 이탈리아계, 유대계, 독일계, 폴란드계 등 그들은 각기 특성을 지니고 있음에도 본질적으로 하나의 미국인이라고 하면서, 하나 된 미국을 만들어 나가려는 보이지 않는 메시지를 주고 있음을 느꼈다. 비약일지 몰라도 이것이 바로 대중에 영향을 끼치는 작가가 지닌 힘이자 특권일 것이다.

존 스타인벡은 경치 좋고 신비한 국립공원이나 명승지는 애써 외면했다. 아마도 그는 대서부의 거대한 대자연의 웅대함을 모르고 있지는 않았을 것이다. 그는 자연의 모습을 노래하는 대신 여행 도중에 만난 사람을 통해 미국인의 정체성을 탐구하는 데 초점을 두고 있었다. 그는 만일 작가가 단지 책이나 신문을 통해서만 미국의 변화를 알았다면 그것은 범죄라고까지 생각하고 있을 정도로 여행을 통한 현장감을 중요하게 여기고 있었던 것이다. 그래서 자신의 눈으로 직접 거대한 미국을 순례하면서 미국과 미국인이 어떤 나라이며 누군인지를 찾아보려고 시도했다.

더구나 말동무조차 없이 홀로 그 먼 길을 캠핑카를 몰고 다녔다는 것은 대단한 모험이자 도전이었다. 그가 관찰한 것 중에 미국인 전체가 역사에 굶주리고 있다는 말에 공감이 갔다. 그래서 미국인들은 어디를 막론하고 크거나 작은 것을 묻지 않고 하나하나에 깊은 과거의 의미를 부여하려는 욕망에 불타고 있다고도 했다. 그러면서 서부의 어떤 주는 기억에서 사라진 살인사건이나 은행강도사건에도 역사적 가치와 의미를 부여하려고 애쓰고 있다고 지적했다.

또한 미국에 사는 각각의 혈통을 지닌 미국인들은 출신국 별로 느끼는 동질감보다 더 동질적이라는 데에 경탄하고 있다. 그것도 불과 200년도 안 되는 사이에, 이민자가 본격적으로 몰려든 최근 50년 사이에 이루어졌다는 것에 놀라고 있다. 그래서 다시 한 번 미국인의 동질성에 대해 의심하지 않고 오히려 모두 내 동포라고 강조하고 있다.

그는 커스터 장군과 시팅불이 싸운 리틀 빅혼 전투에서 양쪽 모두에게 경의를 표시했다. 미국인들은 구경을 하기 위해서가 아니라 나중에 이야기를 하기 위해 여행을 한다며 자신을 빗대어 말하기도 했다. 그도 여행을 다녀와서 이야기 대신 책을 냈기 때문이다.

아무튼 그는 미 대륙을 크게 원을 그리듯 일주하여 4만 리 이상의 긴 여행을 마치고 12월에 뉴욕으로 돌아왔다. 이때 그의 나이 58세였다. 애견 찰리를 데리고 캠핑카를 몰며 피로와 고독을 극복한 그의 집념은 실로 대단한 것이었다. 그리고 시카고와 텍사스에서 부인과 짧은 만남을 통해 여행 중의 고독을 달래고 부인을 배려해 주는 장면은 고독 속의 훈훈한 마음을 갖게 해 주었다.

존 스타인벡의 글을 읽으면서, 그의 함축된 한 문장은 내 책 전체 내용이 녹아들어가고도 남는 요술병이었다. 구구절절이 길게 늘어놓은 나의 글은 넋두리에 불과하다는 것을 느꼈다. 그러면서도 그가 발견하고 표현한 생각들이 나와 크게 다를 것이 없다는 것에 스스로 위안을 삼았다. 그가 여행을 통해 미국인의 밑바닥에 잠재되어 있는 감정과 양심 그리고 당면한 문제 해결을 위해 많은 고민을 하고 있음을 깨달았다.

긴 여행을 통해 나 자신도 미국인들은 물론 캐나다인 그리고 멕시코인들이 그 거대하고 풍요로운 대륙에 살면서도 그들의 내면세계에 흐르는 감정과 도덕 그리고 고민을 드러내는 행동을 보았다. 그러면서도 한국인이 보는 북미 대륙의 정체성을 통하여 과연 우리는 무엇이며, 누구인가를 알아내려고 했던 것은 분명하다. 우리나라의 근대화가 미국이나 서구사회에 비해 늦어짐에 따라 이를 극복하려는 선조들의 진한 체취를 북미 대륙 현장에서 느끼며, 우리의 역사적인 것은 물론 정서적인 정체성을 찾아보려고 애쓴 것도 사실이었다. 나만 아닌 우리의 미래를 위하여….

1 대평원에 우뚝 솟은 악마의 탑 2 와이오밍 주 환영 안내판 3 리틀 빅혼 격전지의 묘지
4 격전지의 인디언 조각상

5 빅혼 분지를 설명하는 안내판   6 그라니테 고갯길에서   7 조개 협곡의 절벽   8 코디 타운 시가지
9 몰몬교도들이 손수레를 끌고 와이오밍의 몰몬 트레일을 지나는 장면
10 미국 국립공원 패스와 안내서

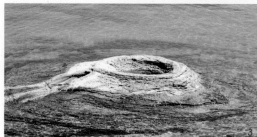

1 옐로스톤 계곡과 숲 2 옐로스톤의 또 다른 여름 모습 3 피싱콘 4 옐로스톤의 나무화석
5 옐로스톤의 간헐천 6 모닝글로리 풀 7 옐로스톤 입구 8 옐로스톤캐니언과 폭포
9 그랜드티턴 국립공원 10 여행 도중에 만난 와이오밍 주 대평원을 달리는 화물열차

1 1869년 5월 10일 유니언 퍼시픽와 센트럴 퍼시픽이 프로몬토리 서미트에서 만나는 역사적 장면
2 몬태나 주 가디너에 있는 루즈벨트 아치
3 몬태나주립대학 4 몬태나 주 평원 모습
5 몬태나 주 평원의 곡물창고
6 국립빙하공원의 관문
7 폭설에 쌓인 태양으로 향하는 길
8 아이다호 주 환영 안내판

1 월레스의 북태평양철도박물관 2 1893년
시카고 세계무역박람회에 참가한 출품대원단
3 1900년 파리 만국박람회 대한제국관 화보
4 1893년 시카고 세계박람회 대조선국 전시관
5 존 스타인벡

나는 오늘도 또 다른 여행을 꿈꾼다

내가 태어나고 자란 춘천은 강원도 도청 소재지라고는 하나, 내가 초등학교에 다닐 무렵이던 1960년대까지만 해도 시내 중심 거리조차 비포장도로였다. 그 길에서 아이들이 뛰어다니거나 자동차가 지나가면 누런 먼지가 낮고 낡은 지붕 위에 쌓이곤 했다.

이런 도시에서 부모님은 하루 끼니를 벌기 위해 장사에 나서야 했다. 어머니가 매일 함지를 머리에 이고 채소장사를 나가시는 것을 볼 때마다, 어린 마음이었지만 뭔가 보답해 드려야겠다는 생각이 들었다. 이렇게 생계를 위해 절박한 상황이었으니 여행이라는 것은 머나먼 남의 이야기일 뿐이었다.

그래도 학교에서 소풍이나 수학여행을 갈 때면 들떠서 잠을 이루지 못했다. 그 후 중학교에 입학하여 우연히 읽게 된 책이 김찬삼 교수의 『세계여행기』였다. 몇 번이고 탐독하면서 다른 나라 사람들의 삶에 호기심을 느끼게 되었고, 세계를 향한 큰 야망을 품게 된 것 같다. 이렇듯 당시 김찬삼 교수의 여행기는 자라나는 우리에게 미지의 세계에 대한 도전적인 꿈을 심어 주었다.

그는 우리나라 세계 여행가의 대명사다. 우리 정부가 해외여행을 자유화한 1989년보다 훨씬 전인 1958년에 첫 세계일주를 떠나, 30여 년에 걸쳐 3회의 세계일주와 20여 회 테마여행을 통해 160여 개국 1천여 개의 도시를 다녀왔다. 이렇게 순수여행을 다녀온 그는 동서고금을 통해 최고의 여행가가 아닌가 싶다.

그리고 여행을 하면서 남긴 꼼꼼한 기록은 한국전쟁으로 피폐해진 국민들의 마음을 달래고, 청소년들에게는 무한한 꿈을 심어 준 세계의 나그네였다. 이에 비하면 나는 밥상의 언저리에 불과하다. 아마도 김찬삼 교수와 같은 여행가는 다시 나오기 힘들 거라는 생각을 해 본다.

나는 고등학교 시절에도 학교를 다니는 것 외에 여행이라는 것은 상상하기 힘들었다. 한 번 가는 수학여행도 포기해야 했던 아쉬움은 수십 년이 지난 지금도 가슴속에 남아 있다.

그래도 대학 입학 전 친구와 둘이서 엉성한 자전거를 빌려 부산까지 다녀온 일과 대학 입학을 기념하여 여름방학 무전여행을 떠났던 기대감과 흥분은 아직도 살아 있다. 1970년대 초 대학생 사이에는 돈이 없어도 떠나는 무전여행에 관심이 많았다. 그만큼 당시 우리 사회는 대학생에 대한 사회적 기대감이 컸음을 의미한다. 하기는 그때 우리 또래의 대학 진학률은 5% 정도로 희소가치가 있어서인지 만나는 사람마다 온정을 베풀어 주었으니 미래의 대한 기대가 아니었을까.

무거운 카키색 군용 천막과 배낭을 빌려 간 곳이 울릉도였다. 그곳에는 의외로 각지에서 온 대학생들이 있어 함께 어울려 미래에 대한 이야기를 나누며 섬을 일주한 것은 하나의 낭만적인 추억이 되었다. 그곳에 아프리카 슈바이처 박사의 제자로 함께 일하다 귀국하여 처음으로 울릉의원을 세워 인술을 펼치신 한국의 슈바이처 박사로 불리는 이일선 박사를 찾아

뵙고 밤늦도록 올바른 삶의 방향에 대한 말씀을 들은 것이 아직도 귓가에 생생하다.

그 이후 책 속의 여행을 하기로 마음먹고 동서양의 고전을 읽어 내리기 시작했다. 어느 해 방학인가는 거의 매일 아침 일찍 시립도서관에 가서 저녁 문 닫을 때까지 다리가 붓도록 자리에 앉아 책을 읽었다. 그것이 훗날 마음의 양식이 되었음을 알았다.

아닌 게 아니라 책 속에는 많은 곡식, 좋은 집, 집 앞에 늘어선 차마車馬, 옥같은 여인 등을 얻을 수 있다는 뜻인 서중자유천종속書中自有千鍾粟, 서중자유황금옥書中自有黃金屋, 서중거마다여족書中車馬多如簇, 서중유여안여옥書中有女顔如玉처럼 온갖 세상의 것이 기다리고 있었다. 다시 말해 옛 선인들의 인생삼락만리 길을 여행하고, 책을 만 권을 읽으며, 만인의 벗과 사귀다을 실천하며 그야말로 인생의 세 가지 즐거움을 맛보기 위한 준비를 하고 있었다.

대학을 마치고 기왕에 하는 군대도 가능하면 집에서 멀리 떨어진 곳에서 여행하듯 하자는 생각에 택한 것이 해병대였다. 생각했던 대로 춘천에서 멀리 떨어진 진해, 마산, 광주에서 훈련을 마친 후 백령도에서 소대장으로 근무하다가 김포로 전속되어 3년간 복무를 했으니 소원대로 여행을 한 셈이었다. 불과 100여 년 전만 해도 군인이나 상인 그리고 관리들을 제외하면 태어난 곳에서 100리 이상을 벗어나지 못하고 생을 마친 사람이 90% 이상이나 된다는 말이 수긍이 갔다.

제대 후 대학원에 복학하여 석사학위를 얻고, 드디어 장학생으로 일본 유학생활을 경험하게 된 것이 세계로 뻗는 안목을 기르는 계기가 되었다. 유학생활 중에도 550cc 중고 경차를 구입하여 일본 열도를 탐방하는 여유를 부리기도 했다. 유학을 마치고 모교인 강원대학교에 근무하면서 '세계의 토지제도와 식량과의 관계가 농촌사회에 미치는 영향'을 연구 테마로 삼은 것이 세계로의 시야를 넓히는 계기가 되었다.

드디어 기회가 찾아오기 시작했다. 우선 대학 프로그램의 하나로 영국 케임브리지대학 토지경제학과에서 일 년간 객원교수를 한 것은 보다 깊은 다양한 생각을 할 수 있는 기회였다. 이후 캐나다 앨버타대학과 미국 예일대학 농민연구소에서 연구활동을 하게 되었다. 거기에다 개도국인 라오스에서의 전문가 활동과 대학 설립 사업을 수행하면서 지구적 차원에서 사고의 영역을 넓혀 나갔다.

그리고 일 년간 혹은 한두 달 연구차 탐구여행을 하면서 얻은 경험과 지식을 많은 사람들과 공유하고자 하는 마음에서 이 글을 쓰게 되었다. 특히 나는 비행기를 이용하거나 가이드를 통한 여행이 아닌, 직접 자동차를 운전하거나 버스, 기차 등 대중교통을 이용하는, 어찌 보면 모험과 도전의 연속이었기에 때로는 위험한 일도 많았다. 하지만 과거의 이러한 경험들은 북미 대륙을 횡종단하는 데 용기와 자신감을 주었다.

현대는 대중에 의한 대여행기 시대다. 세계관광기구WTO의 2015년도 통계를 보면, 도착 기준으로 자신이 살던 나라를 떠나 해외로 여행을 떠나는 사람이 무려 12억 명이 넘는다. 말하자면 세계 인구 70억 명 중에서 12억이니 7명 중의 하나는 일 년에 한 번 이상 해외여행을 하는 것으로 나타나 있다. 그것도 가고자 하는 곳의 정확한 정보를 갖고 말이다. 이제는 호기심 어린 단순한 지리여행이 아니라, 우리의 심층 깊이 가두어 놓은 내면의 세계를 알고자 함이다. 이 여행으로 나는 또 다른 여행을 꿈꾸고 있다.

참고문헌

강두식 외, 세계의 여행, 남북아메리카, 삼성출판사, 서울, 1970.

강원일보사, 강원항전사, 강원문화총서 17, 춘천, 2007.

곽정란, 자신만만 세계여행 캐나다, 삼성출판사, 서울, 2008.

국토연구원, 세계의 도시, 한울, 서울, 2002.

권오신, 미국의 제국주의: 필리핀인들의 시련과 저항, 문학과지성사, 서울, 2000.

권오신, 왜 미국, 미국 하는가, 강원대출판부, 춘천, 2003.

기 소르망, 민유기, 조윤경 역, Made in USA 미국 문명에 대한 새로운 시선, 문학세계사,
        서울, 2004.

김동성, 미주의 인상; 조선청년, 100년 전 뉴욕을 거닐다, 현실문화, 서울, 2015.

김동식, 프래그머티즘, 대우학술총서 545, 아카넷, 서울, 2002.

김연광, 세계사를 바꾼 결전장을 가다-미 남북전쟁의 격전지 게티스버그, 월간조선,
        2001년 10월호

김원용, 손보기 엮음, 재미한인 50년사, 혜안, 서울, 2004.

김찬삼, 김찬삼의 세계여행 1, 아메리카, 삼중당, 서울, 1973.

김찬삼추모사업회 편, 세계의 나그네 김찬삼, 이지출판, 2009.

김현식, 80년, 7만 리, 홍성사, 서울, 2013.

나승렬, 세기의 리더들 식량을 말하다, 지식공간, 서울, 2009.

나혜석기념사업회 서정자 엮음, 원본 나혜석 전집, 푸른사상, 서울, 20113.

닉 래곤, 함규진 역, 대통령의 결단, 미래의 창, 서울, 2012.

니알 퍼거슨 지음, 김일영·강규형 역, 콜로서스 : 아메리카제국 흥망사, 21세기북스, 파주,
        2010.

담비사 모요, 김진경 역, 죽은 원조, 알마, 서울, 2012.

데루오카, 전운성 역, 일본 농업 150년사, 한울, 서울, 2005.

데스몬드 머튼, 문영석·이유진 옮김, 캐나다의 역사, 숙명여자대학교 출판국, 서울, 2001.

라스 카사스 신부, 박광순 역, 콜럼버스 항해록, 범우사, 서울, 2000.

레비-스트로스, 박옥줄 옮김, 슬픈 열대, 한길사, 서울, 1998.

로버트 M. 어틀리, 김옥수 역, 시팅불 인디언의 창과 방패, 두레, 서울, 2001.

멕시코대학원, 김창민 역, 멕시코의 역사, 그린비, 서울, 2011.

박석기 외, 원더풀 월드 12, 미국동부 · 캐나다, 동아출판사, 1991.

박석기 외, 원더풀 월드 13, 미국서부 · 하와이, 동아출판사, 1991.

백낙승, 미국문학의 형성-변하는 시대 조류 속의 작가와 작품, 강원대출판부, 춘천, 2012.

버틸 린트너, 차이나 브라더스, 도서출판 푸른숲, 서울, 2012.

류선모, 1990년대의 한국계 미국소설의 특징-1.5세대 작가들을 중심으로, 벨로루 멜라머드
　　　연구, 제6권 2호, 2002.

서영민, 한국, 10년 안에 제2의 미국 이민 물결, 왜?, 뉴시스, 2013. 4. 1.

스티븐 앰브로스, 박중서 역, 불굴의 용기, 뜨인돌, 서울, 2009.

스티븐 카슬 · 마크 J. 밀러, 한국이민학회 옮김, 이주의 시대, 일조각, 서울, 2013.

신문수, 미국문화원류 탐험기-대륙국가 초석 닦은 루이스와 클라크의 서북공정, 월간 신동아,
　　　2006. 565호.

아라사키 모리테루, 정영신 미야우치 아카오 역, 오키나와 현대사, 논형, 2008.

앤터니 기든스, 김미숙 외 6인 역, 현대사회학, 을유문화사, 서울, 1998.

앨런 와인스타인, 데비비드 루벨 지음, 이은선 옮김, 사진과 그림으로 보는 미국사, 시공사,
　　　서울, 2004.

양동휴, 미국경제사 탐구, 서울대학교출판부, 서울, 1994.

양지에, 세계 역사의 미스터리, 북공간, 서울, 2008.

여지연 저, 임옥희 역, 기지촌의 그늘을 넘어-미국으로 건너간 한국인 군인 아내들 이야기, 삼인,
　　　서울, 2007.

오정환 외, 신편 세계의 여행, 북미편, 삼성출판사, 서울, 1972.

윌리엄 제임스 저, 정해창 역, 실용주의, 아카넷, 서울, 2008.

유미희, 20세기 마지막 페미니스트 최승희, 민속원, 서울, 2006.

육동인, 0.25의 힘, 아카넷, 서울, 2009.

이구홍, 한국이민사, 중앙신서, 서울, 1979.

이구환, 이야기 미국사, 청아출판사, 서울, 2002.

이병철, 한권으로 보는 탐험사 100장면, 가람기획, 서울, 1997.

이성형 편, 라틴아메리카의 역사와 사상, 까치, 서울, 1999.

임상래, 멕시코-미국 양국 관계에 관한 소고 : Mexamerica를 중심으로, 이베로아메리카
　　　제4집, 2002

장 메이엘, 지현 역, 흑인노예와 노예상인-인류 최초의 인종차별, 시공사, 서울, 1998.

장 메이엘, 노예와 노예상인(일어판), 창원사, 오사카, 1986.

제프 캠벨 외, 미국, 론리 플래닛 트래블 가이드(한국어판), 서울, 2004.

전운성, 가끔 쓰는 편지, 모던플러스, 서울, 2011.

전운성, 메콩강, 가난하나 위대한 땅, 논형, 서울, 2009.

전운성, 세계의 토지제도와 농업, 한울, 서울, 2006.

전혜성, 엘리트보다는 사람이 되어라, 우석, 서울, 1998.

존 리더, 남경태 역, 아프리카 대륙의 일대기, 휴머니스트, 서울, 2013.

존 스타인벡, 이정우 역, 찰리와 함께한 여행, 궁리, 서울, 2006.

정규웅, 나혜석 평전, 중앙M&M, 서울, 2003.

정근식 · 전경수 · 이지원, 기지의 섬, 오키나와—현실과 운동, 논형, 2008.

정근식 · 주은우 · 김백영, 경계의 섬, 오키나와—기억과 정체성, 논형, 2008.

찰스 레드만, 최몽룡 역, 문명의 발생—근동지방의 초기 농경민에서 도시사회까지,
    대우학술총서 77, 민음사, 서울, 1995.

찰스 C. 맨, 신대륙 발견으로 바뀐 아메리카의 풍경, 내셔널지오그래픽(한국판), 2007.

최희일, 한 권으로 보는 캐나다 역사 100장면, 가람기획, 서울, 2008.

최희일, 캐나다 역사 다이제스트 100, 가람기획, 서울, 2014.

캐런 E. 랭, 신대륙에 정착하려면 무엇을 가지고 가야 할까?, 내셔널지오그래픽(한국판),
    2007.

케네스 포메란츠 · 스티븐 토픽 · 박광식 역, 설탕, 커피 그리고 폭력, 심산, 서울, 2009.

퀘벡학연구모임, 퀘벡 이야기, 아모르문디, 서울, 2014.

피터 그레이, 장동현 역, 아일랜드 대기근, 시공사, 서울, 1998.

필리프 자캥, 송숙자 역, 아메리카 인디언의 땅, (주)시공사, 서울, 1998.

최영경 · 전운성, 목마른 지구촌, 탐구당, 서울, 2014.

최영경 · 전운성, 위기의 지구촌 구하기, 강원대학교출판부, 춘천, 2012.

최영경 · 전운성, 지구촌의 마지노선 2015, 강원대학교출판부, 춘천, 2009.

최희일, 캐나다 역사 100장면, 가람기획, 서울, 2001.

하인리히 E. 야콥 · 박은영 역, 커피의 역사, 우물이 있는 집, 서울, 2005.

한국미국사학회, 미국 역사 속의 고전들-Classics in American History, 한국미국사학회
    30회 전국학술대회, 강원대학교 60주년기념관, 2007.

한국철학사연구회, 한국실학사상사, 다운샘, 서울, 2002.

햄튼 사이즈 저, 홍한별 역, 피와 천둥의 시대-미국의 서부 정복과 아메리카 인디언 멸망사, 갈라파고스, 서울, 2009.

허헌 · 최승희 · 나혜석 · 박인덕 · 손기정 · 최영숙 외 지음(성현경 엮음), 경성에리트의 만국유람기, 현실문화, 서울, 2015.

현광식 · 백낙승, 상설 미국문학사, 대학출판사, 서울, 1997.

李省展, アメリカ人宣教師と朝鮮の近代 -ミッションスク-ルの生成と植民地下の葛藤-, 社會評論社 東京, 2006.

廣瀬 隆 Hirose Takashi, アメリカの經濟支配者たち, 集英社新書, 東京, 2009.

石川 淸, 自分發見の旅, アメリカ橫斷, --- 出版, 東京, 2002.

田井 正 편저, 九州獨立 夢, 同文館, 東京, 1999.

Alan Taylor, American Colonies -the Settling of North America-, Penguin Books, 2002.

Bob Beal & Rod Macleod, Prairie Fire-The 1885 North-West Rebellion-, McClelland&Stewart Inc. Toronto, Canada, 1994.

Catherine Mcnicol Stock and Robert D. Johnston, The Countryside in the Age of the Modern State -Political Histiries of Rural America-, Cornell University Press, Ithaca, 2001.

David Lavender, Land of Giants -The Drive to the Pacific Northwest 1750-1950-, Double Company, Inc., Garden City, N.Y. 1956.

Donald Worster, Dust Bowl;The Southern Plains in the 1930s-, Oxford University Press, 1979.

Douglas Hurt, American Agriculture, Iowa State University Press/Ames, 1996.

Fred A. Shannon, The Farmer's Last Frontier, M.E.Sharpe. Inc. N.Y. 1973.

Jean Meyer, Esclaves et negriers(일어판) 創元社, 도쿄, 1986.

Lonely planet, USA, 2004.

Paul F. Sharp, The Agragian Revolt in Western Canada, Canadian Plains Research Center, University of Regina, 1997.

Robert Whaples & Dianne C. Betts, Historical Perspectives on the American Economy, Cambridge University Press, 1995.

Vernon M. Briggs Jr., Immigration and American Unionism, Cornell Univ., Press, Ithaca, 2001.

북미 대륙

퍼스트 네이션의 위대한 문명의 땅

펴낸날   초판 1쇄 2016년 3월 15일

지은이   전운성
펴낸이   서용순
펴낸곳   이지출판

출판등록   1997년 9월 10일 제300-2005-156호
주 소   03131 서울시 종로구 율곡로6길 36 월드오피스텔 903호
대표전화   02-743-7661 팩스 02-743-7621
이메일   easy7661@naver.com
디자인   박성현
인 쇄   (주)꽃피는청춘

값 33,000원

ISBN 979-11-5555-041-0 93940

※ 잘못 만들어진 책은 바꿔 드립니다.

이 도서의 국립중앙도서관 출판예정도서목록(CIP)은 서지정보유통지원시스템 홈페이지(http://seoji.nl.go.kr)와
국가자료공동목록시스템(http://www.nl.go.kr/kolisnet)에서 이용하실 수 있습니다.(CIP제어번호: CIP2016005644)